A CIDADANIA NEGADA
Políticas Públicas e Formas de Viver

Cris Fernándes Andrada - Juliana Breschigliari
Allan Rodrigues Dias - Mirna Koda - Isabel Cristina Lopes
Adriana Marcondes Machado - Belinda Mandelbaum
Tatiana Freitas Stockler das Neves - Ismênia Camargo e
Oliveira - Claudia de Almeida Ortega - Maria Helena Souza
Patto - Leny Sato - Ianni Régia Scarcelli - Maria Luisa
Sandoval Schmidt - Lygia de Sousa Viégas

A CIDADANIA NEGADA
Políticas Públicas e Formas de Viver

Isto não é o vento nas árvores, meu menino
Não é uma canção para a estrela solitária
É o bramido selvagem de nossa labuta diária.

Bertolt Brecht

© 2009 Casapsi Livraria e Editora Ltda.
É proibida a reprodução total ou parcial desta publicação, para qualquer finalidade, sem autorização por escrito dos editores.

1ª Edição
2009

1ª Reimpressão
2010

Editores
Ingo Bernd Güntert e Christiane Gradvohl Colas

Assistente Editorial
Aparecida Ferraz da Silva

Editoração Eletrônica
Sérgio Antônio Gzeschnick

Produção Gráfica & Capa
Ana Karina Rodrigues Caetano

Revisão
Christiane Gradvohl Colas

Fotos da Capa (interna e externa)
Cristiano Borges, reportagem sobre reintegração de terreno, 2005

Dados Internacionais de Catalogação na Publicação (CIP)
(Câmara Brasileira do Livro, SP, Brasil)

A Cidadania negada : políticas públicas e formas de viver / [organização] Maria Helena Souza Patto. — São Paulo : Casa do Psicólogo®, 2010.

Vários autores
1ª reimpr. da 1. ed. de 2009.
Bibliografia.
ISBN 978-85-7396-565-0

1. Cidadania 2. Classes sociais 3. Descaso 4. Direitos humanos 5. Exclusão social 6. Marginalidade social 7. Pobreza 8. Políticas públicas 9. Política social 10. Psicologia social I. Patto, Maria Helena Souza.

10-10697   CDD-362.5

Índices para catálogo sistemático:
1. Exclusão social : Problemas sociais 362.5

Impresso no Brasil
Printed in Brazil

Reservados todos os direitos de publicação em língua portuguesa à

Casapsi Livraria e Editora Ltda.
Rua Santo Antônio, 1010
Jardim México • CEP 13253-400
Itatiba/SP – Brasil
Tel. Fax: (11) 4524-6997
www.casadopsicologo.com.br

Sumário

Grupo de pesquisa 9
Para ler as entrevistas 11

JUNTANDO PEDAÇOS 23
    A vida é trabalho 29
    Registro de uma peregrinação: o trabalho e o corpo 69
    Famílias em fragmentos 93
    Dificuldade inesperada 125
    À procura de emprego 137
    Marcas da resistência: Notas da rua 163

SOB O SIGNO DO DESCASO 181
    Um pedido de socorro 189
    Esperança e desencanto 203
    A privatização da responsabilidade pública 215
    Os males do estigma 225
    Sonhos desfeitos 239

UM DIREITO PERIFÉRICO 263
    O tamanho dos sonhos 273
    Vivendo apertado 297
    À espera da sorte 311
    Pedir, verbo intransitivo 329
    Uma biografia de lutas 349

A GENTE TEM FOME DE QUÊ? 379
   O artista, a estrada e a rua 385
   A vida na guarita 419

NOTÍCIAS DA INSEGURANÇA PÚBLICA 441
   Na corda bamba 447
   Memórias do cárcere 471

SAÚDE: DIREITO OU MERCADORIA? 511
   Idealismo, desilusão e esperança 517
   Da medicalização à singularidade 535
   Metamorfoses da clausura 549
   Os estigmas de uma prisão 567
   A solidão compartilhada 579

A CIDADANIA NEGADA 591
REFERÊNCIAS BIBLIOGRÁFICAS 603

Grupo de pesquisa

TRABALHO
Allan Rodrigues Dias
Belinda Mandelbaum
Claudia de Almeida Ortega
Cris Fernándes Andrada
Leny Sato (coord.)
Tatiana Freitas Stockler das Neves

EDUCAÇÃO
Adriana Marcondes Machado (coord.)
Maria Helena Souza Patto

HABITAÇÃO
Juliana Breschigliari
Lygia de Sousa Viégas (coord.)

CULTURA E LAZER
Maria Luísa Sandoval Schmidt (coord.)

SEGURANÇA
Maria Helena Souza Patto (coord.)

SAÚDE

Isabel Cristina Lopes

Ianni Regia Scarcelli

Ismênia de Camargo e Oliveira

Mirna Koda (coord.)

PESQUISADORES CONVIDADOS

Paulo Cesar Endo (Violência urbana)

Virgínia Junqueira (Políticas Públicas de Saúde)

ENTREVISTADORES CONVIDADOS

Aline Frollini Lunardelli Lara

Maria de Lourdes Beldi de Alcântara

Mariane Ceron

Nelson Passagem Vieira

PREPARAÇÃO DOS ORIGINAIS

Adriana Marcondes Machado

Belinda Mandelbaum

Claudia de Almeida Ortega

Lygia de Sousa Viégas

Maria Helena Souza Patto

PROJETO E COORDENAÇÃO

Maria Helena Souza Patto

COORDENAÇÃO DO GRUPO DE PESQUISA

Adriana Marcondes Machado

Para ler as entrevistas

Este livro é feito dos relatos de trinta e seis homens e mulheres, adolescentes e adultos, a respeito de suas formas de viver a presença ou a ausência em suas vidas das políticas públicas nas áreas do trabalho, da educação, da habitação, da cultura e do lazer, da segurança pública e da saúde.[1] São trabalhadores empregados ou desempregados; são usuários ou funcionários de serviços públicos de saúde e de educação; são sem-teto e moradores em favelas ou conjuntos habitacionais; são artistas populares ou consumidores de produtos da indústria cultural; são adolescentes que passaram pela FEBEM ou que habitam bairros periféricos cujo cotidiano é marcado pelos desmandos da polícia e pela lógica do tráfico de drogas.[2]

Numa sociedade profundamente desigual e opressiva, é difícil entender as razões dos que são designados como "classe baixa". A detração dessas pessoas pela perversidade cotidiana da *mídia* — que as apresenta, sem nenhum respeito, como destituídas de inteligência, de moral e de sanidade — aumenta-a ainda mais. Assim, para entender os motivos que as levam a dizer o que dizem, da forma como o dizem, é preciso situá-las não só na hierarquia social vigente, mas também no momento econômico e político atual

---

[1] Por "política pública" estamos entendendo um conjunto de objetivos que informam determinado programa de ação governamental e condicionam sua execução, ou seja, um conjunto articulado de decisões de governo, visando fins previamente estabelecidos a serem atingidos através de práticas encadeadas e globalmente programadas. *Apud* Augusto (1989), p. 106.
[2] As entrevistas foram feitas entre julho de 2001 e dezembro de 2005. No entanto, a maioria delas — 20 das 24 entrevistas — deu-se entre 2002 e 2004. Os nomes de alguns depoentes são fictícios, quer a pedido deles, quer quando não foram consultados a respeito. Os nomes verdadeiros só foram mantidos quando houve solicitação expressa do entrevistado nesse sentido.

"neoliberal", que dá precedência ao mercado como regulador da vida social, e "globalizado", pois o capital não tem mais pátria e está onde quer que a extração da mais-valia seja maior. Como substrato dessa lógica, cresce a indiferença pela injustiça, pelo sofrimento e pela barbárie que ela alimenta.

Se considerarmos que nas sociedades industriais capitalistas o âmbito do que se qualifica como público não é definido de maneira isenta pelo Estado e que, embora voltado para um abstrato interesse geral, ele privilegia interesses privados, o que dizer dos resultados desse estado de coisas num país em que "as Constituições feitas para não serem cumpridas e leis existentes para serem violadas" são "fenômeno corrente, em proveito de indivíduos e oligarquias"[3]? O que esperar do Estado "numa sociedade iníqua, na qual vivemos ao ritmo de uma das desigualdades econômicas mais revoltantes do mundo"?[4] O que ocorre com a maioria numa história política em que "o povo sempre foi zelosamente afastado dos direitos cívicos de cidadania", como afirmou Florestan Fernandes, e o maior progresso em matéria de promoção da cidadania se deu, como observou Milton Santos, no campo dos direitos do consumidor?[5]

No entanto, para entender o recente e vertiginoso aprofundamento da desigualdade inerente às sociedades capitalistas, não basta entender o que ocorre na relação de classes e na política do Estado brasileiro em si mesmo; faz-se imprescindível verificar como as instituições financeiras internacionais contribuem para reduzir ainda mais a presença do Estado na garantia dos direitos sociais, pela interferência no financiamento e na definição de objetivos das políticas públicas. Num mundo em que a economia de mercado é marca profunda na vida social e individual e predominam os interesses de empresas financeiras transnacionais, um número crescente de pessoas é "desfuncionalizado". Descartado ou descartável, o trabalho de milhões de habitantes do planeta já não é mais necessário ao capital na era dos jogos financeiros gerenciados, em escala mundial, por uns poucos que moldam a economia e detêm o poder. Desnecessários como força de trabalho, para que garantir-lhes direitos? Está preparado o terreno para o aprofundamento do descaso pelo direito ao trabalho, à escola, à saúde, à habitação, aos bens culturais, ao respeito social e à segurança pessoal.

---

[3] Buarque de Holanda (1982), p. 136.
[4] Candido (1995), p. 28.
[5] Direito aliás, restrito, num país em que a maioria está mergulhada na pobreza e não tem acesso à justiça; direito estranho que "acaba tão logo a mercadoria é consumida", como observa com perspicácia Ecléa Bosi (comunicação pessoal).

Está preparado o terreno para o predomínio da ação do aparato repressivo do Estado. Juntas e inextricáveis, a história social e política perversa do país e a história igualmente perversa do capitalismo internacional fizeram com que entrássemos no século XXI com 54 milhões de habitantes abaixo do nível da pobreza, dos quais 15 milhões abaixo do nível da miséria. Diante desse quadro, não há o que comemorar.

A jornalista francesa Viviane Forrester resume este quadro em *O horror econômico*: como analistas e manipuladores de símbolos, os homens que decidem perdem de vista o homem comum e se tornam cada vez mais abstratos e invisíveis, embora orquestrem com mão de ferro as condições de vida no planeta. Este domínio não se dá diretamente, mas por meio dos poderes estatais locais que, presos a metas econômico-financeiras contratadas com organismos financeiros internacionais, priorizam o pagamento dos juros de dívidas astronômicas regulamentadas por contratos leoninos e ficam à mercê da agiotagem e da ditadura econômica das grandes fortunas internacionais. No plano ideológico instala-se a crença de que "fora do clube liberal, não há salvação". "Remédios amargos" são prescritos como necessários à criação de um "país competitivo".[6] É assim que, na farmácia dos governantes, são preparadas fórmulas que encolhem orçamentos, bloqueiam verbas para a implantação de políticas públicas de talhe social e tornam ainda mais amarga a vida da maioria.

Tomemos um exemplo: quanto maior o desemprego, mais o tráfico de drogas se apóia em pessoas dispostas, como único meio de trabalho que lhes resta, a desempenhar funções de olheiros, passadores, contatos etc. Num contexto entendido como de "aumento da criminalidade", assiste-se a uma escalada mundial de repressão aos pobres fundada no princípio da "tolerância zero", que criminaliza um número crescente de táticas para ganhar a vida e atinge a todos os que não têm vez no mercado de trabalho formal. Não por acaso, como observa Wacquant, neste momento os cárceres do mundo estão abarrotados, resultado de políticas de segurança entendidas como aumento do número de instituições prisionais, do corpo policial e da truculência do aparato repressivo.[7] Nesse cenário, políticas públicas precárias, voltadas para os direitos sociais, produzem efeitos cosméticos que só pioram o quadro geral.

---

[6] Forrester (1997).
[7] Wacquant (2001).

Nesse contexto ações que supostamente promovem a "inclusão" disfarçam a "exclusão"[8]; o que aparece como exclusão não passa de inclusão marginal; projetos públicos ou privados de "resgate da cidadania", como regra assistencialistas, enfraquecem os "beneficiados" ao transformá-los em receptores agradecidos de favores vindos dos "de cima"; procedimentos astutos de manipulação de estatísticas mentem sobre o número de beneficiários de políticas públicas e abrem espaço à culpabilização dos que não contribuem para a mágica dos números.[9]

O resultado está nas calçadas, nas esquinas e sob as pontes das cidades onde se abrigam como podem os que não podem morar; na desolação dos bairros habitados pelos destituídos; nas favelas que cresceram mais de 100% nos últimos anos; na precariedade das escolas públicas de primeiro e segundo graus, que formam, em número crescente, analfabetos escolarizados; nas filas degradantes dos que vão em busca de benefícios incertos e irrisórios, no escuro das madrugadas às portas de institutos de previdência social; nos milhares de pessoas de todas as idades e de todos os níveis de escolaridade que se aglomeram onde quer que se ofereça alguma oportunidade de trabalho, não importa o salário; nas regiões rurais e urbanas do país em que milhões sobrevivem abaixo da linha da pobreza, sem energia elétrica e sem dentes, sem saneamento básico e sem registro de nascimento, sem alimento e sem qualquer direito, não raro em regime escravo de trabalho; nos saguões e corredores de hospitais povoados de doentes em macas, em bancos ou em pé, à espera de atendimento; nas marchas de despossuídos que riscam estradas de norte a sul do país pelo direito de plantar e de colher; nos corpos assassinados — de rapazes pobres ou de famílias inteiras, quase todos negros — expostos em praça pública e oferecidos como espetáculo pela *mídia;* nas condições desumanas e humilhantes de vida em penitenciárias (que o cinismo oficial considera "reeducativas") e em instituições de reclusão de crianças e jovens

---

[8] Por "exclusão" não se está entendendo aqui a não-participação na vida social e na lógica do capital, pois os assim designados participam, de modo inevitável e específico, da produção e da reprodução social e o fazem exatamente porque são impedidos de alguns direitos, como a educação escolar, o trabalho condignamente remunerado, cuidados médicos, moradia etc. Sua condição é de "participação-exclusão", segundo Luiz Pereira (1978); de "inclusão marginal", tal como definida por José de Souza Martins (1997) ou de "inclusão-exclusão", como propõe Pierre Bourdieu (1997).

[9] Por exemplo, criança fora da escola é culpa de pais omissos ou desonestos, que não matriculam os filhos e, portanto, devem ser submetidos às penas da lei; grupos de sem-teto que ocupam prédios desocupados são considerados "ocupadores profissionais" ou "malandros" que já têm casas alugadas; crianças e jovens que saem analfabetos de uma escola fundamental sucateada são tidos como portadores de deficiências psíquicas pessoais.

em conflito com a lei (que a desfaçatez oficial chama "fundação de bem-estar" e, mais recentemente, "fundação casa"); na violência desmedida e impune da polícia; na boçalidade da indústria cultural. A lista é interminável e perfila formas de barbárie em franco processo de multiplicação.

Por isso discordamos radicalmente dos que afirmam que o rumo impresso às políticas públicas brasileiras não está associado à inserção do Brasil nas dinâmicas internacionais, que ele não é decorrência da existência de processos de desmonte do Estado nesse ou naquele país ou da forma como as agências multilaterais enquadram o assunto, mas da dinâmica política, em especial da dinâmica local do Estado, como se num mundo globalizado as decisões econômicas nacionais nada devessem a ditames internacionais. Neste projeto não pensamos a economia e a política como instâncias isoladas ou em relação diacrônica. Muito menos as naturalizamos. A escolha política de aderir à lógica neoliberal e de permitir a ingerência de instituições monetárias no governo do país, acentuada desde 1994, atou as políticas públicas aos interesses do capital internacional e criou, assim, novas maneiras de viver e novos processos de subjetivação. Por isso, reafirmamos os termos que fundaram esta pesquisa: é preciso considerar a lógica da economia neoliberal se quisermos entender o que se passa no país *hoje*, mesmo sabendo que os donos do poder sempre mostraram descaso pelos direitos da cidadania. Impossível negar que o neoliberalismo econômico veio somar-se à tradição brasileira, potencializou-a e imprimiu-lhe nova forma.

Os que secundarizam os rumos econômico-políticos da globalização e do neoliberalismo padecem de dois esquecimentos: desconsideram que a história é feita de continuidade e descontinuidade; orientam-se pela amnésia contida no conformismo, que tem como mote "não está tão ruim assim". Ao grifarem a diversidade dos resultados das políticas públicas e darem destaque a avanços qualitativos aqui e ali, em alguns municípios do país, convidam ao esquecimento de que a precariedade dessas políticas é regra na sociedade brasileira, agora aprofundada em tempos de horror econômico. Por isso temos como referência teórica nesta pesquisa tanto os intelectuais brasileiros que dão destaque à história lenta da cidadania no Brasil, como os que examinam as especificidades da economia e da política nesta etapa do capitalismo internacional.

Convém não esquecer, sob pena de otimismo descabido (mas de grande proveito político-partidário, diga-se de passagem), que políticas municipais ou estaduais localizadas, que aparentemente são provas de que é possível desenvolver políticas sociais positivas, independentemente do modelo econômico em vigor, têm-se mostrado efêmeras e são rapidamente varridas pela força da tendência dominante. Exceções não mudam o quadro terrível produzido pela regra em vigor que continua e agrava o desrespeito aos direitos humanos que sempre marcou a sociedade brasileira e que, pior, vem desmantelando conquistas realizadas a duras penas por movimentos populares na década de oitenta.

Não defendemos também qualquer proposta da redução das desigualdades por meio de reformas ou de projetos governamentais ou não-governamentais de promoção de "igualdade de oportunidades", velha expressão liberal que dissimula relações sociais reais que inevitavelmente promovem a desigualdade social e contém uma armadilha, ressaltada por Daniel Bertaux em *Destinos pessoais e estrutura de classe*:

> Quando falamos de desigualdades fica subentendido que, de fato, estamos comparando coisas da mesma natureza. Portanto falar de desigualdades de renda é subentender que ganhar a renda como salário de um trabalho na fábrica ou como dividendos de uma bolsa de ações ou como proprietário de imóveis alugados, é tudo a mesma coisa. Outro exemplo, calcular o tempo médio de vida segundo a categoria sócio-profissional é supor que 60 anos de vida como operário sem qualificação equivale a 60 anos de uma vida como funcionário ou como presidente de uma empresa. Os interessados talvez não compartam essa opinião (pois as taxas de suicídio não são as mesmas para todas as categorias). Em outras palavras, a problemática das desigualdades acarreta comparação *quantitativa* de coisas sobre as quais somos levados a supor a *identidade qualitativa*. (...) Ao enfatizar a desigualdade de oportunidades a ideologia meritocrática desvia a atenção do que é essencial: as diferenças estruturais de *condição*, tais como resultam da estrutura de classe (...) e pretende fazer coexistir a igualdade de oportunidades e a desigualdade de condições.[10]

Não estamos também afirmando que as políticas públicas numa sociedade de classes são formas de garantir direitos e, por esta via, colocá-las no rumo de uma estrutura social igualitária. Ao contrário, estamos cientes de que, em sociedades estruturalmente desiguais, as políticas públicas voltadas para a garantia de direitos sociais são estratégia ideológica de legitimação da ordem capitalista que despolitiza a maioria da população. Como assinala Baía Horta, as políticas públicas voltadas aos direitos sociais têm como finalidade diminuir o ônus da pobreza sem alterar o padrão de desigualdade do qual ela é, obviamente, a conseqüência mais incômoda. Ao reconhecer s

---

[10] Bertaux (1979), p. 43-45, *passim*, grifos no original.

direitos sociais para todos os indivíduos-cidadãos, o Estado intervencionista escamoteia os direitos civis e políticos de cidadania e desenvolve ações que, longe de atingirem as fontes estruturais da desigualdade social, limitam-se a diminuir os riscos sociais que ela traz propondo a redução real ou mentirosa da distância de acesso a esses direitos que separa os mais e os menos contemplados na distribuição da riqueza.[11] O que não quer dizer que sejamos contrários às políticas públicas que visam os direitos sociais. A necessidade dessas políticas por parte do Estado é inquestionável. O que pomos em questão são as formas impositivas e meramente técnicas de realizá-las, pois se trata de uma dimensão política da vida social, que pede a ampliação da participação popular no processo decisório.

⁂

Tentar compreender incompreendidos põe o leitor diante do desafio de ir além das concepções estereotipadas e preconceituosas — ideológicas — a respeito das maneiras como são e como vivem os que, na história brasileira, sempre foram cidadãos de deveres, em detrimento acintoso de seus direitos.

A ética da pesquisa pede, segundo Pierre Bourdieu em *A miséria do mundo*, cuidado na publicação das palavras dos depoentes. É preciso protegê-las do que Bourdieu chama de "desvios de sentido".[12] Por isso cada entrevista vem precedida de um texto curto que apresenta o entrevistado e faz assinalamentos, com o objetivo de oferecer ao leitor informações que o ajudem a *compreender* a fala dessas pessoas que se dispuseram a conversar sobre suas vidas. Mas o desafio de compreendê-las se põe também ao pesquisador. Assim, além de resguardá-los dos desvios que possam provir do leitor, a pesquisa foi construída sobre dois pilares teóricos que os preservassem da má escuta dos próprios pesquisadores: a reinvenção da pesquisa para além do cientificismo que concebe a produção de conhecimento sobre os homens em termos positivistas; a consideração fundamental de que a cultura popular se produz, e só pode ser entendida, no interior das relações sociais de poder vigentes numa sociedade dividida.[13]

Quanto ao primeiro, procuramos andar na direção contrária de uma metodologia que, em nome de ilusória neutralidade dos resultados, faz do

---

[11] Baia Horta (1983), p. 212.
[12] Bourdieu (1997), p. 9.
[13] *Idem*, p. 693-713, *passim*.

sujeito pesquisado um objeto, e separa-o do suposto sujeito do conhecimento — o pesquisador. Na base deste projeto está a advertência do antipsiquiatra inglês D. Laing, em *O óbvio*: "se não agimos para com outrem como pessoa, despersonalizamo-nos a nós mesmos".[14] Mas não só; ouvimos também outras falas, como a seguinte passagem de Marilena Chaui em *Experiência do pensamento*:

> A experiência é diferenciadora. (...) Abolir essas diferenças seria regressar à Subjetividade como consciência representadora que reduz todos os termos à homogeneidade de representações claras e distintas. Porém a diferenciação própria da experiência *não é posta* por ela: *manifesta-se* nela porque é o próprio mundo que se põe a si mesmo como visível-invisível, dizível-indizível, pensável-impensável. No entanto, a cisão dos termos, que os distingue sem separá-los e os une sem identificá-los, só é possível porque o mundo como Carne é coesão interna, é indivisão que sustenta os diferentes como dimensões simultâneas do mesmo Ser. O mundo é simultaneidade de dimensões diferenciadas. O que as artes ensinam à filosofia? Que o pensamento não pode fixar-se num pólo (coisa ou consciência, sujeito ou objeto, visível ou vidente, visível ou invisível, palavra ou silêncio), mas precisa sempre mover-se no entre-dois, sendo mais importante o mover-se do que o entre-dois, pois entre-dois poderia fazer supor dois termos positivos separáveis, enquanto o mover-se revela que a experiência e o pensamento são passagem de um termo por dentro do outro, passando pelos poros do outro, cada qual reenviando ao outro sem cessar. (...) Merleau-Ponty insiste em que o artista ensina ao filósofo o que é existir como um *humano*.[15]

Cuidados que protejam os entrevistados da má compreensão que pode advir da leitura dos próprios pesquisadores pedem que estes últimos existam como humanos. Longe da mera técnica de coleta de dados, o que se pretende é, nas palavras de Bourdieu, uma escuta "ativa e metódica (...), tão afastada da pura não-intervenção da entrevista não-diretiva quanto do dirigismo do questionário". A obtenção de relatos orais é meio para a constituição do que Boaventura de Sousa Santos denomina "comunidade interpretativa", na qual a pesquisa acadêmica acolhe os modos de pensar e sentir próprios do saber popular e com eles estabelece um diálogo que se quer respeitoso e construtivo.[16] Eni Orlandi, em *As formas do silêncio*, resume

---

[14] Laing (1968), p.17.
[15] Chaui (2002), p. 165.
[16] Sousa Santos (2000).

isto com outras palavras: "a significação se faz no espaço discursivo criado pelos (nos) interlocutores, em um contexto sócio-econômico dado".[17] Nem românticos, nem iluministas, afirmamos os saberes de ambos os interlocutores: os depoentes sabem coisas que os pesquisadores não sabem e estes detêm um saber a que os depoentes não tiveram acesso.

Tudo isto permeado pela busca da "situação ideal de comunicação", definida por Bourdieu como superação da "violência simbólica que se pode exercer no mercado de bens lingüísticos e simbólicos que se institui por ocasião da entrevista". Em outras palavras, não se quis negar, mas pôr em foco a dimensão de poder que a diferença de classes instala no cerne da entrevista e a transforma, segundo expressão de José Moura Gonçalves Filho, em "encontro predatório" em que "a desigualdade não se transforma em diferença benéfica, mas cristaliza-se em relação hierárquica de soberba-inferioridade".

Em resumo, e voltando a Bourdieu, entrevistador e entrevistado não podem ser nem muito próximos, a ponto de predominar uma comunicação cheia de implícitos ou de revelações que podem posteriormente incomodar, nem muito distantes, a ponto de haver da parte do entrevistado esforço para "dar as respostas certas" ou vergonha de sua situação, que pode levá-lo a assumir uma postura sofrida de auto-culpabilização por seu destino. O que está em xeque, em suma, é a dominação que o intelectual introjetou tão profundamente que já não se apercebe dela, como assinala Alfredo Bosi em *Cultura brasileira*. O que se quer é a superação da dicotomia clássica entre sujeito e objeto do conhecimento como cisão ideológica que dissimula, como afirma Chaui em *Cultura e democracia*, "a divisão social sob a imagem da diferença de talentos e de inteligências" e leva os trabalhadores a acreditarem que não sabem pensar e que, portanto, não têm nada a dizer aos que têm legitimidade social para fazê-lo.[18]

Para resumir a atitude que quisemos imprimir à nossa ação como pesquisadores podemos lançar mão de duas fontes. Alfredo Bosi advertiu-nos das ciladas da relação da cultura universitária intelectual com a cultura popular: "só há uma relação válida e fecunda entre o artista culto e a vida popular: a relação amorosa. Sem um enraizamento profundo, sem uma empatia sincera e prolongada, o escritor, o homem de cultura universitária e pertencente à linguagem redutora dominante, se enredará nas malhas do preconceito, ou mitificará irracionalmente tudo o que lhe pareça popular, ou

---

[17] Orlandi (2002), p. 79.
[18] Chaui (1980) p. 2.

ainda projetará pesadamente as suas próprias angústias e inibições na cultura do outro, ou enfim, interpretará de modo fatalmente etnocêntrico e colonizador os modos de viver do primitivo, do rústico, do suburbano".[19]

Ao assinalar na obra mencionada a surdez das versões romântica e iluminista sobre a natureza da cultura popular, Marilena Chaui nos fez atentar para a questão da escuta fina requerida pela ambigüidade da fala do dominado: "o peso da ideologia recai mais sobre os intérpretes do que sobre os dominados. Com efeito, se ora o intérprete atribui 'boa consciência' ao dominado, ora lhe atribui 'falta' de consciência, no final das contas sempre o faz segundo o padrão de pensamento que caracteriza a ideologia, pois esta tem a peculiaridade de só ver e ouvir aquilo que já 'sabe' de antemão. Assim, se corremos o risco de sermos ofuscados quando incapazes de perceber os ardis da alienação, não corremos menor risco quando incapazes de ver ou ouvir o inédito sob a carapaça do costumeiro".[20]

•••

No marco da proposta metodológica de transformação de dois polos objetificados numa relação entre pessoas, foram tomados alguns cuidados. Escolhemos, sempre que possível, sujeitos que tivessem um contato prévio com o pesquisador ou que fossem indicados por alguém que já os conhecesse, preparando o momento mais adequado à gravação dos depoimentos. Quando isso não aconteceu, supreendeu-nos a disposição das pessoas abordadas a falar, mesmo sem essa preparação. Editamos as transcrições, não só para tornar as falas mais adequadas ao registro escrito, como para dar-lhes extensão compatível com a feitura de um livro[21]; submetemos, sempre que possível, as edições aos depoentes; analisamos detidamente o material colhido em discussões coletivas, procurando entendê-los na relação dialética entre a teoria e as falas registradas.

---

[19] Bosi (1992), p. 331.
[20] Chaui (1980), p. 46-47.
[21] No processo de edição procuramos não descaracterizar as falas dos depoentes. Com o objetivo de facilitar a fluência da leitura e centrar a atenção do leitor no argumento do discurso, corrigimos a concordância e a ortografia, retiramos palavras e expressões repetitivas, de mera função fática, mas mantivemos tudo que conservasse a marca da oralidade e as características do falante, como por exemplo, repetições com função argumentativa e de coesão, frases curtas, algumas regências verbais e a construção de frases do tipo tópico-comentário, comuns na linguagem oral ou em códigos de linguagem que se afastam da chamada norma culta. Na realização desta tarefa, contamos com sugestões do lingüista Luiz Carlos Cagliari, docente e pesquisador da UNICAMP e da UNESP-Araraquara.

Desnecessário dizer, não houve intenção de incluir depoimentos cobrissem todas as situações presentes em cada área. Os procedimentos adotados têm como pressuposto a desconsideração do preceito de escolha amostral de sujeitos segundo critérios de representatividade estatística. No prefácio de *O queijo e os vermes*, o historiador Carlo Ginzburg justifica o estudo de um único indivíduo como instrumento de compreensão do que se passa com seus pares:

> Alguns estudos biográficos mostraram que o indivíduo comum, destituído em si mesmo de interesse — e justamente por isso representativo — pode ser pesquisado como se fosse um microcosmo de um estrato social inteiro em determinado período histórico. (...) Mesmo um caso-limite pode se revelar representativo, seja negativamente — porque ajuda a precisar o que se deva entender, numa situação dada, por "estatisticamente mais freqüente" — seja positivamente — porque permite circunscrever as possibilidades latentes da cultura popular.[22]

Nenhum desses procedimentos é fácil ou oferece garantias. O encontro entre entrevistador e depoente é um processo lento, cheio de armadilhas e jamais alcançado inteiramente devido, entre outras coisas, à distância entre os lugares ocupados por ambos na estrutura social. Impossível expor os passos deste processo de modo didático, à moda dos manuais de metodologia. Limitemo-nos, por ora, à exposição que fizemos até aqui dos princípios que o norteiam. Será no ato mesmo da leitura das entrevistas, dos textos que as acompanham e das considerações finais que o método se explicitará.

Em relação ao segundo cuidado — o de considerar que as falas registradas são produzidas numa realidade social concreta, feita de exploração e de opressão — não se desconsiderou a presença dessa realidade na subjetividade. Daí o apoio em teorias do sujeito que tematizam a relação indivíduo-sociedade e que interpretam a subjetividade não como entidade que nada deve às dimensões econômica e política das relações sociais, mas como resultantes de "determinantes sociais presentes nos processos mais íntimos do indivíduo", como propõe Adorno.[23] É isso que Bourdieu leva em consideração quando afirma que " é preciso precaver-se de fazer da família a causa última dos mal-estares que ela parece determinar (...); fatores estruturais mais fundamentais estão presentes nos fatores inscritos no

---
[22] Ginzburg (1989), p. 27-28.
[23] Adorno (1986), p. 23.

seio do grupo familiar. É isso que faz com que, através do relato das dificuldades mais 'pessoais', das tensões e das contradições mais estritamente subjetivas, geralmente se exprimem as estruturas mais profundas do mundo social e suas contradições."[24] É isso que Laing quer enfatizar quando assinala duas coisas: que para que um comportamento em pequena escala ganhe inteligibilidade, é preciso inserir a microssituação em que ele se dá no âmbito maior das macrossituações em que ela se inclue; que esses contextos mais amplos "não existem lá fora, em determinada periferia do espaço social", mas "penetram nos interstícios de tudo o que abrangem."[25]

∴

São muitas as formas materiais de viver a injustiça e a opressão. Realizado por um grupo de pesquisadores do Instituto de Psicologia da Universidade de São Paulo, este trabalho quer contribuir para a compreensão das *formas subjetivas de vivê-las*, não para relativizar a adversidade pelo elogio ideológico da capacidade surpreendente de adaptação de abstratos "seres humanos", mas para sublinhar que o seqüestro dos direitos atinge o cerne das pessoas, causa sofrimento, requer grande investimento psíquico e pode dificultar o próprio entendimento dos determinantes reais da situação em que se encontram. É disto e de muito mais que nos falam os narradores que, a partir de agora, têm a palavra.

Maria Helena Souza Patto

---

[24] Bourdieu, *op. cit.*, p. 591.
[25] Laing, *op. cit.*, p. 15.

Juntando pedaços

Uma das esferas da vida social na qual as formas de viver estão fortemente imbricadas às políticas públicas de corte social é a do trabalho. Por esse ângulo, depoimentos de pessoas diversas são potentes para mostrar como o dia-a-dia, as expectativas, os projetos de vida, o imaginário e as práticas singulares estão amarrados aos horizontes de visibilidade que se abrem segundo o segmento do espaço social em que habitam e, muitas vezes, as limitam. Isto porque o trabalho é uma pesada âncora que define as posições ocupadas a partir da segmentação da sociedade, segundo a divisão social do trabalho numa sociedade de classes que ganha cores e matizes características do Terceiro Mundo. Assim, se nos países de capitalismo central discute-se, no contexto da globalização e do neoliberalismo, o fim da sociedade salarial (o trabalho assalariado e o estado de bem-estar social) e suas implicações para a organização da sociedade e para a vida das pessoas, no caso de países de capitalismo periférico, como o Brasil, o que se vivencia nesse contexto é a acentuação de uma crônica desigualdade social que também se manifesta na co-existência do trabalho regulado e do trabalho não regulado, sendo que, no Brasil, nunca houve compromisso político com o pleno emprego.

Assim, regiões geográficas, como o Sudeste, por exemplo, nas quais o trabalho assalariado urbano legalmente protegido era, até cerca de uma década, uma realidade plausível para muitos, hoje, vêem-se coalhadas de trabalhadores que migram para o trabalho não regulado (informal).

Se o trabalho apresenta a sua força no âmbito econômico e político, é também ele um importante mediador das construções e trocas simbólicas. Modos de ser, viver, compreender e se mover no mundo têm, no trabalho, uma importante referência. Se, na sociologia, o debate acerca da centralidade do trabalho para a dinâmica social continua efervescente, na psicologia social, os depoimentos a seguir mostram que o trabalho é vivido como central. Para as pessoas entrevistadas — situadas em um determinado segmento do espaço social — o trabalho, na forma de atividade remunerada, é de fato algo que as constitui, o que corrobora conclusões de Sylvia Leser de Mello e de Ecléa Bosi. Os depoimentos mostram que são muitos os sentidos do trabalho: emprego, trabalho remunerado não regulado, trabalho autônomo e em regime de autogestão e trabalho voluntário.

Para vários depoentes, o trabalho remunerado é o que dinamiza a vida; não por acaso, a vivência da situação de desemprego é expressa pela palavra "parado". Chama especialmente a atenção a forte presença da ética do trabalho como valor central que dá o direito de viver, expressa pela "teimosia" em se querer viver pelo trabalho, "dignamente". Na falta de trabalho remunerado, busca-se o trabalho voluntário. Evidenciam-se, assim, como mostra Viviane Forrester, a persistência e a força da realidade simbólica (ideológica ou não) na manutenção da ordem social e na configuração do que esta autora denomina "violência da calma".

O convite à reflexão possibilitou que os depoentes expressassem momentos de lucidez sobre sua posição social e, baseados na própria experiência, não deixassem de tentar alcançar os seus iguais, ao esboçarem propostas para as políticas públicas que venham ao encontro das necessidades sentidas por eles.

É grande a diversidade de condições de vida que poderiam ser apresentadas pelo ângulo do trabalho. Cada uma delas ilustra, de um modo ou de outro, problemas que emergem quando se faz esse recorte. Trazemos o desemprego convidando Jorge e Heitor, cujos depoimentos ilustram visões opostas sobre as causas do desemprego; a presença do desemprego na família é o foco das conversas entre desempregados atendidos por um serviço público de saúde do trabalhador; Janaína traz uma experiência capaz de, em sua singularidade, ilustrar a vivência de muitos trabalhadores submetidos a condições de trabalho que causam adoecimento e os desdobramentos das políticas dirigidas aos trabalhadores adoecidos; ao relatar sua trajetória de trabalho Neide nos conduz numa viagem pelo Brasil regulado (o trabalho industrial em uma região fortemente urbanizada e industrializada) e pelo Brasil não-regulado (o trabalho rural e no pequeno comércio na região nordeste), e narra a tentativa de construção, por um grupo de mulheres, de uma cooperativa de trabalho autogestionária; por último, o depoimento de Pedro sobre sua dependência do trabalho no mercado informal — em seu caso, uma atividade bastante específica, a de catador de materiais recicláveis — é paradigmático das conseqüências de escolhas políticas sobre a extrema precariedade dos que vivem desse trabalho. Essas condições nos abriram a oportunidade para articulá-las às políticas públicas dos setores Saúde, Previdência Social (Seguridade Social) e Trabalho, que definem regras, atividades e serviços para responder às necessidades e direitos das pessoas pelo ângulo do trabalho.

As políticas públicas que tomam o trabalho como eixo norteador são definidas e estão a cargo de três esferas distintas nos âmbitos federal, estadual e municipal. No âmbito federal, políticas de trabalho e emprego e de saúde e segurança no trabalho são definidas pelo Ministério do Trabalho; as relativas à seguridade social são de competência do Ministério da Previdência Social; as ações de saúde pública voltadas aos trabalhadores, enquanto trabalhadores, são de competência do Ministério da Saúde. Essa conformação torna difícil tomar tais políticas públicas como uma ação integrada, pois suas características mais salientes são, a um só tempo, a fragmentação e a duplicação das ações e sua orientação por diferentes lógicas. Ao mesmo tempo, não é possível afirmar que tais políticas sejam implementadas de modo homogêneo em âmbito nacional. Como os depoimentos são de pessoas que vivem na cidade de São Paulo, trataremos de alguns aspectos das políticas, nesse município, que têm como foco o trabalho assalariado.

No que se refere a um dos mais antigos serviços prestados pela política na área, o de intermediação de mão-de-obra, a sua execução cabe, em São Paulo, pelo governo estadual e, mais recentemente (a partir de 2002), pelo governo municipal, quando foi criada a Secretaria de Desenvolvimento, Trabalho e Solidariedade. Além disso, as centrais sindicais também passaram a realizar essa mesma atividade, com financiamento do Fundo de Amparo ao Trabalhador. Essa situação fez com que Marcio Pochmann, ex-Secretário do Trabalho do município de São Paulo, propusesse que fosse criado um sistema único de trabalho e emprego, tomando por referência o Sistema Único de Saúde (SUS), de modo a definir, para cada uma das esferas, diferentes níveis de competência, visando evitar a duplicação e a fragmentação das ações.

Quanto à saúde do trabalhador, muito embora emanem políticas públicas tanto do setor Trabalho como do setor Saúde, não se pode afirmar a duplicação de ações, pois cada um desses setores orienta-se por lógicas significativamente diferentes. A partir do Ministério do Trabalho, a lógica é a de exigir das empresas com empregados em regime CLT, um conjunto de atividades coordenadas às de gestão de recursos humanos; o objeto é a "Saúde Ocupacional", tomada como assunto privado a ser gerenciado pelas empresas. Por sua vez, a "Saúde do Trabalhador" caracteriza-se por um movimento que nasce, em meados da década de 1980, de uma ação articulada entre órgãos de representação política dos trabalhadores e órgãos de saúde pública, articulação essa que tem nas secretarias estadual e municipais de saúde seu *locus* de germinação e implementação para, então, conquistar espaço na esfera federal (Ministério da Saúde).

Esse movimento parte do princípio de que o Estado deva ser responsável pela atenção à saúde dos trabalhadores, não devendo ser assunto gerido de forma privada pelas empresas; considera as relações de trabalho como determinantes do processo saúde-doença; considera os trabalhadores como protagonistas centrais na identificação dos problemas de saúde, condições e organização do trabalho, atribuindo o mesmo estatuto epistemológico ao conhecimento técnico-científico e ao saber do senso comum. Atualmente, as ações de Saúde do Trabalhador estão contidas no SUS, e os Centros de Referência em Saúde do Trabalhador (CRSTs) são um dos desdobramentos do movimento da Saúde do Trabalhador.

No que se refere à previdência social, tomemos as ações das políticas públicas voltadas para trabalhadores adoecidos devido às condições e à organização do trabalho que realizavam. Muito embora a previdência social seja uma política de proteção aos trabalhadores, cuja base financeira foi criada com aportes oriundos dos Institutos de Aposentadorias e Pensões, a lógica que a orienta é a de identificar supostos "simuladores" que veriam nos benefícios previdenciários uma boa chance para "mamar nas tetas do governo". É essa lógica que explica, em parte, a provação a que muitos trabalhadores, após contribuírem durante anos para a previdência social, são submetidos ao serem colocados na posição de "suspeitos".

Os setores Trabalho, Saúde e Previdência Social têm feito esforços para articular as atividades dirigidas à saúde dos trabalhadores, mas esta articulação não encontrou caminhos que superem a fragmentação das ações e que, além disso, sejam norteados por uma lógica que possibilite um grau mínimo de intertextualidade.

A Constituição Federal de 1988 — a denominada Constituição Cidadã — contemplou um rol importante de direitos sociais nesses três setores. No entanto, como referem alguns autores, a letra da lei não foi implementada em virtude, principalmente, de uma contra-reforma alavancada pela adoção de um modelo neoliberal. Como resultado desse embate, tem-se como feição dessas políticas, "... a redução do sistema público a um atendimento para os pobres, portanto — ou porque — ruim, induzindo os assalariados de poder aquisitivo estável (os que vocalizam reivindicações) a aderirem aos seguros privados ou semiprivados, à medicina de grupo, de empresa, etc. Planos de previdência individual ou complementar, via mercado, invadiram os orçamentos domésticos das camadas médias, minimizando a insuficiência das pensões e aposentadorias pagas pelo INSS". Nesse sentido, a promessa constitucional da construção da "propriedade social", que seria garantida pelo Estado e que daria sustentação e segurança às pessoas, foi abortada, dando lugar a políticas públicas de bem-estar orientadas pela privatização e pela seletividade.

São muitas, nesses depoimentos, as situações que evidenciam como a falta da "propriedade social" abandona os indivíduos à própria sorte e os leva a buscar apoio na rede de instituições sociais como a igreja, a família extensa, a vizinhança, os amigos. Serão muitas também as situações aqui ilustradas nas quais as ações emanadas dessas políticas públicas mostram-se, além de fragmentadas, insuficientes em qualidade e grau de resolutividade, à satisfação das necessidades das pessoas.

Um outro aspecto relevante diz respeito ao fato de que as políticas econômicas são, também, a um só tempo, políticas sociais. Tudo funciona como um jogo de soma zero: se o *superavit* primário e o programa de auxílio a bancos ganham, perdem a saúde, o trabalho e a previdência social.

Frente a essa situação, os trabalhadores fazem um esforço para dar algum sentido às distintas lógicas que norteiam essas políticas sociais. Fazem-no, no mais das vezes, com crítica e ironia e lidam com elas construindo táticas astuciosas para juntar os pedaços e, assim, alcançar alguns de seus direitos.

Fazer "a sua parte", naquilo que está ao seu alcance, e esperar, é também postura comum a vários depoimentos. Mas o que cabe a cada um fazer é ao mesmo tempo muito e pouco, quando se avalia a eficácia.

Ética, justiça, direitos sociais, cidadania, sofrimento, relações entre Estado e sociedade são temas presentes em todos os depoimentos. Em todos eles fica evidente como a "cultura do emprego" é forte. A "carteira de trabalho assinada" e, hoje, a condição de funcionário público assumem papel relevante na definição, pelos entrevistados, de estratégias de sobrevivência, e não apenas na construção de táticas presas às oportunidades que se apresentam a cada momento. Como diz Pedro, ter a carteira de trabalho assinada é garantia de *"não ter que perder um monte de sono"*. Para além de um tipo de relação de trabalho, a carteira de trabalho indica uma situação de direitos. E o sonho deles não é "ter". Como diz Neide, outra depoente: *"... não tenho ambição de ter, ter, ter! Do verbo ter, de acumular, não é isso. Meu verbo é bem mais simples, eu gosto de tranqüilidade..."*. E por tranqüilidade ela entende o mínimo de segurança que garanta a vida digna.

Leny Sato

"A vida é trabalho"

Neide é uma trabalhadora brasileira dos tempos atuais, "uma entre milhões e milhões de pessoas", como ela mesma diz, enquanto nos pega pela mão e nos leva a rever seus caminhos na busca diária pela manutenção da vida. Por meio da memória, ela tece sua história de trabalho, tão singular e ao seu tempo tão comum a seu povo. Na entrevista ela expõe as suas experiências de trabalho, bem como sua maneira singular de vivê-las. À medida que revemos com Neide estas passagens de sua vida, vamos reconhecendo as recentes transformações do mundo do trabalho brasileiro, sua complexidade e heterogeneidade.

Nascida no sul do Ceará — um dos "Cearás" existentes, segundo ela — não chegou a conhecer aquele dos turistas. Branca, atualmente com 38 anos*, foi jogada no mundo do trabalho com seus 11 irmãos — quase todos criança — após o falecimento dos pais, quando ela era ainda adolescente. Ele, funcionário público, zelou durante 25 anos pelas linhas de trem de sua região. Já seu patrão — o Estado — não foi capaz de alimentar seus filhos quando órfãos, motivo de marcas perenes em Neide.

Dona Elisabete, mãe da entrevistada, morreu em seguida ao marido, mas acompanha a filha ainda hoje. Ela é referência de mulher; sempre aguerrida, nada submissa, enfrentou secas sem fim na juventude pobre e sertaneja, mas nem por isso deixou de sonhar. Primeiro lutou para alfabetizar o marido, e em seguida para manter todos os filhos na escola. Com a morte súbita dos pais, Neide e seus irmãos interromperam os estudos: "Eu ainda cheguei a fazer o 1º colegial, mal feito que só, mas fiz".

Partimos com ela da realidade desta família de um funcionário público do interior do Nordeste dos anos 70. Se a estabilidade é marca identitária do

---

* Este texto, como a entrevista que se segue, foram feitos em 2002.

trabalhador do Estado, neste caso ela desapareceu com a morte da viúva: "Nós passamos de pobres a miseráveis". Para sobreviverem durante um ano de desassistência do Estado, os órfãos recorreram, em vão, a políticos locais, que os receberam em banquetes, "entre coxas de galinha", aconselhando que estudassem mais, que prestassem algum concurso: "quem sabe?" Esta incerteza era nada, diante da fome já madura. Sem alternativas, recorreram a uma tia, meeira de sítio em um dos Brasis, o de traços feudais. Nesta ocasião, ela disse aos sobrinhos: "Quem me quiser, eu quero". Trabalharam pela comida e pelo teto, como todos ali, durante um ano. É a partir desta passagem que Neide nos apresenta as primeiras frentes de trabalho, a indústria da seca e o ranço de colonialismo que ainda hoje muitos experimentam. Sem conhecer a resignação, em vários momentos da entrevista seu pensamento crítico e inquieto se fez presente. Sobre a seca, por exemplo, ela recusa justificativas fáceis e vai fundo: "A seca não é o problema, é a cabeça dos coronéis".

De volta à cidade paterna, Juazeiro do Norte, Neide debateu-se durante anos em busca de emprego. Obra do acaso ou do divino, por sorte ou milagre, ela ainda conseguiu alguns poucos trabalhos: padaria, supermercado, box de rodoviária. Todos mal-remunerados e sem registro formal, uma obviedade naquele lugar e contexto: "Como é hoje aqui (São Paulo)". Em um desses dias de garimpo por trabalho, Neide se viu obrigada pelas circunstâncias a aceitar, em lágrimas, o dinheiro ofertado em solidariedade por um gerente de loja: "Me senti uma prostituta". Ela não estava ali para pedir esmola, mas para oferecer trabalho. Pelo gesto, ainda hoje esta pessoa recebe orações de Neide, em agradecimento. Ao falar destas experiências de trabalho da juventude, a entrevistada nos aproxima da realidade e das formas de viver que levaram milhões de trabalhadores, como ela, a migrar para os grandes e pulsantes centros econômicos do país nos idos de 1970 e 1980.

Como eles, Neide partiu para São Paulo em 1986 e se deparou com a experiência brasileira mais próxima do pleno emprego. Se não era pleno, certamente conseguir trabalho neste contexto era possível, não era preciso fé ou sorte, "tinha só que andar". Em poucos dias, ela e seu futuro marido conseguiram trabalho, sempre com registro em carteira, mesmo sem experiência prévia nas respectivas especialidades. Metalúrgicas, fábricas de brinquedos, de embalagens. Era possível, inclusive, escolher onde trabalhar, como nos conta Neide: "as justificativas para mudar de emprego eram um barato": a ausência de vestiário, o horário de saída, o medo das ruas, a distância de casa, o casamento que se aproxima.

Já casados, Neide e Neri conseguiram prontamente equipar a casa e planejar a vinda dos filhos. O casal passou por uma "fase boa" até meados da década de 90, cada um com seu emprego estável, mesmo com algumas dificuldades. É aí que a entrevistada relata sua experiência mais prolongada de trabalho, sete anos e sete meses em uma mesma empresa, na qual corta e solda sacolas de supermercados: "Aí eu fiz escola". Nesta passagem, Neide nos aproxima da situação cotidiana, dos impasses e das formas de viver de trabalhadores formalmente empregados neste contexto, bem como dos diferentes momentos da realidade econômica por que passara o país e suas repercussões no âmbito da produção industrial.

De início, ela e seus colegas gozaram de relativa autonomia no planejamento e na organização produtiva, inaugurando os procedimentos de uma nova seção. Posteriormente, a empresa passou por uma forte intervenção e uma reestruturação produtiva foi implementada. Como conseqüências maior centralização de poder, rigidez de horários e procedimentos, metas de produção e qualidade cada vez maiores e mais coercitivas. Neide e seus colegas depararam-se com o agravamento das condições de saúde e de vida no trabalho. A mesma produção, antes realizada por dois trabalhadores, passou a ser exigida de cada um deles. O tempo de descanso diminuiu e os corpos estampavam explicitamente as agressões sofridas: tendinites, dores nas pernas, lesões diversas, fadigas cotidianas. O almoço tinha que esperar, a prioridade era alimentar as máquinas sem qualquer diminuição ou parada. Neide teve o ouvido perfurado, devido ao alto nível de ruído no local de trabalho.

Na esfera da família e da vida pessoal, ela preocupava-se cada vez mais com os filhos, ainda pequenos, Sabrina e Ramon. Por isso, após mais de sete anos de empresa, decidiu sair do trabalho para cuidar deles. Vale dizer que esta decisão familiar apoiou-se na estabilidade que o marido havia alcançado no trabalho. Entretanto outro solavanco vem em 1996: a economia do país desacelera fortemente, a empresa em que Neri trabalha pede falência e ele perde o emprego, poucos meses depois de Neide ter deixado o trabalho. É o primeiro momento de duplo desemprego enfrentado pelo casal, seguido de outros. Aqui a entrevistada nos apresenta de perto as agruras do desemprego familiar e as formas cotidianas de manejo desta situação encontradas pelo casal. A solidariedade dos parentes mostra-se, sem dúvida, como o mais valioso dos recursos, talvez a única saída, diante de um Estado cada vez menor e mais displicente.

Depois de pouco mais de um ano, Neri ainda conseguiu outro trabalho formal, mas por pouco tempo. Não mais encontraram, Neide e Neri, a possibilidade de escolher emprego. Pior, até mesmo a possibilidade de trabalhar em contextos antes inaceitáveis já não existe. Assim, o casal volta às mazelas do duplo desemprego, desta vez por vários anos, até os dias atuais.

Trata-se do chamado desemprego estrutural e do desmantelamento das estruturas produtivas que, de perto, assumem nomes e expressões humanas, sofridas visceralmente na carne e na alma de adultos e crianças, por milhões de famílias. Esta é outra experiência que Neide nos relata com veia sensível e crítica.

Após olhar de perto, pelas lentes da rica experiência de Neide, para as várias fases por que passou a maioria dos trabalhadores brasileiros nos últimos vinte anos, debruçamo-nos com ela sobre a tentativa de geração de renda por meio de uma cooperativa autogestionária de trabalho: "O que eu vi ali foram possibilidades". Luta travada por mais de dois anos, por teimosia ou idealismo, segundo Neide, já que seria o "lugar ideal para se trabalhar". Já no primeiro ano, a cooperativa enfrenta diversas dificuldades, principalmente para comercializar seus produtos: cestos e utensílios diversos tecidos com papel-jornal. Além disso, o grupo depara-se com uma sociedade que equipara trabalho a emprego e com um governo que sobretaxa os produtos da Economia Solidária ao mesmo tempo em que desenvolve políticas públicas para socorrer bancos, fato apontado com indignação pela própria entrevistada. "Como areia que escorre das mãos", Neide e as demais artesãs viram o sonho da cooperativa definhar, e hoje, amargam mais esta desilusão. Neide ainda segue na busca de explicações para o acontecido. Foi nesta empreitada, relatada a seguir, que pude conhecê-la.

• • •

Conheci Neide em meados de 1999. Ela havia ingressado recentemente em um grupo de aproximadamente vinte mulheres que vinha de rota antiga, formado e alimentado no lastro das ações comunitárias da igreja católica local. Estas pessoas encontraram liga nas ausências e precariedades da comunidade em que moram: Santa Cecília, bairro novo, oriundo de ocupações irregulares, feito de casas eternamente incompletas, um mar de morros de autoconstruções erguidas com a ajuda dos braços solidários de parentes e vizinhos. Este bairro encontra-se distante do centro do município de Itapevi, que por sua vez é uma das frações mais pobres da Grande São Paulo, cidade-dormitório para parte de seus trabalhadores. Estes, na maioria migrantes recentes, buscam ali se refazer da expulsão sofrida de suas regiões, quase sempre motivadas pela impossibilidade de conseguir meios de gerar renda suficiente para as famílias.

A partir de dois anos de contínua convivência com este grupo, posso afirmar que as ações do poder público na região compõem um quadro complexo: não se trata de omissão em estado puro. Se em geral eram intervenções insuficientes ou ineficazes, a depender de seus objetos, seus agentes também se ocupavam de gerar expectativas e postergar respostas. A olhos distantes, eram notáveis fenômenos como reuniões, protocolos e visitas devidamente fotografadas. Mas se algumas ações do Estado eram de fato ausentes, outras conseguiam pior, prestavam-se claramente como armas de sedução eleitoreira que rapidamente se dissipavam, até desaparecerem por completo. Perversas ou displicentes, eram estas as presenças mais comuns do Estado por ali, fosse no esgoto a céu aberto, na ausência de um posto de saúde ou na escola sucateada, violenta e refratária aos apelos dos pais.

Acompanhadas apenas de velhas promessas dos políticos locais, acuadas ou revoltadas, estas mulheres encontraram escuta e força no desalento uma das outras. Entre preces e desabafos, passaram a buscar brechas neste emaranhado de misérias, a partir dos encontros de orações na igreja, que logo assumiram outros propósitos. Aliadas às discussões sobre os problemas do bairro, seguiram-se outras sobre saúde feminina, alimentação, além de oficinas, como de costura e culinária. Juntas desenvolveram algumas empreitadas. Descobriram-se mais fortes do que imaginavam e, das preocupações com o bairro, voltaram-se para outro foco comum de angústia: o desemprego ou a insuficiência da renda familiar. Ainda surpresas com a força coletiva, decidiram que seguiriam em conjunto também para enfrentar esta miséria.

Optaram pelo artesanato, e tirando leite de pedra, aprenderam os primeiros rudimentos do ofício em um programa de televisão. O desejo de trabalharem juntas foi sempre acompanhado por outro igualmente pungente: faziam questão de que aquele fosse um grupo de trabalho autogestionário, ou seja, orientado pelos princípios da igualdade e da democracia. Assim, procuraram a recém-formada ITCP (Incubadora Tecnológica de Cooperativas Populares) da Universidade de São Paulo. Durante dois anos integrei a equipe de formadores em cooperativismo que semanalmente acompanhou a luta deste grupo, e foi assim que pude conhecer Neide.

• • •

Neide integrara-se rapidamente ao grupo de artesãs. Além de ter sido generosamente recebida, encontrara ali elementos familiares à sua história. De presença farta, observava muito, agia sempre, mas falava pouco. Quando o fazia, quase sempre encontrava o respeito e a escuta atenta de suas colegas. Era precisa, clara, e ao mesmo tempo delicada.

Para além dos adjetivos, permanece mais forte a memória das conversas de bastidores que pude ter com ela ainda naquela época, ao pé da bancada do café, ou mesmo enquanto ela tecia seus cestos de jornal. Volta e meia Neide era responsável por minutos a fio de silêncios meus, no meu longo trajeto de volta para casa. Voltava habitada por suas falas, eram comentários a respeito dos acontecidos do dia, mas também memórias de outros mais pretéritos, de outras paradas de trabalho. Vale dizer que Neide não só nos brindava com silêncios e aprendizados inquietantes; com ela, posso dizer, encontrei uma via de comunicação plena.

Ao convite para participar desta pesquisa, Neide responde com perguntas. Sempre curiosa, interessada, buscou compreender a proposta, o método, os objetivos. Encontramo-nos diversas vezes. Para a realização da entrevista propriamente, foram quatro encontros, totalizando seis horas e meia de gravação. Seguiram-se vários encontros, já que realizamos a quatro mãos a revisão da primeira edição da entrevista, além de discutirmos juntas seus critérios e modos de execução.

A maneira como Neide se envolveu com a entrevista já diz muito sobre sua presença nessa ocasião, bem como em outros espaços cotidianos. Ela vem e fica. Sua voz calma, de timbre doce, carregamos inquietos, tentando alcançá-la em sua lucidez e criticidade. Já seus olhos por vezes ancoravam-se num ponto da parede da cozinha enquanto falava, mas certamente estavam mais longe. Quando indignada, eles pareciam ter força de sobra para perfurar o mundo. Ao mesmo tempo suas mãos estendiam pedaços de bolo fresco e copos de café quente, exemplos materiais da fartura que Neide sempre brinda a quem dela se aproxima.

Cris Fernández Andrada

Entrevista com uma trabalhadora sobre sua trajetória de trabalho

"De pobres a miseráveis".

Neide — Quando meu pai morreu, eu tinha 17 anos, e quando foi minha mãe, eu tinha 18. Então, pela idade você pode falar assim: "é uma idade que ainda dá pra se virar", só que eu não tinha nenhuma experiência de vida.

Bom, meu pai era funcionário federal. A nossa experiência era estudar, cuidar de casa, obedecer a pai e mãe, só nisso a gente vivia. Eu ainda comecei a fazer uns cursos de datilografia, que era o computador de hoje. Minha mãe fazia questão que a gente estudasse.

Meu pai consertava a linha do trem. Lá a gente chamava a profissão dele de "feitor," era como se fosse o encarregado daqui. Era isso que ele fazia. Quando ele conheceu minha mãe, ele não sabia nem assinar o nome. Minha mãe o colocou na escola. Não era bem escola, eles pagavam alguém pra ensinar, pra estimular. Eu sei que ele teve uma boa profissão. Eu acho que lá em casa a gente tinha uma educação boa. Minha mãe, se ela fosse viva hoje, ela seria uma mulher "pra frente", sabe? Ela nasceu em sítio, batalhou, ela trabalhava demais, passava necessidade demais, demais. Mas era uma mulher que não era submissa. Uma mulher de nariz empinado, como se fala. Se ela tivesse tido alguma chance, acho que ela teria voado muito alto, mesmo.

— *Onde seu pai trabalhava?*

Neide — Na RFFSA[1]. Quando ele morreu faltavam oito meses pra ele se aposentar. Ele tinha 48 anos e ia se aposentar em setembro. Nós ficamos numa situação... boa. Tirando a falta que ele fazia, nossa condição financeira era boa, porque ele tinha comprado uma casa pela Caixa[2]. Eu lembro que meu pai tinha uns seguros de

---

[1] Rede Ferroviária Federal S. A.
[2] Neide faz referência à linha de financiamento para aquisição da casa própria da Caixa Econômica Federal.

vida, tinha pensão e uma complementação dessa pensão. Então a gente ficou bem. Só que minha mãe ficou com 11 filhos. E ela depois ficou com câncer, já tinha três anos que ela tinha câncer. O tempo foi passando, atravessamos o ano e aquele foi um natal muito terrível. Quando foi final de abril de 1983, nós nos juntamos e falamos: "Não dá mais". É o fim mesmo. E não foi por falta de tratamento. E... ela morreu. E tudo era nós. A gente teve que se virar mesmo.

— *Então, Neide, de uma família que tinha uma condição econômica razoável, pelo trabalho de seu pai, vocês ficaram em uma situação muito difícil. Como foi essa passagem?*

Neide — Geralmente quando acontece falência, fala-se que passou de rico pra pobre. Nós passamos de pobre pra miserável, porque nós chegamos ao fundo do poço. Porque quando ela morreu, não houve uma pessoa pra falar o que nós devíamos fazer. A casa estava cheia, né? Como ela morreu de câncer, quando ela fechou os olhos e morreu, acho que passou um vento que entrou pela porta da cozinha e levou todo mundo! Não ficou uma pessoa! Ninguém, ninguém, ninguém! Era preconceito, ignorância e tudo mais. As pessoas tinham medo de pegar câncer. Quando ela morreu, nós ficamos sem nada, nosso dinheiro já tinha ido tudo. Pra você ver, o prefeito nem tanto, mas tinha uma advogada e um deputado, todos sabiam dessa nossa condição. Sabiam que remédio de câncer é muito caro.

— *O tratamento não foi custeado pelo Estado?*

Neide — Eu sei que era INAMPS[3], mas o tratamento era todo em Fortaleza. E tinha toda a medicação. E 11 filhos pra comer, todo dia, sem ninguém trabalhar. Uma das filhas tinha que ir com ela pra lá. E eu, sendo a outra mais velha, ficava. Foi um tempo difícil. E aí aquele dinheiro foi gastando, foi saindo por uma porta e... não entrava! E foi assim até acabar. Tinha um senhor que emprestava dinheiro pra gente. Pra todo mundo que quisesse. E minha mãe começou a fazer assim, pra você ver como era a jogada. Ela comprava lá — a gente chama bodega — todas as coisas, arroz, feijão, tudo. Ela tinha pensão. Eu sei que ela começou a pegar dinheiro emprestado desse senhor antes pra comprar remédio. E como é que ela ia conseguir pagar essa pessoa e pagar a bodega? Então, ela pegava o dinheiro, pagava pro homem e pegava mais. Aí vinha e pagava aqui. Ficou aquele círculo, ficou aquela roda viva. Só que ela recebia o pagamento dia 14 e morreu dia 2. Então nós já não pegamos esse pagamento do dia 14. Cancelaram na hora! (...) E nós ficamos devendo a ele a 20% de juros que era cobrado da gente, mais a bodega e mais o funeral. Ficamos com essas três dívidas e sem nenhum centavo. Aí... pronto.

---

[3] O INAMPS (Instituto Nacional de Assistência Médica da Previdência Social), sistema vinculado ao Ministério da Saúde, foi extinto em 1993, a partir das mudanças promovidas pela Constituição de 1988. Com a Nova Carta, o INAMPS foi substituído por dois sistemas: o SUS (Sistema Único de Saúde), no âmbito da saúde pública, e o INSS (Instituto Nacional de Seguridade Social), para a previdência social.

— *Não houve nenhum tipo de assistência do Estado, Neide?*

Neide — Nós ficamos na mão dessa advogada, porque não tínhamos nenhuma experiência, inclusive minha irmã mais velha. É como eu falei, a gente foi educada pra estudar. A gente queria ser alguma coisa, mas devido a esses solavancos, minha irmã desistiu no 2º colegial pra casar. Eu ainda cheguei a fazer o 1º, mal feito que só, mas fiz. Aí nós ficamos com essas três dívidas e ficamos com os filhos (sic), com os irmãos.

A gente começou a passar na casa da tal advogada: "Olha, a situação está terrível, não tem nada!". E minha tia ainda mandava alguma coisa, até uma vez ela mandou outras coisas e misturou com a comida, então tinha um cheiro... Mas a gente comia, comia porque não tinha, não tinha! [pausa] Nós fomos criadas muito frescas, sabe. Nós nunca tínhamos trabalhado em casa de família. Meu pai falava assim: "Enquanto eu viver, filha minha não trabalha em casa de família". Porque lá trabalhar em casa de família não é como aqui, é ser escravo mesmo. Era mais em troca de uma comida, é semi-escravidão. Isso é lá, mas se você procurar em alguns cantos, é aqui também.

— *Mas vocês conseguiram algum tipo de assistência do Estado com a ajuda dessa advogada — pensão, por exemplo?*

Neide — Passamos um ano sem receber nada. Um ano com a conta da bodega, que estava comendo juros, do homem [o agiota] e do velório da mãe. E nós pagamos, tinha que pagar isso aí tudinho. Você imagine só... Aí a gente recebeu a nossa pensão. Como minha tia estava com os meninos mais novos, a gente dividia com ela.

— *Como você acha que o Estado poderia estar presente na situação de dificuldades que vocês passaram, com a morte de seus pais?*

Neide — Se você está sentindo muita dor, se você tem uma doença, o que você tem que fazer na hora? Se você chega num médico, ele tem que fazer algo emergencial, dar uma injeção, não sei, pra aliviar a dor. Eu acho que deveria ver os meus irmãos, a primeira coisa. Comida para os meus irmãos. Aí sim, isso era o benefício.

— *Poderia ser a própria pensão?*

Neide — Lógico. Só que deveria haver um mecanismo pra liberar logo isso. Não sei bem como é que foi isso, de informar que a minha mãe tinha morrido, porque foi minha irmã mais velha que viu. Deveria haver um mecanismo também rápido como foi esse, de contrapartida. Deveria haver um questionário que investigasse como a família ficou, com que benefício, quem e como ficou. E claro, que também houvesse uma fiscalização eficiente que fosse a minha casa, e visse! E liberasse, uma parte que fosse, mas de imediato!

— *Claro. Você fala da pensão que ela recebia pela morte de seu pai?*

Neide — Exatamente. Quer dizer, não houve ajuda imediata, mas houve corte imediato. Como é que não houve um caminho rápido pra conceder a pensão pra gente e houve um mecanismo pra cancelar na hora?!

— *O Estado se ausentou rapidamente. Ou melhor, esteve presente o tempo todo, mas de um jeito perverso. E durante toda essa espera, como você e seus irmãos sobreviveram?*

Neide — A minha tia, que ficou com minha mãe até ela morrer, ela falou assim: "Quem me quiser eu quero". E nós estávamos tudo com fome, nós estávamos precisando, minha filha. Porque nós havíamos passado um ano e pouco sem receber nada. Então, já tinha ido três irmãos pra casa da minha tia, por parte de pai. Estavam lá, passando uns tempos.

Então a gente conversou com a advogada: "Doutora, a gente está precisando trabalhar!". "Mas no quê?!" — "Não sei, a gente tá precisando trabalhar". — "Então, à noite vocês venham aqui em casa, vai ter um jantar e vai estar o prefeito, o deputado, a gente vai conversar". Fomos eu e minha irmã, para o tal encontro. E aquilo demora e demora, e a gente sentada lá. Aí chamaram a gente pra ir pra mesa. Quando nós entramos, tinha um banquete, sabe. Claro, tinha um deputado federal. Se não tinham comida, fizeram dívida até conseguir! Mas eles tinham, com certeza. E a gente com fome. Eu acho que eles tinham a obrigação de ajudar a gente. Tinham! E eles lá, entre as coxas de galinha, lá nos banquetes deles, mandaram a gente fazer curso disso e curso daquilo, sabe. O maior desprezo! Nós tínhamos crianças com quatro anos. Elas iam esperar que a gente se formasse em algum curso pra poder comer?! A gente saiu de lá chorando, com muita raiva mesmo, e fomos pra casa. E o único jeito foi pegar nossas malas e falar: "Vamos pra casa da tia". E nós fomos. Fui eu e minha irmã, e os dois meninos mais novos. Isso era um sítio.

O trabalho na roça

"Não tinha mais nada que a gente pudesse fazer".

Neide — Ela tinha um pedacinho de terra, mas o sítio que a gente fala é de todo mundo. Só que ela não era nem dona, nem empregada, era "moradora". Eles falam assim: "Morador de fulano de tal". Quando muito, eles conseguem ter uma pequena porcentagem. Nem sei se entra dinheiro nesta questão. Minha tia ainda hoje deve ser moradora, toda a família dela. E é o caso de várias famílias, não é o caso só dela. E os donos da terra tinham um comércio, uma bodega, e eles faziam compras nesse comércio. Eles guardavam feijão, e quando aquele feijão acabava, iam comprar aquele próprio feijão, que eles tinham plantado.

Mas quando nós chegamos lá, menina! Eu lembro como se fosse hoje! Se passasse um ônibus lá, naquela hora, nós tínhamos pegado de volta. Ninguém saiu pra receber a gente. Sabe quando chega a olhar assim? [Neide faz uma expressão de desprezo] Só faltava mesmo nos mandar embora. Só que não tinha mais nada que a gente pudesse fazer... Não tinha nem dinheiro pra passagem, ainda por cima. Só não digo que ela sustentou a gente, porque ela não sustentou. Porque já no outro dia nós fomos cedo pra roça. Quem nunca tinha ido em roça! [emocionada].

Uns dois anos antes nós tínhamos ido lá na casa dela. E tinha que pegar na enxada. E eu não pegava normal, eu pegava meio torto. E todo mundo achava engraçado. Sabe, "menina da cidade". E quando fui pegar dessa outra vez e eu não conseguia, aí já era frescura, a graça já tinha acabado. (...) E devido a esse problema de alergia, ela não deixava muito eu ir pra roça. [Neide sofre de problemas respiratórios.] Então eu ficava fazendo comida, o que não era muito melhor, não. Porque minhas tias são duas moças velhas. Porque lá é normal ficar moça velha e ir morar juntas, sem problemas. Naquele momento, pelo menos, elas eram sem educação, sem escola, sem nada, só que muito inteligentes. (...) Muito esperta, ela trabalhava muito, sabe, acordava bem cedo. Uma mulher que sempre trabalhou. Bem negrinha, bem moreninha, trabalhadeira. Mas ela está doente agora.

— *Elas também trabalhavam na roça*

Neide — Roça! Roça! Até sabe qual era o apelido?! [Fala rindo] Ela era o Lampião e nós seus cangaceiros! Porque ela não salvava nem sábado, era direto. Às vezes, dependendo do tempo... Mas quando a pessoa mesma ia fazer, não tem sábado, nem domingo, nem dia santo, nem frio. E nós íamos junto. Não sei se você já viu moinho de milho, que mói milho pra fazer fubá. Oito horas da manhã eu já tinha moído não sei quanto, porque tinha que levar comida pra todo mundo, pros meus irmãos, que estavam lá, e pra algum trabalhador que ela arranjava, dependendo do que ela precisasse.

— *E só você cozinhava?*

Neide — Eu que cozinhava. (...) Só que hoje eu fico pensando: duas moças, que viveram a vida inteira sozinhas, e de repente vem nove crianças ou adolescentes pra casa delas, não tem como também ser santa. (...) Então a gente começou trabalhando, trabalhando, e ela começou a cansar. Aí a gente fez uma casa atrás da casa dela. Nós fizemos a casa desde os tijolos, daqueles tijolinhos fechadinhos, nós fizemos (...).

Nós éramos quatro moças, né [risos]. Nem tinha muito charme, mas éramos da cidade e tal. A gente fez muito colega lá. Então vinha todo mundo trabalhar. No "dia de emergência", em função da seca.

— *Como é isso?*

Neide — É uma bolsa de trabalho. É "emergência", que se fala. Lá eles fazem açude onde não tem sentido nenhum, sabe? Então tinha um açude lá, em que a gente trabalhava. Aí, no dia do pagamento, ia todo mundo arrumadinho, mas nós não. Nós tínhamos que sair da roça e vir pegar o pagamento. Vinha, pegava o dinheiro e voltava. E "ai" se demorasse. Porque a gente tinha medo, não era nem medo. A gente sentia que devia, porque na hora do desespero da minha mãe, ela [a tia] estava lá. Ela acolheu, então a gente não tinha como ir contra ela, nunca. (...) Falava que sustentava a gente, mas ela não sustentava, porque a gente trabalhava.

— *Trabalhavam, mas não recebiam?*

Neide — Não, nada. A gente só trabalhava. Quando a gente passou pra nossa casa, a nossa colheita ficava toda na casa dela. Quando a gente precisava, a gente pegava, era assim. Mas só foi um ano que nós ficamos lá. Não agüentamos mais do que isso, foi ficando difícil demais. Um dia eu falei: "Nós vamos sair", só não sabia como. Aí eu juntei minha turma, minhas irmãs, e falei: "Gente, é assim, é assado. Nós vamos ter que sair. Não dá mais. Acabou!" E pra contar pra tia, quem tinha coragem? (...) Foi uma revolução. Minha tia falou, atirou cachorros em cima de nós, falou que não ia dar o Cícero, que era o mais novo, tanto que ela não deu. Aí que eu falo da vacina que a minha mãe tinha dado na gente.

— *Como era essa vacina, Neide?*

Neide — A fé dela, a oração que ela passava pra gente. A crença em Deus, que eu vou ensinar meus filhos. Não é fanatismo. É essa a vacina.

Bem, a gente pôs as coisas no caminhão. Nós fizemos bastante amizade lá. Muita gente chorando... Foi legal a nossa saída de lá. (...) Só depois que nós fomos pra casa da cidade, da minha irmã.

A indústria da seca

"O maior problema não é a seca. É a política".

Neide — O Ceará... O que houve lá foi um trabalho como creio que hoje não exista mais. A maioria era sem carteira assinada mesmo. E até assim era muito difícil arranjar trabalho. Um agricultor, por exemplo, lá você pode contratá-lo só por comida. Então o que você vê, entre as pessoas que trabalham em roça lá e as pessoas daqui, é uma diferença... É um maltrato na pele, no cabelo. Coisa áspera, vida áspera. Muito judiados.

— *É falar ao mesmo tempo de más condições de trabalho e de vida*

Neide — Exatamente. Porque não é todo mundo que tem uma casa assim, arrumadinha. Não mesmo. Lá o que eu não cheguei a ver foi favela. Mas isso não quer dizer que aquelas casinhas pra dentro não fossem também favelas. Lá em geral a pessoa tem a casa, que pode não ser rebocada. Principalmente para os lados do interior tem casa de reboco, que a gente fala. Eles não colocam madeira, não. São varas que eles pegam no meio do mato e entrelaçam. Depois pegam um bolo de barro meio mole e vão colocando e fica aquela coisa. Não era aquela casa bem acabadinha, assim. Uma vez fui na casa de uma tia. Você olhava para o teto, se chovesse lá fora e ficasse do lado de dentro, dava quase na mesma. Mas eu acho que além das condições de trabalho, as pessoas que se criam naquele ambiente não têm expectativas de melhorar. E não é por relaxo ou por falta de vontade. Quem não quer ter uma vida melhor? O que não tem é expectativa. Inclusive essa minha tia. A vida dela e da minha mãe foi muito difícil. A do meu pai não foi tanto, não. Mas a dela foi terrível. E minhas tias continuam até hoje nessa vida. Algo melhorou porque os filhos cresceram, boa parte veio pra São Paulo e devem ajudar de alguma forma.

— *Dá pra dizer que uma das maiores dificuldades do Nordeste é a seca?*

Neide — Eu acho que ainda não é essa a dificuldade. Apesar de tudo, ainda acho que o problema não é esse. É a cabeça dos coronéis, desse pessoal. Com certeza, Cris, o maior problema não é a seca. É a política.(...) Quantas vezes fui e era sempre aquilo, a mesma coisa, não há uma melhora. Isso quando o patrão não se aproveita, entre aspas, das meninas. E lá é assim mesmo, não tem como negar. Hoje eu não sei se ainda está assim, mas sempre existiu. Parece que ele ganhou direito sobre as mulheres.

— *Você fala que uma das grandes dificuldades é a cabeça dos coronéis, a política. Como você acha que isso influencia a vida das pessoas?*

Neide — Olha Cris, se o governo federal liberasse uma verba e houvesse um controle, a verba é pra todos. Se o governo fizesse essa reforma agrária... Eu nessa época nem sabia o que era isso. Se incentivassem e educassem esse pessoal pra ter uma plantação de verdura, até pra eles se alimentarem melhor, porque também não tem alimentação...

Na época que morei com a minha tia, eles doaram cestas básicas. Meu Deus do céu, era aquele feijão de feijoada, aquele feijão preto, nunca tinha visto aquele feijão preto na minha vida! E outra coisa, é diferente você comer uma feijoada aqui, aquele feijão cheio de coisa e tal, e comer aquele feijão seco, sem nada. Outra coisa: é feijão tão duro, que tem que pôr de molho, e tem uma borra preta aquilo... Então eles dão a cesta básica lá. Eles vão "peneirando", e aquele bagulho de cima, que muitos animais com certeza recusam, é aquilo que chega pras pessoas. Minha experiência de receber cesta básica era isso. E a gente na época, nesse tempo, que não era muito crítico, foi preciso haver essa doação. E a gente sabe de comadres que fazem doação e que recebem prêmios. Então, quer dizer, é uma injustiça muito terrível. Eu não sei qual projeto o governo poderia fazer, mas eu sei o seguinte: eles estão lá pra governar. Pra criar projetos para o bem do povo e era isso que deveria ter sido feito. (...).

Eu vi um programa na TV Cultura falando sobre religião. E falava de uma religião de uns países em que a terra é seca. Seca mesmo, esses países que tem essas dificuldades. E fizeram um jardim imenso lá, menina! E não era um só, acho que eram nove jardins de um lado e nove do outro. O templo ficava no meio, assim, no alto. E cada jardim tinha um tipo de plantação. E tudo era através desses processos novos que estão aí. Agora eu falo assim, o Brasil — que tem tudo, que todo mundo fala que tem tudo, e tem tudo — não tinha como trazer essas iniciativas para o Nordeste? Lógico que tinha! Não precisava plantar no Nordeste inteiro, mas teria que ir fazendo experiência. Mas se não der pra usar essa tecnologia, porque não se dá educação, informação para as pessoas usarem lá ou irem pra outro lugar?

Eu lembro muito bem de uma família, quando eu morava no (município de) Alencar, eu saí de lá no máximo com 12 anos. Esse negócio de achar o que é certo e o que é errado, eu acho que eu sempre tive. Eu me lembro muito bem de um senhor que fez um monte de filha. Então alguém comentou que "na casa dele tinha 12 votos". Ele tinha que ganhar alguma coisa com isso. Ele vendia todos os votos! Eu saí da minha cidade natal mais ou menos com cinco anos, mas eu lembro que tinha uma época do ano que tinha umas casonas cheias de espaços, com panelões, sabe?

— *Uma casa?*

Neide — É como se fosse um balcão grande, cheio de panelas, comidas, muita comida. Eu nunca entendi que festa era aquela, só que com o passar do tempo, eu tenho quase certeza que era isso, era época de eleição. Agora imagina aquele pobre coitado que morava fora, há quilômetros da próxima vila, que comia o fubá, o milho moído, só o pó. A comida era isso. Minha mãe sempre contava que ela levantava às cinco horas da manhã, estudava, ia pegar água, moia esse milho e fazia o cuscuz. Aí minha avó fazia uma polenta. Essa polenta não é aquela temperada, com carne moída e molho de tomate, não é essa. Era água e sal. E quando minha mãe chegava em casa encontrava em cima da meia parede aquelas latas de goiabada usadas como pratos, cheias dessa polenta —Formava uns tijolinhos. Então, isso era o almoço. Quem tinha feijão comia feijão, claro. Agora quem não tinha, era só milho com água e sal. Era só isso que ela comia. (...).

O Ceará que a gente vê na televisão é o Ceará dos turistas. Porque são muitos "Cearás", são muitos "São Paulos", são muitos "Brasis". Eu só vi dois "Cearás" lá. Eu não vi o melhor Ceará, não! Eu vi o Ceará da família da minha mãe, que foi um Ceará terrível, o centro ali, de roça mesmo. Mas eu quero voltar naquela questão do voto. Você acha que uma pessoa, comendo milho a vida inteira, aí uma vez na vida, alguém chega e oferece um banquete... Então, lógico. Eu confio nesse povo. Viver ali devia ser terrível! E com certeza também tem aquele lado de levar uma "fazenda", que eles dão em troca do voto. No Ceará um corte de pano se chama "fazenda", né? Então, geralmente se fala em dentadura, essas coisas. Então isso tudo acaba, mesmo sem querer, com a consciência do povo.

— A pessoa se sente grata porque foi socorrida em um momento de dificuldade e acaba votando naquele candidato. É isso?

Neide — Isso. Agora, por isso você vê a questão do prefeito, do vereador, dos coronéis, ou sei-lá-o-quê, de não se interessar pela educação. Porque isso não seria interessante pra eles. Lógico! Porque se eu tenho alguma consciência, eu não vou votar pela dentadura ou pela "fazenda". E eu estou falando tudo isso, que eu vivi quinze anos atrás. Só que eu acho que muito nordestino lá também viveu. E eu acho também que ainda deve viver.

O retorno para Juazeiro e o garimpo por trabalho

"Pra conseguir um trabalho lá é quase um sorteio. É preciso ter sorte".

Neide — Quando nós chegamos na cidade foi muito, muito difícil. Nós já estávamos devendo, você acredita? Isso que já tinha passado mais de um ano. Meu irmão queria vir pra cá [São Paulo], mas nós não tínhamos como mandá-lo. Nós vendemos a televisão. Foi aí, a bagaceira. (...) Pior foi o que aconteceu: a gente caiu no buraco. Minha irmã tinha falado: "Vamos comprar um guarda-roupa?". Eu: "Não, uma televisão!". Porque era horrível, à noite não tinha nada pra fazer. Só que as prestações atrasaram e nós tivemos que vender essa televisão, pra pagar as prestações da própria televisão! Pra você ver. Aí pronto. Nós começamos a despencar de vez.

— E como estava sua situação de trabalho nessa época, Neide? A sua e a de seus irmãos?

Neide — Todo mundo parado! A gente tinha a casa. E a pensão era só pra pagar as dívidas. E começou a faltar coisa. A minha irmã falou: "Neide, eu vou pra São Paulo e não vou voltar. E vou levar o Eldigmar". Eu falei pra ela: "Então você leva, que é o mais velho. E eu vou ficar aqui". A gente ficou procurando trabalho. Mas é muito difícil achar um trabalho no Brasil, no interior. É muito difícil. Um dia, eu decidi ir a uma loja grande, de departamentos. Pensei: "Deixa eu ir lá, talvez eu consiga". Eu falei pro rapaz que eu precisava trabalhar, e ele falou: "Não tem vaga. Mas você conversa, dá uma choradinha que o Seu Bruno é muito generoso, é muito humano. Ele vai ouvir o seu problema. Mas você conta falando, não chorando". Entramos e eu comecei a contar nossa história. Ele começou a ouvir, prestando bem atenção. Ele chamou outro rapaz e falou alguma coisa no ouvido dele. O rapaz saiu e voltou com dinheiro na mão. E não era pouco dinheiro, não. Quando eu vi aquilo, sabe o que eu me senti? Eu me senti uma prostituta. Eu falei que não queria. Ele falou: "Olha, eu não posso deixar você sair daqui assim. Você tem irmãos pra cuidar". E eu não levei nenhuma prova que tinha irmãos, não levei nada. Só levei minha fala. Ele falou: "Olha, se você teve coragem de vir aqui no meu escritório falar essa história, jamais vou duvidar. Eu não ando dando esmola pra ninguém, não. Agora você vai ter que pegar. Porque você está contando uma história que eu sei que é verdadeira". E eu não tinha como recusar porque eu precisava. Eu comecei a chorar de verdade. E ele falou: "Eu vou dar trabalho pra você. Assim que tiver oportunidade". Só que eu fiquei com tanta vergonha que eu não dei nome, não dei endereço, nada. Fui embora. Eu comprei gás, paguei uma prestação que estava atrasada e comprei algumas coisinhas. Eu sei que não foi pouquinho dinheiro. Até hoje eu faço uma oração pra ele.

Depois eu arranjei trabalho num supermercado. Só que nesse supermercado não entrava ninguém, porque era muito caro lá. Todo dia eu limpava a venda. Todo dia! E não entrava uma mosca ali. Então o homem me dispensou com uma semana.

Consegui um trabalho na rodoviária, num box. Foi muito legal. Ali eu trabalhei quatro meses, nesse box na rodoviária. Era uma lanchonete, só servia café e lanchinho rápido. Essa foi, realmente, a primeira vez que eu trabalhei de verdade.

— *Com carteira assinada?*

Neide — Não! Carteira assinada, não.

— *Você teve experiência com carteira assinada, lá em Juazeiro?*

Neide — Lá? Não. Havia promessa, mas eu não fiquei muito tempo lá.

— *Que outras dificuldades você encontrou nesses trabalhos na cidade?*

Neide — Quando eu trabalhei na padaria[4]... Lá era uma padaria pequenininha. Às vezes, eu chegava lá às cinco e meia, seis horas da manhã. Eu tinha que falar para o cliente que o pão saía em dez minutos. Só que não era! Não eram dez minutos! Às vezes o homem ainda estava mexendo na massa e ia demorar, e eu: "Dez minutos" [ri]. Menina, era uma tortura! E passava 10, 20, 30 minutos, uma hora e nada. Era uma padaria pequenininha, então não tinha uma organização. Eu trabalhava das 5h às 16h, nessa faixa aí. E tinha muita criança também, eles colocavam uns pãezinhos doces num tabuleiro e as crianças iam vender na rua. É, crianças, de dez e onze anos. Colocava o tabuleirinho na cabeça e saía vendendo. Talvez ele [o patrão] ganhasse mais assim do que na própria padaria. Porque não é todo mundo que pode comprar pão todo dia pra comer, né?

— *Por que você acha que não era possível o registro em carteira lá?*

Neide — Não queriam. Não que ele não pudesse registrar. Meu pai trabalhou registrado, apesar de ser para o governo. Minha irmã também trabalhou registrada

---

[4] Neide refere-se a seu primeiro trabalho de fato. Conseguida por meio de contatos da sua mãe, esta experiência foi vivida ainda no início da sua adolescência.

numas lojas. Duas irmãs trabalharam registradas. Mas no caso da padaria, eu sei, pelo que eu vi dos lucros dele. Ele fazia conta ali na minha frente. Eu acho que ele não tinha condição de pagar a funcionária direito. Pelo menos, na época que eu trabalhava. Agora no box, ele tinha uma condição de registrar e não registrava. Não sei por que ele não registrava, eu também precisava trabalhar. Então a gente tinha que aceitar as normas. Só que ele era um patrão muito bom, era uma pessoa legal, quando podia, lógico. Ele tinha uma outra lanchonete no centro e tinha também uma livraria. Então esse eu acho que não registrava porque não queria e não tinha fiscalização que forçasse ele. Não sei se alguma lei força...

— E pra você, naquela época, o que significava exatamente não ter registro? Como isso repercutia na sua vida?

Neide — Talvez na época eu nem desse tanta importância. Eu lembro de uma das meninas de lá, ela saiu antes de eu chegar. Eu sei que ela trabalhou uns dias comigo, eu não lembro o nome dela. Depois houve um problema com o patrão e ela teve que sair. Ela ameaçou pôr ele na justiça, porque também tinha Justiça do Trabalho. O problema era o funcionário ganhar a causa. Só que ele falou que se ela o colocasse nunca mais ia arranjar trabalho.(...) Eu acho que eu nem fiz também tanta questão de ser registrada porque eu arranjei esse trabalho, entre aspas, por um milagre. Eu precisava. E agora, o que vai acontecer com essa nova lei de negociação? Não vai ter negociação.

— Você fala da flexibilização das leis de trabalho?

Neide — Exatamente. O Neri [o marido], que está há um ano e alguns meses desempregado, sem registro, ele consegue uma vaga aqui e vai. Você acha que se o patrão falar: "Olha, você vai conseguir, mas não vai ter direito disso, daquilo..." Você acha que ele não vai aceitar? Tem dois filhos, tem uma construção pra fazer. Então, é isso que vai acontecer. O patrão vai sempre dar a carta maior. Já dá. Imagina então... Era o que acontecia lá, mais ou menos isso. Você precisava do trabalho, então você trabalha sem, como muita gente aqui.

Destino São Paulo dos anos 80: o encontro com o Brasil regulado

"Não tinha mais como espremer. Você espreme até a última gota. Aí fala: — Não tem mais".

Neide — Olha, eu nunca espero demais das coisas. Quando vim pra São Paulo nós falamos: "Nós vamos e vamos. Não tem remédio. Tem que ir". Ninguém veio pra cá tendo a ilusão que vai conseguir "aquele trabalho". Por isso ninguém se decepcionou aqui. E nunca mais voltamos pra lá. Eu vim em 1986, são 16 anos. Acho que eu não vou voltar pra lá mais, não. Eu adoro o Ceará. Não gosto que ninguém fale mal do Ceará, eu gosto demais de lá. Mas a gente aqui teve oportunidade, principalmente antes de ter a minha primeira filha. Só nós dois, trabalhando, tínhamos um bom salário. Dava pra ter ido. Só que sabe do que eu não tinha coragem? Eu não sabia se eu ia ter coragem de voltar pra cá.

— *Nessa época, você tinha quantos anos, Neide?*

Neide — Ich! [ri] Tinha 22 anos, 21 anos. Sou de 1965.

— *E você e o Neri já estavam casados?*

Neide — Não, não. Foi o que eu falei: "Olha, Neri, se você quiser — foi assim mesmo — você vai comigo. Eu vou pra São Paulo. Não tem jeito!". Então, ele já baixou a cabeça, porque ele já sabia. Nesse período ele resolveu vir passear. Ele falou que se conseguisse um trabalho, já ficaria. Se não, ele voltava. Ele veio com um amigo. E conseguiu trabalho em 15 dias. Ele ficou trabalhando numa firma de papelão, de embalagem. Trabalhou cinco anos lá. A gente casou, teve a nossa primeira filha, tudo com ele lá.

— *Quanto tempo você ficou procurando emprego?*

Neide — Pouco, pouco. Teve pouca procura mesmo de emprego.

— *Eram outros tempos também.*

Neide — Exatamente, era 1986. Foram poucos dias. Eu até perdi a chance de passar menos tempo desempregada. Porque eu e uma colega fomos procurar trabalho e conseguimos numa firma que, se eu não me engano, fazia box de banheiro. Só que eu não consegui porque eu não tinha o título de eleitor daqui. Eu consegui um trabalho na Girassol[5], na Moóca, uma empresa de brinquedo. Pra você ver como era boa a época, eu trabalhei só 22 dias, porque eles queriam que a gente fizesse turno direto. Aí eu saía às dez horas da note!

— *E você entrava que horas, Neide?*

Neide — Às sete horas. Se eu não conseguisse catar as minhas coisas e correr, eu ficava pra trás. E eu tinha pavor! Eu tenho muito medo, sempre tive muito medo desse negócio de bandido, essas coisas. E chegava em casa meia-noite! Em 22 dias eu saí. (...) Porque geralmente, quando você chega numa firma, você tem a sua turminha. Eu não tive a minha. A gente não almoçava junto, porque era todo mundo em horário diferente. Pra mim, que tinha acabado de chegar, eu achei difícil. Você também via muita troca de trabalho. Falei: "Vou tentar. Se eu não tiver chance, tudo bem". Aí foi quando eu fui

---

[5] Todos os nomes de empresas aqui citados são fictícios.

pra outra. Então, acho que a maior dificuldade lá foi essa, eu não consegui me adaptar. Depois eu consegui trabalho numa metalúrgica, não sei mais o nome dela, sei que era no Ipiranga. Era por ali perto. E também trabalhei 22 dias [ri]! Mas a justificativa é um barato [ri]! Faziam varal pra apartamento. Lá não tinha um banheiro pra gente se arrumar. Então, menina, nós andávamos todas sujas! Porque você furando, soltava (partículas de) alumínio. A gente furava as peças, eram barras. Você tinha que juntar aquela barra e colocar aquele pino, pra montar o varal. E eu ficava toda suja. Minhas unhas eram por aqui, tudo sujo. Pensei: "Não quero ficar assim, não". Eu parei. A gente não tinha onde comer direito. O banheiro, não tinha onde tomar banho, não tinha mesmo. Trabalhava uma turma em cima e uma turma embaixo. Lá onde eu trabalhava havia mais homens. Tinha só eu e duas moças. Não lembro os nomes delas. O salário lá, eu não me lembro bem, mas parece que era melhor do que na Girassol.

— *E depois dessa metalúrgica?*

Neide — Eu trabalhei numa outra metalúrgica, chamava Excel. Eu não me lembro o nome do bairro dela. Tenho na carteira.

— *E esse foi seu primeiro registro em carteira?*

Neide — Não, a Girassol já registrou.

— *Mesmo tendo ficado pouco tempo, você foi registrada desde o começo?*

Neide — Isso. Eu fiquei nessa daí, a Excel, que era metalúrgica. Lá era legal. A gente fazia rosca e porca, parafuso. Era bem legal. Eu trabalhava no torno mecânico. Ali eu trabalhei dez meses.

— *E como era o seu cotidiano de trabalho Neide? Quais as principais dificuldades que você sentia naquela época, em relação ao trabalho?*

Neide — Lá era perto da minha casa, dava 15 minutos de ônibus. Uma das principais vantagens. Mas não tinha vale-transporte. Nem tinha também esses marmitex, essas coisas de almoço. Nem cesta básica, não tinha. Mas o ambiente era bom, não sei se era amizade, mas eu me enturmava bem. No dia em que eu fui pedir pra ser mandada embora, foi legal, acho que deu pra agradar em alguma coisa o pessoal. Inclusive, na época, a firma ia mudar pro interior. Quando eu entrei lá já devia estar dentro desse processo, porque eles vinham reformando e diminuindo a empresa. (...) E tinha um operador de máquina, que a gente achava que perseguia as meninas, sabe? Não era só a mim, não. Ele vinha arrumar as máquinas, porque tinha que ficar regulando sempre. E às vezes você via que ele não regulava porque ele não queria. Tinha que trocar a broca, às vezes, ele colocava broca cega. E eu não tinha muito como reclamar! Então, no final, talvez seja isso que apressou a minha saída.

— *Essa foi uma dificuldade, então?*

Neide — Foi. Não foi da parte de escritório, de administração ou de patrão. Era de colega de trabalho. Mas aí se aproximou o tempo de casar e eu saí. Me arrependi depois, não deveria ter saído. Só que daqui não tinha nem como ir. Era muito longe[6]. Aí eu tive que sair. Só que eu fiz acordo, estava na véspera de casar, então fiz acordo. Eu sei que recebi o fundo de garantia. Isso eu recebi. (...) Mas pra época, a gente tinha um bom salário. Nós estávamos batalhando. Pra você ver, ele (o marido) ganhava muito pouco aqui na Itaguá. A firma se chama "Embalagens Itaguá". Aqui mesmo, em Barueri. O salário dele não dava pra comprar os nossos móveis. Então, o que ele fazia? Trabalhava das 7h às 17h, no horário normal, ia pra casa da irmã dele, tomava um banho e vinha trabalhar como pedreiro pra um colega até as dez horas. (...) E isso ele fez. A vida desse homem foi trabalhar. É trabalhar! Mas o que aconteceu na época? Eu saí para procurar e consegui trabalho numa firma. Na Arvoredo, indústria de plásticos. Eu entrei lá e trabalhei esse tempo todo: sete anos e sete meses. Eu tinha nove meses de casada. Lógico que aliviou demais lá em casa. Então começou a melhorar. A firma minha não pagava tão mal, era uma firma que tinha um bom convênio, na época tinha até um posto bancário dentro da firma. Tinha almoço lá.

— *E aí também foi com registro em carteira?*

Neide — Registro. Tinha décimo terceiro, férias, tudo direitinho. Nisso, com algum tempo que eu estava lá, engravidei a primeira vez. Aí, a minha menina morreu nessa época. A gravidez, era uma gravidez normal, como toda outra. Era primeira gravidez, a gente fez tudo o que pobre, na condição de pobre, pode fazer, enxoval, tudo bonitinho. E outra coisa, eu sempre tive vontade de ter uma menina, sempre. Então, aquilo ali, pra mim, era um sonho.

— *Neide, você diz que ficou grávida trabalhando nessa empresa. E como foi isso lá, no trabalho? Isso te trouxe algum tipo de problema?*

Neide — Foi tudo direitinho. Quanto a isso eu não tenho o que reclamar. O que ficou mais difícil foi justamente na implantação do ISO 9000, como eu falei pra você. (...) Aí, eu ganhei a nenê. Mesmo tendo perdido ela, eu fiquei os quatro meses em casa. Os 120 dias. Tinha férias também, praticamente emendou porque acabou vencendo a próxima, eles não me deixaram emendar as duas férias. E a gente sempre teve os direitos, os direitos de lei a gente tinha. Eu gostava da firma justamente porque tinha pessoas deficientes lá, e pessoas de cor. E geralmente era tratado todo mundo igual. (...) Agora, dia 20, vai fazer seis anos que eu parei de trabalhar.

---

[6] Neide mudou de residência depois de seu casamento.

O embate entre a estabilidade e a reestruturação produtiva na maior experiência de trabalho

"Ali eu fiz escola".

Neide — Na Arvoredo eu trabalhei sete anos. Ali eu fiz escola. Então, nós inauguramos a seção. Não tinha uma regra certa. A regra era a gente que fazia.

— *Vocês foram criando as regras? Que interessante!*

Neide — Enquanto deixaram a gente criar, foi beleza pura! [ri] Tinha liberdade. Não tinha ninguém em cima da gente, tinha só o encarregado. Só que eu não sei se isso não deu lucro pra empresa, porque ela foi reformando o seu quadro. Entraram doze mulheres de manhã e doze à tarde. Eram três turmas. Então, desse grupo de mulheres, de cada turma, foi escolhida uma para ser líder. Não teve uma votação com a gente, eles escolheram alguém. Aí as nossas regras já eram...

— *Que tipo de trabalho vocês tinham que criar?*

Neide — Tinham três seções que, juntas, faziam o produto, que era sacolinha de supermercado, sacolas plásticas. Porque a sacola, ela vinha como se fosse grão de arroz, um monte de grão junto. Aí coloca isso naquelas máquinas, que agora eu não sei o nome. Desce, mói e vai formando aquela bobina de plástico. Depois passa pra impressão, pra pôr a impressão que o supermercado queira. Aí vem a nossa parte, que era a terceira etapa, que seria o vazamento. A gente cortava a alça da sacola e soldava o fundo. Eu falei que criava o serviço entre aspas, porque ele já estava lá pra ser feito. Às vezes, alguém tinha que ensinar, mas não era difícil o trabalho. O nosso processo era só soldar a sacola. O que fazíamos ali? A maior parte era cada uma no seu canto. Tinha que ir observando, pegava aquele pacote de cinqüenta sacolas, colocava na prensa, era tudo automático. Apertava o botão e já tirava a alça.

— *Mas eu imagino que tinha um trabalho a ser criado, não? Até pra fazer esse processo todo funcionar de um jeito melhor pra vocês.*

Neide — Por exemplo, ficavam duas em cada máquina. A gente podia ir trocando. Era mais pra ver como ia fazer aquilo. Porque a gente ia só pegar e organizar. Talvez isso. A gente colocava na caixa e colava. E a gente ficava revezando entre nós, uma vai para o banheiro e a outra passa pra frente da máquina. Ou então, na hora do almoço. A gente tinha meia hora de almoço. Só meia hora. Engolia, né? Porque não ia dar tempo se fosse almoçar. Quando terminava a meia hora, a gente vinha pra outra pessoa ir. E nisso foi passando três meses, revezando. Só que depois se estabilizou. Cada pessoa fazia o seu horário. Eu fazia à tarde, só que não gostava. Pra você ver, a gente tinha uma certa liberdade, entre aspas, que ainda podia negociar horário. Arranjei alguém pra trocar. Se eu conseguisse, se alguém quisesse passar para o meu horário, tudo bem, era tranqüilo. Eu consegui e passei pra manhã, fiquei das seis às duas horas da tarde.

— *Eram oito horas de trabalho, só com meia hora de intervalo?*

Neide - Pra tomar café, a gente não tinha um horário pra isso, a gente fazia o horário do café. A gente ia, deixava a pessoa na máquina, arranjava alguém pra ficar lá. Às vezes, a gente combinava.

— *Entre vocês tinha um combinado.*

Neide — Entre nós. Depois da reestruturação, havia acordo com a líder. Porque não tinha como ficar sem ninguém. Só não podia ficar a máquina sozinha. No caso do almoço, se não tivesse ninguém, a gente tinha que desligar a máquina. Era isso que eles não queriam, era pra isso que dava sempre um jeitinho. A gente ficava esperando... Às vezes, passava a hora do almoço, mas só em último caso se desligava a máquina. Quando não tinha ninguém, precisava arranjar um operador, uma pessoa que fechava caixa ou alguém. Quando não arranjava de jeito nenhum, às vezes, já tinha passado o horário da gente. Aí ela deixava a gente ir. E o café era assim, era no banheiro mesmo. A gente fazia o nosso café, mas era assim, com essa correria.

Aí houve esse processo [de reestruturação produtiva]. Depois a gente dividia o horário, só que acabava sendo um horário fixo, porque tinha uma menina que cobria as máquinas. Então, de certa forma, havia um horário pra tomar café, porque tinha uma pessoa só pra fazer a cobertura. Depois foram comprando mais máquinas e pegando mais pessoas. Então, tinha o horário do café. Vamos supor, chegava seis, seis e meia, quem queria ia tomando, até quando acabava o café todinho. Além disso, a gente precisava ir ao banheiro. Então, tinha horário, mais ou menos, pra ir ao banheiro e tudo.

— *Eram máquinas totalmente separadas?*

Neide — Eram máquinas separadas, cada um tinha a sua máquina. No começo, eram duas pessoas pra cada máquina. Aí, depois mudou. Uma pessoa só pra cada máquina.

— *Ou seja, dobrou a quantidade de trabalho.*

Neide — Isso. Foi quando a gente perdeu a nossa mordomia [ri]. Foi-se aplicando mudanças, mas houve muitas mudanças que a gente não aceitava. Há mudanças e a pessoa não aceita. Mas ele sabe que se insistirem, ele acaba tendo que ceder.

— *O poder de negociação neste caso é limitado, como a gente estava falando.*

Neide — Exatamente. Então, a primeira mudança foi a líder. Como líder, pessoas que não são preparadas. Se você quer implantar esse ISO-9000 e não-sei-quanto-aí, que você se oriente pra isso. O que aconteceu na Arvoredo, eu acho, é que houve falta de preparação pra se implantar esse programa de qualidade. Eu lembro bem que houve, no ano em que a gente entrou, um prêmio para o maior exportador. Eu não sei se era da região ou da Grande São Paulo, não sei. Fizeram um coquetel em Alphaville e houve também uma placa. E essa placa passou por lá. Só que pra gente, só veio a placa pra gente ver.

— *E de quem era essa conquista?*

Neide — Lógico que nossa! Nossa! Com certeza. Porque não era só essa seção, não era só esse produto. Ali também se fazia calotas, em outra seção. Fazia banheira, balde, bacia... Era grande.

— *Eram quantos funcionários, Neide? Você se lembra do total?*

Neide — Não. Mas era bastante. Pra você ver, quando eu saí, tinha muito mais de 30 mulheres na minha seção, só na parte da manhã. Muito mais! Tinha bastante. É o que eu falo, eles cortaram esses direitos, essas coisas que a gente tinha implantado lá. Na hora do café, a gente até desligava as máquinas pra tomar café no começo! Aí o que aconteceu? Veio essa nova ordem, que foi expandindo também: não podia deixar a máquina desligada de jeito nenhum.

— *E por que ocorreram todas essas mudanças, em sua opinião?*

Neide — Naquela época começaram a implantar esses movimentos lá. E os líderes que foram escolhidos, não foram líderes que tinham preparação pra liderança. Eles queriam dominar, dominar mesmo. Tinha menina aí que dava pisada mesmo, porque tinha que dar o serviço. E quanto mais a menina fazia, mais era cobrada. Era exigido que se fizesse muito, muito. Isso foi passando e eu sei que nós fizemos duas greves. A gente fez uma greve e foi mandada a maioria embora! Porque a gente trabalhava no sábado, no começo, se não me engano, até às 14 horas. Aí foi diminuído depois dessas greves, por negociação. Depois foi reduzido até ao horário das 12h15. A gente começou a entrar às 6h30 e saía esse horário. Com o passar do tempo, quando eu estava grávida do Ramon, nós fizemos outra greve.

— *Como essas greves eram organizadas?*

Neide — Pelo sindicato.

— *E você teve alguma participação?*

Neide — Não, eu não ia muito em reunião, mas nas greves eu participava! Inclusive eu acho que a gente não ganhou a primeira porque tem sempre as pessoas que começam a furar. E houve muito isso. Nossa! Aí acabava enfraquecendo as greves muitas vezes. Eu sei que na segunda greve a gente perdeu. Não tem aquele julgamento?

— *Pra saber da legitimidade, da legalidade da greve?*

Neide — Isso. Então, nós perdemos. Foi estipulado que a gente ia pagar aos domingos, porque a gente já trabalhava aos sábados. Eu ainda fui dois domingos. Aí, você trabalha direto. E [hora] extra lá tinha bastante, bastante. Tinha gente que morava na Arvoredo. Tinha uma colega minha que entrava às 6h e saía às 18hs. Todo dia! Todo dia, todo dia, todo dia! Naquela época em que o serviço estava mais puxado. E domingo, direto.

— *E como ficava a saúde dessas pessoas?*

Neide — Acho que não ficava, né? Não ficava porque todo mundo lá tinha tendinite, tinha muita gente afastada por causa disso. E nervoso, stress, essas coisas. E tendinite!

— *Dores nos braços... Você sentiu também?*

Neide — Sentia, e nas pernas também. Ah, as pernas! Quando eu estava lá, eu perfurei o ouvido lá dentro. Só que aí, eu passei na perícia e tudo. Operei.

— *Nossa! Era muito barulhento lá?*

Neide — Muito barulhento lá, a seção! Lá não tinha aparelho, o protetor dos ouvidos. Então, quando eu ganhei a Sabrina, três meses depois, eu operei o ouvido. Aí depois, sim, teve aparelho. É que foi implantando o ISO... Porque nisso o sindicato estava mais lá dentro.

— *E a posição da empresa em relação à saúde de vocês, dos trabalhadores, qual era? Era só dar os protetores ou tinha algum outro tipo de ação?*

Neide — Pra você ver, a gente tinha os protetores de ouvido... Nessa época também havia palestras, orientando as pessoas. Teve uma época em que eles queriam que a gente usasse touca, pra não enganchar o cabelo. Porque teve caso de pessoas que engancharam o cabelo nas máquinas... Houve várias medidas assim. Isso também foi depois que começaram a implantar o ISO-9000. Depois que eu operei o ouvido, eu saí da máquina, não fiquei mais nas máquinas. Eu ia montar caixa, porque tinha que montar a caixa pra poder pôr as sacolas. Ou eu ia fazer cobertura, ficava um pouquinho pra alguém almoçar. Quando eu percebia que estavam me deixando demais na máquina, eu falava que não podia, por causa do barulho. Então eles exigiram que eu fosse ao médico. O médico falou que não era tão importante, a lesão. Eu fiz tomografia computadorizada. Com isso, eu não consegui pegar uma carta, pra me afastar da máquina. Então já passei a ficar na máquina o dia inteiro. (...) Eu não sei como, mas eu caí nas graças da mulher lá [da líder]. Mas nunca fui de puxar saco não, viu?(ri). Mas ela sempre me aliviava. Me deixava em máquina que estava melhor, porque tinha aquele monte de máquina, e algumas não estavam no meio das outras. Ficavam mais afastadas. (...)

Eu tive três gravidezes lá. Eu não sei se eu deveria ter perdido mesmo a minha primeira nenê, porque minha gravidez foi normal. Inclusive, não sei se eles tiveram medo de eu ter perdido por alguma conseqüência do trabalho. Mas acho que não, porque não era um serviço pesado. Quando as meninas estavam grávidas lá, a não ser que não reclamasse, deixavam o serviço mais leve pra elas. E sempre foi assim, teve esse cuidado. Quando eu voltei da minha menina, que eu perdi, engravidei da segunda. Aí eles me deixaram à vontade. Aí eu aproveitei [ri]. Eu acho que eles tinham medo que acontecesse alguma coisa. Inclusive eu pedi pra ser mandada embora, porque eu tinha muito medo daquele ambiente, daquelas coisas. O próprio encarregado falou que eu já devia estar grávida. Eu queria que eles me mandassem embora. "Mas você não está grávida?" "Não, imagina, não estou nada!" Só que eles não mandaram embora: "Olha, é melhor você ficar aqui, se você engravidar, não vai ter serviço pesado". E não tive mesmo. Eu montava caixa, e a caixa era leve. Só que nem todos tiveram a mesma condição que eu tive. Mas eu acho que isso também era errado. Se eu tive algumas regalias, as outras também tinham que ter. E como eu, sempre tinham outras. Eu tive duas. Era firma pra engravidar, acho que por isso que ela faliu.

— *A firma faliu?*

Neide — Pelo menos tinha pedido concordata. (...) Eu estava grávida, com mais duas colegas, e eles esqueciam da gente, sabe. A gente ficou bem à vontade. Só que quando precisava da gente na máquina, a gente ia. Mas era uma coisa!... Porque era calor demais, eles fecharam tudo! Tudo sem ventilação. Eu não sei porque, se tinha uma porta imensa.(...) Eles foram fazendo uma construção ao redor desse armazém. E isso foi tomando toda a ventilação. Não tinha, não tinha! Principalmente na injetora. Era terrível, parecia que a gente estava no meio do fogo. Entrava e você sentia aquele vapor. E isso de alguma forma prejudicava.

— *Era insalubre, né?*

Neide — Então, eles não pagavam.

— *Não pagavam o adicional por insalubridade?*

Neide — Tinha que processar. Se não processasse, não recebia. Se processava, ganhava. Houve um tempo em que se falava que iam mandar as mulheres embora, porque davam muito prejuízo. Era o boato do JP, do "Jornal Peão" [ri]. Eu e meu marido, a gente entrou num acordo pra eu engravidar e depois operar. Era um bom convênio. Eu operei, fiz três operações lá. Três cesáreas e uma de ouvido. E do ouvido, eu não fiquei com conseqüência. Só fiquei ouvindo um pouco baixo. Só que eu acho que melhorou com o tempo. Antes eu só entendia se você estivesse olhando pra mim. Não entendia direito. Lógico que depois que eu saí, melhorou, né? Segundo o médico, eu recuperei. Eu fiz depois outros exames, depois que saí de lá, pra ver se conseguia uma indenização maior, mas o médico falou que até aquele ponto, não era uma lesão séria. Embora pra mim fosse. Pra quem está sentindo, sempre é séria.

— Enquanto você esteve nessa empresa, você tinha alguma estabilidade, direitos trabalhistas garantidos. Como foi o impacto de sair de lá?

Neide — Ah, os benefícios sumiram! Ficaram por lá mesmo. É tão estranho... Eu saí num sábado, dia 20 de abril. Está fazendo agora, depois de amanhã, seis anos. Eu estava na minha máquina, a encarregada me chamou e falou: "Olha, Neide, é pra você ir no DP[7]". E eu tinha trabalhado lá durante sete anos e sete meses. A partir do momento que falam "você está dispensada", até pra eu entrar e pegar minhas coisas, já tive que ir acompanhada, não pode mais andar sozinha, de jeito nenhum.

Bem, primeiro fui eu que pedi pra sair, porque estava com as duas crianças. E a Sabrina, na época, estava com problema de sinusite muito sério. Eles não tinham nenhum motivo, sabe, pra eu sair. Eu é que não deveria ter saído, porque estava fazendo tratamento pelo convênio. Só que meu marido também tinha um convênio. Mas o motivo de eu querer sair foi porque a moça que olhava as crianças não queria mais olhar. Eu tenho que deixar os meus filhos em segurança. Ainda hoje é assim. A não ser que eu precisasse demais, demais. Aí eu teria que sair de qualquer jeito, trabalhar em qualquer lugar. Até agora, pra sair pra trabalhar, eu não sei se eu tenho coragem de deixar eles aqui, nesse espaço. Porque aí fora, você vê, o perigo é logo ali, na vizinhança. Não adianta nem falar que não existe, porque existe. (...) Aí eu pedi pra ser mandada embora. Inclusive, eu tive muita sorte porque a Arvoredo não mandava as pessoas embora facilmente. Tem menina que chegava na experiência e pedia pra ser mandada embora. Vencia a experiência e ficava pedindo pra ser mandada embora anos e anos. Eu não, eu pedi e fui.(...) Eu sei que fui lá no escritório do gerente e pedi pra ser mandada embora por isso, porque estava com problemas. Falei que eu precisava, que eu tinha sete anos de empresa e uma construção pra fazer. Eu sei que teve um mês, que eu cheguei com o holerite e com o troco de todas as despesas que eu tinha pago. Sempre tem descontos — eu comprava remédio, tinha convênio com farmácia — também tinham algumas faltas pra levar as crianças ao médico e outros descontos. Eu paguei a mulher pra cuidar deles, e do que eu peguei do meu holerite, fiquei com dez reais.

---

[7] Departamento de Pessoal.

— *Dez reais?!*

Neide — dez reais, sem contar o vale (adiantamento). E tirando o auxílio-creche, que era por um ano e já tinha acabado. Eu cheguei com o holerite e com os dez reais e falei: "Tem condição? Não tem condição". (...) Mas eu sei que deu dois meses e ele me mandou embora. Fui mandada embora "sem justa-causa", como se fala. Mas era justa pra mim, porque eu queria. Eu tirei todos os benefícios, fundo de garantia, e outros que não me lembro. Estou tão desatualizada... Tudo, eu peguei. Só que eles não pagavam a insalubridade lá. Então, já era comum, sair e processar (judicialmente). E eu fui, dei só o prazo de receber. (...) Entrando lá, eu ainda peguei um valor bem diferente das meninas. Por exemplo, as meninas pegavam 800, 1200 reais, dependendo do serviço. Eu peguei 4000 reais ali.

— *Mudando de assunto, você havia comentado comigo que havia revista íntima.*

Neide — É, mas no começo nem tinha. Depois é que veio uma maquininha. A gente passava e apertava um botão. Era pra sortear, como se você fosse selecionado. Você apertava e passava. Na hora que ela apitava, você entrava. Isso não queria dizer que você estava com alguma coisa na sua sacola, mas se por acaso, na hora que apitava, você estivesse, tinha que prestar conta. Não era certo levar. Também, às vezes, tinha uma revista geral. Não era todo dia, não. Acho que era pra pegar de surpresa mesmo. Aí era todo mundo, a gente ficava em fila. Só que era isso a revista, não era tocando a gente, não. Isso não acontecia. Era só abrir a bolsa e olhar.

— *Tem mais alguma coisa sobre a Arvoredo que você quer comentar?*

Neide — Essa Arvoredo foi a que eu trabalhei, isso já tem seis anos. Então, não sei o que levou a Arvoredo a estar como hoje. Não sei se foi isso que eu falei, da implantação do ISO-9000, que eles investiram em muita máquina. Na Arvoredo houve uma reconstrução, pegaram do piso. É como se tivessem demolido e refeito tudo, em termos de máquinas, tecnologia. A minha seção ficou imensa, uma coisa bonita, até. As outras seções todas foram renovadas. Só que era isso, tinha essa renovação e tinha também que produzir compatível com isso. Eu não sei se foi exagero de investimento. Esse ISO-9000... Eu acho que talvez seja importante mesmo que se implante, porque precisa de qualidade mesmo. Eles não podem competir com produto de má qualidade. Mas acho que não investiram no pessoal. Eles pediram de nós e não deram nada.

— *Ou seja, investiram nas máquinas e cuidaram pouco do trabalhador?*

Neide — Exatamente. Então houve muito investimento na qualidade, só que acho que não houve no pessoal. Porque era uma firma razoável, não vou falar que era uma "ótima firma". Era uma boa firma. Mas se você pede o que o outro não pode dar, as pessoas acabam não cooperando como deveriam. O que eu sei da Arvoredo, pelas meninas que saíram por último, é que foi mandada muita gente embora, a maioria, que eu saiba. Fechou umas três seções. A seção que eu trabalhava foi fechada. Fechou tudo, tudo. Os horários acabaram. Talvez não estivessem preparados, não sei. Porque dizem que os olhos do patrão, do dono, é que engordam o gado. Não sei se é porque o patrão não estava sempre ali. (...) A gente era uma máquina lá. Ele não passava nas máquinas, nunca regulou máquina, nunca lubrificou máquina nenhuma. Então, a gente era parte das máquinas. Chamar nossa atenção, no caso, seria ajustar as máquinas. Nós éramos máquinas, ele não chegava perto das máquinas. Por mais que a gente não queira, a gente é uma peça de produção, que produz. Se não produzir, não tem jeito.

O desemprego prolongado e a solidariedade da família

"Era terrível. Foi um tempo que eu não gosto nem de lembrar, porque foi muito difícil pra gente".

— *Como foi o período seguinte à sua saída da Arvoredo?*

Neide — Eu saí em abril de 1996. Foi o tempo em que fiquei em casa, por causa dos meninos. Isso foi no tempo em que a gente estava construindo aqui ainda. Inclusive, eu ajudei o meu marido a comprar material, fizemos, colocamos. E demos um tempo, porque "raspamos tudo". A gente teve que começar do zero outra vez. E teve outro problema: eu saí 20 de abril, e em junho, a firma do meu marido faliu. Já estava em concordata quando ele entrou, então faliu. E era uma firma boa, pagava bem. Ele passou quatro anos lá, e talvez foram esses quatro anos que deram impulso pra construir a estrutura [da casa] que você vê aqui. Porque eu mantinha a casa com um salário razoável e ele investia aqui. Aí... acabou. E ele não recebeu até hoje. Tem um processo. Nessa época, ele passou um ano e seis meses desempregado.

— *Um ano e meio desempregado, e você não estava trabalhando. Como vocês faziam?*

Neide — Foi um período muito, muito difícil. Não é que "guardávamos com fome[8]", mas a gente sempre se preveniu. Tínhamos um terreno em Franco da Rocha, meio lote. E a gente tinha uma poupancinha. E tinha os meus direitos, dava pra comer e ir comprando material. Aí terminou, foram acabando os direitos, tudo. Vendemos o terreno em Franco da Rocha que inclusive, era pra ser vendido mesmo, porque a gente não tinha intenção de morar lá. Também acabou. E foi ficando feio. Desempregado, não conseguia trabalho de jeito nenhum. Eu também procurei, mas também não estava conseguindo. Aí eu fui à Prefeitura, ver se tinha cesta básica. E cheguei a fazer inscrição, porque eu tinha que cuidar dos meus filhos. Não posso ter orgulho, fui atrás de qualquer coisa. Porque não ia dar. Só que a família dele é muito

---

[8] Esta expressão popular é geralmente utilizada para referir-se a hábitos avaros.

solidária. Uma coisa que eu nunca esqueci foi o dia que o irmão dele trouxe uma caixa de leite, com 12. A caixa era maior, só que ele trouxe 12 leites, chocolate e bolacha recheada. De 15 em 15 dias ele trazia. A família dele foi muito solidária. Não é que sustentava, mas estava sempre presente.

Às vezes, ele fazia algum bico, como ele faz hoje. Só que, como ele estava construindo aqui, era mais difícil fazer. E a gente pagava aluguel, também pra um outro cunhado, a gente sempre pagava mais ou menos a metade do aluguel. Vamos supor, se dois cômodos fossem 200 reais, não sei quanto está hoje, a gente pagava 100 reais. Na época, a gente estava pagando 100 reais, mais água e luz. A gente continuou pagando, só que o tempo foi passando, foi ficando mais difícil. Aí meu cunhado, depois de um certo tempo, falou que a gente não pagasse, por enquanto. Acho que a gente ficou uns sete meses sem pagar aluguel lá. Só que o meu marido também fez trabalhos pra ele, fez uma garagem. A gente inclusive fala que ele [o marido] construiu aqui, mas sempre a família dele esteve presente. Os irmãos... Eles vinham todos os domingos. Não sei como se agüentavam... [ri] Era terrível, foi um tempo que eu não gosto nem de lembrar, porque foi um tempo muito difícil pra gente.

Com um ano e seis meses que estava desempregado, ele conseguiu um trabalho. Nesse trabalho ele ficou três anos. Foi mandado embora faz um ano e quatro meses. Só que é a vida... Está aí, se virando, batalhando, gostando ou não.

Quando eu cheguei aqui [em Jandira], era um espaço novo. Apesar de eu vir muito aqui, era novidade. Eu achei que, quando eu chegasse aqui, ia ter mais possibilidade. Não sei o porquê. Não sei por que eu pus isso na cabeça. Que ia ser mais fácil de trabalhar. Aí eu fui à igreja e comecei a dar catecismo. Ia com os meninos e acabava ficando. Nisso eu conheci a Beth. Lembra da Beth? Ela perguntou se eu não queria entrar na cooperativa.

A experiência como cooperada

"O que eu vi ali foram possibilidades".

Neide — A cooperativa... Eu acho que foi uma busca de trabalho pra nós. Primeiro as meninas começaram, porque elas já tinham o grupo formado, há anos juntas. A história delas é longa, eu não participei porque cheguei depois. Quando eu as conheci, o projeto da cooperativa já existia. Além dessas reuniões pra resolver os problemas do bairro, havia as reuniões de oração que elas também faziam. Aí surgiu a idéia de aproveitar essas reuniões pra fazer algo útil, que desse renda pro grupo. Foi através de uma pesquisadora que elas entraram em contato com a ITCP[9].

Mas no começo eu não conhecia nenhuma das meninas, eu já tinha tido contato com a Nilza e com a Matilde. Mas não muito. Eu nem sabia o nome delas. Mas, no sentido de cooperativismo, foi com a Beth. Inclusive eu conhecia a Beth de vista também,

---

[9] Incubadora Tecnológica de Cooperativas Populares da Universidade de São Paulo (ITCP-USP).

nunca tinha falado com ela. Ela me convidou e eu me interessei. Eu queria fazer alguma coisa. Não é porque eu estava em casa que queria ficar à toa. Eu queria trabalhar. E ao ouvir ali, a coisa colocada pela Beth, eu vi a possibilidade de achar alguma coisa. Fui na reunião, gostei, eu gosto dessas coisas, pelo menos de conhecer. Tinha dois anos que eu estava sem ganhar nada. No começo, era falado que não ia se ganhar mesmo. Então eu achei que, já que estava há dois anos, não ia fazer diferença. Não é que não precisasse, sempre precisa. Mas eu achei que dava pra encarar e deu.

— *O que te chamou a atenção, quando você chegou lá, nos primeiros momentos?*

Neide — Eu acho que eu vi possibilidades. Não era nada certo, eram possibilidades. Podia dar certo. Já o ramo, o artesanato... Apesar de ser de uma região que tem muito artesanato, eu nunca fiz nada, eu nunca teci, nunca bordei, nunca fiz nada. Tudo que existe no Ceará que trazem pra cá, são coisas que eu nunca fiz. (...) O projeto, eu achava interessante, achava que havia possibilidade, sim. E o ramo, eu também gostei muito de aprender. A cestaria, eu gostei muito.

— *Interessante, não era uma atividade que você dominava, que você estava acostumada. Mas, mesmo assim, você aceitou participar da cooperativa. Por quê?*

Neide — Porque eu acreditava! Senão não tinha sentido eu sair daqui de casa pra ir lá. (...) Pra me livrar das tensões daqui também me ajudou muito. Porque na primeira vez em que eu fui, fazia só sete meses que eu morava por aqui. Então essa convivência foi importante. Eu acho que ajudou a ocupar a cabeça. Fala-se muito em terapia ocupacional. Ocupar a cabeça com outras coisas, aprender. Porque você fica dentro de casa, você corre o risco de parar. Parar mesmo, não pensar. Não ter opinião mais. (...) Eu não sei se é porque também não tenho uma ambição de ter, ter, ter... Do verbo ter, de acumular, não é isso. Meu verbo é bem mais simples, eu gosto de ter tranqüilidade, sabe? Eu gostaria de fazer uma função que eu gostasse, que desse prazer de fazer, mesmo que recebesse menos. Então eu acho que eu viveria em qualquer lugar. Se o Neri me falasse: "Vamos pro litoral, pro interior", pra algum canto que tivesse segurança...

Segurança, que eu falo, não é que não tenha violência, é a segurança de ter um sustento razoável. Isso, e uma boa educação para os meus filhos, uma boa assistência médica, essas coisas. Na minha cabeça, não tenho uma ambição de acumular. Isso, não. (...) Eu acho que eu não trabalhei a vida inteira. Não fui uma mulher brava, que lutou, que fez, que enfrentou. Eu não me sinto com essa força de rasgar o mundo, de desbravar, como falam. Mas se eu não procurasse me informar, ler, eu acho que estacionava.

— *E esse foi um receio que motivou a sua ida pra cooperativa?*

Neide — Eu precisava. Tanto era assim, que no dia que eu cheguei lá, e vi que não tinha renda logo de início, eu poderia ter saído fora logo. Então, a questão financeira não foi a que pesou mais. Seria unir o útil ao agradável, no caso. (...) Porque eu acreditava que ia dar certo. Eu sempre acreditei. Apesar de tudo, porque é difícil. Não é culpa de ninguém, mas se todo mundo tivesse o mesmo propósito... A mesma utopia! Eu não sei, mas eu acho que se todo mundo estivesse com o mesmo propósito, teríamos conseguido.

— *Você acha que a cooperativa se desfez por um desencontro de propósitos das pessoas?*

Neide — Talvez, uma parte eu acho que sim. Como eu fui, se todo mundo tivesse ido com esse propósito: "Eu vou". Mas também ninguém pode culpar ninguém porque as pessoas precisam. Se eu não estava em condições de sair pra procurar trabalho fora, a cooperativa seria ideal porque não ia atrapalhar, em nenhum sentido, as crianças, ter que pegar na escola, dava pra conciliar muito bem. Então pra mim, seria o ideal. Mas pra outras meninas, não. Elas precisavam... Por outro lado, nem sempre precisava haver essa conciliação de tempo, de outras obrigações. Acho que foi isso.

— *O que manteve a sua esperança na cooperativa?*

Neide — Primeiro, acho que contou muito o apoio do Neri, sabe? Porque eu e ele temos quase o mesmo pensamento. No final, tinha dia que eu chegava em casa achando que a cooperativa tinha chegado ao fim, porque a maioria já tinha desistido. Mas ele sempre falava: "Mas não tem outras pessoas lá? Então vai dar sim". Se você não foi até o fim, você poderia dizer: "Talvez, se eu tivesse ficado, teria dado certo". Eu não posso dizer isso, eu fiquei até o fim. Não vou falar também que as meninas não tinham o direito de ter saído ou a necessidade. Mas eu fiquei até o fim, pelo menos, não vou falar: "Eu não tive forças suficiente pra ficar até o fim". Porque também não foi fácil. A gente via todo mundo saindo... E até as meninas que foram saindo, foram conseguindo trabalho aqui ou ali. Talvez não nas condições ideais. (...) A gente foi se decepcionando, o nosso produto mesmo. Não que ele não era valorizado, mas se fosse pra ver o valor, se fosse pôr ali, a gente não ganhava nada. Tanto que nossa retirada era muito pouca. Era pouquíssima. Mas acontece que, se fosse pra pôr valor por valor, ia entrar no tempo e no nosso sacrifício, e então, a gente estava simplesmente fazendo uma boa ação ficando juntas. (...) Era uma coisa!... Era como se colocasse areia entre as mãos e não tivesse como segurar. Você sabia que ela ia cair. A gente sabia que ia parar, só não sabia como, nem quando. A gente ia segurando, mas sabia que não tinha consistência. Mas estava lá, de teimosia, talvez. Se for pra ir até o fim, vamos ver até onde vai sangrar.

— *Por que essa teimosia, Neide?*

Neide — Deve ser porque eu sou teimosa, sei lá. Porque sempre que a gente ia pra uma exposição... A gente tinha um bom estoque, porque esse estoque era feito de exposição que ninguém aparece. Porque no começo era novidade, quando passava a novidade, acabava. Então foi acumulando aquele estoque, e a cada exposição que a gente ia, ia derramando mais areia. Até que a gente viu que não ia mais. Sempre que surgia uma esperança, a gente ia, porque toda proposta que houve ali, das exposições, a gente ia. Eu fui uma vez para o Butantã, mas não foi aqui, foi atravessando a cidade. Chegamos lá, eu vendi um porta-caneta, e acho que a pessoa pensou: "Tadinha, o dia inteiro aí sem vender, deixa eu levar...", três reais! A gente via que não dava, mas se não tivesse exposição, também não tinha como. E eu, particularmente, não tive sorte em nenhuma das minhas exposições. Cada vez que eu ia, eu falava: "Eu não deveria ir". Eu não sou muito de lidar com o público. (...).

Eu acho até que as meninas sofreram muito mais do que eu, quase todas. Eu não sei qual era o relacionamento que elas tinham em casa. Por mais que a pessoa fale, às vezes não dá pra entender. Só que eu, graças a Deus, tive sorte, porque eu tive apoio e não tive cobrança. Porque se você sai e não tem um retorno financeiro... Chega em casa sem essa remuneração, eu não sei que tipo de cobrança, ou até sei. Aí que era pior! Eu me lembro muito bem quando eu entrei nessas firmas aí, e dos primeiros pagamentos que eu tive. Quando você está trabalhando e tem seu pagamento, é gratificante, lógico. Agora as meninas, além de não terem essa gratificação pra elas próprias, não tinham pra justificarem a falta delas em casa. Então pra elas ainda deve ter sido bem pior. Talvez, essa pressão não deixou muitas continuarem. E como é que eu posso dizer que fulana é culpada por ter saído, sem ver as causas disso? Sem ver esses detalhes?

— *Neide, eu gostaria de retomar o começo desta experiência, até para entender o porquê de tanta teimosia.*

Neide — Então, eu não conhecia praticamente ninguém. Eu cheguei e achei lá um lugar bom de se aprender as coisas. Gostei do grupo, gostei do ambiente. Eu acho que eu fui muito bem acolhida lá, por todas elas ali, não só pela Lúcia[10]. Mas ela foi uma pessoa que abriu sua porta pra deixar entrar pessoas que ela não conhecia. Ela não me conhecia! (...) Estou há três anos aqui e estive onze em Barueri. Eu tenho mais pessoas próximas aqui do que em Barueri, porque lá eu conhecia as pessoas da firma, e nem todo mundo morava por ali, naquele meio em que eu morava. Já as meninas da cooperativa moram todas aqui, mais ou menos próximas. (...) Ninguém me conhecia. E ainda assim a Lúcia abriu a porta dela pra me receber. E não foi abrir a porta, foi escancarar mesmo (ri). Era um: "Entre, entre, entre!". E ao entrar, eu me senti livre totalmente. Porque eu não fiquei só na garagem[11], eu subi a escada, e a outra escada, até a cozinha dela. Porque cozinha e quarto é coisa íntima da pessoa. E ela deixava, sabe? Eu acho isso muito interessante. Nos dias de hoje? Eu fiquei esses dois anos lá, e se eu chegar lá hoje, se eu precisar de alguma coisa, ela vai dizer: "Vem, pode vir, pode entrar!". Inclusive, quando ela saiu da cooperativa, nós ficamos lá do

---

[10] Dona da garagem que serviu de ateliê para o grupo.
[11] Local de trabalho.

mesmo jeito. Depois a gente começou a achar, eu e a Nilza, que era demais. Não tinha ninguém ali. Ela saiu e nós ainda ficamos. Então, a gente começou a limitar o nosso espaço, pra não invadir demais o espaço dela. Porque, por ela, a gente podia subir, e ir e tal.

— *Ainda no início, houve o curso de formação em cooperativismo. Que lembranças você tem daqueles primeiros meses da cooperativa?*

Neide — Ali a gente teve uma experiência muito boa, de aprendizado dos princípios do cooperativismo. Eu e a Matildinha, principalmente, ficávamos no livro-caixa. Eu aprendi várias coisas ali. Eu posso ter perdido o contato, mas eu sei mais ou menos. A gente fechava o livro, a gente fazia a contabilidade todinha. Do nosso jeito, quebrando a cabeça, mas a gente fazia. Era uma coisa meio primitiva, eu achava, até artesanal. Com a experiência que eu tive lá, às vezes eu falo com a minha cunhada e dou umas dicas, porque ela tem uma lojinha: "No livro você tem que marcar tudo o que entra, o que sai, o que tem no estoque, pra ter mais ou menos uma base". Então isso eu achei bom.

— *Você estava falando das coisas que você aprendeu sobre estoque, contabilidade, e eu estava lembrando que você trabalhou em outras empresas, em que tudo isso existia também.*

Neide — Exatamente. Só que eu aprendi isso depois, porque a gente não tinha acesso. Lá a gente é feito aquele desenho, a gente não tinha a cabeça, lá. Éramos bonequinhos sem cabeça. Porque no caso da cooperativa a gente decidia, a gente tinha voz.

— *Você acha mesmo que isso acontecia na cooperativa, que havia essa diferença?*

Neide — Sem dúvida! A não ser que você não queira entrar. A não ser que você não queira, vamos supor, assumir uma responsabilidade lá dentro.

— *E como foi a chegada da cestaria no grupo?*

Neide — Isso foi quando a gente não sabia qual atividade fazer. Aí veio uma moça, parente da Fran [cooperada]. Na verdade, ela deu noções, porque depois que eu cheguei lá, ela foi uma vez só. A gente foi aprendendo aos poucos — os trançados, a pintura, essas coisas — a gente foi aprendendo com a prática. A gente ia fazendo os trabalhos um a um, a gente ia se ajudando. A gente se organizava, quem tinha facilidade pra fazer canudo[12] fazia, quem não tinha, ia tecer e outra pessoa ia pra pintura. Mas era tudo assim, o ideal era que quem soubesse fazer canudo, soubesse pintar também. Algumas sabiam, mas a maioria não sabia.

---

[12] Neide refere-se a uma tira de aproximadamente dez centímetros de papel jornal que, quando enrolada, serve de base para o trançado da cestaria.

— *Como vocês se dividiam pra fazer esses trabalhos?*

Neide — Era de acordo com a capacidade de cada uma. Eu, por exemplo, não gosto de pintar. Além de não gostar, o cheiro era muito forte pra mim, então eu preferia ficar fazendo a peça. Eu também não gosto de fazer canudo. E tinha peça que ia muito canudo, então isso ficava para as pessoas que gostavam ou que não estavam em condição de tecer a peça ou pintar. Ou então dependia da necessidade, se tinha um pedido mais urgente, todo mundo ia fazer os canudos pra adiantar.

— *Nesse processo — como nas suas outras experiências de trabalho — havia a presença de lideranças, ou ainda, de diferenças de opiniões e de conflitos, no cotidiano de vocês?*

Neide — Geralmente a gente fazia as coisas por reunião, não tinha um líder. Mas apesar de não ter um líder, sempre tem alguém que se destaca. Isso é sem dúvida. Tem, por mais que a gente não queira. Quando eu chegava no trabalho nas outras empresas eu já sabia o que eu ia fazer. Eu ia pra minha máquina, no caso, e aí o trabalho se repetia. Agora, quando a gente chegava na cooperativa, às vezes sabia o que ia fazer, às vezes nem tanto. Mas a gente ali via as necessidades e a gente decidia. Mas sempre tem uma, que não é que lidera, mas uma pessoa que se destaca mais. E isso depende também de como vamos deixar essa pessoa liderar ou não. Se eu saio do meu lugar, alguém ocupa. Isso é sem dúvida. Você está num banco, bem no canto. Aí chega uma pessoa e você acha que ela sentou quase em cima de você, então você vai se afastando. Daqui a pouco você está quase espremida na parede e a pessoa está bem relaxada. É isso o que acontece nesse problema de liderança, justamente na cooperativa, que não tem essa pessoa determinada pra mandar, esse chefe. Ou não teria. Eu acho que houve um pouco disso ali. Mas também não foi a parte principal. A parte principal, como eu falei, foi a falta de opção, porque a gente insistiu e insistiu. Até a última gota. Torceu mesmo, até o dinheiro.

— *Ou seja, não é que vocês desistiram, vocês não tiveram condições de insistir mais. Não se tratou de uma escolha, vocês não escolheram a desistência.*

Neide — Não, nem um pouco. Inclusive, muitas cooperadas falaram que, com certeza, se a Iraci não tivesse arranjado trabalho — ela ficou nove meses na Frente de Trabalho — ela teria ficado lá, com a gente. Porque a gente se obrigava a ir, entende? Às vezes nem tinha pedido nem nada.

— *O que obrigava vocês a irem pra cooperativa?*

Neide — Agora pegou [risos]... Talvez a responsabilidade sentida com o grupo. Você acredita que às vezes eu saía daqui pra bater papo lá? Porque havia uma relação. Foi uma coisa de cooperativa, que eu, que havia chegado por último, consegui me engajar no meio do grupo. A gente ficava conversando duas, três horas lá.

Talvez isso fez com que a gente insistisse por tanto tempo. Porque se não existisse esse laço, acontecendo as dificuldades, como houve várias, a gente teria desistido bem no começo.

— *A gente sabe que existe uma visão um tanto idealizada sobre uma cooperativa popular. Mas também aí existem problemas, dificuldades. O que você acha disso?*

Neide — Às vezes, a decisão que a gente tomava, ia e aplicava lá, sem saber muito o porquê. (...) Outra dificuldade era negociar. Negociar preços, ir para as feiras, essas coisas. Isso pra mim, por exemplo, era terrível. Horrível, horrível. Mas tinha que ir. Nós estávamos bem acostumadas a alguém fazer as coisas e nós a obedecer. Eu acho que sempre foi assim: você entra e faz o que é determinado, alguém determinou. Aqui era também determinação. As circunstâncias obrigavam a gente a fazer certas coisas, "chefiavam" a gente, e tínhamos que obedecer, porque senão, a gente teria caído bem antes.

— *Importante isso. Rompe com a idéia de que ter o poder de decidir garante tudo.*

Neide — Nada. (...) Só que isso talvez sirva, talvez não. O que se aprende serve para uma nova experiência. [pausa] Quem sabe alguma outra hora, a gente possa ter outro grupo, com algumas outras coisas. Porque a promessa sempre existe, e a gente já vai pelo menos sabendo que os mesmos erros não vamos cometer. Pelo menos as últimas, nós saímos dizendo que se houvesse alguma possibilidade de retomar esse grupo, mesmo sem ser cooperativa... A gente vai voltar. Isso é promessa, não é compromisso. E espero que aconteça mesmo, porque é bom pra nós todas. Não são todas que estão trabalhando, algumas conseguiram, mas é temporário, fazendo bico.

— *Pensando nestes momentos de dificuldades que o grupo viveu, você acha que poderia ter sido diferente, caso vocês tivessem tido algum tipo de apoio do Estado?*

Neide — Eu acho que existe um certo desequilíbrio aí. Nos jornais falam, nem sei se é isso, que 80% das pequenas empresas antes dos primeiros cinco anos fecham as portas, por falta de incentivo ou condições de trabalho, ou porque têm que pagar muito imposto. Então eu acho que falta, sim. Deveria haver incentivos e melhorar a situação, pra que não fosse tão difícil e burocrático. Deveria haver um órgão que se interessasse por isso. Porque se qualquer pessoa, ou grupo, abrir um negócio numa cidade, é bom para o município. Eu estava falando sobre isso com a Sabrina [filha], que se cem pessoas abrissem qualquer tipo de negócio, geralmente, como é pequeno, vai ela, filha e marido, mas mesmo que fosse só a família, já seriam menos três desempregados. Eles não precisariam sair pra procurar serviço. Agora, se as pessoas até colocam seus negócios, mas antes dos cinco anos fecham, é porque não agüentam. É imposto, é tudo em cima.

Pra nós, se tivesse havido alguma colaboração do governo, com certeza teria sido mais fácil. Eu nem sei em qual sentido. Talvez a gente tenha deixado escapar...

A gente não pode nem falar que a falta de apoio foi realmente o que mais pesou. (...) Sabe, é difícil me decepcionar com as coisas. Eu acho que tudo é possível. Eu queria que desse certo! Mas não deu. E o leite derramou, tem que limpar o fogão, porque é impossível voltar atrás. Eu tento ser mais ou menos realista. O sonho era que desse certo, esse era o ideal. Pra todo mundo. Imagina a cooperativa hoje próspera, todo mundo trabalhando, todo mundo vendendo. Seriam 20 mulheres ali, mantendo uma casa, ou ajudando a manter, com melhor qualidade, essa casa. Seriam 20 mulheres que não precisariam ficar pegando transporte cheio pra longe. Tudo isso a gente evitaria, chegaria em casa cedo...

Agora, o fato de não dar certo... Talvez a culpa é de todo mundo e de ninguém, porque eu acho que todo mundo deu o melhor de si. Com certeza lá teve meninas que se sacrificaram muito mais do que eu. (...) Vocês, que vieram de lá da USP, com certeza vieram porque acreditaram no projeto. Pelo menos no meu pensamento, nunca vocês chegaram ali só para pôr coisas na cabeça da gente, se não acreditassem. Com certeza houve um empenho e uma fé de todo mundo. (...) Agora não sei se a condição do país que anda meio virada [risos]. Eu ando num estado de pessimismo tão grande... Veja a realidade que está aí...

A indústria do desemprego

"Se não tem onde trabalhar, vai fazer o quê? Vai jogar fora?!"

Neide — Se for pra sair hoje pra procurar trabalho, eu não sei por onde começar. Talvez isso esteja passando na cabeça do meu marido. (...) Ele vê o problema da idade, o problema da não-escolaridade, ele vê o problema de que mais? De tudo. Ele vai fazer 40 anos no próximo mês. Então, tudo isso está povoando a cabeça dele. E eu preciso trabalhar pra ajudar ele e ajudar a comprar as coisas para os meus filhos. Estou esperando abrir algum concurso, acho que talvez seja mais fácil por concurso público. Não sei. Eu não estou com coragem pra fazer isso.

— *Falta coragem, você acha?*

Neide — Não falta coragem de trabalhar. Eu acho que está tão difícil que você tem até medo de sair. Não é essa coragem. Diz que o "não" não mata, mas assusta. O Sílvio Santos fala: "O máximo que você vai levar é um 'não'. 'Não' não mata". Mas só que você vai levando tanto "não" na vida, que você não vai morrer fisicamente, mas alguma coisa em você vai morrendo. Está procurando trabalho hoje em dia? Está sim, mas tá difícil. Você vê tanta gente aí com problema desse tipo. E ainda na televisão passa umas propagandas... É mais ou menos o mesmo quando você vê essas bulas de remédio. Falam assim, mais ou menos isso: "Se não serviu"...

— *"Se persistirem os sintomas..."*

Neide — "Consulte o seu médico." Quem tem médico nesse país? Médico de confiança? "Seu médico?" Isso não existe! É de outro mundo. São umas propagandas, uns conselhos, umas coisas!... Pra outro mundo, pra outras pessoas, não pra nós. (...) Falei pro meu colega que até pra pedir esmola vai ter que ter computação, pra computar o tanto de esmola. Daqui a pouco vai ser assim.

— *Cada vez exige-se mais qualificação.*

Neide — Mais e mais. Se eu tivesse uma firma, é lógico que eu ia querer pessoas mais experientes, mais responsáveis. E a gente mora num país, não sei se é terceiro mundo ou décimo mundo, não sei quantos mundo há. Agora, pegando a educação aí. Eu já vi muitas meninas que fazem supletivo, falando assim: "O que importa é diploma". Então, se a pessoa for lá, o professor chega e fala e fala. Se a pessoa tiver a pretensão de aprender, até entra alguma coisa. Se não tiver... As pessoas não estão aprendendo. Criança nenhuma está aprendendo. Então, eu acho que é uma hipocrisia. É o mesmo falar "você precisa de diploma" e não há condição da pessoa pegar esse diploma. E pior, pode até pegar, que não é útil pra nada! (...).

Você vai fazer um concurso pra duas ou três vagas. Pra quê inscrição estendida por 12 dias? Tem uma vaga só, e desde a semana passada estão fazendo inscrição, e a fila só aumentando. Eles não vão precisar de um terço de tanta gente assim. Então pra que isso?! Eu vi outro concurso, não sei se é pra polícia, eu sei que é pra ler impressões digitais. No dia que eu vi, tinha dez mil pessoas inscritas. E no outro dia, já era 28 mil! Pra 100 vagas! Isso é uma coisa doida! Alguém está ganhando muito dinheiro com isso!

— *É a indústria do desemprego.*

Neide — É. Aí você vê na televisão a violência aterrorizando todo mundo. E não é só violência de revólver, não. É a violência em todos os sentidos, a fome é uma violência. É na escola, é o desemprego, é o trabalho que exige muito de você. Querem um diploma e as pessoas até conseguem algum diploma, agora pega essas pessoas que têm esses diplomas e faça meia dúzia de perguntas razoáveis, pra ver se eles vão responder. Não respondem! Porque, como estão exigindo diploma, então eles vão lá pegar o diploma. E vão mesmo!

— *É difícil porque acaba virando condição de sobrevivência: "Eu preciso arranjar um diploma pra sobreviver".*

Neide — Exatamente! Agora se houvesse outro critério... Exige 8ª série, tá. Mas tem coisas que a pessoa, mesmo sem um estudo, tem toda condição de fazer. Claro, não estou falando que o país tem que ser analfabeto, longe de mim, pensar isso. Era bom que todo mundo estudasse, mas não é isso. Pegasse essas pessoas, e até exigisse que elas estudem, mas depois que elas estão trabalhando. Ou então, se não tem onde trabalhar, vai fazer o quê, vai jogar fora os que não têm?! [indignada]

E pode chegar uma pessoa talvez até com menos experiência, sem uma especialidade, que vai fazer um bom trabalho, mas não vai conseguir. Aí falam de campanha contra a violência.

Reflexões acerca da realidade brasileira

"O Brasil está com câncer".

Neide — É nessas horas que a gente perde a esperança toda. Mas aqui em casa eu me considero feliz, no resumo todo, por ter um lugar pra morar, em ter um lugar fixo, porque muita gente não tem nem isso. E ter também uma religião, uma fé, um equilíbrio. Mas está difícil.

Eu falei pro Neri que o Brasil está com câncer. E não é mais aquele tumor que vai estourar... Parece que já está em estado avançado. Está uma coisa tão suja, tão espalhada... (...) Aquele homem, o "Lalau"[13]. Aquele homem tinha que ser preso! Eu já nem sei se está mais preso. Mas deveria ser arrancado tudo, tu...do dele. Até dos netos deles! Sabe por quê? Depois isso vai servir pros netos, se eles não estragarem tudo, vai servir pros tataranetos. Só que a fome que muita gente teve e está tendo hoje, vai ter fome também o neto, o bisneto, então tinha que arrancar. Tinha que ser arrancado tudo! Tudo que foi desviado! Devia haver uma lei pra isso. (...) Se for pra trabalhar honestamente, geralmente o salário está entre 350 a 400 reais pra um ajudante. É razoável. Se a pessoa ganha isso todo mês, você acha que ela vai ter chance de enricar? Jamais! Então, se a pessoa for trabalhar, só com aquele suor mesmo que ele derramou, ele vai conseguir no máximo uma vida razoável. (...) Mas acontece que você vê muita gente enricando por aí, então está arrancando de alguém. Ou está pagando mal seu funcionário, ou está deixando de pagar imposto. Vai numa lojinha de bairro comprar material escolar. Você não vê uma nota fiscal. Então quer dizer, não está pagando imposto. Aquela pessoa pegou dinheiro que não era dela.(...).

Às vezes a gente fala que não gosta de política. A maioria não gosta, talvez ninguém goste, mas só em não gostar, já estou fazendo política. Porque, às vezes, a gente deixa de tentar conhecer alguma coisa, algum projeto, algum partido, por acomodação. E a gente acaba indo lá e votando. E qualquer decisão que se toma lá, sem dúvida, cai aqui, na cabeça dos pobres. Por exemplo, desemprego. (...) Então a coisa é tão doida, não precisa ter nenhum nível superior de estudo pra ver essa situação. É só querer ver! Está aí, na televisão. Embora eu ache que o Jornal Nacional é quase um filme de terror. Talvez deve ser por isso que muitos preferem outros tipos de programas. Só que isso acaba sendo armadilha pra eles mesmos. Porque se eles não conhecem, o que vão fazer?(...).

---

[13] Neide faz referência ao ex-juiz Nicolau dos Santos Neto, principal acusado por um escandaloso desvio de verbas públicas, destinadas originalmente para a construção do Tribunal Regional do Trabalho de São Paulo.

Então esse meu pessimismo, às vezes até eu penso que estou paranóica. Eu vejo esse país, e Deus queira — Deus e o povo! — que a partir do próximo ano mude[14]. Porque se não mudar, tem mais degrau pra descer? Faz muitos anos eu ouvi essa frase: "O país só não caiu no buraco porque ele é muito grande. Então o buraco teria que ser maior ainda". Só que esse buraco está acelerando muito rápido e daqui a pouco ele cai. (...).

Apesar do meu pessimismo, não é que eu estou achando que o mundo vai acabar. Eu não sei onde que eu ouvi isso: "Não adianta você querer mudar o mundo". Mas se houver uma vontade política, uma vontade de criar bem meus filhos, vontade de ser boa vizinha, de cumprimentar, de agradecer... Tudo isso vai ter um jeito, vai ser um país mais suave, que não seja o ideal, que seja mais suave. (...) Eu ainda tenho esperança de ver meu marido trabalhando. Mas a questão aqui não é dinheiro, eu queria que ele, como todo mundo, trabalhasse naquilo que desse prazer. Eu acho que é a melhor forma de trabalhar é assim, se sentindo bem. (...).

Isso tudo tem que ser visto e colocado. Pra onde esse país vai? Para o grande buraco? Não sei. Isso são experiências minhas, que sou uma dona-de-casa, que estou sem trabalho. E agora eu não saio muito de casa. E eu tenho essa visão, que você achou ser necessária, ser importante. Agora você imagine, desse tanto de gente, todo mundo também tem, se você for ver. Pôxa, sou uma entre milhões e milhões de pessoas...

Entrevistadora: Cris Fernández Andrada

---

[14] Neide refere-se às mudanças que podem ocorrer a partir do resultado das eleições para presidente do ano corrente.

Registro de uma peregrinação: o trabalho e o corpo

Como apresentar Janaína[1], sem restringi-la demasiadamente?[2]

Se olhássemos sua carteira de identidade, veríamos seu nome completo, sua idade de 35 anos, o registro de que é branca, nascida no estado de São Paulo. Se nos voltássemos para sua carteira de trabalho, encontraríamos os carimbos dos diferentes lugares onde trabalhou de maneira formalizada.

Através, porém, de seu testemunho, as nuances e complexidades de sua trajetória de vida e de trabalho, muitas vezes entrelaçadas, desvelam-se, entre o que lhe é peculiar e o que é comum às experiências vividas por tantos outros brasileiros.

Foi como a maioria deles que começou seu percurso de trabalho: "cedo, mas nada registrado". Quando criança, cuidou da casa e do irmão, enquanto a mãe trabalhava fora. A partir da adolescência exerceu as atividades de datilógrafa, auxiliar de cobrança e secretária. Destes trabalhos, dois em especial a tomam em sua fala: suas experiências como secretária em uma

---

[1] Nome fictício, a pedido da depoente.
[2] Foram seis encontros nossos, em março e abril de 2002, e três para a leitura e revisão da edição proposta. Desde o primeiro deles, falei pouco. Janaina conduzia a conversa e seus caminhos quase sempre. Em apenas uma ou outra ocasião fiz pontuações ou questões. Nos últimos encontros que tivemos, ela contou-me que, lendo o texto editado, pôde perceber os diferentes momentos da entrevista: um início e um decorrer marcados pelo tom de desabafo e um término com maior "tranqüilidade". Apontou-me também alguns trechos em que se posicionou de modo acusatório, dizendo-me que tal posicionamento tinha relação com o momento da conversa que tivemos, com seu desafogo. Iniciei nossas conversas com a proposta da pesquisa e com o pedido que falasse sobre suas experiências de trabalho e sobre a LER (Lesões por Esforços Repetitivos), hoje também nomeada como DORT (Distúrbios Osteomusculares Relacionados ao Trabalho).

fábrica e em um serviço público. O depoimento acerca destas experiências é carregado tanto de momentos de tristeza, mágoa e dor como de revolta.

Sobre o trabalho como secretária numa fábrica, trouxe em destaque o autoritarismo de seu chefe. Considerava-o um "funcionário exemplar", que "trabalhava muito bem, conhecia muito bem o serviço", mas "muito estúpido". Suportou as humilhações feitas por ele, seus ataques e gritarias e acredita que isso se devia ao fato de que "peitava ele", mesmo após ter ficado "meia hora chorando". Dizia-lhe, com sinceridade — o que considera uma característica sua —, que ele era "muito arrogante (...), mal educado". Era continuamente chamada por ele de "incompetente", encarada como alguém que fazia "tudo errado", mesmo que realizasse suas tarefas com sucesso e fosse reconhecida por outras pessoas na fábrica.

Exposta a situações vexatórias e tendo que conciliar o trabalho e o estudo em uma faculdade à noite, pediu demissão. Ficou três meses desempregada. Soube por uma amiga da abertura de vagas em um serviço público e submeteu-se, como tantos outros, a inúmeros testes. Foi contratada como secretária no meio da década de 1990, tornando-se funcionária pública.

O tom de denúncia e a voz embargada tomam relevo novamente em seu relato ao contar sobre esse trabalho e a experiência autoritária de uma chefia sobre si, experiência que permaneceu, insistente, em sua vida, culminando, em conjunto com outros aspectos da organização de trabalho, nas marcas doloridas de uma LER. Isso se deu aproximadamente dois anos após sua admissão. Hoje apresenta um quadro crônico de lesão por esforços repetitivos.

Janaina vai descrevendo e revelando ao longo do depoimento os paradoxos e ambigüidades vividos nesse serviço público: a satisfação em fazer seu trabalho como secretária e o descontentamento com a tensão vivida nesse ambiente e com as atividades repetitivas que tinha de realizar; seu encantamento ao descobrir aos poucos o computador e, posteriormente, suas tentativas de conseguir um "computador melhor" para trabalhar, e, junto com isso, a percepção e o incômodo perante o fato de que essa melhoria tecnológica foi usada neste serviço como instrumento para intensificar ainda mais seu trabalho; a admiração que tinha pela competência de sua chefe e, ao mesmo tempo, o mal-estar sentido pela vigilância e controle constantes dessa chefe em seus afazeres cotidianos de trabalho; a valorização por vezes do ideário de um trabalhador que deve ser competente, produtivo, etc. e a denúncia das exigências que sofria e por vezes se submetia de um trabalho rápido e uma produção eficiente.

Por meio dessas ambigüidades, Janaina traz aspectos que problematizam a imagem comumente construída de um serviço público que seria sempre moroso e ineficiente e de um funcionário público visto como 'relaxado', que realizaria com imensa calma e tempo suas tarefas. Além disso, resguardando especificidades, em certos momentos seu relato a respeito do local de trabalho lembra uma linha de produção de uma fábrica: fala-nos de um corpo que se incomoda e se adequa às máquinas que tem de operar — em seu caso computador, xerox, telefone etc.—, um corpo que parte se adere, parte rompe com objetivo de produzir muito e bem.

Ouvindo o relato de sua história, outra imagem suscitada é a de uma peregrinação, instaurada a partir do instante em que não conseguiu mais movimentar um dos dedos da mão. Janaina narra-nos com detalhes as idas e vindas contínuas aos hospitais públicos; os diversos afastamentos médicos e retornos ao trabalho; as jornadas longas e exaustivas para provar que tem LER — e que essas lesões estavam relacionadas com o trabalho que exercia em tal serviço público; os vários tratamentos a que se submeteu e ainda se submete...

Essa narrativa é polvilhada muitas vezes com fina ironia ou risos de leve sarcasmo. Outras vezes, compartilhei também seus silêncios, cúmplice de seu chorar. Sob o impacto de tais lembranças, desenhou em cores distintas especialmente as passagens pelo CEREST (Centro de Referência em Saúde do Trabalhador) e pelo INSS (Instituto Nacional de Seguridade Social), após ter sido demitida. O Centro de Referência, durante esse período, configurou-se como um abrigo e o espaço possível para fazer tratamentos que a ajudaram a amenizar as dores e a lidar com elas, em contraste com as experiências que teve em hospitais públicos e nas incessantes e dramáticas idas ao INSS.

A respeito do INSS, relatou situações cotidianas enfrentadas por quem passa pelas perícias médicas ou aguarda informações sobre os seus direitos previdenciários. Por vezes, chega a culpar os funcionários do INSS por ações desrespeitosas, pelas longas filas de espera, por essas idas e vindas que parecem intermináveis. Janaina destaca, assim, de tais situações, o papel de mediação desses funcionários no trabalho realizado no INSS, mas o faz sem situar tais experiências e histórias em relação às condições de trabalho a que tais funcionários estão submetidos e a própria estrutura dessa política pública.

Os diversos tratamentos de saúde que faz hoje são cobertos em pequena parte por um convênio particular e em grande parte por seu salário, possibilitados pelo fato de ter sido readmitida. Suas peregrinações foram, assim, migrando da busca de diagnóstico, dos afastamentos e do tratamento público para os tratamentos privados, cada um em um local diferente. No período em que permaneceu desempregada, fez "bicos", vendendo produtos diversos no comércio.

É também em forma de contraste que Janaina apresenta os modos como outras pessoas de seu convívio lidaram com ela desde que adquiriu LER. O depoimento sobre sua trajetória caminha entre a ajuda, o apoio, o resguardo, a possibilidade de subsistência que se deram através de muitos de sua família e de amigos — a quem chama de "anjos" — e a discriminação e "preconceito" que sofreu de uma tia e de muitos funcionários do serviço público em que trabalhava, inclusive após sua readmissão. Ela nos fala tanto do encontro e da trama de uma rede de relações sociais na qual pôde se amparar, ver-se reconhecida, constituir ou fortalecer laços de amizade, como de experiências de opressão e humilhação.

Do contato com certos funcionários do local onde trabalhava e com uma de suas tias, Janaina põe em evidência a experiência daquilo que chamamos de "invisibilidade". Como a LER não se apresenta, necessariamente, de forma externa no corpo de quem a tem e como normalmente essa não visibilidade é associada à inexistência da doença, é como se para os outros a LER, por ser "invisível", não existisse... As marcas de Janaina, todavia, como as de outras pessoas que têm LER, não são facilmente perceptíveis por olhares apressados, de soslaio, feitos por instantes. Atentar para tais marcas implica conseguirmos transpor certas fixações e adjetivações que muitas vezes são construídas a respeito de quem tem LER.

Tatiana Freitas Stockler das Neves

Entrevista com uma vítima de acidente de trabalho

"A LER é uma doença que maltrata sem a (outra) pessoa perceber externamente".

Janaína — Quando eu entrei como secretária nesse trabalho [em um serviço público], eu já expliquei pra minha chefe, a Josefa[1]: "Eu não sei, mas me proponho a aprender. Já fiz um curso, mas não tive tanto acesso". Já tive que chegar e usar o computador. Aí o problema que tive de início é que eu não sabia, mas tinha um colega que trabalhava com computador e me orientava. Eu peguei uma amizade com ele, ele me arrumou uma apostila e essa apostila eu ia lendo no ônibus, que era o período que eu tinha tempo pra ler. Eu aprendi a mexer no computador assim, fora perturbar os amigos que já sabiam. "Ei, como faz isso, como faz aquilo?" E eles iam me ensinando, né?

Fora que o computador que eu usava não tinha uma capacidade, uma memória tão grande, e a gente trabalhava muito no computador. Perdia serviço também por causa disso, porque dava pau nele, dava um *boot* sozinho, era desesperador. Você estava terminando um serviço longo, fazia um monte de coisas e sumia. Aí era desesperador! Foi assim que eu acabei aprendendo. Aí nós trocamos de computador. E o computador ficou melhor. Só que, com isso, tinha mais serviço. Aí eu trabalhava bastante.

Além disso, eu tinha que datilografar e tirar muitas cópias de xerox, separar as folhas e grampeá-las. Era bem estressante esse serviço. Mas eu não reclamava, eu gostava. Acho que isso aí também auxiliou [a ter adquirido LER nesse trabalho], porque tirar xerox... O meu serviço era todo com a mão. Eu tirava xerox, atendia ao telefone.

Eu adorava esse serviço de digitar, gostava mesmo. E descobri o computador de pouco a pouco e me apaixonei por ele. Então todo o serviço que vinha eu fazia. E o serviço de lá era bastante. Fora a tensão. A Josefa tinha muita competência, mas era muito arrogante também.

Porque a Josefa é assim: se ela gostar de você, ela te ama, te trata muito bem, só que exige que você faça tudo muito rápido. Se ela te detestar, ela te odeia, te trata muito

---

[1] Todos os nomes aqui apresentados são fictícios.

mal. E ela quer tudo pra ontem, mesmo que seja pra entregar daqui a dois dias. Aconteceu já de eu terminar de digitar alguma coisa e estar imprimindo e eu não ver o impresso. Era tirar e levar direto. Fora que às vezes eu estava digitando e ela estava em cima de mim. Tinha uma tensão muito grande no ambiente de trabalho. E era um período de bastante serviço. Eu já sentia dores. Trabalhava direto.

Às vezes, se tivesse serviço, eu passava uma parte da hora do almoço fazendo. Às vezes ficava até mais tarde trabalhando. Então eu trabalhava muito no computador. E às vezes eu produzia mais depois que minha chefe saía, porque tirava um pouquinho da tensão. Em dias que ela estava muito calma, ela não perturbava muito, mas nos dias que ela estava meio arretada, deixava a gente louquinha. Ou então, se você cometesse algum erro, ela já vinha gritando, berrando. Porque erros a gente comete.

E quanto mais nervosa você fica, mais você erra. Eu tinha uma produção boa, daí as dores começaram, eu não dei bola, continuei, dor no punho, e às vezes no cotovelo. "Ah, punho aberto!" E continuava trabalhando.

"O médico diagnosticou tendinite, mas também não me explicou nada".

Janaína — Eu comecei a me tocar quando comecei a não conseguir mais movimentar o dedo direito. Aí teve uma noite que eu passei muita dor, nos dois braços. Procurei um médico de um hospital público. O médico diagnosticou tendinite, mas também não me explicou nada. Engessou o braço que estava pior. Eu fiquei afastada do trabalho. Tirei o gesso, voltei ao trabalho — a mesma coisa.

Eu lembro que, em uma das últimas vezes, uma médica desse mesmo hospital comentou, por cima, que eu devia parar com a minha função de trabalho [era secretária na época]. Mas ela não explicou como, por quê, nem quando. Ela não me orientou que eu tinha que procurar o INSS, não me deu aquelas informações que eu precisava.

Quando voltei ao trabalho, eu estava extremamente nervosa, porque cada vez que eu tirava licença, a Josefa ficava mais nervosa comigo, ficava mais brava. Então qualquer coisa ela gritava, berrava. Isso é um insulto pra mim. Se eu errar, você me chama do lado e explica o que eu errei; mas não grita, não faz escândalo, que eu morro de vergonha. Então eu trabalhava mais tensa ainda, e piorava mais a situação.

Fui em uma outra médica que falou que achava melhor eu tirar uma licença porque eu estava estressada e com o braço muito dolorido. Nesse período eu fiz acupuntura. E tive uma melhora.

Como eu estava fazendo acupuntura e melhorou bem meu quadro, o médico me deu alta. Inclusive depois alguns médicos me disseram que aí foi a falha: não podia ter me dado alta de uma hora pra outra, tinha que ir diminuindo gradativamente. Aí eu voltei a trabalhar. Acho que uma semana, uma semana e pouco que eu tinha voltado ao computador, os meus braços voltaram a doer novamente como antes.

E eu fui marcar uma consulta em outro hospital público. A menina que me atendeu disse: "Olha, tem médico aí. Se você quiser, eu te encaixo agora". Eu passei. No que eu passei, ele viu que estava muito inflamado; esse dedo [mostra o polegar] já estava começando a inflamar, eu estava tendo dor mesmo, né? Ele enfaixou um dos meus braços, engessou, imobilizou e falou que provavelmente eu teria que operar as duas mãos, com urgência. Ele me dispensou do trabalho nesse período e falou que eu voltasse no dia tal pra tirar o gesso — tirar o gesso, eu até tirei em casa.

"Quando eu voltei ao trabalho, minha chefe me demitiu".

Janaína — Eu fiquei muito arrasada nesse dia. Acho que Deus me guiou até a casa da minha tia, porque eu não sei o caminho que fiz. Tão nervosa que eu fiquei. (...) E ela me demitiu por ignorância! Está certo que eu estava sendo uma péssima funcionária no período porque eu estava com dor, estava com um problema, não estava produzindo o que eu produzia antes. Conforme eu ia trabalhando, meus erros aumentaram, não tinha mais a produtividade que eu tinha antes, vivia tensa, e isso auxilia. Eu não servia para o excesso de serviço que tinha na época lá. E ela me demitiu e eu fiquei com uma mágoa muito grande! (...).

Na época, fui para o sindicato. E um parente foi comigo, porque eu já estava tão nervosa que não conseguia fazer nada. Aí fiquei mais decepcionada ainda: porque no sindicato me informaram que eu tinha que avisar [o sindicato] antes de ser demitida. Eu falei pra ele: "Como eu ia saber que ia ser demitida? Se soubesse que ia ser demitida, eu não teria nem ido trabalhar"!

Depois de ser demitida, passei por um médico especialista em LER, que me examinou e diagnosticou tendinite em ambos os braços; ele mandou fazer eletromiografia porque eu já estava com a síndrome do Túnel do Carpo. Ele desconfiava desse diagnóstico pelas minhas dormências, o início de atrofia dos polegares das mãos. Eu fiz a eletromiografia em um hospital público, minha primeira, que eu chorei muito porque doeu pra caramba. Depois disso, eu procurei outro médico, do convênio do meu marido, que também fez o mesmo diagnóstico. Ah! Eu fiz o exame, deu a síndrome.

Essa situação me levou à depressão. Antes de ser demitida, tinha uma pessoa que me ajudava e fazia faxina na minha casa; que cuidava do meu filho, o Lucas, lavava a roupa dele, pois a LER também te limita nos afazeres em casa. Enquanto estava trabalhando, eu tinha uma condição melhor. Depois eu não tinha aquela estabilidade, pagava aluguel, tal, pouco, mas pagava; eu fiquei sem nada. Só com o salário do meu marido. A casa onde a gente morava era de um parente, que abriu mão do aluguel, que era pouquinho, era só pra ajudá-lo. Deixou, mas essa situação é constrangedora.

"Eu não deixei de ter o que comer porque tenho família".

Janaína — E eu cheguei uma época que eu não tinha... Eu não deixei de ter o que comer porque tenho família. E cada um levava as coisas em casa.

Aí conheci um colega, o Pedro, que se tornou meu amigo, que soube da minha doença no braço, da tendinite, e falou: "Eu trabalho em um Centro de Referência em Saúde do Trabalhador. Você já ouviu falar?" Eu falei: "Não". Ele me deu o endereço, fui até lá e marquei uma consulta. Eu falei que Deus escreve certo por linhas tortas. Essa doença me mostrou gente muito boa.

Eu fui até o Centro de Referência, consegui marcar consulta com o dr. José. Ele ficou surpreso comigo porque eu estava deprimida e com um quadro grave de tendinite. Eu levei a eletromiografia que tinha feito. Ele percebeu e me explicou que eu precisava fazer a cirurgia nas mãos. E me encaminhou para psicoterapia, terapia ocupacional e fisioterapia. E encaminhou toda a documentação para o INSS[2]. Ele fez tudo isso. (...).

Aí, através do relatório médico feito em um hospital público antes de eu ser demitida, junto com outros documentos, dei andamento no processo do INSS e começou o processo [de reintegração] contra o serviço público onde eu trabalhava, e que eu já tinha sido demitida.

O CAT[3] foi preenchido pelo Centro de Referência. Eu tinha solicitado o preenchimento do CAT pelo serviço em que eu trabalhava, mas eles negaram o pedido e não preencheram. (...).

Nesse meio tempo operei as duas mãos. Eu voltei ao convênio, procurei outro médico, que eu já tinha passado por um anterior. Um amigo meu, de um hospital particular, comentou que o cirurgião de mão melhor que tinha na região onde eu morava era o dr. Antonio. Esse amigo indicou o dr. Antonio e conseguiu marcar consulta com ele, o que também era muito difícil. Como ele era um médico muito reconhecido, tratava muito bem o assunto, era difícil conseguir consulta com ele. Geralmente quem atendia eram os residentes, eram outros médicos e não ele. E o meu amigo conseguiu com o dr. Antonio mesmo. (...).

Nesse momento da cirurgia foi esse amigo quem mais me deu força! Eu estava muito insegura. Quando fui pra cirurgia, não sabia o retorno que ia ter. Fui porque confio em Deus. E tentei de todas as formas possíveis melhorar o meu quadro. Persistência é comigo mesmo!

O dr. Antonio operou a minha mão direita no mesmo ano que eu fui demitida, e meses depois operou a mão esquerda. A mão direita foi bem, porque na época minha tia pôde ficar comigo, aí tive uma recuperação melhor. A esquerda, eu não tinha ninguém, não tinha dinheiro pra pagar ninguém. O Lucas ainda era pequeno, e minha avó ficou doente nessa época e a minha tia teve que cuidar da minha avó. E eu fiquei

---

[2] Entrou com os documentos para caracterização de nexo entre a LER adquirida e o trabalho que a gerou.
[3] Comunicação de Acidente de Trabalho.

sozinha. Nessa época meu marido me levava, às vezes, pra casa da minha tia, eu e o Lucas, e ela cuidava da minha avó, do Lucas e de mim.

Quando foi diagnosticada a LER mesmo, eu já estava com ela crônica. Nessa ida e vinda de engessar e soltar, engessar e voltar pra mesma função, ela ficou crônica. Se na primeira consulta o médico tivesse falado: "Você tem tendinite, não pode exercer mais a função", e eu tivesse feito o tratamento adequado, fisioterapia, tudo, talvez não tivesse o quadro que eu fiquei. Foi falta de informação. Agora eu não posso dizer se essa falta de informação é negligência médica ou se era falta de conhecimento.

"Deus não fez um só porque é necessário o outro".

Janaína — Antes das operações e dos tratamentos, eu sentia muita dor e precisava de alguém até para pentear e lavar os meus cabelos. Eu cheguei a um ponto em que não conseguia nem erguer mais os braços. Escovar os meus dentes, eu não escovava mais direito, porque doía também, mas eu nunca quis que ninguém escovasse os meus dentes. É, mas lavar a cabeça, meu marido lavava, que eu ficava com os braços erguidos.

Quando eu operei, minha avó penteava meus cabelos. Principalmente durante as cirurgias, que eu operei o braço e não tinha como movimentá-lo. Nessa época tive que ficar na casa da minha tia, eu e o Lucas. Aí eu chegava, minha avó sentava no chão e ficava ali penteando os meus cabelos. Foi muito bom porque é uma forma de carinho deliciosa. Eu não esqueço isso!

Minha avó foi a pessoa que mais me deu força! Sem falar nada. Lembro que o dia em que eu fui demitida, eu saí do trabalho e fui pra lá. Ela morava com a minha tia. Eu cheguei chorando, né? Ela não falou muito, colocou a mão em mim, me abraçou e falou: "Filha, a justiça de Deus demora mas chega! Confia na justiça de Deus!". Ela não falou "não chora, não fica triste, não briga". Ela só me lembrou que Deus é justo. E Deus é justo, provou! Ela não compartilhou isso, ela faleceu antes, mas provou que a justiça de Deus...

E aí percebi que você precisa do outro pra tudo, não é só quando você está bem. Claro que foi o período que eu estava ruim, mas é tão bom a gente ter o próximo. Também foi nessa hora que percebi quem era amigo, e que a gente percebe o outro, quem gosta de você.

Eu fui muito criticada, dentro do trabalho e fora, pessoas que não conheciam o que era LER, me julgaram mal. É um preconceito. Diziam que era preguiça, que eu não queria trabalhar, que estava com falta de vontade, só queria ficar em casa... São pessoas pouco informadas, mas que me magoaram!

E percebi as pessoas que me deram força. Percebi os anjos, assim eu classifiquei, os anjos que apareceram na minha vida: o Pedro, que me apresentou o Centro de Referência e que eu digo que foi o anjo maior; o outro meu amigo que me ajudou muito na época da cirurgia; algumas pessoas que estavam dentro da minha família.

(...) O carinho da minha mãe. Eu nunca vi a minha mãe chorar! Na minha demissão eu vi! Eu acho que foi uma das coisas que me machucaram mais, minha mãe sofreu comigo, né? Outros anjos que apareceram foram lá no Centro de Referência: a fisioterapeuta, uma pessoa atenciosa, muito legal; a terapeuta ocupacional; minha psicóloga, que agüentou muitas lágrimas; o médico, o dr. José, que na época foi um paizão, com quem eu fiquei um bom tempo.

Então tive pessoas muito boas, fora amigos na faculdade. Tive uma amiga que até colocava carbono no caderno para dar a segunda folha, a parte de carbono, pra mim! Fora outra amiga que, por exemplo, se ela tinha hora vaga, ela entrava na minha aula e copiava as coisas pra mim, já que nessa época, por causa da LER, eu não podia nem escrever.

É muito bom isso, conhecer pessoas que acreditam em você, sabem que não é frescura, sabem o que você está sentindo ou imaginam o que você está sentido, te apóiam. Então eu tive um apoio muito bom.

E eu senti que nós temos que viver em comunidade mesmo. Deus não fez um só porque é necessário o outro. Porque você pode não precisar de um serviço físico, mas precisa de um carinho, de atenção, ou às vezes você precisa dar isso. Eu nunca recusei dar nada a ninguém! Sempre tive essa disposição de ajudar as pessoas. Mas como eu me sentia polivalente, não me propunha que as pessoas me ajudassem. Mesmo falando "eu não preciso", eu precisava dos outros, porque precisava do carinho da minha mãe, do meu marido, dos meus sobrinhos.

Então eu precisava dos outros, mas não tinha consciência disso. E isso também foi o que me fez ficar um pouco mais humilde, percebendo que nós somos frágeis. Nós não somos nada. Hoje eu estou bem, amanhã posso não estar. Hoje estou ajudando, amanhã posso precisar de ajuda.

Precisei de ajuda financeira na época também. Porque nós tínhamos um padrão de vida e de repente ele caiu. O meu salário era maior do que o do meu marido na época, e ele caiu, caiu de repente, de uma hora pra outra, sem a gente esperar, porque eu esperava tudo, menos ser demitida. Eu esperava ficar um tempo afastada, esperava sair do setor onde trabalhava, porque eu sabia que não tinha competência pra executar a atividade que eu executava lá. Isso eu tinha consciência.

Então, eu acho que o lado bom da LER, se a gente pode pensar em um lado bom, é você perceber a sua limitação. Todo mundo é limitado. Hoje eu sou um pouco mais limitada fisicamente.

"Mas você está tão gordinha!"

Janaína — Uma mágoa também que eu tive muito grande foi de vários funcionários do lugar em que eu trabalhava que me chamaram de folgada, que fulano tinha dor no braço e trabalhava, de incompetente, que era frescura que eu reclamava do meu braço. É ignorância. A pessoa não conhece, preconceito e fica... É uma coisa que magoa muito a pessoa que tem LER. Porque, como eu comentei com você, eles acreditam que a pessoa que tem LER tem que ficar magra, tem que ficar triste e acabada.

E comigo aconteceu o inverso, quer dizer, no início não. Eu emagreci tanto, tanto, tanto, porque eu entrei em crise depressiva. Em crise depressiva, você não se alimenta direito. Eu chorava muito. Eu cheguei a usar calça do meu afilhado. Depois, quando comecei a terapia, comecei a melhorar.

Só que quando a gente está ansiosa, pelo menos eu, eu não como, eu devoro. Então, você fica gorda, não se preocupa, você come, come, come. E uma coisa que me deixou magoada foi um dia que uma pessoa falou para mim: "Nossa, você já sarou daquele problema do braço!". Eu falei: "Não". "Mas você está tão gordinha!" Quer dizer, a pessoa tem que estar... O preconceito é no sentido de que a pessoa doente tem que estar acabada. E nem sempre isso acontece.

A gente tem dor. Hoje eu sei lidar melhor do que na época. Na terapia eu havia percebido, nós começamos a descobrir que os momentos em que eu tinha crises fortes, ao invés de eu deitar e relaxar, eu fazia faxina na casa, eu carregava peso. Eu estava fazendo coisas que me prejudicavam. Já hoje, se às vezes está doendo, pouquinho, ou tem aquela sensação de peso na mão, você deixa levar, você faz o seu serviço normal numa boa. Agora, quando está forte, eu digo. Quando eu reclamo é que ela está muito forte.

Mas eu uso uma tala. De início, meus fisios [fisioterapeutas] eram contra, porque a tala faz você imobilizar o braço e não mexer o tendão e, no momento que você tira a tala, você sente dor, porque você não mexeu o tendão. Isso não é o ideal. Você simplesmente estabilizou ela naquele momento. Tem que tratar, tem que desinflamar o tendão, tem que ver porque está inflamando, verificar que tipo de atividade você está executando que está fazendo isso (...).

A dor já faz parte do meu cotidiano; o braço inchar, essa dorzinha contínua, esse cansaço nos braços, dependendo do que eu faço. Eu sinto, e tenho às vezes dificuldade de fazer coisas mínimas. E às vezes me revolta. Às vezes eu tenho dor em atividades bestas como colar uma etiqueta. Então, quando tem que mandar correspondência, pego um monte de etiqueta pra colar. Aí, colando etiqueta, sinto dor. Tirar xerox, se eu tiver que levantar e abrir a máquina de xerox, eu também sinto dor. Agora com os tratamentos, tenho tido uma melhora. Eu tenho, às vezes, crises (...).

Tem quem fale que LER não é doença, é doença sim! É uma doença que maltrata devagarzinho, é uma doença que não te mata, mas constantemente te maltrata. Então é doença, só que eu não gosto de ser chamada de doente porque eu tenho um problema, eu posso dizer físico. Eu tenho. A LER é uma doença que maltrata sem a [outra] pessoa perceber externamente.

Louças quebradas e noites em claro

Janaína — A minha doença no estômago é graças ao excesso de remédios que tomei. Quando tinha crises de muita dor, eu enchia a cara de Novalgina. Cheguei a tomar 40 gotas de Novalgina.

— *Pra suportar a dor?*

Janaína — Eu não suportava a dor, eu desmaiava. Eu também nem comentava com os médicos. Estava com dor, eu tomava e dormia. Eu tenho pressão baixa. Então, a minha pressão caía mais e aí eu acho que desmaiava, porque eu dormia, só assim que eu dormia. Quando eu acordava, acordava com a mesma dor que estava antes. Mas era a única coisa que eu tinha pra dormir. Passava noites em claro antes.

Depois que eu fiz a cirurgia e o tratamento, tive uma melhora muito boa! Antes cheguei a quebrar muitas louças de casa. Porque a dormência na minha mão era tão forte que eu não conseguia segurar peso. Cheguei a quebrar pratos prontos, de você colocar a comida e quando vai transferir do fogão ou da pia pra mesa, seus braços não agüentarem. Não eram pratos pesados, porque eram só eu e o meu marido, e o Lucas era pequenininho. Coisas mínimas eu quebrava. Aí isso me levava à crise maior ainda. Então aprendi. Geralmente quando é uma coisa que quebra eu falo para o meu marido pegar e colocar. Agora não, mas até eu chegar a isso, eu quebrei muita coisa em casa.

A cirurgia me tirou a dormência, aquela forte que eu tinha, porque cheguei a não ter sensibilidade com a mão. Um dos testes que a T.O. [terapeuta ocupacional] fez foi colocar duas lixas, uma grossa e uma fina. Ela vendou os meus olhos, colocou as lixas, e pediu que eu passasse a mão nas duas. Cheguei a arranhar a mão com a lixa grossa e não perceber que uma era grossa e uma era fina. A minha sensibilidade estava quase nula. A cirurgia e acho que a fisioterapia também, fizeram retornar a minha sensibilidade. Hoje sinto mais coisas do que antes. Mas ainda tenho a síndrome do Túnel do Carpo.

Tratamentos: diversas tentativas

Janaína — Hoje, que fui readmitida no trabalho, estou mais em tratamento alternativo[4]. Eu faço massagem, shiatsu! (...) Faço também acupuntura. Os dois tratamentos são pagos, mas só faço quando dá para pagar. O bom da acupuntura é que não cuida só do meu braço. A acupuntura e o acupunturista cuidam do geral. Então está cuidando do meu problema no estômago, do meu estresse — que eu sou um pouquinho nervosa, estressada, brava às vezes, me irrito fácil. (...).

Quando descobri que tinha tendinite e não tive as informações adequadas na época, de que quem tem tendinite, dependendo do grau, não pode nunca mais mexer no computador ou fazer atividades repetitivas. Eu tratei também com homeopatia, antes de ser demitida. Eu tive um retorno bom com a homeopatia. A homeopatia é um tratamento também geral e o homeopata acaba sendo também um psicólogo, ele conversa. Você chega, fica um tempo conversando com ele.

A fisio, eu fiz várias vezes, e melhorou, né? Geralmente as crises muito fortes de dor são ligadas a alguma atividade que eu esteja desempenhando no serviço ou tensão nervosa no trabalho, ou ambos, né? Quando você está com essas crises violentas, tem que correr pra fisio. Igual quando você corre pra um remédio quando quer amenizar a

---

[4] Refere-se à acupuntura, ao shiatsu e à homeopatia.

dor. Como sou muito observadora, sei mais ou menos quais os tratamentos e quais aparelhos que me melhoram na fisio. Isso auxilia bastante os fisioterapeutas (...).

Hoje eu faço os tratamentos em uma clínica particular. Como tenho mais condição, faço através do convênio. Assim, tenho uma liberdade de escolher a clínica e os médicos que vão me atender. E eu acho muito bom isso, porque tem médicos que você tem uma intimidade maior, se sente mais à vontade e confia mais no trabalho. Também tem isso, você confiar. Quando eu fui demitida, fazia a fisio lá no Centro de Referência, que era gratuito.

Mas o tratamento médico é estressante de qualquer forma. Todo dia você tem um compromisso e cada dia em um lugar. Então é uma coisa que às vezes você tem que parar pra pensar: "aonde eu vou, que horas?" Porque, por exemplo, a acupuntura, se surgir algum problema com o acupunturista, às vezes ele muda o horário e te atropela. E isso me deixa estressada. E eu acho que sou estressada normalmente. Eu já peguei um nível de stress que já me estresso com pouca coisa (...).

O convênio que eu tenho é um convênio bom. Eu tenho um limite de 40 sessões pra fisioterapia. Acupuntura eu não tenho autorização. Então a acupuntura que eu faço é paga. Eu que desembolso. Então, não fica barato. Mas eu fiz. Uma boa parte do meu salário vai para o pagamento do meu tratamento. É ruim porque todos esses tratamentos são pagos. Tratamentos alternativos são pagos.

— *No período que você tem essas crises, a dor é muito intensa?*

Janaína — Hoje eu não posso dizer que ela é muito intensa não, mas no início, quando eu não fazia tratamento, era muito forte. E como eu tenho [LER] nos dois braços, doíam os dois. E você não sabe o que fazer. Eu lembro que eu passava a noite inteira andando pela casa. Eu ia e vinha, ia e vinha, entrava debaixo do chuveiro quente. E aí na hora que está caindo aquela água quente você sente uma melhora. Voltava, começava a doer tudo de novo! Aí parece até que a dor vem mais forte.

Cheguei a esquentar água — eu não lembro o nome da erva. Ah, tem um matinho que é anti-inflamatório. Inclusive quando me indicaram, me indicaram pra beber também. Eu tenho um pouco de cisma de ficar bebendo chá de coisa assim que eu não conheço. Erva-cidreira, essas coisas sim, mas eu não gosto de tomar chá que eu não conheço. Alguns são tóxicos; não sabendo a dosagem são tóxicos. Então eu fervia a água com essa erva, fazia banho no braço!

Eu brinco que se até hoje eu não sarei do braço é porque não tinha que sarar. Porque, exceto macumba, eu fiz de tudo. Todos os medicamentos, todas as coisas que me ensinavam, "põe banha quente, põe não sei o quê", eu fazia.

"Hoje eu não posso fazer tudo o que gosto".

Janaína — Eu estou liberada só pra fazer hidroterapia e caminhada, devido aos braços. E como eu tenho a cervicobraquialgia, também não posso nadar.

A cervicobraquialgia é uma dor na cervical, e talvez tenha sido também causada por ficar com a cabeça baixa digitando. Isso daí não foi colocado nem no prontuário, nada, mas provavelmente tenha sido isso. (...) Isso me deixa um pouco frustrada porque às vezes eu queria...

Morro de inveja quando vejo alguém jogando vôlei, ping-pong. Eram coisas que eu gostava. Na minha adolescência joguei muito. E o mais frustrante é quando alguém te convida pra jogar, não sabe que eu tenho problema, te convida para jogar e você fala que não pode e a pessoa não entende, acha que é frescura, "uma bolinha assim". Eu já tentei! Inclusive quando eu estou bem, às vezes eu arrisco, mas é terrível o resultado! Não fico nem cinco minutos jogando, e o resultado depois é terrível, dói muito. Aí a dor é intensa. Então eu fico frustrada.

Têm coisas, serviços domésticos, que eu não posso fazer. Não posso limpar azulejo, vidro. Se eu limpar, pode ter certeza que, no dia seguinte ou às vezes no mesmo dia, já estou com uma dor muito forte. Pegar peso, sem sombra de dúvida, qualquer peso que eu pego, já sinto a dor na hora. Às vezes levar uma caixa de um lugar para outro. Lá no trabalho, agora, que eu mudei de setor, tem pessoas que têm um respeito grande. E se eles me vêem pegando uma caixa, falam "Não pega, deixa que eu faço". (...).

Eu acho que pelo menos, graças a Deus, eu voltei ao trabalho[5], isso é muito bom, porque em casa você se sente muito inútil. É muito ruim ficar em casa, porque você não pode efetuar as atividades domésticas direito. Não tem condições físicas, e não tem condições financeiras pra efetuar outro tipo de atividade.

Acho que voltando a trabalhar, eu também pude reencontrar algumas pessoas com quem convivia. São pessoas que trabalham, pessoas legais, que eu posso conversar, dialogar, mudar a visão de casa, do que se eu ficar só em casa. É bom esse convívio.

Se eu tivesse alguma aposentadoria, eu poderia estudar, poderia estar fazendo alguma obra social, que eu gosto, dentro da igreja, dentro de algum outro órgão. Eu ia trabalhar em alguma área social, não pelo dinheiro, mas por me sentir bem. Conversar com as pessoas, ajudar as pessoas, motivar outras pessoas a ajudarem, é uma coisa que eu me sinto bem. Não ia precisar dos meus braços, talvez precisaria, mas sempre vai ter outra pessoa pra pegar alguma coisa. Eu poderia falar com as pessoas, poderia dar meu carinho, minha atenção. E estaria com o meu salário garantido.

Até fiz parte, num período, de uma associação de bairro, que ajudei a fundar. Mas até lá mesmo eu ficava um pouquinho ao lado, porque, quando a gente monta uma associação, a gente tem muita festa de caridade, bingo, em que você que tem que trabalhar, e a gente têm que fazer tudo. E eu não posso fazer muita coisa. Trabalhei como secretária na associação, só que não podia digitar as atas. E algumas vezes até acabei digitando uma ou outra, mas é folhinha pequena. Sinto dor. Então acabei saindo da associação; achei que não estava ajudando tanto, que poderia fazer um trabalho melhor.

---

[5] Foi readmitida após processo judicial.

"Você está bem da cabeça?"

Sobre a discriminação, ou você é discriminado porque está bem ou você é discriminado porque as pessoas não acreditam. Até bom eu ressaltar, quando estava fazendo tratamento no Centro de Referência, eu ia lá todos os dias. E um certo dia, encontrei uma tia minha no caminho, e nesse dia fiquei muito nervosa! Porque ela perguntou pra mim: "E você, está bem da cabeça"? Isso me deixou revoltada! Eu falei pra ela: "Minha cabeça está ótima! Mas meus braços estão ruins".

Mas a noção que a pessoa tem: não é que eu tenha uma doença; pra ela eu tenho um problema psicológico que está acarretando a doença! E você está imaginando que está doente! Está certo que ela enxergou o meu braço inchado, mas ela achou que eu tinha mais problema psicológico do que problema no braço.

Outra coisa que me magoou também foi essa mesma tia, que me perguntou o que eu fiz para conseguir o benefício do INSS! É que eu tenho um benefício de 40% do INSS[6]. O que eu fiz? Quer dizer, ela estava achando que era maracutaia. Eu falei pra ela: "Tia, eu nem vou responder porque a senhora está me ofendendo!". Nós estávamos em uma comemoração e eu fui embora. Depois ela ficou sem graça, pediu desculpas, tudo, mas... Isso revolta! As pessoas, querendo ou não, não acreditam que você tem o problema. Primeiro que não convivem com você, não vêem seu braço inchando constantemente, não vêem você sentindo dor, não vêem seus estados de humor modificando, então... Ou vêem você irritada e acham que você tem problema psicológico, depois acham que você fez alguma maracutaia pra conseguir!

Eu... Eu daria pra qualquer um esse benefício que é uma miséria, pra qualquer pessoa, pra voltar a fazer o que eu fazia antes! Para não ter dor mais, pra voltar a mexer no computador, que eu adoro computador, sou apaixonada! Não posso! E às vezes me limito a escrever à mão também! Eu já não escrevo a metade do que eu escrevia antes, já me limitou. (...).

Eu trabalho essa mágoa, porque acho que isso não me leva a nada. Eu provei que eu tenho a doença![7] A minha intenção era voltar ao trabalho. Eu estive afastada por vários períodos, tanto períodos do serviço público em que eu trabalhava como os períodos designados pela juíza, que eu tive que me submeter a vários exames, a vários testes, a vários médicos. Sinceramente, eu não me recusei a fazer exame nenhum.

Conversei com o advogado e com os próprios funcionários que foram designados pelo juiz. O perito designado pelo juiz falou: "Você deve ir. Não tenha receio, que nessa hora o médico tem que ser real. Ele não vai querer te prejudicar". Eu tinha um certo receio por ser um médico designado pelo serviço de onde eu tinha sido demitida. Aí, ele falou que não e eu fui. Fiz os exames.

Inclusive um dos médicos falou pra eu me desarmar, que não tinha nada contra mim. Porque acho que o meu medo era tão grande que acabei sendo grosseira, sendo fechada com ele — uma coisa que não sou; eu sou alegre, brincalhona.

---

[6] Referente ao auxílio-acidente de trabalho.
[7] Conseguiu comprovar na justiça o nexo causal, ou seja, que adquiriu LER no trabalho.

E com ele eu fui. Eu o vi como um inimigo. Ele falou: "Janaína, não quero fazer nada contra você. Eu só quero diagnosticar sua doença, mais nada. Não precisa ficar brava comigo". Aí que amansei, aceitei fazer todos os exames. Fiz. Foi provado. Tanto é que voltei.

A volta ao trabalho

"Falaram que não tinha lugar pra mim".

Janaína — Agora, em relação a voltar, tive uma discriminação muito grande desde o retorno. Quando voltei, foi com um oficial de justiça, graças a Deus, que eles já mandam, eles [os oficiais de justiça] já sabem [que geralmente a pessoa enfrentará obstáculos e impedimentos nessas situações de voltar ao trabalho por força de lei]. Não fui muito bem recebida. De início uma pessoa chegou pra mim, funcionário, falou que não tinha lugar pra mim. O oficial de justiça na hora respondeu: "Problema de vocês. Vocês podem pagar pra ela ficar em casa, mas o cargo dela é o cargo dela, a função dela é dela".

O motivo da minha demissão não era eu ser incapaz ou ser incompetente. Não tinha como provar minha incompetência porque com poucos meses de serviço eu já tinha sido promovida. Eu aprendi sozinha a trabalhar no computador, evoluí, organizei muita coisa. E algumas pessoas sabiam dessa minha competência. Eu fiquei limitada depois da doença e essa limitação ocasionou, claro, a não-produtividade.

Aí, depois que fui com o oficial de justiça, o que fizeram comigo? Quando voltei, não tinha uma cadeira, uma mesa, um local de trabalho. Fiquei alguns meses esperando, perambulando no setor. Só que meu jeito de ser, eu não sou parada, não sou passiva, sou agitada, gosto de aprender, procuro o que fazer. Ficar sem função incomoda toda pessoa que tem LER, ela quer voltar ao trabalho, produzindo.

Depois de algum tempo, eles me arrumaram um serviço de secretária. Montaram uma mesinha, com tudo, só que colocaram um computador na minha frente. Era uma coisa que me incomodava. Eu precisava de uma pessoa até pra ligar e desligar o computador. Claro que eu não vou atrás de uma pessoa pra ligar e desligar o computador. Eu mesma comecei a fazer. Não trabalhei nem um mês. Aí o braço inchou, as dores aumentaram, a posição que eu ficava na cadeira afetou a minha coluna. Que era um local provisório. Era terrível, as cadeiras eram duras, terríveis. Percebi, descobri o desconforto delas depois que eu tive que usar um período. Então tive outro afastamento. Quando voltei, fui remanejada pra outro setor.

O INSS: "A senhora já pode trabalhar?"

Janaína — Nesse afastamento tive que voltar para o INSS. Fui atendida em um consultório no INSS, depois de ficar mais de horas em um muquifo no local de atendimento. No consultório, até eu fiquei na época revoltada porque tinham escadas e eu, graças a Deus, subo escadas, mas tinha muitas pessoas que estavam com problemas, pessoas que quebraram a perna, mulheres grávidas que tinham que passar no INSS, com bebês no colo. E aquela espera terrível, porque o médico recebe por paciente, então, colocava na agenda 50 pra atender.

A médica olha, ela já alega... Primeiro ela começa a querer colocar a culpa na empresa que você está. A empresa é a culpada. Eu fui uma laranja sugada, concordo com isso, mas não é essa a função dela, a função dela é me examinar. Aí ela perguntou por que eu estava sentindo dor, o que eu fazia, e falou: "É desvio de função". Não é desvio de função. Eu continuo como secretária, só que hoje eu tenho que descobrir uma atividade que eu possa executar e que não me faça mal. E depois ela falou: "Ah, eu não vou te dar, [alegando não poder aceitá-la no INSS] porque você não está com o braço engessado". E me dispensou. Saí revoltada, tinha consulta com meu médico, meu médico ficou revoltadíssimo, na hora fez um novo relatório. Na época eu estava com muita dor nos braços. Meu braço, a médica do INSS mal olhou. (...)

Aí eles recusaram o meu pedido de afastamento pra tratamento médico, eu entrei com nova solicitação. Eles informaram que ia demorar mais de um ano para obter. Eu nem fui mais atrás. Deve ter sido recusado, mas eu nem fui mais atrás. Desisti do INSS, fiquei muito revoltada. Inclusive todas as vezes que me mandam para o INSS eu fico deprimida. (...) A impressão que tanto os funcionários, os atendentes como os médicos passam é que você deve favor pra eles.

Tive, claro, atendimento bom. Tiveram bons funcionários que têm coração, que atenderam bem, mas tiveram funcionários que atenderam mal não só a mim. E muitas vezes um pouco do meu trauma é de ver outras pessoas serem maltratadas lá dentro. Como a assistente social, que eu vi várias vezes atendendo mal os aposentados. Gritando, falando um monte de coisa para o coitado que queria uma informação simples. Aí ela se descontrola, e eu acho que o papel de uma assistente social é ter paciência. Já começa daí.

No período em que eu fui demitida, logo que comecei o tratamento e fui operada, eu cheguei no INSS com um relatório. Porque toda vez que você vai ao INSS tem que levar um relatório do seu médico. Eu tinha sido operada há pouco tempo. Aí ele nem olhou para o relatório e falou assim: "A senhora já pode trabalhar?" Aí eu falei: "Se o senhor ler o relatório, o senhor vai ver que eu operei tal dia".

Então você percebe um descaso pelo doente... Porque, independente de ser LER, quando você fica doente, acontece algum acidente, que você teve que ficar em casa, se afastar do serviço, já é traumatizante. Já é humilhante. Aí você chega em um ambiente em que eles tinham que te acolher, te atender e não fazem nada, e, ao contrário, alguns até te maltratam, você fica revoltada com o serviço público. É por isso que muitas vezes o serviço público é tão mal visto.

Na última vez que eu fui, tive uma discussão. Cheguei de manhã e até a hora do almoço não tinha sido atendida. Fui conversar com uma funcionária pra saber se eu podia sair para tomar um lanche e ela falou que não, secamente. Aí esperei ela sair, procurei um outro rapaz que, olhando, parecia mais atencioso — inclusive ele era bem mais atencioso que os outros — expliquei a minha situação, que eu estava lá desde manhã, se eu podia tomar um lanche. Ele falou: "Que número você é?" Eu falei o número. Não lembro qual era, que você tinha que pegar uma senha. Ele falou: "Pode ir que ainda vai demorar". Aí, eu até fui para o shopping, tomei lanche, passeei um pouquinho e fui atendida depois das quatro da tarde.

E fui atendida pela mesma dita cuja que não tinha deixado nem eu ir almoçar, nem deu atenção para o número que eu era da fila. Aí ela veio com grosseria porque ficaram faltando documentos. E eu levei os documentos que o serviço público em que eu trabalhava havia me solicitado. "Como que você não trouxe isso?!" Bem grosseira. Olhei pra ela e falei: "Você observou que eu sou funcionária pública?". Ela falou: "É mesmo!". Eu falei: "É, sou funcionária pública como você. Só que eu trato as pessoas bem". Ela ficou totalmente sem graça, mudou o tom da voz e o jeito de falar comigo. Não sei se isso fez ela refletir que todos os funcionários públicos têm obrigação de tratar as pessoas bem. (...).

Outro exemplo, eu fiquei meses sem receber, um período. Tinha que ir lá no INSS pra verificar se o meu pagamento tinha caído. É um descaso muito grande. Porque, no meu caso, tinha o meu marido que me sustentava, mas você via caso de pessoas que não tinham, dependiam daquela porcaria daquele salário, daquele salário mínimo lá, que a gente recebia pra sustentar a família. Você via senhores às vezes chorarem, que vieram a pé ou que pegaram dinheiro emprestado pra ir ao INSS e não serem atendidos, e não terem o pagamento.

Então eu acho que isso me frustrou muito em relação a esse órgão. Não vou falar que todo mundo é mal educado ou que são todos os médicos ruins, porque eu estaria generalizando. Dos que eu passei, uma grande parte era mal-educada. Inclusive um deles parecia que estava no exército. Ele falava uns nomes e dizia: "As pessoas com os nomes que eu falei têm que sentar neste banco!". E as pessoas que estavam sentadas naquele banco que ele designou tinham que levantar pra a gente sentar. Eu achava falta de respeito, falta de consideração e eu me sentia mal, por mim e pelas outras pessoas. Porque até as outras pessoas que estavam sentadas se sentiam mal. E as outras, tinha pessoas que estavam com o pé engessado, que tinham feito cirurgia e tinham que ficar de pé para dar lugar pra gente. E aí já não tinha mais lugar pra sentarem.

"E daí? É centro de reabilitação. O que eu vou fazer?"

Janaína — Na época que eu recebi alta do INSS e ainda estava desempregada, fui mandada ao CRP — Centro de Reabilitação Profissional (órgão ligado ao INSS). E foi outro lugar que fiquei decepcionada. Eu tive que comparecer várias vezes lá, conversar com a assistente social, médicos. E, no final, ela me informou que eu iria receber o máximo de benefício, que era 40% sobre o salário que eu estava recebendo, do INSS. Era pouco, 40% era menos ainda. E eu falei pra ela: "E daí? É centro de reabilitação. O que eu vou fazer?". Ela falou que eu devia montar o meu próprio negócio. Eu falei: "Agora, com qual dinheiro eu vou montar? Eu não tenho dinheiro".

E não é só isso. Quando a gente monta qualquer negócio, de início, você tem que arregaçar a manga e trabalhar. E eu não tinha condições físicas e nem financeiras. Ela olhou para mim com aquela cara de "não sei o que fazer com você". Sei que ela não tem culpa. Não tinha uma função pra pessoa que tem LER.

E acho que é um trabalho árduo que tem que ser feito. Nós, que adquirimos a doença, voltamos para o ambiente de trabalho discriminados, mal vistos por alguns que não conhecem, não entendem a doença. Eu tinha que voltar às minhas funções desde que não me fizesse mal à saúde. Estava escrito no laudo final do juiz. A única coisa que eu queria, quando abri esse processo, era voltar a trabalhar, porque eu já não conseguia mais emprego, não tinha mais profissão, não tinha mais função. Eu conseguia bicos. Alguns bicos que me causavam dor. (...).

Nessa época, eu ainda não tinha sido readmitida [no serviço público onde trabalhava]. Até, eu lembro, em uma das terapias, eu cheguei arrasada no consultório da minha psicóloga, porque eu tinha passado em um concurso público. E em vez de me deixar feliz, me deixou triste. Ela falou: "Mas por que você está assim?". Eu falei: "Porque eu não posso executar a função na qual eu passei".

Na época eu também teria que tirar xerox, essas coisas. Quando fui convocada, eu nem compareci, lógico, vou comparecer pra quê? Eu não podia mexer numa máquina de xerox. Quando fui demitida e surgiu esse concurso, eu não tinha noção do que era a LER, nem eu mesma tinha. Eu não sabia.

E prestei o concurso, passei, cheguei no consultório desesperada, nervosa, brava, querendo chutar o mundo. Ela falou: "Nossa, que bom que você passou!". Eu falei: "Eu preferia ter reprovado, não ter passado, não valeu nada". "Valeu sim, mostra que você tem uma inteligência funcionando, sua cabeça funciona ainda." Aí eu parei e falei: "É mesmo, não pensei nisso".

Quando eu prestei o concurso, achei que seria a minha tábua de salvação. Eu estava procurando me reencontrar profissionalmente e, de repente, vi que não poderia, porque, quando prestei, eu não tinha conhecimento da minha limitação. Quando veio o resultado — demorou um ano um ano e pouco — eu já estava até em tratamento. Só sei que fiquei muito revoltada e só vi o lado ruim. Ela me mostrou outro lado, que o lado intelectual funciona.

Inclusive foi o que eu usei com a assistente social quando ela falou que não tinha em que me colocar, não tinha como me ajudar profissionalmente, afinal de contas eu tinha machucado meus braços. Eu falei: "A cabeça ainda funciona". [ironia] Porque era a única coisa. Na época eu estava com os braços ainda muito ruins, não via uma saída.

Acho que o pior de tudo foi ser demitida, não estar trabalhando. Porque acho que o meu quadro não teria piorado tanto se eu estivesse trabalhando. Querendo ou não, trabalhando, você tem o seu lado financeiro, sua casa fica mais estabilizada financeiramente. Não que estivesse estabilizada, que eu não tinha casa própria, não tinha nada, mas é necessário que você tenha um dinheiro pra contar. Você ter contato com outras pessoas que trabalham, outras pessoas além de doença, isso é muito bom.

Eu vejo por hoje, eu tenho as dores, mas tenho com quem conversar. Você não fica só naquele seu mundinho. Acho que, se eu estivesse trabalhando, não teria ficado em crise depressiva. Eu poderia até ficar um pouco deprimida, porque teria que parar minha função, parar o que eu gostava de fazer, mas estaria na ativa. E você ficar desativado, não porque você quer, mas porque te obrigaram a ficar, foi uma coisa drástica!

Políticas de reabilitação

Janaína — Eu acho que é um trabalho que alguns psicólogos tentam desenvolver, ajudar quem tem LER a descobrir algo em que trabalhar e em que sinta satisfação, e também considerando o lado financeiro. Quem tem LER num grau pequeno, pode voltar à outra atividade física, profissional sem problemas. Eu conheço pessoas que tiveram grau 1[8], trataram e continuaram trabalhando numa boa. Claro que elas têm que evitar trabalhar continuamente, fazer esforços repetitivos, mas trabalham bem. Agora quem tem LER crônica que é o grande problema. A gente acaba não tendo colocação no ambiente de trabalho.

E as empresas boicotam mesmo. Por exemplo, os bancários. Alguns amigos relatam que na área bancária a pessoa que tem LER e teve afastamento, quando volta ao trabalho, volta pra mesma atividade. Não tem recolocação. E se a pessoa, no período de um ano, não sair de licença de novo, ela é demitida.

A estabilidade pra quem tem LER é outra coisa que tem que ser revista, a estabilidade pra acidente de trabalho é de um ano. Se você quebrar a perna, tudo bem. Se voltou e foi demitida, você vai arrumar um emprego dentro das suas qualidades profissionais em outro lugar. (...) Teria que modificar os estatutos da LER, da previdência; mudar a aposentadoria em alguns casos, pra essa estabilidade não ser de um ano só. Quando você tem LER é difícil, porque a gente tem problema na mão. Tudo precisa ou de escrita ou, ainda mais hoje que é tudo informatizado, da informática. A computação está em tudo. Eu acho que quem tem LER não tem profissão mais, não tem função. Eu posso ter um currículo bom, só que você não pode executar mais metade do que está lá, um terço do que está lá. Então você não tem profissão mais. E você volta para o ambiente de trabalho, onde te colocam na mesma função, é complicado.

Se você tem uma estabilidade só de um ano, o que acontece? A pessoa acaba trabalhando, ela se submete a trabalhar, agrava ainda mais o problema que ela tem, porque o medo da demissão é muito grande. O nosso país está horrível no lado profissional, o econômico está ruim. Então você não vai pôr em risco o seu emprego, você faz.

Acho que isso é uma coisa que daria pra trabalhar. Estudar e procurar novas atividades, verificar o que a pessoa que adquiriu LER pode fazer, até mesmo dentro do Centro de Reabilitação Profissional.

---

[8] Considerado o grau mais leve de LER.

A responsabilidade das empresas, dos sindicatos e do governo

Janaína — Acho que, no momento que a empresa provocou a doença, ela tem que arcar com o funcionário para o resto da vida. Ela pode não querer ele lá dentro da empresa, mas que ela pague [o salário] pra ele ficar dentro de casa. A empresa deveria ser responsabilizada pela LER, para não provocar mais. Que a empresa sabe de tudo isso, só não dá os direitos para o funcionário. Eu acho que teria que ser uma lei rígida, aí seria federal. Já seria uma forma da empresa se preocupar em não machucar os funcionários e diminuir o rigor sobre os funcionários. As empresas iriam produzir menos doenças.

Querendo ou não, nós acabamos sendo uma laranja: chupa, chupa, chupa, acabou o caldo, o que você faz? Joga no lixo! Que a empresa já sugou, já é uma laranja sugada, só o bagaço, e o próprio bagaço ainda eles continuam ali, sugando ainda o pouco que resta, arrancando a pelinha. Eu me senti uma laranja chupada mesmo logo que eu saí. Enquanto eu produzia, estava bem, recebendo promoções e elogios. Fiquei doente, começou a declinar o meu serviço, claro, eu tinha uma deficiência, uma dor. E a dor fazia com que meu serviço decaísse. Tinha mais erros, porque eu não conseguia a concentração que eu tinha antes. Aí o que faz? Chuta o meu traseiro, joga fora a laranja sem caldo. É, no início me senti desse jeito e acho que a grande maioria de quem tem LER e fica desempregado se sente assim.

Nós somos seres humanos, nós não somos máquinas. (...) O funcionário com saúde, ele trabalha melhor. Eu acredito que as pessoas que têm LER, como já falei, são pessoas ativas, são bons funcionários. Eu acho que a gente tem capacidade. Se você souber trabalhar esse funcionário, cuidar dele, ele não vai adquirir LER e vai proporcionar coisas boas para a empresa, vai fazer a empresa crescer.

Outro trabalho muito bom, na área de trabalho mesmo — sei lá, Ministério do Trabalho, Ministério da Saúde, em conjunto — seria de conscientização do que é a LER, como ocorre, saber como que é adquirida, os sintomas. Eu acho que a política, sinceramente, teria que ser modificada desde o início: evitar a LER. Prevenção.

Por exemplo, você também não pode trabalhar continuamente no computador. Você tem que ter dez minutos de descanso a cada uma hora. Procura dentro de empresas se isso ocorre. Raramente. As empresas tinham que parar de produzir doenças. Elas não produzem só LER, produzem várias doenças. Se você for verificar os acidentes de trabalho, são muitas. A LER é um acidente de trabalho.

A CIPA[9] teria que trabalhar mais a LER. Se trabalha sim, no caso de caldeira pra eles não se queimarem, fazem campanha pra evitar acidentes em fábricas. Agora, qual a campanha grande que foi feita? Eu, pelo menos, não vi campanha grande da LER. (...) Só dar uma palestrinha em relação a LER às vezes não resolve. Que às vezes a pessoa até tem a intenção de não ficar doente, de ter uma atividade menos tensa, mas como é que ela vai fazer? Como ela vai fazer o chefe não ficar tenso com

---

[9] Comissão Interna de Prevenção de Acidentes.

ela o tempo inteiro? Não ficar cobrando um trabalho que é pra amanhã e ele quer hoje? Quantas e quantas vezes terminei o trabalho que eu sabia que era pra segunda cedo e na sexta de manhã minha chefe já estava pedindo pra antes do almoço. É pressão (...).

Você vê, a LER está ficando uma doença muito comum. As pessoas hoje já vêem a LER como dor de barriga. "Ah, eu tenho LER." "Mas o que você está fazendo?" "Ah, nada. Só uso a tala!" Então, em alguns casos, já está meio banalizado. Se está formando pessoas com LER constantemente. Quando eu fiquei no Centro de Referência, eu vi pessoas novas adquirindo LER e ficando, entre aspas, incapacitadas. Eu acho isso muito triste porque você não fica incapacitada só pra trabalhar, você fica incapacitada no seu lar. Eu nunca pude carregar meu filho sozinho nos meus braços, porque não agüentava segurar ele nos braços. Então acaba desestruturando sua vida social, sua vida privada, sua vida comum, não só no emprego!

E acho isso triste, muito triste. Acho que na LER tem pano para manga para se trabalhar. Conscientização da população e dos trabalhadores. Tem muita gente também que não acredita ainda na LER, no grau que ela pode chegar. Acha que é uma dorzinha, como eu no início não acreditava. Tinha dor, "estou com dor no pulso", é pulso aberto, que a gente falava. E deixava, vai deixando.

Eu percebo que pessoas que convivem comigo, que começam a adquirir a LER, tomam cuidado especial, já vão atrás de tratamento. Já teve casos de amigas que me ligaram: "A dor que você sentia é assim, assim, assim?" "É! Procura um ortopedista". Elas procuraram. Aí foi diagnosticado, fizeram o tratamento e voltaram à atividade. Algumas com menor grau, menor atividade, mas já têm uma consciência. Por quê? Porque conviveram comigo. Viram o que eu passei. Mas... e o resto? Deixa chegar.

E outra coisa: LER não dá só para quem é bancário, para quem é secretária. LER dá em operários, metalúrgicos; operários de linha de produção também adquirem LER. Quando eu estava fazendo tratamento, tinha uma menina lá que trabalhava na produção dentro de uma fábrica, ela era metalúrgica. (...).

Tinha que se mexer com isso nacionalmente. Eu acho que sindicatos, CUT[10], as CIPAS têm mexido, mas pouco. (...) Eu já vi com meus amigos que trabalham em banco. O sindicato manda para eles os caderninhos falando sobre a LER, como adquire, muito bom, mas eu acho que tem que ser uma coisa mais pesada. (...) Nesse trabalho amplo, teria que trabalhar tanto com o funcionário que utiliza o computador ou que trabalha na área de produção, de ele ter o seu descanso, tudo, como com a chefia dele. Trabalhar o lado psicológico, o lado de conscientização, de que nós não somos máquinas. (...).

Daí entraria também a parte da medicina. Tem alguns médicos que trabalham pra empresa. Você não precisa ir para o INSS para passar pelo médico, o médico está lá dentro. E o médico estando dentro da empresa, piorou ainda mais, porque ele vai dançar conforme o ritmo da empresa. Ele não quer também perder o emprego dele. Interessante. Até isso já força o funcionário a se sentir constrangido. (...).

---

[10] Central Única dos Trabalhadores.

Há convênios médicos presos a empresas. Médicos que acabam não emitindo o CAT e não diagnosticam direito a doença pra evitar problemas porque eles não querem ser descredenciados da empresa. Eu sei de histórias em que muitos funcionários têm convênios ligados à empresa onde trabalham. Aí quando esses funcionários têm alguma doença no trabalho e são afastados, logo os médicos dos convênios querem dar alta, mesmo que a pessoa ainda não esteja boa.

É uma política muito longa, muito difícil, mas tem solução. Não vai mudar hoje ou amanhã, mas eu acho que se começar algum trabalho hoje, daqui a uns dez, vinte anos é que a gente vai estar colhendo, evitando que as pessoas fiquem doentes. (...).

Essas mudanças são um trabalho muito difícil, porque não dependem só de uma ou duas pessoas, vai depender de muitas pessoas. Vai depender do governo, dele implantar leis, vai depender da empresa aceitar. Sabe que muitas empresas ou ignoram, ou manipulam a lei; fingem que estão cumprindo a lei, né? E a gente sabe que governo acaba sendo manipulado por outras leis financeiras maiores. Empresas maiores, não vão querer mexer. (...).

Eu sei que em nosso país é difícil, porque, como eu falei, já trabalhei em empresa que tinha cinco funcionários, mas precisava de dez. E as empresas trabalham mais em cima do lucro do que qualquer coisa. Às vezes, até cai a qualidade de algumas coisas devido a corte de funcionário — porque o primeiro corte é de funcionário. O lucro nunca, né? (...).

Eu acho que teria que ter uma modificação geral. É aí que a porca enrosca. Mas é de pouco, se cada um fizer... Eu gosto muito daquela historinha do beija-flor, você conhece? A floresta estava pegando fogo. Aí o beija-flor, correndo, enchia o biquinho d'água, e [faz um som de um espirrar água] jogava. Corria de novo para o rio, enchia de novo [faz som de espirrar água novamente], jogava. Aí veio um animal maior e falou assim: "Ô beija-flor bobo, você acredita que com esses seus biquinhos de água você vai apagar o incêndio da floresta?" Ele falou: "Eu sozinho não, mas eu estou fazendo a minha parte, se você fizer também e os outros também, com certeza apagará!" Então, cada um fazendo pequeno...

Entrevistadora: Tatiana Freitas Stockler das Neves

Famílias em fragmentos

O que aqui apresentamos são fragmentos de um processo grupal realizado com trabalhadores desempregados no Centro de Referência em Saúde do Trabalhador (CRST)[1] da cidade de São Paulo, entre janeiro e março de 2003. Este processo teve por finalidade constituir um espaço no qual trabalhadores, que tinham em comum a vivência do desemprego, pudessem trocar experiências e refletir juntos sobre a condição que vivem, buscando de forma coletiva alternativas de enfrentamento. Participaram deste grupo sete trabalhadores — Rosa, Silva, Maria, Conceição, Lurdes, Pedro e Lucio — que tinham como elementos em comum o fato de serem pobres, não terem concluído o ensino fundamental e terem sido demitidos do último emprego num período não maior do que seis meses até o início do processo grupal.[2]

Apesar dos encontros do grupo terem aberto espaço para que emergissem diversas questões em torno da situação de desemprego — os problemas

---

[1] Os CRSTs são instituições públicas municipais voltadas para a saúde do trabalhador. Compostas por equipes multidisciplinares das quais participam médicos, fisioterapeutas, terapeutas ocupacionais, fonoaudiólogos, enfermeiros, psicólogos e assistentes sociais, sua função é a de diagnosticar e tratar problemas de saúde decorrentes das condições de trabalho, o que implica o estabelecimento de um nexo causal entre determinados sintomas apresentados pelo trabalhador e a atividade de trabalho que exerce ou exerceu. Uma vez comprovado esse nexo, o trabalhador pode dar entrada no INSS com um pedido de auxílio-doença, auxílio-acidente de trabalho ou aposentadoria por invalidez. Muitos trabalhadores desempregados procuram os CRSTs em busca desta comprovação, para poder obter assim algum auxílio financeiro que os ajude a fazer face à situação de desemprego.

[2] Como coordenadoras do grupo participaram Belinda Mandelbaum — psicóloga, Margaret do Carmo - fisioterapeuta, e Laís Affonso de André - educadora em saúde, cujos registros escritos do processo constituíram a fonte do material que se segue.

de saúde decorrentes dos trabalhos anteriores; as batalhas de todos eles junto às instituições públicas de saúde, às empresas em que trabalhavam e ao poder judiciário para terem legitimado o nexo entre suas doenças e as atividades exercidas, para poderem obter algum auxílio do INSS[3]; as experiências e causas das demissões; as dificuldades na busca de novos postos de trabalho; as precárias alternativas de amparo que encontram junto às diferentes instituições sociais, entre outras — privilegiamos aqui o material que o grupo produziu em torno do impacto da condição de desempregados nas relações familiares e das mudanças geradas por essa situação no âmbito doméstico.

Faremos primeiramente uma breve apresentação dos componentes do grupo, de suas trajetórias de trabalho e desemprego e da composição de suas famílias — informações que obtivemos em entrevistas com cada um deles, antes do trabalho em grupo, e que tinham por finalidade estabelecer um primeiro contato e apresentar-lhes a proposta de participação no grupo. Para essas entrevistas, convidamos as famílias, embora a vinda delas nem sempre tenha sido possível.

Rosa

Rosa é pernambucana, parda, casada e tem 49 anos. Está na batalha das buscas não apenas por emprego, mas também por auxílios tanto financeiros quanto de tratamento nas instituições públicas. Trabalhou por muitos anos em grandes hospitais particulares da cidade. No primeiro, no setor de limpeza, de onde "pediu as contas" em 1987, quando ficou grávida da primeira filha. Depois do nascimento da menina, foi trabalhar em outro hospital, onde ficou por sete anos e meio. "Houve um grande corte e fui demitida". Em seguida, em 1995, começou a trabalhar num terceiro hospital. "Lá, eu trabalhei na lavanderia, cheguei a ser líder de equipe, mas o hospital terceirizou o serviço e todo mundo foi demitido. Eu era alguém que não pensava nas horas de trabalho, precisava ficar até dez da noite, eu ficava. Aprendi a ser camareira, faltava alguém, eu cobria. Quando fui demitida, foi uma surpresa. Saí sem perna, sem braço, sem cabeça. Saí desmontada. Você desmonta! Eu era líder, tinha dívidas pra pagar. Num dia fui trabalhar, chegou a lista das demissões. Ficou todo mundo parado, chorando. Saí pensando que o

---

[3] Sigla de Instituto Nacional de Seguridade Social, órgão público federal responsável pela aposentadoria e pelos auxílios referentes a cuidados de saúde nos casos de doença, acidente de trabalho e invalidez de trabalhadores empregados com registro em carteira.

mundo acabou. Agora, estou em casa. Com o dinheiro que recebi, eu paguei as dívidas. É isso".

Seu marido trabalha à noite, como segurança. A filha mais velha, de 17 anos, está terminando o ensino médio à noite, e à tarde faz curso profissionalizante de administração, com o apoio de um programa do governo do Estado que oferece bolsas de estudos para jovens estudantes. Ela aguarda uma possibilidade de trabalho por meio de um programa da Prefeitura, que busca viabilizar o primeiro emprego para jovens cursando o ensino médio: "Nem eu, nem meu marido queremos que ela deixe o curso. Mas ela me disse que quer tentar arrumar um emprego, agora que estou sem trabalho, pra ajudar em casa". A segunda filha, de oito anos, cursa o ensino fundamental e ajuda a mãe nas tarefas domésticas.

Com o seu salário, Rosa também ajudava seus pais e irmãos: "Minha mãe e meu irmão vivem em Caruaru, interior de Pernambuco. Dependendo da época do ano, se não chove, não tem trabalho lá, não dá pra plantar nada. Eu também dava uma força pra uma irmã que tem quatro filhos. O marido dela perdeu a visão por causa de diabetes, eu ajudava com a cesta básica. Agora são duas famílias desempregadas. Também tenho um irmão que entrou na droga e não pôde morar mais perto da gente, porque foi ameaçado de morte. Agora, ele está em Carapicuíba, cidade perto de São Paulo, cortando cana. Às vezes, eu vou lá vê-lo, e deixo alguma coisa pra não abandoná-lo. Minha mãe se preocupa muito com esse meu irmão, e eu faço isso pra minha mãe não sofrer. Imagina que agora que eu fiquei desempregada, minha mãe e minha irmã me ofereceram ajuda! Eu disse que não, elas recebem cada uma um salário de aposentadoria".

Para além da restrição financeira que a situação de desemprego lhe impõe, impedindo-a agora de ajudar os seus, Rosa mostra-se frustrada com a falta do trabalho: "Eu não gosto de ficar em casa. Se não tiver emprego, quero trabalhar de voluntária num hospital. Outro dia, ouvi no rádio, no programa do padre Marcelo, o telefone de um hospital que está pedindo voluntários. Mas falaram rápido e eu não consegui anotar o número pra ligar. Meu negócio é sair, é ver gente. No hospital eu via as senhoras voluntárias, elas conversavam com os parentes dos doentes, serviam chá... Agora fico sem fazer nada. Já falei com o meu marido, ele disse que banca os passes pra eu ir trabalhar de voluntária. Em casa só estou engordando e pensando bobagem. Acho que eu vou pirar"!

Atualmente Rosa tem saído de casa para buscar os seus direitos. É que estava doente quando foi demitida do último serviço: "Eu saí doente, com tendinite. Eles acharam que não era grave, então me mandaram embora.

Outros saíram pior. A firma não quis preencher a CAT[4], eu passei aqui no médico, ele preencheu. A médica, na hora da demissão, disse que eu podia contar com ela para o que precisasse. Mas na hora em que eu fui pedir a CAT ela não deu". No Centro de Referência foi diagnosticada a síndrome do túnel do carpo, designação técnica para a tendinite, uma das formas da LER — lesão por esforços repetitivos — contraída no trabalho. Rosa então cuida de recolher a documentação necessária para "dar entrada no INSS", e assim poder obter algum benefício, uma renda mensal que ajude a ela e aos seus frente à dificuldade de conseguir um novo trabalho. Portanto seu trabalho agora é peregrinar pelas instituições de saúde, atrás de exames médicos e laudos comprobatórios de sua enfermidade.

Silva

Silva é paraibano, pardo, casado e tem 52 anos. Tem uma filha de 13 anos que cursa o ensino fundamental. A esposa trabalha como auxiliar de enfermagem e cuida de um paciente que, vítima de um acidente grave, é tetraplégico. "E eu tenho ficado desde a manhã até a noite procurando emprego". Silva, como costuma ser chamado pelos colegas, é motorista de ônibus: "Trabalhei dez anos na CMTC, com carro de deficiente[5]. Tenho paciência pra lidar com o público. Eu era muito querido, conhecido. Muitas vezes me sacrifiquei, dormia pouco. Depois de fazer horas extras por dois meses, peguei estafa. Trabalhava das três horas da tarde até uma hora da manhã. Ia pra casa, dormia uma hora e meia e pegava de novo às cinco horas da manhã. Parei com isso porque estava começando a dar umas cochiladas no volante. E com o tempo a perna foi ficando atrofiada — esta aqui, ó, eu não consigo mais dobrar —, tive úlcera e perdi 50% da audição. Como a empresa tinha convênio médico, fui me tratar. Aí, eles me mandaram embora por excesso de

---

[4] A CAT — Comunicação de Acidente de Trabalho — é o documento que atesta o nexo entre o trabalho desenvolvido e o sofrimento físico do qual o trabalhador é portador. Este é um documento necessário para que o trabalhador "dê entrada no INSS" com um pedido de auxílio-doença, ou possa vir a obter outros benefícios. A CAT é fornecida pela empresa onde o trabalhador contraiu a doença ou sofreu o acidente, mas, no mais das vezes, dada a recusa da empresa em atestar o nexo — uma vez que ela teria que arcar com a responsabilidade frente a isso, reintegrando o trabalhador demitido — esse documento é fornecido pelo próprio Centro de Referência, uma vez comprovado o nexo doença-trabalho.

[5] Ônibus com equipamento apropriado para transportar passageiros com deficiências físicas, equipamento este que Silva descreve detalhadamente — o degrau que desce automaticamente para que o deficiente possa entrar com a cadeira de rodas, o banco especial etc.

atestado". Ele ficou sete anos na última empresa e agora está "parado" há seis meses.

"No todo", Silva trabalhou 23 anos. Primeiro como mecânico, depois com táxi, caminhão e ônibus. Veio sozinho da Paraíba para São Paulo. Trabalhou, e trouxe a família toda. Agora, diz que a mãe está preocupada com ele, com sua saúde, se ele tem o que comer. Silva ajudava a todos, inclusive a mãe: "Agora, não dá". Tem procurado qualquer coisa, "o que aparecer". "Devido à idade, depois dos 45, principalmente ônibus é difícil pegar!" A esposa é que agora mantém a casa e ajuda uma irmã com a cesta básica. Por causa do desemprego dele, ela aumentou a jornada: "Ela chega em casa com as costas vivas de tanta dor. É que ela cuida de um paciente que não pode caminhar, ela agarra ele pelos braços pra levar ao banheiro. Então em casa agora sou eu que faço tudo: lavo, passo, cozinho e arrumo a casa. Ela chega muito cansada. Quando eu trabalhava, chegava em casa às duas horas da manhã e só dormia. Agora eu me adaptei ao serviço de casa. A mulher gosta, minha cozinha é excelente. De manhã, assisto na TV os programas de culinária. Anoto as receitas e também invento em cima. Eu gosto desse ramo. Até gostaria de trabalhar com isso, mas fico meio acanhado. Eu queria mesmo era fazer um curso. Outro dia, eu fiz uma bacalhoada, quer dizer, era um peixe que eu fiz que ficou parecendo bacalhau. A mulher chamou as colegas, e agora todas pedem pra eu repetir. Mas é ruim estar em casa, apesar de que as empresas deixam a gente chateado. Não pagam hora extra, é atestado que eles não aceitam, descontam, fiquei decepcionado. Agora, é uma maravilha trabalhar com o público. Eu continuo o contato com os amigos. Antes eu podia fazer um joguinho em casa, churrasco com os amigos, a mulher gostava quando eu trazia os amigos em casa. Até hoje o pessoal me fala de passageiros que me mandam lembranças, perguntam de mim... Agora, minha filha gosta que eu esteja em casa. Mas é duro depender da esposa, eu não fico bem. Embora ela seja bacana, trabalhadeira. Ela me diz: 'Não liga pra isso não. Eu fiquei tanto tempo em casa enquanto você trabalhava, agora é a minha vez de fazer a minha parte'... Vocês vão poder ajudar a gente? Eu estou louco pra entrar na Caixa[6], e daí poder fazer um curso de culinária, era o ideal".

---

[6] "Entrar na Caixa" é uma expressão comumente utilizada para significar a aposentadoria pelo INSS, seja por tempo de serviço, acidente de trabalho ou invalidez.

Maria

Maria é pernambucana, parda, viúva, tem 52 anos. Ressentida, tem muitas queixas a fazer: "eu trabalhava na limpeza do restaurante de uma empresa, fui mandada embora. Na verdade, eles me enrolaram, porque me disseram que precisavam fazer cortes. Quando voltei, depois de dez dias, pra levar a carteira de trabalho, tinha uma mocinha em meu lugar, limpando os vidros. Daí, eu vim pra cá, para o Centro de Referência, porque estava com problema de saúde, tinha dor na coluna, que eu contraí trabalhando. O médico me disse que era bico de papagaio e artrose". Embora ela não o explicite, sua fala é ressentida com o médico, uma vez que o diagnóstico de bico de papagaio e artrose aponta para a ausência de nexo entre suas dores e a atividade de trabalho que realizava. "Eu trabalhava na limpeza, carregando aquela máquina pesada de passar no chão".

Maria trabalha desde os 11 anos, sempre em atividades de limpeza. Começou no interior, na roça. "De limpeza, eu entendo. Porque em cada profissão, a pessoa tem que entender, não é? Por exemplo, neste chão aqui, não pode jogar muita água, nem muito produto. Eu gosto de trabalhar! Apesar de que, com essas máquinas pesadas, eu acordava no dia seguinte com dores em todo o corpo. Mas eu queria mesmo era arrumar um servicinho, não gosto de ficar sem trabalhar. Meus filhos têm as responsabilidades deles, mas eu gosto de ajudar. Se bem que estão os dois sem emprego, fazendo bicos de *motoboys*". Ela tem dois filhos de vinte e poucos anos e mora com o mais novo e um sobrinho. "Meu outro filho é amasiado, tem uma nenê que é o amor da gente! Mas ele vem fazer as refeições, tomar banho, tudo em casa. Traz também a roupa suja pra eu lavar... Eu não gosto desse trabalho deles com moto, fico com tanto medo! Não sossego enquanto não escuto eles chegarem em casa. Tenho medo de acidente, de assalto, esta cidade é tão perigosa! Mas são bons filhos".

Maria está tentando "entrar na Caixa": "Mas eu queria mesmo era trabalhar. Eu gosto de fazer faxina, estou trabalhando na casa de uma família. Se eu arrumasse mais duas casas, nem queria saber de ir atrás da Caixa. Mas se desse pra aposentar também, seria bom... não sei se tenho tempo suficiente de trabalho registrado. Diz que eu posso me aposentar aos 60... e eu vou viver até os 60?"

Conceição

Conceição é branca, tem 48 anos e é divorciada. Durante quase toda a primeira entrevista ela fala de seus problemas de saúde: sofre da tiróide, o que produz tonturas, e tem dificuldades de audição. Por isso vem acompanhada da irmã, Irene, para ajudá-la a ouvir. Seu problema de audição vem de pequena, da época de escola, mas piorou nos últimos dez anos, período em que trabalhou como costureira. Enquanto trabalhava, Conceição podia tratar da tiróide, por meio de um convênio médico que a empresa na qual trabalhava garantia aos seus funcionários. Na demissão, perguntou se poderia seguir o tratamento e disseram-lhe que não mais, que o convênio também acabava. Agora, interrompido o tratamento, ela tem tomado a medicação para a tiróide por conta própria.

Foi o sindicato que a orientou a buscar o Centro de Referência para diagnóstico e tratamento, mas não pôde tratar-se ali, uma vez que seu problema está fora do âmbito de atendimento do Centro. Onde ela mora, "não tem médico pra tratamento individual, os médicos de lá fazem visita pelo Programa de Saúde da Família". A irmã corrige: "Tem sim, posto de saúde, mas está sem médico". Por causa da dificuldade auditiva, o Centro de Referência encaminhou-a para um hospital público, visando a possibilidade de uma cirurgia. Tudo isso ela detalha mostrando-nos uma pasta cheia de exames médicos[7]. Busca em especial um papel em que está escrito que precisou tomar um remédio para a tiróide que a obrigou a ficar isolada por três dias. Obteve da empresa um afastamento para o tratamento e, ao voltar, "a carta de demissão já estava pronta". A irmã comenta: "Só o que ela tinha de horas extras em haver já compensava esses dias". "Depois da demissão", diz Conceição, "a tiróide voltou tudo pra trás, porque é de nervoso. Fiquei magrinha! Só vindo aqui comecei a ter esperança de novo, de alguma coisa".

Conceição trabalha há 35 anos. Começou aos 13, primeiro como empregada doméstica, depois como costureira fabril. Agora está em casa, onde mora com seus três filhos: uma moça de 23 anos, um rapaz de 15 e uma menina de 12. A mais velha começava, no dia da entrevista, um trabalho de *telemarketing* — "vamos ver", diz desconfiada a irmã. Os menores estudam. A irmã de Conceição mora com a filha, a mãe e um irmão delas na casa em frente. Ela também está desempregada e diz que topa qualquer trabalho,

---

[7] Cada um dos entrevistados chegou-nos com sua pasta cheia de papéis - exames e encaminhamentos de muitas datas e lugares diferentes. Estes documentos contêm a esperança de terem os seus males diagnosticados, a fim de estabelecer o nexo causal que lhes permita, por fim, obter o auxílio financeiro do INSS.

"mesmo de empregada doméstica que, pra falar a verdade, eu detesto. Não vou dizer que eu gosto, mas se tiver que ir, eu vou". De vez em quando ela faz um bico: realiza a cobrança dos serviços de uma serralheria ao lado de sua casa. O irmão delas ajuda toda a família, tendo começado, com um sócio, uma pequena empresa de computação.

Lurdes

Lurdes nasceu no Piauí. Tem 48 anos, é branca, casada e vive atualmente com uma filha de vinte e poucos anos, nascida de um casamento anterior, e o marido. Quando procurou o Centro de Referência, estava desempregada há um mês. Uma dor forte nas articulações dos braços limitava os seus movimentos e, impossibilitada de trabalhar, ela procurava, com a ajuda dos laudos médicos, "entrar na Caixa".

Em nosso primeiro contato, ainda ao telefone, ela disse, num tom deprimido entremeado de suspiros: "Em casa, estamos nós três desempregados — eu, meu marido e minha filha". Na entrevista, ela vem com o marido, José Augusto, e começa contando que a filha foi naquele dia fazer uma entrevista para candidatar-se a um emprego.

Lurdes foi demitida depois de trabalhar durante 15 anos na mesma firma. Seu tom é de ressentimento: "Eu trabalhava montando telefone público, eram peças pesadas, tem que encaixar direitinho as peças pra ficha entrar. Comecei a ter dor nas juntas dos braços, (mostra-nos como lhe é difícil movimentar os braços). Fiquei de licença por um tempo, depois voltei. Daí me puseram em outro setor. Passei a ficar no almoxarifado entregando peças, e tinha também que levar as coisas onde me pediam, por toda a empresa. Eu descia e subia escadas, acabei ficando com dor nos joelhos. Pensei: 'Não vou poder dizer dessas dores (na empresa), porque vão achar que estou fingindo'. Mas eu não estava mais podendo andar, falei com a médica, eles me deixaram mais parada. E quando deu dois anos depois da licença, eles já podiam me mandar embora, mandaram. Agora, estou assim, desse jeito eu não arrumo emprego, quê emprego eu vou arrumar? Eu não posso trabalhar! Por isso vim aqui, pra ver se consigo entrar na Caixa, porque trabalho eu não consigo mais. Vim aqui, o médico foi muito bom, me mandou fazer um monte de exames". José diz: "O que preocupa também é que ela ficou sem convênio. Se tivesse perdido o emprego e ainda tivesse o convênio, tudo bem: cuidando da saúde, do resto a gente dá um jeito. Mas sem convênio, serviço público é aquele montão de gente, difícil ter vaga, particular é muito caro". Lurdes: "Se mandarem embora, paciência, isso acontece com todo mundo, é um direito deles. Mas me deixarem sair nesse estado, com isso eu não me conformo. Fui falar com a médica da empresa, até ela falou: 'Puxa, e lhe mandaram embora assim?' Mas, é lógico, ela está lá para defender os direitos da empresa, não pode falar muita coisa". José: "Na década de 70, eu trabalhava na CMTC. Depois de muitos anos eu quis sair. Naquela época a gente podia escolher, hoje não é assim: se eu estava aqui e via que ali tinha algo melhor, eu saía daqui e ia para ali. Quando eu saí, tive que fazer os mesmos exames que fiz pra entrar. Se tivesse um ai diferente, não podia. Eu tinha que sair como entrei, a saúde perfeita. Porque você precisa estar com saúde pra poder entrar. Agora é diferente".

No momento a família vive com o dinheiro da aposentadoria de José Augusto: "dois salários, é isso. De vez em quando pinta um bico, mas está difícil. Já faz mais de ano que não tem". José Augusto era metalúrgico. "Por mim, eu ainda trabalhava. Às vezes eu paro na porta de casa, vejo o pessoal indo pro trabalho, devem achar que eu sou preguiçoso, encostado. Mas como eu gostaria de trabalhar! E este país precisa de trabalho, precisa produzir para crescer. E eu, parado... Eu vejo meu pai, às vezes vou visitá-lo, ele tem 84 anos, trabalha na roça, no cavalo dele. Ele monta no cavalo, ninguém diz que tem 84 anos. Ele me diz pra eu voltar pra lá".

Lurdes e José Augusto são conterrâneos. As famílias de ambos se conhecem, mas eles vieram se reencontrar em São Paulo. Ela veio com a filha pequena depois que o primeiro marido morreu, quando estava grávida do segundo filho: "Eu penso nisso: batalhei pra criar as duas crianças, trabalhei, os dois puderam estudar, sempre trabalhei. Agora estou assim, e não me conformo. Ele diz pra mim: - Fica tranqüila, você já criou os seus filhos, agora descansa um pouco, relaxa..."

O filho morreu há cinco anos, num acidente de moto no Piauí, deixando a esposa grávida. O rapaz fora para lá com ela, para procurar emprego. Lurdes: "ele ia começar num trabalho na segunda-feira. No domingo foi sair de moto, teve o acidente e morreu. Eu sofri tanto! Depois, a esposa veio pra cá, na casa da família dela. O netinho vem ficar com a gente às vezes, e me dói o coração. Ele me diz: 'Vó, estou precisando de um tênis novo'. Eu digo pra ele: 'Agora não está dando, mas assim que a vovó tiver um dinheiro, vai comprar pra você'. Ele (referindo-se ao marido) já é mais sossegado, não se esquenta porque falta dinheiro. Ele está sempre calmo e me dá muita força. Nunca vi esse homem reclamar de nada!" José Augusto: "tendo saúde, o resto a gente dá um jeito. Eu também penso que nós já tivemos oportunidade na vida, eu estou com 59 anos, aposentado. Eu digo pra ela que a gente deve dar oportunidade aos mais jovens. Mas, o único que é duro é ficar em casa. Eu não fico direto em casa, homem não fica. Mas ela fica". Lurdes: "Eu não estou acostumada, nunca fui de fazer trabalho doméstico. E agora nem isso eu consigo. Ele é que me ajuda: limpa o chão e lava a louça".

Pedro

Pedro é baiano, pardo e tem 26 anos. Está desempregado há seis meses, desde que, trabalhando como carregador de caminhão, sofreu um acidente: uma caixa caiu em seu joelho, deixando-o sem firmeza na perna. Iniciou um atendimento médico pelo Sindicato dos Trabalhadores em Transportes, mas dois dias depois do acidente, a empresa o mandou embora. Na demissão, a empresa propôs um acordo e o sindicato lhe recomendou que não aceitasse. Pressionado por aluguéis atrasados da casa em que vivia com a companheira e um filho de quase dois anos, acabou aceitando. Pagou os aluguéis atrasados e se mudaram para um bairro mais distante, num cômodo emprestado pela família da companheira. O dinheiro dele acabou e "a situação ficou difícil". Sem firmeza na perna, ele não consegue outro trabalho. Procurou em outros ramos de atividade - cobrador, porteiro, auxiliar de serviços gerais —, mas "quando vêem que eu não tenho rapidez, não passo nos exames..."

A companheira "é trabalhadora e dava força. Mas, agora, as coisas mudaram: ela ficou sem recurso pra ajudar e eu fiquei sem saída. Ela diz que não quer problemas, então eu fui morar com a minha mãe. Ela me deixou visitar o filho, mas disse que não quer problemas." Além do filho pequeno, a companheira, Laura, tem uma filha de oito anos, de um casamento anterior, que mora com uma amiga perto da escola, para não gastar em condução. Nos fins de semana, a filha vai para a casa de Laura. Pedro: "A menina apegou-se a mim, chorou quando eu fui embora. Fico triste de não estar com meu filho. Quando eu estava em casa, cuidava dele pra mulher ir trabalhar. Ela é uma pessoa boa, me ajudou, mas agora ficou sem recurso. Fiquei com a minha mãe, que está doente, e um irmão menor. Eles também não podem me ajudar, não sobra nada... Quando saí de casa, vim a pé de lá, e encontrei no caminho uma amiga dela que me perguntou: 'Você veio a pé? Ela deixou você vir a pé? Então é melhor você sair fora, porque ela não está nem aí com você'. Contei isso pra Laura, ela me disse: 'você acreditou nela'? Não dá pra saber quem é falsa. Eu gosto dela, acho que ela não quer dar o braço a torcer. Eu tentei conversar, ela achou melhor eu ficar mesmo com a minha mãe". Frente às dificuldades, ele opta por sair de casa: "Já encrenquei umas quatro vezes". Mas reconhece também seus sentimentos por ela: "Falei que amo ela e o filho. Ela disse que sabe. Ela até já ajudou a minha mãe, e minha mãe disse pra eu voltar pra ela. É mulher direita".

Pedro recorreu ao Centro de Referência em busca de assistência médica e orientação, para conseguir o auxílio do INSS. Atualmente tem como trabalho cotidiano ir atrás de exames, laudos e documentos da empresa em que trabalhava, tarefas para as quais se vê sem recursos pessoais para dar conta com autonomia.

Lúcio

Lúcio nasceu em São Paulo. Tem 39 anos, é branco, casado e tem três filhos: um rapaz de 16 anos, uma menina de dez e um menino de sete. Trabalha desde os 12 anos — "nunca fiquei parado". Durante 21 anos, foi motorista de caminhão. Na ocasião da entrevista, estava desempregado há seis meses. "Fechou a garagem em que eu trabalhava, 600 pessoas foram mandadas embora. De lá pra cá, não consegui emprego. Fui aprovado numa empresa, mas era pra trabalho de madrugada, eu não quis. E agora estou com um problema de hérnia umbilical, passei aqui para o médico ver. Ele disse que preciso operar, mas eu teria que ficar três meses parado depois da cirurgia. Eu não posso! Por isso eu queria primeiro conseguir um trabalho, e depois operar. Mas as empresas não querem pegar alguém com esta situação. Foi um ano difícil este".

A esposa de Lúcio é dona de casa. Além dos cuidados com sua própria família, ela cuida de sua mãe, que está cega e mora no mesmo quintal. O filho de 16 anos repetiu a 8ª. série porque faltava muito à escola: "Agora está uma briga danada pra arrumar vaga em escola. A gente também está procurando trabalho pra ele, melhor do que ficar saindo toda noite." A menina está na 4ª série e tem muitas dificuldades na escola. Segundo Lúcio ela lê, mas não entende o que está lendo: "Será que teria uma psicóloga pra ela?" O menor cursa a 1ª série.

"Agora, está difícil a situação em casa, tem muita discussão. Eu e minha esposa estamos dormindo separados. Eu durmo no quarto do filho, ou vou para a casa da minha mãe, que mora a duas casas da minha". Há seis meses ele sai todo dia em busca de emprego, sem sucesso. A família tinha uma pequena reserva de dinheiro que foi sendo usada nesse período e, agora, está no fim.

Belinda Mandelbaum

O grupo:[1]

"É muita dor!"

Lúcio — Estou há oito meses desempregado. É difícil falar disso, eu sou motorista, tenho 23 anos de estrada. Se alguém aqui souber de alguma coisa, de uma colocação, por favor, me diga.

Silva — Estou no mesmo caminho, há sete, oito meses. Agora estou em casa, cuidando da casa. É normal, o homem tem que ajudar. É que fica difícil, com a idade, o emprego. O pessoal pede currículo bom, estudo razoável. Estou na batalha, igual ao Lúcio, na espera.

Maria — Eu estou no mesmo caminho. Há três meses, doente, me mandaram embora. Eu assinei a demissão e me arrependi. Não arrumo serviço. É trabalho pesado que eu fazia, de auxiliar de limpeza. Nem auxílio médico, que eu tinha, eu arrumo mais. Mas estou querendo ver se arrumo um bico, mesmo doente. Eu preciso trabalhar. Estou com dois filhos desempregados e, com a perda do pai dos meninos, eu seguro as pontas. Eles gastam com as namoradas. Os meninos não queriam que eu viesse [ao grupo]. Eles não querem ouvir.

Rosa — Em novembro fui mandada embora, eu estava com tendinite. Agora estou tentando entrar na Caixa. Na segunda-feira minha filha, que é menor, começou a trabalhar numa farmácia. Foi pelo Programa Jovem Cidadão, que é uma espécie de bolsa de empregos do governo para jovens que estão cursando o ensino médio[2]. Eu também me inscrevi [na Prefeitura]. Eu me cadastrei e fica o registro lá. Quando aparece alguma coisa, eles mandam uma cartinha.

---

[1] Foram realizados cinco encontros grupais.
[2] Este programa, o Bolsa Trabalho, paga uma bolsa mensal de 45% do salário mínimo e auxílio-transporte para jovens desempregados de 16 a 20 anos. Se não tiver concluído o ensino médio, o jovem tem que permanecer estudando.

Lurdes — Eu vou lá.

Conceição — Eu sou costureira, trabalhava numa confecção com muito nome, mas que não reconhece o ser humano. Eles tiveram cinco anos pra me conhecer e, quando eu precisei, me mandaram embora. Eu estava me tratando. Fui ao sindicato, à Santa Casa, está ficando difícil. Tenho neta pra manter. Pão e leite todo dia é fogo. Minha irmã me ajuda, mas ela tem a família dela e eu, a minha. Mas se eu não tiver o socorro deles, vou pra debaixo da ponte. Eu quero ter um trabalho, independente da Caixa. Não posso deixar minha família passar fome. E eu não me incomodo, pode ser qualquer trabalho.

Pedro — Deixei minha esposa há 15 dias. Estou agora fazendo tratamento no joelho. Não tenho firmeza no joelho, desde que sofri um acidente, uma caixa caiu em cima da minha perna.

Lurdes — Eu estou desempregada há seis meses. Estou batalhando pra ficar na Caixa. Agora estou mais conformada, já estou com 48 anos, parei de pensar e esperar, de ficar me matando, seja o que Deus quiser. Eu olhei emprego na Lapa, pra copeira estão pedindo 2º grau. Eu tenho até o 1º grau incompleto. Estudar pra quê? Minha filha está estudando pós-graduação em Meio-ambiente, conseguiu agora um estágio, rebaixaram a Carteira, ela toma três conduções pra ir, três pra voltar. Eles pagam, mas não sei até quando, porque sai uns 300 reais de condução pra ela. Tudo isso atormenta a pessoa. Mas é preciso fé em Deus... Todo dia 5 e dia 20 é um trauma pra mim, porque eram os dias em que eu recebia meu vale. Agora, nada. Estou procurando trabalho até de camelô, fui ver licença na Prefeitura. Tenho pais pobres, eu tenho que mandar dinheiro pra eles, neto sem pai, remédio pra comprar, marido aposentado. Minha sorte é que não pago aluguel.

Rosa — Tem que ir à luta. Eu também estou com meus braços inchados [estende os braços para o grupo].

Lurdes — Eu só espero que meus antigos patrões tenham saúde, pra que assistam de pé a minha vitória.

Silva — Eu perdi a audição, preciso de óculos, estou com dor na coluna. Se for analisar bem, não tenho condição de trabalho. E aconteceu comigo que o médico do INSS nem na minha cara olhou. Disseram-me que a gente tem que ir vestido como mendigo pra eles atenderem.

Lurdes — São grossos, mesmo.

Silva — Fiquei arrasado com a atitude deles. O médico não deu bom dia, nem olhou o laudo, só a carteira [de trabalho] e disse: "Está negado". Saí de lá com raiva. Se eu tivesse uma bomba... Parece que todos lá têm aula de humilhação.

Isso da roupa... por que tem que ir maltrapilho?

Lurdes — É, homem tem que ir barbudo, mulher não pode ir de bolsa, tem que ir com a sacolinha de supermercado com os documentos dentro.

Irene — É verdade, você vê tudo isso.

Rosa — Eu não fui assim. Eu levei a minha pasta.

— Então, será que tem mesmo que ir com a sacolinha?

Maria — Eu só sei que o médico lá me tratou como um cavalo, acho que nunca teve faculdade.

Lúcio — Sabe o que devia fazer? Devia filmar, gravar, porque depois perguntam: "E a prova disso?" O advogado quer a prova. O médico é estúpido, mas é humano igual a gente. Só que a gente, que é mais pequeno, fica mais baixo.

Rosa — Se o médico fizer isso comigo, se ele não me examinar... Enquanto eu não tiver uma posição dele, eu não saio de lá. E eu não preciso ir de sacolinha, eu falo!

Lurdes — Eu me senti um bagaço de laranja. Quando fracassei simplesmente me mandaram embora.

Rosa [em tom irônico] — Na hora da demissão, meu chefe me mandou buscar os meus direitos.

Lurdes — É muita dor!

II

"Quanto tempo você vai ficar aí parado?"

— Hoje pensamos em conversar com vocês sobre como lidam em casa com a situação do desemprego. Nós sabemos que é um motivo de preocupação e sofrimento. Alguém gostaria de falar sobre isto?

Lúcio — Ontem mesmo eu tive problema. Fui procurar emprego na Lapa. Voltei, a mulher falou: "São dez e meia, e você já voltou?". Começou a mesma ladainha: "Por que você não some?". E pra sumir, como você faz? Se eu tivesse parente em outro lugar, eu tinha ido embora. Dezesseis anos de casados. A mulher pensa mais no dinheiro. Quando tem, é beijinho pra cá e pra lá. Quando não tem dinheiro, não pensa em mim. Essa noite eu dormi na cama do meu filho.

— Nessa briga, os seus filhos estavam por perto?

Lúcio — O de 16 anos. Ele disse: "Se meu pai for embora, eu vou também". É só isso que eu posso falar.

Silva — Por enquanto tenho dinheiro pra receber e sempre faço isso e aquilo em casa. Mas a mulher jogou na minha cara: "Quanto tempo você vai ficar aí parado?". Jogou uma indireta. A gente engole em seco. Mas eu faço coisas em casa, cozinho etc. O homem não tem opção. É duro, tenho que arrumar alguma coisa... Ontem a assistente social disse que eu posso dar entrada na aposentadoria. Preciso preencher a CAT e levar no INSS, dar entrada, pegar o laudo.

— *Parece que tem uma diferença de situações entre vocês dois: a sua mulher trabalha (para o Silva), a do Lúcio não, não é isto?*

Lúcio — Ela fica dentro de casa, não procura. Ela falou um dia que iria comigo, mas não foi. Meu filho já foi comigo.

Silva — É problema, eu mesmo fico nervoso, nessa idade é difícil.

— *Vocês conversam em casa sobre isto?*

Lúcio e Silva — Elas sabem.

Lúcio — As reportagens mostram 13 milhões de desempregados. Eu tenho cinco fichas na rua, falo pra ela. Estava chovendo ontem, ela falou pra eu sair com o guarda-chuva. Eu perco a paciência. Fui pra casa da minha mãe. Dormi com o meu filho.

— *Ela trabalhava antes de vocês casarem?*

Lúcio — Sim. Quando nós casamos, ela estava grávida de um mês. Depois ela saiu do emprego, eu ganhava bem naquela época. Desde os 12 anos eu trabalhei. Agora só há oito meses eu estou sem trabalho. A época está difícil, ela tinha que pensar o que tem pra trás. Se o dinheiro guardado acabou, eu não vou roubar! São três estudando, o cadarço aperta. Se Deus quiser, as coisas mudam.

— *Como era antes disso a relação de vocês?*

Lúcio — Ótima, normal, só as discussões simples. Agora, está violento. Se arrumar emprego, volta ao normal. É difícil entender.

— *Você fica ressentido...*

Lúcio — Sim. Se eu quiser emprego, tem. Ofereceram-me para fazer o trajeto Mato Grosso-São Paulo, ficar um mês fora, pra ganhar 500 reais. E se arriscando. Não compensa! Quando eu voltar, tem só 300.

Silva — E o trabalho que se arruma é provisório. Com dois meses, mandam embora. É o jogo. Eu já trabalhei assim, tenho bagagem de agência.

— *Expliquem como funciona, que eu não entendo.*

Silva — O salário é *x* e a agência tira a parte dela. Ganham dos dois lados[3].

Lurdes — Onde eu trabalhava era assim. A agência mandava aquela quantidade de gente para um certo tempo.

— *É como se fosse por empreitada.*

Lurdes — Minha filha é formada, está fazendo pós-graduação. Eu falei pra ela: "Pára de estudar que não tem retorno". Pra quê tanto? Ela gasta três conduções de ida, três de volta. A empresa paga a condução e a refeição. E ela ganha 600 reais. O chefe disse pra ela comprar um carro. Se tem estudo é difícil, não tem, é difícil... O negócio dela é estudar. Mas até agora não chegou a vez dela. E ela ainda ajuda em casa com 50 reais. Eu estou vendendo Natura, De Millus, arrumei isto por enquanto. Porque ficar em casa com homem dentro de casa, desculpem vocês [dirigindo-se aos homens do grupo], me irrita! Um encontrando com o outro, um esbarrando no outro! Eu tenho 20 anos que trabalho, não posso ficar em casa.

Lúcio — Se estivessem trabalhando, só se encontravam de noite.

Lurdes — Dá uma aflição, um nervoso, não via a hora de vir hoje. Levantei mais cedo, fui preencher ficha. Se Deus quiser, entro na Caixa e vou fazer alguma coisa.

— *A rotina de casa muda muito, então...*

Lurdes — Sim. E chega o fim do mês, eu fico apavorada!

Lúcio — Já estou nisso há algum tempo.

Lurdes — Apavora! São três adultos, dois papagaios e três cachorros. Eles gritam, distraem a gente. Depois que entrar na Caixa, vou tentar olhar uma criança. Meu marido, à noite toda, se acaba com falta de ar. E se ele não tivesse a aposentadoria? Ele ajuda em casa, mas ele faz as tarefas, eu vou lá, acho que não está bem feito, faço de novo.

— *O que irrita é que não é do seu jeito?*

---

[3] O outro lado seria a comissão que a empresa paga à agência de empregos pelo agenciamento dos trabalhadores.

Silva — Em casa, eu domino, eu arrumo e falo: "Aí não é lugar de deixar essas coisas".

Lurdes — Tudo irrita.

Silva — Eu estou até com medo... Vou dormir cedo e uma, duas horas da manhã, eu acordo. Fico preocupado. Minha mulher trabalha com um paciente, ele é um morto vivo. Eu já falei com ela: "E se ele morre?" Deus dê longa vida a ele. Ela não é registrada. Se ela parar, complica. Por enquanto, dá pra levar. Mas ela já falou pra eu dar um jeito. Eu falei pra ela que serviços domésticos eu não agüento muito tempo. Mas se eu for fazer um teste pra trabalhar, o primeiro que vão ver é a audição. Então, é complicado. Agora, se eu tiver um laudo bom, aí dá pra juntar tudo e entrar na Caixa.

Lurdes — Eu vou ter uma encrenca doida no INSS, mas não vou aceitar. Eles enganam, já me informei.

Pedro — Minha situação é triste também. Deixei filho e companheira há um mês e meio. Não agüentava ver ela queixar e se matar de trabalhar. Aí fui pra minha mãe. E uma amiga dela inventou que eu estava com outra. E eu não tenho nem dinheiro pra resolver os meus problemas! Mas eu não dou muita satisfação.

Silva — É sempre assim, estou ficando preocupado... Se a minha mulher me dissesse: "não agüento ver a tua cara", eu saía fora. Se chegasse a essa situação, eu ia para o mundo. Depender de parentes, jamais! Mas a mulher gosta muito de mim, ela pensaria muito, duas vezes, antes de fazer isso.

Lurdes — Eu jamais falo para o meu marido. Me irrito, mas jamais falo pra ele. Jogar na cara, não!

Silva — Eu, graças a Deus, estou indo. Mas estou nervoso, apreensivo. Eu saio pra um lado, para o outro, sinto depressão, estou sem ânimo, não sinto graça de nada, não quero estar em roda de amigos. Minha cunhada já perguntou o que eu vou fazer da vida. Até meu irmão já falou: "Você tem que arrumar alguma coisa!".

Lurdes — Eu estou há seis meses em casa, nós não brigamos. Ele é sossegado, conformado. Acho que esta é uma humilhação muito grande de se jogar na cara. Ele é bom marido, bom padrasto, o que me irrita é ficar dentro de casa. Eu admiro muito ele, ele não reclama. Mas eu sei que, por dentro, ele está... Eu fico apavorada!

— *Apareceram aqui várias situações: a do Pedro, que saiu de casa, a do Lúcio, que ontem brigou em casa, e companheiros como da Lurdes, ou do Silva, mais tolerantes. Parece que há diferenças na tolerância com essas situações.*

Lurdes — É muito importante.

Pedro — Eu não briguei, peguei as roupas e não esquentei a cabeça. Ela é nervosa.

Lúcio — Ela falou que eu estava errado, eu saio fora se ela não quer. Tentei lavar a louça depois da briga, e ela: "Sai, sai...". Se a coisa vai acumulando, pode fazer cagada, é melhor ir pra rua. Eu estava pensando... eu caio no meio do mundo.

Silva — A gente sabe o risco da estrada, bandido...

Lúcio — Mas eu vou conversar com ela hoje, com o filho, vamos tentar, não chegamos a passar fome... O negócio dela é bater cartão na igreja todo dia. O que a igreja tem a ver com emprego?

Silva — Nada. A igreja, não.

Lúcio — Se bem que eu gosto de ler a Bíblia, especialmente o Salmo 9.

Lurdes — Eu li esse salmo na hora da morte do meu filho. Quando eu oro, eu começo a chorar. Nessa hora o sangue dele desapareceu, e depois ele morreu.

— Como foi?

Lurdes — Foi em 1º de dezembro de 1996, ele tinha 19 anos. Foi um acidente de moto no Piauí. Ontem eu lembrei. Faz tempo que eu não choro. Ah, se eu visse o meu filho!

Silva — Às vezes, é bom chorar.

Lurdes — Eu o vi se acabando. Me sinto forte. É duro pra uma mãe. Ele deixou filho, a mulher dele grávida. Eu fico com essa dor dentro de mim. Eu estou com a Bíblia aqui [tira da bolsa]. Alguém quer ler?

— A gente está falando de muitas perdas...

Lurdes — Não tem emprego, não é nada. Nada é por acaso, tem um porquê. Eu fico conversando com Deus.

Margaret lê o salmo:

SALMO 9-10

Deus abate os ímpios e salva os humildes

Eu te celebro, Iahweh, de todo o coração,
proclamo todas as tuas maravilhas!
Eu me alegro e exulto em ti,
e toco ao teu nome, ó Altíssimo!

Meus inimigos voltam atrás,
tropeçam e somem à tua presença,
pois defendeste minha causa e direito:
sentaste em teu trono como justo juiz.

Ameaçaste as nações, destruíste o ímpio,
para todo o sempre apagaste o seu nome.
O inimigo acabou, para sempre em ruínas,
arrastaste as cidades, sua lembrança sumiu.

Eis que Iahweh sentou-se para sempre,
para o julgamento firmou o seu trono.
Ele julga o mundo com justiça,
governa os povos com retidão

Seja Iahweh fortaleza para o oprimido,
fortaleza nos tempos de angústia.
Em ti confiam os que conhecem teu nome,
pois não abandonas os que te procuram, Iahweh!

Tocai para Iahweh, que habita em Sião;
narrai entre os povos as suas façanhas:
ele busca os assassinos, lembra-se deles,
não se esquece jamais do clamor dos pobres.

Piedade, Iahweh! Vê minha aflição!
Levanta-me das portas da morte,
para que eu proclame os teus louvores,
e com tua salvação eu exulte
às portas da filha de Sião!

Os povos caíram na cova que fizeram,
no laço que ocultaram prenderam o pé.
Iahweh se manifestou fazendo justiça,
apanhou o ímpio em sua manobra.

Que os ímpios voltem ao Xeol,
os povos todos que esquecem a Deus!
Pois o indigente não será esquecido para sempre,
a esperança dos pobres jamais se frustrará.

Levanta-te, Iahweh, não triunfe um mortal!
Que os povos sejam julgados em tua frente!
Infunde-lhes medo, Iahweh:
Saibam os povos que são homens mortais!

Lúcio — Eu leio isto todo dia à noite, quando fico nervoso.

Lurdes — Quando a gente está com angústia, depressão, é recomendado. Antes de o meu filho morrer, eu fui assaltada. Dei tudo e, depois, entrei numa depressão profunda, sem coragem pra trabalhar, tinha medo de tudo. Um dia, cheguei em casa à noite, vi luz acesa, achei que era bandido esperando pra me assaltar. E era meu filho dentro de casa, dormindo. Eu não ia sozinha pra firma, só chorava. Daí, meu supervisor viu e me deu esta Bíblia. Aí, tudo mudou. Eu nunca tinha pegado numa Bíblia. Antes, para dormir, eu tinha que beber bebida forte, *whisky*. Quando todos deitavam, eu bebia.

Lúcio — Daí não dorme, desmaia.

Lurdes — Quem me salvou foi a palavra de Deus. Sou católica, a gente não precisa ser crente.

III

*"Não quero saber de mulher,
quero resolver meus negócios".*

Pedro — No domingo, fui ver meu filho. Não quis entrar em casa, mas a mulher implorou pra eu voltar. Eu disse que não, que estava resolvendo primeiro os meus problemas, e que eu ia pensar. O menino chorou pra eu ficar. Doeu em mim. Ela também chorou. Ainda não decidi. Estou na dúvida se volto, se fico. A cabeça já está esquecendo dela. Eu não queria mais, não, e ela quer tentar mais uma vez. Não quero saber de mulher, quero resolver meus negócios. Fiquei na dúvida de voltar e dar tudo errado.

— *E com você, Lúcio, como foi?*

Lúcio — Meu caso, eu resolvi. Nós sentamos e conversamos. Não demorou muito não. Nós dissemos: "ou sim, ou não". Ela disse: "Vamos batalhar mais um pouco". Tem os filhos, se um de nós arrumasse outro companheiro, não ia dar certo. Dezesseis anos não se jogam fora em dois dias. Vamos batalhar juntos.

— *Os filhos participaram da conversa?*

Lúcio — Em casa os filhos sempre estão juntos. Eles escutaram. Não falaram nada. O mais velho vai estudar de dia. Ele percebeu que, sem estudo, fica difícil. Depois da conversa, já jantamos normal. É batalha de toda a família, um braço só não levanta pedra. Pra fazer a casa, tem que ser uma equipe. Eu desabafei aquele dia (no grupo), fiquei mais leve, a mente já estava mais leve.

— *E pra você, Pedro, como é que está?*

Pedro — Acho que tem solução. Depende dela e de mim. Mas estou lidando com as minhas coisas. Nós nos ajudamos. Estou numa fase fracassada. Estou pensando em ir hoje lá e conversar bem direto, porque tenho medo das coisas darem errado.

— *Errado, como?*

Pedro — Ela pôr as coisas e eu não dar nada, fracassar de novo. Tem que ser bem conversado. Eu perguntei pra ela: "Você está disposta?". Ela disse: "É claro, senão, não pediria". Ela pediu pra eu ficar mais um pouco. Fiquei pensando muito. É mulher sofredora... Eu é que tenho dúvida. Minha mãe diz da gente se entender, ser unido, eu ficar em casa e cuidar da criança. É o que eu posso oferecer.

— *Quando você não está, ela gasta pra cuidar da criança enquanto vai trabalhar?*

Pedro — Sim, 50 reais [por mês]... Eu posso oferecer de cuidar das crianças. As coisas mais simples, eu faço. Lavar roupa, não. Ela falou: "Pensa direito, você não gosta mais de mim". Não é isso. Ela disse: "Quando se gosta, não acaba assim. Por que agora você não quer voltar?" Eu estou na dúvida, minha cabeça está fria em relação a ela, não sei se fico logo na minha mãe ou se volto de vez.

— *O que é voltar de vez?*

Pedro — Quando você vai pra sua mãe, leva peças de roupa. Definitivo é levar tudo de volta outra vez.

Lúcio — Minha relação com a mulher é boa, mas machucou um pouco. Na hora do nervoso, hoje, penso nos filhos, não nela. Vamos batalhar por causa dos filhos. Dezesseis anos não se jogam fora. Ela tem a mãe cega, quer tomar conta de tudo, então fica nervosa e acho que ela desabafa do *stress*. Não xinga a mãe, mas eu sou o mais próximo, então estoura comigo.

— A mãe dela tem alguma renda?

Lúcio — Não. A aposentadoria, quem recebe no banco, passa pra minha mulher, que faz o supermercado e compra os remédios.

— E essa renda ajuda em sua casa?

Lúcio — Na minha casa, não. É pouco. Minha sogra falou que se der problema, ela ajuda no telefone. Eu disse que, no momento, não. Se faltar, eu peço. Acho que não vai faltar dinheiro. Tenho dó da minha sogra. Tem uma neta que ela cuida, hoje tem 13 anos, que está pegando dinheiro dela. A minha sogra desconfiou, minha mulher também. Meu cunhado vai ao Conselho Tutelar, a gente fica preocupado com o que vê por aí. Cada um tem seu problema. Eu falei pra ela que ela vai ficar estressada com a mãe. Ela tem irmão, eu falei que ele tem que ajudar. Mas parece que o irmão deixou a menina de castigo no quartinho, eu falei que não estava certo. Falei pra ele: "Se chamarem a viatura, você vai preso".

— Será que agora, que você está em casa, está vendo mais os problemas?

Lúcio — Antes, quando eu trabalhava, ninguém falava pra mim. Agora eu vejo, antes via de longe. Eu não convivia, era mais na firma, chegava tarde.

— Essa preocupação de um com o outro na família é parecida com a que o Pedro traz. Só que o Pedro pensa que primeiro tem que resolver os seus próprios problemas e, depois, quando estiver bem, dá pra estar junto. Parece ser esta a sua dúvida, não?

Pedro — Com esse tempo todo longe, estou com a cabeça mais fria. Estou na dúvida se tento resolver os problemas junto...

Lúcio — E se ela puder te ajudar, por exemplo, a buscar os papéis?

Pedro — Não dá, ela trabalha. Mas ela está se sentindo mais feliz de ver que eu estou mexendo nos papéis, no INSS. Ela falou pra eu pensar direito, chorou, não queria se separar. A gente se dá bem, razoável... nem bom, nem ruim. Nunca xinguei ela, nunca fui adúltero, sou comum, pacato, caseiro.

— E você, Lúcio, também é caseiro?

Lúcio — Eu gosto de ir para o salão dançar. Ela não vai dançar, vai pra igreja. Mas eu nunca peguei mulher fora. Eu só não saía quando não tinha dinheiro. Quando a gente namorava, eu dizia: "Vamos?" - ela ia. Dois anos depois de casada, ela virou evangélica, não pode mais. Agora, não dá mais também, porque gasta dinheiro.

— O lazer mudou?

Lúcio — Sim, ela também não sai mais com as crianças, porque criança vê as coisas e quer, e tem que pagar condução, e é bexiga, e isso, aquilo. O grandão já quer curtir sozinho. Eu sou sincero, também gosto de andar sozinho. Gosto de ir ao bar com o meu irmão. Ela não fica chateada, só se eu fico alto.

— *E aí?*

Lúcio — Vou dormir no quarto do meu filho. Às vezes, vou pra a minha mãe. E ela sabe onde eu estou. Às vezes, ela precisa de mim e sabe onde eu estou.

— *Então, você cuida do casamento...*

Lúcio — O casamento é a primeira coisa da vida. Fui correndo atrás do papel quando ela falou que estava grávida. Gosto dela pra caramba. Nós batalhamos muito, temos um salão, eu dei o dinheiro, ela que comprou. Ela perguntou outro dia o que eu achava de vender e ir para o Paraná, onde ela tem a família dela. Eu disse que estamos pensando. Ela ia ligar lá, se houver emprego, eu vou na frente e depois ela vai com a mãe e os filhos.

— *Então há outras alternativas...*

Lúcio — Ficar parado é que eu não posso... É, a vida é dura.

— *Mas hoje você trouxe outra perspectiva: de que com a família, ajuda.*

Lúcio — Eu vou fazer o que o Pedro fez? Se pensar muito, eu fico louco. Vamos conviver juntos...

Pedro — Vou tentar hoje conversar com ela direito. Não vou ainda levar as roupas.

Lúcio — Vocês pagam aluguel lá?

Pedro — Não. Até ela prosperar, o irmão deixou com ela o barraco. Ela tem cadastro do Cingapura, mas ainda não chamaram. É uma esperança.

IV

"A gente é descartável".

Rosa — Minha vida virou de ponta cabeça. Fui pra Pernambuco buscar minha mãe. Ela estava doente, há oito dias sem comer. Ainda não está bem. Nesse meio tempo, meu sogro faleceu e eu fui morar em Guaianazes. Cheguei com ela na segunda-feira, está com anemia e infecção na urina. Um irmão estava do lado errado, sofreu ameaça e, como morava comigo, tive que sair de lá. Estou longe, saí às oito horas e cheguei agora, às dez. Estou com depressão, tomando remédio controlado.

Silva — Abala a cabeça...

Rosa — Não foi fácil, faz quinze dias. Sem contar que estou desempregada e com o braço sem poder fazer nada. Procurei advogado, ele disse que não vai ser fácil.

Silva [para Rosa]: — Se este problema no braço você pegou com o trabalho, tem direito à indenização.

Lurdes — Você tendo assinado a demissão ou não! Procure um advogado trabalhista, ele vai pedir indenização por danos físicos. A mim, me humilharam, agora vou atrás. Uma amiga minha que trabalha na empresa me ligou e disse que o advogado esteve lá e falou pra médica que não era pra ter me mandado embora, não podia. Eu não entrei lá doente! E, agora, estou com os braços doentes para o resto da vida.

Maria — Procurei ajuda do INSS, não deu. Então, estou fazendo bico, por dia. Fiquei 15 dias tomando conta da casa de uma senhora, estava em reforma. Eu é que seguro as pontas em casa, a pensão só paga o aluguel. O mais novo faz bico, é motoqueiro, o mais velho está desempregado. O mais novo ajuda às vezes, pagando conta. Então, quando me querem, eu faço bico.

Silva — A gente é descartável.

Maria — E agora ainda chegou em casa a minha irmã com três filhos, se separou do marido e não tem pra onde ir. Não vou jogá-la de casa! A gente come pouco quando não tem. Inclusive eu queria de vocês uma ajuda pra comprar passagens, porque quero ver de ela voltar para o norte.

Pedro — Antigamente, na rodoviária do Tietê, davam passagens pra quem precisava voltar.

Maria — Queria mandar ela embora.

Silva — Os programas de rádio são os mais indicados. Procura o Eli Corrêa. Ele ajuda até em questão de saúde.

Maria — Onde é?

Lúcio — Na Rádio Capital [indica o endereço].

Silva — [indica o horário] Tem que falar com a secretária dele.

Rosa — A Rádio Atual também dá.

Lúcio — É mais perto, no bairro do Limão.

Pedro — É de um deputado federal, funciona no Centro de Tradições Nordestinas.

— *Alguém de vocês já foi?*

Rosa — Eu conheci uma pessoa que pediu material de construção e conseguiu.

Pedro — Eu sei que dão cesta básica.

Rosa — Remédios, também.

— *De onde vêm os recursos?*

Rosa — É porque é deputado.

Pedro e Silva — É nordestino que vai lá e ele é nordestino.

Rosa — Ele também dá força pra cantor que está começando.

Silva — Lá é gostoso. A gente vai com a família comer baião de dois.

— *É de graça?*

Lúcio — Não e não é barato, não.

— *Então, não é dado.*

— *Talvez uma situação de tanta carência e frustração seja propícia pra deixar surgir a figura de alguém que dá tudo.*

Rosa — Pior que é.

Silva — Na última eleição, eu trabalhei para o filho desse deputado. Rodei a Freguesia inteira. Ainda não precisei dele, mas há vinte dias tentei entrar em contato e não consegui. Afinal, ajudei a organizar o melhor showmício da Freguesia. Passa a eleição...

Rosa — Mas tem que procurar! É o pessoal dele que não passa o recado.

Silva — Ele não fica sabendo que a gente procurou. Minha mulher falou que eu tenho que ir lá às cinco horas da manhã. Eu subi no palanque dele.

— *Tem um esquema que dificulta o acesso...*

Rosa — Principalmente a comunicação.

Lúcio — É como com currículo. Quem garante que a gente deixa na portaria de uma empresa e não rasgam?

Rosa — Lá no hospital eu via que as próprias colegas já rasgavam no vestiário.

Lúcio — E tem o dinheiro que você gastou, é maldade.

Rosa — É falsidade, é cruel.

Pedro — O rapaz que devia 150 reais pra mulher[8], o patrão dela, ontem, não pagou. E agora ela não vai mais lá [trabalhar]. Hoje ela está com a cabeça quente, tem duas contas de água e duas de luz. Ontem, outra firma ligou, e minha carteira está carimbada[9].

Silva — Tire outra carteira.

Pedro — Não tenho conhecimento de como se faz isso.

Silva — Fala que perdeu...

— *Isto é certo?*

Silva — Não é, mas tem que apelar.

Rosa — Mas se receber o benefício, vai ter que devolver.

Lúcio — E se falar com o dono da empresa, que está carimbado, mas precisa do serviço?

— *Mas... onde fica a saúde?*

Lurdes — A saúde não tem o que pague!

Lúcio — Mas ele está há um ano sem o benefício...

---

[8] Pedro refere-se à companheira deste modo — "a mulher", sem citar seu nome nem incluir o pronome possessivo "minha".
[9] O carimbo na Carteira de Trabalho de Pedro atesta que ele entrou com um pedido de auxílio por acidente de trabalho no INSS. Enquanto corre este processo, ele não pode ser registrado em um novo emprego.

Pedro — É, não deram no INSS.

Silva — Eu tenho advogada boa, é professora.

Maria — Você já pagou a ela?

Lurdes — Só se ganhar, 30% é deles [dos advogados].

Rosa — Tem que ter cabeça boa.

Lúcio — Se não, fica louco.

Rosa — É um todo. Se você é fraco, você não agüenta.

Lúcio — Amanhã tem missa dos desempregados na Igreja de Sto. Expedito.

Rosa — Tem que levar as carteiras [de trabalho] pra benzer.

Silva — Eu vou.

Rosa — O Eli Correa e o filho estarão lá.

Silva — Desculpe falar, eu não gosto do padre Marcelo[10].

Pedro — Também não.

Silva — Gosto do Antônio Maria.

Pedro — Tem padre que faz milagre lá no Piauí, faz chover, mostrou no Globo Rural duas vezes.

Rosa — Eu gosto, sou misseira. Pego o terço e rezo. Meu marido também não gosta do padre Marcelo.

Pedro — A maioria não gosta, o jeito dele estressado, ele vai para o campo de futebol, é corintiano.

Lúcio — Não é sério.

Silva — Se mexer em jogo, é errado.

Rosa — Ele leva no alto astral.

---

[10] Esta missa seria oficiada pelo padre Marcelo.

— *Como assim?*

Rosa — É animador.

Lurdes — Tudo é comércio. A minha filha foi mandada embora. Foi hoje fazer outra entrevista. Se der certo, será uma condução só.

Silva — Ela é nova, consegue.

Rosa — É nova e tem estudo.

— *Você parece hoje estar de melhor astral. [para Lurdes]*

Lurdes — Sim, tem que confiar em Deus.

V

"Eu sinto falta do emprego, do salário, do convênio, da cesta básica, do bônus".

Maria — Arranjei um trabalho esta semana. Quando eu disse a minha idade, falaram na minha cara que não queriam. E os médicos dizem que está tudo bem! Os filhos parados, só o menor fazendo bico, o mais velho tem família! Quando o mais novo está mordido, ele gasta tudo! Brigou com a namorada e quer ir para o Piauí buscá-la. Eu agüento a barra. Vou tentar levá-lo ao psiquiatra para tomar remédio e acalmar. Deus o livre, se acontece algo na rua, ele é motoqueiro. Mas eu quero trabalhar. Eu chego cansada do trabalho, as vizinhas percebem, mas eu gosto de ter o meu dinheiro na mão. Com fé em Deus, vou tentar.

— *Parece que a sua reclamação é também de dentro de casa, o seu filho não lhe ajuda...*

Maria — Mas o dinheiro é dele! Não posso tomar. Ontem, eu pedi emprestado pra ele. Ele é bom, gostaria que ele arrumasse um serviço bom e eu só cuidasse da casa. A pensão que eu recebo dá para o aluguel. Aí tem as despesas do mês e as outras contas. Fome ainda não passamos, graças ao Nosso Senhor Jesus Cristo... é assim mesmo. O mais velho, quando acabar de receber o seguro-desemprego, vai tentar se cadastrar no Poupatempo. Ele está fazendo um curso de enfermeiro, eu ajudo também pra pagar o curso.

— *Surgiu muito isto aqui, dos familiares se ajudando, não dá para estar só.*

Pedro — Eu pensei até em trambicar a carteira [de trabalho], já perdi dois empregos. Mas conversei com a mulher sobre a história do carimbo [que a carteira carimbada impede que ele seja registrado em outro emprego]. Pensei em tirar outra, branca. Estou sem recurso.

Lurdes — Mas vão carimbar de novo.

Pedro — Estou sem recurso, sem benefício e perdendo oportunidade de emprego.

Lurdes — Mas é um grande erro das empresas. Se o benefício foi negado a ele, a empresa poderia pegar.

— *Alguém de vocês foi ao sindicato?*

Silva — Nunca mais fui. Não estou mais contribuindo, não sei se perde a validade.

Pedro — Tem direito de usar por um ano.

Silva — Eles não atendem bem.

Pedro — Eu usei dentista, médico, advogado.

Rosa — Eu contribuía, fazia unha, cabelo e usava o dentista.

Lurdes — Eu usei o dentista.

Maria — Não uso essa porcaria.

Lúcio — Eu nunca fui porque eu trabalhava direto.

Rosa — Sinto falta das comemorações no sindicato. Tinha até festa de casamento lá. Mas não confio nos advogados do sindicato. Eles armam com a empresa e a peãozada é que perde.

— *Então, pra que serve o sindicato?*

Lúcio — Era pra ajudar a gente, mas é pra ajudar o patrão.

Rosa — A gente vai lá pedir ajuda e eles já ligam para o patrão.

— *Esta é a sua experiência?*

Rosa — Não, eu ouvi falar!

Silva — Mas se a gente bater o pé, consegue o que precisa. Mas nos sindicatos do transporte é difícil, os diretores são ligados com os patrões. Antigamente eles jogavam duro pelos trabalhadores. Hoje tem propina no meio. Falo por experiência própria. Eu fui da comissão de garagem e eu dizia que fui eleito pelos colegas e não podia fazer nada contra eles. Eu nunca gostei de patrão. Acabei saindo fora porque tinha muita coisa errada, injustiça com trabalhador.

— *Mas será que o sindicato não poderia ser um outro recurso, que pudesse oferecer orientação, assessoria?*

Lurdes — O que fala mais alto é o dinheiro!... Minha filha começou ontem no novo trabalho, vai ganhar quatro reais por hora. É temporária, por três meses, dão refeição.

Lúcio — Agora é tudo terceirizado.

Lurdes — Ajudou a ela, a pós-graduação em meio-ambiente.

Silva — Ela pode vir a ficar fixa.

Rosa — Quando passou três meses, meu marido foi registrado, faz cinco anos.

Lurdes — Mas ela não tem convênio médico, não tem transporte e diz que a comida é horrível.

Rosa — Eu sinto falta da comida do hospital, era uma delícia.

Lurdes — Quando eu trabalhava, eram três tipos de mistura diferentes todos os dias... O trabalho, pra mim, era uma terapia!

— *Como assim?*

Lurdes — Foi de muita ajuda quando o meu filho morreu.

Rosa — A gente conhece muita gente no trabalho.

Lurdes — Eu passei três anos só chorando. Hoje eu falo sem chorar.

Rosa — Eu falava com todo mundo, até com os acompanhantes dos doentes, fazia muita amizade, era uma terapia. Eu sinto falta do emprego, do salário, do convênio, da cesta básica, do bônus...

Lurdes — Eu queria mesmo era estar lá! Se me segurassem mais cinco anos, eu não brigava com eles, me aposentava. Mas achavam que eu era bobinha, que eu não ia brigar...

Silva — Quem me mandou embora, também foi mandado embora.

— *Agora estamos no final de nossos encontros, vamos ter uma perda novamente...*

Silva (para as coordenadoras) — Qualquer coisa, vocês ligam pra gente...

Coordenação do grupo: Belinda Mandelbaum

Dificuldade inesperada

Heitor tem 40 anos, é branco, e está há um ano e quatro meses desempregado. Começamos a conversar enquanto ele aguardava atendimento na grande sala de espera de um serviço público de recolocação profissional[1]; mesmo depois de atendido, dispôs-se a continuar a conversa, já que não tinha outro compromisso naquele horário. Com fala branda e ponderada, teceu sua visão do período pelo qual vem passando[2].

Nasceu em Mogi das Cruzes, região metropolitana de São Paulo, e seu primeiro emprego foi em uma empresa de fiação e tecelagem, na qual trabalhou por seis anos e exerceu, dentre outras, a função de encarregado de produção. Ainda jovem, fez crescer o sonho de vir trabalhar na cidade de São Paulo: "Eu imaginava: 'um dia eu vou vim pra cá, um dia eu vou vim pra cá.' E um dia eu vim! Então aqui está o desafio maior e onde eu poderia conseguir coisas melhores". Apesar de morar em um dos municípios da Grande São Paulo, pensava que a capital do estado "era o lugar certo" para conseguir trabalho: "Saindo daqui do centro, da capital, as coisas ficam mais difíceis em termos de emprego (...). Só que você não contava com o desemprego muito acelerado, isso não estava nos meus planos".

Para efetivar o sonho, findo o período na tecelagem, Heitor trabalhou como vendedor em uma loja de materiais de construção por alguns

---

[1] PAT – Posto de Atendimento ao Trabalhador – serviço da Secretaria de Estado de Emprego e Relações do Trabalho de São Paulo (SERT). Durante o atendimento, o trabalhador é cadastrado no banco de dados do serviço e, de acordo com o seu perfil, o atendente verifica se há vagas de emprego oferecidas por empresas também cadastradas. O objetivo do serviço é fazer a intermediação entre o trabalhador e a empresa, que realizará o processo seletivo.
[2] Entrevista realizada em abril de 2002.

meses. Como não se identificava com o trabalho, não tinha perspectiva de continuar na área de vendas por muito tempo e não tinha registro em carteira profissional, considerava-se, nesse breve período, "desempregado".

Pouco depois, veio para São Paulo e empregou-se nos Correios, onde trabalhou por três anos e meio como "executante operacional", cargo que lhe proporcionou uma experiência diversa, como atendimento ao público, conferência e encaminhamento de correspondências, trabalho em caixa. Enquanto isso, cursava o supletivo para a conclusão do ensino médio.

No final de 1990 saiu dos Correios e, em uma semana, começou a trabalhar numa empresa de laticínios, na qual permaneceu empregado por dez anos. Começou como auxiliar de metrologia, foi promovido a encarregado de produção e depois a técnico de metrologia. Uma década depois, na conjuntura da reestruturação produtiva – adotada pela empresa em que trabalhava como por tantas outras – Heitor foi, em companhia de muitos colegas de trabalho, despedido.

No período em que permaneceu na empresa, realizou o sonho de cursar o nível superior e, em 1994, licenciou-se em história e geografia. No momento em que foi despedido, estava no último ano de seu segundo curso universitário: administração de empresas – os dois cursos foram feitos em faculdades particulares. Ironicamente a escolha do segundo curso havia sido pautada pela perspectiva de, quem sabe, com a nova formação, galgar postos administrativos na empresa. Este "desencontro" lhe traz a sensação de estar fazendo escolhas erradas.

Heitor é casado, tem um filho e sua família vive atualmente das economias guardadas por ele durante os anos em que esteve empregado e do salário da esposa. Heitor vive também sustentado pela crença de que o período em busca de emprego é uma oportunidade para pôr à prova suas habilidades como administrador e empregar-se, um desafio a ser vencido por merecimento pessoal num contexto tão adverso. Discurso afinado com a ideologia gerencial hegemônica na área de estudos em que agora se forma. Discurso, entretanto, dissonante com sua própria experiência na busca por uma recolocação no mercado de trabalho; afinal, ele percebe a irracionalidade dos critérios para a seleção de pessoal, sabe que isso acontece por causa do excesso de candidatos por vaga e avalia este mecanismo como injusto. Muitas empresas fazem exigências de qualificação (como, por exemplo, de conhecimentos da língua inglesa ou de experiência para concorrer a uma vaga de estágio) ou mesmo estabelecem, não explicitamente, um limite de idade para a contratação. Tais exigências, desnecessárias ao desempenho da função para a qual o trabalhador será contratado, dificultam sua empregabilidade. Assim, não por acaso, as palavras "difícil" e "desafio" são centrais na entrevista de Heitor. A idéia de que o sucesso em empregar-se decorre do esforço estritamente pessoal – "vencer o desafio" – é tão presente e forte quanto o reconhecimento da crescente e generalizada dificuldade em se conseguir um emprego em um contexto de desemprego estrutural.

Para manter a esperança, Heitor esforça-se para encarar como natural a responsabilização individual pela condição de se estar empregado ou desempregado: voltar a ter um emprego só depende dele. Heitor, que tem formação superior, experiência e qualificações técnicas, aceita qualquer trabalho, mesmo fora das áreas em que já atuou ou de sua formação.

Claudia de Almeida Ortega

Entrevista de um trabalhador desempregado com nível escolar superior

"Está mais difícil do que eu imaginava".

Heitor — Nessa empresa, a L., você tinha que, além de estar na central prestando serviços, estar nas filiais, que são no interior, em outros Estados. Como era um departamento na central pra atender a todas essas unidades, então você tinha que estar acompanhando, era muito trabalho pra ser feito. E... o que me levou a sair dessa empresa... ela vendeu! Vendeu grande parte da sua empresa: vendeu sua marca, vendeu unidades e aí houve uma redução muito grande do seu quadro de funcionários e aí eu também fui dispensado por essa razão. E estou aí, desempregado, procurando emprego novamente. Procuro vaga de estágio também, na área de administração e vamos ver o que vai acontecer. Mas está difícil, está difícil por causa da idade também, eu tenho 40 anos e não é fácil, não. Você chega pra procurar emprego em um lugar e... Eu percebo um descontentamento, não sei, uma certa decepção de quem te atende, porque não era aquilo que estava esperando. Às vezes você trata por telefone, marca uma entrevista, quando você chega, sente que não é a mesma coisa, é uma situação estranha. Então é isso.

— Além de ter experiência em áreas diferentes de trabalho, você tem duas formações acadêmicas...

Heitor — É, a minha experiência é pra dar aula também, devido à licenciatura. Só que o problema de dar aula é que houve uma reformulação aí nas delegacias de ensino, da educação, no Estado. É o seguinte: muitas escolas foram fechadas, pra centralizar alunos num determinado local. Por exemplo, os alunos dessa escola foram pra uma outra, pra, sei lá, acho que uma reforma do governo nesse sentido, então tem muitos professores desempregados. Você chega no início do ano numa delegacia de ensino pra fazer um cadastro e nesse cadastro eles vão classificar os professores com suas experiências. Os professores que deram muitas aulas vão contar pelos "pontos", né? E assim vai sair a sua classificação. E a minha classificação não é boa, porque eu não dei aula, a não ser na época do estágio, então você acaba não sendo chamado pra dar aula, você não consegue essas vagas pra dar aulas. E nas escolas eles não aceitam mais cadastro como era antigamente: você ia nas escolas, fazia cadastro e aguardava uma possibilidade de dar aula. Só que agora não, porque na escola a diretora costuma encaminhar você pra delegacia de ensino, porque é lá que você vai ter o cadastro e do cadastro seguir uma ordem de chamada, então a minha ordem fica muito longe, acabo não pegando vagas pra dar aula. (...) Eles falam "ponto", né? Pra quem já tem ponto. E tem professores que já estavam dentro da escola dando aula, mas não eram professores efetivos da escola, eram os substitutos. Ou eram professores que já vinham, por exemplo, dando algumas aulas substituindo outro professor ocasionalmente, mas não tinham ponto algum. Como já estavam naquela escola, então foi dada preferência pra esses professores, já diretamente pra esses professores. Eu não tenho nada contra, acho até justo, mas pra aqueles que estão se formando agora ou pra aqueles que, no meu caso, já estão formados, ficou bem difícil, ficou mais difícil depois dessa mudança que foi feita.

— *E escola particular, você chegou a procurar?*

Heitor — Escola particular também é difícil porque eles pedem experiência — experiência de aula — é mais difícil ainda. A princípio eu via com bons olhos no seguinte sentido: como você não deu aula em escola estadual – porque, geralmente, pra você dar aula em escola estadual, você tem alguns vícios devido ao salário, devido às condições do professor hoje, devido a essa atual conjuntura aí então quando você vai pra uma escola particular, você já tem alguns vícios que você vai levar com você. E se você não tiver dado aula ainda e for pra uma escola particular, aí você talvez saia na frente. Por quê? Porque você não tem vício, a escola acaba dando preferência pra você... Mas não é o caso, não foi ainda o caso porque vários currículos eu mandei pra escolas particulares também, mas eles não deram retorno, porque eles devem estar com o quadro já preenchido... Inclusive, eu fiz questão de fazer estágio em escola estadual e em escola particular. Eu lembro bem que eu fiz numa escola particular, de 5ª à 8ª série, no ensino fundamental. E ensino médio, eu fiz numa escola estadual, pra ver se dava uma melhorada no currículo, pra quando você enviar pra uma escola particular, eles estarem olhando pra esse lado. (...) Mas a gente poderia estar dando aula, é uma opção de trabalho. O outro lado seria a própria produção, dentro de uma empresa, na área de alimentos; trabalhei na área técnica, mexer com metrologia, mexer com segurança do trabalho, prevenção de acidentes, esse tipo de coisa, porque a gente trabalhou muito em cima disso dentro da empresa.

— *Você participou de CIPA[1] ?*

Heitor — Sim, de CIPA, de cursos internos da empresa, tipo instrutores, bombeiros, hidrantes, esse tipo de coisa. Como encarregado de produção, você tinha que ter

---

[1] Comissão Interna de Prevenção de Acidentes. É composta por representantes do empregador e dos empregados.

todos esses cursos, pra um eventual acidente. Inclusive, como a gente trabalhava fora daquele horário de administrativo, no horário de produção, então um certo período dentro da empresa você estava sozinho, você tinha que estar resolvendo problemas de emergência. Num acidente não dava pra esperar alguém vir socorrer. Então essas medidas que a empresa tomava, oferecia esses cursos para os funcionários. Isso tudo a gente tem experiência pra estar trabalhando nas empresas. E controle de produção, porque existia um grande controle, eu trabalhava com cotas diárias, então tinha que trabalhar com cotas rigorosas, não podia estar ultrapassando e nem deixando faltar. E lidar com o pessoal, que é a coisa mais difícil, acho que a gente acaba adquirindo uma experiência muito grande nisso daí.

"Estou correndo por caminhos errados talvez".

Heitor — Quando eu entrei na empresa, eu entrei em dezembro de 1990. Nesse ano, em dezembro de 1990, eu terminei o 2° grau[2]. Aí quando foi em fevereiro ou março, foi o início das aulas na faculdade, então eu prestei o vestibular nesse final de ano e comecei a faculdade. Eu fiz a faculdade de história e geografia porque eu sempre gostei de mexer com isso, foi sempre um sonho fazer um curso de história. Geografia foi devido a você fazer história, tem que fazer geografia também, junto. Então acabei fazendo geografia também. E aí terminei o curso, eu me formei em 1994. E aí passou-se algum tempo até eu voltar novamente a estudar. E aí eu vi que, pra uma empresa, esse curso não ia ajudar; ajudaria com o nível superior, conta, mas não que fosse ajudar; então eu acabei fazendo um curso de administração de empresas... Só que agora já faz um ano e quatro meses que eu estou desempregado. Está no final do curso, vou terminar o meu curso também.

— *Em que ano você está?*

Heitor — Estou no 4° ano, termino agora. É o último, então não dá pra parar... Só que agora eu estou fazendo esse curso e não estou mais trabalhando, quer dizer, estou correndo por caminhos errados, talvez, não sei se posso afirmar isso: "caminho errado", mas caminhos, pelo menos paralelos, eu acho, porque você está se formando em história, está trabalhando numa empresa; você está se formando em administração, você sai da empresa, quer dizer, você não fica dentro daquilo que você está fazendo.

"Eu quero encarar esse desafio".

Heitor — E uma coisa interessante é o seguinte: mesmo eu trabalhando na L., mesmo eu cursando administração, mesmo ela sendo uma boa empresa, uma ótima empresa, só tenho que falar coisas boas da empresa... Quando nós estamos fazendo o

---

[2] Atualmente denominado "ensino médio".

curso de administração, a gente aprende que nós temos que encarar novos desafios. Mesmo com dez anos de empresa, mesmo com 40 anos de idade, não foi de todo ruim ter saído da empresa. O que eu quero é verificar como está o mercado aqui fora, passar por essas dificuldades, como ficar desempregado um tempo. Que fique desempregado um tempo, que busque outra coisa, porque é um desafio pra um administrador de empresa, eu não me sinto todo mal com isso. Ficar desempregado é ruim, porém é o seguinte: eu não tenho essa preocupação de ficar desempregado, entendeu? Eu quero encarar esse desafio, não foi de todo ruim, porque se eu não encaro o desafio agora, eu acho que depois eu não vou ter outra chance, é agora ou nunca, eu encaro assim.

— *Você vê esse momento atual como sendo um desafio... E como é viver esse desafio, como você lida com isso?*

Heitor — Esse desafio, a princípio, eu acho muito interessante, desafiador mesmo, você tem que estar com a cabeça muito preparada pra isso. Sua família, no caso a esposa, tem que estar muito em acordo com você, também tem que estar com a cabeça preparada pra isso, porque... hoje esse desemprego enorme. Desemprego e falta de emprego! Por que desemprego? Porque tem muita gente desempregada, então é muita gente concorrendo pra uma vaga. E falta de emprego porque é uma vaga que aparece uma vez ou outra. Então isso é um desafio muito grande, você precisa do apoio de todo mundo: todo mundo é a sua família, no meu caso é a minha esposa, então você precisa estar em sintonia com ela, ela com você. Ela também está encarando isso, sabendo das dificuldades. E como um administrador, você tem que encarar desafios mesmo, então a gente aprende com isso. E a vida também está me ensinando, já são 40 anos de vida, então você tem que aprender alguma coisa. Esse desafio está além daquilo que eu podia ter esperado, ou seja, está mais difícil do que eu imaginava. Eu não imaginava ficar parado, desempregado por um ano, eu esperava já estar empregado. Eu não esperava ficar parado todo esse tempo, então está muito difícil. A realidade é que você cai no mercado, é muito difícil arrumar emprego, está além daquilo que eu esperava, mas continua sendo um desafio, eu não me arrependo de ter... assim... quisto passar por esse momento, entendeu? Eu acho que se eu tivesse trabalhando ainda na empresa, eu estaria preocupado, porque eu iria pra 11, 12 anos de trabalho e aí a coisa fica mais difícil, então esse desafio está difícil, muito difícil de superar, está muito difícil.

> *"Passou muito tempo dentro de uma empresa, você está fora do mercado, você está defasado".*

— *Por que você ficaria preocupado se continuasse na empresa?*

Heitor — Porque, hoje, o que o mercado pede? Dois anos de experiência dentro de uma empresa, no máximo três, quatro anos... Pra você estar buscando um novo desafio, um novo trabalho, ou que seja o mesmo trabalho, mas numa outra empresa. Ela pede uma experiência de dois, quatro anos. Passou disso, você já vai ficando fora do mercado, vai ficando obsoleto, você já não está mais em conformidade com aquilo que o mercado está pedindo, devido ao conhecimento, informação. Então você não pode passar muito tempo dentro de uma empresa, passou muito tempo dentro de uma empresa, você está fora do mercado, você está defasado.

— *Você está dentro do mercado! Se você está na empresa, você está dentro do mercado!*

Heitor — Você está no mercado, você está trabalhando, mas se você sair da empresa, pra você dizer assim: "olha, você é um profissional pra assumir um trabalho dentro de uma empresa" — eu acho que não. Você tem que estar pouco tempo, porque você se desinforma. Quando você está dentro de uma empresa dez anos, cinco anos pra frente, você se acomoda, de uma forma ou de outra você se acomoda, porque são cinco anos, dez anos, você se vê seguro.

— *Mas, pela sua história, você mostrou justamente o contrário, porque você estava dentro da empresa e fez duas faculdades. Você estava se formando e se informando também.*

Heitor — Isso... Eu me formo esse ano, eu pretendo buscar outras coisas. Eu vou continuar, eu fiz um ano de pós-graduação em história, só que eu não coloco isso lá no meu currículo porque eu não cheguei a concluir o curso, tá? Então, dentro de administração, eu pretendo fazer isso também, eu não vou parar. Eu quero voltar a fazer uma outra faculdade, independente de se eu tiver emprego. Se eu tiver desempregado ou tiver empregado, onde quer que eu esteja trabalhando, ou que não esteja trabalhando, eu pretendo fazer uma outra faculdade, eu não pretendo parar.

— *Você pretende fazer qual curso?*

Heitor — Principalmente Direito. Ainda não decidi. Talvez Direito ou talvez o próprio mestrado mesmo em administração. Talvez voltar a fazer o mestrado de história, não decidi. Conforme as condições é que eu vou analisar, mais para o final do ano, né? Então eu não pretendo parar. Se isso é busca de informação, eu vou continuar buscando informação, vou continuar.

> *"Emprego... não existe hoje, muito difícil".*
> *"Quando você vai se apresentar pra um estágio,*
> *eles já estão pedindo experiência".*

— *Você tinha falado que, antes, nunca chegou a ficar sem emprego. Desde que começou a trabalhar, quando você saiu de um emprego e foi pra outro, não chegou a ficar muito tempo desempregado. Por que você acha que foi assim?*

Heitor — Ah, era outra época, sem dúvida... Você tinha lá na placa das empresas: "admite—se profissional pra isso, pra aquilo", hoje você passa, não tem isso.

Você era candidato a uma vaga, se apresentava pra seleção mesmo sem experiência, você acabava sendo funcionário da empresa, mesmo não tendo experiência pra aquela vaga que eles estavam querendo. Hoje, já não! Hoje, quando você vai procurar uma vaga — uma vaga que surge — vão pedir uma experiência que você não tem. Eles vão pedir pra você curso de inglês — que não se usa pra nada dentro da empresa, só pra motivo de eliminar candidato — e curso de informática, quer dizer, curso exatamente não, mas uma experiência em informática. Isso eu acho justo que a empresa peça, mas inglês onde não vai ser usado, eles põem lá pra eliminar candidato. Isso eu acho injusto. Então por todas essas razões, eu acho que hoje está mais difícil, muito mais difícil, nossa! Emprego... não existe hoje, muito difícil. Um exemplo disso é o estágio. No meu entender, o que é um estágio? O estágio é você, uma pessoa que está se formando, não tem a experiência, tem o conhecimento: você vai pra uma vaga, você tem um salário menor do que os funcionários que executam a mesma função, você vai aprender aquele trabalho. Ou seja, ela (a empresa) vai te ensinar e por isso vai te remunerar com um salário mais baixo, justamente porque você não tem experiência. Isso é o que eu entendo que seja um estágio. Acontece que, quando você vai se apresentar pra um estágio, eles já estão pedindo experiência: quanto tempo você tem de experiência nesse trabalho. Isso não existe! Isso é impossível! Você chega lá com vários candidatos, vai fazer uma dinâmica de grupo, só que, antes disso, eles vão pedir pra você preencher uma fichinha onde você vai dizer a sua experiência. Mas se você é estagiário, não tem experiência. Acho que esse ponto deveria ser eliminado do estágio, mas é isso que eles pedem. Isso se torna o quê? Difícil! E um candidato com 40 anos de idade e outros candidatos aí com 20, 23 anos, é lógico que eles vão dar o estágio para as pessoas que têm uma idade aí de vinte e poucos anos, né? Realmente fica difícil, esse é um exemplo de que o emprego está realmente difícil.

"Tudo depende da gente, da sua motivação".

— *E pra viver nesse tempo sem trabalho...*

Heitor — Pra viver nesse tempo sem trabalho é o seguinte: a esposa ajuda, ela trabalha. E são dez anos de emprego, você tem que se sujeitar a esses dez anos que você viveu dentro da empresa, que você conseguiu fazer uma série de economias, você tem que viver com isso. E assim é que está sendo. Mas, como eu te disse, eu acho que a coisa do desafio é bom, mexe com a gente, é isso que faz eu dizer assim: vale a pena eu pegar dez anos de reservas e gastar agora? Ué, mas foi pra isso que eu reservei, pra gastar quando necessário. A gente sente isso, que poderia ser gasto com uma outra coisa adicional e não, vamos dizer, no dia-a-dia? Tudo depende da gente, da sua motivação pra isso ou pra aquilo e a minha motivação é pra conseguir conquistar um novo trabalho.

— *Se você pudesse escolher, de tudo o que você já fez, de toda experiência e formação que você tem, no que você gostaria de trabalhar?*

Heitor — Se dependesse de uma escolha, eu ia trabalhar na área de administração. Por quê? Porque eu estou me formando nisso e eu não quero mais ficar... correndo por fora. O que eu digo de "correndo por fora?" Eu fui fazer administração porque eu estava na empresa e eu tinha condições de galgar cargos mais elevados. Eu não estou mais trabalhando, mas estou me formando nisso — porque eu não vou parar. E a administração é uma área em que você pode fazer uma série de coisas, porque eu acho que tudo é administração, então onde eu gostaria de trabalhar? Pelo meu gosto, eu gostaria de trabalhar na área de administração, não só porque eu estou me formando, mas porque eu quero, eu gostaria, sim. Eu gostaria de trabalhar em administração... É coisa de criança você imaginar que quando você um dia crescer, você podia estar trabalhando... Dali você estar dando as suas coordenadas pra isso ou pra aquilo. Eu acho que é um sonho de criança e eu gostaria de trabalhar nisso...

"O maior desafio de tudo isso é você se empregar".

— Você estava falando que tem aspectos positivos nesse desafio, que tem um lado bom. Qual é o lado bom desse desafio?

Heitor — O lado bom é a sua satisfação, é aquilo que você quer, é a realização pessoal, sabe? É a realização pessoal: você saber que mesmo nesse desemprego todo que ocorre hoje, você encara um mercado, quer uma coisa melhor? Você estar desempregado, você saber que existe desemprego, e que o desemprego é enorme, e você poder buscar um emprego nessa situação toda e conseguir, eu acho que é uma satisfação muito grande. E a partir do momento em que você conseguiu o emprego, você fazer por merecer, entendeu? Você provar que não é porque você tem 40 anos de idade que não é mais aquele... Que você não pode dar retorno pra uma empresa. Sabe, eu acho que isso tudo é um desafio, porque é conquistar coisas que estão um pouquinho além; não é só aquilo que está ali, fácil, perto de você, é alguma coisa difícil, é uma satisfação pessoal.

— Você está vendo como uma possibilidade de conseguir um emprego melhor do que aquele que você tinha?

Heitor — Não! Não! Melhor só na satisfação mesmo, só naquilo que você possa estar fazendo, mas não, por exemplo, em razão salarial. Eu tenho certeza que eu não vou ganhar o que eu estava ganhando, mas não é esse o desafio, o desafio é você conseguir se encaixar mesmo e estar fazendo um trabalho que você vai se sentir um pouco melhor. Mas ainda eu ressalto pra você o seguinte: o maior desafio de tudo isso é você se empregar, tá? É você se empregar! Porque depois que você está empregado, você pode estar trabalhando nisso ou naquilo, quer dizer, fazendo um certo trabalho ou outro trabalho, mas o melhor de tudo é você se empregar. Eu acho que eu vou festejar muito quando eu conseguir um novo emprego, não importa, pode ser até de ajudante, não tem problema. Eu tenho certeza: de ajudante eu não vou ficar! Mas mesmo que seja de ajudante, não tem problema. Eu acho que isso é o desafio, estar se desafiando, né? Porque de ajudante depois você vai pra um lugar melhor. E corre o risco também de você buscar uns concursos públicos aí, estar trabalhando e, futuramente, mais pra frente, estar conseguindo coisa melhor. Abrindo as portas, nos espaços que forem dados, você tem que aproveitar.

— *Você falou dos aspectos positivos do desafio. Qual é o lado negativo?*

Heitor — Olha, eu tenho, assim, procurado, eu tenho até treinado um pouco — um pouco não, muito! — pra não ficar pensando muito nos aspectos negativos, não. Mas os aspectos negativos eu levanto pra você, olha: é a idade, 40 anos de idade pra você estar procurando emprego é difícil... É o desemprego que está muito grande e as poucas vagas que tem, tem muito candidato. E você hoje tem que sobreviver com aquilo que tem, quer dizer, o padrão de vida seu cai. No caso, o lado ruim é porque o meu padrão de vida caiu. Caiu porque eu tenho que tomar providências, adotando medidas pra que eu possa resistir mais tempo possível desempregado, então o padrão de vida cai, né? E o fato é que você tem que andar bastante atrás de emprego. Tem que andar muito, em vários lugares, se sujeitar a muita coisa: a dependência da própria empresa, às vezes de funcionários que não estão muito aí... De estarem te tratando bem, de te darem retorno. Você vai fazer uma entrevista, não tem retorno; eles pedem pra você aguardar, mas não tem retorno. Eu acho isso uma falta de consideração muito grande. Devia dar um retorno: "olha, não foi aproveitado", mas não dão um retorno, eu acho que deveria ter. Então, os lados negativos, eu acho que são esses daí.

"Eu quero é trabalhar".

— *Que caminhos você tem percorrido? Além desse serviço (PAT), você falou que já foi procurar emprego em escolas, pra dar aulas...*

Heitor — Isso, fui também no... Acho que é Sindicato dos Bancários... Que funciona como este. Ele é localizado ali na rua São Bento, então eu estive lá também pra fazer um cadastro.

— *Eles também fazem essa intermediação entre o candidato e a vaga.*

Heitor — Isso, exatamente... Agora eu estou me preparando pra concurso público também, é uma outra saída. E tenho alguns amigos que estão trabalhando em empresas, eu estou passando alguns currículos pra eles, pra eles estarem encaminhando aí, pra uma possível vaga. Tem esse recurso também. E internet: você abre o *site* e manda o currículo pra [uma agência de empregos] — são as agências que encaminham. Algumas já chamaram, mas eles pedem, por exemplo, como eu te falei, o inglês... Às vezes é muito longe, fora da cidade de São Paulo, aí fica difícil, né? Muito difícil. Então tem essas dificuldades também, muito longe, aí eles próprios não se interessam.

— *Eles quem?*

Heitor — As agências e as empresas. Eles não se interessam porque é muito longe para o candidato. Às vezes eles vão dar o vale transporte, mas eles dão um vale pra ida e volta, pra lugares mais próximos, não longe. É isso, os caminhos que eu tenho procurado são esses, as opções são essas... Mas eu acredito que não vá levar muito tempo desempregado, não. Eu acredito que em breve eu vou estar trabalhando.

— *Tomara!*

Heitor — Eu sou de estar percorrendo. Quais caminhos eu tenho feito, eu tenho procurado pra estar empregado? São esses... Desde o começo, quando eu saí da empresa, que eu quero estar trabalhando — lógico, porque é uma necessidade da gente —, só que pra qualquer vaga; desde o início, pra qualquer vaga. Eu quero especificamente aquilo que eu trabalhei, só que isso são conseqüências, eu vejo como conseqüências, eu quero é trabalhar.

— *Conseqüência do quê?*

Heitor — Você vai, você entra numa empresa, você entra trabalhando de auxiliar, por exemplo. Devido à sua experiência, eu acho que dependendo de você, você pode conseguir outras coisas dentro da empresa. O trabalho que você quer pode ser pleiteado, né? Uma vaga. Por que eu vejo isso? Porque posso oferecer meu trabalho... Não só um tipo de trabalho pra empresa. Eu posso exercer outro tipo de atividade, não só um dentro da empresa.

— *Você acredita que se você entrar numa empresa pra exercer uma função que não é exatamente aquela da sua formação, não é exatamente a que você queria, você pode mudar de função dentro dessa mesma empresa, num segundo momento...*

Heitor — Exatamente, tanto é que na situação de hoje a empresa não quer mais uma pessoa específica pra fazer exatamente aquilo, uma coisa só, mas um profissional que tenha condições de desempenhar várias atividades. Dentro desse contexto, eu acho que eu me encaixo pra estar fazendo isso...

Entrevistadora: Claudia de Almeida Ortega

À procura de emprego

Conheci Jorge, 39 anos, negro, em um serviço público de intermediação de mão-de-obra, em 2002.[1] Para ele era mais um dia de peregrinação, um dia corriqueiro na vida de um trabalhador desempregado. Serviços como esse têm o objetivo de encaminhar trabalhadores a empresas que oferecem vagas de emprego. Nesse, por exemplo, o usuário se dirige a um dos postos de atendimento, retira uma senha e aguarda o chamado. O tempo de espera pode ser longo — dependendo do dia e da localização do posto, superior a duas horas. Assim, estão à disposição bancos ou cadeiras em frente a um painel que indica o número da próxima senha a ser atendida. Quando chega a sua vez, o trabalhador dirige-se a um guichê, um funcionário registra seus dados, sobretudo as funções que poderia exercer e cruza-os com dados sobre empregos oferecidos por empresas cadastradas. Se no momento da consulta, for verificada uma coincidência entre essas duas informações, o trabalhador é encaminhado à empresa, que terá total responsabilidade pelo processo seletivo. Se não houver coincidência entre as informações, o trabalhador é orientado a voltar ao posto na semana seguinte. As informações apenas são cruzadas na presença do trabalhador que, não raro, volta muitas vezes ao serviço até obter — por sorte — um encaminhamento que, vale lembrar, não implica em contratação.

Jorge perdeu a conta de quantas vezes voltou ao serviço; em nenhuma delas obteve um encaminhamento. No dia da entrevista não foi diferente. Desempregado há três anos, dispôs-se a conversar sobre essa experiência, a contar sua trajetória de trabalho e a busca por um novo emprego.

---

[1] PAT – Posto de Atendimento ao Trabalhador – serviço da Secretaria de Estado de Emprego e Relações do Trabalho de São Paulo (SERT).

Bastante crítico, bem informado e atualizado, analisou a situação econômica do país e as mudanças no mundo do trabalho. Muito à vontade, com fala fluente, de poucas pausas, marcou suas opiniões e, em alguns momentos, também solicitou as minhas a respeito do assunto abordado por ele. Freqüentador assíduo do serviço, durante o depoimento encontrou várias pessoas conhecidas que passavam pelo corredor do Poupatempo[2]; algumas vinham cumprimentá-lo e conversavam rapidamente com ele, outras cumprimentavam-no de longe. Os conhecidos que passavam sem o ver eram chamados e cumprimentados por Jorge que, em seguida, retomava o depoimento no exato ponto em que havia parado.

Jorge não pôs restrições ao tempo disponível para a conversa, pois tinha a tarde livre. Mesmo sem esperança de receber um encaminhamento, foi ao posto. Sua saga na busca de emprego é longa e a dificuldade de obter um encaminhamento no referido serviço é explicada por ele, por um lado, pelo reduzido número de empresas em seu município cadastradas no serviço — mora em Guarulhos, localizado na região metropolitana de São Paulo; por outro lado, pela especificidade da área de trabalho com a qual se identifica: transporte. Neste momento, investe, principalmente, na tentativa de empregar-se como motorista, cobrador ou em outras atividades ligadas ao ramo. Em seus dois últimos e mais duradouros empregos trabalhou como cobrador de ônibus em empresas de transporte coletivo urbano. Aceitar trabalhar em outra área significa, para ele, perder tempo precioso na busca de um emprego com o qual se identifique. Mesmo assim, admite abrir concessões para trabalhar em outras áreas, mas não em uma área qualquer — quer ter suas afinidades respeitadas. Desta forma, fez um curso com o objetivo de qualificar-se para o trabalho de porteiro, mas não encontrou quem o empregasse, sob alegação de escolaridade insuficiente — estudou até a 5ª série do ensino fundamental. Aguarda com ansiedade e esperança o resultado de um concurso público municipal para trabalhar como vigia.

Na época em que a entrevista foi realizada, a esposa de Jorge estava trabalhando como empregada doméstica. Antes do desemprego do marido, era dona-de-casa. "Porque eu, quando trabalhava, sempre mantive o

---

[2] Poupatempo é um programa do governo do Estado de São Paulo. Consiste em postos de atendimento à população, nos quais se concentram diversos "órgãos e empresas prestadoras de serviços de natureza pública", além de "serviços de apoio", como fotocopiadora, fotografia, banco etc. (http://www.poupatempo.sp.gov.br). O PAT é um dos serviços disponibilizados no Poupatempo; são também exemplos de serviços a emissão de carteira de identidade, renovação da carteira nacional de habilitação, emissão de carteira de trabalho e previdência social, seguro desemprego, dentre outros.

lar, fiz minha casa..." É o salário da esposa e o aluguel recebido de um inquilino, morador de um quarto nos fundos de sua casa, que garantem a sobrevivência da família: o casal e dois filhos. Estes recursos fixos já foram suplementados pelos vários bicos e trabalhos de curta duração realizados por Jorge: manobrista, motorista, segurança de loja, pedreiro, vendedor em barraca de alimentos, vendedor de água e refrigerante em uma esquina movimentada da cidade.

Nos períodos em que não está fazendo bico, permanece a maior parte do tempo em casa. As saídas para procurar emprego, tais como o comparecimento aos locais indicados em classificados de jornais e as visitas ao serviço de recolocação profissional são, em geral, muito bem planejadas, a fim de evitar ao máximo o desperdício do pouco dinheiro com transporte público e alimentação. Como mora em um município da região metropolitana de São Paulo, o deslocamento para a capital paulista implica na utilização de várias conduções e longo período fora de casa, o que encarece a empreitada. Eventualmente planeja as saídas de casa sem muito rigor, como no dia da entrevista: o objetivo, nessas situações, além da procura de emprego, é "driblar" a tensão gerada pela permanência em casa, sem trabalho: "Eu resolvi vir hoje (ao PAT) pra não ficar em casa estressado — porque você vai ficando nervoso com as coisas, com a situação".

Jorge nasceu na periferia da cidade de São Paulo, passou a infância em um "barraco, em favela", sem água encanada e luz elétrica. "Minha mãe só tinha eu de homem e ela cuidou muito de mim quando eu era pequeno... Pedia pão nas casas, pra sustentar nós... Minhas irmãs eram pequenas, ela pegava no bracinho... Aí batia palma nas casas. Eu que ajudava ela, então eu sei o quanto ela batalhou."

Aos 17 anos mudou-se com a família para um "quarto e cozinha, também de madeira, mas tinha água e luz... E pagando aluguel", localizado no bairro vizinho. Primogênito, ajudava a cuidar das três irmãs mais novas, inclusive economicamente: "aquela época era uma época difícil, né, moça, eu vivi um outro mundo... um mundo oposto ao do trabalhador... entendeu? Eu fazia coisa errada..."

Quando pré-adolescente trabalhou como *office-boy* e como vendedor de flores em farol. O período que vai dos 15 aos 22 anos é nomeado por ele como o tempo em que "fez coisa errada": esteve em conflito com a lei e teve, inclusive, passagem pela FEBEM. Aos 22 anos — "eu pedi pra Jesus me ajudar a parar" — empregou-se numa empresa de manutenção de elevadores. Em seguida, trabalhou por um breve período como lustrador de móveis, até iniciar o trabalho como cobrador de ônibus, atividade exercida em duas empresas. Na primeira permaneceu por nove anos — foi o seu emprego de maior duração — e na segunda por três anos. O trabalho como cobrador, além de ter sido o mais significativo para Jorge, aquele com o qual mais se identifica profissionalmente, foi o que lhe garantiu condições não só de sustentar a família, mas de construir a casa em que mora atualmente e de, quando necessário, ajudar as irmãs em momentos de dificuldade. "Tudo que eu tenho na minha vida, até hoje, eu consegui sozinho! Nunca ninguém me deu um apoio... pra me ajudar em nada..."

Quanto à escolaridade, Jorge tentou concluir o ensino fundamental num curso supletivo noturno, mas teve dificuldade em conciliar os horários de trabalho, estudo e deslocamento para a escola, que era longe de sua casa. Dormia três horas por dia, não agüentou o ritmo estafante e suspendeu, mais uma vez, o projeto de prosseguir nos estudos. Estudar, para ele, significa titular-se para ampliar as chances de concorrer a uma vaga de emprego, embora saiba que esta não é garantida pelo título. Por isso não vê sentido em voltar a estudar e defende que as políticas públicas deveriam contemplar trabalhadores como ele: pessoas que não completaram o ensino fundamental e não vão fazê-lo — seja por impossibilidade material (conciliar horários, arcar com os custos do transporte ou do próprio curso, etc.), seja pela descrença de que o estudo possa contribuir para a empregabilidade.

Também não encontra sentido na participação em programas de trabalho temporário oferecidos pelo poder público. Acredita que o tempo investido pelo beneficiário poderia ser mais bem utilizado na procura de um emprego que pudesse oferecer alguma estabilidade e melhor remuneração.

Essa busca, por sua vez, pode levar a caminhos inesperados, como por exemplo, a situação de exploração a que parece ter sido submetido no "período de experiência" que deveria preceder uma contratação formal. Uma apropriação possível deste período, por parte do contratante seria, deliberadamente, "utilizar-se" do candidato para a realização de trabalhos pontuais, sob baixa remuneração e sem a garantia dos direitos trabalhistas. Jorge denuncia também o aumento da dificuldade que as pessoas com idade próxima ou superior a 40 anos encontram para empregar-se.

Discorre ainda sobre as possíveis conseqüências do desemprego para os adolescentes: falta de perspectiva de vida e entrada na criminalidade. Ele se preocupa com os jovens que consideram esta possibilidade — assim como ele também considerou um dia — diante de um restrito leque de opções e de oportunidades de trabalho.

Claudia de Almeida Ortega

Entrevista de um trabalhador desempregado com nível escolar fundamental incompleto

"Quem tiver o 1º grau, come, quem não tiver, fome!"

Jorge — A gente vem [ao PAT], faz o cadastro, fica cadastrado. No mesmo dia eles [os atendentes] analisam pra ver se tem alguma coisa, aí depois você vai retornando pra ver se tem vaga na sua área. Que nem: eu moro em Guarulhos[1], emprego na área de Guarulhos, aqui nesse Poupatempo[2], quase não tem. Tem, por exemplo, carreteiro. Eu sou motorista, cobrador também, então na área de motorista só tem pra carreteiro. O carreteiro tem que ter categoria "E"; a minha, no caso, é "D"[3], então pra mim não tem, até brinquei com a mocinha lá [atendente do PAT], falei pra ela: "Olha, eu vim aqui pra não ficar em casa, porque já vim mais de 20 vezes, nunca tem nada". Ela: "Ai, que pessimismo!". "Não é pessimismo, é verdade, não tem nada, pode olhar que não tem". Ela falou: "Não tem mesmo!" [risos].

— *Porque a maioria das empresas cadastradas aqui são de São Paulo, é isso?*

Jorge — É, a maioria é de São Paulo, mas tem pra área de Guarulhos também, Osasco[4]. Só que eles pegam mais área de São Paulo, aqui da capital, no centro. Essa é a

---

[1] Guarulhos, um dos 39 municípios que integram a região metropolitana de São Paulo, dista 17 km da capital paulista.
[2] Posto do Poupatempo localizado na região central da cidade de São Paulo.
[3] De acordo com o Art.143, Cap.XIV, do Código de Trânsito Brasileiro, a Categoria D refere-se à habilitação do "condutor de veículo motorizado utilizado no transporte de passageiros, cuja lotação exceda a oito lugares, excluído o do motorista". A Categoria E refere-se à habilitação do "condutor de combinação de veículos (...) cuja unidade acoplada, reboque, semi-reboque ou articulada, tenha 6.000 kg ou mais de peso bruto total, ou cuja lotação exceda a oito lugares, ou ainda seja enquadrado na categoria trailer". A unidade tratora da Categoria E deve se enquadrar nas categorias B (veículo motorizado "cujo peso bruto total não exceda a 3.500 kg e cuja lotação não exceda a oito lugares, excluído o do motorista"), C (veículo motorizado utilizado em transporte de carga, cujo peso bruto total exceda a 3.500 kg), ou D.
[4] Município da região metropolitana de São Paulo a 18 km da capital paulista.

finalidade deles, então a gente vem, nunca tem mesmo, eu acho que em outros lugares deve ter um outro Poupatempo — em Guarulhos eles estão fazendo um, está pra inaugurar[5]. Aí a gente não precisa mais vir aqui, vai direto lá... Mas está meio difícil, viu, está difícil... não só pra mim.

> *"Quem tem, tem; quem não tem está pisando em cima de quem não tem".*

— *Quanto tempo faz que você está desempregado?*

Jorge — Eu era cobrador de ônibus. Trabalhei três anos nessa última empresa. Aí faz três anos que eu estou parado, que eu saí dessa empresa. E como eles [Empresas de transporte coletivo urbano] não pegam quem já trabalhou com ônibus, é uma coisa super-errada [enfatizando], então está muito difícil pra mim, por causa da minha (carteira) profissional. Quer dizer, se eu for numa empresa de ônibus, chego lá, eles olham e dizem: "Ah, infelizmente nós não estamos pegando quem já trabalhou com ônibus". Não! Vai lá, passa até pelo psicólogo, aí na hora ainda fala que foi reprovado! Mas não é que foi reprovado, é porque eles já têm um esquema deles lá dentro: não pegar quem já trabalhou com ônibus! Então eles tiram essas pessoas.

— *Por que você acha que isso acontece?*

Jorge — Você sabe, na minha opinião, acho que não tem justificativa pra isso, entendeu? Não existe! Só que... é pelo modo de cada um trabalhar. Por exemplo: eu trabalhava com um motorista e ele era até da Igreja "Deus é Amor", nem carona ele gostava de dar para os outros, coisa que eu achava errada, porque tem pessoa desempregada, a pessoa não vai andar a pé 20, 30 quilômetros no caso de não ter dinheiro pra condução. E ele negava essas passagens pra essas pessoas, entendeu? Então por isso que muitas empresas não pegam muitos que já trabalharam com ônibus: porque acham que já têm um conhecimento do ramo do transporte e aí podem entrar lá e começar a fazer coisas que não são certas. Apesar de que, hoje em dia, não existe mais, porque tem filmadora dentro do ônibus, tem um monte de coisa, então por isso eu não acho justificativa pra eles não pegarem essas pessoas que já trabalharam... [Em empresas do ramo de transporte coletivo urbano] Que nem, já mandei currículo pra várias, mas através de currículo eles olham, vêem lá a empresa [em que a pessoa já trabalhou] e excluem; então é assim que está funcionando.

— *E antes disso, onde você trabalhava?*

---

[5] O Poupatempo de Guarulhos foi inaugurado no dia 5 de setembro de 2002.

Jorge — Antes disso eu trabalhava com ônibus também, na CMTC; então o que eu sei fazer é só na área de transporte, eu sempre fui cobrador. E dirijo também, já trabalhei de motorista nesses últimos tempos, mas sem registro, fazendo bico.

— Conta um pouquinho desses últimos tempos. Você falou que está desempregado faz três anos. E nesses três anos, como é que você tem feito?

Jorge — Ah, eu saio, vou à Central de Trabalho...[6], lá eles também têm um lugar que é igual a aqui, a pessoa vai, é cadastrada e tal, e eles puxam[7] pra ver se tem alguma coisa pra ela, né? Eu venho aqui no Poupatempo... Apesar de que, pelo Poupatempo, eu não consegui nada até hoje, mas na Central de Trabalho eu consegui de motorista. Eu trabalhei na D. [uma distribuidora de bebidas], seis meses de motorista, só entregando em São Paulo. Por isso que eu falo: já sou paulistano, entregando, você acaba conhecendo mais ainda [a cidade]; então eu ia a Barueri[8], Osasco, todo lugar entregar bebidas.

E trabalhei nessa área de segurança, por pouco tempo. Trabalhei na B. [loja de bolsas]. Mas você vê como são as pessoas: eu trabalhei na B., lá não tem comércio nenhum em frente, uma barraca de doce, nada, nada, nada! Aí o que aconteceu? Como eu vi que não tinha nada, eu peguei, chamei minha mulher: "Nós podemos montar uma barraca". Então eu bolei de montar uma barraca. Só que a gerente da loja viu, porque eu começava a trabalhar às 14 horas — até às 22 horas — e aí eu fui cedo com a minha mulher pra ajudar a montar a barraca. Ela fez bolo caseiro, um monte de coisa caseira. Então guaraná, doce, chocolate, iogurte, todas essas coisas pra vender. Aí a gerente me viu fora do meu serviço montando — não em frente da loja, eu estava na rua do lado. Aí ela chamou o dono da firma, ele veio bem justamente no horário em que eu ia começar a trabalhar, às 14 horas, e falou: "De quem é aquela barraca?". Eu falei: "Ué, da minha esposa. É porque aqui não tem nada, nós montamos aí pra ela, que está parada também, né?". Aí ele falou: "Olha, passa no escritório amanhã". Mas você sabe, é o que eu estou te falando... Essa é a mente do povo: quem tem, tem; quem não tem está pisando em cima de quem não tem! Muitos optam por esse lado, se fingem de inocentes, mas no fim só querem ver o seu umbigo. Aí eu fiquei revoltado com essa mulher porque ela, em vez de ajudar, incentivar, ela tirou meu emprego e não deixou eu trabalhar com a minha mulher.

— Mas aí você não foi ficar na barraca, com a sua mulher?

---

[6] Central de Trabalho e Renda é um serviço gratuito de intermediação de mão-de-obra oferecido pela CUT – Central Única dos Trabalhadores.
[7] Os atendentes verificam no banco de dados se dentre as vagas de trabalho disponibilizadas pelas empresas cadastradas no serviço há alguma compatível com o perfil do usuário. Em caso afirmativo, encaminham o usuário para a empresa, que será responsável pelo processo seletivo.
[8] Barueri fica a 32 km da capital paulista e é um município da região metropolitana de São Paulo.

Jorge — Eu não fui ficar com ela porque ali não era uma coisa certa de ficar, porque eu não ia depender daquilo, não podia depender daquilo.

— *Mas a sua mulher ficou na barraca?*

Jorge — Não, no fim nem ela ficou; nós tivemos que tirar porque eles iam chamar a prefeitura. Você entendeu? Ih!... Aí ela ficou desesperada, ela colocou a culpa em mim: porque eu tinha que ter ficado quieto e não ter tentado... Mas não é, a gente tenta porque a gente procura um outro meio de viver, de ter uma renda maior. Porque pra ter uma renda maior, existem vários meios... desonestos, né? E eu sempre quis ser honesto! Entendeu? Honesto! Essa gerente não olhou se eu tinha filho... sabe? Qual era a minha situação, o que eu estava passando, o sacrifício que eu estava fazendo pra trabalhar naquele lugar. Eu moro em Guarulhos, pra sair de Guarulhos e ir trabalhar lá, eu tinha que pegar um ônibus, ir até a estação de trem, eu pegava o trem, da estação de trem eu pegava um metrô e descia a pé até lá embaixo, que é longe, né?! Depois vinha embora, dez horas da noite... E a firma só me pagava uma condução! Então eu estava fazendo um sacrifício muito grande pra trabalhar, né? Eu preciso. E ela não quis nem saber, tanto faz se está passando fome, se tem problema ou não tem.

"Eu, quando trabalhava, sempre mantive o lar, fiz minha casa".

— *E agora, a sua mulher está trabalhando?*

Jorge — Agora ela está; ela trabalha em casa de família. Ela tem estudo, tudo, sabe? Porque eu, quando trabalhava, sempre mantive o lar, fiz minha casa... Tenho dois filhos, um chama Vítor, o outro chama Gabriel[9]. Não é porque são meus filhos não... Todas as mães e os pais gostam de ser assim, mas os meus, se você olhar, você vai falar: "Bonito, mesmo!". O Vítor tem 11 e o Gabriel tem seis anos. Então eu sempre trabalhei, eu sempre mantive minha casa, entendeu? De alimento... Na obrigação que a gente tinha, né? Então ela nunca precisou trabalhar; depois que eu saí que ela começou a trabalhar, porque ela viu que a coisa ia ficar... feia, né? Quando nós montamos essa lojinha ela já estava trabalhando; a lojinha não, esse comércio, a barraca. Foi um experimento, se desse certo ela continuaria e iria sair do serviço dela. Mas não deu certo, ainda bem que ela está hoje trabalhando.

E... como se fala? É graças a ela que a gente ainda está superando alguns problemas, que ela é adventista também, né? Só eu que não sou ainda batizado, mas eu tenho Deus comigo mesmo, de verdade, sabe?

— *Você também freqüenta a Igreja Adventista?*

Jorge — Eu freqüento, só não fui batizado ainda porque eu fumo cigarro.

---

[9] Todos os nomes citados na entrevista foram trocados, para evitar identificação.

Depois, porque quem é adventista não pode trabalhar aos sábados, então se eu arrumar um emprego, eu vou ter de trabalhar aos sábados, eu vou trabalhar desde domingo! Então por isso também que eu não me batizei, porque quem é adventista não pode trabalhar de sábado; sábado é guardado, você sabe disso, né?

— *Adventista do Sétimo Dia.*

Jorge — Sétimo Dia. Então eu acho que pra ser adventista mesmo, a pessoa tem que saber o que quer, porque ser adventista não é só ir à igreja todo sábado. Que nem: eu vou todo sábado! Mas eu não sou adventista! Eu sou mais católico do que adventista. Mas eu gosto, porque tem muitas coisas boas, fala muito de Deus, a gente aprende muita coisa. Eu aprendi, porque eu não sabia nada! Então a gente vive nesse mundão como se fosse um passarinho sem saber onde vai pousar, né? E eu aprendi muita coisa ali na igreja, sabe? A ser mais manso! Muita coisa boa. E assim vai indo, graças a Deus, estamos levando a vida. Eu tenho um quarto e cozinha que eu aluguei também, sabe? É o que me ajuda, senão a gente... Mas eu faço de tudo um pouquinho... Fiz minha casa, essas coisas.

— *Você que fez sua casa?*

Jorge — Eu que fiz, graças a Deus. Minha não, para os meus filhos, porque eu nunca tive nada. Meu pai e minha mãe não me deixaram nada, nós nos criamos em barraco, em favela!...

"Virou moda que todo mundo tem que ter 1º grau".

Jorge — Então, Claudia, eu sei dizer pra você que está muito difícil, não só pra mim, porque eu sei que têm outras pessoas com mais dificuldades do que eu, que têm quatro, cinco filhos e não estão trabalhando, estão com falta de alimento. Então eu acho que o governo deveria separar um pouco as exigências de trabalho, você entendeu? Abrir mais campo para as pessoas que têm menos estudo. Nem todo mundo tem estudo... bom... certo? 2º grau[10], faculdade... Nem todo mundo! Porque você sabe, tem muita gente que tem faculdade e não tem emprego... Está assim o nosso país, não é isso?

— *É verdade.*

Jorge — Então eles deveriam também diferenciar, separar, por exemplo: ajudante, porteiro, existe um monte de emprego que não precisa ter 1º e 2º graus[11]. Mas eles estão querendo — estão obrigando — que a pessoa tenha o 1º grau; então quer

---

[10] "2º grau", atualmente denominado "ensino médio".
[11] "1º grau", atualmente denominado "ensino fundamental".

dizer: quem não tem, mesmo que tenha trabalhado dez anos numa firma e tenha sido mandado embora, pra arrumar outro emprego, acabou! Ele tem que ter o 1° grau, senão ele não consegue; mas há dez anos atrás, ele podia... Então deveria separar esse tipo de pessoas. O governo, não a empresa em si! Sabe, exigir uma lei: que tal empresa não pode exigir o 1° grau, o 2° grau completo. Eu acho que seria uma boa pra melhorar um pouco o sofrimento, porque tem pessoas que têm quatro, cinco filhos, que nem eu falei, ela precisa mais do que aquele que tem 2°, 3° grau[12], porque às vezes não tem filho nenhum. Então por isso que deveria diferenciar, na minha opinião. E, às vezes, até essa pessoa que tem escolaridade não necessita tanto do alimento igual àquela pessoa que está ali, entendeu? Porque a gente, hoje em dia, não digo todos, mas a maioria do povo — o povo — trabalhador, está querendo trabalhar pra se alimentar... Pra ter uma condução... É pra isso, entendeu? Manter os filhos na escola, um caderno, um livro, é isso que o povo está querendo. Não é ficar rico, comprar carro... Eu acho que não é por aí. (...) Que nem: eu fiz curso de porteiro... Por isso que eu estou falando de 1° grau, por causa disso. Eu tenho curso de porteiro, eu paguei 15 reais pra fazer o curso, mas você vai lá, chega num prédio: "Tem o 1° grau? Experiência de dois anos?". Nunca trabalhei de porteiro! Só entra quem tem o 1° grau e dois anos de experiência, pô!

— *Por que você acha que eles exigem tanta coisa?*

Jorge — Porque virou moda! Não é por exigência de nada, virou mo-da! [enfatizando] Virou moda que todo mundo tem que ter 1° grau. Aí os outros vão pra escola estudar!... Você acha que o governo que exigiu isso do povo? Se o governo não dá nada, o governo não dá nem uma escola melhor, nem segurança para as escolas?... Então virou moda das empresas, os empresários acharem que tem que pegar todo mundo que terminou o 1° grau! Porque antigamente não era assim. Algumas sim, empresas boas pediam lá o 1° grau, 2° grau completo, tal... Mas nem todas eram. Hoje virou moda!... Todas quererem o 1° grau.

— *Por que será que virou moda?*

Jorge — Por causa do desemprego... entendeu? Porque a população é demais, então quem tiver o 1° grau entra, quem não tiver... quer dizer, quem tiver o 1° grau, come, quem não tiver, fome!... Mais ou menos por aí, né?... Agora você acha... Puxa, eu trabalhei de segurança, eu trabalhei de cobrador, eu tenho 1,78m, boa saúde, graças a Deus, não tenho condições de ser um porteiro de prédio? Tenho curso, tudo, só não tenho o 1° grau!

"Eu dormia três horas, então eu não agüentei estudar à noite. Aí eu tive que desistir da escola".

—*Você estudou até que série?*

---

[12] Atualmente denominado "ensino superior".

Jorge — Ah, eu estudei até a 5ª série, só. Eu estudei muito pouco.

— *E aí você percebe que isso barra você na hora de procurar emprego...*

Jorge — Sim, barra, claro. Que nem: eu tenho um curso de porteiro. Mas aonde você vai é 1º grau. Tudo bem, em 1992 eu entrei na escola pra estudar, só que eu trabalhava... Naquela época eu acordava às três horas da manhã pra ir trabalhar e chegava em casa meia noite. Eu dormia três horas, então eu não agüentei estudar à noite, aí eu tive que sair, entendeu? Eu mudei de horário pra trabalhar de manhã, justamente pra estudar à noite.

— *Você trabalhava em quê nessa época?*

Jorge — Eu era cobrador nessa época. Só que eu entrava às cinco horas da manhã, cinco e quinze, parava às duas e meia da tarde, aqui no Parque D. Pedro. Aí eu ia lá para o Pari[13] entregar o dinheiro, do Pari eu ia pra Marginal [Tietê] pra ir pra minha casa. Quando eu chegava em casa eram quase seis horas da tarde. Aí às sete horas eu ia pra escola, pra terminar meu 1º grau. Só que naquela época... não deu! Não deu, não deu, não deu! Aí eu não estava agüentando, porque era muito puxado... Eu deveria ter me esforçado mais, lógico, mas a escola não era perto da minha casa, eu tinha que pegar condução pra ir pra escola, ir e voltar, entendeu? Aí eu tive que desistir da escola. Penso em voltar, sabe? A gente pensa em voltar, fazer alguma coisa. Mas chega uma época que você... Não sei se acontece com todo mundo, mas a gente só vê mais o dinheiro. Que nem eu, por exemplo: eu quero ver o dinheiro, não quero saber de mais nada. A solução pra mim é o dinheiro, porque eu vou estudar, vou entrar na escola, vamos supor: esse ano eu entraria na escola. A escola é longe da minha casa, eu preciso pegar uma perua. Como que eu vou todo dia ir e voltar? Eu tenho que pagar a perua pra ir e pra voltar. Que nem a minha vizinha lá, eles fizeram um contrato com a perua de pagar x por mês. É uma perua só daqui do bairro de onde eu moro e que vai até a escola, deixa o pessoal e depois, à noite, retorna com aquele pessoal. Então cada um, vamos supor, dá 30 reais por mês, então daria 12 [pessoas], [entre] 300 reais e 400 reais por mês para o perueiro. Tudo bem, só que na época não tinha essa perua, vamos supor que eu começasse a estudar, eu já não ia ter condições de pagar essa perua. E se de repente eu arrumo um emprego em que eu tenha que chegar em casa sete, oito horas da noite, como é que eu vou? Tenho que sair da escola de novo! Não dá tempo de ir pra escola. Então isso daí me deixa no ar, assim, sem saber o que fazer, então eu preciso arrumar um emprego.

---

[13] Parque Dom Pedro II e Pari são, respectivamente, um bairro e um distrito localizados na região central da cidade de São Paulo.

"Então é isso aí, procurando todos os meios de me manter, de ajudar em casa".

— *Você costuma vir aqui e na Central de Trabalho buscar a intermediação pra um emprego. O que mais você tem feito, tanto pra tentar conseguir um trabalho ou emprego, como também pra ganhar dinheiro nesse período?*

Jorge — Vendi guaraná, água. Trabalhei outubro, novembro, dezembro — até dezembro — vendendo água no farol[14]. Trabalhei de pedreiro fazendo a casa pra um rapaz lá perto de casa; então é isso aí, procurando todos os meios de me manter, de ajudar em casa. Que nem: esse mês, puxa! A gente está passando o maior sufoco, Nossa Senhora! Acho que igual a esse, faz muitos anos que eu não vejo. Ainda bem que os meus filhos ficam na casa da minha sogra, na Vila Mariana[15], então quando é sexta-feira, eles vão pra [nossa] casa, aí na segunda eles voltam [pra casa da avó], por causa da escola, que é melhor. Então o que alivia um pouco é isso, entendeu? Porque a gente ajuda, a gente ainda se vira um pouco daqui, um pouco de lá e vai se virando, mas as crianças não. É diferente. Então é isso, vendi água, vendi tábua de pedreiro, mas não tem muita coisa a acrescentar, porque são poucas coisas. Eu fico muito mais em casa, porque aonde você vai, você tem que ter algum objetivo pra fazer na rua, porque não adianta ir pra rua sem fazer nada.

Hoje eu saí, vim hoje, por quê? Pra não ficar em casa o tempo todo... Porque enjoa você ficar em casa sem fazer nada. Se eu tenho material de construção — que eu quero fazer um sobrado em cima — aí eu vou trabalhando, aí pra mim é lazer! Não é trabalhar, é lazer! Porque é uma coisa que eu gosto de fazer. Pra mim isso é bom, ficar o dia inteiro lá trabalhando... Desce, toma água, tal, é uma coisa gostosa. Mas aí eu resolvi vir hoje [ao PAT] pra não ficar em casa estressado — porque você vai ficando nervoso com as coisas, com a situação.

Que nem o rapaz que mora lá em casa — eu tenho um quarto e cozinha no fundo — ele não pagou meu aluguel este mês, ele vai pagar só dia 23 [de abril]... Então eu estou dependendo ainda de uma cesta que a minha irmã me deu no mês passado. A minha mulher trabalha, mas tem muita coisinha pra pagar: a prestação do som que ela queria comprar pra ela; tem que pagar a condução; tem os meninos, que estão na minha sogra, tem que dar as coisas pra eles; então o dinheiro dela é bem certinho, certinho!... E é assim que nós estamos vivendo... talvez até melhor do que muita gente. (...) A casa [em que eu moro] é minha mesmo, a garagem é grande, fechadura colonial, bem arrumadinha mesmo, graças a Deus. Só que não adianta ter tudo isso e ter que ficar dependendo dos outros pra comer, ou então, em matéria de emprego, por exemplo, você ter que ter 1° grau pra conseguir um emprego...

---

[14] Em uma esquina movimentada num bairro de classe média da cidade de São Paulo.
[15] Bairro da zona sul da cidade de São Paulo.

"Puxa, eu quero arrumar uma coisa melhor!"

Jorge — Por eu ser motorista — dirijo bem, graças a Deus, nunca tive acidente — e por eu ter sido cobrador, ter ganhado um salário até razoavelmente bom, em vista de muitos hoje em dia, então eu não vou diretamente trabalhar nas Frentes de Trabalho[16]! (...) Não adianta arrumar um emprego de cinco, seis meses. Não adianta... é o mesmo que você me jogar no buraco [risos], vai cair do mesmo jeito. Esse daí da prefeitura... seis meses... as Frentes de Trabalho, eu não quis entrar nisso, não! Eu não quis entrar porque, por exemplo, eu vou perder tempo de tentar em outro que eu possa ganhar mais e seja mais durável; aí eu não quis entrar. A minha mulher veio: "Por que você não entra?". Puxa, eu quero arrumar uma coisa melhor (...). Então, não é por aí, também! Ou então vou pegar, assim, uma obra, uma construção, falar: "Olha, eu quero trabalhar nessa construtora, aí". Não! Eu estou tentando uma outra coisa primeiro, se um dia eu ver que chegou no limite, aí eu vou... Então é assim que são as coisas, né? Por isso que é difícil. Então é uma coisa muito séria isso daí, entendeu? Nem todo mundo se sujeita a quaisquer escolhas... Os outros falam: "Aquilo lá é um trabalho, por que você não vai também?"... Porque as coisas são diferentes pra cada um, né?

— *Aqui, por exemplo [no PAT], você fez a ficha e indicou que áreas pra trabalhar?*

Jorge — Ah, motorista, cobrador... ajudante de transporte... Transportadora, assim, de cargas, já trabalhei nessa área também, né?

"'Você monta o seu negócio, trabalha por conta, porque emprego não tem mesmo.' Eu não penso assim. Eu não acho certo".

Jorge — Agora você imagina, lá perto de casa, um conhecido estava falando pra mim: "Olha, hoje em dia, o negócio é você trabalhar por conta. Você monta o seu negócio, trabalha por conta, porque emprego não tem mesmo. Hoje se você arrumar, você fica dois, três meses, já te mandam embora..." Eu não penso assim. Eu não acho certo!

---

[16] Frentes de Trabalho – programa da Secretaria de Estado de Emprego e Relações do Trabalho de São Paulo (SERT), que objetiva a reinserção do trabalhador desempregado por um período superior a 12 meses ao mercado de trabalho, como forma de "combate à exclusão social" (http://www.emprego.sp.gov.br). De acordo com o texto oficial disponível no mesmo site: "São recrutados trabalhadores para nove meses de serviços à comunidade. No mesmo período, essas pessoas também freqüentam cursos de requalificação profissional, que incluem noções de cidadania e geopolítica. Eles pintam muros, fazem varrição, ajudam a cuidar de estações ferroviárias e escolas públicas, entre outros serviços prestados à comunidade. (...) Concilia a execução de atividades de utilidade social, com programas de capacitação para o trabalho com conteúdos que procuram aumentar a empregabilidade. (...) Durante os nove meses de participação no programa, os bolsistas recebem: bolsa-auxílio mensal; uma cesta básica de alimentos por mês; cursos de qualificação para o desenvolvimento de habilidades básicas, habilidades de gestão e específicas ou cursos de alfabetização".

Porque é difícil você ter uma coisa pra você, entendeu? Porque o ganho é muito pouco; não é que o ganho é pouco, o regresso, quando você gasta mil reais num estabelecimento comercial, até você recuperar aqueles mil reais, tudo picadinho... Você não vai conseguir guardar dinheiro pra repor de novo a mercadoria... Porque veja só: você tem 500 reais. Você vai comprar 500 reais de coisas aqui na 25 de Março[17]: brinco, presilha, aí você monta um bazar pra você. Só que pra você recuperar aqueles 500 reais de volta... Aí você precisa gastar um pouquinho com isso, um pouquinho com aquilo... Vai pagar aluguel, vai ter que esperar os outros irem lá comprar aos picados... Aí passa um mês, você não recuperou nem 200, aí já vem aluguel de novo, então quer dizer, você nunca recupera tudo, você nunca mais vê o dinheiro vivo, na mão.

"Estou torcendo pra que eu consiga!
Que me chamem, que é a única porta que está ali, ainda".

Jorge — Eu fiz concurso pra vigia. Dia 15, agora, vai sair o resultado final e eu vou estar lá no meio!

— *Ah! Tomara!*

Jorge — Eram 50 questões: português, conhecimentos gerais e 25 na área de segurança. De português eram 14, eu acertei sete, então quer dizer, tinha que acertar a metade! E no total deu 39, quer dizer, só errei 11! Na área de vigia, que é de segurança, seriam 25 perguntas, eu errei quatro só; então estou torcendo pra que eu consiga! Que me chamem, que é a única porta que está ali, ainda.

Ali foi certo, pra cozinheiro foi a mesma coisa: até a 4ª série. Mas mesmo quem tinha 1º e 2º grau foi fazer também... Pelo salário que eles estão pagando. Mesmo quem tem faculdade ou 2º grau completo foi prestar esse concurso! E agora eu estou aguardando... Tenho certeza que eu vou conseguir. Também, se eu não conseguir, fazer o quê, né? Vou tentar novamente ou vou arrumar outra coisa. Mas está difícil, porque você vê... A prefeitura, o governo, eles estão fazendo tudo pra arrecadar dinheiro, então o meio que eles descobriram ultimamente de arrecadar dinheiro: concurso! Não existe concurso por menos de 20 reais!... Então é isso, está difícil. Mas pra mim... Deus vai me ajudar, eu vou conseguir sair dessa...

"A gente se sente ninguém".

Jorge — No começo de fevereiro, no dia... 3 ou 4, eu arrumei um serviço aqui na Vila Mariana, pra trabalhar de motorista, pela Central de Trabalho. Olha só! Aí fui lá fazer uma entrevista, era pra trabalhar com jardins e enfeites, assim... pra hotéis, recepção; trabalhar com aquelas flores bonitas, jardinagem. Aí fui fazer a entrevista com a dona. Me

---

[17] Rua comercial da região central da cidade de São Paulo.

apresentei pra ela, tudo, aí ela falou: "Você mora onde?". Eu falei: "Eu moro próximo, na Vila Mariana". "É uma condução só?" Eu falei: "É uma condução só" Olha só! Sou obrigado a mentir se eu quiser arrumar um emprego! Eu moro lá em Guarulhos! Por ser Guarulhos, as conduções são mais caras, porque são intermunicipais. Então isso também pesa, porque ninguém quer pagar mais salário, condução cara... Aí dei o endereço da casa da minha sogra e tal, qualquer coisa, né? Aí era eu e um outro... O rapazinho mora em São Bernardo[18] e foi enviado através de uma pessoa que indicou ele. Isso foi num sábado. "A partir de segunda-feira vocês podem começar. Vocês vão ficar em teste uma semana". Puxa vida! Nossa Senhora! Uma felicidade muito grande a gente sente. Fui pra minha casa, contei pra minha mulher, falei para os meus filhos. "Ah, pai, vai trabalhar?" "Vou." E as crianças, é aquele ditado, você está trabalhando, sabem que sempre tem alguma coisinha diferente pra eles comerem... É um doce, é um dinheirinho que vai levar pra escola... Então tudo isso também influi. Aí eu comecei na segunda, trabalhei, fui pra [avenida] Paulista, Consolação, Nações Unidas, tal, fiz o serviço direitinho, da melhor forma possível. Aí tudo bem, sete horas da noite no primeiro dia, segunda-feira: "Boa noite". "Tchau, até amanhã." Aí ela me chamou, falou assim: "Olha, seu Jorge... Amanhã você pode vir às 11 horas da manhã..." Bem no segundo dia não chegar às nove horas da manhã? Aí eu: "Puxa, mas é muito tarde, não posso vir mais cedo?". Aí ela falou: "Você que sabe". Aí cheguei lá às dez horas. Só que o outro rapazinho entrou às oito horas, normal. Como ele morava em São Bernardo e ia estudar, ele tinha que chegar mais cedo. Eu poderia chegar às nove horas, pra sair mais tarde. Só que em fevereiro ele estava de férias, ainda, então não tinha necessidade dele entrar mais cedo. Aí eu peguei, o que eu fiz? Cheguei naquele horário... Aí ela falou pra mim: "Olha, você me corta umas plantas lá, umas árvores de natal?" Sabe aquelas árvores de natal? É muito difícil de cortar aquelas coisas. Eu não sabia que era tão difícil!

— *E cortar pra quê?*

Jorge — Cortar picadinho pra ensacar tudo e jogar no lixo! Aí tinha umas oito árvores daquelas, eu falei: "Tudo bem, eu vou aproveitar, vou dar uma geral aqui pra senhora". Dei uma geral lá, limpei, cortei aquelas árvores bem picadinhas, ensaquei, amarrei; a raiz dela é desse tamanho, ficou cada sacão assim! E o outro rapaz tinha ido pra rua. Só que ela explicou pra nós: "Toda segunda-feira, vocês vão para o Ceagesp[19] buscar flores, então tem que estar aqui às cinco horas da manhã. E agora vai ter [um evento de grande porte na cidade de São Paulo], estou fazendo os enfeites, tem que estar às três horas da manhã aqui. Então eu vou pagar hora extra das três da manhã até às seis horas da manhã, só". Tudo bem. Falei: "Pô, pra mim está bom, né, não tenho compromisso com horário nenhum, quero só trabalhar e cuidar da minha vida". Aí nesse dia, quando foi à tardezinha, ela foi embora, a dona. Aí uma outra pessoa que trabalhava no departamento pessoal veio e falou pra mim que ela falou que eu não precisava mais ir a partir de quarta-feira.

---

[18] Município da região metropolitana de São Paulo a 21 km da capital paulista.
[19] Ceagesp – Companhia de Entrepostos e Armazéns Gerais de São Paulo.

— *No segundo dia de trabalho?*

Jorge — É, no mesmo dia, na mesma terça-feira! Por quê? Porque esse rapazinho, ele morava em São Bernardo e o pai dele deixava ele trabalhar com o carro dele; então se ela precisasse dele às três horas da manhã, ele tem um carro pra ir! Ela poderia contar com ele a hora que ela quisesse... Ou talvez porque... No primeiro dia, ela falou pra mim que ia depender também das mocinhas que trabalhavam lá dentro — o que achassem mais bonito, ou mais não sei o quê, aquele ia ficar. Então tudo isso foi... base na hora de escolher, entendeu? Aí me mandou embora!... E eu crente que ia trabalhar lá, fiquei contente, né, ajudar a minha mulher, construir a minha casa... (...) Pô, eu com dois filhos, explicando pra ela: "Olha, meus filhos estão na época de escola, eu estou desempregado já faz algum tempo". Não, ela preferiu ficar com o outro rapaz que está fazendo faculdade, que não precisa... Que tem pai e mãe, vida boa, o pai tinha carro zero... Do que dar pra mim, enfim, dar uma chance pra eu trabalhar, que precisava comer!... Então isso que me deixou revoltado com ela. Deixa a gente super... nossa! Você nem sabe, isso daí eu não gosto de ficar nem lembrando, porque a gente... A gente se sente ninguém!

Eu estou com três anos de impostos atrasados da minha casa, então isso tudo eu preciso pagar, não é a minha mulher que paga! O dinheiro dela não dá pra pagar nada disso. É água, é luz que vem, o dinheiro dela é pra pagar a prestação e o telefone lá, e ajudar os meninos na casa da minha sogra: a escola, a condução, que é muito cara, você entendeu? Aí eu acabei sendo mandado embora em fevereiro, agora já está fazendo dois meses. Então são essas coisas que, às vezes, eu não sei se é o racismo que influi, também, no meio. Às vezes as pessoas não mostram que são racistas, mas... existe muito, né? Infelizmente no nosso país é assim. Então esse foi um outro emprego; de lá pra cá eu não consegui mais nada. Aí eu fiz esse concurso, agora, que eu estou aguardando o resultado... E pedindo a Deus que eu consiga. Eu estou com 39 anos, pô... quando eu chegar aos 40, piorou! Não é assim que está funcionando? Depois dos 40, não arruma mais nada... Então, como é que eu vou fazer?... Eu tenho saúde pra caramba, graças a Deus... Agora imagine eu com 40 anos, passando fome e não poder trabalhar! Como é que eu vou ficar? Aí tem que ir para o farol, vender as coisas no farol, ficar correndo de fiscal da prefeitura... Tem que correr dos fiscais, porque eles pegam as mercadorias. Aí a gente é obrigado a fazer o quê?

"Não, não vai passar por baixo. Você é homem, trabalhador. Passa aí que eu pago a sua passagem".

Jorge — Você chega aos 40 anos e não consegue mais nada, aí fica difícil. Então o governo tinha que rever esse tipo situação, entendeu? Da idade e escolaridade. (...) O governo deveria convocar as pessoas de 45 anos pra baixo desempregadas, encaixava aquelas primeiro, depois os outros, porque a maioria das pessoas que tem 2º, 3º grau, quer trabalhar em escritório. A maioria das pessoas que tem mais estudo trabalha em lugares melhores! Uma pessoa que tem bastante estudo não vai trabalhar numa fábrica, não vai trabalhar de faxineiro, não vai trabalhar de ajudante, então por que tem que ter 1° grau, 2° grau? (...) O governo tinha que dar mais condições, porque os que têm menos estudo são os mais pobres... E os mais pobres são os que fizeram o país progredir, trabalharam mais, não é mesmo?

— *Trabalharam bastante e precisam continuar trabalhando, né?*

Jorge — É lógico! (...) Eu, quando estava trabalhando com ônibus, chegou um pai de família assim e me falou: "Olha, cobrador, posso passar por baixo? [da catraca] Pô, estou desempregado, deixa eu passar por baixo?" Falei: "Não, não vai passar por baixo, não!". "Pô, cobrador, vai ficar regulando?" — "Não, não vai passar por baixo. Você é homem trabalhador? Passa aí que eu pago a sua passagem! Não esquenta não, meu." — "Pô, mas..." — "Ih, não esquenta, não... você é homem igual a mim, rapaz! Posso estar aí amanhã..." Só que hoje eu não encontro ninguém que faça, você entendeu como é que é? Ninguém... Juro, cansei de fazer isso daí! Quando eu vejo que é homem trabalhador, que eu bati o olho e vi que é trabalhador, eu falo: "E aí, tudo bem, mano? Como é que é, está ruim, procurando trampo, está difícil? Senta aí pra conversar, vamos ficar conversando, trocando idéia" — procurando aliviar a pessoa um pouco ali no seu desespero. Pra umas quatro pessoas, sabe, eu fiz isso: "Passa aí, não vai passar por baixo, não! Você é homem igual a mim". "Não, mas eu estou sem dinheiro." — "Não, mano..." Porque a gente ganhava dinheiro, entendeu? Eu tinha o meu salário ali, tinha os meus *tickets*, a minha sobrevivência; até sobrava pra tomar um guaraná a mais, então aquele guaraná a mais que eu pudesse tomar eu pagava a condução daquela pessoa, por quê? Ele era homem igual a mim... Desempregado. Então é difícil, é difícil, é difícil. Ninguém quer saber disso não! A pessoa ali acha que um real vai fazer diferença pra ela... Aí não quer ajudar o outro por causa de um real, dois reais. Então vai se tornando o quê? Cada dia mais difícil!... Pra gente que está chegando nessa idade.

"Dá uma sensação de você ser uma pessoa inválida".

— *O que você acha que o desemprego provoca nas pessoas?*

Jorge — Ah, eu acho que o desemprego provoca... O desemprego provoca aquilo lá, como se fala? Uns têm muito, outros não têm nada. Dá uma sensação de você ser uma pessoa inválida, de você ser uma pessoa... um mendigo! Uma pessoa inválida é um mendigo! Eu passei aqui na Sé, agora, quando eu vim pra cá. — pô, um monte de caras ali, todos deitados, dando risada, conversando... Eu passei, me senti igual a eles! Te juro, me senti igual a eles, eu falei: "Putz, falta o que pra eu ficar igual a eles?" — apesar de que eu tenho família, eu tenho tudo. Só que eles não têm problema de imposto de casa, não têm problema de água e luz, não têm problema de educação para os filhos, não têm nada! Então quer dizer, eu, desempregado, sou pior do que eles! Por quê? Vai o governo cortar a minha luz, vai não sei o quê, cortar a minha água, vai a prefeitura, quer tomar a minha casa porque não paguei os impostos, eu tenho que pagar a condução, se não pagar a condução, não ando... Eu sou pior do que eles!

Agora eu estou há três anos desempregado... Ainda bem que quando eu trabalhei, eu apliquei meu dinheiro pra pelo menos hoje eu poder comprar um arroz e feijão pra me manter, mas se eu não faço isso, o que eu ia ser? Eu tenho o quê?... Eu tenho, assim, meu aluguelzinho, aquilo ali me ajuda muito, porque são 150 reais que o cara me paga, aquilo me ajuda muito, muito mesmo. A gente pega 50 reais, eu vou no mercado, compro arroz, macarrão, ovos, então você se mantém; um gás, que é caro — o gás já aumentou novamente. A luz já vai aumentar de novo e nós vamos pagar, eu vou pagar, você vai pagar, todo mundo vai pagar... Foi aprovado pelo Congresso, agora, certo?... Pagar o prejuízo das empresas, puxa! Como eu, desempregado, vou pagar uma coisa dessa? Deveria ter sido excluído: "Opa! Só vai pagar quem ganha acima de 2 mil reais"... Aí poderia pagar o prejuízo daquelas empresas. Mas não, todo mundo, desempregado ou não, vai ter que pagar?... Só que o governo não vem ajudar ninguém a poder solucionar o problema. Então a gente se sente o quê? Se sente pior do que tudo! Envergonhado... Sem ter direito de entrar em certos lugares... Porque uma pessoa que trabalha tem um peito pra chegar ali e falar assim: "Eu quero ir em tal lugar". E falar: "Olha, me dá um lanche". Agora, a pessoa entra lá e fala: "Me dá um copo com água" — ela sente vergonha de entrar lá pra pedir um copo com água. Então tudo isso influi muito, né... Agora, eu não sei o que pode acontecer futuramente... Mas eu creio que o governo tem que também procurar soluções que são essas que eu te falei: separar as idades, os graus de estudo, sabe... Antigamente quem tinha ficha na polícia não arrumava emprego. Hoje o cara arruma! É só ele ter um bom estudo que ele arruma...

"É mais fácil pra quem tem o estudo, mesmo fichado na polícia, trabalhar, do que pra uma pessoa que não tem estudo, mas nunca teve nada".

— *Você acha que o fato de ter ficha na polícia, antes, impedia que alguém arrumasse um emprego, mas hoje, se tiver ficha na polícia, mas tiver escolaridade...*

Jorge — Ele consegue! Ele consegue! Consegue... Eu falo isso de conhecimento, perto da minha casa tem um rapaz chamado Sérgio, ele era crente, os pais dele são crentes. Seu Vasco, o pai dele, é aposentado, sempre trabalhou com ônibus, a mãe dele, os irmãos dele, tudo gente fina mesmo... Ele trabalhava numa empresa boa de ônibus também, eu não sei o que aconteceu lá, ele entrou na malandragem, está com uns 30 anos, começou a roubar carga. Como ele dirigia caminhão, os caras o chamaram pra roubar carga. E quando ele começou a roubar carga, acabaram com a empresa. Ele está respondendo ainda, na rua. Por ele ter um pouquinho mais de estudo, ele conseguiu [emprego] no correio, está lá trabalhando como motorista. Isso faz o quê? Dois anos atrás.

— *Você acha que isso está errado?*

Jorge — Não, está certo. Tem que dar oportunidade pra ele trabalhar, isso é super legal! Nossa! Está certo, ele tem que trabalhar, mas o que eu digo é assim: o que valeu não foi o esforço dele ter trabalhado, aquilo ali foi o estudo que ele teve. Então é mais fácil pra quem tem o estudo, mesmo fichado na polícia, trabalhar, do que pra uma pessoa que não tem estudo, mas nunca teve nada...

"A gente só vai num lugar se tiver alguma coisa pra fazer".

Jorge — Mais alguma coisa, assim, que você gostaria de perguntar pra mim? Pode perguntar! Nossa, pra mim é até bom, porque eu saí de casa sem saber pra onde ir. Eu tenho um amigo na rua Direita[20], desci no Parque D. Pedro, falei: "Agora eu vou pra onde? Ah! Vou no Poupatempo". Se eu ver alguma coisa de jornal, aí eu vou, mas só que hoje é sexta-feira, de sexta-feira você não acha nada de emprego, é o pior dia de você sair pra procurar um emprego.

— *Mas você tem procurado emprego também em outros lugares, que não o Poupatempo ou a Central de Trabalho?*

Jorge — Ah, sim, sim, eu procuro em outros lugares, sim. Eu vou no Sindicato dos Motoristas, vou através de jornais também ou indicação de alguém, entendeu? Mas só que pelo jornal você tem que acordar bem cedo pra ir, tem que ser um dos primeiros a chegar lá no posto. Se você chegar às dez horas da manhã, já tem quatro, cinco que já foram até escolhidos. Falam: "Olha, já foi preenchida a vaga". Por quê? Aqueles vieram primeiro... Às vezes a empresa precisa com urgência, então eles pegam o primeiro, o segundo que aparecer, entendeu? Então é assim que está o campo de trabalho, né? Pra muita gente. (...) Tem muitos, Claudia, que vem hoje aqui [ao PAT] ele tem dez reais; ele mora em Itaquera[21] — um exemplo — então ele vai pegar... Ah, daqui a Itaquera até que é perto, porque é um metrô só, é 1,60 [real] — 1,60 com mais 1,60 são 3,20. Aí a pessoa toma um café, já são quatro reais... Aí um lanche, a pessoa gasta dez reais. Agora me explica: como que essa pessoa vai sair amanhã pra procurar emprego de novo?

— *Sai caro procurar emprego.*

---

[20] Rua da região central da cidade de São Paulo.
[21] Distrito da zona leste da cidade de São Paulo.

Jorge — Sai caro. Aí a pessoa prefere escolher um dia da semana pra poder sair. Então, ela guarda o dinheiro pra poder, na segunda-feira, acordar cedo pra ir atrás, entendeu? No meu caso, vou quando tenho algum endereço, que me encaminham, que a gente só vai num lugar se tiver alguma coisa pra fazer, senão, caso contrário, não dá pra eu ir para o Jabaquara[22] só pra ficar andando lá, à toa.

"Muitos querem trabalhar, acabam se associando à cooperativa".

Jorge — Lá perto de casa fizeram uma cooperativa. Lá do pessoal do bairro mesmo, só que, quando eu fui saber, já tinham mais de 200 inscritos.

— *Cooperativa do quê?*

Jorge — Ah, eles pegam obras pra fazer, trabalham de pedreiro, encanador, eletricista, ajudante. Quando eu fui saber, já tinham mais de 200 pessoas inscritas, mas só tem emprego[23] pra 30 pessoas... Você imagina pra mim, que não sou inscrito... Aí é que não vai surgir nunca mesmo! (...) Esse negócio de cooperativa foi uma boa, porque ali estão pegando muitas pessoas que são pais de família pra trabalhar pra[24] cooperativa. Aquela cooperativa é pra trabalhar só quem é do bairro... Quem é do bairro e está desempregado!

— *Quem formou a cooperativa?*

Jorge — Foi o pessoal da igreja. Eles resolveram fazer uma cooperativa e já conseguiram duas obras grandes... Só para o pessoal do bairro, que tem muita gente desempregada. Agora mesmo, eu saí de casa lá, você olha na rua, você fica até com vergonha de sair na rua. Só eu em casa... Dias e dias. Podem falar: "Não trabalha porque não quer... tem a cooperativa". Mas não é, na cooperativa já são 200 inscritos, só tem emprego pra 30... Não é porque todo mundo está inscrito na cooperativa que vai

---

[22] Distrito da zona sul da cidade de São Paulo.
[23] Uma cooperativa de serviços ou de trabalho é composta por um quadro de sócios, os quais são também trabalhadores. Por serem sócios, não há vínculo empregatício entre eles e a cooperativa. Por outro lado – o que não parece ser o caso narrado por Jorge – uma cooperativa pode contratar funcionários para prestarem serviços a ela; neste caso, então, um vínculo empregatício é estabelecido. Assim, aparentemente, no trecho acima, Jorge se refere à falta de trabalho em quantidade suficiente para ocupar todos os sócios da cooperativa.
[24] Aparentemente, pela narração de Jorge, as pessoas do bairro foram incentivadas a formarem uma cooperativa e não a ingressarem em uma como empregados, por isso, trabalhariam *pela* Cooperativa.

trabalhar! E você tem que pagar uma mensalidade pra cooperativa, não sei se são 10 ou 20 reais, e tem que pagar uma porcentagem de 30[25].

É uma iniciativa boa, você entendeu? Aquela iniciativa não está visando explorar ninguém, porque tem cooperativas que visam explorar os outros![26] Mas essa, como é que eu vou explicar? Visa arrumar uma ocupação para os pais de família, pra se manterem! Com alimento. Então eu acho uma boa iniciativa, se outros bairros fizessem isso, entendeu? Só que existe a concorrência, que nem essa cooperativa, eles vão pegar um prédio pra fazer, aí existe a concorrência... É onde perde. Por quê? Por causa dessas influências que outros têm de pegarem a obra pra eles... Uma construtora se tiver uma concorrência, eles têm conhecimento com o chefe de tal gabinete, assim, assado. (...)

A cooperativa tem dificuldade também porque pra formar a cooperativa o governo exige muita coisa, muita documentação. Uma obra da prefeitura: uma calçada, um jardim, uma praça, a cooperativa vai fazer todo tipo de serviço, certo? Mas se não tiver toda essa documentação, não consegue pegar. Então tem que ter mais esforço da própria comunidade, do próprio vereador de área; se é um vereador que não é corpo mole, aquele vereador vai ajudar a cooperativa, pra ela crescer e dar emprego pra aquele pessoal daquele bairro, daquela área, por isso que foi formada a cooperativa. O governo tinha que mudar um pouco as coisas, o governo tem que ajudar mais... (...)

Tem mais de 100 inscritos e só tem emprego pra 30. Agora, se arrumar uma obra grande, aí aqueles outros também irão trabalhar. Porque muitos querem trabalhar, acabam se associando à cooperativa e aí vão pagando, o dia que aparecer... Só que pelo visto não vai aparecer... É que eles precisam pegar quatro, cinco obras pra dar vaga para os 200. Se pegarem uma obra só, vão pegar 25, 30. Vão chamar aqueles que precisam: eletricista, encanador, dois, cinco pedreiros, dez ajudantes. É assim, cada um com a sua função dentro de uma cooperativa. Tem muitos pedreiros que são bons e estão parados, porque não têm emprego, não acham, não conseguem achar uma obra pra fazer. Porque antigamente, e existe ainda hoje aqueles pedreiros que quando pegam uma obra pra fazer, pegam cinco ajudantes e pagam os ajudantes. Aí tem o eletricista, que cobra por fora — o pedreiro às vezes nem conhece o eletricista. Aí depois vem o azulejista, que não conhece também ninguém. Agora, na cooperativa, não. A cooperativa é uma só, ela tem o azulejista, o pedreiro, o carpinteiro...

---

[25] A mensalidade e a porcentagem sobre o trabalho a que ele se refere podem ser taxas administrativas para o pagamento de tributos e despesas da cooperativa. A mensalidade pode ser, ainda, a integralização de cotas-parte pelos cooperados.

[26] As chamadas "coopergatos", cooperativas "de fachada", em que os cooperados prestam serviços a um contratante como se fossem seus empregados. O contratante, ao estabelecer um contrato de trabalho com a figura jurídica "cooperativa", ao invés de contratos individuais com os trabalhadores, desobriga-se dos encargos trabalhistas e, assim, diminui os seus custos. Do ponto de vista dos trabalhadores, é uma forma de obtenção de renda e, ao mesmo tempo, de precarização do trabalho.

"Não tem trabalho, a molecada fica na mão".

Jorge — O moleque parado, sem trabalho, um vizinho dele lá com um tenisinho novo, o outro com uma *motinha*, o outro com a namoradinha vai para o *shopping* e ele ali, o que ele vai fazer?... É por isso que a criminalidade aumentou muito... Você entendeu? E o governo... Quando arruma, eles querem dar 200 reais de salário pra um moleque de 16 anos, 17 anos que seja. Dá um salário de 200 reais, aí desconta 40 reais, fica 160 reais. Um par de tênis dá mais ou menos 80 reais. Aí a mãe dele já quer mais 50 reais, ele fica com o quê? Então isso que está causando também a violência, né? No nosso estado, no Brasil em geral.

— *Você acha que a criminalidade tem uma relação direta com a questão do desemprego?*

Jorge — Tem, direta! Porque é o que eu falei pra você, o moleque lá sentado... pensando no quê? Mora na periferia. Aí vem um outro, passa de *motinha*, aí daqui a pouco vem outro, dois de *motinha*! Daqui a pouco vem o outro de carro! E ele lá sentado. Aí eles se encontram na lanchonete, o outro fala pra ele: "Olha, meu, ali tem um negócio que dá pra arrumar uns dois mil reais"... "Eu estou sem dinheiro, meu pai não me dá dinheiro, minha mãe não pode dar... Ah, vou tentar a sorte!" É pouco, mas pra eles... 2 mil, vindo 500 pra cada um, uh! Já dá pra ir no *shopping*! Já vai no *shopping*, compra uma roupinha, ele já está todo-todo, pra ele acabou! E assim vai indo. Depois ele vai fazer de novo, porque viu que deu certo, vai fazendo de novo, vai fazendo de novo. (...) Se tivessem um trabalho, eles gostariam de trabalhar! Mas não tem trabalho, a molecada fica na mão. Não suporta igual eu suporto: três anos aí, sem ter dinheiro, com sapato velho no pé, puxa! A molecada vai fazer isso? Não faz... Então ele quer ter um dinheirinho ali — mesmo tendo instrução do pai, da mãe. A mãe vai trabalhar, o pai vai trabalhar, eles vão fazer as artes deles... A mãe não vai ficar sabendo, a mãe só vai saber se um dia ele for preso. Está cheio, é assim que está funcionando...

"Se tivesse emprego... ele não ia entrar naquela vida lá".

Jorge — Você sabe, no ano passado, teve um rapaz que ficou preso, ele estava com 28 anos. Ele foi morar na nossa rua, eu conheci ele lá, tinha uma casa de aluguel, a gente é patrício. Aí a gente acaba cumprimentando um ao outro, vai, e aí acabamos fazendo amizade. Ele estava preso, acho que ele tem parente, não sei se a mãe dele morreu. O irmão dele mora na casa e não queria sair da casa pra dar uma parte pra ele, uma coisa assim, e ele foi morar lá, num quarto, sozinho. Aí ele falou pra mim: "Puxa vida, se você souber de algum serviço, me avisa, pra eu trabalhar. E ele fez um curso de *telemarketing* assim que saiu da cadeia, bem no começo do ano passado. E todo mês ele tinha que ir na Brigadeiro Luís Antônio, na Vara Criminal, pra provar que ele estava honesto na rua. Quando ele foi preso, ele tinha 20 anos. Aí eu falei pra ele: "Olha, meu, se eu souber de alguma coisa, eu aviso, sim". Ele falou:

"Porque eu fiquei oito anos preso, é pra nunca mais, isso daí não está com nada". O cara é moreninho, bonitinho, bem arrumadinho, sabe? "Porque eu não quero ficar mais, está por fora, não quero minha vida pra ninguém, só eu sei o que eu sofri lá dentro... Só eu e todos que passaram também por lá, sabe? E eu não quero mais". Aí eu falei pra ele: "Olha, você nunca trabalhou com ônibus? Eles estão dando preferência pra quem nunca trabalhou com ônibus! Eu vou te dar uma força". Aí eu marquei com ele, ele não veio comigo, falou que não tinha dinheiro pra condução. Aí eu vim pra cidade, tal, falei: "Você não vai comigo lá arrumar um trampo, quem sabe você dá mais sorte do que eu? Tem o Poupatempo, você dá o seu nome, tal, pra ver se aparece alguma coisa, pelo menos você ganha 300 reais por mês, pra você é uma boa, até pra mim também seria ótimo se ganhasse 300 reais, mas pra você ia ser bom, ia dar pra pagar seu aluguelzinho que é 100 reais e se manter!" Aí ele... não veio. Mas ele ficou procurando, porque como ele mora em Guarulhos, ficou por lá mesmo. Ele viu que estava apertando, apertando, começou a vender droga!... Aí a polícia pegou, ele está preso de novo... Agora vai responder mais nove anos... Ele [tinha ficado preso por] oito anos, ficou devendo nove, aí agora ele tem que tirar esses nove anos de ponta a ponta, sem recurso nenhum. Então, você sabe, se tivesse emprego, se arrumasse mais fácil, ele não ia entrar naquela vida lá, você entendeu? Ele não ia fazer aquilo lá. Ele não usava droga não; ele só vendia pra pagar o aluguel dele, roupa e as coisas que qualquer um gosta, uma cervejinha, essas coisas, né? Nem beber... Ele só bebia cerveja. E o cigarro, fumava cigarro. Mas se tivesse emprego, você acha que o cara ia ficar fazendo isso? Não ia fazer isso! Tenho certeza! Se ele fez curso, ele saiu de lá com uma intenção boa, ele queria continuar aqui fora trabalhando, porque quem está preso não volta porque quer; o cara, quando está preso, quer sair de lá. A primeira coisa que ele quer quando sai é um trabalho. Mas o que acontece: quando ele chega aqui fora, vê os próprios trabalhadores desempregados! Ele vai falar: "E eu, que fiquei sete anos, cinco anos preso, como vou arrumar emprego? Se o cara ali ficou trabalhando dez anos e não acha?" Entendeu? Então eu falo isso porque eu fiquei com muito dó dele, porque eu queria ajudar, pra ele arrumar um trampo e parar com aquilo lá, porque aquilo não é bom. É bom você ter dinheiro, mas dinheiro honesto. Trabalhando honestamente você pode ir aonde você quiser, andar com a cabeça erguida, ninguém fala de você, ninguém fica te observando, ninguém cuida da sua vida; você vai comer o que você trabalhou. Aí apareceram os traficantes e falaram pra ele: "Olha, eu tenho a mercadoria, você vende, me dá tanto, tanto é seu". Rapidinho ele... Vai ficar pedindo as coisas na casa dos outros? Não vai. O dono da casa lá onde ele morava: "Se vira, eu quero meu aluguel, eu não trabalhei e fiz casa pra ninguém morar de graça". Porque um mês passa rápido, piscou o olho já acabou o mês, não é verdade? Então o que ele fez? Ele foi obrigado. Por quê? Pra comer, pra se manter... Porque ele não queria roubar — roubar que eu falo é assaltar. Então preferiu vender pra ver se corria menos risco, porque quem vende droga corre menos risco do que quem rouba.

— *Por quê?*

Jorge — Ah, porque quem rouba está na rua! E quem vende droga não, fica parado num lugar e aí vem os outros. Pô, eu fiquei morrendo de dó dele, sabe? Porque eu via no olho dele que ele queria trabalhar! Porque eu sofri muito na minha vida também, você entendeu? Eu queria ajudar pra ele sair daquela vida e trabalhar, mas... Cadê o emprego?

"São Paulo está falida! As empresas estão abandonando São Paulo e os empregados estão ficando".

Jorge — Em matéria de emprego, emprego mesmo, São Paulo está falida! É isso que está acontecendo! As empresas estão abandonando São Paulo e os empregados estão ficando! Por isso que quando tem um concurso, tem cinco mil pessoas; quando falam que vai ter um concurso não sei onde, é fila de rodar o quarteirão... Porque antigamente existia concurso também, só que todo mundo estava empregado, as empresas estavam todas aqui. (...) Mas agora, nesses últimos tempos, nesses dois anos pra cá, eu acredito que foi mais difícil, no geral, pra todo mundo, porque você analisa: muitas empresas saíram de São Paulo, foram embora daqui! Então quer dizer: a população é muito grande, o desemprego é maior.

— *Qual você acha que deveria ser a solução pra essa situação de desemprego?*

Jorge — Eu vou te dar um exemplo, assim, que eu vi: o rapaz estava me contando. Ele trabalhava numa firma em Guarulhos e essa firma mudou pra um lugar longe, eu não me lembro onde foi. A firma queria que ele fosse pra lá! Só que ele tem casa aqui, a família dele é daqui, mora em Guarulhos. Por causa disso ele não pôde ir. Então [a firma] deveria fazer o quê? Mudou? Mora na favela? "Olha, vende seu barraco que nós vamos arrumar um lugar pra você morar lá, você e sua família. Nós vamos comprar um terreninho lá num preço barato — que lá é mais barato que em São Paulo — e a mão-de-obra você vai fazendo, nós vamos dar um terreno pra você". Quem não quer sair de São Paulo? Você acha que se eu pudesse, eu não ia sair? Ia sair, ia continuar... dando lucro pra empresa, então a empresa ia ganhar, todo mundo ia ganhar! Mas teria que dar um local pra pessoa morar, coisas que são difíceis de uma empresa fazer. Então essa é uma das soluções, porque as empresas querem ir embora, mas querem deixar os funcionários todos jogados em São Paulo! É o que acontece... Muitas empresas vão embora e deixam os funcionários aqui em São Paulo. A senhora lembra da T., uma empresa que tinha milhares de funcionários? Cadê? Não sei pra onde ela foi, parece que pra Minas Gerais, Paraná, uma coisa assim. Cadê os funcionários? Estão todos aqui! São tecelões. Entra numa tecelagem pequena, aquela tecelagem pequena também fecha as portas, acaba mandando todos embora. Aí aquela pessoa que é tecelã, só sabe fazer tecelagem, sempre trabalhou em tecelagem, passa um tempo, não tem mais tecelagem em São Paulo — porque está vindo tudo de fora —, vai fazer o quê? Vai ajeitar uma coisa aqui na 25 de Março, na Ladeira Porto Geral, no Brás[27], com aqueles carrinhos. E

---

[27] Respectivamente, duas ruas e um distrito da região central da cidade de São Paulo, locais com grande concentração de ambulantes.

assim foi a vida de muitas pessoas. Aí vem a prefeitura pra tirar e fica naquela briga; fica mais difícil pra todo mundo, entendeu? Então a solução, na minha opinião, pra acabar com o desemprego — até para o governo arrecadar mais também — seria fazer isso que eu falei: analisar a idade e o estudo da pessoa, porque tem como! Porque não é possível que uma pessoa, que nem no meu caso: puxa, eu leio muito bem — pra ler jornal, eu sou atualizado com tudo! Só não sei mexer em computador, nunca aprendi. Mas não é difícil, é uma coisa fácil, né? Mas eu sou bem atualizado, sou educado e, resumindo, sou pai de família. Agora, pra eu trabalhar de porteiro, eu tenho que ter 1º grau, pô! Então isso é uma das coisas que são erradas, tem que acabar com isso!... E a idade. Eu tenho um amigo que tem 45 anos, é torneiro mecânico. Ele trabalhava na Volks antigamente, hoje em dia não tem mais a profissão de torneiro mecânico. Antigamente torneiro mecânico, ferramenteiro eram profissões que todo mundo queria fazer no Senai[28]. Hoje em dia não existem mais. O computador, a máquina... derrubaram, tiraram o emprego desses homens. Então uma empresa pequena ali precisa de um torneiro mecânico ou um ferramenteiro, aquela pessoa é super profissional... Mas às vezes não tem o 1º grau ou porque tem 45 anos, não! Não vai pegar aquela pessoa! Ou então eles pegam pessoas mais novas que não têm toda aquela experiência, pra poder pagar menos salário. Aquela pessoa ganhava 1500 reais, vão pegar um e pagar pra ele 700 reais, vão pagar a metade do outro, o caminho é assim mesmo! Só que essa pessoa não vai fazer o mesmo serviço que aquela outra fazia... As peças vão sair diferentes, vão sair com má qualidade, entendeu? Apesar que tem o ISO 2000[29], né? Que eles falam aí, que é qualidade total, não é isso? Eu tenho um curso de qualidade total também, eu fiz agora, em 1996, mas eu fiz pela área de transporte.

"É comida ao vivo!"

— *O que estaria diferente na sua vida agora, se você tivesse empregado?*

Jorge — Ah, eu estaria mais feliz... Minha mulher também estaria mais feliz... Eu não estaria com meus impostos atrasados, da minha casa. Eu teria alimento na minha casa... Só isso!... Só isso já são as necessidades básicas pra viver eternamente, não é verdade? Porque eu, estando empregado, puxa! Eu ia ter um dinheiro pra pegar condução, pra poder pegar dez reais e falar: "Vou ao parquinho com os meus filhos". Então eu ia ter dinheiro pra condução e ter o dinheiro pra pagar o parquinho deles — eu já ia me sentir feliz por isso. A minha mulher ia se sentir feliz também porque o dinheirinho dela ia sobrar pra ela poder comprar alguma coisinha a mais pra ela. Eu ia pagar meus impostos e não correr risco da prefeitura ir lá e bater o martelo em mim... E eu ia botar comida na minha casa, porque a gente trabalha, você pega o seu dinheirinho, você vai no mercado, você faz uma compra do mês — que está faltando na minha

---

[28] Senai – Serviço Nacional de Aprendizagem Industrial.
[29] A Certificação NBR ISO 9001: 2000 normaliza o Sistema de Gestão da Qualidade para empresas industriais e prestadoras de serviços.

casa isso daí. Então eu estaria bem mais feliz, mais contente, né? A gente não ia ficar tão preocupado, porque qualquer desempregado, senhorita, qualquer desempregado pensa besteira... Liga na Rede Globo, está lá... É lógico, está na televisão, mas é comida ao vivo! Eles pegam aquelas mesonas, aí vem um: "é, não sei o que lá", pega comida e começa a jogar comida um no outro...

Entrevistadora: Claudia de Almeida Ortega

Marcas da Resistência: Notas da Rua

Diante do interesse em ouvir trabalhadores que exercem atividades econômicas no setor informal, optei por aqueles que realizam a coleta e venda de materiais recicláveis, conhecidos como catadores de papel[1]. Defini como estratégia abordá-los em uma região de intensa atividade comercial, na qual estes trabalhadores concentram-se em grande número.

Na referida região há uma forte presença de transeuntes, importantes pontos de parada de ônibus, grande trânsito de veículos (ruidosos), vendedores ambulantes (camelôs) e pessoas em situação de rua (moradores de rua). Estes dois últimos grupos (o de moradores de rua e de camelôs) assim como o de catadores de papel, são constituídos por homens e mulheres que estão, cada um a seu modo, num mesmo campo: a rua. Tomamos a rua como um espaço que, para estas pessoas não é só de trânsito, de vaivém, de encontros e desencontros, mas também de moradia, é de trabalho, de sobrevivência. Pode ser também violento, desolador, solitário e adquirir tantos outros significados possíveis a este espaço social.

Moradores de rua, com certa freqüência, também realizam a atividade de coleta e venda de materiais recicláveis. Por este motivo, em São Paulo – é provável que não seja exclusividade desta cidade – não é incomum haver confusão entre catador de papel e morador de rua, tomando-se um pelo outro.

---

[1] A depender de regionalismos, os trabalhadores em questão podem ser referidos como badameiros, xepeiros, carrinheiros, lixeiros, papeleiros, carroceiros, saqueiros etc. Ultimamente também são referidos como recicladores e agentes ambientais.

O trabalhador entrevistado[2] vive em condição muito próxima à de um morador de rua. Há dias de trabalho durante a semana nos quais não volta para dormir em casa, sendo que, dentre estes, passa a noite em claro em praças ou sob marquises, etc., como um morador de rua, embora tenha deixado claro que é catador de papel e não morador de rua.

Além disso, por certo período de sua vida, ele foi morador de rua. Foi durante uma época na qual fazia uso de bebidas alcoólicas e sua relação conjugal estava estremecida. Desta vivência, da qual ainda guarda amizades, o entrevistado resgata alguns pontos durante a entrevista.

Salvo prováveis exceções, a atividade de coleta, separação e venda de materiais recicláveis é executada por trabalhadores que, em geral, passaram por longo período de desemprego ou que não conseguiram a sua inserção no denominado mercado formal de trabalho. Assim, o exercício da atividade pode ser compreendido como uma estratégia para geração de renda na ausência de outras possibilidades.

É uma atividade que, ultimamente, tem tido alguma visibilidade, dado iniciativas de organização destes trabalhadores, grande aumento da ocorrência da atividade em função dos altos índices de desemprego, a questão da gestão de resíduos sólidos (todo tipo de lixo – doméstico, comercial por exemplo) e tantos outros fatores passíveis de serem listados e analisados. Caracteriza-se pela coleta de materiais recicláveis como papel, papelão, vasilhas plásticas (garrafas PET), metais ferrosos (sucata de ferro) e não ferrosos (alumínio, cobre por exemplo).

Para a coleta destes materiais, estes trabalhadores podem atuar de diferentes maneiras: utilizam carrinhos construídos com madeira ou metal especificamente para este fim ou reutilizam, com algumas adaptações, outros tipos, como os de mão, comumente usados em construção civil, ou os de metal telado, utilizados para transportar compras em supermercados ou feiras livres. A coleta também pode ocorrer com o uso de sacos, de veículos etc.

Uma das maneiras mais utilizadas para angariar materiais é o estabelecimento de pontos de coleta, que podem ser um comércio, condomínio, residências, fábricas etc., nos quais o catador compra ou recebe doação de materiais recicláveis com freqüência previamente combinada. Uma vez coletado nas ruas – no caso do entrevistado, utilizando um carrinho construído por ele mesmo para este fim e que ele puxa pelas ruas e calçadas – o material é levado a um depósito[3] onde é separado, pesado e vendido. Uma carga

---

[2] Entrevista realizada em outubro de 2003.
[3] Este depósito é o "estabelecimento" que compra materiais recicláveis. No caso do entrevistado, trata-se de um ferro velho que também "empresta" carrinhos para quem se dispõe a coletar tais matérias e não o tem.

"completa", que habilita o retorno ao depósito para descarregar, pesa facilmente mais que 100 kg.

...

Conversei com Pedro[4] numa esquina, enquanto ele arrumava alguns papéis e papelões no carrinho. Ele foi bastante receptivo, embora dissesse que não poderia conceder a entrevista naquele momento, pois estava em horário de trabalho. Chegamos a conversar superficialmente sobre o trabalho (valores de venda, os pontos de coleta, depósitos etc.) e sobre a minha solicitação (foi possível esclarecer o objetivo da entrevista, uma conversa a respeito do trabalho realizado por ele).

Nesta ocasião Pedro revelou que trabalharia até a madrugada e provavelmente não dormiria, pois, logo cedo, no dia seguinte, teria que passar em um dos seus pontos de coleta[5], um mercado muito próximo de onde nos encontrávamos. Falou que, no início de todos os dias, fica nas imediações deste mercado, pois ali sempre angaria certo volume de material. Sugeriu que nos encontrássemos no local pois, apesar de aguardar para retirar o material que é colocado para a coleta pública, poderíamos conversar. Nossa conversa ficou marcada para o dia seguinte, no início da manhã.

Ao chegar no local definido para nos encontrarmos (em frente a um bar), o entrevistado estava conversando com um amigo de longa data, de maneira animada. Pedi licença, cumprimentei-os e pude acompanhar um pouco da conversa, visto que não a interromperam pela minha presença. Conheciam-se da época em que Pedro ainda trabalhava como caminhoneiro e, na maioria das vezes que vinha para a capital paulista, dava uma passada na região da cidade onde nos encontrávamos, fosse para o lazer, fosse para contratar pessoas para a descarga do caminhão[6].

---

[4] Nomes e referências a lugares foram deliberadamente alterados com intuito de preservar o entrevistado.

[5] Neste caso o ponto de coleta não é de exclusividade de Pedro. Por isso ele fica aguardando desde cedo, chegando primeiro e, assim, tem "direito" de retirar o que lhe interessa antes de outros que vierem a chegar.

[6] Trata-se de atividade bastante comum, na qual o motorista do caminhão contrata trabalhadores avulsos para fazerem o trabalho de carga e descarga do caminhão, principalmente quando a carga está em caixas ou em sacaria. Também são conhecidos como "chapa".

Naquela época, o amigo de Pedro trabalhava como "chapa". Falavam, basicamente, dos momentos de não-trabalho, das farras noturnas e bebedeiras. Após a saída do amigo de Pedro demos início à nossa conversa mais específica. Tornei a explicar o motivo da minha solicitação, retomei algumas coisas que havia me falado na ocasião de nosso encontro na tarde anterior e demos início à entrevista.

Pedro tem 39 anos, é casado, tem seis filhos e mora com sua família em um município da região metropolitana da capital paulista. É proveniente de uma pequena cidade interiorana de outro estado, tendo chegado aqui há 17 anos, quando ainda vivia com seus pais e irmãos, e vieram todos para a cidade grande. Devido às dificuldades encontradas, voltaram todos para a cidade de origem. Com a ajuda de um amigo, Pedro passou a viajar inúmeras vezes a São Paulo, assim como para várias cidades do norte e nordeste brasileiro como motorista de caminhão.

Após esta experiência é que tenta, definitivamente, fixar-se na cidade... Nestes anos exerceu diversas atividades profissionais, até que, após longo período de desemprego, no qual se manteve fazendo bicos, passou a coletar e vender materiais recicláveis. À época da entrevista realizava a coleta de materiais basicamente nas ruas da região onde nos encontramos, com poucos pontos de coleta e complementando a renda com a atividade de "guardar carros"[7] aos fins de semana em frente a um *shopping* das proximidades do nosso ponto de encontro. Pedro estava um tanto cansado, com poucas esperanças e francamente disposto a retornar com sua família para a sua cidade natal.

Allan Rodrigues Dias

---

[7] Atividade bastante comum nas médias e grandes cidades brasileiras, na qual jovens e adultos se oferecem para vigiar veículos, que estacionam em locais públicos "guardá-los", com a intenção de evitar danos, esperando por isso alguma contribuição em dinheiro, "algum trocado". Nos fins de semana, no local indicado pelo entrevistado, ocorre uma "feira" de objetos antigos; a este dia refere-se como "ir fazer a feira", ou seja, "guardar carros" nesta feira específica.

Entrevista com um trabalhador no setor informal

"Situação feia... falta de oportunidade".

— Quais as coisas que você já fez?

Pedro — Olha, eu sou mesmo é funileiro. Aí, como o meu amigo tinha um caminhão, ele ficava fazendo viagens pra Minas Gerais e para aqueles lugares pra trazer fruta para o Ceasa. Aí, eu falei pra ele, ele comprou outro caminhão e eu fiquei trabalhando mais ele. Eu ia pra Bahia, Minas Gerais, trazia manga, melancia, trazia de tudo.

— E como é que funcionava? Você ia daqui com uma carga e já tinha mais ou menos acertada pra voltar, ou arrumava carga na hora?

Pedro — Ele arrumava as cargas que eu levava. Eu levava as cargas e de lá pra cá eu vinha com caminhão carregado de melancia. Quando eu não vinha até São Paulo, eu ia até Governador Valadares, vinha com o caminhão carregado de minério, feldspato, para uma grande siderúrgica.

— E carregava onde?

Pedro — Eu carregava na minha cidade mesmo. É que lá tem garimpo, essas coisas. Daí puxei[1] carvão também.

— Pra siderúrgica?

Pedro — Pra lá. Puxei carvão.

— E depois do caminhão?

---

[1] Sinônimo de "transportei".

Pedro — Depois do caminhão, larguei o caminhão, fiquei muito tempo trabalhando numas oficinas, né? Aí, tomei uma raiva de oficina, porque eu estava trabalhando em uma e não sabia que lá alguém mexia com carro roubado. Foi numa época que eu estava trabalhando, reformando os carros e quando pegaram o dono da oficina, eu acabei também ficando preso. Fiquei preso três meses. Mas como eu não sabia de nada, eu tinha testemunha, fiquei dois anos só assinando[2]. Aí eu peguei, tomei raiva de oficina, senão hoje eu estava dentro de uma. Mas... ainda mais aqui em São Paulo. Eu faço ficha numa concessionária e não sai o emprego. Numa concessionária eu já vou, né, mas pra eu trabalhar numa oficina em esquina de rua, eu não vou, não.

— *Era aqui em São Paulo?*

Pedro — Era aqui em São Paulo.

— *Daí depois você começou a mexer com o quê?*

Pedro — Aí depois eu comprei o aparelho de solda, um compressor, essas coisas, e fiquei fazendo bico, trabalhando na porta de casa mesmo. Agora não, agora... peguei e vendi tudo, né, as ferramentas. Fui embora pra minha cidade, cheguei lá... fracassei... A minha família lá é tudo fraca! Cheguei com um dinheirinho lá, mas ficava olhando a situação de um, a situação de outro, acabou o dinheiro. Voltei para cá, agora não acho mais emprego, não. Aí, fiquei fazendo uns bicos. Sempre trabalhei ajudando uns amigos. Eu tenho muitos amigos que são caminhoneiros, ficava viajando mais eles. Tem que ficar fazendo bico. Eu comecei a vender até churrasco também, coloquei banca, pastel, essas coisas. Eu e minha mulher trabalhando juntos. Agora hoje eu não acho emprego. O que eu faço? Eu cato papelão. Hoje eu já vou para casa descansar. E sábado e domingo vou trabalhar lá no *shopping* "fazendo feira", sábado e domingo. Antes, ali perto do *shopping*, eu trabalhava[3] da uma hora da tarde até às dez horas da noite. E agora, você está vendo que colocaram aquelas barraquinhas que vendem objetos antigos nos fins de semana? Então, eles vão pra lá cedo e só saem às seis horas da tarde, né? Aí não dá mais pra trabalhar. Eu trabalho das seis às dez horas [das 18 às 22 horas]. Só sei que atrapalharam demais aquelas barracas. É porque eles [os expositores] colocam os carros, os carros deles lá, no lugar que os outros carros paravam. Atrapalhou tudo. Por isso que eu falo, esse ano que entra agora, eu quero ir embora!

— *Você pensa em ir pra onde?*

Pedro — Minha terra mesmo. Quero ir embora.

— *Daí vai você e sua família?*

---

[2] Refere-se ao fato de que cumpria pena em regime de liberdade condicional.
[3] "guardando" carros de clientes que freqüentavam o lugar.

Pedro — Vai eu, minha mulher e meus filhos. Eu já passei por situação aqui que Ave Maria! Situação terrível! Hoje, se a pessoa que estiver na sua terra e sair de lá pra vir pra cá... Ainda bem que eu não estou pagando aluguel, tenho um barraquinho, foi a prefeitura que deu o terreno. Fiz um barraco, não estou pagando aluguel, mas já paguei muito aluguel. Hoje, a situação, pode ver que tem muitas pessoas morando aqui, que têm os seus barracos, estão vendendo os seus barracos pra ir embora lá para o Norte. Porque não acha mais emprego, e se ficar aqui, a família morre de fome. Não tem emprego, né? A política, por exemplo, só entra mais um governo, um presidente, entra tudo lá, mas eles não resolvem nada. Cada vez mais a falta de emprego está sendo pior ainda! Não dá nem pra criar os filhos da gente aqui em São Paulo. A gente não pode dar pra eles o conforto, não pode dar pra eles o que eles merecem.

— *E você tem quantos filhos?*

Pedro — Eu, seis.

— *Seis filhos... qual a idade?*

Pedro — O mais velho está com nove anos... é escadinha. Eu trago eles sempre aqui. Eles, aí do bar, todos conhecem meus filhos. O pessoal do mercado aí. Sempre trago eles [os filhos], no final de semana.

— *No final de semana você fica mais por aqui?*

Pedro — Não, lá no *shopping*. E depois das cinco horas eu estou lá. Lá trabalha[4] também minha enteada. Ela também trabalha lá.

> *"Melhor do que ficar parado é, né? Aí arrumei uma carroça para mim e comecei a trabalhar catando papelão".*

— *O trabalho com reciclagem, com o papel, como você começou?*

Pedro — Comecei porque eu estava numa situação, eu estava sem emprego, minha mulher também estava desempregada. Aí um amigo meu, que eu conheci na rua, ele falou comigo: "Olha Pedro, você não está fazendo nada, vamos dar umas trabalhadas mais eu, vem me ajudar hoje?". Falei: "Vou!". Aí todo o dinheiro que nós fazíamos, nós rachávamos. E com nesse negócio, eu chegava em casa e comprava um leite, um açúcar, comprava alguma coisa. E falei assim: "Melhor do que ficar parado é", né? Aí, arrumei uma carroça[5] pra mim e comecei a trabalhar catando papelão. Sempre

---

[4] Também "guardando" carros.
[5] Neste caso, o entrevistado quer dizer que construiu a sua carroça. Para o transporte do material coletado até o local de venda, são utilizados carrinhos tracionados pelo próprio trabalhador. Este carrinho também é chamado, por eles, de carroça.

ajuda em casa, ajuda. Sempre levo 30, 40 reais, só que tem que trabalhar. Igual: eu não dormi à noite. Passei, sentei na praça ali, fiquei lá sentado, acordado. Estou com as vistas que chegam a estar ardendo! Agora, hoje, eu vou embora pra descansar.

— *Você trabalha até que horas hoje?*

Pedro — Hoje eu vou pelo menos até às quatro horas [da tarde], depois vou embora. E amanhã eu volto de novo pra cá.

— *Você volta cedo?*

Pedro — Volto pra cá pra trabalhar de novo. Porque você, levando pra casa todo dia 20, 30 reais, já ajuda, né?

— *Oh! Ajuda bastante. Agora deixa eu entender uma coisa: você falou que no trabalho com o papel, cada vez que você volta pra casa você leva uns 20, 30 reais.*

Pedro — É!

— *Mas você não volta todo dia, né?*

Pedro — É, vamos supor: eu vim ontem, trabalho e vou embora para casa hoje. Amanhã eu volto de novo. Mas amanhã, por exemplo, à noite eu já não trabalho. Hoje eu já não trabalho à noite e nem amanhã, porque tem que ir descansar para o sábado, pra trabalhar lá [em frente ao *shopping* guardando carros].

— *Pra você retirar esses 20, 30 reais, quantas cargas você fez?*

Pedro — É... O mínimo é... trabalhando mesmo, três cargas. Quando eu tenho alguém pra ficar aqui olhando a carroça[6], aí eu pego o material e trago pra carroça. Ou pra ficar pegando os papelões pra mim, onde eles jogam [lixeira do mercado], aí eu saio com a carroça enquanto fica pegando aqui. Agora hoje não tem ninguém. Eu sou obrigado a ficar parado. Porque se eu não pegar os papelões lá, passam outros carroceiros[7], vão lá dentro e pegam.

— *E esse material começa a ser posto pra a coleta a que horas mais ou menos?*

Pedro — Desde quando abre o mercado. Quando vai sair os papelões, eu vejo eles [funcionários] passarem por ali [aponta um dos portões do estabelecimento].

---

[6] Refere-se à situação na qual outra pessoa que o acompanhe fique tomando conta da "carroça" enquanto ele próprio vai andando pelas redondezas procurando por material reciclável. Com isso, torna o trabalho mais ágil.

[7] Aquele que trabalha com a carroça. Também pode ser referenciado como carrinheiro. No caso mencionado o ponto de coleta não "pertence" a algum trabalhador em específico, sendo a retirada do material feita por quem chega primeiro.

— *E dá uns 20, 30 quilos de papelão?*

Pedro — Dá! Mas antes... É que agora, aí no mercado, tem um caminhão que está pegando também [caixas de papelão e outras embalagens]. E é caminhão! Antes era bom demais.

— *Dava uma carga? O volume do material enchia o carrinho?*

Pedro — Dava. Eu fazia carga rapidinho. Chegava cedo igual cheguei hoje. Quando era umas dez horas eu já estava com uma carga! Quando abria o portão aí [mostrando os portões], lá na lixeira já tinha bastante papelão.

"Você vê: eles já estão empregados, o dono do caminhão também está empregado. Por que não deixam pra gente, que está desempregado, não é?"

Pedro — Hoje já abri a lixeira e olha o que tinha: o que tinha é esse[8]. E os próprios funcionários daí [separam e recebem algum valor, por isso vendem]. Aí eles [compradores do material] dão uns trocados pra eles. Funcionários que pegam o material reciclável e juntam. Você vê: eles [funcionários do mercado] já estão empregados, o dono do caminhão [que compra o material] também está empregado. Por que não deixam pra gente, que está desempregado, não é? Deviam deixar pra gente que está desempregada. Eles não pensam nisso. Eu já trouxe até minhas crianças muitas vezes, pra entrar lá comigo. Eles até perguntam: "Nossa! Eles parecem com você demais, seus filhos, muito lindos". Tem uns [funcionários] que dão até presente pra eles. Mas cadê que eles deviam pensar assim: "Oh, o rapaz é pai de família, vamos deixar o papelão pra ele". Então, hoje em dia, está assim. Eles não pensam no próximo. Igual o pessoal fala: "Tem pessoas que têm os olhos grandes", né? Não deixam as outras pessoas sobreviverem. Então está difícil, está difícil.

Eu, por exemplo, mesmo na situação em que eu estou, é igual, sempre passa uma senhora perto de mim, com uma criancinha pedindo: "Oh, dá uma ajudinha", talvez ela nem pare e pense que eu cato papel. Aí, eu chego e ajudo. Ajudo! Se for lá em casa, bater na porta "Oh, me ajuda aí com um pouquinho de arroz?" Ajudo. Mas o pessoal que tem hoje em dia, pessoal que está empregado, não pensa naquelas pessoas que estão desempregadas. Não pensam. Ontem eu estava passando e um rapaz me deu cinco reais. O que um rapaz daquele pensa, não é? Você vê que existe muita pessoa boa na terra. Pode ver que, dos cinco reais que ele deu, eu gastei um real [com um lanche] e guardei o troco. Hoje peguei fruta, comi fruta pra economizar.

— *Mas o pessoal dá ou você compra?*

---

[8] Indica, com desapontamento, o pouco volume de material reciclável recolhido no local.

Pedro — Eles, quando... têm umas frutas que, se tiver uma pintinha, uma coisa assim, esse pessoal...

— Tem que tirar da banca?

Pedro — Tem que tirar! É, mas aí eles me dão antes de colocar no lixo.

— *Esse trabalho possibilitou a você conhecer um monte de gente?*

Pedro — Conheço! Com esse trabalho você faz muita amizade, principalmente com os carroceiros. Quando você está passando, catando papelão, as pessoas já olham, já vêem você na rua catando papelão, né? Às vezes, também, quando tem algum serviço aqui por perto, por exemplo, para retirar entulho, ou para fazer algum tipo de faxina, alguma coisa, eles me chamam. Eu conheço muita gente, muita gente mesmo.

— Hoje, por exemplo, se tivesse uma vaga de funileiro numa concessionária, você largaria o trabalho de catador?

Pedro — Ah, eu largaria na mesma hora, mesma hora!

— *E numa obra?*

Pedro — Pode ser até numa obra. Eu quero estar empregado. Mesmo que eu ganhe pouco, eu quero estar empregado! Pra mim, eu não vou escolher numa época dessa. Qualquer serviço que eu arrumar hoje, eu trabalho.

— *Mas, vamos dizer, se for como servente de pedreiro?*

Pedro — Trabalho!

"Não é a coragem, é a precisão mesmo!"

— *Quanto você acha que ganha um servente de pedreiro?*

Pedro — Está na faixa agora de uns 300, 400 reais, nessa faixa aí.

— *Mas você comentou que leva de 20 a 30 contos pra casa no trabalho com papel. Isso aí, no mês, dá mais ou dá menos que a função de servente de pedreiro?*

Pedro — Dá mais! Dá mais. Mas você trabalhando fichado[9], como empregado, é outra coisa. Você está sabendo o tanto que você está ganhando. A preocupação já é

---

[9] Com registro na carteira de trabalho.

menor também, e você tem mais tempo de casa também. Ficam melhores as coisas, né? E aqui não, você tem que perder um monte de sono. E a preocupação é maior também. Passar a noite na rua, do jeito que está o mundo hoje, com essa maloqueirada[10], não dá não! É muita coragem mesmo. Não é a coragem, é a *precisão* mesmo! Quantos rapazes que eu vejo puxando carroça? Só porque estão puxando carroça, aqueles bandidos que usam drogas — esse tal de *crack* aí, você está entendendo? — eles forçam o carroceiro a dar dinheiro pra eles. Às vezes tomam até a carga de papelão deles. Quantos amigos meus que já não levaram facada aí? É, carroceiro também já amanheceu morto! É isso! Aqui, principalmente por aqui, é o que mais tem. De madrugada é uma vagabundada danada. É, se você deixa a carroça com uma sacola de roupa dentro, eles chegam, catam e levam. Levam! Olha aí o dono do bar. Eu vi uma vez — eu parado aqui — veio uma turma pra cá e ficou aqui olha, querendo dinheiro. Querendo dinheiro e levou as minhas coisas — uma sacola de roupas que eu tinha ganhado — e jogou tudo para o meio da rua. Eu fui lá para o bar, eles foram até lá, cada com um pedaço de pau querendo me bater. Foi aí que chamaram a polícia, o dono do bar. Aí eles [agressores] já tinham ido embora. A polícia procurou e não achou eles. Não foi agora, já tem uns meses. Aí tive que sair da rua porque a polícia estava procurando eles e eles ficaram sabendo; aí eu não pude ficar trabalhando à noite porque eles gostam de andar à noite, aí eles iam ficar me caçando. O que eu tive que fazer? Tive que parar de trabalhar à noite. Aí agora, de uns tempos pra cá eles sumiram, ninguém está vendo eles mais por aqui. Devem já estar todos presos, porque o que eles faziam na rua, né?

— *Não sabia que tinham essas coisas.*

Pedro — Têm! Olha, a minha carroça, se você conhecesse a minha carroça! A minha carroça era bonita, bem feitinha, tinha até som. Toca-fitas. Até toca-fitas tinha. Roubaram! Agora essa daqui eles não roubam [aponta para o carrinho que está usando — de caixa de geladeira]. Eles podem até roubar pra tirar as rodas e fazer outra carroça, desmontam. Param num canto aí, tiram as rodas e levam. Deixam a caixa. A outra que eu estava ontem é do depósito.

— *É do depósito?*

Pedro — É do depósito! Que a minha está emprestada, vai chegar hoje. Que o dono do depósito emprestou[11], porque eu fiquei uns dias sem vir. Eu estou fazendo um tratamento, porque eu bebia muito, a preocupação é muita. Eu bebia muito, aí me deu problema no... quase estava começando uma cirrose. Aí, estou fazendo tratamento. Parei de beber, agora não bebo mais.

---

[10] Bagunceiros, desordeiros.
[11] A carroça do Pedro fica no depósito quando ele vai para casa. Da mesma maneira, se Pedro chegar no depósito com sua carroça cheia e houver tempo, deixa a cheia e toma outra para fazer mais uma carga. Quando traz a segunda carga é que se verificam as duas cargas juntas.

— Mas tem gastrite?

Pedro — Tenho. Mas agora vieram uns remédios, umas raízes do mato, agora eu arrumo elas, as raízes do mato são muito boas.

— Dizem que, pelo menos, quando dá aquelas azias, o chá de espinheira santa é bom.

Pedro — Eu gosto de fazer com barba de chimão.

— Essa eu já não conheço.

Pedro — Conhece não? Tem umas raízes boas. Minha mãe tratava das pessoas lá da minha terra com raiz do mato. Agora vêm umas raízes pra mim e eu vou curar. Porque gastrite, não é tudo que você pode comer, né? Essa é uma doença que acaba com a pessoa. Eu era forte! Também, o organismo da gente, machuca demais. Agora mesmo, só porque eu chupei uma manga, o estômago fica ruim. Aqui mesmo eu já estou sentido uma queimaçãozinha! É dose, rapaz, as coisas mais gostosas você não pode comer. Costela de vaca! Pra que melhor do que uma costela? Não pode comer. Mas mesmo assim eu como, eu vou aguentar ver? [risos]. Não agüento!

"A assistente social ajudou demais, Graças a Deus!"

Pedro — Minha sorte também porque, graças a Deus, uma assistente social deu uma forcinha pra gente. A gente colocou os meninos na escolinha. Eles vão às 6 horas da manhã. Eles vão de ônibus, a assistente social arrumou até as passagens pra minha mulher levar. Aí eles ficam o dia todo, só vêm embora às 6 horas da tarde.

— Todos?

Pedro — Todos. Foi uma benção, né? Porque se ficassem todo dia em casa, pesava! Porque os meus meninos comem, viu? [risos]. Ave Maria! Aqueles ali se alimentam, graças a Deus! Aí ajuda demais. Eles só ficam em casa mesmo no sábado e domingo. À noite, quando eles chegam às seis horas, já é dado banho, servido o jantar, aí eles vão dormir cedo. A assistente social ajudou demais, Graças a Deus!

— Lá da prefeitura?

Pedro — É, da prefeitura de onde eu moro! A instituição se chama Lar Coração de Maria, muito bom, muito bom lá, ajuda muitas crianças e dá pra nós uma cesta básica todo mês! É! Todo mês nós ganhamos.

"É igual eu falei pra você, é a situação da pessoa".

— *Como é que você descreve o trabalho que você faz? O que você acha desse trabalho?*

Pedro — Olha, o que eu acho desse trabalho: é igual eu falei pra você, é a situação da pessoa. Porque não tem outra coisa que você possa fazer, que você possa ganhar algum dinheiro. Você não tem como. Vamos supor, se eu tivesse capacidade, hoje, de comprar minhas ferramentas de volta, as ferramentas de trabalho, aí eu não precisava trabalhar nesse aqui [aponta para o carrinho]. Mas como eu não tenho como comprar, não tenho condições, tenho que continuar catando papelão. Até minha mulher já catou comigo, já amanheceu mais eu aqui catando papelão! Já! Eu e ela. Catando papelão. Nós vínhamos de dia [no início do dia] catar papelão. Às vezes, eu deixava ela pegando papelão pra mim aqui, né, e eu ia com a carroça dar umas voltas. Graças a Deus ela arrumou emprego, está trabalhando. Está nova no emprego, mas está trabalhando! E ela só tem uma folga, só no domingo. Aí, quando ela quer, ela não descansa, né? Porque quando ela chega, já tem que lavar roupa, que são muitas crianças. Porque a gente manda as crianças pra escolinha, mas além das roupas que vão vestir, tem que levar outras roupas pra elas vestirem lá. Suja roupa demais. Seis crianças pequenas, noosssaaa! Aí é o dia todo, domingo, trabalhando, lavando roupa. Não descansa. Eu tenho dó dela. Se eu tivesse capacidade de... noosssaaa! Deixava só dentro de casa, ficava só dentro de casa. Tenho dó, tenho muito dó, muito trabalhadeira.

Eu vou te falar, só Deus mesmo, só Jesus pra ver o que faz pra a gente. Porque... tem muitas pessoas que têm tudo e não sabem viver. Tem gente que tem de tudo, separa da família. Igual eu vejo aí: um rapazinho novinho largou a mãe e o pai pra viver na rua. O cara não quer se esforçar para o trabalho, não quer se esforçar pra estudar, vem pra rua e fica aí mesmo. Agora que sumiu um cara[12], eu sentava mais ele, ficava conversando mais ele. Noossssaaa! "Ah, porque meu pai ficava fazendo isso, ficava fazendo aquilo, minha mãe também." Tem tudo nas mãos e joga para o ar. Tem uns que têm casa, têm tudo e estão morando na rua. É, a maioria deles é porque se separam da família, da mulher. Ou foi porque separou da mulher, aí se entregou à bebida. Vem pra rua, só fica na bebida, uns morrem. Um que ficava, morava aqui, morreu. De cirrose. Separado da família. Se entregou à bebida. Por que se entregou à bebida? Aqueles que se entregam que são fracos. Porque tem uns que, vamos supor, a mulher faz alguma coisa, ou trai, ou alguma coisa, o que ele faz? Ou mata ela ou mata a si próprio. Eles não têm como... o coração deles não serve pra isso [matar]. Eles se entregam, às vezes, e acabam se matando. Porque se ele se entrega à bebida pra esquecer, ele acaba se matando mesmo. Igual eu, por exemplo. Eu me entreguei à bebida. Eu me entreguei por quê? Minha mulher não me traiu nem nada. Foi, em parte, quando eu fui morar com ela, já tinha outros filhos grandes, aí não dava certo mais essa convivência. Então tudo que eu ia reclamar, a mãe deles sempre defendia os

---

[12] Um morador de rua, amigo do entrevistado que, de uma hora para outra, desapareceu das imediações.

filhos. Aí pronto, nós brigávamos. Aí eu deixava eles dentro de casa e vinha pra rua. Eu ficava com a turma bebendo e era só bebida mesmo. Sentava a turma aqui, colocava um litro de pinga aí olha, acabava um [litro], nós comprávamos outro. O que aconteceu comigo? Hoje eu estou... Fui parar no hospital, fui internado umas cinco vezes por causa de quê? Por causa de bebida! E por quê? Eu estava me matando, estava me matando.

Hoje, quando eu vejo uma pessoa colocar uma bebida na boca, nossa, aquilo ali é a mesma coisa que eu estar vendo ele mesmo se matar. Porque me estragou por dentro. Me estragou mesmo. Por dentro de mim já estava acabado. O médico até falou comigo assim: "Você está quase podre por dentro". Aí eu tive que tomar muito remédio pra cicatrizar, nossa! Eu provocava[13] verde, uma vez eu até provoquei sangue. Quer dizer que aquilo já era cirrose. Hoje se você sentar aí com... [um morador de rua] — ali mesmo tem um... — faz dó separar da família, se tem filho, se tem tudo, está ali bebendo... Não sei porque milagre ele não morreu, foi Deus que está segurando ele aí. De vez em quando ele começa a lembrar dos filhos, começa a chorar...

— *E a família dele é daqui de São Paulo?*

Pedro — É! São Paulo. Só não sei de onde, mas é daqui. Muitos também... têm uns que vêm lá do norte, deixam a família lá e vêm pra cá, pra arrumar emprego, pra trabalhar. Chegam aqui não encontram emprego, nem nada, uns ficam ali no albergue, outros ficam na rua mesmo, acabam entrando na bebida e acabam até esquecendo de ir embora. (...) Agora eu fico com dó daqueles que pegam muquirana.

— *O que é muquirana?*

Pedro — Muquirana é um bicho parecido com um piolho. Fica comendo a pessoa. Tem lugar que fica em carne viva... Ave Maria! É porque uns não tomam banho. Ah não, o cara ficar sem tomar banho é ruim demais. Quando tomam banho, eles pegam a roupa que estavam usando e jogam no mato[14].

[Depois do contato com o grupo de moradores de rua e retorno ao local onde conversávamos].

---

[13] Sinônimo de vomitava.
[14] Neste ponto, Pedro é tomado por uma disposição para me mostrar o que é muquirana *in loco*, me levando até um grupo de moradores de rua que estava em outra quadra, dentre os quais haveria um que teria e que poderia me mostrar tal "bicho". Era um grupo de seis pessoas, das quais, ao longo do texto, Pedro fará referência a três delas: o Adão, que teria infestação de muquirana; o Ariel, e o Carlos. A presença de Ariel, que tinha fama de ser violento, inibiu Pedro que, inclusive, pediu discrição. Após as apresentações mútuas houve uma certa descontração embora a situação tenha se mostrado, num primeiro momento, tensa. Pedro chegou a pedir ao Adão que mostrasse o "bicho", entretanto o constrangimento era tal que pedi que não o fizesse. Em seguida, Pedro e eu voltamos para o local onde, inicialmente, nos encontramos.

— Então você conhece o *Adão já faz algum tempo*?

Pedro — Ah, tem tempo. Tem tempo já. Tem gente que está aí na rua, boa mesmo. Só que tem um cara, o Ariel, que gosta de bater nos bêbados por aí. É, os coitadinhos dos mendigos — pode ver que ele fica ali olha [aponta para o lugar onde estava o Ariel], mandando aqueles coitadinhos pedir comida pra ele em restaurante. Os coitados catam latinhas [de alumínio], ele vai, quer dinheiro pra tomar cachaça, por isso ele fica ali. E se os meninos não dão dinheiro também, ele bate.

— *O Adão, você acha que ele tem qual idade?*

Pedro — A idade dele? Ele deve ter uma faixa de 28, 26, por aí. Ele é novo, novinho. Se você visse, teve uma vez que ele parou de beber. Rapaz! Ele parou de beber, só andava arrumadinho. Ele ia no albergue, tomava banho, trocava de roupa, nossa! É outra aparência, outra aparência! Ele está acabado, ele se entregou à bebida. Você vê, rapaz, olha lá, aquele outro que está sentado na carroça [o Ariel]. Ele morava no albergue, foi expulso — lá ele podia comer e dormir. Foi expulso, por quê? Porque ele estava batendo nos outros lá dentro. Agora vem pra aí olha, às custas de uns coitadinhos que não têm condições nem pra eles. É isso que dói, dói na gente. Eles ficam pedindo, ele fica ali. Ele força os meninos [refere-se aos demais moradores de rua que formam grupo] a pedirem dinheiro na rua pra comprar cachaça pra ele. Aquele é um bar e restaurante. Ali dão comida pra eles, mas aquele lá [o Ariel] vai e come toda a comida dos coitados.

"Aí ficaram esperando se acontece algum dia de eles arrumarem..."

Pedro — A gente vê tanta coisa na rua... Se a pessoa nunca ficou na rua, se ficar um dia, vê tanta coisa que não acredita. Aí vai ver o que é sofrimento. Quantas vezes eu aqui mesmo, parado, catando papelão, às vezes à noite eu vinha pra cá pra ficar perto deles [dos moradores de rua], quando a turma ficava aqui. Ah, de noite eu via a turma sonhando, falando o nome dos filhos deles, da mãe deles. É! Tem que ver, rapaz. Choram! Às vezes você pega eles chorando, sozinhos! Aí você pergunta o que é, e eles não falam. Pega muitos deles chorando, sentados num canto e chorando.

Quando é dia de Natal, você quer mesmo ficar triste é no dia de Natal. E no aniversário, quando eles sabem que estão fazendo aniversário. Aí eles começam a falar: "É..., minha mãe deve estar lembrando de mim, minha família". Aí começam a chorar. Faz dó, dó, dó.

Se eu pudesse... tem uns aí, se eu fosse um cara que "enricasse" agora, nem precisava "enricar", melhorasse a minha situação feia, poderia tirar eles daqui. Igual umas pessoas que têm sítio. Por exemplo, aquele sentado, que está com muquirana, aquele é trabalhador, rapaz, ele é trabalhador. Se pegasse, levasse ele e falasse: "Olha, você vai ficar aqui uns três meses, só pra você se recuperar, sem beber sem nada; só pra recuperar, você vai ficar trabalhando num sítio", ele ia recuperar, ele ia virar outro homem, ia batalhar. É, a vontade deles é essa, porque eles já vieram do norte, são acostumados a pegar no pesado. Tem três companheiros que um fazendeiro levou.

— *Ah, é?*

Pedro — É... levou e não voltou mais. A assistente social deu força pra eles, deu roupa pra eles irem, cuidou deles direitinho. O fazendeiro chegou, ele falava assim: "Olha, vocês vão ter 15 dias pra não beberem mais, pra vocês pensarem" [na proposta de irem trabalhar com ele]. Na mesma hora eles pararam. O fazendeiro ficou 15 dias sem vir, só deixou o telefone com a assistente social, pra assistente social acompanhar, o que eles estavam fazendo e o que não estavam. Nossa! Viram outros. Quando o fazendeiro chegou: "Nossa! Não são eles, não!". São eles sim! Foram embora pra tomar conta de sítio. Nossa, eram outros. É falta de oportunidade.

— *Oportunidade?*

Pedro — É, falta de oportunidade. Aqui mesmo na rua, têm muitos que eu posso apontar e falar assim: "Esse aqui você pode levar, que não mexe com nada de ninguém, não rouba, só sabe tomar cachaça". Mas ele está nessa cachaça porque não tem oportunidade. Porque se chegar uma pessoa e falar: "A partir de hoje você pode até beber, mas não todo dia, só quando tiver uma diversão, uma coisa assim e você vai trabalhar e tudo", ele pára. Pára, que eu tenho certeza! Tem muitos deles aí que eu posso chegar e provar, está entendendo, que eles fazem isso. Fazem! Agora tem uns que não querem mesmo, não fazem nada. Tem um amigo meu mesmo, ele é até quase mestre-de-obras. O rapaz está trabalhando, ele conseguiu emprego. Está trabalhando. Morava na rua, agora conseguiu emprego, está trabalhando de pedreiro e está (morando) no alojamento [da obra]. Você vê, né! Aí tem carpinteiro bom, tem pedreiro, tem eletricista, tem encanador, tem muitos.

— *É que essas pessoas que estão nessa condição já fizeram muita coisa na vida.*

Pedro — Já! (...) Tem uns que são problema de família, tem uns que vieram pra cá e não conseguiram emprego. Aí não têm como voltar, não têm como, uns falam assim. A assistente social dá o dinheiro da passagem pra eles irem embora, né? Dá o dinheiro da passagem não, elas compram a passagem e põem eles no ônibus. Mas só que eles ficam com vergonha de chegar lá sem dinheiro, depois de muito tempo aqui. Ficam com vergonha e acabam não indo. Aí ficam esperando se acontece algum dia de eles arrumarem algum dinheiro e chegarem, né? Mas eles vão conseguir como? Se eles mal arrumam [dinheiro] para comer? Então o que eles fazem? Por exemplo, pra não ficar muito com a cabeça quente, acabam bebendo. Porque a pessoa preocupada, com a cabeça quente, acaba bebendo. Principalmente aqueles que ficam com saudades da família, ficam com saudades dos filhos, acabam bebendo pra esquecer. Aí, senta uns quatro ou cinco e ficam bebendo, e cada um falando sua história, contando a história da família, contando os *causos* acontecidos. Nossa, é tão gostoso você ficar escutando. Você fica pensando assim: "Como pode, né?!". Eles contando como eles ficavam fazendo lá, o que eles faziam, a diversão que eles tinham lá, uff!!!

Eu mesmo, quando bebia, ficava mais ele sentado, bebendo mais eles. Tem uns que contam cada história linda que aconteceu na vida deles. Tem uns que começam a contar história e começam até a chorar, né? Olha... aquele ali mesmo que estava sentado lá [o Carlos], ele fica na rua e ela, acho, fica no albergue. Você vê, alguma coisa eu acho que aconteceu, né? Eu não pergunto pra ele. Alguma coisa aconteceu. Se você ver a mulher dele, altas aparências, mas olha o que ele está fazendo: está se entregando à bebida ali, ali vai se acabando mesmo. Se ele está com a mulher dele, ele devia fazer o seguinte: parar, não beber, já que ele tem outra pessoa pra conversar, desabafar, ao lado dele, não beber, né? Pra ver se consegue alguma coisa. Mas o que adianta ela ficar com uma cabeça boa e ele ficar daquele jeito? Aí, ele acaba atrapalhando também a vida dela, porque se ela arrumar um emprego, pra dormir no emprego e tudo, e ela sabendo que o marido está na rua? Que cabeça que ela vai ficar? O certo é ele parar também de beber. Tem o albergue aí, está dormindo na rua? Vai para o albergue também.

Entrevistador: Allan Rodrigues Dias

Sob o signo do descaso

A história brasileira da educação escolar pública é feita de descaso. De um descaso programático, que promoveu uma verdadeira conspiração contra a educação escolar das classes populares no país.[1]

Durante os mais de três séculos do período colonial, a escola foi instituição ausente, exceção feita às escolas de "ler e escrever" criadas pelos jesuítas para fins de evangelização do gentio e um ou outro colégio freqüentado por filhos de poderosos locais, que depois iam completar a formação intelectual e profissional em universidades européias.

Nos quase setenta anos do período imperial, o quadro pouco se modificou: a referência constante à necessidade de instrução popular foi muito mais retórica e expressão do desejo de acompanhar o passo dos países "civilizados" do que intenção sincera de escolarizar o povo. Afinal, o modelo econômico era agro-exportador; o modo de produção, escravocrata e o disciplinamento social, obtido sobretudo pela força bruta.

Nessas circunstâncias, a criação de um sistema escolar público era empreendimento estatal desnecessário aos que detinham o poder. Relatórios apresentados ao segundo imperador falavam de poucas escolas marcadas por precariedade das instalações, do ensino e da aprendizagem. Em 1878, cerca de 2% da população livre freqüentava algum tipo de escola no país. Quando o Império terminou, já no limiar do século XX, cerca de 90% dos brasileiros eram analfabetos.

---

[1] Sobre o desmanche da educação pública como um programa governamental, veja Darcy Ribeiro (1984); a denúncia da política educacional como uma conspiração contra a escola pública é de Florestan Fernandes (1966).

No discurso oficial que inaugurou a República, a escola compareceu como instituição redentora da nacionalidade pela regeneração da raça brasileira. A função disciplinar e higiênica atribuída à escola foi inequívoca: basta lembrar que um dos lemas mais mencionados pelos que defendiam a importância da escola pública era "escolas cheias, cadeias vazias".

O debate sobre educação esteve presente nos principais centros urbanos e criaram-se associações que congregaram profissionais de várias especialidades voltados para a questão educacional. Dando continuidade à ideologia do período anterior, a instrução popular assumiu nesses espaços duas características: educação para o trabalho braçal e para os deveres, concretizada em chave assistencialista, em detrimento da explicitação do direito de todos à escola. Constroem-se nesse momento os alicerces da escola dual, que será oficializada nas leis orgânicas do ensino da era getulista.

Apesar do surgimento de intelectuais que se especializaram nas coisas da educação e apesar da presença da Escola Nova nos meios em que se discutia e se fazia a política educacional no advento do período republicano, dados divulgados na Conferência Interestadual de Ensino Primário, em 1922, falavam de 71% da população em idade escolar primária fora da escola: 41% no Rio de Janeiro; 43% em Santa Catarina; 44% no Rio Grande do Sul; 56% em São Paulo; 94% em Alagoas; 95% em Goiás e no Piauí.

Apesar da grande movimentação em torno da educação escolar nesse período, a República Oligárquica terminou com cerca de 75% de analfabetos e um sistema escolar incipiente. Numa rede rala de grupos escolares instalados em prédios grandiosos de estilo neoclássico em algumas capitais e cidades do interior, as melhores escolas primárias, anexas a Escolas Normais, eram freqüentadas majoritariamente por crianças das camadas sociais médias, em formação na sociedade brasileira.

Não se pode negar que o sistema escolar — assim como a legislação trabalhista — tomou forma durante a era getulista. Em 1930 criou-se o Ministério de Educação e Cultura; o crescimento da rede escolar, desde a pré-escola até a universidade, foi um fato, *pari passu* com a industrialização e com o desígnio governamental de construção de uma sociedade ordeira. As leis orgânicas da educação vieram para pôr o sistema educacional a serviço da formação, de um lado, de mão-de-obra colaboradora e obediente que tocasse a indústria, o comércio e a administração empresarial pública e privada; de outro, a elite condutora da nação. Esta divisão aparece com todas as letras na carta de princípios da educação nesse período — o *Manifesto dos Pioneiros da Educação Nova*, de 1932 — que tinha como pressuposto a possibilidade de igualdade de oportunidades educacionais numa sociedade de classes (crença ainda mais descabida em se tratando de uma sociedade profundamente desigual, como é a sociedade brasileira) e reivindicava um sistema escolar organizado de modo a "formar a hierarquia democrática pela hierarquia das capacidades, recrutadas em todos os grupos sociais a que se abrem as mesmas oportunidades de educação", ao mesmo tempo em que recomendava a criação de escolas profissionalizantes, "predominantemente manuais", para "as massas rurais e o elemento trabalhador das cidades e dos centros industriais."

Em 1945, a base da pirâmide educacional — o total de matriculados na primeira série do ensino primário de quatro anos — afunilava-se drasticamente até o topo. Do total de crianças matriculadas no primeiro ano da escola primária em todo o país em 1945, 4% concluíram o curso em 1948, sem reprovação; 7% o fizeram em 1949, com uma reprovação; 3% formaram-se em 1950, com duas reprovações; 0,7% em 1951, com duas reprovações — cerca de 15% conseguiram concluí-lo. Dos 85% restantes, 50% abandonaram a escola, sem concluir o primeiro ano; 18% a deixaram, depois de concluir o primeiro ano; 9%, concluído o segundo ano e 8,5% com três anos de escolaridade.

Com o fim do Estado Novo, a educação escolar foi figura forte no projeto de "redemocratização" do país proposta nos termos da ideologia nacional-desenvolvimentista dos anos cinqüenta. A partir da constatação do grande número de analfabetos e de crianças e jovens que não tinham acesso à escola, a política educacional visava expandir o número de vagas e escolarizar parcela maior da população, em consonância com o intento de promover o desenvolvimento econômico, entendido como meio de melhorar a qualidade de vida de grande parcela de brasileiros mergulhados na mais absoluta miséria material. Nessa época, desencadeia-se uma campanha em defesa da escola pública, liderada por intelectuais liberais que se opunham à privatização do ensino escolar subsidiado pelo Estado. Defensores do princípio "educação não é privilégio", seus integrantes queriam a escola universal, obrigatória, gratuita e leiga. No entanto, o projeto de lei de Diretrizes e Bases da Educação Nacional, que tramitou desde 1948 e só foi aprovado em 1961, deu continuidade à construção de duas redes escolares qualitativamente diversas: uma escola para o povo e uma escola para as elites.

Segundo dados do IBGE, em 1965 o quadro era, em essência, o mesmo: entre 1954 e 1964 do total de matriculados no primeiro ano primário, 18% chegavam à quarta série, 10% ingressavam no ginásio, 5% atingiam o colegial e cerca de 3% ingressavam no ensino superior. Do total de alunos no primeiro ano primário, somente 39% passavam para o segundo ano e

28% atingiam o terceiro ano primário. A década de sessenta teve início com movimentos sociais por melhores condições de vida. A necessidade de sustentação do governo pela ampliação de suas bases populares aproximou-o dos grupos e partidos de esquerda. Num momento político em que se planejavam reformas de base que, sem negar o modo de produção em vigor, permitissem melhores condições de vida a parcelas maiores da população, a educação despontou como um dos alvos prioritários das reformas previstas.

Foi assim que o desejo de um país mais justo e a luta em defesa dos direitos civis, políticos e sociais tornaram-se bandeira de segmentos das classes trabalhadoras, de organizações estudantis, de intelectuais e de partidos políticos. Foi um período promissor, embora curto, que se caracterizou, entre outras coisas, pela presença da arte e dos artistas junto a organizações de trabalhadores e por movimentos de alfabetização de adultos apoiados numa proposta de ensino simultâneo de leitura das palavras e do mundo: a pedagogia do oprimido, criada por Paulo Freire.

O golpe militar de 1964 fez com que as coisas mudassem de figura. No novo cenário político, o sistema educacional foi refuncionalizado de modo a atingir outras metas: de um lado, promover o crescimento econômico; de outro, cumprir seu papel de aparelho ideológico transmissor de princípios morais e cívicos perpassados de autoritarismo. Monitorando a política, os órgãos de inteligência norte-americanos determinando os rumos da educação, o acordo MEC-USAID.

Foram tempos da teoria do capital humano, que estreitava a relação entre crescimento econômico e nível educacional da população e punha a educação escolar como "terceiro fator" desse crescimento, ao lado do capital e do trabalho. Portanto, era preciso fazer crescer em qualidade e quantidade a educação formal da população ativa. Educação tornou-se sinônimo de investimento em recursos humanos, em formação de capital humano ou *manpower*. No fundo, a socialização dos gastos com educação alimentava o crescimento da taxa de lucro das empresas privadas.

Estavam criadas as condições para o tecnicismo educacional. Foram tempos de guias curriculares elaborados em linguagem computacional. As atividades a serem desenvolvidas pelos professores eram esquematizadas em três momentos: comportamento de entrada, processamento e comportamento de saída. Criou-se espaço para os defensores da instrução programada e das máquinas de ensinar; o processo de ensino foi segmentado, dando origem à presença de especialistas nos vários níveis do sistema educacional, desde os órgãos centrais de planejamento, até as unidades escolares, passando por vários graus intermediários. O resultado foi a desvalorização dos professores — agora peões do ensino — e dos alunos — agora aprendizes que se quer manipular como ratos.

O fim da ditadura militar foi movido por duas forças: de um lado, a própria decisão dos que governavam de promover uma "abertura" política gradual, como medida política preventiva de confrontos; de outro, movimentos sociais em prol da "redemocratização". No campo da educação formal, a palavra de ordem era feita de três termos, que tentavam pôr o direito à educação como objetivo da política educacional: direito universal de acesso à escola, de permanência nela e de bom ensino. O resultado mais positivo foi o crescimento do número de alunos na rede escolar pública.

No âmbito dos projetos e reformas que visaram a melhoria da qualidade do ensino, foram muitos os equívocos. Um deles foi fatal: a redução dos meios de obtenção de melhoria da qualidade do ensino a medidas de natureza técnica. Neste aspecto, dava-se continuidade a uma crença arraigada na história do pensamento educacional brasileiro: quando se quer melhorar a educação escolar, introduzem-se novos autores, que fundamentam novas técnicas de ensino. Do escolasticismo passou-se ao escolanovismo; deste à lógica das máquinas; desta lógica às teorias do desenvolvimento cognitivo e ao construtivismo educacional. No que se refere aos professores, tratava-se agora de treiná-los, reciclá-los, aperfeiçoá-los em novas técnicas de ensino. Mais uma vez, a questão das verbas destinadas à educação e da valorização profissional dos professores ficou na penumbra. Por melhores que tenham sido as intenções, esta ideologia abriu a porta para a política educacional em vigor a partir dos anos 90, no bojo da globalização da economia e da da ideologia neoliberal. Sai o MEC-USAID e entram as instituições financeiras internacionais na gestão da política educacional brasileira: Banco Mundial, BIRD, BID e congêneres.

Os bancos multilaterais vêm exercendo forte influência nas políticas públicas brasileiras desde os anos 90, atrelando-as a uma verdadeira ditadura econômica. No caso da educação, há explícito alinhamento das medidas tomadas com as determinações dos ministros da área econômica, em consonância, por sua vez, com as determinações desses organismos financeiros internacionais, entre as quais a contenção dos gastos com políticas sociais.

Esta contenção tem como fundamento a privatização do ensino, que encontra tanto mais terreno quanto mais a deterioração dos serviços públicos dá força ao mercado de consumo de serviços educacionais; a municipalização e a privatização do ensino como formas de diminuição dos gastos sociais governamentais; o incentivo ao crescimento da participação da sociedade civil em políticas de responsabilidade governamental; o privilegiamento de projetos planejados segundo a lógica do custo-benefício, tendo em vista aumentar a produtividade do sistema com um mínimo de custos. A "progressão continuada" é a mais perfeita realização desta política: sob a alegação convincente dos males causados pelas reprovações, empurram-se agora, o mais rápido possível, os alunos pelas oito séries do ensino fundamental, não importa o nível de apropriação dos conteúdos curriculares.

Nas crenças e medidas oficiais da política de educação atual ouvem-se as crenças e medidas dominantes na passagem do Império para a República Oligárquica. De novo, o lema: escolas cheias, cadeias vazias. No interior de uma política educacional que se caracteriza pela farsa, as escolas transformaram-se, como regra, em verdadeiras FEBEM-dia, em instituições cujo único objetivo é impedir que crianças e adolescentes fiquem nas ruas e aumentem o contingente dos sem-nada que, numa sociedade de consumo, querem consumir a qualquer preço. Nestas circunstâncias, o aumento da violência escolar era resultado previsível. Pesquisa recente sobre violência nas escolas realizada pelo Núcleo de Estudos da Violência da Universidade de São Paulo mostra um quadro lamentável de agressão generalizada entre educadores e usuários, com a participação da força policial.

Cresce a olhos vistos o número de analfabetos que passaram pela escola. Antes eram as altas taxas de crianças fora da escola e de analfabetismo crônico que resultava da falta de acesso à escola ou de impossibilidade de completar a escola fundamental, sobretudo por processos de exclusão existentes no interior das escolas: descontinuidade técnica e administrativa permanente, por motivos político-partidários; equívocos tecnicistas; preconceito étnico e social de educadores contra o usuário típico da escola pública; despreparo docente; remanejamentos constantes dos alunos; classes especiais onde eram depositados os indesejáveis; reprovações freqüentes por critérios que iam além do rendimento e que se tornavam condenações ao fracasso permanente; impossibilidade dos usuários de arcar com despesas exigidas pela escola "gratuita" e assim por diante. Hoje assiste-se ao crescimento de um novo tipo de analfabeto: o analfabeto que concluiu a escola fundamental e, muitas vezes, a escola média, para não falar nos semi-analfabetos que, em número cada vez maior, concluem o ensino superior em faculdades e universidades particulares, verdadeiras fábricas de profissionais desqualificados.

Nos últimos anos uma política farsesca de inclusão escolar opera aqui, com maior amplitude e profundidade, um mecanismo que o sociólogo francês Pierre Bourdieu denunciou na política educacional francesa nos anos 50: levam-se para dentro das escolas todas as crianças e jovens, mas cria-se nos contingentes mais pobres a ilusão de inclusão, já que a qualidade do ensino oferecido aos diferentes segmentos sociais está longe de ser a mesma.[2] Os excluídos da escola, agora "incluídos", fazem crescer estatísticas escolares que beneficiam, única e exclusivamente, os que governam. Nos documentos dos bancos multilaterais, os baixos níveis de escolarização aparecem como causa de desemprego e de pobreza, o que equivale a afirmar que ambos são problema de educação e não produto da perversidade da política econômica.

A explicar os altos índices de insucesso escolar, a patologização biopsíquica dos pobres sempre esteve a postos para responsabilizá-los por dificuldades que na verdade lhes são impostas por uma política educacional que insiste em não considerá-los cidadãos.

Num contexto de desemprego crescente, a escola vai sendo dispensada do papel formador de mão-de-obra e de disciplinamento social que sempre predominou aqui. A falência da escola como instituição disciplinadora vai sendo previsivelmente acompanhada pelo crescimento da violência policial e para-policial. O país dá continuidade, assim, à sua vocação para a barbárie e anda para trás: a escola, como aparelho ideológico de Estado, está sendo substituída pelo aparelho repressivo do Estado.

Como resultado disso tudo, chegamos ao século XXI com mais de 90% das crianças brasileiras em idade escolar incluídas no ensino fundamental. Mas desses 90%, a maioria freqüenta escolas cuja precariedade educacional não lhes permite nem mesmo o manejo da leitura, da escrita e das quatro operações aritméticas. Desses 90%, é cada vez maior os que as freqüentam apenas como condição para receber uma bolsa-família miserável que dá continuidade à transformação dos direitos sociais em favor dos poderosos, marca registrada, desde sempre, da relação de classes no país. Se hoje temos cerca de 14,6 milhões de brasileiros acima de 15 anos de idade que não sabem ler e escrever, tudo indica que este número está em franca expansão.

Diante desse quadro, que coincide com os relatos de inspetores de ensino que percorreram escolas brasileiras durante o segundo Império e a Primeira República e deixaram registros que nada devem às condições de escolas atuais, a frase com que Marx (1852) abre *O 18 Brumário de Luis Bonaparte* resume com propriedade o estado de coisas em vigor: "*Hegel observa em uma de suas obras que todos os fatos e personagens de grande importância na história do mundo ocorrem, por assim dizer, duas vezes. E esqueceu-se de acrescentar: a primeira vez como tragédia, a segunda como farsa*".[3]

---

[2] Bourdieu (1997).
[3] Marx (1978), p. 329.

No entanto, num momento em que a palavra de ordem é a desresponsabilização do Estado das políticas voltadas para os direitos sociais e a educação escolar das classes populares é cada vez mais negligenciada — num momento histórico assim, é preciso deixar claro que a aprendizagem da leitura e da escrita numa sociedade letrada, além de ser um direito universal, é uma porta que se abre à produção intelectual que critica o estabelecido. Num país em que 15 milhões de habitantes com mais de 15 anos de idade são analfabetos e em que a maioria dos que terminaram o ensino fundamental e médio é feita de analfabetos funcionais, a luta de educadores da escola pública e de seus usuários por melhores condições de ensino é inteiramente justificada, pois é resistência política à farsa instalada no vale-tudo atual.

Maria Helena Souza Patto

Um pedido de socorro

Wanda é professora na rede de ensino fundamental do município de São Paulo. Quando foi entrevistada no contexto de uma pesquisa sobre a presença da psicologia na formação docente e no cotidiano escolar, era professora de uma classe noturna de educação de adultos. Tem 53 anos, é branca, divorciada e mora com a mãe, a filha, o genro e a neta, que dependem financeiramente do magro salário de 2.500 reais mensais que recebe em final de carreira.

Formou-se professora na antiga Escola Normal e terminou o curso de Letras, embora desejasse ser médica. Com vinte e cinco anos de magistério e à beira da aposentadoria, queixa-se, como tantos professores da rede pública de ensino fundamental e médio, das condições de trabalho e do salário; de problemas de saúde; das imposições pedagógicas vindas das instâncias que definem a política de educação e que inesperada e sucessivamente recaem sobre os educadores e cerceiam-lhes cada vez mais a autonomia; de cursos que não ajudam, geram gastos aos professores e, como regra, só servem para somar pontos para fins de ascensão na carreira; da falta de interlocutores, que a condena a um sentimento profundo de solidão e desamparo: *"Porque você também tem seus problemas. Então você também não está vinte e quatro horas ligado na escola. Você também tem problemas em casa, de dinheiro, de outras coisas. Então você também é uma pessoa que necessita de uma ajuda, de uma palavra, de alguma coisa (...) A gente traz muita coisa da nossa vida. Você também é um ser humano, como o seu aluno. Ele tem problemas? Você também tem"*.

Animada pela receptividade da entrevistadora relata, durante os encontros, sua história pessoal e profissional e expressa suas dúvidas e esperanças como educadora. Ao fazê-lo, revela a ambigüidade de sua consciência, ao mesmo tempo dominada pela ideologia e capaz de reflexão. Fala das mazelas da formação do magistério e das condições de trabalho do professorado brasileiro no interior de uma política de barateamento do custo-aluno, que inviabiliza cada vez mais a escola como instituição de ensino, e de projetos de saúde escolar e de inclusão de portadores de dificuldades especiais equivocados conceitual e estrategicamente, que só fazem o professor perder a identidade ao ter de executar tarefas técnicas e administrativas que o afastam da docência: *"os alunos têm dor de dente, eles fazem xixi na calça, às vezes eles fazem cocô na calça. Você tem que providenciar a limpeza da sala, você tem que tentar amenizar o dente da criança. (...) Então você tem que chamar alguém da secretaria, você tem que procurar alguém, mas você não pode largar a classe sozinha também. Pra chamar a mãe, avisar que está passando mal. Outro que de repente começa a vomitar, é você que tem que socorrer, ver o que vai fazer. Tem uma série de coisas. Tem os paraplégicos, por exemplo, que eu carregava no colo porque a escola não é adequada. Eu tive criança, uma menina, não esqueço mais, que (...) tinha aquele desmaio na sala de aula. (...) Como é que chama aquilo? É desmaio? Que treme, assim, que baba. Que depois ela chega a dormir um pouco e aí ela acorda desorientada. Já passei por isso também."* Mas repete também a linguagem morta dos planejadores educacionais que reduzem os graves problemas da política educacional brasileira a meras questões de técnicas de ensino.

Embora pouco ou nada se recorde do que aprendeu no curso Normal e nos projetos de reciclagem docente oferecidos pela Secretaria de Educação — ela se queixa da natureza teórica desses cursos, entendendo por isso a distância que os separa do cotidiano das salas de aula — Wanda mostra que aprendeu a essência do que lhe ensinaram. Baseados em ecos da psicopedagogia do fim do século XIX, esses cursos concebem o ensino como técnica que visa garantir a rapidez, a produtividade e a eficiência do processo, para o que é preciso levar em conta as características individuais do alunado, entendidas, por sua vez, como aptidões naturais que vão determinar os diferentes níveis de aprendizagem e de escolaridade de que cada um é capaz. Assim, os professores são convencidos de que o mau rendimento escolar decorre de deficiências pessoais dos alunos ou de seu grupo familiar; de que a ineficiência dos professores é conseqüência de equívocos técnicos deles próprios ou de governos anteriores; de que novas reformas, novos projetos e novos cursos de reciclagem reverterão esse quadro. Então cada novo governo muda a orientação pedagógica e administrativa do ensino e impõem-se novas propostas técnicas supostamente salvadoras da educação escolar sempre à beira do colapso.

É no bojo da ideologia tecnicista que assola o campo da educação escolar pública fundamental e média que Wanda se movimenta, não sem sofrimento, em busca de saídas para condições de trabalho que cada vez mais a impedem de exercer com sucesso a sua profissão. Ao perceber a permanência de dificuldades discentes que os programas e técnicas impostos pelos órgãos centrais de planejamento do ensino não conseguem reverter, ela tenta vários procedimentos, mas sempre nos limites estreitos impostos por sua pseudo-formação. Convencida de que o professor deve dedicar-se individualmente a seus alunos, ela se desgasta na tentativa de realizar essa missão impossível em salas de aula superlotadas. Persuadida por supostos detentores do saber de que a técnica é que faz o bom docente, ela procura com nostalgia, no baú de experiências guardadas, algum método de alfabetização que ficou na memória como produtor de resultado menos desastroso: *"A partir de que apareceu a Emília Ferreiro, esse pessoal não foi mais alfabetizado como era antigamente. Porque você tem vergonha de dizer para o seu colega que você vai silabar, que você vai dar 'ba, be, bi, bo, bu'. (...) Vai entrar o 'la, le, li, lo, lu'? Então é 'balão'. E ir silabando com eles. E os cursos que você faz daqui pra frente, nenhum deixa você silabar. Isso é do passado, isso não existe mais, mas ele é forte. Ele é forte. Aquelas palavras-chave que a gente tinha — 'bebê', sabe? — era importante aquilo"*.

Mas para qualquer lado que se vire, ela esbarra nos limites estreitos que a cegueira tecnicista lhe impõe: de nada adianta responsabilizar os alunos pelas dificuldades de escolarização; de nada vale mudar a cartilha ou contrariar as determinações superiores e tentar outras fórmulas de ensino de leitura e escrita igualmente mecânicas, uma vez que as próprias condições de trabalho inviabilizam o ensino.

O que mais impressiona é que, mesmo assim, ela não abre mão do desejo de formas mais eficientes de realizar o trabalho docente. O encontro com a entrevistadora psicóloga faz renascer sua esperança de parceria na construção do sucesso profissional. A impossibilidade, que também lhe foi imposta, de entender que a improdutividade da escola pública não é um revés, mas um programa político numa sociedade profundamente atingida pela lógica perversa deste momento do capitalismo internacional, só lhe deixa uma saída: pedir ajuda a especialistas na procura de técnicas que revertam o caos de uma escola em que professores e alunos — ensino e aprendizagem de conteúdos escolares — foram relegados à condição de trastes sem interesse para o capital. A este respeito, ela diz: *"Então precisava ter também assistente social, psicóloga, dentista, sabe? A escola precisa de tudo isso. (...) Eu acho que uma psicóloga é importante demais aqui dentro, mas uma assistente social para o lado de fora também é necessário".*

É grande a probabilidade de que os especialistas cheguem às escolas apenas para bater na mesma tecla do tecnicismo e da responsabilização de usuários e professores pelos males da escola, na verdade de natureza econômica, social e política. Se for assim, Wanda terá como companhia um espelho e continuará a não ser ouvida, restando-lhe continuar a reunir forças para voltar diariamente à escola em que trabalha, até o momento da melancólica aposentadoria. Dominada por uma política educacional que, segundo Alfredo Bosi, dá precedência às coisas, em detrimento das pessoas, ela deixará a profissão presa de um discurso feito de palavras e conceitos mortos, sem nunca ter podido refletir sobre a política educacional brasileira a partir de um saber que se nutra do vivido pelos seus próprios destinatários.

Aline Lunardelli Lara
Maria Helena Souza Patto

Entrevista com uma professora da rede pública de ensino fundamental

"Não pode deixar a gente abandonada assim".

— *Que assuntos da escola você sente necessidade de conversar com um psicólogo?*

Wanda — Eu acho que os tempos agora estão necessitando mais de psicologia, sabe? Porque eu vejo que as pessoas estão cada vez mais complicadas. As crianças, os meus adultos, eles estão cada vez com mais problemas. É falta de emprego, fica desesperado, não sabe se volta pro interior, se fica aqui em São Paulo mesmo. Não tem dinheiro, às vezes não tem dinheiro... Por exemplo, olha só: tem a festinha junina hoje. Uma aluna disse que não vinha porque não tinha dinheiro pra trazer nada: "Traz um prato de doce, um prato de salgado ou um refrigerante". Daí ela falou: "Não professora, refrigerante também é caro". Eu falei: "Compra aquele de um real". "Eu vou ver. Eu vou ver". Então eu quero ver o que ela vai fazer. Porque, na minha idéia, eu já tinha que tirar um real, dois, da bolsa e estar dando pra ela. Sabe? Eu tenho pena, eu quero tentar resolver também os problemas dos outros. Mas eu não consigo resolver problema de todo mundo. Então eu acho que aí precisava mesmo ter psicologia, estar uma psicóloga em todos os períodos, no noturno. Porque de vez em quando, um aluno pode estar saindo da sala, ir conversar, sabe? Bater um papo. E até nós mesmos. Porque está cada vez mais complicada a situação de vida mesmo, fora da escola, e que traz os problemas pra dentro da escola. E tem muita influência. Então eu acho que precisa sim. (...) Uma das coisas que a psicóloga ou uma auxiliar de psicóloga podia estar junto do professor é a indisciplina. Às vezes, aluno rebelde, que quer aparecer. Ele tem aquela vontade de aparecer e acaba transtornando os outros, principalmente à noite, onde tem adultos com jovens. Os jovens sempre querem se sobressair, chamar mais atenção, fazer gracinha. (...) E esses casos: Por que não aprende? É um problemão. (...) Então: indisciplina, falta de aprendizagem, que eu acho que psicólogo... e problemas que eles trazem de casa também, sabe? Tem drogas, que você percebe. (...) Então, é essas coisas que dentro da escola não está certo. E existe. Então, sozinha não dá pra resolver. E eu quero mesmo, se eu puder — se eu puder, não — se Deus quiser (...) vamos ter psicólogas e assistente social pra poder ir na casa deles, ver como é que ele vive, se ele passa fome, qual é o problema. (...) Então, problemas que eles trazem da casa deles também, de doença. Eles são gente, eles têm corpo, eles sofrem também, eles têm doença. (...) E é isso, viu, Aline? Principalmente indisciplina e falta de aprendizagem, é o que mais pega. (...) Às vezes a criança não aprende e a gente não consegue saber por que, a não ser que seja visão ou audição. Aí você consegue saber, porque você fala pra ela, ela não entende, você pergunta, não entende. Ou então você percebe que ela está fazendo força pra enxergar. Isso a gente ainda consegue questionar mais, a diretora, tudo. Mas os outros não. Às vezes têm problemas emocionais. Que traz lá, que o pai bebeu a noite inteira, chegou, brigou com a mãe, e a criança fica dormindo na classe e você não sabe por quê.

Mas dentro de uma sala de aula tem coisas incríveis. E dentro de uma escola então, você imagine! Até professor. Você pega professor que você precisa bater papo. Sério. Porque tem professor que tem atitudes que não dá para entender. Já peguei muita coisa que não dá pra entender. (...) Mas você acaba ficando quieta porque é seu colega, então você cala a tua boca, né? Mas que você vê que a atitude foi totalmente errada, dá para perceber. Expor criança ao ridículo, na frente dos outros. Eu, por exemplo, jamais. Eu vi muito isso aqui. Principalmente naquela época, logo que eu cheguei aqui, que eu fui para o período da manhã. Tipo assim: "Vai chamar aquela professora lá, vai chamar a professora da 3ª série". Então eu entrava na sala da 1ª série: "Olha! Olha esse menino como é que está, Wanda! Dá uma espiada! Vê! Parece um porco!" Entendeu? "Veio do recreio desse jeito!" E o moleque lá, assim, em cima da cadeira. Aquela vergonha, e todo mundo dando risada, e ainda chama um professor de fora pra ver. E eu sempre quebrando o barato delas. Elas não gostavam, né? Porque daí eu chegava assim: "Ah, coitadinho, vai ver que ele escorregou...". Entendeu? Já entrava de papo em cima. E não era o que elas queriam. Elas queriam apoio, para ele não fazer mais aquilo. Aqui, nossa! Aqui tinha um grupinho... Então, depois de todos os problemas da rua, familiares, todas as coisas, na escola você ainda pega uma professora que não tem experiência. Na 1ª série. A 1ª série é básica — a primeira e a segunda. Se você fizer uma 1ª e 2ª séries muito bem feitas, você já sai alfabetizado. Depois você só vai complementando — 1ª e 2ª é tudo. Então 1ª e 2ª deveria ter os melhores professores. Aquelas que não faltam e que a diretora sabe quem são. Quem tem experiência, sabe? Não deixar na mão de qualquer uma. Deixar escolher. Elas não escolhem. Elas escolhem a 3ª, a 4ª série... Porque antigamente era assim: você escolhia o seu período, mas a sala era atribuída. O que eu acho que está faltando muito agora, sabe? (...) Antes você escolhia o período que você queria. O diretor te atribuía a sala. Ele sabia que você não era faltosa, que você já tinha dado aula pra 1ª série várias vezes. Então as primeiras séries eram assim, a flor mesmo da escola. (...) E ia melhor, eles aprendiam mais. Olha agora como é que eles estão chegando no colegial, na faculdade... E há uns anos atrás — há uns anos que eu digo, dez, quinze anos atrás — era assim, era atribuição. Era bem melhor. Porque não pense que a diretora não sabe tudo sobre cada um dos professores. Sabe tudo. Quem falta, quem grita, sabe tudo. Então a atribuição deveria continuar assim. Apesar de que a gente às vezes acabava pegando classe que não gostaria de pegar. Mas como você foi escolhida, você sabe que... eles sabem que você tem tudo para aquela sala. Você é uma professora que não falta, você tem paciência com alunos menores. Começava a primeira série saindo todo mundo alfabetizado. Agora não. Agora professor substituto é que pega 1ª série.

— E por que você acha que isso acontece?

Wanda — Aconteceu que mudou o governo e parece que o governo gosta que as pessoas não sejam muito alfabetizadas. A impressão que dá é esta. Porque vêm métodos diferentes que a gente tem que aplicar, a gente não sabe direito, a gente é quase cobaia com isto, como a gente foi com aquela tal da Emília Ferreiro, que ela fazia com cinco, seis alunos na classe, no máximo 12 e a gente com 40 tinha que estar fazendo como ela fazia. A partir de que apareceu Emília Ferreiro, esse pessoal não foi mais alfabetizado como era antigamente, porque você tem vergonha de dizer pro seu colega que você vai silabar. Eu lembro muito bem que, no meu tempo, eu mesma, no ginásio tinha "Gramática do Segala". Eu sabia a gramática inteira. Eu sabia ler. Eu adoro ler. Se chegar numa reunião e falar assim: "Quem gostaria de ler"? "Eu leio". Não tem problema. Vê se algum aluno gosta... Está certo, a vida mudou, minha mãe ficava na minha casa, me dava todo apoio, só meu pai que trabalhava. Agora, não. Eles têm a mãe e o pai trabalhando, eles são abandonados. Eles ficam sozinhos, a maioria deles, não tem aquele auxílio em casa mesmo. Perdeu-se isso. Mas aquela parte da silabação, eu ainda acho que faz falta e eu tenho vergonha de falar pra alguém que às vezes eu faço uma silabação na sala. E faço mesmo. Só que eu fico quieta, não falo, porque é vergonha falar, não existe mais isso. Você pega uma palavra... se entrar uma borboleta aqui dentro, hoje, agora, uma mariposa, à noite vai entrar uma mariposa, então eles vão ficar ouriçados com a mariposa, vamos pôr mariposa na lousa, vamos estudar a palavra mariposa. Então falha muito, porque vai o "ma", já tem o "ri" que é mais difícil, certo? Então eu acho que a culpa maior é dos que vêm de cima mesmo, dos órgãos acima da gente que vêm implantando coisas fora de hora, sem embasamento nenhum, como começou com a Emília Ferreiro, sabe? A gente tinha quarenta alunos na classe, eles queriam que a gente aplicasse, sendo que eu fui numa das primeiras reuniões, nem eles sabiam o que falar pra gente, como fazer, no auditório lá do CONAI, no auditório, todo mundo sentado em poltrona, não sei o quê, como se fosse a novidade! Tudo novo! Eu lembro, fui lá, não entendi nada! Porque eles também não sabiam explicar nada e a gente caiu nisso de cobaia. Agora vem esse silábico, pré-silábico, silábico-sonoro, pré-silábico alfabético, sei lá. Eu sei fazer isso de tanto curso, mas não adianta, porque eles querem que você trabalhe em grupo de dois alunos, por exemplo. Você põe dois alunos juntos pra estarem fazendo a mesma atividade. Só que a classe fica dividida. Você não consegue sozinha ver todas as duplas na mesma aula. Então você tem que ver o quê? Duas duplas hoje, duas duplas amanhã, com outro trabalho diferente, pra estar sabendo se é silábico, se não é silábico, nunca colocar um pré-silábico com um mais fraco que ele, sempre com um alfabético ou com um já silábico, pra um estar podendo ajudar o outro. É complicado. Primeira série, então, olha, vou te falar! E é isso, usar a letra... Antigamente, eu lembro muito bem, eu só usava a letra cursiva, meu caderno tinha letra cursiva. Agora: "Ah! Bastão é mais fácil". Conclusão: tem aluno que só faz letra bastão, só lê letra bastão. E antes não. Essa é letra de jornal. Você tem que aprender a fazer da sua mão. E a gente tinha toda aquela coordenação de fazer. (...) Antes a gente tinha lateralidade, coordenação motora, uma série de atividades que a gente fazia, sabe? Inclusive professor de educação física ajudava a fazer com eles, ou falava pra gente fazer com bexiga, movimentação, direita, esquerda. Isso tudo acabou, esse período preparatório acabou. Você já entra de sola. Isso pra mim não está dando certo e tem que ser mudado. Outra coisa: por que passa da 1ª pra 2ª série direto, se não tem condições? Pra incentivar — 1ª e 2ª, continuação. Tudo bem. Mas você veja o meu caso: da 1ª foram pra 2ª, só que eles pegaram uma 2ª e 3ª juntos, com uma professora só. Então, vem de cima, sabe? Não é questão do professor. Tem muito professor que é folgadão e tem muito que gosta de ensinar, que gosta de fazer, que gosta de ver o aproveitamento em classe, se dedica. Mas o aluno, coitado, tem dificuldade... Chega na 8ª série, está analfabeto ainda, só sabe ler, não sabe fazer um parágrafo. Você vai lá na minha sala, você vai ver o sacrifício que eu faço pra eles aprenderem um parágrafo. Não sei se é porque é noturno também, eles têm tanto problema, eles esquecem. Eu sei que a gente que é das séries iniciais fica preocupada, por que chega num período, na oitava, e é analfabeto? Não é analfabeto, pelo menos aquele que passou comigo não é analfabeto. O que vem de fora, a gente não sabe, esses aí a gente não sabe. Eu acho que vem de cima e que tinha que ser tudo mudado mesmo, tinha que ser replanejado, mas planejamentos mais bem feitos.

— A coordenadora estava me contando das crianças com deficiência que já passaram por aqui, que foram carregadas pela professora, porque não tem rampa e a criança anda de cadeira de rodas...

Wanda — Eu já fiz isso na outra escola! Carregava a menina no colo. Você não sabe como é pesado aquele aparelho mais a menina! Mas eu era jovem, entendeu? Então, quando eu esquecia de pedir pra ela descer antes para o recreio, aí eu tinha que ajudar, às vezes eu pegava a menina e levava, outro levava as duas muletinhas. Mas o aparelho é pesado, a menina é pesada, era um horror! E daí ela tem que subir depois que todo mundo subiu. Porque não tem mesmo por onde, tem a escada e ela tinha as duas perninhas com aparelho. Já fiz isso sim. Já fiz de tudo. Já fiz de tudo. Mas, não que eu tenha sido... Eu não fui formada pra ter alunos com deficiência mental, que agora tem a inclusão, você sabe disso. Eu não fui formada pra isso. Fui formada pra lidar com crianças normais. Agora tem esse problema aí, mas como eu estou com adultos, já não está me atingindo tanto, porque os que eu tenho são problemas de não poder escrever porque tem o braço duro, porque levou um tiro na cabeça, porque não anda direito... Mas não aqueles problemas de Down que tem na escola e que a professora precisa lidar com todos e mais aquele. Eu tenho certeza que ela não foi formada pra isso. Então, de onde vem isso? De cima. Eu não sei. É muita preocupação. É muita preocupação.

— Hoje em dia aumentaram as atribuições do professor. Então, agora tem que fazer a função do dentista, tem que fazer a função do psicólogo, pai, mãe...

Wanda — Principalmente os que dão aula pra criança, né? Principalmente esses. Meu caso já é diferente. Meu caso é mais problema de droga, problema de chamar o aluno lá fora e falar assim: "Meu, você tomou muito 'guaraná' hoje, você não faz mais isso. Eu passo na sua carteira e eu sinto o cheiro. Você está lento, você está com os olhos vermelhos. Não faz isso. Chega de tanto 'guaraná'". Não é, é pinga, né? Porque o cheiro... Então...

— *E você acha que essas atribuições aumentaram por quê?*

Wanda — Vida! Vai saber os problemas que ele tem! Por que ele precisa beber pra chegar até a escola? Por que eu tenho aluno que dorme enquanto eu estou contando piada, estou brincando com os outros. Tem gente rindo, falando e tem aluno cochilando na classe. Que eu não acordo também. Eu deixo dormir. Porque ele está com aquela necessidade naquele momento, eu deixo. Depois ele dá uma despertada, aí a gente conversa, eu falo: "Oh! Puxou um soninho, hein?" Sabe? Porque são adultos, é diferente. Então um curso pra adultos, eu acho que seria muito bom também professor pra adultos, porque tem muito adulto que precisa ser alfabetizado e terminar de estudar e professor também não foi preparado pra dar aula pra adultos, só pra criança normal.

— *É, a gente está se deparando com uma situação bastante difícil no serviço público...*

Wanda — Mas existem assistentes sociais na prefeitura... Elas têm que se adaptar... De vez em quando, por exemplo, vindo mesmo numa sala de aula e ajudar um pouco. Se a mãe não pode levar no médico, levar o moleque, sei lá. É assistente social, né? Então precisava ter também assistente social, psicóloga, dentista, sabe? (...) Mas tinha. Por que tiraram? A escola precisa de tudo isso. A criança passa muito tempo, o adulto também, passa muito tempo aqui, sabe? E pelo que estão falando vai passar mais. Vai ser período mais integral, uma coisa assim. Então precisa melhorar. O que adianta fazer o CEU[1]? Uma escola na região, maravilhosa, que tem de tudo, diz que tem tudo, não sei, mas quem dá aula lá não quer ficar, acaba voltando. Não sei bem como é que é. Já visitei. Achei lindo, maravilhoso, mas... Não sei, parece que não funciona muito bem. Funciona bem é a piscina aquecida, sabe? Essa parte funciona bem. Em final de semana...

— *É só ligar o botão, né?*

Wanda — É, entendeu?

— *Mais fácil, né?*

Wanda — Então... por menor que seja a escola, um dentista, um psicólogo, um assistente social, pô! Não pode deixar a gente abandonada assim. A gente tem

---
[1] Centro de Educação Unificada, escolas da Prefeitura de São Paulo que são também centros esportivos e culturais.

que ser tudo. Tem que ser tudo. Eu vejo elas reclamando no período da tarde, elas reclamando: "Pôxa, a gente tem que fazer teste de acuidade visual! Com quarenta alunos na sala!" Foi muito complicado, sabe? Depois teve gente que teve que fazer o re-teste, porque não deu certo. Elas ficaram loucas. Elas chegam na sala de professores exaustas. Nervosas, cansadas, você percebe. Eu que estou chegando, que vou fazer JEI[2] com elas, para dar aula depois. A aflição delas. Antigamente, a gente não fazia. Uma pessoa subia, chamava alguns alunos, descia, fazia, mandava eles de volta. Levava outros alunos, fazia. E isso era sala por sala. Não tirava a professora da sala. A gente continuava dando uma atividade, dava pra eles, eles desciam, faziam, voltavam. Já teve época que a gente descia com aluno para escovar dente de aluno, pra dar remédio, vermífugo, flúor... Agora eles não estão mandando mais, mas eu peguei muito isso, anos atrás. Então fazia bochecho, todo mundo punha colherada de flúor na boca. Ficava bochechando. Aí eu contando no relógio, a hora certa. Depois passava o balde, todo mundo ia cuspindo lá dentro. Tinha uns que vomitavam, porque tinha nojo, sabe? É muita coisa que não é função do professor, seria do dentista passar flúor nas crianças. Ir chamando, uma sala por dia, passar o flúor, não é? E assim vai.

— Eu não sei como funciona. O que faz com que uma escola tenha, outra não tenha, se todas são da prefeitura?

Wanda — Não sei. Não sei dizer. Não sei, não descobri isso. Tinha dentista. Aqui sempre teve a sala do dentista. Quando eu comecei, tinha uma dentista. Essa sala foi fechada, acabaram com tudo aí, não sei, sumiu a sala da dentista. Porque aqui você tem muita dor de dente. Então qualquer problema já ia pro dentista. Sumiu. E lá no outro não. Lá funcionava tudo. Eu não sei se é por conta da Delegacia de Ensino que mudou. A minha delegacia agora é uma. Lá era outra. Aquela delegacia, acho que favorecia mais as escolas. Por ela ser mais carente, eles davam prioridade para aquela escola. Alunos super-carentes. Um lugar super-perigoso, onde o helicóptero da polícia passava, com o guarda pra fora assim, no pátio. Sabe? Procurando. Tinha um morro que a gente subia pra chegar lá, que chamava, como diziam, o Morro do Piolho. Porque a criançada subia da favela, para estar indo pra escola. Não havia uma vez que, quando chegava de manhã, não tinha polícia, já não tinha... e já naquele mato tinha corpos. Eles falavam presunto, que tinha presunto, sabe? E era super-perigoso. Eu deixava o carro na rua. Tinha uma igreja de crente bem do lado, então eu fiz amizade com a dona da igreja lá, que tomava conta da igreja. Ela deixava eu guardar o carro dentro da igreja. Eu acho que também pode ser por isso. Pelo local ser mais perigoso, mais carente. Mas as crianças eram bem mais amigas. Bem mais amigas. Naquele frio danado, traziam a

---

[2] Jornada Especial Integral, que prevê um número de horas de trabalho docente, individual e grupal, fora da sala de aula.

sandália de dedo, você pegava e enrolava jornal no pé. Deixavam, sabe? Não é como aqui. Aqui não tem condição dessas coisas, de ajuda desse tipo. É capaz da mãe chegar e falar: "Imagina, está pensando que meu filho é isso, meu filho é aquilo?" Vem brigar, vem discutir. E lá, não. Lá você tinha apoio. Apoio de mãe, apoio de tudo, da direção, até mesmo da Prefeitura que mandava tanta coisa para aquela escola. Tinha tudo. Tinha música, tinha artes. Eles adoravam a aula de artes. O professor ficava junto. Não saía da sala, não. Ficava junto, ajudando. Então, chegava na aula de música, cantava, sempre aprendia uma música. Deixa a pessoa mais feliz cantar. E fazia aqueles trabalhos assim, com papelzinho amassado, juntava, formava lá uma centopéia. Sabe? Aquilo era muito bom. Tive uma classe muito problemática. Fui escolhida pra ficar com essa sala. Só de alunos que não evoluíam de jeito nenhum. Que eu comecei a ensinar com: "A pata nada". Tudo com A. "A pata nada": A, A, A, A. Depois passava pro O, O, O, O... sabe? E deu certo. Mas a coordenadora ficava muito comigo, me orientando muito. E isso foi em outra escola. Eles juntaram aqueles alunos que não liam de jeito nenhum, fecharam duas salas, parece, e juntaram aqueles... Eu não lembro direito, eles eram da manhã, eles vieram pra tarde, eu não lembro muito bem como é que é a história. Mas eles ficaram. Eram meus alunos. E foram alfabetizados novamente. Não tinha psicóloga. Foi com a coordenadora. E deu resultado, viu?

— *São muitas informações, muitas histórias importantes...*

Wanda — E não vai ser fácil pra você, porque eu já te falei tanta coisa, tanta coisa que eu até me perco... na cabeça fica... sabe? (...) É como eu te digo: eu não tenho muito tempo ainda de prefeitura não. Mas enquanto eu não formar a minha filha, eu não posso sair porque eu vou perder 500 a 600 reais me aposentando. Eu não posso perder esse dinheiro, eu não vou poder me aposentar (...). Eu vou ter quanto? Um ano e meio pra me aposentar? Com certeza eu vou ficar mais uns cinco, com certeza. Porque você vê, eu tirei minha filha agora da faculdade, pra pôr ela pra trabalhar! Você vê qual é a minha situação. Você pensa que eu me sinto feliz?

— *Com certeza, não.*

Wanda — Não. E outra coisa que eu me sinto muito infeliz também: eu já sou 21E.[3] Eu não tenho mais pra onde ir, eu não tenho mais pra que subir, eu não sinto vontade de fazer cursos, porque eu não preciso de pontuação mais nenhuma! Porque aquela vontade de fazer cursos pra você ser pontuada "Ah! Vou ficar com a letra B! Ai, passei pra 19, 19B!", entendeu? Eu já não tenho mais nada disso. Então, como eu fiz muito curso, como eu sempre fui muito esforçada, eu já estou no 21E bem antes de me aposentar. Eu não tenho mais pra onde correr. Eu falo às vezes pra quem eu encontro: "Pô! Me chama pro NAE[4], me manda pro NAE", porque no NAE você vai ganhar

---

[3] Último nível da carreira docente na Prefeitura do Município de São Paulo.
[4] Núcleo de Ação Educativa da Secretaria de Educação do Município de São Paulo.

um pouco mais, você vai trabalhar oito horas. (...) Eu preciso de incentivo de dinheiro, eu preciso, porque eu sou sozinha! (...) Mas graças a Deus eu estou enfrentando. Devendo todo mês pro banco, mas enfrentando.

— *Tomara que uma hora passe...*

Wanda — Se Deus quiser, porque tem muitos atrasados, sem esperança de que venham. Muitos. E não tenho como subir. Aparece curso, eu penso assim: "Eu só vou gastar gasolina". Eu vou deixar de ficar com a minha mãe depressiva lá em casa. Eu até gosto de sair, adoro fazer trabalhos manuais, por exemplo, é o que eu amo de paixão. É uma coisa que me faz bem. Mas eu não vou fazer. Aparecem coisas assim, mas eu não vou, porque eu só vou gastar. E os cursos da escola são a mesma coisa. Daqui pra frente, se eu for, eu só vou gastar. Eu não vou. E eu fiz o melhor curso que teve até agora, que faz quase dois anos, que foi o tal do PROFA[5], que parece que voltou. Ouvi dizer que tem gente que está indo fazer à noite, não sei, vai saber. Se fosse agora, eu dou aula à noite, eu não faria. Eu fiz com o meu carro, com a minha gasolina, indo lá no NAE, por força de vontade. E esses pontos, eu nem imaginava, já nem valeram mais. Mudei pro 21. E sem eles. Mas eu fiz por vontade. Agora eu estou sem essa vontade. Eu não sei o que aconteceu. Eu estou com o incentivo baixo.

— *Muitas coisas, não?*

Wanda — E eu ando desanimada. Se bem que o que me distrai mesmo são os meus alunos atualmente. Porque minha vida em casa está difícil. Então, é aqui na escola é que eu estou tentando...

— *Então tem que continuar aqui na escola...*

Wanda — Mas é o que eu te falei, eu não vou me aposentar. Hoje se aposentou a Aninha, a professora de português. Ela já não vem mais hoje. Mas o que ela tem? Ela fala inglês, ela dá aula particular pra estrangeiros aprender português e ela ganha uma grana. E ela é rica, é casada com marido rico, vem de família rica, mora no Morumbi e tal. Então, ela não vai sofrer, como eu vi muitas que ficaram em depressão porque se aposentaram. (...) Ela podia estar contribuindo ainda muito tempo aqui na escola. Então, ela não precisa, ela quer a aposentadoria dela. Não vai ser o meu caso. Eu não tenho mais como subir e isso me desanima. Porque eu sei que eu vou precisar do dinheiro, vou ficar aqui, não vou pedir aposentadoria... ou, pelo menos, esperar mais um qüinqüênio. Juntar qüinqüênios, de cinco em cinco anos, pra poder ganhar um pouquinho mais. Ela já não precisa. Ela vai perder 600 ou 700 reais. Ela não tem necessidade disso. Ela tem maridão, mora numa baita casa. Ela tinha um irmão, o irmão faleceu e toda a herança da família é

---

[5] Curso de formação de alfabetizadores oferecido a professores da rede municipal de ensino.

dela. É gente portuguesa, de dinheiro. Ela não tem... É uma pessoa feliz. Os problemas dela são os filhos adultos. Ela tem problemas, lógico, como todo mundo tem. Mas é diferente. Encara com mais facilidade.

Entrevistadora: Aline Lunardelli Lara

Esperança e desencanto

Helena tem 34 anos, é negra, casada, tem três filhos (de 15, 12, 10 anos) e uma filha de 6 anos. Foi criada em Mato Grosso e com dez anos de idade veio para São Paulo. Rosa, 48 anos, negra, casada, mãe de três filhos (22, 16 e 7 anos), nasceu em Goiás, foi criada em Mato Grosso com a família e veio para São Paulo ainda jovem. Ambas são mães de alunos da rede pública de ensino fundamental da cidade de São Paulo. Na época da entrevista, trabalhavam em uma cooperativa, seus maridos estavam desempregados e moravam em uma favela. Embora o motivo da entrevista fosse a escolarização dos filhos, seus depoimentos são marcados pelo relato de histórias de vida de mulheres-mães que não tiveram infâncias escolarizadas como a que pretendem para os filhos. Relatam suas próprias histórias na chave do abandono e do desrespeito, nas condições materiais precárias das famílias de origem. Falam da tentativa de mudar a história dos filhos, sempre perpassada de sacrifício e luta. Helena diz: "Percebi que eu estava fazendo com meus filhos o mesmo que minha mãe fez com a gente", referindo-se a relações familiares dominadas por violência física e desamparo.

Ela fala de um filho que estava analfabeto quando cursava a terceira série. Para ser alfabetizado, teve que freqüentar, durante dois anos, a sala de aula regular pela manhã e uma Sala de Apoio Pedagógico (SAP) duas vezes por semana no período da tarde. Relata que na SAP ele passou a aprender, a se interessar pelas coisas da escola, pois lá realizavam atividades estimulantes: artes, criação, jornal, mural. Considera também ter sido decisiva a participação dele nas atividades esportivas do Centro Poli-Esportivo da Universidade de São Paulo, onde fazia canoagem sob a condição de ter boas notas na escola.

Embora faça uma crítica à ausência de atividades que motivem o interesse e a participação dos alunos na sala de aula regular, Helena sente-se impotente perante um filho que apresenta dificuldades de escolarização. Ao mesmo tempo em que tem clareza de que a família é injustamente responsabilizada pelo que ocorre com seus filhos na escola — "eles dizem que o problema é em casa" — busca neles as possíveis causas das dificuldades que tem na escola. É assim que lhes atribui preguiça ou imaturidade, e deposita no esforço individual a possibilidade de superação dos problemas.

Hoje, quem vive essa situação é Rosa: seu filho está na terceira série e não sabe ler nem escrever. Para explicar essa situação, ela menciona o fato de ele não ter cursado o ensino infantil para crianças de quatro a seis anos, e ter sido matriculado na primeira série com seis anos. Culpa-se pelo fato de não ter podido matricular o filho em uma Escola Municipal de Educação Infantil (EMEI) por falta de dinheiro, sem comentar o absurdo da escola pública (e, portanto, gratuita) não ser de fato gratuita: "esse negócio de EMEI gasta muito pra foto, teatro, associação de pais, é dinheiro que não acaba mais".

Apesar de dizer que "esse negócio da progressão" (referindo-se ao recente regime de progressão continuada implantado nas escolas públicas do Estado de São Paulo) tem relação com o fato de os alunos estarem sendo promovidos mesmo sem aprender, Rosa ressalta a falta de dinheiro da família como causa do problema, assumindo a responsabilidade por ele. Essas explicações nos revelam que essas mulheres responsabilizam-se pela escolarização de seus filhos mesmo que não contem com o direito a uma educação pública de qualidade. Quando seus filhos não vão bem na escola ou não podem freqüentar uma EMEI, elas responsabilizam a falta de dinheiro.

Na concepção que têm de escola, convivem representações contraditórias. Em alguns momentos, falam da escola nos termos do discurso oficial — como instituição que permite o desenvolvimento das crianças, como espaço no qual elas crescem e aprendem. Em outros, a escola é vista como palco de situações dramáticas, que revelam o despreparo dos educadores, a arbitrariedade no exercício do poder e as más condições do ensino. Helena indaga: "Será que eles não têm preparação pra entender o aluno, pra conseguir conversar?"

Helena entende o descontrole das professoras como reação às más condições de trabalho: "são quarenta alunos de manhã e outros quarenta à tarde". Ela diz: "Chega uma hora que a gente não é de ferro, a gente extrapola". Ela se identifica com essas mulheres que, como ela, trabalham, estudam, cuidam da casa e dos filhos. Rosa vai mais longe na assimilação do discurso ideológico que culpa os alunos: "Já falei pra professora: 'não pode deixar ir para a 4ª série sem saber de nada!' Isso é que não pode". Embora Rosa critique esse tipo de ação da escola, ela localiza o problema no aluno que está na 4ª série e não aprendeu nada, e isenta as práticas escolares cotidianas da responsabilidade desse tipo de situação.

Helena fala do sacrifício que é cuidar dos filhos e trabalhar durante todo o dia. Um sacrifício cheio de sustos, como no dia em que o tanque de lavar roupa caiu em cima de dois de seus filhos. Ambas falam com tristeza da solidão de seus filhos mais novos. Helena exemplifica essa solidão quando fala de sua filha caçula, de sete anos, que freqüenta a escola no período da manhã e passa a tarde sozinha em casa, dormindo ou vendo TV. Sentem-se culpadas e responsáveis por terem que trabalhar durante todo o dia enquanto seus filhos permanecem apenas três a quatro horas na escola.

Helena conta que o Conselho Tutelar a critica por um filho seu, de 15 anos, ser ajudante de marcenaria enquanto ele deveria estar apenas estudando; que os policiais a julgam uma mãe descuidada porque o tanque caiu sobre seus filhos; que a escola a culpabiliza pela agressividade do filho. Em um cotidiano de dificuldades, as formas de educar podem endurecer em nome da tentativa de ensinar aos filhos controle sobre as adversidades. Rosa e Helena são mães severas que procuram ensinar o respeito às regras do jogo social à custa de ameaças e punições, como uma maneira de protegê-los. A severidade na relação com os filhos é diretamente proporcional à tristeza e à humilhação vividas em situações como a que "não dava para comprar um pão". É por essa via que tentam, como único recurso que lhes resta, desenvolver nos filhos algum controle sobre suas vidas, pelo exercício do controle individual — controle que, como veremos, elas crêem que pode ser posto a serviço da contenção da própria "natureza" de cada um. Tudo se passa como se a falta de limite individual fosse a causa das situações de pobreza, fracasso, uso de drogas e outras.

Quando falam da escola, não falam de aprendizado, mas da obtenção do diploma. O mercado dos cursos extra-escolares também comparece a serviço desse mesmo fim. Rosa critica o marido por não ter tido a iniciativa de comprar o certificado de um curso no SENAI que hoje custaria 50 reais e é requisito para o emprego em empresas. Fazer o curso é caro, custa 250 reais, e quem "trabalha fazendo bico" não tem tempo e nem dinheiro para fazê-lo.

Essa desvalorização da aprendizagem não se limita, porém, aos usuários da escola pública fundamental. Os próprios critérios institucionais de avaliação estão impregnados dela — consegue terminar os estudos e obter o diploma quem tem bom comportamento. Numa escola cada vez mais descomprometida com o ensino, a disciplina como critério de boa escolarização passou a ser o critério por excelência de aprovação.

Helena concluiu o ensino médio há dois anos, em um supletivo do 2º grau, e agora quer reforçar suas chances de emprego. Pretende fazer cursos complementares que a preparem para o trabalho: cursos de computação, de qualidade de vida, de qualidade de atendimento ao cliente. Para justificá-los, ela argumenta que, sendo nordestina, fala muito alto e precisa aprender a agir de outro modo no trabalho. Com humor, ela diz: "...é curso de contenção, contenção de instinto nordestino!"

Adriana Marcondes Machado

Entrevista com duas mães de alunos da escola pública fundamental

"Já falei pra professora. Não pode deixar ele ir pra 4ª série sem saber de nada! Isso é que não pode".

Helena — Ser mãe de aluno de escola pública não é fácil. O problema é quando fica adolescente, como é o caso do Paulo. Tenho quatro filhos — o Paulo, o Carlos, o Rafael e a Maiara. Ele está na 8ª série. Aí vem reclamação, muitas vezes tem que ir à escola, e você reage com seu filho porque você não sabe mais o que fazer, como fazer. Você é a errada, entendeu? Você cansa de ter tanta reclamação na escola.

— Reclamação da escola em relação a quê?

Helena — É que ele fala muito, brinca muito, bagunça muito, mexe com os colegas, entendeu? E quando você toma uma atitude, você é errada. Ou você vai lá pra ouvir o que as professoras têm para falar das reclamações ou você simplesmente cruza os braços e espera ver o que acontece. No meu caso, até hoje, só reclamaram. Ninguém nunca chegou para mim e falou assim: "Olha, vamos ver se a gente faz isso ou aquilo, pra ver o que está acontecendo". Na minha casa, meu filho não tem nenhum problema, ele só tem problema na escola. E isso apareceu neste ano, porque antigamente ele não tinha nenhum problema, nenhum. [pausa] Ouvi da professora de português que ele era líder, líder, entendeu? Líder dos meninos da escola, como se ele fosse o gangster e os meninos apenas obedeciam as coisas que ele mandava, que ele falava, você entendeu? Isso é muito ruim, eu acabei perdendo a paciência e batendo nele na frente de todo mundo. Eu fui lá conversar, os professores na minha frente, e aí uma das professoras de português falou: "Seu filho é metido, entendeu? Ele é considerado um *gangster*, um líder de todo mundo da escola". Foi isso que ela falou.

— Como foi ouvir isso, Helena?

Helena — A minha reação foi normal: eu bati nele! Ele estava sentado do meu lado e eu bati nele, entendeu? Sabe o que é você virar assim e "PÁ?" Eu fiz isso. Foi o susto. Eu sei que na escola a primeira coisa que eles fazem é falar: "senta e faça aí a lição, depois a gente vê se você tem certeza do que está falando". Qual a reação que uma mãe tem diante de um monte de reclamação? Falar, você fala e não resolve. A minha reação foi bater. [pausa] Foi essa, foi bater [fala nervosa]. Agora, porque eles reclamam tanto? Será que não tem um jeito deles também... sei lá, fazerem alguma coisa, uma organização? Será que eles não têm uma preparação para entender esse aluno, para conseguir, sei lá, conversar? É só reclamar, reclamar, reclamar?

— *Você está falando que o pessoal da escola poderia ter idéias do que fazer...*

Helena — É, porque quando o aluno não está aprendendo direito eles fazem coisas. Disso eu não posso reclamar, porque eles têm SAP [sala de apoio pedagógico], é muito bom. Eu também tive um filho nessa situação de repetir todo ano e depois que entrou lá pra SAP, agora ninguém segura o moleque.

— *Quando o problema foi não estar aprendendo, teve a SAP. Como foi a SAP para ele?*

Helena — Ele ficou lá dois anos Tem psicólogo, tem um monte de coisas que podem ajudar. Hoje em dia tem. Antigamente não tinha, mas hoje tem, para poder ajudar esse aluno.

Mas, olha só o Paulo. Eu... eu... a escola nunca falou nada, sempre falava que ele era bom, que era bom. [pausa] Não sei, não sei. Porque o moleque vai bem em casa, ele estuda, faz curso, não tem reclamação; ele joga, não tem nenhuma reclamação, é ótimo, maravilhoso. Porque ele só tem reclamação na escola?

— *Como ele está na escola?*

Helena — Agora vejo uma mudança no Paulo, porque ele tá fazendo um curso em que ele tem que ler o tempo inteiro.

— *Curso de quê?*

Helena — De computação. É fora da escola. Talvez isso esteja estimulando mais ele a ler. Porque ele precisa ler, ele tem que tirar no mínimo nota oito nas provas. Então ele é obrigado a ler, ler, ler. A gente paga e não é pouco! É bom para ele aprender. Carlos [o outro filho] aprendeu na SAP. Antes da SAP ele não sabia nem o A, E, I, O, U. Na 3ª série, a professora me chamou e falou: "Olha, mãe, eu vou reter o Carlos. Ele é bom, ele é ótimo, mas eu não acho justo passar um menino que já está com um problema anterior, que já foi para a 3ª série com esse problema, porque ele tava na terceira vez na 3ª série. Se a gente colocar ele no SAP, ele vai. Eu tenho certeza que ele vai! Então eu vou reter o Carlos". Já estava terminando o ano!

— *Ele ia continuar na sala regular e também freqüentar a SAP?*

Helena — É. Porque passar para 4ª série sem saber nada de novo ia ser ruim! E ela falou isso comigo. Foi super bem! Foi ótimo!

— *O que a SAP ofereceu para ele, que era importante ele ter?*

Helena — Cultura... arte. Eu acho que ele teve algum êxito porque ele tava fazendo alguma coisa que ele gostava. O Carlos não gostava de estudar [pausa]. Agora ele está estudando. Antes se você falava: "Carlos, você não vai fazer lição?", ele chorava. Ele não gostava de estudar. Ele aprendeu a gostar de estudar depois da SAP.

— *Então...*

Helena — E eu acho que o que estimulou ele a estudar mais também foi o CEPEUSP[1], porque lá para você jogar, ficar lá, as crianças da comunidade dependem de nota. Ele gosta. Ele faz canoagem. Para ele, isso é a vida. Parece um peixe.

— *Você fala de um monte de coisas que as crianças se interessam: arte, cultura, esporte. Mas tudo isso está fora da sala de aula regular. Como é na sala regular?*

Helena — Não tem essas coisas com a professora que ensina a ler. Um dia o Rafael, que nunca repetiu, contou que a professora ficou brava com as primeiras provas dele e rasgou as provas. Ele chegou em casa chorando, e eu falei: "Rafa, o que está acontecendo com você?" Ele disse: "A professora rasgou minhas provas. Eu vou ficar sem nota porque ela rasgou as provas!". Perguntei o que ele estava fazendo, e ele disse que tinha uns meninos lá bagunçando, e ela, simplesmente, por causa dos meninos que estavam bagunçando, rasgou as provas de todo mundo.

Aí eu falei para ele: "Então vou ligar lá para escola". Aí, eu falei com a diretora e ela disse: "Nem sei o que está acontecendo na sala de aula". Porque a diretora fica embaixo. Eu falei: "Mas como não? Os alunos, mais de 40 — acho que são 42 alunos que tem na sala dessa professora — e a senhora não sabe de nada? Pois eu estou indo para escola agora e pode segurar a professora que eu estou chegando". Fui pra escola, levei o Rafael comigo, quando cheguei lá, tinha mais três mães que os filhos tinham chamado e que vieram reclamar. Conversamos com ela, ela ligou para as mães dos alunos na nossa frente pedindo desculpas para os pais e avisou que ia dar a prova de novo. Ela pediu desculpas para todo mundo. Na reunião de pais que teve de novo, ela tornou a pedir desculpas para todo mundo.

— *E por que isso aconteceu?*

Helena — Ah, sei lá, instinto, entendeu? Ela perdeu a cabeça, meu, você fala, fala, fala e o aluno não escuta. Acho que comigo aconteceria a mesma coisa.

---

[1] Centro Poli-Esportivo da Universidade de São Paulo.

O grupinho não atrapalhou só ele, atrapalhou a sala inteira. (...) Ela explodiu, simplesmente chegou uma hora que ela não conseguia mais. Porque, olha, muitos professores não dão aula só em uma escola, eles dão em várias. Você já imaginou agüentar várias classes de 40 alunos — na classe dela tem 42 — você já imaginou? Chega uma hora que você não é de ferro, você também é gente! Não dá, entendeu? A gente tem um pouquinho do ser humano e tem um pouquinho do lado animal, na hora que extrapola, ele...

Rosa — Essa época de hoje está difícil. Porque na nossa época de criança, a gente respeitava o professor igual respeitava os pais. Aí, você aprendia, você tinha o respeito, você não respondia. Hoje em dia, se o professor vai tentar resolver algum problema, morre, porque eles matam. Ontem mesmo, você viu? Mataram dois professores ali no outro bairro. Eles estavam bagunçando dentro da classe, o professor foi falar... Mataram dois professores. Hoje em dia não dá mais para fazer o que tem que fazer. O problema é esse.

Helena — E a gente recitava poesia, né, Rosa? Desfilava no Sete de Setembro. Quantas e quantas vezes eu não recitei poesias na escola.

Rosa — Meus filhos foram santos porque nunca teve problema na rua, na escola. O único problema que tenho agora é com o menor, o de sete anos, que está na 3ª série e não sabe ler! Eu falei para professora: "Assim não dá, assim não dá!"

— *Sete anos na 3ª série?*

Rosa — É, entendeu? Não sabe ler, eu vou contratar uma professora e pôr ele pra estudar.

Helena — Ele está com sete anos na 3ª série?

Rosa — É.

Helena — Com sete anos era para ele estar na 1ª série!

— *Ele acabou a EMEI com cinco anos?*

Rosa — Não, ele entrou direto com seis anos porque esse negócio de EMEI gasta muito dinheiro. Agora que eu estou trabalhando, tô ganhando um pouquinho mais. Antes era 200 reais pra tudo: comida, pra roupa, sapato, pra tudo, entendeu? E na EMEI toda semana tinha que mandar dinheiro... E mãe que não manda fica marcada. É dez reais para foto, dez reais para teatro, dez reais... é dinheiro que não dá, minha filha! Eu não tinha condições para isso! Então, ele está na 3ª série. E esse ano ele não vai passar para 4ª série de jeito nenhum. Já falei para professora. Não pode deixar ir para 4ª série sem saber nada! Isso é que não pode!

— *E como ele foi passando?*

Rosa — Essa coisa de não repetir, da progressão[2]. A maioria das crianças da sala dele não sabe mesmo. Colocaram em um curso agora, de reforço. Eles ficam das sete da manhã às duas da tarde. Três vezes por semana. Daí, fui lá e perguntei: "Vai dar lanche, vai dar almoço?" Eu falo para o meu filho mais velho: "Não sei o que está acontecendo com seu irmão. Ele não sabe ler. Será que está acontecendo alguma coisa?" Eu chego em casa tarde, sabe? E ele é um menino bom, sabido. Não sei se tem alguma coisa. Chego em casa, ele está lavando louça, ele lava louça, lava fogão, limpa a sala. O outro lava lá fora, o outro lava o quintal, entendeu? Todo mundo ajuda... Tenho preocupação com o pequeno. Mas, depois do reforço, já está escrevendo o nome dele.

— *E como você está fazendo para ele ir para o reforço?*

Rosa — Ô, Adriana,... [suspira] sozinho... Olhe, eu tenho um filho de 22, ele trabalha até uma da manhã, quando é de manhã vai para o curso. O outro vai para escola dele e quando chega da escola vai para o curso e fica lá até duas horas... Esse de sete anos, ele vai e volta sozinho. Ela passa no farol e tudo. Daí ele come, eu deixo tudo prontinho... ele vai e esquenta, come e lava a louça. Nos dias que tem reforço, ele fica lá mesmo... só vem pra casa de uma vez. Tem que se virar, tem que se virar... toma banho, já lava a cueca. Lavar cueca já sabe, né? Passa roupa. E tem sete anos.

— *Vocês falam da luta que vocês duas têm para manter os filhos na escola, e nas atividades que fazem fora. Tem que pensar na rotina, tem que deixar pronta a comida. É uma luta.*

Helena — Também agora, até para catar lixo você tem que ter a 8ª série. Se não, não cata lixo [risos]... O meu mais velho, o Paulo, é da 8ª série. Ele está se preparando para ir trabalhar... já. Porque esse curso que eu pago para ele é completo, entendeu? É um curso profissionalizante... eu levo ele... Eu pago noventa reais mensais, vai terminar o mês que vem. Gasta condução também. Era cento e vinte. Eles deixaram por noventa porque a gente que paga o transporte. Ele também ganha um dinheirinho. O Conselho Tutelar caiu em cima de mim porque ele já está trabalhando como ajudante de marcenaria. Meu irmão trabalha em um Instituto lá na USP [Universidade de São Paulo] e levou ele para dar uma mão. Mudar uns armários, esse negócio todo...

— *E na escola, Helena?*

Helena — A única coisa boa que ele está falando da escola agora é que eles vão apresentar uma peça de teatro sobre a violência. Ele já comprou um *rayban* e também aquelas toucas, sabe? Porque ele [o Paulo] é um dos marginais. A apresentação é pra eles arrecadarem dinheiro para a formatura, ele está treinando em casa e eu fico olhando pra

---

[2] Refere-se ao programa de progressão continuada.

ele, eu fico vendo aquele bandidão mesmo... assim, como em um filme, sabe? Aqueles que o cara é *gangster* mesmo...[risos] ele fica treinando em casa com o irmão dele, é a única coisa boa ultimamente que ele fala da escola. Eu também estudei nessa escola que ele estuda. Fiz supletivo até 2000. Eu estava trabalhando o dia inteiro, cuidava da casa e estudava à noite. Mas aí eu tive uma dor de cabeça muito grande e precisei fazer alguns tipos de exames. O médico falou pra mim que era porque eu estava fazendo muita coisa e eu não estava agüentando, entendeu? Estava explodindo já. Aí ele falou: "Você vai ter que escolher uma dessas coisas". Aí eu escolhi parar a escola, pra forçar menos... a mente. Hoje em dia meu marido busca a caçula, que estuda de manhã. Ela fica sozinha o resto da tarde. Sozinha. Tranco a porta, depois tiro a chave. E ela fica só, dou a mamadeira para ela, ela dorme. É que ela toma mamadeira. Ela come na escola. Eu não vejo minha filha. Eu saio, ela está dormindo, eu chego, ela já está dormindo... Um dia ela virou para mim e falou assim: "Mãe, você ainda mora aqui"? Nossa, aquilo acabou comigo... porque não dá, é muita correria. Deixo a televisão ligada, eu peço para vizinha de frente dar uma olhada se ela aparecer na porta... para ver se está bem.

— *Como ela olha pela porta?*

Helena — Tem um vitrozinho lá. Uma janela que fica aberta, então, dá para ela ver. Mas já teve situação da gente ir para cooperativa, ficar o dia inteiro e passar muito do horário. Quanto mais contrato tem, mas a gente trabalha. Quando tem poucos contratos, a gente trabalha menos. E eles ficavam sozinhos. Um dia, aconteceu que o Rafael inventou de subir no tanque com o Carlos. O tanque caiu em cima deles. O Carlos levou 21 pontos debaixo do pé e o Rafael, 13 na perna [ficou com a voz embargada].

— *Quem socorreu eles?*

Helena — Minha vizinha. Nessa época, a porta ficava aberta, porque eles já eram maiorzinhos. A porta ficava aberta. Quando minha vizinha ouviu o barulho, ela correu para lá. Chegou lá, viu o Rafael, coitado, mas ela não viu o Carlos. Ela molhou uma toalha, enrolou a perna do Rafael, mas não viu que o pé do Carlos tinha tido um talho enorme, embaixo... Quando ela acalmou, foi dar água com açúcar para o Rafael, conversou com ele e disse: "Eu vou ligar para sua mãe". Ela estava no telefone e falou assim para mim: "Helena, vem correndo para casa que o tanque caiu no Rafael!!!" Quando ela falou isso, eu imaginei o lugar do tanque de cimento... falei: "Rafael está morto!" Foi a primeira coisa que me veio na cabeça. Então eu desliguei o telefone, não deu nem tempo de ela falar que o Carlos também tinha cortado o pé. Aí, quando eu cheguei lá, claro, o Rafael branco igual uma cera, de tanto sangue que esguichava, catamos o Rafael, quando a gente estava colocando ele no carro, ela vira para mim e fala: "não, mas tem mais um". No que eu olhei para o Carlos, ele estava também com o pé enrolado. Levei os dois.

— *Ó, Helena, que susto!*

Helena — Daí fomos para o HU [Hospital Universitário]. Minha sorte foi que eu estava, justamente neste dia, tendo uma entrevista no Conselho Tutelar. Eles sabiam que a vizinha olhava e que eu trabalhava todo o dia... se não...eu estava em cana. Em cana! O que ferveu de polícia naquele HU, em cima de mim, não foi pouco. Para os policiais, era descuido. Descuido de quem? Da mãe, que deixou os filhos sozinhos em casa, entendeu? Eles falavam: "Por que você não explicou pras crianças?" Por mais que você explique, ninguém segura criança... você entendeu? Eu querendo que costurassem meus filhos [fala aflita] e eles lá, perguntando. Hoje eu não tenho tanque de cimento e não quero tanque de cimento, nunca mais na minha vida.

Hoje é a Maiara que fica só. Ela fica só. Ela não gosta de ir para escola... porque ela sabe que, quando ela chega, ninguém vai ficar com ela. Ela odeia isso. Ela é ótima aluna. Quando chega, fica vendo televisão, dorme, joga no computador. Eu ganhei um computador do ex-patrão do meu marido, mandei arrumar, e ela fica jogando joguinho [silêncio].

— *Terminar o ensino médio é importante?*

Helena — É. Acho que eu vou ter mais, assim... na área profissional, eu vou ter mais conhecimento. Eu... faço cursos, sempre que eu posso eu faço cursos, sabe? Eu estou sempre fazendo alguma coisa. Faço cursos para complementar. Porque a tecnologia está sempre inovando, você entendeu? Se você aprende e pára... você pára no tempo, entendeu? Então você tem que continuar. Eu já fiz um monte de curso. Tenho oito diplomas de cursos pela CONTEC: qualidade de vida, qualidade de atendimento ao cliente..., porque é assim, filho de nordestino fala alto, entendeu? Tem um monte de coisa que no seu trabalho não dá para você fazer. As pessoas olham com maus olhos, entendeu? "Ai! Você é histérica, você só fala gritando!" Eu no meu serviço, eu tenho que falar de um jeito, na minha casa pode ser de outro [risos]. É curso de contenção, contenção de instinto nordestino, e eles deram o nome de qualidade de vida!

Entrevistadora: Adriana Marcondes Machado

A privatização da responsabilidade pública

Logo no primeiro contato, Helena nos contou, com bastante emoção, de um dia em que foi à escola para tomar conhecimento de reclamações a respeito de seu filho Paulo, de 15 anos, aluno da 8ª série numa escola pública. Ao ouvir a professora chamá-lo de "líder de gangue", Helena, muito aflita, agrediu-o na frente de várias educadoras. A depositação nos pais da responsabilidade do que acontece na escola com seus filhos, foi o tema central de nosso encontro.

Durante a entrevista, mãe e filho contam situações que revelam a força do discurso que atribui os problemas no processo de escolarização a causas individuais. Nossas tentativas de problematizar essa concepção, questionando, por exemplo, a falta de interesse do aluno em relação às coisas da escola como um dos fatores que produzem indisciplina, tiveram resultados contraditórios. Se em alguns momentos foi possível pensar com Helena e Paulo algumas práticas escolares responsáveis pelo fracasso escolar – como, por exemplo, as substituições de professores sem nenhuma continuidade no conteúdo ministrado – em muitos outros, os argumentos que culpabilizam individualmente as crianças e os jovens pelo fracasso escolar e pelas atitudes de indisciplina impregnaram as opiniões.

A palavra "bagunça" foi utilizada muitas vezes por Paulo. Em sua fala, a bagunça é causa dos problemas de aprendizagem e de disciplina, não tem relação com as práticas cotidianas da escola e precisa ser contida por ações individuais. Existem muitas aulas vagas sem professor, mas para Paulo a bagunça nesses horários deve-se à impossibilidade de utilizar a quadra de esportes e não à falta de professores. Paulo refere-se à prática freqüente, pelos profissionais da escola, de ameaças e de punição pela retirada de coisas que os alunos gostam, como futebol e festas. Ele concorda que é isso que se deve fazer para que um aluno preste mais atenção nas aulas, pois assim cria-se o medo de ficar sem diploma, e acredita que deveres não têm relação com direitos, mas com punição. Paulo explica: "o limite para parar de ficar bagunçando é ter que tirar nota".

Nos cursos e projetos que Paulo freqüenta fora da escola, a "bagunça" não acontece. Paulo justifica: "é que lá tem coisa que a gente não quer perder". O interesse e o sentido estão, portanto, em territórios extra-escolares. Como diz Helena, "nunca foi ninguém em minha casa reclamar do Paulo no Clube Esportivo da Universidade de São Paulo".

Paulo relata situações em que os alunos não são escutados. Nessas circunstâncias sente-se injustiçado. Quando ocorrem cenas nas quais Paulo se opõe de alguma forma à injustiça, ele tem que descer para "pegar uma ocorrência lá embaixo", com a diretora. Essas práticas reforçam a função disciplinadora da instituição.

A condição financeira dos alunos atravessa também o cotidiano escolar. Há chamadas nas quais a professora divulga o nome dos que pagaram e dos que não pagaram um certo valor para comprar um livro, sem consideração pelos efeitos subjetivos dessas práticas. Da mesma forma, acusar Paulo de ser líder de gangue desconsidera a aflição e a impotência que a acusação produz em um território no qual liderar uma gangue carrega significados muito negativos. Helena diz: "Na escola falaram que se eu não tivesse dando conta dele em casa, e se a escola não tivesse dando conta também, iriam encaminhar o Paulo para o Conselho Tutelar". Em continuidade com esta lógica Helena pondera: "Conselho Tutelar não dá conta de nada! Vai pra onde? FEBEM direto, né, minha filha? Então você imagina, eu ouvindo tudo isso, ele do meu lado, qual seria minha reação, entendeu?"

Helena conta que Paulo, quando pequeno, "pagava" pelas brigas entre ela e o marido e apanhava muito. Ela esforçou-se para mudar, pediu ajuda, estudou, foi atendida por profissionais da saúde, conseguiu produzir diferenças em um terreno bastante endurecido. Hoje age diferentemente com seus filhos e é respeitada em seu trabalho em uma cooperativa. Formou-se na escola em que Paulo estuda, onde é querida e valorizada pelas educadoras. Mas, quando as professoras a chamaram para contar que Paulo liderava uma gangue e "falavam que era por causa de casa", convocaram-na para um lugar de fracasso, desvalorizaram sua luta e anularam sua força. Ao bater em Paulo, denunciou o sentimento de impotência e os efeitos subjetivos devastadores da atribuição, pelos educadores, aos usuários da escola pública do que é, na verdade, produção coletiva do sistema escolar.

Adriana Marcondes Machado

Entrevista com dois usuários da escola pública fundamental: um aluno e sua mãe

"Está acontecendo alguma coisa na sua casa?"

Paulo — Eu estudo desde a 1ª série na mesma escola. Da 1ª à 5ª série eu estava bem na escola, aí eu relaxei um pouco...

— Da 1ª à 5ª séries você estava bem?

Paulo — Isso. Daí comecei a bagunçar. Aí minha mãe começou a ser chamada mais na escola. Conversava comigo. Aí vinha bronca e tal e a professora falava... aí eu dei uma parada. Agora eu só converso e elas ainda acham que eu sou bagunceiro.

Helena — É, aí me chamavam nas reuniões. Chegava em casa, conversava com ele, brigava com ele. Até o dia que eu perdi a cabeça e bati nele na escola. Foi no ano passado, né, Paulo?

Paulo — No ano passado, a professora chegou a falar pra minha mãe que eu era o chefe da... dos *gangsters*. Isso é um pouco chato, né? Mas assim, que nem agora na escola tem os psicólogos lá e, às vezes, você desce, eles conversam com você e tal... falam: "Ah, não vou chamar sua mãe dessa vez, vou ficar te observando", aí você compreende se eles conversam com você.

Helena — Aí ele parou a bagunça, entendeu? Mas aí vem um filho de Deus, um menino, e fura ele com o compasso. Daí, o que ele fez? Ele bateu no moleque de soco, de pontapé. Aí a diretora me chamou e falou: "Eu só não vou expulsar seu filho da escola porque eu conheço vocês, sei que a educação na sua casa é diferente do que ele anda fazendo aqui na escola. Senão, eu ia expulsar seu filho da escola". Foi isso que ela falou pra mim, entendeu?

Paulo — A professora não me ouvia.

— *E o que você dizia?*

Paulo — Assim: tudo bem, eu sou bagunceiro e tal, agito a bagunça, mas de vez em quando a professora também tem de chamar a atenção daquela pessoa que fica te zoando, e não sempre de você. Fica só tratando como incapaz, dá suspensão e tira nota.

— *Mas você ficou com essa marca: aquele que é da bagunça.*

Paulo — Na sala tem assim: lugares mais bagunceiros... onde ficam aqueles grupinhos, né? A professora, de vez em quando troca de lugar. Ela combina com os outros professores: "Bom, nessa semana, de hoje em diante, você vai neste lugar pra não ficar junto com os outros, pra você não bagunçar ou então não mexer com os outros", né? Aí muda um pouco, aí você conversa com outra pessoa.

Helena — Mas quando a bagunça continua, a professora chama a mãe.

Paulo — A escola tirou algumas coisas que tinha... Futebol na quadra na hora do intervalo. Tiraram por motivo de bagunça. Às vezes os alunos quebram os computadores. Tem gente que vai no computador pra fazer trabalho, tem gente que vai só para fazer desenho e bagunçar.

Helena — Já está chegando a uma certa violência, tem uns que quebram o computador, eles se machucam. Porque eu vi como ele chegou em casa um dia com as costas arrebentadas por causa de um moleque. Aí o que acontece? Bate no colega fora da escola. O que eu falei para ele: "E se você tivesse matado aquele moleque?" Você entendeu? Porque do jeito que o moleque ficou! É que você não viu o moleque! Ele podia ter matado aquele moleque!! Se acontecesse de dar um soco num lugar errado, o moleque tivesse morrido, eles estavam na FEBEM. Eu estava sofrendo, você entendeu?

Paulo — Às vezes você nem está bagunçando, mas pelo motivo de você chegar na escola conhecido como bagunceiro e tal... as pessoas já começam a dar apelidinho, fazer provocação. Aí começa "Ah, vou te pegar amanhã" e tal, né? "Melhor você não vir para escola senão eu vou te pegar". Aí começa, aí desce lá em baixo para pegar ocorrência. Os professores te chamam, dão uma dura lá embaixo, dão um sermão. Aí falam: "Se você não parar, vou chamar sua mãe".

— *Eu fico pensando: o que será que produz essa bagunça?*

Paulo — Ah, não sei, às vezes é por você morar na favela, no morro. Ficam te zoando.

Helena — Daí, quando tem bagunça, chamam os pais e a primeira coisa que eles perguntam é se tem algum problema em casa. "Está acontecendo alguma coisa na sua casa?" Era isso que perguntavam para mim, não foi Paulo? Eu falei: "Não! Ele é um bom menino em casa. Ele é um bom menino no CEPEUSP" [Clube da Universidade de São Paulo]. Nunca foi ninguém na minha casa reclamar do Paulo lá do CEPEUSP. Nem os professores, nem os psicólogos, nem ninguém, entendeu? Ele faz um curso de computação que termina agora esse mês. A última parcela pagamos hoje graças a Deus. Ufa! Nem acreditei. Lá nunca teve reclamação, eu fui lá eu trouxe o boletim dele, porque de tanto eu falar que ele era bagunceiro na escola, lá no serviço, eu queria mostrar o dia que ele tirou nota dez, porque lá no curso de computação ele só tira dez. Ele não é o mesmo que está na escola.

— *Na escola parece que as coisas são diferentes do que no curso de computação.*

Paulo — Meu interesse na escola é... nota.

— *É nota?*

Paulo — Tem que ter algum limite para você parar de ficar bagunçando. Também tem que fazer prova, deixar as matérias em ordem. A diretora falou que se eu não parasse eu ia ser expulso da escola.

— *Você fala como se só a ameaça de não ter nota, de ser expulso e ter advertência é que funcionasse.*

Helena — É, ameaça! É, ele só pára porque tem uma ameaça.

— *O que faria uma pessoa parar de falar numa sala de aula?*

Paulo — Prestar mais atenção na aula.

— *Mas para quê? Quando ela tomaria essa decisão sem ser por ameaça?*

Paulo — Hãmm... acho que é assim: porque na escola acho que ela pensaria assim: se eu não estudar, eu vou ficar retido, e tal, esse ano.

— *Isso é ameaça.*

Paulo — Mas... acho que é assim: se interessar mais na aula e tal.

— *Será que a bagunça não é um sinal de que não se está tendo interesse nas coisas de escola? Como é que está você na 8ª série? O que tem aprendido?*

Paulo — Tem matéria que eu estou entendendo. Agora estou zoando menos, tem a comissão de formatura. Vou às reuniões. Eu estou parando de bagunçar. As professoras falam: "Sua mãe é batalhadora, vê se se esforça mais". Aí você fica pensando naquilo, né? Você chega em casa, vê sua mãe chegar tarde, cansada do trabalho, e você só bagunçando, aí você tem que raciocinar um pouco e tentar parar um pouco.

Helena — A única com quem ele conversa sou eu, entendeu?

Paulo — Às vezes você fica até chateado, a professora sempre fala: "Lá fora é bem mais difícil do que aqui". Então você pensa, que nem o caso do meu pai, ele não tem um grau de estudo. Ele só tem até a 4ª série. Fica nervoso. Para arrumar um trabalho fica até meio chato. Eu também, já era para eu estar no 1º ano do ensino médio. Fica um pouco chato você com 16, 17 anos sem aquele estudo que você precisa para arrumar um emprego.

— *E como é esse estudo que precisa para arrumar um emprego?*

Helena — Acho que falta muita coisa ainda na aprendizagem do Paulo. Ele estuda só para tirar nota e ter diploma.

Paulo — Porque até o ano passado eu não estava interessado em nada, agora eu parei um pouco, eu estou me interessando um pouco mais pelas matérias. No ano passado, só tive nota vermelha.

— *Como você passou?*

Paulo — Porque todos passam. É a progressão.[1]

Helena — A escola tem que incentivar. Na escola eu fazia teatro, eu parei. Eu fazia dança e parei também. Era bom. Agora eu quero fazer mais cursos. No Brasil que nós vivemos hoje, está precisando, né? Mesmo que você tenha o 2º grau completo, não tem emprego. O diploma não garante. Assim... porque... se você for fazer uma ficha depende da sua letra. Eu acho que poderia ser melhor na escola, poderiam dar mais, a 8ª série poderia dar mais coisa, poderia exigir mais, poderia fazer eles pensarem mais, né?

Paulo — Que nem essa professora de ciências, ela é nova, né? O nome dela é Teresinha. Ela passou uma prova completamente doida. [risos]

Helena — Como é que é?

Paulo — A sala tava numa bagunça geral. Ela falou: "Eu vou dar prova hoje, não quero saber" Daí ela começou a falar: "Vou passar na lousa se a sala inteira ficar quieta". "Aí todo mundo ficou quieto e ela não passou. Começou a ditar rápido". Eu cheguei nela e falei: "Professora, você vai não vai passar na lousa?" Ela disse: "Não, só quando a sala ficar quieta". Peguei, falei: "A sala ficou quieta, professora, porque você não passou?" Ela pegou e falou "Vá fazer!" Eu falei: "Também não vou fazer, né? Não sou obrigado a fazer se você também não quer passar na lousa". Ela mandou eu e meu

---

[1] Refere-se à progressão continuada.

colega descer e pegar uma ocorrência lá embaixo. A prova era doida, de matéria que não tinha sido dada. Ela falou que ia cair coisas das outras professoras que tinham ido embora e que tinham passado no começo do ano. No começo do ano, deram o livro para gente e chegou a primeira professora. Ela foi embora e a segunda professora trocou o livro. A gente não sabia direito qual era a matéria, porque a segunda professora passou outra matéria e trocou o livro. Daí, chegou essa terceira professora e falou que ia passar essa prova completamente louca.

Helena — Mudou muita gente dessa escola. A diretora também mudou. Eu acho que o outro pessoal era melhor.

Paulo — Saiu todo mundo, tinha até dentista na escola. Acabou.

Helena — Tinha dentista, tinha tratamento com o posto, de bronquite, tinha tudo. Tinha passeios...

— *Parou por quê?*

Paulo — É motivo da bagunça mesmo, elas falam. Agora vai ter a festa junina que a gente arrecada dinheiro para a Casa de Criança com AIDS. Nós fazíamos bingo às vezes. Nem era para doar, a gente fazia mesmo para arrumar os computadores, né? Também para pintar, reformar o prédio. Também tinha a APM [Associação de Pais e Mestres], a gente todo mês pagava, durante todo o ano. Você dava o tanto que você podia. Aí, tipo assim: acabava seu caderno hoje, você podia ir lá embaixo, e pegava outro, e tal. Aí, isso foi começando a complicar. Dava o dinheiro da APM, tal, só que pra você pegar um caderno, você tinha que ter autorização do professor. Ele tinha que autorizar você pegar, porque começou a ter bagunça, né? Todo mundo descia, pegava, tal, né? A escola começou a ter um controle. Veio esse ano, nunca mais. Parou. Todo mundo tem o direito de pegar um caderno, mas pagando a APM. Tem gente que dá o dobro ou menos do que você. Às vezes tem gente que tem mais condições do que você, paga APM, né? E tem gente que vai lá, pega sempre as coisas mesmo sem estar precisando, e aquele que está precisando, fica sem direito.

— *Quer dizer, uma escola pública que dá prioridade para aqueles que têm dinheiro.*

Helena — Ah, você tem o exemplo lá da professora que diz ter pedido um real...

Paulo — Era para gente comprar um livro. Todo ano, as oitavas séries dão um real, e esse livro vai ficando para quem vem chegando. E ela tava querendo um real para comprar um livro. Na sala quase ninguém pagou, e eu ia pagar. Minha mãe não tinha condições de me dar e meu tio falou: "Tem um serviço lá, eu vou te levar para você me ajudar. É uma marcenaria que nós estamos fazendo". Eu recebi o dinheiro, mas eu não quis pagar. Aí, a professora começou a falar que quase ninguém pagou. Ela falava o número da chamada e se tinha ou não pago. Não paguei. Que nem no ano passado, a professora queria cinco reais para comprar estêncil, a gente precisava levar. Ela comprava estêncil, folha de sulfite, tal, mas quando era dia de prova, a gente arrancava folha do caderno para fazer prova. Comecei a reclamar, desci lá embaixo...

— *Vocês contaram um monte de coisas. Há situações em que a escola foi acolhedora, há situações em que o pessoal da escola responsabilizou a família por uma coisa que a escola não estava dando conta.*

Helena — Teve um dia que eu não agüentei. Bati nele quando me falaram que ele era líder de gangue. Depois, ele me contou que na hora que isso aconteceu, ele olhou para a cara da professora e resolveu engolir o choro para não mostrar para ela o que ele estava sentindo.

Paulo — Ela falava mal de mim direto. Aí minha mãe me deu um tapa na frente dela. Chorar na frente dela seria uma vitória para ela. Então eu peguei e segurei, fiquei na minha. Aí, como tentar melhorar já no final do ano? Não tem como.

Helena — Ele ficou repondo aulas, fazendo aulas de reforço. Eu falei para ele: "Olha, Paulo, tudo isso que você está passando, está doendo mais em mim do que em você", porque o Rafael [outro filho de Helena] foi viajar, o Eduardo [marido de Helena] foi viajar, ficou só eu, ele e minha filha mais nova em casa nas férias. A gente podia ter aproveitado muito mais, porque meu marido tinha sido mandado embora. A gente foi viajar e ficamos 12 dias viajando e a gente podia ter ficado muito mais. A gente podia ter aproveitado muito mais, porque demorou um ano sem ver minha mãe, o tempo que eu tinha para ficar mais tempo com ela.

— *Você se lembra muito dessa história não é, Helena? A gente conversou disso lá na cooperativa, depois um outro dia, e agora hoje.*

Helena — Foi uma cena horrível [Helena chora]. Não era isso que eu queria, não era bater. Minha reação foi essa, bater nele. A maneira que ela falou. Ela chegou assim. pra mim e pra ele, e falou: "olha, para dizer a verdade, seu filho, ele é o líder, ele é o gangster, ele domina a classe". Meu!!! No meio de quarenta e poucos alunos, um aluno só fazer tudo isso, oito professores falarem a mesma coisa: que teu filho não presta, que teu filho não se comporta, teu filho é bagunceiro. Oito professores, mais a diretora e a supervisora, entendeu? Professores que foram meus professores, que quando me encontram na escola — ele está de prova — eles vêm pra cima de mim, eles querem falar comigo, eles querem me ver, querem me beijar, querem me abraçar. Você entendeu? Estavam todas ali na hora e falavam que era por causa de casa. Eu não sei o que me levou a bater nele na hora, porque eu nem olhei para ele, você entendeu? Ela falou isso, isso, isso, isso, e eu assim, olhando para ela, a reação que eu tive foi só bater. Aí quando eu bati nele, ela não falou mais nada. Ela ficou calada, e os outros professores falavam: "Mãe, mas não é isso que a gente quer, a gente não quer que a senhora bata nele". Não foi assim, Paulo? "Tá louca, mãe" — elas falavam — "não pode fazer isso!" A minha professora de história, a japonesinha, que hoje é professora dele também, ela só colocou a mão aqui... assim no meu ombro, como se dissesse: "Calma!" Tiraram o Paulo da sala, não foi? Levaram para fora, acho que foi isso que fizeram, nem lembro mais. Eu fiquei lá sentada ouvindo os outros professores falarem, falarem, falarem. Deu aquele nó na garganta, né? Se eu tivesse chorado, tudo bem, mais eu não chorei. Ficou só aquele nó, aquela coisa. Eu ouvi tudo e falei: "Terminaram!" Eu abri a porta e saí, fui embora, falei para ele: "Quando você chegar em casa, você me paga". Foi isso que eu falei para você? [pergunta ao Paulo]. Na escola, falaram que se eu... se eu não estivesse dando conta dele em casa e se a escola não estivesse dando conta, que iam encaminhar ele para o Conselho Tutelar, não foi isso, Paulo? Foi isso que elas me disseram. Conselho Tutelar não dá conta de nada. Vai para onde? FEBEM! Direto, né, minha filha? [silêncio] Então você imagina, eu ouvindo tudo isso, ele do meu lado, qual seria a reação de uma mãe?

Entrevistadora: Adriana Marcondes Machado

Os males do estigma

Julio tem quase 18 anos e é branco. Na infância morava com seus pais e dois irmãos e era considerado o terror da rua. Conta que tinha uma dor de cabeça constante, diagnosticada como enxaqueca crônica, que o deixava muito irritado.

Chegou a ficar 40 dias na FEBEM e se ressente do fato de que as pessoas sempre o vêem pelo o que ele foi no passado. Esse tema – o aprisionamento dos estigmas – esteve presente durante toda a entrevista.

Atualmente está desempregado, vive com a esposa e o filho pequeno e mora numa edícula situada no quintal da casa do pai, que é eletricista, para quem faz alguns bicos. O sonho de Julio é conseguir um trabalho com carteira assinada. Diz-se satisfeito por fazer 18 anos, pois, assim, poderá "tirar todos os documentos que tem direito" e se casar oficialmente.

Ao ser indagado sobre a escolarização, relata muitos episódios, sem conseguir datá-los e sem se lembrar bem de sua história escolar, até entrar na classe de aceleração, aos 13 anos, quando estava na 3ª série. Não sabe quantas vezes permaneceu na mesma série, pois muitas vezes abandonou a escola no meio do ano letivo. Fala com uma mistura de raiva e tristeza de cenas do cotidiano escolar em que não se sentiu respeitado. Não entendia o que as professoras passavam na lousa; tentava copiar, não conseguia, amassava a folha e jogava fora, recebendo críticas de suas professoras que, segundo ele, deixavam a lição na lousa e iam conversar no corredor. Sem estar alfabetizado na 3ª série, agredia a escola jogando bombas nas privadas e quebrando torneiras. E assim o ciclo vicioso ganhava força: Julio se sentia agredido e agredia as professoras, que o tratavam como agressor. Lembra-se do dia em que a diretora profetizou para sua mãe: ele seria bandido e ladrão, o que a fez chorar muito.

Embora a temática da entrevista fosse a classe de aceleração – que Julio entende como sendo "supletivo para pessoas com menos de 15 anos" – dela pouco se falou. O personagem mais importante é o professor que teve nessa classe: o professor Antonio, um professor negro a que se refere muitas vezes como o professor que soube ver em seus gestos agressivos um pedido de ajuda, vontade de acertar, indignação por não saber-fazer. Ao descrever as atitudes que valorizou em Antonio, Julio vai construindo a imagem do professor que precisou, mas não encontrou até então: um professor que oferecia ajuda quando ele desistia; que falava manso (muitas vezes Julio imita, durante a entrevista, o tom de voz que Antonio usava); que pegava a folha que ele amassava ou rasgava e a desamassava e conversava, querendo saber o motivo e como poderia ajudar; que anotava a lição no caderno dele quando sentia dificuldade em copiar. Um professor, enfim, que não entendia a sua recusa de copiar como um enfrentamento pessoal, mas como expressão de dificuldade e impotência, e que procurava em casa os alunos que faltavam muito, para saber o que estava acontecendo. Ele lamenta que só tenha tido a oportunidade de ser aluno de um professor como o Antonio na classe de aceleração, pois foi intensa a marca deixada por essa relação numa história escolar toda ela atravessada pelo fracasso.

Depois de ter freqüentado a classe de aceleração, Julio foi encaminhado para uma 6ª série. Tendo experimentado o prazer de uma relação em que se aprende, ele critica os supletivos pagos nos quais se consegue passar sem aprender. Ao retornar ao ensino regular, estudou no período noturno e encontrou a mesma escola de antes: seus professores não eram Antonios.

Ele ia ser pai. Saiu da escola.

Julio, portanto, é um egresso do Projeto Classes de Aceleração que não terminou o ensino fundamental. Segundo ele, essa experiência, embora positiva, veio tarde. A produção escolar de alunos fracassados não se altera com os projetos que visam "regularizar o fluxo" do alunado pelos oito anos do ensino fundamental – ou seja, fazê-los escoar mais rápido. Julio fala do que move o desejo de terminar logo a escolarização: "Se você se esforçar, você passa para a 8ª série e sai rápido da escola". Foi assim que ele e seus colegas entenderam esse Projeto. É impossível desmenti-los. Mas sua crença de que deveria haver mais supletivos em vários horários diferentes mostra que a escola deixou de interessar como lugar de aprendizagem, para ser entendida como lugar de obtenção do diploma por aqueles que, não importam os motivos, não viveram um processo bem-sucedido de escolarização quando crianças.

É com revolta que fala de suas crenças e experiências de trabalho; de desemprego; do computador que tira o trabalhador com escolarização do mercado de trabalho; de trabalhadores que viram traficantes; da polícia corrupta e da resignação diante da única saída que vislumbra: o assujeitamento. Ele diz: "o jeito é se sujeitar a tudo... tudo o que aparecer para você fazer, você tem que fazer hoje em dia". As contradições apontadas por Julio deixam-no indignado; ele se percebe capaz numa sociedade que exclui e enfraquece: "se não se investe em aumentar as frentes de trabalho, a educação não serve para nada". Ao relatar situações nas quais pessoas que terminaram o ensino médio não conseguem trabalho e um conhecido analfabeto exerce cargo de gerência, Julio põe em questão a importância da escola no mundo atual.

Qual é a esperança? A que sustenta tantos pais e mães jovens que tiveram abortadas a escolarização e a juventude: que o filho possa estudar e fazer uma faculdade. E é com o filho no colo, barba feita e com a esposa arrumada que Julio retornou à escola para mostrar à diretora que ele era um "homem" e não aquilo que ela havia profetizado. Todos se emocionaram. Mas ao provar ser um "homem de bem" no sentido obediente da moral e dos bons costumes, Julio mostra que o principal produto da escola foi discipliná-lo, incutir-lhe os valores do trabalho e da obediência e, assim, ser instituição profilática do crime.

Atualmente é comum ouvirmos, até mesmo em propaganda de Secretarias de Educação, que "o bom da escola é que ela tira as crianças da rua". O fato de ele ter interrompido os estudos não foi considerado importante nessa cena em que ele mostrou que "tornou-se um homem de bem". Essa forma de viver orientada pela necessidade de provar o que "não se é" revela a força do assujeitamento produzido por processos de estigmatização.

Nelson Passagem Vieira e
Adriana Marcondes Machado

Entrevista com um egresso do Projeto Classes de Aceleração

"Se você esforçar, você passa pra 8ª série e sai rápido da escola".

— *Julio, eu queria pensar com você que importância teve a escola na sua vida.*

Julio — A escola de tudo ou só a aceleração?

— *De tudo, a sua passagem pela escola.*

Julio — Pra mim teve um ótimo desempenho, mas a partir do momento que eu comecei na aceleração, como eu falei pra você. Porque eu não tinha desempenho nenhum quando estava repetindo direto, entendeu? Foi isso o que aconteceu comigo. Se não tivesse aceleração eu acho que estaria na 3ª série até hoje, ou na 4ª série. Agora, a partir do momento em que eu comecei a estudar — eu falei pra você, do Antonio [professor da classe de aceleração] — com ele me desempenhei, me dediquei mais ao estudo, mudou a minha cabeça, o meu pensamento.

— *O que mudou?*

Julio — Ah, mudou o jeito de eu me esforçar na escola. O Antonio sempre me dava aquele apoio, eu via que ele tinha vontade de eu aprender, que era bom pra mim. Aí eu fui e me desempenhei, comecei a me esforçar, parar de bagunçar. Eu não me esforçava nem um pouco. O meu negócio era bagunçar, brincar na sala, gritar, zoar, só essas besteiras. Depois que eu comecei a estudar na aceleração, a maneira do Antonio tratar os alunos, parece que me fez dedicar mais.

— *Qual era a diferença do tratamento que o Antonio dava aos alunos?*

Julio — Muita diferença. Tipo: a professora escrevia na lousa e saía para conversar com outras professoras no corredor. O Antonio não. Ele passava lá, sentava na mesa com você, explicava direitinho, mostrava o que é, o que não é. Isso me influiu a me dedicar. Eu tive mais força de vontade pra me dedicar àquilo, a estudar. Ele falava que era bom para nós, que o futuro não era isso de ficar brincando, que você não vai aprender nada. Então isso me influiu, entrou em mim. Entrou na mente. E eu comecei a estudar, aprender, me dedicar. Eu coloquei aquilo na cabeça, de querer aprender. Ele me fez entrar isso na cabeça e eu comecei a me desempenhar também.

— *Você diz que o Antonio fez você mudar, ver as coisas de outra maneira. Você disse no outro encontro nosso que se pudesse estar na aceleração, ainda estaria. Como isso ia te ajudar?*

Julio — Ah, de muitas maneiras. Porque antigamente só maior de 15 anos fazia supletivo e eu tinha 13 anos e não podia ir para o supletivo. E o que fizeram? Pra substituir o supletivo, colocaram a aceleração. Só que hoje em dia, pra mim, com a minha idade, não me ajudaria porque tem supletivo, não tem como ir pra aceleração mais.[1] A aceleração é um incentivo para pessoa estudar, é um incentivo para pessoa se dedicar ao estudo. Pode falar assim: "Ah, da aceleração, da 5ª eu passo para 8ª, rapidinho". É a mesma coisa que o supletivo, agora o supletivo é dos 14 para cima. Tem muita criança que fala: "Eu vou parar de estudar, não passo de ano, eu vou parar de estudar". A aceleração incentiva a passar de ano, isso é o que eu acho. A gente não podia entrar no supletivo. A gente era doido para entrar no supletivo: "Ah, vou fazer o supletivo porque eu passo de ano rapidinho e saio fora". Aí veio a aceleração, o Antonio explicou para gente que a gente podia passar de ano, de dois em dois anos, dependendo do nosso esforço. Porque se você tivesse avançado, você ia até pra 8ª. Ele via o seu esforço: se tivesse tudo certinho, ele passava a prova de 7ª. Aí passava uma só pra você ou pra aquela turma que tivesse o mesmo empenho. Aí ia passando, passando outras provas, aí quando ele via que estava bom, ele passava pra uma série maior. Como eu, eu estava na 3ª passei para 6ª, entendeu? Só que aí aconteceram aquelas coisas e eu parei de estudar. Foi esse só o motivo de eu ter parado de estudar. Mas como eu falo, a aceleração teve um motivo muito grande na minha vida, um desempenho muito grande. Não só pra mim, mas pra bastante gente lá. Eu aprendi a ler e escrever e desempenhei bastante na minha letra, em tudo. Eu fazia uns garranchos que não dava nem pra entender [ri]. O Antonio: "Não, não é assim, faz uma letrinha menor". Até esses caderninhos que têm umas letrinhas, risquinhas pequenas, mandou comprar. Eu comprei [caderno de caligrafia]. Aí, isso me ajudou bastante.

— *E isso é algo que te serve hoje?*

Julio — Ah, com certeza, porque eu aprendi a ler e escrever e um dia eu vou preencher uma ficha numa firma, e eu já sei. Agora se eu tivesse parado de estudar sem ter aprendido nada, o que ia me levar? Eu ia chegar numa firma e não ia saber preencher o meu nome, preencher uma ficha lá.

— *Então, além do fato de ter dado um estímulo, na aceleração você aprendeu coisas? (Isso) E coisas que você considera importantes...*

---

[1] As classes de aceleração foram feitas para alunos de até 14 anos de idade.

Julio — É verdade. E muito importante, porque eu acho que todo mundo hoje em dia precisa de estudo. Precisa saber alguma coisa, porque o analfabeto, quando chega numa firma, vai preencher a ficha, erra o nome dele lá e o cara não vai aceitar. Hoje em dia tem que ter pelo menos a 8ª série ou o 1º colegial completo. Isso que eu acho, que foi o bom pra mim, no passado ter aprendido isso. [silêncio] E também, outra coisa que eu já falei: não foi a aceleração, mas sim o Antonio que me ajudou muito, porque me ajudou a desempenhar na escola, a subir, a ter força de vontade pra estudar. Eu não tinha era força de vontade. Eu estava sem ânimo pra nada, pra estudar, ficava pensando até em largar de estudar, quando o Antonio chegou em mim: "Olha, é assim, assim, eu te ajudo, o que você não souber você pode sentar comigo e nós tentamos juntos, eu te ensino". Me influenciou muito. Porque é o seguinte: ele não vai passar a matéria forçando. Ele começa de baixo e se você desempenha naquela matéria ele passa outra mais forte, e assim foi me ajudando bastante. Porque eu passei para 3ª série sem saber nada. Eu sabia coisa de 1ª, só.

— *O que você sabia?*

Julio — Quando eu estava na 3ª série eu não sabia escrever, a montar uma sílaba, uma palavra. Eu juntava tudo, grudava tudo e escrevia. Ele: "Não, não é assim, vamos voltar, você vai aprender a montar palavras". Ele me ensinou, entendeu? Pegava jornal, recortava o jornal para montar palavra. Pegava as vírgulas, montava junto. Isso que me fez colocar na memória de eu aprender aquilo lá. A outra professora passava aquilo na lousa, eu copiava, mandava fazer aquilo e eu não sabia fazer sozinho, sem olhar na lousa. Eu não sabia escrever. Aí aprendi, e hoje em dia ainda eu não sei direito [ri]. Ele falava: "Julio, você traz um jornal recortado, você recorta um monte de palavra e traz pra mim". Aí, chegava lá, ele mandava colar no meu caderno, dizia: "Escreve assim". Eu ía lá: "Professor, está certo aqui?" — "Está Julinho, está certo." — "Está certo aqui?" — "Não, está errado, essa palavra é aqui e essa aqui é separada". Aí é que eu fui aprender. Para passar até a 6ª série. Eu fiquei mais ou menos um ano para passar para 6ª. E aí, o que aconteceu? Eu sabia coisa de 6ª série. Agora, se eu estivesse na sala normal e passasse para 6ª série eu ia saber coisa de 3ª. Ele me capacitou até a 6ª série, dentro de um ano, entendeu? Isso que eu acho interessante na aceleração e no professor. Porque se você tiver um supletivo pago — porque supletivo pago você não repete [irônico] — você paga o supletivo! Beleza, você vai passar de ano. Agora, você aprendeu alguma coisa? Às vezes não aprende nada, não é verdade? Concorda comigo? Pago um supletivo, chego lá na escola, cruzo os braços, sento, o professor está lá se matando e eu estou aqui. Ele não está ligando para mim, liga para o dinheiro que ele está ganhando. Agora, o Antonio não. Ele recebia e recebe até hoje, só que ele queria ajudar, ele não estava se importando com o dinheiro dele. Ele me influenciou a aprender, por causa do jeito dele tratar, um carinho especial, um carinho pelo aluno. Isso que me ajudou bastante também. Aí eu me dediquei, dediquei, cheguei até a 6ª e parei.

— *E esse carinho é o que você dizia que não existia nos professores das classes que você passou...*

Julio — Eu não me dava bem. Eu não me dava bem porque os outros (professores) passavam escrito na lousa, perguntavam pra mim e explicavam só uma vez. Eu não entendia, perguntava de novo, a professora mandava: "Aprende sozinho, se vira aí". E saía. Às vezes me deixava até nervoso, eu saía da aula, ia para o pátio, ficava lá. Eu não tinha a atenção da professora. Eu me sentia até meio desprezado pela professora. Eu queria era uma ajuda dela. Quando eu tinha uma coisa que não sabia, catava a folha que eu estava fazendo e jogava fora. "Eu não vou perguntar pra ela, não, se eu perguntar pra ela, eu vou xingar ela". Então eu amassava a folha e jogava, senão colocava o caderno por baixo da carteira e ficava lá bagunçando. O Antonio não, via que eu estava meio nervoso. Quando eu rasgava uma, amassava, o Antonio vinha na minha mesa: "Cadê a folha, Julinho?" — "Ah, eu vou pegar." Aí eu pegava e desamassava. "O que está errado aí?" — "Ah, professor, eu não sei como dividir, não". — "Não? Vem cá. É assim". A chave, não sei o quê, não sei o que lá. Isso me influenciou muito, ele me explicava tudo. Qualquer coisa que eu precisava ele ficava assim, por debaixo dos óculos, olhando pra mim. Me ajudou bastante. Graças a Deus, aprendi. Não aprendi o que era pra ter aprendido porque não era pra eu ter saído da escola, era pra eu estar terminando agora o meu estudo.

— *Você acha que teve gente que prosseguiu os estudos?*

Julio — Acho não, tenho certeza. A minha cunhada mesmo está no 2º colegial! Você acha que se ela não tivesse passado pela aceleração ela estaria aí? Não estaria, porque o que ela passou na aceleração ajudou muito ela. E a aceleração ajudou muito porque influenciou. A pessoa pensa: "Não, eu passei de ano, estou na 7ª, estou na 8ª, eu vou passar de ano que está pertinho para eu terminar a escola". Isso que a maioria das pessoas pensa. Eu vou passar de ano e acabar.

— *O importante é acabar o mais rápido possível?*

Julio — Isso. É isso que muita gente pensa. Pensam assim: "Ah, vou chegar na firma, mostro o meu diploma e estou empregado". Agora, você chega lá, mandam preencher um negócio. Quero ver se ele vai preencher! O que eu falo é que ajudou pra mim, eu não sei os outros. Mas o que me ajudou não foi a aceleração, foi o Antonio. Se não fosse o Antonio eu não ia aprender nada. Eu não tinha aquela força de vontade para estudar.

— *Você acha que ele também dava esse tratamento para os outros alunos?*

Julio — Todos, tratava do mesmo jeito. Só que eu tinha mais contato com ele. Eu me abria mais, eu peguei liberdade de chegar nele e qualquer coisa que eu precisava: "Antonio, vem cá. O que está acontecendo aqui? Isso aqui não está dando certo". Fazia umas dez, quinze vezes, mas aprendia [ri]. Daí aprendia, ele passava outra. Porque é assim, ele passava na lousa lá, e vinha e passava no meu caderno. Passava na lousa lá, e vinha e passava no meu caderno.

— *Ele fazia isso também com os outros alunos?*

Julio — Não. Porque eu ia lá e pedia para ele: "Antonio, passa aí no meu caderno para eu fazer". Aí ele ia: "Está aqui Julinho, vai lá e faz".

— *Você não conseguia copiar no caderno, é isso?*

Julio — Isso. É um problema meu, já era problema meu. Eu era nervoso, era muito nervoso, agitado. Aí eu ficava escrevendo, daqui a pouco vinha um negócio em mim, estava tudo certinho, copiadinho, mas me dava um nervoso, eu rasgava a folha e jogava fora. Aí o Antonio já vinha, antes de eu ter esse contato com ele, ele já vinha: "O que aconteceu Julinho, você está nervoso?" Daí eu explicava: "Ah, não, é que eu não consigo copiar". Aí ele foi e teve uma idéia: "Olha, quando você quiser, você vai lá na minha mesa que eu copio para você e você só faz". Entendeu? Isso que me ajudou bastante.

— *Por que você acha que era tão nervoso?*

Julio — Ah, eu não sei. Não sei se era a minha mente, o que acontecia, se eu não tinha atenção, porque eu gostava muito de atenção. Eu gostava de sentar com os colegas e todo mundo dar atenção, conversar. As professoras me deixavam nervoso e eu já... faltava engolir elas. Eu era muito nervoso e malcriado. Eu não sabia respeitar as professoras. E elas não me davam respeito e eu não queria dar respeito só porque elas eram mais velhas. Ninguém me respeitava, eu falava: "Ah, ninguém me respeitou, eu não vou respeitar". Porque muitas vezes a professora chegou a me agredir. Eu fui expulso da escola porque a professora me agrediu. Aí ela estava grávida, eu dei um murro... eu já falei para você, né? Quando eu cheguei na sala do Antonio, tudo mudou pra mim, na minha vida.

— *Até então não se sentia respeitado...*

Julio — Isso. Professora nenhuma me respeitava. Mas não me respeitava por quê? Porque eu chegava nela, perguntava: "Professora, como que é isso aqui? Como que monta uma conta de divisão? Para pôr na chave aqui, como é que é?". Aí ela: "Aqui, Julinho, é assim, assim, monta aqui, aqui". Pronto e acabou. — "Professora, mas eu não entendi professora". — "Ah, fica no seu lugar e se vira!" Aí eu já ficava nervoso: "Ah, professora, você não presta pra dar aula nem no prezinho. Vai pra merda, vai dormir, vai". Eu saía da sala de aula e descia lá para o pátio. Ficava no pátio lá, nervoso. Só que aí, o que aconteceu? Só a professora Eliana e o Antonio que quiseram dar aula para nós. Era eu e outros colegas que eram mais bagunceiras Os únicos que se sujeitaram dar aula para a gente, foram eles. Aí, quando eu cheguei na sala, vi o tratamento, a mudança, aquele ambiente melhor, me senti melhor. Não era tão agitado para sentar na cadeira e copiar um negócio. Ele falava diferente. Não era ignorância [com voz suave imita o professor Antonio]: "Ô Julio, faz o favor". A professora não [com voz rude imita a professora]: "Julio, vem cá! Julio, sai da sala, vai!" Vamos supor, eu estava conversando com uma menina, com uma colega [com voz muito suave e baixa]: "Julio, vem cá. Não fica conversando ali, não. Presta atenção na lousa, eu estou escrevendo, estou falando, presta atenção em mim só... fica olhando para mim". — "Ah, tá bom professor." Às vezes quando ele começava a falar, entrava profundamente naquilo que ele falava. Aí eu ficava prestando atenção. Caramba! Ele explicava tudinho, tudinho. Aí eu pensava: "O cara está se matando ali, eu vou dar atenção pra ele". Aí ficava prestando atenção. Daqui a pouco ele dava uma prova sobre aquilo ali. Caía tudo o que ele falou. Aí eu: "Pô, ainda bem que eu prestei atenção". Aí o que eu fiz? Toda vez que ele falava, eu parava, prestava atenção. Eu me entusiasmei, fiquei impressionado com aquela dedicação dele comigo. Isso me ajudou... me incentivou a estudar, a fazer tudo.

— *Quando falaram, na escola, da aceleração, o que era a aceleração?*

Julio — A aceleração era o seguinte: era para pessoa não desenvolvida, que não conseguia se desenvolver na escola. Como eu falei para você, era uma sala especial. Não era todo mundo que podia entrar lá. Porque o nosso problema era tipo o caso de — como que eu posso dizer? — atrasado na escola, que não conseguia se desenvolver, não conseguia se soltar. Aí, o que aconteceu? A aceleração entrou com esse objetivo de ajudar a pessoa a passar tudo de novo, do primeiro ano até desenvolver. Nós começamos a ter aula de coisas do 1º ano, desde o "a, e, i, o, u". Nós começamos a aprender. E foi passando, foi passando, "a, b, c, d", ensinava tudo o que tinha passado, mas voltando na mente.

— *Como era o material de estudo de vocês?*

Julio — Ah! Era bastante coisa. Recorte, colagem, tinha jornal, revista, e ele mandava a gente trabalhar com isso daí... tinha quebra-cabeça. Tudo pra distrair a gente, pra a gente se dedicar ao estudo mesmo. Porque, vamos supor, numa prova, ele passava uma prova de montar quebra-cabeça. E aquilo incentivava a gente. "Ah, vamos montar mais rápido. Quem montar mais rápido vai ganhar ponto, então vamos montar". E aquilo ajudou. Que era, tipo assim, um quebra-cabeça de palavra. Não é fácil um quebra-cabeça de palavra, que às vezes, é fácil 'ba, be, bi, bo, bu', aí é fácil fazer. Agora, uma palavra difícil, já é mais complicado de você pôr ali. E a gente conseguia pôr... o que a gente não conseguia, a gente perguntava: "Professor, como é que põe aqui, como é que monta esta letra aqui?". Ele explicava e aquilo foi ajudando a gente.

— *Você acha que os seus colegas, que estavam com você — porque você e o Wilson falaram que a aceleração ajudou a tirar da rua os meninos que usavam droga — você acha que a classe de aceleração produziu alguma melhora para esses meninos?*

Julio — Ah, teve muita, porque o incentivo que teve da aceleração não foi só para nós. Porque o Antonio falava: "Se você se esforçar, você passa pra 8ª série e sai rápido da escola. Vocês vão se ajudar e ajudar todo mundo". O que o Antonio fazia? Ia buscar em casa se faltasse. Vamos supor, quando alguém faltava três dias, ele ia ver o que aconteceu com a pessoa, ia na casa, que ele tem o endereço. Ele pegava e ia na casa do aluno.

— *Isso aconteceu com você?*

Julio — Aconteceu comigo e com a Vânia [cunhada]. A Vânia cabulava aula. Uma vez ela cabulou, o que ele fez? Viu onde ela estava, foi na casa da mãe dela, buscou ela, levou lá na escola. Pegou no flagra cabulando. Qualquer falta, ele já ia ver o que estava acontecendo, por que não queria ir para escola, se estava doente.

— *Você falou da preocupação do Antonio com os alunos, não é? Você acha que a escola se preocupa com os alunos?*

Julio — Ah, não. A escola não. São poucos. [pausa] Se preocupa, sim, quando você faz alguma coisa errada lá. Eles vêm em casa avisar. Vamos supor, uma advertência, uma suspensão, eles vêm em casa avisar. Agora quando o aluno falta dois, três dias, a diretora manda vir aqui? Manda não. A diretora quer saber do dela. Onde dá a suspensão, dá a advertência. Agora, hoje em dia, a diretora é amiga minha, dá valor em mim. Por quê? Antigamente ela falava assim: "Ah, esse moleque vai ser bandido, vai ser ladrão" — falava pra mim, falava pra minha mãe. Minha mãe cansou de chorar lá porque ela falava isso. Ia embora chorando: "Ah, seu filho vai ser ladrão quando crescer, vai ser maconheiro, vai ser traficante". Meu filho nasceu, eu trabalhando, fui lá. Todo social, todo arrumado, cabelinho cortado, barba feita, minha esposa toda bonitona. Cheguei lá com meu filho, mostrei meu filho para todo mundo. No que ela me viu, ficou assim parada, olhando. E eu cheguei nela, falei assim: "Está vendo, Maíra, hoje em dia sou um homem, não sou aquilo que você falou, não." "Ah, me perdoa" [afina a voz, em tom meigo, imitando a diretora], ela falou. Me abraçou e começou a chorar. Por quê? Eu mostrei pra ela o que eu sou hoje em dia e o que eu era antigamente. Pode perguntar para todo mundo, ela chorou lá com todo mundo, me pediu perdão. Eu fiquei até emocionado, eu falei: "Pô, meu, a mulher chorando...". Só que nunca deu valor... nunca chegou a falar: "Ah, Julio, muda. Julio, não faz isso". Que eu gostava mais era de brigar. O que ela fazia? [com tom autoritário] "Ah, você brigou? Toma aqui a advertência e traz tua mãe. Se não vier a tua mãe, você não entra!". Nunca ninguém me deu apoio lá. O único que me dava apoio era o Antonio. Esse período que eu passei fora do Antonio, que eu não estava com o Antonio, o que eu queria fazer? Eu só queria saber de brincar, de zoar. Se eu tivesse me desempenhado desde o começo, fazer a lição e depois brincar...

— *Você acha que isso dependia de você, que era sua responsabilidade?*

Julio — Dependia de mim. Porque eu podia dar atenção para professora, fazer minha lição e daí perguntar: "Está certo, professora?" — "Não" — "Ah, se não está certo, eu vou tentar corrigir aqui. Então o que está errado?". Podia ser bom para mim. Mas, como eu falei, se a professora se dedicasse um pouco, um pouco, eu ia me dedicar pra ela. A partir do momento em que eu encontrei o Antonio, o que eu fiz? Eu me dediquei pra ele. Eu me dediquei a ele. Não ao trabalho dele. A aprender o que ele estava falando ali. Às vezes [antes de ser aluno do professor Antonio] eu tinha terminado a lição, tava aquela bagunça, não dava pra entender nada. A professora mandava rasgar a folha e começar de novo. Puta que pariu! Aí, eu ficava doido.

— *E o que sobra disso tudo, desses anos todos?*

Julio — Ah, sobra que eu tive uma oportunidade... assim, oportunidade, como eu posso dizer, já passada. Já tive a oportunidade no meio do tempo. Se eu tivesse aquela oportunidade no primeiro ano de escola, eu acharia que tinha me desenvolvido bastante. Eu tinha, hoje em dia, terminado o meu estudo... eu ia estar num emprego bom... se eu tivesse aquela oportunidade, eu acho que eu... Isso que me sobra na memória, assim, de falta. A única coisa que não teve de bom foi aquela oportunidade não ter sido antes. Foi aquela oportunidade já... no meio. Eu acho assim. Se eu tivesse antes, eu acho que teria me dedicado mais ainda, não tinha pensado em ter filho agora, tinha pensado em terminar meu estudo primeiro e amanhã, ou depois, ter uma coisa pra mostrar pra meu filho. Algo que eu fiz na vida.

— *Teve alguma relação entre você ter tido o filho e parado de estudar?*

Julio — Quando eu comecei a namorar a Vanessa, eu falei: "Vou parar de estudar, vou arrumar um serviço, vou construir minha casa e... nós vamos casar". Falei para ela. Só que fiz a besteira — besteira, não! — me adiantei muito. Engravidei ela. Foi uma coisa que eu quis, não aconteceu por acaso, eu quis. Só que eu devia ter terminado aqui [a casa]. Eu morei quase um ano na minha mãe. Atrasei mais ainda a minha vida porque morei lá, porque se eu tivesse construído aqui, tudo bonitinho... Mas o que eu podia fazer? Estava casado, não estava mais naquela vida, poderia ter voltado a estudar. Só que eu também tinha vontade de estudar. Agora que eu perdi mesmo.

— *Perdeu mesmo, por quê?*

Julio — Porque hoje em dia, com estudo você não arruma serviço, eu estou vendo isso daí. Sei que muitas pessoas lá do serviço do meu pai, trabalhando de empregado, ganham dez reais para trabalhar das seis horas da manhã até às oito horas da noite. Dez reais! Com estudo completo. Com 2º grau, 1º grau... todo mundo na rua. E tem gente, como o cara da rua aqui debaixo — colega da gente há muito tempo — analfabeto, não sabe escrever o nome dele... Ele está lá numa firma boa da porra. O cara está de gerente lá... como é que pode isso? Te juro, você manda ele escrever o nome dele,

ele não escreve. Nem o nome dele. Está lá na firma de gerente. E quem tem estudo completo... nada. Para quê exigir estudo? Muitas firmas... você chega falando que tem a 6ª série, a 7ª série, eles não pegam você. É certo, escola é bom, mas... eu vou fazer o quê? Eu tenho filho, hoje em dia. Eu vou tentar pôr ele na escola também, né? Porque eu não quero pra ele o mal que eu tenho hoje. Eu não tenho serviço bom. Só que o que eu vou fazer? Eu tentei arrumar um serviço bom... mesmo que eu continue com o meu pai, que eu tô ganhando o quê? Quase 600 paus. Dá para juntar dinheiro, abrir uma conta no banco, juntar um dinheiro bom e, amanhã ou depois, pagar a faculdade, pagar um curso bom para o meu filho, pra ele aprender. Hoje é muito desemprego! Muito desemprego! Por quê? Computador também já tirou o emprego de muita gente. Deu emprego para quem? Para quem tem dinheiro. Até esses tempos atrás, não tinha curso de graça nem a pau. Agora que o governo está começando a montar curso. Um curso de computador é 300, quase 400 paus, quase ninguém tinha. Só os *playboyzinhos*. Agora tem computador que atende telefone e então tira o trabalho da telefonista. Ainda agora eu vi na televisão um monte de robô fazendo carro. Pô, isso vai tirar serviço de muita gente, se isso for acontecer no Brasil! E pra quê vai adiantar estudo? O robô vai ter estudo? Não vai! É o computador que vai trabalhar e vão mandar os outros embora. O que vai acontecer? Vai existir mais ladrão, mais traficante... é a única coisa que dá pra fazer. Já que não tem como colocar robô pra passar droga. Então, é isso que vai acontecer, os homens passam a droga. Eu espero, tenho fé em Deus que eu esteja vivo até lá e você também pra você ver. Porque... a única coisa que vai acontecer é isso. O que está adiantando o estudo? O estudo é bom porque você aprende a falar. Falar um português claro, você aprende isso. Só que muita malandragem aprende também. Aprende de verdade!

— *O que você aprendeu nesse mundo da malandragem?*

Julio — Ah o mundo da malandragem, aprendi a ser humilde, virei humilde, um cara humilde. Na escola você aprende isso aí também. Aprende a passar droga, aprende a fumar, aprende a roubar, aprende a matar. Na escola! Isso aí eu posso te garantir. Porque, muita escola que eu freqüentei aí, quando eu não era casado, só dava isso. Hoje em dia você não tem pra onde correr.

— *Você está falando que o mundo da malandragem está dentro da escola?*

Julio — Isso. A malandragem era aqui, a escola era aqui. Hoje em dia está tudo aqui, ó, tudo misturado. Que antigamente você ia pra escola, seu filho ia pra escola: "Boa! Se está lá, meu filho está seguro!". Hoje em dia, seu filho vai pra escola e "Meu Deus do céu! Ele está na escola! Eu acho que eu vou lá buscar ele".

— *Por que você acha que isso aconteceu? O que mudou?*

Julio — Policiamento também entra nessa parte. Antigamente não pisava na escola se não mostrasse o documento. Hoje em dia você vai lá, mata um, mata um e fica lá. Polícia demora pra chegar, demora mais do que uma hora. Dá tempo de matar mais uns dez e sair fora. Policial, policiamento, antigamente era uma coisa, hoje é outra. Hoje em dia, tem muita gente que tem medo de polícia e não tem medo de ladrão. Então eu acho que hoje em dia é a lei do cão.

— *E o que dá para fazer hoje?*

Julio — Hoje em dia? Nada. O jeito é se sujeitar a tudo. Tudo o que aparecer pra você fazer, você tem que fazer. Porque mais pra frente, você não tem nada pra fazer. Hoje em dia a solução é abrir um comércio, tentar se levantar, ter algum lugar para você se levantar, alguma renda, e viver a vida ali. Porque é a única coisa que se pode fazer, trabalhar. Às vezes, você arruma um serviço bom. Você tem que aproveitar, cara. Tem que aproveitar o serviço, por que, se não aproveitar, já era. É a única chance. Hoje é difícil de viver. E tem outra coisa, o governo está gastando esse dinheirão com um monte de escolas... aqui embaixo tem uma escola, aqui tem outra, ali tem outra... tudo do lado! Cada coisa grande da porra! Ali vão uns 200 mil reais. Ou bem mais! Agora, o que eles podiam fazer? Montar mais Frente de Trabalho, dar mais vaga pra quem não tem trabalho, limpar esses rios aí... cuidar desse negócio da dengue, pô! Colocar essa Frente de Trabalho ali, contratar mais pessoas pra limpar a rua. Você acha que não daria dinheiro? Não ia abrir emprego pra mais gente?

— *O governo está investindo muito em escola e pouco pra gerar emprego?*

Julio — Isso.

— *Você acha que essas escolas não têm utilidade?*

Julio — Muito pouca utilidade. Do jeito que está não tem utilidade. Se fizesse mais supletivo em vários horários... Porque tem gente que trabalha de noite, e tem gente que trabalha de dia. Hoje em dia, a maioria dos supletivos é pago. Pra uma pessoa pagar a condução para fazer o supletivo, já está difícil. Não tem recurso, entendeu? Isso que eu quero dizer. Falta de escola, de escola para adulto.

Entrevistador: Nelson Passagem Vieira
Edição final: Adriana Marcondes Machado

Sonhos desfeitos

Sandra tem 29 anos, é telefonista numa empresa na zona oeste e mora num bairro da zona norte da cidade de São Paulo, muito distante do centro. Nasceu em São Paulo, em 1973, é parda e é a caçula, nascida depois de cinco irmãos, todos homens e bem mais velhos do que ela. A mãe, nascida em São Paulo e descendente de portugueses e italianos, foi empregada doméstica e faxineira, desde os nove anos de idade, e hoje está aposentada. O pai, já falecido, era negro, nasceu no interior do Paraná e veio para São Paulo ainda muito jovem, onde prestou serviços gerais de carregador, jardineiro, mecânico e pintor em firmas e residências. Com nível escolar primário incompleto, ambos deixaram a escola semi-alfabetizados.

Sandra sempre morou em bairros afastados e mal cuidados da zona norte, em casas de aluguel que mal comportavam todos. Antes de completar dois anos de idade, foi com os pais e quatro irmãos para a cidade natal do pai, tentando fugir das agruras da falta crônica de dinheiro: ameaças de despejo, cortes de luz e de água, falta de comida, impossibilidade de um mínimo de consumo que tornasse a vida mais satisfatória. Em 1978, findo o sonho de mais fartura em outro lugar, a família está de volta a São Paulo, agora composta de seis pessoas, pois um dos irmãos foi assassinado por um grupo de jovens e o pai faleceu por falta de atendimento médico-hospitalar adequado, mas a mãe adotou uma menina de três anos para ser irmã e companheira de Sandra.

A trajetória escolar dos irmãos foi acidentada e mal-sucedida: nenhum deles conseguiu terminar o 1º grau. Sandra e a irmã foram exceções: com muita dificuldade e algumas interrupções, ambas chegaram ao fim do ensino médio. Da escola primária ela se lembra de timidez e medo. Em

1984, na 3ª série, deixou de freqüentá-la por ter se sentido humilhada pela professora, o que facilitou seu ingresso precoce no mundo do trabalho: aos 13 anos trabalha oito horas diárias como costureira numa confecção no Belenzinho, onde permanece por cinco anos. Nessa época voltou à escola, no período noturno, e aos 18 anos terminou o 1º grau que havia interrompido aos dez. É então que conhece Diógenes (o Di), um ano mais novo, ele também de origem pobre e filho de pai branco e mãe negra. Pouco depois, a gravidez imprevista. Apesar de todas as pressões materiais e psíquicas vindas das famílias, permaneceram juntos, ora morando na casa da mãe dela, ora em casas separadas. Assim que engravidou, ela deixou a escola: cursava o 1º ano de um curso técnico de nível médio.

Entrevistei Sandra pela primeira vez no início de 2000, quando ela cursava o último semestre do supletivo noturno do ensino médio numa escola estadual. Com 27 anos, ela vivia um impasse: queria cursar uma faculdade — "quero lecionar geografia" — mas, de um lado, estava ciente de que o pouquíssimo que aprendera dos conteúdos escolares não lhe permitia sequer sonhar em vencer a barreira da seleção ao ingresso na universidade pública; de outro, sabia que não poderia arcar com as mensalidades cobradas por instituições privadas de 3º grau. Sua situação era representativa da de milhares de jovens brasileiros que, impossibilitados de cursar a escola fundamental na época prevista, valem-se de cursos supletivos noturnos em busca do tempo perdido. Cursos que, como regra, são de má qualidade — "o supletivo é aquela coisa, dá só o básico do básico do básico", como ela própria resume. Embora formalmente dêem direito ao ingresso em curso superior, na realidade impedem o acesso às universidades públicas ou particulares de melhor qualidade. Ou seja, Sandra era um caso claro de "inclusão-exclusão" nos termos de Bourdieu: uma jovem pobre que lutava por escolarização, mas com "inclusão" escolar ilusória. Na verdade, entrara num beco sem saída: paradoxalmente, freqüentava a escola, mas estava excluída do direito à educação. No ano 2000 a percepção disso era apenas uma questão de tempo.

Apesar do embaraço, acreditava então que, se se valesse de algumas estratégias — prestar o vestibular no meio do ano, para diminuir o número de concorrentes; escolher uma faculdade próxima à sua casa ou a uma estação de metrô; candidatar-se a uma bolsa de estudos, mesmo que parcial, na faculdade particular em que viesse a ingressar — atingiria o seu objetivo. Quando indagada sobre como via o seu futuro, ela foi taxativa: "se eu não conseguir fazer uma faculdade, um horror". Mas convencida de que "quem se esforça vence", acreditava na possibilidade de sucesso: "Ah, eu quero.

Eu quero e sei que vou conseguir, me esforçando ao máximo. Eu acho que quando a gente coloca uma determinação, a gente consegue".

O objetivo último era atingir um emprego melhor, para dar uma vida melhor à filha, a ela mesma, à mãe e, se possível, aos irmãos: "Eu acho que com um emprego bom, demora um pouco, mas você encontra uma casinha, um terreno, que é mais barato, você compra um terreno, faz uma casinha, você começa a melhorar um pouco de vida. Não é melhorar, é você ter o que você merece. Acho que todo mundo merece ter uma boa casa, uma boa comida pra comer (...) Uma boa saúde, que a gente tem que pagar para ter uma boa saúde. Eu penso nisso, um futuro melhor".

Naquele momento, ela pôde fazer uma crítica a vários aspectos da política educacional que tornavam precário o ensino que lhe foi oferecido: a deterioração do prédio escolar, a falta de professores, a biblioteca fechada no período da noite, os professores desgastados e impacientes. Terminou o depoimento falando da necessidade de uma escola "mais amiga": "Se essas crianças de hoje, na adolescência, são rebeldes, depende do problema que elas têm na casa delas, mas se elas vão pra escola e se sentem bem na escola, elas não vão ser tão rebeldes, não vão procurar tanta coisa na rua".[1]

• • •

Dois anos depois, marcamos um novo encontro. Desta vez, ela fala do sonho "cortado": não conseguiu realizar o plano de dar continuidade aos estudos. Durante a entrevista, ela inicialmente evita falar nesse assunto: perguntada sobre a carreira escolar, responde com um longo relato de um novo sonho e dos caminhos que vem percorrendo para tentar realizá-lo.

Seu depoimento desenha aos poucos um caso exemplar de luta pela aquisição de algum "controle" sobre a vida. Controle que, no entanto, se depara com obstáculos a cada passo. São muitos os fantasmas que rondam o cotidiano de Sandra: o do desrespeito, que pode assumir muitas formas; o da falta de privacidade e de autonomia; o do desemprego; o da falta de dinheiro e das humilhações decorrentes.

A palavra "aperto" é recorrente em sua fala. A dificuldade material e psíquica que sentiu na casa da mãe desde a gravidez — intensificada, mais recentemente, pelo desemprego de todos os irmãos — tornou-se insuportável. Em tempos de desemprego estrutural, a família extensa, que antes podia ser recurso dos pobres para tentar melhorar as condições de vida nos grandes centros

---

[1] Patto (2000), p. 187-222.

urbanos, pode passar a ser palco de competição, ciúme, inveja, invasão, dependência e controle de uns sobre os outros na luta pela divisão da escassez. Sandra quer diferenciar-se não só psiquicamente da família — "não pareço com nenhum dos meus irmãos" — mas também distanciar-se fisicamente, não sem ambigüidade, da casa materna. Quando localiza a casa em que foi morar, diz: "É como se fosse assim: o bairro é aqui, lá no final do bairro é onde eu moro. Quando você está chegando no limite do final do bairro, eu moro lá".

Desfeito o sonho da redenção pela escola, o projeto agora é apartar-se da família de origem e constituir uma família própria e nuclear — só ela, o companheiro e a filha — na qual vê a possibilidade de alcançar a salvação pela cooperação, pelo respeito mútuo, pela cumplicidade, pelo trabalho duro, pela poupança — ou seja, pelo avesso do que acontece, a seu ver, no restante da família. No horizonte, a casa própria e a formação escolar da filha. O projeto não é mais coletivo: agora o plano é conseguir uma situação melhor de modo mais individualista. Os valores passam a ser outros.

Para que isso se torne possível, é necessário atingir controle absoluto das despesas, por meio de contabilidade permanente e incansável — quase obsessiva. Isto requer, por sua vez, controle das emoções, dos impulsos, esforço pessoal, vontade férrea que afaste as tentações que possam desviar a energia do rígido caminho traçado. É preciso também proteger-se das "invasões" dos parentes, seja nas decisões do casal, seja no pouco dinheiro poupado. No cerco fechado pelo neoliberalismo, renasce a "ética protestante", mas em condições mais adversas do que no início da era do capital: num período de desemprego estrutural, o trabalho escasso é ainda a única saída para a vida danificada.

A religião surge na vida de Sandra exatamente nesse momento. Com ela aprende uma atitude ascética que alimenta um projeto de controle da vida; nela encontra acolhida quando, ao ter visto frustrado o sonho de salvação pelo diploma de 3º grau e ter sido temporariamente abandonada pelo companheiro, sentia-se "aos trapos". Em suas palavras, "é como se a gente não pudesse andar. E você vai na igreja, você vai lá de todo o coração, acreditando que tem um Deus lá pra te ouvir, pra te consolar".

A adesão ao Pentecostalismo veio como busca de conforto emocional e como garantia de ajuda material de um aliado poderoso — Deus. Aos filhos que oram, Ele pode até "pagar as contas". Referindo-se a uma passagem de um salmo da Bíblia — "Oh, Deus! Tu és meu Deus; de madrugada te buscarei" — Sandra nos explica que inicialmente pensou que "de madrugada" se conseguiria chegar a Deus com mais silêncio e sacrifício, mas depois ouviu do pastor uma outra versão: "de madrugada, a fila é menor, por isso Deus atende mais rápido". Mas os princípios religiosos podem fazer mais: reforçar a "vida reta", livre de influências maléficas que possam desencaminhá-la. É como se Sandra soubesse que qualquer "desvio" pode pôr tudo a perder. Talvez por isso, o lema que orienta os fiéis na igreja que freqüenta — "ordem e decência" — lhe faça tanto sentido.

Embora no depoimento anterior tivesse revelado alguma crítica da realidade em que os pobres estão imersos — desemprego, baixo poder aquisitivo, má qualidade crescente da escola pública, jornadas de 12 horas diárias de trabalho em troca de um salário ínfimo — agora tudo se passa como se o perigo de fracasso, sempre à porta, e o sentimento de impotência frente a barreiras intransponíveis a levassem a acreditar que tudo depende tão-somente de duas vontades que se complementam: a vontade pessoal de tomar decisões e realizá-las e a vontade divina, "agindo por trás, dando força a cada um". E a radicalização dos princípios morais é diretamente proporcional ao desejo de "vencer", ou seja, de sair de um lugar tão destituído da possibilidade de se ter um pouco das rédeas da existência nas próprias mãos.

É isso que, a seu ver, a distingue dos irmãos: incrédulos e dependentes da mãe, eles são responsáveis por seu "fracasso": "Eu vejo isso nos meus irmãos: fraqueza, não têm postura. Não são aquelas pessoas de tomar decisão. Eles são completamente acomodados". Mas não só: ela os apresenta também como insubordinados às regras do jogo das relações de trabalho. Nessa ambigüidade que ela desenha ao definir os irmãos está o cerne do drama e o custo subjetivo da inclusão marginal: para manter alguma esperança de dias melhores, eles sofrem a tensão de ao mesmo tempo aceitar e romper as regras que os cerceiam.

• • •

Ao falar das conquistas que vinha realizando em colaboração com o marido e a filha, Sandra declarou-se "realizada". Estava especialmente feliz com o pedido de casamento que Di lhe fizera. Isto foi em 6 de abril de 2002. Quatro meses depois, Di foi morto a tiros no caminho de volta do trabalho. O casamento estava marcado para setembro. As circunstâncias da morte até agora não foram esclarecidas.

Maria Helena Souza Patto

Entrevista com uma egressa do ensino médio supletivo noturno

"O ruim é ficar sem o ruim".

Sandra — Eu... fiz a prova, eu ... me inscrevi no cursinho. Mas não cheguei a passar, né? E... fiquei... assim... Aconteceram algumas coisas entre eu e o Di — o pai da minha filha — que me deixaram... assim... um pouco... abalada... né? Porque ele pegou e foi embora devido a algumas confusões, e aí ele me deixou um pouco desanimada em relação ao estudo. Ai eu... eu comecei a pensar que eu não ia ter tempo pra fazer uma faculdade, mesmo porque onde eu trabalhava exigia seis dias da semana, 12 horas por dia, era cansativo pra eu... Eu entrava às sete, saía às seis, sete da noite. Muito... muito puxado o horário. Então não dava, não dava pra fazer o curso porque de sábado eu tinha que trabalhar na mesma carga horária. Então, fui... cortando aquilo que eu queria, né? E hoje eu quero que a Stefanie termine os estudos. Porque... até então eu morava com a minha mãe. Então ela lavava minha roupa, ela passava pra mim, eu ajudava ela em alguma coisa, mas tinha mais tempo pra estudar. Mas hoje não. Eu e o Di nos acertamos, né, nós fomos morar...numa casa onde eu tenho que ser a profissional na empresa, tenho que ser mãe e esposa, então não dá pra colocar mais uma... "eu vou fazer uma faculdade...". O máximo que eu posso fazer é um curso e... olhe lá! Quero fazer um curso no meio do ano, vou ver ainda minhas condições, se eu vou ter como pagar esse curso... eu também não sei o quê, mas alguma coisa eu vou ter que fazer, porque o mercado está exigindo, né? Então pra que eu não fique pra trás, eu tenho que pelo menos colocar mais um... mais um ítem no meu currículo, né? Pra que o meu currículo sempre seja bom... pra as empresas. E...não foi fácil logo depois da nossa última conversa, porque... devido a minha família e a família do Di interferir no nosso relacionamento, né? Deu um estalo nele, ele pegou e foi embora pra Santa Catarina e me deixou. Eu fiquei... arrasada, mas ao mesmo tempo me fez amadurecer, que eu não posso viver em função do pai da minha filha. E depois de uns três dias que ele foi embora ele voltou, né? E ficou na casa da mãe dele, só que ficou com vergonha de me procurar. Mas ele ligava da rua, não sei da onde que ele ligava. E aí a gente foi conversando, mas tinha muita...a minha mãe tinha muita raiva pelo o que ele fez comigo, a mãe dele não queria que nós reatássemos a nossa união, e... ficou muito complicado, ficou muito complicado, não foi fácil. A gente...conversou escondido, a gente se acertou escondido dos olhos dos nossos familiares e começamos a nos encontrar escondido. E hoje... eu acho que o que eu fiz foi o certo... por ter optado... por ter ficado com o pai da minha filha, senão eu ia ser mais uma mãe solteira, né? Com a... filha... sei lá... perturbada pelo fato de não ter um pai, porque a criança sente... a presença. A gente teve muitos altos e baixos, desde o início. Parecia que... não ia dar certo, né? Mas hoje a gente... acho que nós tomamos consciência do que é constituir uma família, do que é pôr uma filha no mundo e colocar ela no caminho certo. Quando nós partimos pra nossa casa, pagarmos aluguel, água, luz e... despesas de casa, nós estávamos precisando disso. Porque até então, quando fica na barra da mãe, vem tudo fácil, a gente não cresce, a gente fica dependente daquilo, acha que tudo vem fácil, e... nada vem fácil! Acho que a gente só dá valor pras coisas quando nós derramamos o nosso próprio suor. O homem tem, por obrigação, acho, que manter a mulher. Mas senão, a mulher tem que sair e ajudar o marido pra que eles venham a construir... um futuro. Construir uma vida tranqüila pra filha, deixar alguma coisa pra filha, pra que ela não venha a passar pelo que nós passamos: dificuldade, aperto, não querer... não poder fazer uma faculdade por não ter dinheiro. (pausa longa) Não quero que isso aconteça com ela.

— *Então você não fez faculdade também porque não tinha dinheiro, não é?*

Sandra — Porque é difícil, né?

— *Você no começo pôs mais ênfase na falta de tempo...*

Sandra — É...

— *Mas teve a questão do dinheiro também?*

Sandra — Eu acho assim: a minha gravidez... não veio numa boa hora, né? Eu... a gente passa por aquele tempo, depois a gente analisa... Se eu não tivesse engravidado, eu teria me esforçado ao máximo pra fazer uma faculdade... do Estado. Porque eu ia ter tempo. Porque a criança nasce... aí é que a gente ouve: "Não, o filho é teu, você que tem que criar". Você tem que assumir os seus erros, tem que assumir as suas responsabilidades. Não digo que gravidez é um erro; acho que fora... do seu planejamento é um erro. Porque você estraga totalmente a sua adolescência. O tempo que você tinha... Eu engravidei com dezenove anos, já havia perdido algum tempo da escola pra poder trabalhar, pra ajudar em casa, tive que parar pra ir para o serviço. E isso atrapalhou muito porque... até a Stefanie não ficar mais dependente de mim já se passaram cinco anos. Mais nove meses de gravidez, já se passaram seis anos praticamente.

— *Você parou de estudar até ela fazer cinco anos?*

Sandra — Parei. Parei, parei pela... vergonha. Pela vergonha de ir pra escola, até então eu estava no 1º ano do ensino médio... estava grávida, e tinha vergonha de ir pra escola, o pessoal vê, "ah, olha! Ela engravidou!", comentários. Isso me fez parar de ir pra escola. (...) Não é todas que dão sorte. Eu posso dizer que dei sorte. O Diógenes, por mais defeitos ou problemas que ele tinha, ele sempre estava ali do meu lado. Sempre demonstrando que ele gostava realmente de mim. Mas é difícil de colocar isso na cabeça da adolescência... de hoje, né? Eu falo muito isso pra Stefanie: "Olha, estuda, estuda. Hora de brincar é hora de brincar. Hora de estudar é hora de estudar". Eu procuro colocar isso pra ela. E, graças a Deus, com a Stefanie na escola eu não tenho problema. Mas eu não quero que ela venha passar pelo mesmo processo que eu passei, eu quero muito conversar com ela sobre sexo, sobre namorado. Eu acho que... pelo fato de eu engravidar com 19 e ele ter 18, é aquela tal coisa, nada, nada, nada está preparado pra suportar isso. Porque nem eu queria, ele também não, mas ele ficou empolgado. E hoje, dez anos quase, eu acho que a gente vê amadurecer, de menos de um ano pra cá, a gente vê amadurecer e toma consciência que é isso que a gente quer... A nossa vida é assim: nós controlamos a nossa vida. Nós morávamos na casa da minha mãe, onde todo mundo colocava o bedelho, todo mundo dava palpite, e a gente sempre brigava por isso. Quando não era a minha família, era a mãe dele, né? Sempre a mãe dele... sempre dando palpite, sempre acusando, sempre levantando mentiras, fazendo com que a gente brigasse e... muitas coisas. Então hoje, na nossa casa, a gente tem um lema: "tudo que acontece lá não sai de lá". Não sai. Porque... na casa da minha mãe, nós não podíamos comer alguma coisa que ia fazer falta pra um. Se a gente quisesse comer, tinha que comer longe, mas sem avisar que ia comer, porque senão quando a gente chegasse: "Poxa, vocês foram comer e não trouxeram nada?" Então, se a gente compra uma pizza, a gente come lá, ninguém precisa saber, a gente compra uma roupa nova, ninguém precisa saber quanto foi, onde foi; se a gente compra um calçado, se a gente paga ou não paga uma conta, é... uma coisa que pertence só a nós. Só a mim, ao Di e à Stefanie. A minha mãe é uma ótima pessoa, eu devo a ela tudo que sou, devo a ela tudo que tenho, meu caráter eu devo a ela. Só que eu também reconheço que ela foi falha... nesse detalhe. Porque não foi só comigo. A minha irmã também engravidou antes do tempo. E talvez se ela não tivesse tido vergonha de... conversar com as filhas, talvez isso não tivesse acontecido.

— *Você me disse que vocês descobriram que queriam se casar na hora que foram morar juntos...*

Sandra — Isso...

— *E que você também mudou, porque você antes achava que... tinha que ficar cobrando...*

Sandra — Eu assumi a responsabilidade. Porque assim: como ele nunca teve os pés no chão, eu ia à frente, né? Hoje não, quando ele perdeu o emprego, eu falei: "Olha, você é o homem da casa, não sou eu". Dou palavras pra ele de conforto... né, pra que ele venha a ver a mulher que ele tem em casa. A mulher que... ele pode chegar em casa sem medo de falar: "estou desempregado. E agora?" Eu ajudo, ajudo sim: "A gente dá um jeito, a gente se vira de um lado, se vira de outro e vamos esperar. Você tem profissão, uma boa profissão, você não fica desempregado por muito tempo". E foi uma semana depois dessa nossa conversa, eu estava, era num domingo, e... nós estávamos conversando e ele me abraçou e perguntou se eu queria casar com ele. Então a gente vai dar um jeito e vai casar este ano. Vamos planejar, fazer a continha direitinho, assim que ele começar a trabalhar de novo, a... pagar, pagar, pagar todas as contas, porque a gente ficou meio atribulado, né? Com contas pendentes, em atraso. Então é uma coisa que ninguém, ninguém dos nossos familiares apostavam. Ninguém apostava que ia... ser desse jeito. Hoje a minha mãe olha, meus irmãos falam pra mim também: "O Di mudou muito". Mas eu também aprendi com ele. E... não pode ser tudo a ferro e fogo. Mas não foi só ele que mudou. Eu também mudei meu jeito. Que eu acho que quando a pessoa está junto, uma tem que andar igual à outra. Senão não adianta, né? Respeito... a gente tem muito, muito, muito, a gente tem muito respeito um pelo outro.

— *Você se emociona, não é, Sandra, quando fala sobre isso... E você começou a ficar muito emocionada quando disse que quer construir uma relação de respeito nesse seu novo núcleo familiar: você, seu marido e sua filha. Você traz esse tema do respeito e começa a me contar uma história — a sua história — que... você sente que foi uma história muito marcada por desrespeito. É isso?*

Sandra — É. Eu... eu sempre respeitei as pessoas, até hoje. Acho que nunca vou encontrar um motivo pra... não tratar bem uma pessoa. Tem coisas que eu não falo pra não magoar as pessoas. Eu prefiro me magoar. Minha sogra, ela fez muitas ofensas. A minha mãe também, em conjunto com os meus irmãos... — que os meus irmãos são, assim, uma "maravilha" [irônica] de irmãos, né? Às vezes a gente — eu e ele — a gente fica se lembrando do que aconteceu e como aconteceu. Às vezes, nós nos culpamos, porque nós permitimos que eles todos viessem dar palpite no nosso relacionamento, viessem ajudar no enxoval da criança, até no nome, né? Não foi fácil não. Acho que a vida... não é fácil.

— *Pelo que você está dizendo, Sandra, vocês estão se propondo a assumir o controle das suas próprias vidas, é isso?*

Sandra — É. É bem por aí. A gente está...cansado. Mas nós tomamos essa decisão. Ninguém vai entrar aqui na nossa casa, pra falar da cortina, pra falar do aluguel, pra falar da conta de água. Não vamos permitir. E a gente só consegue fazer isso não passando nada pra fora, né? Não passando nada. Nem eu, nem a Stefanie, nem ninguém. Eu só vou lá quando me sobra um tempinho. Trabalho de segunda à sexta. Às vezes tem alguma coisa pra fazer na igreja, né?

— *Ah, você vai à igreja? Me fale um pouco sobre isso...*

Sandra — Eu acho que foi na igreja que encontrei forças, né? Pra... ir levando a vida. E sou um pouco criticada por isso: "Ah, você não tem que ficar muito tempo na igreja, que não sei o quê..." Quem mais critica é a minha família, né? Eles são assim... "discretos", né? [irônica]

— *Qual é a religião deles?*

Sandra — É o espiritismo.

— *E a sua?*

Sandra — Cato..., é... evangélica.

— *E qual das igrejas evangélicas?*

Sandra — Pentecostal. Agora o Diógenes também está indo... Porque ... é como se a gente não pudesse andar. E você vai à igreja, você vai lá de todo o coração, acreditando que tem um Deus lá pra te ouvir, pra te consolar. E... eu comecei a ir à igreja tem um ano. E foi mais ou menos no tempo que eu e o Di estávamos separados e nos encontrando escondido. Foi lá que eu encontrei... força, até coragem pra tomar certas decisões. Porque todos vieram contra mim, quando eu disse que ia sair de casa. [pausa] Porque foi assim, de uma hora pra outra: "Vamos alugar uma casa?" — "Vamos." Nós não tínhamos os móveis da cozinha. E a minha irmã falou assim: "Olha, a Patrícia está alugando uma casa, vai lá ver". E quando nós fomos ver a fundo, com essa mulher que ia alugar a casa, o inquilino saiu devendo aluguel e deixou os móveis da cozinha. Ah, foi nessa mesma que nós entramos. Fui muito criticada. Muito. E... só na igreja, com aquelas irmãzinhas que a gente... a gente confia, que a gente sabe que delas não vai sair nada.

— *Quem são as irmãzinhas? Como é que funciona a igreja pentecostal?*

Sandra — É... as irmãzinhas que eu falo é um grupo de oração. Hoje eu faço parte desse grupo de oração. Mas quando eu ia à casa da minha irmã, eu sempre conversava com a cunhada dela, ela sempre tentando me levar pra igreja. "Ah, não, não vou." Mas foram elas [as irmãzinhas] que... que me seguraram, porque eu cheguei na igreja aos trapos, indecisa: "Será que eu vou, será que eu não vou? Será que vai dar certo com o Diógenes desta vez? Eu vou estar saindo da casa da minha mãe, saindo da proteção dela, da saia, vou estar saindo da saia. E se não der certo?" Aquele monte de dúvidas, né? Então, foi isso que pesou, esses conselhos delas: "Olha, você tem a Stefanie, ela precisa ser criada ao lado do pai". "Sandra, olha, pela fé eu já vejo o Diógenes mudado." E [pausa] a gente... então eu vou pra igreja. Comecei a... a ir aos cultos, ia uma vez por semana... Aí, depois de um certo tempo, comecei a ir duas vezes por semana... São três cultos na semana: domingo, terça e quinta. Quando eu vi, eu já estava indo todos os dias na igreja, já estava na minha casa, já estava com as minhas contas todas arrumadas, né? Porque parece... assim... que a gente sente falta quando a gente não vai pra igreja.

— *Do que você sente falta?*

Sandra — Da paz. [pausa] Dá uma paz assim... de conhecer a Bíblia, de conhecer... a escritura do Senhor, né? Porque o que eu ouço na igreja eu passo para o Di; então, querendo ou não, ele vai... sendo mudado. Ele vai vendo que o jeito que ele pensava não era certo. (...) E é tão... engraçado, porque às vezes, quando eu discuto com o Di, que eu... fico chateada — que não tem casamento que não... — às vezes ele faz alguma coisa, eu não gosto, a gente conversa, eu fico chateada. É imediato: aí a irmãzinha olha pra mim: "Você não está bem, né, meu amor? Então está bom. Dá a mão aqui que nós vamos orar." E fica assim, o culto todinho segurando a minha mão. Quando eu saio de lá eu nem lembro mais como que eu entrei. Porque hoje em dia nós temos que ter uma religião pra nos segurarmos. Pra... nos orientar. Fazer tudo o que é certo, não fazer o errado. Agradeço pela mãe que tenho, mas tudo é pela vontade de Deus. Sabe, eu não teria a mãe que tenho se não fosse por vontade Dele. Aí chego naquele ponto: "É, mas será que engravidei também pela vontade de Deus?"

— *Você começa a reler a sua vida, a partir da vontade de Deus...*

Sandra — Isso. É... e aí fica complicado. Fica complicado porque... a minha mãe, ela sempre teve uma aceitação para o lado do espiritismo, o que não é bom, porque eu não acredito nessa religião.

— *Quando você morava com a sua família, você era praticante de alguma religião ou você não tinha relação com religião?*

Sandra — Não, não. Nem com a religião da minha família, nem com outra.

— *Esse encontro com a religião é mais ou menos recente, não é, Sandra?*

Sandra — É recente. É coisa de um ano pra cá, é coisa de um ano. E a gente pára pra pensar e analisa tudo que aconteceu, talvez influência de... de coisas que a gente não vê, né? Mas que... a Bíblia fala que está aí ao nosso redor.

— *O que é que está ao nosso redor?*

Sandra — É assim... potestades...

— *Como assim?*

Sandra — Essas coisas... do maligno, né? Porque a Bíblia fala — não sou eu — a Bíblia fala que ao nosso derredor estão os anjos do Senhor nos protegendo e nos guardando de todo o mal. Mas ao nosso derredor estão os nossos inimigos, esperando só um espacinho que a gente dê pra ele entrar. Aí é onde ele estraga a vida das pessoas, onde... usa a fraqueza da pessoa — se a pessoa tem fraqueza pra beber, você vai beber mesmo, até cair... Não é normal essas coisas. Não é normal. Porque você não precisa nem ler a Bíblia. Se você pegar uma fita da vida de Jesus, você vai ver que ele levou toda a nossa dor, toda a nossa doença, toda a nossa pobreza pra cruz. Ele deixou a salvação pra nós. Nós não tomamos posse ainda disso. Tanto que nós... a gente sabe, mas não quer acreditar. Ele já levou tudo.

— *A dor, a pobreza...*

Sandra — Ele levou, porque ele... é humilde. E as pessoas não acreditam nisso. Até eu, antes de ir pra igreja, eu tinha uma idéia... dirigida pela minha família, lógico: "Imagina, isso aí é um bando de doido. Crente? Ih, não quero ver crente na minha frente!"

— *Há algumas modalidades de crentes?*

Sandra — Isso. O que diferencia é assim: em determinadas igrejas pode usar saia, outras não... Numas você tem que entrar com véu, noutras não. Umas proíbem cortar o cabelo, outras não...

— *E a sua?*

Sandra — A minha? Na pentecostal em si você tem liberdade. Desde que você não abuse da sua liberdade. Porque o pastor vai vir cobrar. Então tudo é... com ordem e decência.

— *E essas são as palavras, digamos assim, que orientam os fiéis? Ordem e decência?*

Sandra — Isso. Ordem e decência. Respeito pelo outro. Depois que eu vim pra igreja, eu comecei... a ter, a querer mais respeito, a querer que ninguém viesse interferir na minha vida. Ainda acho que a igreja teve uma grande influência nisso. Porque eu quero viver a minha vida. E a Stefanie também, ela já tem uma visão...

— *Ela também está sendo introduzida nessa religião?*

Sandra — É... É. Porque eu acho assim: muitas pessoas podem dizer que é loucura, mas eu acho que é você guardar a sua filha. Porque se a sua filha sai na rua com um mini-short, com uma mini-blusa, aí aparece um... tarado pela frente, vai fazer o quê com a tua filha? Está à mostra, está se expondo. Está expondo o corpo dela. Quando ela vai brincar com a vizinha — que não é sempre — se ela está de saia, ela vai pôr um bermudão pra brincar. Se a gente for parar pra analisar, só pelo amor de Deus acontecem algumas coisas, né? Porque ele conhece as nossas necessidades. Teve um dia que, numa sexta — eu trabalhava num outro emprego e tinha taxistas lá — eu falei: "Ah, Di, não tenho dinheiro. Ai, desta vez eu não vou pedir pros taxistas emprestarem dez reais. Ai, você vai ter que pedir no serviço". "Ai, tá bom, mas eu tenho vergonha de pedir". Falei: "Ai, Di, você vai ter que dar um jeito. Pede só dez reais pra gente passar o final de semana". E naquela semana, lá no serviço dele, eles tinham feito hora extra todos os dias, pra soltar um serviço. E na sexta-feira, simplesmente do nada, veio um cheque pra ele. O patrão falou: "Olha; vou dar cinqüenta reais pra você e cinqüenta reais pro outro rapaz, porque o serviço saiu bom, saiu bonito, o cliente gostou, então eu quero dar este presente pra vocês". E isso porque nós estávamos precisando só de dez. Né? Então... assim: quando a gente está na igreja, a gente percebe que é uma obra de Deus, ele conhece a necessidade dos Seus filhos. Fomos ao mercado, compramos alguma coisa que estava precisando, faltando em casa, comprou uma misturinha melhor... e amém. Não é?

— *Você acha que Deus ajuda a enfrentar as dificuldades do dia-a-dia...*

Sandra — Eu... tenho convicção disso. Eu tenho convicção disso. Porque... a palavra do Senhor fala que se nós tivermos um grãozinho de fé, um grão de mostarda, se nossa fé for deste tamanho, Ele vai nos abençoar. Então, assim: eu vivo pela fé, o Di também está começando a viver pela fé. E nós temos conseguido... recompensas, né? Presentes do Senhor. O Senhor coloca a mão Dele e sempre ajuda...os filhos que adoram a Ele, né, que louvam Ele, que oram pra Ele, né? Falar da vida de Deus, da vida de Cristo é assim: não tem limites, ele é o dono do ouro e da prata. As pessoas que não freqüentam a igreja, não conhecem essa parte. A Bíblia ensina, ela instrui a palavra do Senhor sempre aos nossos corações, faz com que a gente tenha mais calma, mais... mais sabedoria pra lidar no dia-a-dia. Como agir com alguém que nos ofende. E hoje eu sou satisfeitíssima com o marido que eu tenho. Porque... ele me respeita, ele... cuida de mim — até então eu que cuidava dele, né, fazia papel de mãe. Ele cuida de mim, ele se preocupa mais com a Stefanie: "Olha, o sapato da Stefanie precisa trocar. A gente tem que dar um jeitinho de apertar esse mês, pra comprar roupa pra ela." Ter um marido que não bebe, não fuma. Antes, quando nós morávamos na casa da minha mãe ou ele na mãe dele, ele até saía com os amigos, mas hoje, na nossa casa, não, ele fica em função da família. Eu fico... satisfeita, e ao mesmo tempo alegre... realizada, né? [chora]. Pra muitas pessoas isso pode ser pouco, mas pra mim é o suficiente, ter um marido que me honra, ter um marido que se preocupa comigo, se preocupa com a filha dele, se preocupa com o orçamento da casa, "olha, no mês que vem dá pra comprar isso", "vamos colocar na ponta do lápis o que tem e o que vai sobrar". O que eu quero pra mim é ter a minha vida, com o meu marido, sem interferência... da minha família, sem interferência da família dele. Espero que a gente venha a ter uma família... [chora] forte, unida, onde um pode confiar no outro, onde a minha filha pode chegar no pai e falar: " Pai, eu não gostei desta atitude. Vamos conversar?" Sempre ter o diálogo, que... na minha família nunca teve. Tinha muito um criticando o outro, um falando mal do outro. Hoje, eu encontro na igreja aquilo que eu não encontrei na minha família, né? Encontro no meu casamento hoje, na minha casa. A gente passa aperto? Passa. Todo casal passa. Isso é normal. Nós vivemos num mundo, hoje, que... a situação financeira está precária, entendeu? Então, sempre vai ter aperto, sempre vai ter aperto, mas depende sempre de você se controlar. Porque... senão sempre vai ficar endividado. Sempre vai ficar apertado. Nunca vai sair daquele... nunca vai sair do vermelho. Eu me sinto realizada por isso, porque a gente consegue o controle. A gente se apertou pelo fato dele ficar desempregado, e...

— *Ele ainda está desempregado?*

Sandra — Não, não. Não. Já conseguiu outro. Naquela segunda-feira... nós [ela e eu, em 2000] conversamos num sábado, né? Quando foi no domingo ele comprou o jornal — e eu nem queria que ele comprasse o jornal! Mas ele foi, comprou o jornal, na segunda-feira ele foi e... fez teste durante três dias e... ficou indeciso se ele trabalhava de noite ou de dia. Falei: "Ai, Di. Di, de noite não. A noite foi feita pra dormir, pra descansar. Você não vai trabalhar a noite." Ele vai trabalhar das duas da tarde às dez da noite. Então tudo bem, né? Já está trabalhando numa empresa boa, é uma... é uma gráfica e editora, né? Até então ele só tinha trabalhado em gráfica, gráfica, gráfica. Quando você coloca no seu currículo que é uma gráfica e editora, já melhora. Tá trabalhando com uma máquina que ele nunca conheceu, umas máquinas novas, umas máquinas importadas. Ele... já se adaptou à máquina, passou no teste, já foi registrado.

— *Sandra, você me disse há pouco, e de novo emocionada, você disse que se sente realizada. Que está sentindo paz interior.*

Sandra — É...

— *Mas você se referiu, mais lá atrás, a um momento da sua vida, depois daquela vez que nós conversamos, em que estava terminando o colegial e queria tentar fazer uma faculdade, você estava apostando muito... nesse caminho da escola. E você hoje me disse, num certo momento, que... aqueles planos seus foram sendo cortados. Você usou a palavra "cortados".*

Sandra — É.

— *Como é que fica isso pra você hoje? O fato de esses sonhos terem sido "cortados"...*

Sandra — [pausa longa] Incapacidade. Acho que... eu me deixei levar pela situação. É como... é como se tivesse um muro ali e você não querer pular o muro. Só que pra mim esse muro tinha muita coisa, muita pessoa envolvida. Poderia...ter me empenhado. Poderia ter mudado de emprego. Poderia, né? Poderia ter... procurado um outro que conseguisse levar, ir pra outro emprego. Mas demorou.

— *Sei. Mas você conseguiria pagar uma faculdade com o salário que você ganha atualmente?*

Sandra — Não, não. Pelo que eu ouço das meninas que trabalham lá [na firma] — que são todas adolescentes — a faculdade vai de 400 pra cima. O meu salário é de 600 reais. Então, não dá.

— *Mesmo que você tivesse, naquela época, trocado de emprego — ainda não daria?*

Sandra — Não daria porque o salário era menor ainda. E... como eu e o Di estávamos separados, naquela confusão, eu não queria jogar a Stefanie pra minha mãe cuidar... pra eu ter que estudar. Então eu preferi não fazer por *n* motivos: pela Stefanie, pelo emprego, eu ia ficar muito cansada. E onde eu trabalhava tinha que ficar de pé, indo de um setor para o outro, ia me desgastar. O sábado, que eu teria pra fazer um trabalho da faculdade, eu estaria trabalhando. Não teria como pesquisar. Porque eu entraria às sete da manhã e sairia às sete da noite. Então... são circunstâncias que me... impediram de fazer uma faculdade. Queria muito fazer. Eu queria muito fazer geografia.

— *É, eu me lembro.*

Sandra — Né? Eu... estar lecionando. Eu gosto muito dessa matéria. Mas não foi possível. E também não quero pegar essa minha frustração na Stefanie. Eu quero sim é que ela venha a estudar o que ela quiser. Quero que ela venha a... se formar, pra que ela... Porque se hoje uma pessoa que quer procurar emprego já está difícil com o estudo, que dirá daqui uns 12 anos, daqui uns dez anos, uma pessoa sem estudo! Vai ficar muito pior.

— *Então você acha que ter um diploma universitário, fazer uma faculdade, ajuda a conseguir emprego, mesmo que não seja naquela área que você estudou. É isso?*

Sandra — Consegue. Onde eu trabalho, mandaram três digitadores embora, porque já fazia muito tempo que estavam na função, então mandaram embora. Todas que eles contrataram são universitárias. Primeiro emprego, duas delas é o primeiro emprego.

— *Universitárias?*

Sandra — Todas universitárias. E a empresa recebeu mais de 50 currículos pra analisar. A maioria delas era universitária.

— *Essas moças que entraram com nível universitário ganham mais do que quem não tem o nível universitário lá dentro da empresa?*

Sandra — Não, ganha a mesma coisa. Mas, assim... um diploma... ajuda. Querendo ou não, ajuda. Não tem como falar "Ah, eu não preciso fazer faculdade, porque a minha profissão não exige." Porque... as empresas hoje estão dando preferência para aquelas pessoas que têm visão de crescimento. Você está numa faculdade, eles vão analisar você de um outro jeito. "Ela não ficou só no 2º grau. Não, ela está procurando coisa melhor."

— *Então é por isso que você quer que a Stefanie faça faculdade...*

Sandra — Quero. Só não sei o que ela vai querer fazer. Mas quero que ela venha a concluir os estudos dela. Não quero que ela venha a ter que sair da escola pra ter que trabalhar pra ajudar eu e o Di, né? E nessa hora o Di fala muito que não é hora de termos um outro filho... Talvez a gente fique só com a Stefanie. Por quê? Porque ele pensa nisso, no estudo dela. Uma criança de... nove anos... nós gastamos 90 reais... de... material. Isso com coisa pequena, sem contar livro, porque a escola do estado fornece os livros didáticos. Mas e quando ela estiver no 2º grau? Imaginou? Você vai ter que começar a comprar os livros! Passa pra faculdade, os livros são mais caros ainda!

— *Você disse que o Di pretende fazer cursos, você tem planos pra Stefanie. E quais são os seus sonhos agora?*

Sandra — Ah, eu não sei. Eu... eu vivo muito em função... da minha família, né? Eu quero... eu quero que eles venham a fazer. Eu não me preocupo de ficar por último. Eu sempre quis... fazer um curso de inglês, mas é... o tempo. Preciso... organizar direitinho, dar um jeito de arranjar tempo. Fazer um curso de inglês, fazer um curso de informática, um bom curso, porque... a empresa onde eu trabalho, ela dá oportunidade pra crescer lá dentro. Mas assim: primeiro eu quero que ele vá fazer esse curso no SENAC. Primeiro eu quero que ele faça, porque ele tendo um salário maior... eu vou poder pagar o [meu] curso sem apertar o orçamento. Porque eu não sei se eu vou ficar... na empresa que eu estou trabalhando por muito tempo. Então eu já tenho que me preparar pra quando eu for sair, eu... poder competir de igual pra igual com uma outra telefonista. Porque... eu... esse ano completo 29 anos. [pausa]. Então... eu... eu...já estou numa idade que logo logo eu vou ser excluída, né? Porque tem empresas que não contratam telefonista acima de... 30. Telefonista em recepção, isso eu sei muito bem, mas... em hospitais ou trabalhar com micro... entendeu? Eu já estou perdendo tempo. Eu já estou numa idade que já não posso mais perder tempo. A não ser que meu marido venha a ganhar um bom salário que eu possa ficar em casa. Mas enquanto isso não acontece...

— *Você gostaria?*

Sandra — Hum... acho que não. Acho que não. Eu acho... acho bonito a mulher que fica em casa, que cuida da roupa do marido, que põe o café, que põe a janta, eu acho até bonito. Mas eu... sempre trabalhei. Então é uma coisa que está... está impregnada.[ri] Acho que depois de nós conseguirmos comprar a nossa casa — não sei quanto tempo vai durar isso... — mas depois da nossa casa vem a Stefanie. É... a minha visão é eu trabalhar até o tempo que for, o que der pra eu trabalhar. Quando me falarem: "Olha, você não tem mais condições pra trabalhar", então tudo bem, eu vou ficar em casa. Mas enquanto nenhuma empresa falar isso pra mim eu vou estar trabalhando, vou estar... ajudando meu marido. Porque... eu acho que tem que ser mútuo, né?

— *Você fala muito em poupar, não é? Você falou num certo momento que vocês precisam ter um... "refugo pras emergências", não é? Por que vocês tiveram uma emergência recentemente e ficaram apertados...*

Sandra — É.

— E agora você está falando em poupança, em planos de comprar uma casa, você está falando em como vai ser caro sustentar a Stefanie nos próximos graus escolares, não é? Quanto é que vocês dois juntos ganham atualmente? Como é que vocês distribuem esse dinheiro? Como é essa parte econômica da vida de vocês?

Sandra — Antes de ele perder o emprego nós tínhamos uma renda... tínhamos uma renda de 1100 reais... Até então... nós estávamos terminando de pagar os móveis da casa, da cozinha, então nós separávamos 200 para o aluguel, separávamos 150 para os móveis — todos os móveis da cozinha que nós compramos. [Conta longa e detalhadamente todas as contas que têm e a "ginástica" que fazem mensalmente para pagá-las]. Mas quando ele foi mandado embora, a gente se desestruturou. Porque o refugo que a gente tinha era pras contas daquele mês. Aí chegava o pagamento a gente já... pegava um outro refuguinho pra passar até o final do mês. Não pra passar um mês, dois meses. Então, foi onde a gente... se atrapalhou.

— Você está dizendo que, mesmo quando ele estava empregado, não sobrava. E quando ele ficou desempregado, daí teve que segurar mais ainda...

Sandra — Teve que segurar, e aí que a gente aprendeu como guardar. Porque... os meus tíquetes [refeição] são de oito reais. Então eu pego... 22 de três reais, e 22 de cinco reais. Então eu comecei a vender pra suprir o dinheiro que não estava entrando dentro de casa, e comecei a ver que com três reais eu comia! Então, quer dizer, se com três reais eu como, eu vendo os de cinco, já guardo dinheiro. Então agora a gente está vendo por esse lado: quando arrumar as contas, você fica com os de três e a gente vende os de cinco e... banco! Não deixa nem em casa. Porque às vezes aparece um "irmãozinho" assim [irônica]... e aí o coração fala mais alto, né? "Ah, toma, leva." Agora a nossa renda... [faz contas em voz baixa] é mil e quinhentos reais. Então, rapidinho já vai dar pra gente colocar em dia as nossas contas.

— É isso que vocês estão pretendendo fazer.

Sandra — É isso que a gente está pretendendo fazer. Guardar. No meio do ano, tem participação nos lucros. Agora em junho, onde eu trabalho, eles vão me pagar 300 reais, e se a empresa alcançar uma meta de x clientes, vai passar de 1000 reais a segunda parcela da participação. Então a gente quer... guardar, até porque a gente quer também sair daquela casa, aí a gente já vai ter como... se for pra dar depósito a gente negocia, dá dois, e ainda vai ficar um dinheirinho lá guardado. E vai continuar guardando, continuar guardando, continuar vendendo os passes, sempre vai estar repondo, sempre vai estar colocando a mais, com os passes, os tíquetes, sempre vai estar vendendo e vai estar... guardando. Ele também agora, como ele vai trabalhar das... duas da tarde às dez da noite, ele não vai levar marmita, ele almoça em casa... Então... assim: eu não preciso ficar me preocupando, porque o Di é uma pessoa assim — simples. Arroz, feijão e ovo, ele come numa boa. Já se você leva marmita, o pessoal fica olhando: "Ai, coitadinho, está levando um ovo na marmita. Olha, ele só leva salsicha na marmita." [tom de caçoada]. Ou verdura. A gente está em casa, a gente come o que a gente tem, né? Já numa empresa a gente costuma pôr um pouco de aparência. Se nós não fizermos assim, a gente vai passar aperto. A gente tem que se preparar. O que eu mais temo — eu espero que não — mas, se eu sair do emprego? Vou ter seguro desemprego, lógico, as *n* coisas, mas e se eu ficar desempregada por mais de... cinco meses? Porque infelizmente, nós que tivemos assim... uma vida humilde, a gente compra em prestação. Então a gente faz isso, mesmo porque a gente não tem... aquele dinheiro. A gente acaba pagando juros e ainda corre o risco de... sujar o nome, ou coisa assim, porque a gente não conta com o imprevisto. Mas às vezes... aparece, né? Então... essa é a vontade dele, né? Ele quer comprar uma máquina de lavar. Eu falei: "Agora não é a hora." Mas quando a gente comprar, vamos comprar à vista, porque eu vou pegar e [dizer]: "Estou com o dinheiro. Quero desconto. Se você não me der desconto, eu não compro." Então, assim: tem coisas que a gente aprendeu com a dificuldade que nós passamos. Vai ter que começar a comprar o que é ne-ces-sá-rio, não o que é futilidade. Então... assim: ele me ensinou a colocar tudo na ponta do lápis. E depois que ele perdeu o emprego, a gente intensificou mais. Parece que a gente ficou mais com medo...compra fiado de um, compra fiado de outro... e vai e paga. "E agora? A gente pagou, ficou sem passe de novo." Aí eu conversei com a menina do RH lá de onde eu trabalho, ela me emprestou. A sorte foi que o Di começou a trabalhar, e os dias que ele foi fazer teste, o dia que ele foi pra pegar... a lista de documentos, a empresa devolveu os passes pra ele. Então, quer dizer, esses passes já vêm pra mim! [risos]. Então... é aquela coisa mútua, né? Ele: "Olha, vou deixar os passes aqui na gaveta, você vai pegando, porque semana que vem eles vão dar já o do mês todo." Falei: "Ah, então tá bom." Então... assim, a gente vai se virando. Sempre um respeitando o outro e a gente agora... divide tudo, tudo, tudo. Vai desde a limpeza da casa até vale transporte... e às vezes eu estou cansada pra fazer janta, a gente divide o pouquinho de comida que tem... É por isso que eu digo, que eu disse que eu sou... realizada. Porque tem muitos casais que não passam por isso. Não sabem dividir, ou sabem dividir, mas só sabem reclamar. Dividem, mas reclamam. Eu vejo isso pela vida dos meus irmãos.

— *E a que você atribui o fato de você ter isso e seus irmãos não terem?*

Sandra — Acho que é comodismo deles. Acho que é comodismo. Aquela coisa assim de... sempre depender da mãe. Porque todos eles de uma forma ou outra dependem da minha mãe. Sempre. Eu vejo que meus irmãos não cresceram direito. Que a minha mãe sempre está ali. Segurando, dando apoio... Por trás, é dinheiro de condução, por trás é açúcar, por trás é arroz, é café, é um dinheiro pra um remédio... né? Os meus irmãos estão sempre ali, debaixo da saia da minha mãe. Sempre ali. Estão sempre morando perto, sabe?

— *Você não mora perto?*

Sandra — Não muito perto... Mas é no mesmo bairro. É como se fosse assim:

o bairro está aqui, lá no final do bairro é onde eu moro. Quando você está chegando no limite do final do bairro, eu moro lá [risos]. Mas eu não tenho tempo pra ir à casa da mãe. Então eu acho que isso... até facilitou pra que eu não viesse a depender tanto dela, levar os meus problemas pra ela. Eu acho que minha mãe já tem problema demais pra eu levar os meus problemas pra ela. Eu tenho que resolver, eu e meu marido.

— *Neste momento os seus irmãos estão todos desempregados?*

Sandra — Todos, todos, todos. É uma coisa assim... é uma coisa difícil de acreditar. Todos.

— *E a que você atribui o fato dos seus irmãos estarem todos desempregados nesse momento, Sandra?*

Sandra — Os meus irmãos têm um defeito grave: eles não aceitam ser subordinados. Eles querem... mandar no encarregado. Encarregado fala "a", eles querem falar "a, b, c." Não pode. Eu acho assim: dentro de uma empresa, você tem... hierarquia. Você é empregado submisso? É empregado submisso. Está ganhando teu dinheiro? Você tem que pensar em sustentar a tua família. Dali que você tira o seu ganha-pão? Então é dali que você vai tirar. "Ah, vou sair daqui, vou procurar coisa melhor!" Emprego está difícil!! Não é que nem quando eu comecei a trabalhar com 13 anos; você andava pelas ruas, você via várias placas: "Precisa-se de costureira", "Precisa-se de... mecânico", "Precisa-se de... pintor... de cortador". Hoje você anda pelas ruas, você não vê nenhuma placa dessas. Não vê! Então, o emprego está ficando escasso! E aquela pessoa que tem o emprego dela, tem que se segurar nele! Não... não vai sonhar demais, achar que tem... emprego melhor. Pode até ter, mas vai ter um funcionário melhor pra ele. Então, o meu irmão foi mandado embora.

— *Qual deles?*

Sandra — O João. Aí ele está lá, disse que vai comprar uma perua com o dinheiro que pegar e que vai trabalhar... por conta, né? Espero que dê certo. Mas... aí ele está se virando... com uns biquinhos. Mas, de domingo, ele tinha que ir trabalhar. Era extra, mas tinha que ir trabalhar — tem que descarregar caminhão, tem que fazer controle, ele era conferente. E não ia trabalhar! "Estou cansado." Não tem dessa, você é funcionário, você não tem que estar cansado. "Ah, eu não vou." Chega a terça-feira: "Ah, minha pressão caiu, eu não vou trabalhar." Acaba perdendo o emprego. O Alcides, que saiu de um emprego bom, numa empresa que faz injeção pra... bovinos, mas... o Alcides não consegue controlar a língua dele. Ele fala demais. Fala o que não deve. Fez fofoca lá dentro da empresa e foi mandado embora. Aí foi trabalhar com o João. Respondão, malcriado, começou a... foi onde começou a... a se encontrar com mais freqüência com a amante, fazer toda aquela confusão... perdeu o emprego. Por quê? Porque a empresa dava um dinheiro pra ele fazer a viagem, ele gastava tudo na irresponsabilidade. E o João também foi pela mesma coisa.

Irresponsabilidade, sabe? De achar que lá estava ruim. O ruim é ficar sem o ruim! Porque mal ou bem, você está colocando comida para os seus filhos comer. Mal ou bem, você está pagando o seu aluguel, entendeu? Se a pessoa não paga aluguel, amém, sorte. Mas se está pagando aluguel você tem que estar honrando o seu compromisso. E pra isso você tem que se submeter!! Porque até o... encarregado, ele se submete à chefia de alguém. Não tem como! É o peão... querer mandar no encarregado! E o encarregado querer mandar no dono. Eles... têm essa visão: manda o... o chefe para aquele lugar...sabe? Não pode! O Antonio [o irmão mais velho] nunca foi desse jeito, né? Agora ele está numa idade... extrema, está com 50 anos... Então... já vai ficar mais difícil pra ele arranjar emprego. Mas ele achou que saindo da empresa de ônibus, ele ia achar coisa melhor. Saiu e não achou. Se ele estivesse lá ele estaria garantindo aposentadoria...

— *Ele é motorista de ônibus?*

Sandra — Motorista. É um serviço cansativo, mas quantas e quantas pessoas mais velhas que ele levantam no mesmo horário, e estão lá na profissão? Não paga mal, paga bem. Era só ele... se controlar. Era a mulher dele também se controlar, né? A dificuldade veio e ninguém aprendeu com a dificuldade. Ninguém aprendeu. Eu... às vezes eu falo, às vezes eu brinco, né, falo: "Olha, mãe, não pareço com nenhum dos meus irmãos." Nós temos que ter controle de tudo que entra, de tudo que sai. O que sobrou, vamos ver o que dá pra fazer.

— *Ouvindo você dizer essas coisas... sobre seus irmãos e sobre a sua relação com eles, e a relação com a sua irmã, que é uma irmã... adotiva e que é, como você disse, um pouco excluída pelos irmãos... é como se você também se sentisse de alguma forma não pertencendo a esse grupo familiar.*

Sandra — É mais ou menos assim, né? Eu... não sei o que diferencia. Não sei o que... o que causa isso, eu sei que eu... eu não me pareço com eles. A atitude deles, eu não concordo com a atitude de cada um.

— *Você usa a palavra "controle" com freqüência... Então quando você diz "eu não sei explicar", pra mim é como se você dissesse que o que pode fazer essa diferença entre essas duas maneiras de viver, é ter mais controle sobre as situações, sobre as próprias emoções... você disse que controla também as suas emoções, não é?*

Sandra — Controlo. Controlo muito. Quando eu morava com a minha mãe, eu... eu não demonstrava o que eu estava sentindo. Nunca demonstrei. Ficava quieta... e de noite eu ia lá, chorava e... tudo bem. Nunca deixei transparecer isso, só pra minha irmã. Quando o Di estava me magoando, fazendo coisas erradas, ela sofria comigo. Enquanto que meus irmãos... jogavam pedra, só pedra. Só crítica, só crítica, crítica, crítica. E tem um momento que a gente não quer ouvir crítica. Chega um momento que a gente quer ouvir uma palavra. Então, isso eu tinha com a minha irmã. No fundo ela sofre também, mas eu vejo isso nela: uma mulher forte, decidida, que não abaixa a cabeça pra nada, que toma decisão, vai e faz e pronto. Eu não sou desse jeito, mas eu admiro ela. Eu acho que é por isso que a gente se identifica. Eu respeito ela, ela me respeita. Coisa que... os meus irmãos... não sei se... por causa do pouco grau de instrução, não sei se foi isso. Ou se é... pelo próprio serviço que cada um tem, vai tendo contato com pessoas daquele nível, e vai ter um nível de conhecimento, de falar... Não sei, pode ser isso, né? Mas, eu... eu... eu desejo o melhor para os meus irmãos. Quero que todos eles venham a crescer, quero que todos eles venham a deixar minha mãe descansar. Mas é o caminho que cada um conseguiu, escolheu...

— *Você fala em "caminho". E... a impressão que me dá, Sandra, é que você está tentando entender... o que determina que certas pessoas... trilhem certos caminhos e outras trilhem outros... Você diz: "Eu não sei bem, eu não entendo bem que diferença é essa..." Você fala dos seus irmãos, e fala, por outro lado, da força da sua irmã, não é? Você fala ... do seu empenho em ter controle sobre a sua vida... Numa certa altura da entrevista, lá atrás, você disse: "Se eu não tivesse ficado grávida, eu teria me esforçado mais pra fazer o melhor possível na escola". E você fala também que é preciso ter um grão de fé, um grão de mostarda, porque daí Deus olha pela gente... Você foi mencionando todas essas coisas... Eu pergunto pra você: nesse momento da sua vida, como é que você resumiria todos esses aspectos que você mencionou? Que balanço você faz dessas determinações todas? Você põe um pouco em Deus, um pouco na força de vontade, um pouco em características pessoais de personalidade — ser forte, ser determinado. Como é que é isso?*

Sandra — Eu vejo assim, pelo ponto de vista de igreja... de evangélica que eu sou hoje. Nós temos que tomar decisões. E essas decisões têm que ser... coordenadas.... por Deus. Porque... o fato de você perdoar alguém é atitude. Então eu vejo assim: os meus irmãos têm que ter uma atitude. E pedir pra Deus — que olha por todos nós — guiar o caminho deles. Você tem que tomar posição, ter uma atitude. Porque... às vezes nós escolhemos o caminho errado sem saber, achando que está certo.

— *Isso cabe aos homens, às pessoas — tomar decisões. E Deus?*

Sandra — Agindo por trás. Dando força pra cada um, né? Porque... foi na igreja, foi em Deus e Jesus que eu encontrei essa força, né? Eu vejo assim: às vezes tem situações... que acontecem na nossa vida que a gente fala: "Não, nessa eu não vou agüentar", né? "Não vou agüentar". "Não, é muito pesado, não, eu me decepcionei demais." Mas quando você ora... ao Senhor — "Senhor, derruba um bálsamo na minha vida... tira esse peso porque... se eu tiver que passar, que o Senhor venha me confortar. Se eu tiver que aprender com essa situação, que o Senhor venha me confortar" — e o Senhor responde, sabe? Ele conforta, ele derrama aquele bálsamo e você passa pelas dificuldades sem sentir. Mas... os meus irmãos são incrédulos à palavra. "Ai, quando der, eu vou." Só que... a palavra do Senhor sempre fala que ele tem pressa. Porque todos nós somos filhos Dele, todos nós, né? Uns escolhem uns caminhos... tortos, outros escolhem o caminho... pra chegar até o Senhor, pra que Ele venha nos abençoar. E... eu falo para os meus irmãos tudo que o Senhor tem feito na minha vida. (...) Eu coloco no Senhor essa força. É... como se ele mostrasse o caminho. (...) E... e a gente vai, a gente toma a decisão, de ir pra igreja, sabe, de ... de aceitar. É, dizer um não a essas potestades... que estão ao nosso derredor. Eu... eu falo sempre para o Diógenes: "Olha, Di, você tem que parar de ser incrédulo", antes dele querer ir pra igreja. "Você tem que parar, porque uma hora você vai pra igreja, outra hora você não vai, o quê que é isso?" Entendeu? É... a palavra do Senhor é muito complexa, o Senhor fala que reino dividido não prevalece. Então se ele não está comigo na igreja, alguma coisa vai acontecer de mal. Até pra minha irmã, que também é um pouco assim: "Eliane, descansa no Senhor, porque Ele tudo faz por nós. Não adianta se descabelar." E ela diz: "Imagina, se eu não estiver trabalhando! Se eu não estiver trabalhando, quem vai pagar minhas contas — Deus"? Falo: "Olha que Deus paga". Porque o Senhor tem aberto portas nesse tempo que o Di ficou desempregado. Eu consegui um empréstimo sem ir ao banco, nunca tinha feito um empréstimo. Então são coisas que a gente... É inexplicável, a gente não sabe como explicar, mas você sabe que aconteceu. Então... assim, o reino do Senhor é assim. E as pessoas têm que tomar decisão... atitude.

— *Voltando um pouco à questão da sua carreira escolar. Naquela entrevista que a gente teve há dois anos atrás, você falava também das deficiências da escola pública, daquelas coisas todas que acontecem, de faltar professor, e você dizia: "O que eu aprendi não me permite passar no vestibular pra uma faculdade pública". E hoje você diz: "Se eu não tivesse ficado grávida na hora errada, eu teria me esforçado mais, me empenhado mais na escola". O que significa isso — se esforçar mais, se empenhar mais? Como é que teria sido... se você não tivesse ficado grávida? Como é que você imagina isso?*

Sandra — Eu vejo assim, que naquele tempo, eu sempre trabalhei. Poderia estar me... esforçando pra fazer um cursinho.

— *Você não conseguiu passar na seleção pra bolsa no cursinho. Por que você acha que isso aconteceu?*

Sandra — Ah... é... eu não estava preparada.

— *Por quê? O que você tinha aprendido não era suficiente?*

Sandra — Não, não foi suficiente, porque eu não cheguei nem... nem... na mínima classificação.

— *Mas você atribuiu à gravidez...*

Sandra — Uma que... quando eu engravidei da Stefanie, eu pedi a conta do serviço. E mais... eu enjoei muito, e onde eu trabalhava eram três andares... três andares de escada, eu descia todos eles. E... estava muito enjoada no início da gravidez, os seis meses eu passei...

— *Você teve que parar de trabalhar.*

Sandra — É. Eu tive que pedir as contas e ficar em casa. Depois eu só voltei a trabalhar três anos depois. Perdi tempo, né? Mesmo assim, a Stefanie tinha três anos, pequenininha ainda, não dava... pra estudar à noite. Depois eu voltei... fiz o supletivo, só que o supletivo é "aquela coisa", dá só... o básico do básico do básico. Você tem o 2º grau "concluído". Só que eu também não tinha tempo, eu não dispunha de muito tempo pra ficar... três anos lá fazendo o 2º grau, eu não dispunha desse tempo. Eu tinha que correr atrás do tempo que eu havia perdido. E quando... eu fiz a prova do cursinho, não passei, logo depois eu saí de onde eu estava, que era uma empresa terceirizada; eles me tiraram de lá e me colocaram num outro posto, que era naquele posto de 12 horas. Daí impossibilitou tudo. Se não fosse isso, se... talvez eu não tivesse engravidado... Eu sempre trabalhei, pagaria um cursinho por fora, pra me esforçar, pra me empenhar, passar numa faculdade pública. Porque por mais que eu tivesse... por mais que eu sempre tivesse trabalhado, meu salário não era suficiente pra pagar uma faculdade. Então eu ia ter que concorrer a uma bolsa pra que eu viesse a ter... esse plano. Eu não quero entrar na faculdade porque "Ai, eu quero ser historiadora." Eu quero lecionar. Eu quero passar o que eu aprendi. E é uma matéria [geografia] que pouco a pouco o governo está cortando. O governo não quer, quer a cada vez diminuir, diminuir, diminuir, porque pra ele é interessante pegar dinheiro do Banco Mundial e investir em outra coisa — porque o Banco Mundial quer ver os alunos passar, quer ver alunos se formando, e o governo está passando alunos simplesmente que não sabem nada. O meu sobrinho está na 3ª série junto com a Stefanie. Ele não sabe ler, ele não sabe escrever. A minha sobrinha está na 5ª série. Ela não sabe ler, não sabe conta de multiplicar nem de dividir. E a Stefanie, na 3ª série, já sabe. Agora, como que o meu sobrinho chegou na mesma série que a Stefanie, sem repetir? Então é daquele jeito: se seu filho é inteligente, parabéns. Se seu filho não é, parabéns também, porque ele vai passar de ano. Sabe? Então, é... é difícil.

— *Você disse: "Eu quero é lecionar, eu quero passar o que eu aprendi." Ou seja, você falou... no presente.*

Sandra — É...

— *Você ainda quer? [risos]*

Sandra — Olha, eu até quero, mas eu sei que é difícil. É difícil porque, eu não disponho... de tempo. Então, assim: eu procuro passar... aquilo que eu sei pras minhas sobrinhas que estão ao redor, pras pessoas que estão ao meu redor. Passar um pouco de experiência de vida: "não venham a fazer o que eu fiz. Não venham a fazer o erro que eu cometi. Venham a se cuidar, sabe, venham a se preservar, não venham a sair com um aqui, com outro lá. Venham a se guardar. Venham a ter obediência a seus pais, venham... a trabalhar." A minha sobrinha Katia, que vai fazer 15 anos, estava trabalhando numa lanchonete. Eu jamais vou querer isso pra minha filha. Pode ser, sim, um serviço... é um serviço digno como outro qualquer. Mas eu acho que hoje você tem condições de estudar, hoje você tem condições de fazer um ano letivo corrido e...

terminar os estudos, pra você... querer algo melhor. Você vai ficar atrás de um balcão, você vai ficar para o resto da vida. O que minha mãe sempre falou pra mim é assim: "Eu não quero que vocês venham a ser empregada doméstica, quero que vocês estudem." Só que, por uma... talvez por uma falta de orientação dela, a gente acabou se engravidando, perdeu estudo, perdeu tempo e... e hoje, pra eu querer voltar, pra eu querer tudo isso, eu tenho que abdicar de alguma coisa. Do emprego eu não posso abdicar. Da minha casa também não, porque quem vai cuidar? Vou deixar para o meu marido fazer? Não posso! Eu queria sim, se eu tivesse tempo.

— *E... diante dessa impossibilidade, como é que fica isso pra você atualmente...*

Sandra — Como fica? Eu... [pausa longa] é... assim... como se fosse...Eu fico... não digo frustrada, mas é uma decepção minha, porque é algo que eu sempre quis e que eu não consegui realizar, né? É um... é, assim ... não... eu acho que eu daria uma boa professora ... Do mesmo jeito que eu sou uma boa telefonista, eu seria uma boa professora de geografia, né? Então fica assim: é uma... uma frustração, mas que .... já está superada. Mas é aquela coisa que fica lá dentro, né? É assim: eu vi os currículos das candidatas ao emprego na firma em que trabalho, eu vi que tinha dois currículos que... estavam fazendo geografia. Então... não sei... eu vejo que as pessoas estão...estão ...fazendo faculdade de geografia, aquilo me dá aquela coisinha assim, dentro. Uma certa mágoa, né? Uma frustração mesmo... Mas eu... eu creio que já tá superado. Mas quando eu lembro o que eu queria fazer, e que, por *n* motivos não deu... Mas o que eu posso fazer agora é ajudar na educação da minha filha, né? Eu quero que ela venha a estudar pra que ela não fique frustrada, que nem eu fiquei, em relação aos estudos.

— *E agora você tem a expectativa de que ela realize esse...*

Sandra — É, mais ou menos isso, porque, eu às vezes fico pensando: e se a Stefanie chegar na minha idade — talvez grávida, talvez não, talvez com filho, talvez não — e ela não tiver conseguido um bom emprego, não tiver estudado tudo que queria? Então eu não quero que ela venha a passar o que eu passei, né? E eu e o Di, a gente vai se empenhar pra que isso não venha a acontecer.

Entrevistadora: Maria Helena Souza Patto

Um direito periférico

Morar em conjuntos habitacionais sem infra-estrutura adequada, em casas precárias na periferia, em loteamentos e condomínios clandestinos, em cortiços, em favelas, em ocupações, "morar" nas ruas. Reflexo da falência da política pública habitacional, essa situação atinge, na cidade de São Paulo, cerca de cinco milhões de pessoas, compostos, em grande parte, de grupos familiares de migrantes nordestinos e negros, não raro chefiados por mulheres. Em meados da década de 1990, metade das habitações de São Paulo pertencia à chamada "cidade ilegal", ou seja, situavam-se em loteamentos periféricos irregulares, favelas e cortiços. Esse quadro revela "um dos fenômenos mais marcantes" que resultaram das decisões políticas então tomadas[1].

Falar de decisões políticas no campo habitacional é falar não só da presença do Estado, na maioria das vezes perversa, mas principalmente de sua ausência. Isso porque o poder público participou da transformação da cidade de São Paulo — situada numa das três maiores regiões metropolitanas do mundo — como "observador". O protagonista foi o setor privado, que não por acaso organizou esse crescimento segundo seus próprios interesses[2]. Com isso, a construção de casas populares foi reduzida a uma operação puramente comercial, imprimindo as marcas de um modelo sócio-econômico que produz a pobreza e segrega espacialmente os empobrecidos, expulsa-os para a franja da periferia e dá alento à especulação imobiliária e às fraudes contratuais[3]. Os que não conseguem inserir-se

---

[1] Plano Diretor Estratégico: Cartilha de Formação. São Paulo: Caixa Econômica Federal, 2003.
[2] Sachs (1999).
[3] Tanaka (1993).

nessa lógica ocupam áreas sem interesse imobiliário (escarpas, margem de rios etc), pondo suas vidas em risco permanente.

A política de habitação tem uma trajetória peculiar na história da constituição dos direitos sociais no Brasil: desde sempre, ela assumiu uma posição periférica.[4] Antes do populismo da era getulista, esse era assunto da iniciativa privada e o Estado assumia apenas um formal papel regulador. Além de tardia, a intervenção do Estado não significou uma apropriação efetiva da habitação como direito, mas veio no bojo de *uma preocupação mercadológica do Estado com o capital privado*, visando a estimular a construção civil, oferecer emprego à mão-de-obra não-qualificada e amortecer a recessão econômica[5].

A desconsideração da moradia como direito se expressa na seleção da população a ser atendida pelas políticas em voga. Historicamente, o passaporte é econômico: renda *familiar* superior a três salários mínimos. No entanto, no município de São Paulo, mais da metade das famílias dispõe de renda inferior a esse limite[6]. Além disso, a perspectiva de inclusão dessas famílias é remota, dada a desarticulação dos programas habitacionais com as estratégias de geração de emprego e renda: "a demanda por habitação não pode ser resolvida de forma isolada. Sem tocar na estrutura de renda e na divisão dos benefícios produzidos pela sociedade, a política habitacional será sempre um paliativo em face da pobreza e das desigualdades crescentes"[7].

A falência das políticas públicas de habitação objetiva-se também no ínfimo contingente de pessoas que conseguem atender. Em São Paulo, onde o déficit habitacional assume proporções alarmantes, famílias inscrevem-se em gigantescas listas, na esperança vaga de um dia realizarem o sonho da casa própria. Para as poucas famílias convocadas, a alternativa tradicionalmente oferecida pelo poder público é a construção dos chamados conjuntos habitacionais, que ficaram conhecidos como COHABs, ou seja, com a sigla da companhia executora de programas habitacionais da cidade de São Paulo: Companhia Metropolitana de Habitação de São Paulo.

---

[4] Teixeira (1986) destaca que, para além da expulsão, o especulador por vezes mantém o terreno ocioso, enquanto espera sua valorização no mercado imobiliário.

[5] Plano Diretor Estratégico: Cartilha de Formação. São Paulo, (2003).

[6] Chama a atenção que o Índice de Desenvolvimento Humano (IDH) da Organização das Nações Unidas, recurso tido como mais completo para a apreensão da qualidade de vida e utilizado no mundo inteiro como referência para a elaboração de políticas públicas, não incorpora a questão habitacional como fator, limitando-se a avaliar dados relativos à educação, saúde e renda da população. Também a Declaração Universal dos Direitos Humanos, em seu artigo XXV, considera a habitação como *desdobramento* do direito a um padrão de vida de qualidade.

[7] Véras e Bonduki (1988).

Entre 1966 e 1985, foram construídas 90.570 unidades nesses conjuntos habitacionais no Município, que atenderam aproximadamente 400 mil habitantes, número pouco significativo se comparado aos então três milhões de moradores em cortiços, dois milhões em loteamentos periféricos e 1,5 milhão em favelas. A lista de espera dos que atendiam ao critério econômico superava 300 mil famílias[8]. Em 1986, o déficit habitacional no município de São Paulo era de 1,2 milhão de moradias.

Os sorteados recebem uma habitação que reconhecem como precária "*por dentro e por fora*": quase sempre, um aglomerado de prédios com apartamentos minúsculos e inóspitos, construídos na periferia da periferia. Entre os moradores de conjuntos habitacionais entrevistados, foi freqüente a referência às construções como "*só o esqueleto*" ou "*casas peladas*", geralmente distantes dos locais de trabalho e de equipamentos e serviços públicos como escola, creche, hospital, posto de saúde, segurança, lazer e transporte coletivo. A isso se acrescente a dificuldade de pagar as prestações, causada pela instabilidade de renda e pela necessidade de investir em reformas para tornar o imóvel habitável ou pagar taxas de condomínio para garantir um mínimo de conservação das áreas comuns.

Mas o principal problema da centralidade dos conjuntos habitacionais como programa de governo é o fato de que eles excluem justamente as famílias com renda inferior a três salários mínimos, para quem sobram poucas alternativas, todas precárias. As sub-habitações mais tradicionais são os cortiços, as favelas ou, em casos-limite, as ruas, as praças e os vãos dos viadutos.

O cortiço é uma forma de habitação popular precária muito freqüente no Brasil. Só na cidade de São Paulo há 600 mil pessoas vivendo nesta modalidade de moradia.[9]

A partir de seu significado original — "peça feita de cortiça ou de qualquer casca de árvore, para alojar colônias de abelhas; colméia" — a palavra passou a designar um tipo de moradia humana com várias definições nos dicionários: "habitação coletiva das classes pobres; casa de cômodos"; "casa pequena onde habita muita gente"; "pátio ou agrupamento de pequenas casas"; "aglomeração de casas muito pobres", "grupo de habitações em um só edifício para moradia de gente pobre". Um dos sinônimos mais freqüentes é "cabeça de porco".[10]

---

[8] Sachs (1999).
[9] Cf. São Paulo, Plano Diretor Estratégico: Cartilha de formação, 2003.
[10] Foram consultados os dicionários Houaiss, Aurélio, Caldas Aulete e Lello Universal.

Os cortiços, predominantes na região central da cidade, geralmente são casarões antigos que, embora construídos em conformidade com as normas técnicas e legais, passaram a ter um uso que não se ajusta às leis de locação de imóveis e de higiene. Por isso, eles também são definidos como "ilhas degradadas do centro da cidade que passam para o arquipélago da 'cidade ilegal'"[11].

Cada cômodo do casarão é alugado para pessoas ou mesmo famílias inteiras, que fazem desses cubículos uma casa, ou seja, ao mesmo tempo quarto, sala e cozinha. O banheiro e o tanque são de uso comum, uma vez que não há instalação hidráulica em cada unidade. A vida coletiva nem sempre é voluntária e pacífica. Provavelmente, pela conotação negativa que o nome "cortiço" carrega, em geral seus moradores referem-se a ele como pensão[12].

Ao contrário do que possa parecer, morar em cortiço não é barato. Por estarem localizados na região central da cidade, o fácil acesso a equipamentos e serviços possibilita economia de tempo e dinheiro[13], mas os aluguéis são relativamente altos, principalmente se comparados à qualidade da moradia e à renda das famílias[14]. O aluguel, em geral, é pago ao "intermediário", ou seja, alguém que aluga a casa do proprietário e subloca os cômodos. O valor cobrado das famílias é estipulado pelo próprio intermediário e supera o pago ao proprietário, inserindo esse sistema de locação nas regras do mercado informal.

O poder público, ao mesmo tempo em que considera o cortiço como nocivo, insalubre e pernicioso, mantém-se alheio à sua existência e condições: "ao poder público cabe uma influência muito grande na geração desta e de todas as outras sub-habitações, seja pela omissão, pelo consentimento, pelo seu despreparo em enfrentar tais fenômenos ou pela sua impotência"[15].

---

[11] Sachs (1999), p. 103.

[12] No entanto, nos dicionários, pensão indica uma condição mais digna: "pequeno hotel de caráter familiar"; "espécie de hotel de preços mais baixos que os de um hotel comum"; "quantia que se paga geralmente ao mês pela mesa, cama e roupa lavada, ou só por mesa", "casa particular ou pequeno hotel onde se recebem hóspedes, por estipêndio"; "hospedaria".

[13] Daí ser possível afirmar que "o morador de cortiço, embora more mal enquanto unidade física, habita bem, de uma forma geral, enquanto meio urbano, e isto o diferencia de outros segmentos populacionais de baixa renda, também habitantes de sub-moradias" (Teixeira, *op. cit*, p. 136).

[14] Alguns cortiços visitados na região central indicaram uma média de preço em torno de 200 reais, ou seja, cerca de 70% do salário mínimo, que na ocasião das entrevistas valia 260 reais (2003). As contas de água e luz são divididas pelo número de cômodos, uma vez que a casa tem apenas um relógio de medição, impossibilitando medir o consumo separadamente.

[15] Teixeira, *op. cit.*, p. 112.

Morar em favelas é alternativa habitacional bastante utilizada pela população que não tem renda suficiente para obter financiamento público ou privado da casa própria, ou mesmo para pagar o aluguel de uma casa.

Novamente, os dicionários apresentam diversas definições de favela: "conjunto de habitações populares que utilizam materiais improvisados em sua construção tosca e onde residem pessoas de baixa renda"; "lugar de mau aspecto; situação que se considera desagradável ou desorganizada"; "conjunto de habitações populares toscamente construídas e desprovidas de recursos higiênicos"; "maloca"; "conjunto de casebres toscos e miseráveis, geralmente em morros, onde habitam marginais"; "morro habitado por gente baixa, arruaceira"; "lugar de má fama, sítio suspeito, freqüentado por desordeiros". Note-se que, impregnado na descrição da situação habitacional, há um juízo negativo acerca dos moradores da favela, visão que atinge também os encortiçados. Vale dizer que também encontramos moradores de cortiços e favelas que reproduziam esse discurso negativo, não sem muitas vezes diferenciar-se desse estereótipo.

As favelas surgiram em São Paulo na década de 40. Como incentivadora, a própria prefeitura que, para efetivar as obras do Plano de Avenidas, desapropriou famílias da região; desabrigadas, tiveram de improvisar barracões para morar[16]. No entanto, até a década de 70, o crescimento das favelas em São Paulo foi modesto; os cortiços ainda eram a principal forma de moradia da população empobrecida. Na década de 80, o número de favelas cresceu significativamente, tendência que se manteve nas décadas seguintes[17]. Assim, entramos no século XXI com mais de um milhão de pessoas morando em favelas na cidade de São Paulo[18]. Esse processo de favelização é reflexo do crescimento astronômico dos centros urbanos, marcados pela forte migração e pela pauperização da população.

---

[16] Tanaka, *op. cit.*, p. 30.

[17] Segundo levantamento do IBGE, o Brasil iniciou os anos 2000 com 3.905 favelas, apontando um crescimento de 22,5% em relação à década anterior. No caso do estado de São Paulo, que ocupa o primeiro lugar nessa forma de moradia, o número de favelas atingia 1.548, concentrando-se sobretudo nas regiões metropolitanas. Cabe lembrar que o IBGE considera como favela um "conjunto de no mínimo 51 unidades habitacionais em terreno alheio, dispostas, em geral, de forma desordenada, e carentes, na maioria, de serviços essenciais". Ficam excluídas da estatística, portanto, as favelas menores (ver *Folha de S. Paulo*: "Brasil ganha 717 favelas em nove anos", de 07 de janeiro de 2001).

[18] Cf. Plano Diretor Estratégico: Cartilha de Formação, 2003.

As favelas "não são um todo homogêneo e uniforme": existem desde as "totalmente urbanizadas e integradas à cidade 'legal'", até as de papelão, madeira ou plástico, "ocupando as sobras da cidade, as nesgas de terrenos à beira de rodovias, junto a áreas de enchentes ou em morros com risco de deslizamento"[19]. A inserção das favelas na "cidade ilegal" refere-se não só à ocupação do terreno, mas também à sua infra-estrutura (a instalação elétrica, por exemplo, quase sempre é feita por meio dos "gatos", ligações improvisadas que aumentam o risco de incêndios).

Diante do surgimento e crescimento das favelas, o poder público alheou-se, foi conivente ou incentivou-os, atendendo, não raramente, a interesses empresariais.[20] Quando age, muitas vezes põe em prática uma política perversa de erradicação: remove os moradores das favelas e os transfere para outro local, com a promessa de construção de conjuntos habitacionais. Iniciada nas décadas de 1960 e 1970, em plena ditadura militar, e retomada pelo prefeito Jânio Quadros, tal política concebia as favelas como "doença da cidade, antro de crimes e os favelados como grupo marginal, lúmpen".[21] Tais conjuntos, no entanto, não contribuíram de fato para o "desfavelamento" da cidade, pois poucas famílias tinham condições de participar desse programa habitacional. Assim, novas favelas foram montadas, agora mais distantes do centro e do campo de visão do próprio poder público.

Mais dramática é a situação de milhões de brasileiros que vivem em condição de miséria absoluta. Para eles é grande a dificuldade de morar, mesmo em cortiços ou favelas. Nos grandes centros urbanos é alarmante o contingente de pessoas que moram nas ruas. Há na cidade de São Paulo cerca de nove mil moradores de rua[22]. De fato, é praticamente impossível andar pelas ruas sem passar por eles; muitas vezes integrados ao cenário urbano, eles podem nem mesmo ser notados pelos passantes. Um olhar atento revela, no entanto, que são muitas as suas formas de viver: solitários, com suas famílias ou em grupos de famílias; com ou sem crianças; pedintes, catadores de papel, "carroceiros"; mendigos, andarilhos, indigentes.

---

[19] Tanaka, *op. cit*, p. 34-35.
[20] *Idem, ibidem*.
[21] Taschner (1993), p. 60.
[22] Cf. Plano Diretor Estratégico: Cartilha de Formação (2003). Deve-se destacar que tal estatística não inclui a população albergada.

Para evitar que os sem-teto abriguem-se sob as pontes (local privilegiado para quem não tem nada), os governantes geralmente mandam cercar esses espaços. Alguns moradores de rua, no entanto, aproveitam o gradeado para delimitar uma "casa": como paredes, as panelas, os pratos e os copos delimitam a cozinha; um sofá pode servir de sala; um lençol tampando a visão da rua circunscreve um quarto; ao fundo, papelões denotam o esforço de garantir, mesmo que de forma precária, alguma privacidade. Para os que não encontram um vão de ponte para morar, resta acomodar-se de outras formas: em pontos de ônibus cobertos, sob as marquises de grandes lojas, nas calçadas.

Esconder-se e se proteger são cuidados necessários: ao serem notados, eles são alvo não só de olhares preconceituosos, como de ações de extrema violência. Hoje, como ontem, a matança de moradores de rua em muitas cidades brasileiras ilustra a que ponto podem chegar os maus-tratos a que eles estão sujeitos[23].

Nos dicionários, mendigo é o "indivíduo que pede esmolas para viver", "que vive da caridade alheia", "o que vive de esmolas, pedindo-as de porta em porta ou pelas ruas". Ainda há uma lista de sinônimos significativos para entendermos o imaginário social em relação a essas pessoas: camumbembe ("indivíduo de baixa condição social, vagabundo, vadio"), desvalido, esmolador, esmoleiro, esmoler, indigente, lazarone ("indivíduo que nada faz; ocioso, preguiçoso; pessoa mantida à margem da sociedade; pária"), mendicante, miserável, necessitado, pedidor, pedinte, pobre, sacomano ("saqueador"), sacomão, sacomardo, veleto ("pessoa que não tem firmeza de propósitos, é volúvel, inconstante"). Essas definições convidam a pensar sobre alguns sentidos associados ao morador de rua que podem contribuir para a legitimação social das práticas de humilhação e agressão a que são freqüentemente submetidos.

Ao viverem condições objetivas de abandono social, muitos moradores de rua vivem também "subjetivamente desabrigados". Fatores como a permanência crônica na rua e a tentativa solitária de sobrevivência

---

[23] O assassinato do índio Galdino, em 1997, é exemplo emblemático: aos serem questionados do porquê de tal ato, os adolescentes de Brasília justificaram que não sabiam que era "um índio", pensavam que fosse "um mendigo" – como se, nesse caso, a violência se justificasse. Na madrugada dos dias 19 e 22 de agosto de 2004, dez moradores de rua do centro da cidade de São Paulo foram agredidos com golpes na cabeça enquanto dormiam, resultando na morte de alguns. Tal episódio foi precursor de uma seqüência de ataques, não apenas em São Paulo, mas em outros centros urbanos do país (ver *Folha de S. Paulo*: "Quem tem medo dos moradores de rua", de 26 de agosto de 2004; "Massacre no Centro", de 7 de setembro de 2004).

nessa condição podem agravar ainda mais a situação de vulnerabilidade dessas pessoas, e a partir de certo ponto de humilhação e degradação, tornar-se muito difícil dialogar com elas. Viver em grupo, ao contrário, pode fortalecê-las objetiva e subjetivamente. No entanto, convém ressaltar que "na luta pela sobrevivência em situação miserável, é preciso socializar a desgraça, solidarizar-se na troca de favores entre os pares. Por ser uma luta pela sobrevivência no capitalismo, carece, porém, pensar em si mesmo, é preciso 'tirar vantagem pessoal de tudo'. Assim, a vítima é também algoz de seus pares. (...) A ausência da propriedade privada da moradia não significa uma vida comunitária, mas uma vida insegura, sob ameaça permanente de remoção, de acordo com a lógica dos especuladores e da administração pública"[24].

Programas habitacionais tardios, excludentes, incipientes e mal elaborados causam descrédito dos desatendidos em relação ao poder público, que oscilam entre o conformismo e a resistência[25]. As tentativas de solução assumem diferentes formas: desde a esperança messiânica (que inclui a participação em programas sensacionalistas de rádio e televisão ou a entrega fanática à religiosidade), até a organização coletiva para fazer frente à situação, não só exigindo a efetivação da moradia como um direito social, mas também tornando o tema visível à opinião pública. Neste âmbito destacam-se os movimentos populares dos "sem-teto" que, tal como outros movimentos sociais, retomaram suas lutas a partir da década de 1980, com o fim da ditadura militar[26].

Os movimentos populares de luta por moradia organizam a população pobre para pressionar o Estado no sentido de construir habitações populares de qualidade. Muitos desses movimentos criticam o processo de periferização dos empobrecidos[27] e põem na ordem do dia exatamente o contrário: a construção de moradias populares no centro da cidade.

---

[24] Sawaya (1990), p. 47-48.
[25] Gohn (1995).
[26] Sader (1988). Segundo Wanderley e Bógus (1992), "as lutas pela moradia e pelos equipamentos citadinos sempre existiram no Brasil e de modo expressivo em São Paulo, onde a presença forte de imigrantes potencializou-a". Ainda afirma que, nas lutas pela moradia popular em São Paulo, destacam-se "as múltiplas articulações feitas pela população, pelo Estado, pela Igreja Católica e pelos partidos políticos" (p. 67). Podemos citar como exemplos as Sociedades de Amigos do Bairro e as Pastorais de Moradia.
[27] Como alerta Maricato (2002), "A segregação urbana é uma marca característica da cidade capitalista industrial. (...) Mesmo em países onde os direitos humanos são mais respeitados, a expulsão da população pobre de áreas renovadas e recuperadas é mais regra do que exceção. (...) Atualmente, o interesse do capital imobiliário por áreas urbanas centrais decadentes constitui uma tendência mundial".

Como instrumento simbólico de pressão, a ocupação de prédios públicos abandonados. Geralmente, centenas de pessoas ligadas ao movimento saem em passeata pelas ruas da cidade, tendo como destino um prédio ocioso escolhido pela coordenação. Feita a ocupação, dormem no local apenas uma noite ou nele permanecem, às vezes durante anos, organizados comunitariamente, enquanto aguardam a abertura de um canal de negociação. A postura mais tradicional do poder público é chamar a polícia para efetuar a reintegração de posse. Muitas vezes o despejo dá-se com truculência policial, ação que encontra apoio na representação social desses grupos como agitadores, arruaceiros, criminosos, desagregadores, desocupados, desordeiros, perigosos e violentos, imagem que a *mídia* ajuda a consolidar.

Esses movimentos deparam-se constantemente com a dificuldade de agregar pessoas para uma luta coletiva. Numa sociedade capitalista, que estimula a competição e o enfrentamento individual de problemas sociais, e em contexto de escassez, a saída mais visível é lutar individualmente pela sobrevivência, não necessariamente por direitos. O sentimento de desconfiança e preconceito em relação aos pares, mencionado anteriormente, também contribui para a desunião dos sem-teto.

Ainda que o foco das entrevistas que se seguem tenha sido as condições de moradia, os depoimentos referem-se ao mundo do trabalho, da educação, da saúde, da segurança, do transporte e do lazer. As famílias que não têm acesso à moradia não raro também estão excluídas dos demais direitos sociais. Nesse sentido, fica claro o caráter indissociável desses direitos.

Morar com dignidade é mais do que ter um teto sobre a cabeça. Não basta que os governantes se limitem a oferecer à população uma casa, pois "apenas quando esta moradia está vinculada aos equipamentos e serviços urbanos é que se criam as condições mínimas para alcançar a cidadania". [28]

As diferentes trajetórias dos depoentes são prova da importância do reconhecimento da habitação não como simples conquista individual ou como mero desdobramento de outros direitos sociais, mas como um direito social em si, tão importante quanto os demais. Habitar é uma experiência afetiva de enraizamento, que faz parte da constituição da identidade das pessoas e, portanto, das suas formas de viver, com maior ou menor dignidade.

Lygia de Sousa Viégas e
Juliana Breschigliari

---

[28] Véras e Bonduki, 1988, p. 9.

O tamanho dos sonhos

Foi com interesse em conhecer moradores de um conjunto habitacional popular que pudessem contar sua experiência de moradia que fui apresentada a Fernanda, uma jovem de 21 anos, branca, que mora com a família em um dos 13.504 apartamentos da COHAB Presidente Castelo Branco, em Carapicuíba[1].

A entrevista, que inicialmente seria com ela, contou com a presença marcante de Neide, sua mãe. Enquanto preparava o almoço, que logo seria servido a todos nós, Neide participava ativamente da conversa, certamente enriquecendo o relato da trajetória de moradia da família. De fato, essa entrevista, que durou quatro horas e meia, estendendo-se por toda a manhã, foi fruto de uma conversa entre nós três, na qual mãe e filha se complementavam e se contrapunham nos relatos das histórias vividas, tendo como ponto de partida o casamento de Neide e a inscrição na Cohab, em 1980.

Neide, 50 anos, nasceu em Caculé, pequena cidade do interior da Bahia, mas passou a infância e a adolescência em outras duas cidades baianas: Ourives e Malhada de Pedras, onde ficou até os 17 anos, com os pais e dez de seus catorze irmãos: "os outros nasciam e morriam, não passava de dois meses". Sua mãe cuidava da casa e dos filhos, e também ajudava o marido; seu pai fazia "de tudo um pouco: era ferreiro, marceneiro, lavrador, mas gostava mesmo de ser celeiro", trabalho feito de forma "artesanal" — do processo de curtir o couro à montagem das celas.

---

[1] Com uma área de 2.450.356 metros quadrados, essa Cohab tem uma população estimada em 71.800 habitantes.

Neide, quando ainda estava em Caculé, ajudava o pai e estudava. Ao concluir o ensino fundamental, viu-se numa situação difícil: embora sonhasse em cursar o ensino médio, sua cidade não oferecia esse nível de estudo e desagradava ao pai que ela se mudasse para outro município. Neide permaneceu com a família e, para não interromper os estudos, fez novamente os últimos anos do ensino fundamental, "mas não oficialmente". Em troca, ajudava a professora, lembrada por ela com muito carinho.

Assim viveu durante dois anos até que, com 17 anos, mudou-se com uma tia para São Paulo, carregando o sonho de cursar o ensino médio e fazer faculdade de jornalismo. Desde sua chegada em São Paulo, no entanto, teve de rever seus projetos: "a história de qualquer pessoa que muda para São Paulo dá um livro, né?".

Embora a tia tivesse prometido que ela ia estudar, a intenção era que ela trabalhasse como empregada. Neide então foi morar com o irmão mais velho e a esposa em Campinas, onde ficou durante um ano. Na época, começou a cursar o ensino médio, enquanto trabalhava como babá do filho de uma de suas professoras.

Com a separação do irmão, Neide viu-se obrigada a voltar para São Paulo, onde tentou dar seqüência aos estudos ao mesmo tempo em que trabalhava, novamente como babá, mas de maneira mais árdua, pois tinha de se sustentar sozinha. Em pouco tempo, teve de interromper os estudos e voltar-se totalmente ao trabalho, agora em fábricas ou empresas, nas quais, embora tenha exercido várias funções, trabalhou principalmente como telefonista, recepcionista e auxiliar de escritório. Neide chegou a iniciar o supletivo, mas viu-se obrigada a abandonar o sonho de estudar e se formar jornalista.

No início da vida "sozinha" em São Paulo, Neide experimentou várias formas de moradia, principalmente na casa de familiares, dividindo apartamentos com colegas ou em quartos de "pensão". E foi numa dessas pensões que conheceu Jairo, paulistano "do Bixiga" e filho da proprietária, com quem veio a se casar quando tinha 29 anos, e ele, 32. Assim como Neide, Jairo também não concluiu o ensino médio.

Um mês após o casamento, o casal inscreveu-se num programa estadual de financiamento de apartamentos num conjunto residencial. Da inscrição à entrega, foram dois anos de espera, vividos com sacrifício para pagar aluguel. Em momentos de maior dificuldade, contaram com a acolhida de parentes por algum tempo.

Em 1982, e já com dois filhos, Neide e a família foram convocadas para receber o apartamento, localizado na periferia de uma cidade da Grande São Paulo (apesar de ser um programa do governo municipal da capital paulista). Neide descreve a decepção vivida ao "descer" no local pela primeira vez e deparar-se não apenas com um apartamento que era "só as paredes", mas com um entorno também inacabado. Isso porque o local, ainda tomado pelo matagal, não tinha asfalto e iluminação pública, e era desprovido de todos os equipamentos públicos de atendimento à população, como creche, escola, transporte coletivo e hospital. Além disso, ficava distante do comércio (mercado, farmácia, padaria, açougue) e da capital, onde Neide e Jairo geralmente conseguiam trabalho. Como conseqüência, grandes gastos com a locomoção familiar.

Assim a família, após longa espera para ser atendida por uma política pública de habitação, viu-se com dificuldade em permanecer no local, especialmente pela péssima qualidade de vida oferecida. Mais ainda, o medo, a insegurança e a desconfiança sempre pautaram a relação com os moradores da Cohab. Tais sentimentos eram sobrelevados pelo fato de que o local, por muito tempo, não teve posto policial que pudesse garantir a segurança dos moradores, num local de freqüentes situações de violência.

Desde a entrada no apartamento, deu-se início a uma difícil trajetória, marcada por constantes tentativas de sair do local, quase sempre para outras moradias também precárias, entrelaçadas a situações de desemprego e conflitos familiares. Neide tentou se separar do marido algumas vezes: ela e os filhos moraram em São Miguel Paulista, Santo André e Mauá, momentos em que, para pagar o aluguel, tinham de interromper o pagamento do apartamento, atrasando sua quitação. Nessa época, o apartamento chegou a ser "invadido", situação que, relatam, acontece com certa freqüência nas Cohabs.

Apesar das sucessivas tentativas de separação, Neide permaneceu casada com Jairo e teve mais uma filha com ele. Embora tenha mantido o casamento, ela carrega muitas mágoas dessa relação: "A minha convivência com ele foi difícil, porque eu achava que tudo que estava acontecendo era por causa da moleza dele".

Em 1987, Neide, o marido e os três filhos voltaram definitivamente para o conjunto habitacional, mas permaneceram as dificuldades para se manterem no local. Neide e Fernanda fazem um retrato bastante detalhado do sofrimento diário da família para morar ali, distante de tudo e de todos.

Foram muitos os sacrifícios de todos, a começar pela luta para conseguir uma creche para as crianças. Também falaram do esforço para conciliar horários de fato inconciliáveis: o trabalho ou procura de emprego dos adultos com a escola ou creche das crianças. Não raro viam-se impossibilitados de se alimentarem ou permaneciam longos períodos fora de casa. Lembram-se, em meio a risos, suspiros e lágrimas, de quando trouxeram uma empregada da Bahia para cuidar das crianças, e de uma época em que Fernanda tinha de se esconder no trabalho da mãe, pois não tinha com quem ficar.

Diante dessa grande dificuldade, Fernanda e seus irmãos se viram obrigados a "crescer" mais cedo: desde os oito anos de idade, ela fica sozinha em casa, cuida dos irmãos, pega ônibus e anda pela cidade sem a companhia de adultos. Ao assumir essas responsabilidades, teve desrespeitados os seus direitos de criança.

Manteve-se a precariedade do "bairro", manteve-se o medo em relação aos moradores do local, vistos como marginais, bandidos ou maloqueiros. Por esse motivo, Neide decidiu que sua família não deveria se "misturar" aos vizinhos: as crianças sempre estudaram em colégios distantes e não podiam estabelecer amizades no prédio, passando parte da infância trancadas e sozinhas no apartamento.

A enorme importância concedida por Fernanda à vida na escola onde estudou até concluir o ensino médio pode estar ligada ao fato de serem esses os seus momentos de liberdade. Outro fator também parece pesar: "A gente vê uma série de problemas, de complicação, moradia misturado com problema familiar, de não ter dinheiro para fazer isso, não ter aquilo, ser difícil o colégio. Eu falei: 'Não posso perder nenhuma oportunidade. Porque se é difícil conseguir..., é superfácil perder'. Então, eu não quero que aconteça comigo a mesma frustração que aconteceu com minha mãe... de mudar completamente a vida, os planos. Então eu tenho muito isso do estudo, sabe?"

Na época da entrevista, havia alguns anos que Neide estava desempregada, realizando trabalhos temporários e se dedicando ao trabalho doméstico e à família, mantinha a expectativa de conseguir um emprego definitivo; seu marido, recentemente, conseguira um bico como vendedor de livros. Os três filhos estavam trabalhando: Fernanda, 21 anos, e Vinicius, 20 anos, como funcionários de um cursinho pré-vestibular popular; Carla, 17 anos, como garçonete em uma unidade de uma multinacional de lanchonetes. A renda familiar não totalizava 650 reais.

• • •

A entrevista com Neide e Fernanda foi realizada no pequeno e muito bem cuidado apartamento da família, onde encontrei as portas mais do que abertas, com café e bolo para me receber. No decorrer de nosso encontro, ambas lamentaram reiteradas vezes que, pela distância, raramente recebem visitas.

Ao descrever o apartamento, Fernanda e Neide usam constantemente a idéia de que ele foi construído com um "padrão Cohab", sendo esse padrão sinônimo de precariedade da presença do poder público na oferta e construção de habitação popular. Por esse motivo, o apartamento passou por duas pequenas reformas, visando melhorar a distribuição do espaço e a aparência do local.

O pequeno apartamento é dividido em pequeníssimos cômodos. Há apenas um quarto, onde dormem Neide e o marido. O maior cômodo seria a sala, mas ela é tomada, em grande parte, por um beliche (embaixo do qual fica um terceiro colchão), um armário de duas portas e uma pequena escrivaninha. Forma-se, assim, uma divisória da sala, que também serve de "quarto" para os três filhos. O pouco espaço que sobra da sala é ocupado por uma pequena mesa dobrável (só aberta no momento das refeições) e um sofá-cama, pois constantemente a família recebe hóspedes, geralmente parentes ou amigos nordestinos que vêm a São Paulo para resolver problemas e contam com a acolhida de Neide. Há apenas um minúsculo banheiro, cuja porta foi trocada por um modelo sanfonado, para que pudesse ser aberta sem esbarrar no vaso sanitário. Também a cozinha é tão pequena que nela não cabem mais de duas pessoas ao mesmo tempo. Menor ainda é a área de serviço, cuja divisória com a cozinha foi derrubada, visando, ao menos, dar a sensação de mais espaço.

Além do apartamento, foi possível conhecer um pouco o conjunto habitacional como um todo e constatar o gigantismo do local, feito de inúmeros prédios agrupados em pequenos conjuntos pintados de cores diferentes. Não foi difícil me perder no local, mas foi fácil encontrar auxílio de vários moradores que passavam pelas ruas até que eu conseguisse chegar ao bloco indicado.

É marcante no relato de Neide e Fernanda a presença da solidariedade na vida familiar, revelada não apenas nos momentos em que foi fundamental contar com a ajuda alheia, mas também quando ofereceram apoio aos amigos e parentes que precisaram.

A distância entre a moradia e os locais de trabalho e estudo da família, aliada ao mal-estar em relação aos vizinhos, impulsiona o desejo que ainda nutrem de sair do local. O atual sonho de Neide é quitar o apartamento para vendê-lo, o que tornaria possível investir em outra moradia, mais próxima do local em que trabalham e das pessoas com quem convivem. A dura realidade, que tantas vezes frustrou seus desejos, no entanto parece limitar o tamanho dos seus sonhos: "A gente tem que pôr o chapéu aonde alcança o braço. Por enquanto nós podemos isso, então só vamos fazer o que podemos. (...) A gente tem que sonhar conforme pode. Não é assim: 'Eu quero'".

Lygia de Sousa Viégas

Entrevista com duas moradoras de um conjunto habitacional da COHAB

"O prédio inacabado, tudo inacabado".
"O apartamento era só as paredes".

— *Vocês disseram que moraram em vários lugares até chegar aqui...*

Neide — Nós morávamos na avenida Nove de Julho, próximo da Praça 14 Bis[1], onde os pobres moravam na época, né? Mas chegou uma hora que não dava mais pra continuar lá, porque nós dois estávamos desempregados. O apartamento lá era grande, mas também era caro, não dava pra continuar. E nós tínhamos feito a inscrição na Cohab logo que casamos. Eu me casei em setembro de 1980, em outubro fizemos a inscrição. Só que a nossa pressa era muito grande de receber logo esse apartamento pra amenizar as coisas, e não saía, não saía. Foi sair acho que quase dois anos depois. Aí, nós estávamos até despejados da Nove de Julho, porque na época tinha feito com depósito[2] e tinha vencido o prazo... O proprietário foi bom, segurou, mas chegou uma hora... passou três meses, aí a gente não tinha pra onde ir.

Fernanda — [risos] O desespero, né mãe?

Neide — A gente não tinha pronde ir e a Cohab não entregava o apartamento.

Fernanda — É como eu falei pra você... Demorou um tempão, e aí, não lembro se foi época de eleição, que saiu rapidinho... Mas a pressão era tão grande pra entregar os prédios que eles entregaram tudo pela metade. Não tinha asfalto, o prédio inacabado, tudo inacabado!

---

[1] Região central da cidade de São Paulo.
[2] Trata-se de uma forma de aluguel bastante comum entre as famílias mais pobres, que não têm fiador pra alugar o apartamento. Assim, a família deve pagar alguns meses de aluguel adiantados – geralmente acima de três meses -, em forma de depósito na conta bancária do locador.

Neide — Mas foi... Um dia, na Nove de Julho, o homem chegou com tudo pra jogar a gente pra fora. Aí, eu fui com os meus dois filhos pra casa da minha tia no Brooklin. Tinham convocado a gente a comparecer na Cohab, mas só iam entregar a chave tal dia. Aí, fiquei uns dias dormindo numa sala desse tamanhinho na minha tia e meu marido ficou no Jabaquara, na casa do irmão... Quando meu cunhado, que mora em São Miguel Paulista, ficou sabendo, veio buscar a gente... Minha tia não queria que eu fosse, mas ali estava apertado... Aí, acabei indo ficar lá... Foi questão de pouco tempo, trinta e poucos dias, mas aquilo, pra mim...

Fernanda — Fica marcado, né?

Neide — Nossa! Tudo muito triste, porque eu tinha uma casa, de repente não tinha mais... Daí, fiquei em São Miguel..., dentro da casa da minha irmã até sair a chave.

Fernanda — Eu lembro que era um lugar muito abafado...

Neide — O quarto onde a gente estava não tinha ventilação.

Fernanda — Então o cheiro... Podia passar desapercebido, afinal foram poucos dias, e eu só tinha dois anos, mas... Eu lembro direitinho o desespero da minha mãe... A gente via ela brava, chateada, e ficava quieto, não fazia nada, ficava só prestando atenção... [risos].

Neide — Eu era realmente brava. Hoje não... A gente sofre tanto que aprende a se controlar. Você passa por tantas situações, não vamos dizer sofrimento, porque sofrer é ficar de cama, doente, nos últimos dias de vida. Isso é sofrer... Passávamos momentos muito difíceis e eu não queria, não compreendia. ...Mas o pior foi quando chegamos na Cohab. Quando cheguei aqui, Lygia, eu chorei tanto... Esperneei tanto... Nossa! Não esperava encontrar o apartamento daquele jeito. Porque quando fomos convidados pra visitar, nós vimos um apartamento acabadinho, sabe? Eles pensaram em tudo: "Vamos mostrar um acabado"...

— *Isso na época da inscrição?*

Neide — Não, a inscrição já estava completando dois anos. Isso foi quando avisaram que iríamos receber o apartamento, aí mostraram um bonitinho... Aí meu marido veio com caminhão, despejou as coisas no meio da casa e foi me buscar em São Miguel. Quando cheguei aqui, o apartamento ainda estava com terra... O apartamento era só as paredes. Não tinha nada! Entendeu? Eu entrei em desespero! Comecei a chorar... E quando eu comecei a mexer nas minhas coisas, não achava nada! Porque meu marido guardou as coisas na transportadora que ele trabalhava, só que remexeram tudo, roubaram livros, relógios, rádio, quadros, cobertores, roupas, muita coisa. Eu entrei em pânico e falei: "Não vou ficar aqui, não quero!". Mas eu chorei tanto, acho que fiquei uns seis meses chorando de desespero, porque eu não queria ficar aqui. Pelas condições, as coisas, tudo revirado... Eu queria lavar a casa e não podia porque as caixas estavam no chão, não podia montar os móveis porque estava tudo sujo, cheio de cimento ainda [choramingando]. Foi muito triste. Eu nem gosto de lembrar... Uma decepção, né? Pra quem morava na Nove de Julho, vir aqui... E outra: no dia que nós descemos aqui, era pura lama. Tinha chovido, não tinha asfalto, era pura lama!

Fernanda — Até por essa situação, de chegar aqui... O interno [o apartamento] e o externo [o condomínio e o bairro, de maneira geral] não estarem bons, tudo isso influi, né?

Neide — E era terra vermelha... Nossa, aquilo tudo me deixou muito triste, muito deprimida! Pra mim, todo mundo era gente ruim e eu não conseguia, como até hoje não consigo, fazer amizade aqui. Não consigo. Só com os mais antigos, que vieram pra cá na mesma época, que a gente ainda conversa e tem uma certa amizade. Mas não de entrar na nossa casa.

— *Porque vocês foram a primeira turma de pessoas a chegar aqui...*

Neide — Os primeiros. Primeiríssimos... Daí foram chegando as pessoas, os marginais e a situação foi ficando... cheia. E muita briga e... aquela confusão. Mulher saía com faca pra matar outra..., bandido, vagabundo que atirava por aí com revólver. Nossa! Aquilo tudo fazia eu pensar: "Eu não vou ficar aqui, não vou". Chegou uma hora que de tanto eu pensar, eu realmente fui. Peguei meus filhos e voltei pra São Miguel...

— *Pra casa da sua irmã?*

Neide — Não, já numa outra situação: eu me separando do meu marido, não queria mais viver com ele. Aí, aluguei uma casa em frente à casa da minha irmã...

— *Então ele ficou aqui?*

Neide — Ele ficou. Só que quando ele se viu aqui dentro sem a gente, ele foi na esquina e falou pro primeiro que estava precisando de moradia: "Fica no meu apartamento que eu estou mudando pra São Miguel". Mas ele não falou que eu tinha acabado de largar ele, não falou a verdade. Aí, ele entregou sem papel, sem contrato, nada. Nessa, nós quase ficamos sem o apartamento... O rapaz ficou aqui três anos, e nem entregava os carnês pra gente pagar e nem pagava, nem aluguel, nem condomínio, nada.

Fernanda — Ou seja, isso fez com que atrasasse a história do apartamento.

— *Porque, pra morar aqui na Cohab, vocês têm que pagar o apartamento...*

Neide — Tem que pagar em 25 anos. Agora, estamos quase em processo de quitação. Só não fez ainda por causa da própria Cohab: o dinheiro está no banco, mas ainda não mandaram pra Caixa o documento pra sacar. Desde junho do ano passado nós não pagamos mais. Foi feito um acerto pra gente pagar o saldo devedor com o fundo de garantia. O governo fez uma campanha... Está em processo ainda, né? É chamada Nova Ação. Porque toda essa história de ir e vir, nós ficamos com um saldo devedor de 18 mil, aí tivemos que fazer um refinanciamento e ir pagando. Sempre um pouquinho mais. Nós fizemos duas vezes o refinanciamento. Cada vez que ficava desempregado, tinha de ir lá e refinanciar.

Fernanda — Tinha que refinanciar...

Neide — E esse refinanciamento fazia com que subisse o valor da prestação.

Fernanda — Tem gente que paga mensalidade de 25 reais, uma maravilha... Porque pagou em dia, não teve problema. Então, com o financiamento ok, a mensalidade é mais tranqüila.

Neide — É pra pagar em 25 anos. O nosso foi jogado pra 27. Por quê? Cada caso é um caso. Nós refinanciamos duas vezes, então foi pra 27 anos. Mas, na verdade, eu acho que durante esses 22 anos aqui nós já pagamos muito bem por esse pequeno apartamento!

Fernanda — A Cohab dá muito trabalho pra eles. É muita gente inadimplente, então atrapalha... E são muitos anos também... O pessoal tem dificuldade de pagar em 25 anos... E vai aumentando. Tem muita gente que refinancia, sempre tem problema, é complicado. Então, pra acabar com isso, tirar aquela responsabilidade do Estado: "Vamos quitar" [ou seja, a Cohab facilitar o pagamento pras famílias].

Neide — E se estivermos com o IPTU em dia — que eu não estou, mas vou pagar até o final do ano — nós vamos entrar no programa da isenção de escritura. Porque uma escritura, atualmente, se você for ao cartório, vai sair de mil reais pra cima. Então, estão isentando esse valor e nós vamos pagar só 130. Tem pessoas que já estão recebendo... Eu estive na Cohab faz duas semanas e disseram que meu processo vai ser chamado em janeiro de 2003. Só que, pra isso, eu tenho que estar com o IPTU pago, né? Então, é o que eu vou fazer: pagar os quatro anos que estão em débito. Aí, a escritura vai ter um valor que qualquer pobre pode pagar. Mesmo quem recebe uma aposentadoria de 200 reais vai ter que pagar esses 130. Mas o pessoal daqui debaixo, muitos nunca pagaram...

Fernanda — Você vê: Carapicuíba é uma cidade dormitório. Então, um pouco mais da metade, se não me engano, é só de prédios da Cohab. Muito grande... Dá até medo de se perder. Os prédios muito iguais. Então, são muitas pessoas com *n* situações.

Neide — É, cada caso é um caso, como a moça falou na chamada da escritura. Agora, no nosso caso, eu quero pagar o IPTU, pra entrar no programa da isenção de valores, que eu preciso fazer negócio com esse apartamento. Aqui é muito pequeno, o espaço está limitado.

— Então, você assina, o apartamento passa a ser seu, aí você pode vender ou trocar...

Neide — Olha, mesmo sem ser meu eu posso. Nós já achamos negócio pra fazer, mas eu nunca quis, porque sempre pensei: "Quero quitar o apartamento e fazer um negócio legal"...

Fernanda — Porque desvaloriza muito...

Neide — Tem gente que vendeu o apartamento por nove mil reais, porque estava com dívida na Cohab..., entendeu? Com nove mil reais vai comprar outro onde? Só se for um casebre no meio do mato... E o que eu quero é... Minha filha pensa: "Quero morar no Butantã". Eu também quero! Eu já morei no centro da cidade... Faltava leite, eu ia buscar, andava sem medo, dez horas da noite. Quem não deseja uma coisa dessas? Todos desejamos! Eu sei o quanto é bom! Só que a gente tem que pôr o chapéu aonde alcança o braço. Por enquanto nós podemos isso, então só vamos fazer o que podemos. Eu quero um apartamento maior, depois do maior eu vou pensar numa outra coisa. Lógico que eles trabalhando, formados, aí a gente pode ganhar melhor e fazer uma reserva pra comprar uma casa onde eles desejam. Mas, por enquanto, a gente tem que sonhar conforme pode. Não é assim: "Eu quero". Oh, meu Deus! Eu já desejei tanto morar no Butantã, quando eu carregava eles três dormindo no colo, nas costas ou nas pernas. Nós andávamos até um bom pedaço pra conseguir ônibus. Nós trabalhávamos em São Paulo e tinha que carregar eles... Eu carregava os três no ônibus, ninguém dava lugar. Eu fechava o olho e pensava: "Se eu tivesse um barraco embaixo de qualquer viaduto no Centro, no Butantã, não precisava vir embora pra cá"... Eu chegava aqui dez e meia da noite. Aí, começava a dar banho neles, quando tirava o último do banho, os outros já tinham dormido, eu não conseguia dar comida. Eu fazia mamadeira pra alimentar os três, pra quatro e meia da madrugada do dia seguinte estar de pé com eles.

Fernanda — Porque só tinha uma linha de ônibus, e era de uma em uma hora... Se você não pegasse o primeiro, quatro e meia, chegava atrasado, porque era só cinco e meia. Aí era complicado! E outra: o ônibus não era aqui na porta. Era bem longe...

Neide — No início foi difícil, muito difícil, porque eu tinha que sair pra procurar emprego e não tinha onde deixar as crianças. Então, foi tudo muito difícil. Nessa época, meu marido estava trabalhando, ele andava toda a parte de matagal, trilha mesmo, pra tomar o ônibus.

Fernanda — Porque aqui era muito mato, o final da nossa rua ainda tem vestígios desse matagal. E ele passava por lá, já pensou? É meio assustador viver num lugar que não tem rua e... você tem que passar por lugares que não conhece... É meio complicado...

Neide — O início aqui foi muito difícil mesmo, principalmente porque nós estávamos desempregados. Aí, ele conseguiu um emprego na Avenida Rebouças, ficou um tempo lá, depois saiu... Foi pra uma coisa melhor, depois ficou desempregado de novo, e assim até que ele foi trabalhar na USP, com um salário desse tamanhinho, passando necessidade. E eu queria arrumar emprego e não conseguia, porque tinha os filhos... Aí, com muito custo, coloquei eles na creche do Serviço Social de Carapicuíba. Meu filho com uns sete meses, e ela já tinha dois anos. Um dia eu cheguei e peguei ele rolando no chão, sem roupa, no cimento puro, queimando de febre. Fui direto pro Pronto Socorro de Carapicuíba — suspeita de broncopneumonia. No outro dia, pego a professora batendo nela no corredor. Na hora tirei os dois de lá! Ficou um mês e pouco, quase dois meses lá, e eu fiquei de novo sem lugar pra pôr...

Fernanda — Não tinha [creche] aqui... Essa creche era distante, em outro bairro. Até chegar creche aqui... Então, a complicação de deixar uma criança em um lugar que não tinha estrutura...

Neide — Não tinha nada, Lygia, nada! Não tinha farmácia, não tinha padaria, não tinha açougue, nada! Tudo o que você precisava, tinha que ir até o centro... Ou em Osasco. A creche ficava longe. E eu ia a pé porque não tinha dinheiro pra condução.

Fernanda — Não tinha como...

Neide — Eu ia a pé com ela chorando atrás de mim, e ele amarrado no meu peito, porque ele era pesado demais e eu não conseguia carregar no braço. Aí, ele ficou doente e acabou complicando tudo, porque eu fiquei correndo para o hospital muitos dias. Era pra ficar internado, mas eu não deixei, assinei um termo de responsabilidade. Aí, eu ia levar pra fazer inalação duas vezes ao dia, sabe? Ia e voltava a pé!

— *Na hora que chegava, já estava na hora de ir de novo...*

Neide — Exatamente. Morta de cansada! Com a coluna toda estropiada. Eu não conseguia nem me mexer. A situação ficou super complicada. Eu só pensava: "Não agüento ficar aqui..." [choramingando] Aí, eu trouxe uma empregada da Bahia, que também maltratava meus filhos. Ela ficou três meses, mas aprontou tudo o que tinha que aprontar. Até dinheiro... E eu não tinha conseguido emprego, todo dia eu saía, mas não conseguia. Aí, no terceiro mês, eu falei: "Vou pagar ela e vou ficar sozinha". Daí, fui me virar sozinha. Meu marido já estava na USP, e eu fui correr atrás da creche da USP. Eles ficaram esperando ainda... E eu, nessa volta, fiquei grávida pela terceira vez, quando eu estava em São Miguel Paulista...

Fernanda — Eu gostava pra caramba de lá. É uma pena ter saído de lá...

Neide — Não dava, não dava... Porque o meu cunhado já não estava mais legal comigo, porque eu tinha me separado e eles eram contra...

"Eu queria ir embora, eu queria sair daqui".

— E vocês ficaram quanto tempo em São Miguel?

Neide — Dois anos... Antes de ir, eu dei um monte de reviravolta! O meu irmão que eu amava estava com leucemia, não durou 30 dias. Ele sempre vinha me ver e me dava muita força. Aí eu fiquei muito decepcionada, me senti sozinha no mundo, sabe? [silêncio]. Fiquei uns três meses sem me alimentar, eu não aceitava. A Fernanda estava com três anos e o Vinícius, com um aninho. A gente ainda estava morando aqui. E o meu marido não me dava atenção, mais ficava no bar do que com a gente. Quando eu perdi meu irmão e vi que não ia ter mais ninguém pra me visitar, eu entrei em desespero! Eu perdi a vontade de tudo.

Fernanda — Só ele veio aqui realmente, né mãe? É muito difícil a gente receber visita...

Neide — Então, eu queria ir embora, eu queria sair daqui, eu queria... Sabe? Aí, foi quando eu fui embora pra São Miguel, porque eu falei: "Eu não vou agüentar ficar aqui sozinha".

Fernanda — Aquela coisa: já que a família não vem, eu vou à família, né? [risos]

Neide — Eu não quis mais voltar pra cá. Arrumei realmente um emprego bom, estava ganhando bem, aí falei: "Vou alugar uma casa lá e deixo meu marido no apartamento". Mas lá eu fiquei grávida. Quando a neném nasceu, ele não foi me buscar no hospital. Aí, pronto! Não queria mais ele de jeito nenhum... Eu estava trabalhando, e só pensava: "Eu vou sumir e ele nunca mais vai me ver!" E fui pensando, martelando. Quando foi um dia, eu encontrei uma ex-amiga de pensão e contei tudo, aí ela falou: "Larga ele e vem morar comigo". Primeiro eu fui ver se tinha espaço na casa. Era muito boa, mas antiga... Aí, em menos de uma semana eu arrumei a mudança, botei tudo no caminhão e fui morar em Santo André, com os três filhos e essa amiga. E ele não sabia. Larguei só uma cama com as coisas dele e fui embora. Mas minha irmã e meu cunhado, como já estavam contra mim, mesmo vendo que ele estava aprontando, deram o endereço pra ele. [pausa]. Quando ele apareceu, fazia uns três meses que eu estava lá. A princípio, me deu um ódio tão grande... se eu pudesse, estraçalhava ele. Só que quando eu vi a alegria das crianças, que pularam nesse pai... Sabe quando você tem ódio misturado com dó e pena... e compaixão? Aquilo me doeu por dentro, começou a corroer, e eu pensava: "Eu não posso separar os meus filhos do pai". Eu dei mais uma chance. Daí, ele alugou um quarto e cozinha em Mauá, me levou pra mais longe ainda...

— E esse apartamento aqui na mão dessas outras pessoas...

Fernanda — Exatamente...

Neide — E eu querendo voltar [pro apartamento da Cohab] e não conseguia... Daí, nós fomos pra esse quarto e cozinha. E uma prima da Bahia, que tinha vindo alguns meses antes morar comigo, e a minha amiga foi também. Nesse quarto e cozinha, era muito apertadinho e foi junto, né?

Fernanda — A gente ainda não estava na creche da USP. Tinha feito o pedido, mas demorou pra sair. Eu só fui pra creche quando a coisa já estava mais estabilizada, a gente aqui...

Neide — Demorou acho que dois anos pra sair o chamado deles.

Fernanda — É, demorou muito. E enquanto isso, estava rolando tudo isso. A gente não estava aqui, estava em vários lugares, não tinha lugar pra ficar.

Neide — Daí, em Mauá, ele me traz a mãe dele pra ficar conosco dentro de um quarto e cozinha. Nossa! Foi outra situação! Porque a minha sogra não fazia nada sozinha, eu tinha que ajudar. Ela teve dois derrames, estava com o lado direito paralisado... Aí, pronto! Acabou a minha esperança de arrumar emprego. Eu fiquei revoltada de novo, porque eu dei uma chance pra ele e ele levou a mãe, e eu não tinha condições de cuidar dela.

Fernanda — É, mas é filho, né? Não tem essa... Vê a mãe passando...

Neide — Ou seja, ficou nesse quartinho eu, ele, minha prima, os três e minha sogra. Sete pessoas. Em um quarto menor que esse! Tudo menor! Um banheiro que não dava nem pra entrar direito. Tinha que dormir todo mundo junto. Minha prima e minha sogra dormiam num beliche, o Vinícius no berço, a Carla num cestinho e a Fernanda no meio da gente. Era uma mistura só. E eu querendo voltar pro apartamento e o homem não entregava. Aí, num determinado dia, eu me irritei, vim aqui e falei: "Eu vou chamar a polícia"...

Fernanda — Porque o meu pai é muito lerdo! (risos) Aí eles ficavam enrolando ele, entendeu? Agora, com a minha mãe, não. (risos)

Neide — Ficou três anos. Aí, vim resolver. O homem falou: "Eu não vou sair". Eu falei: "Vai, porque eu estou na minha casa e não na sua. Aqui, mando eu, eu que tenho direito! Você está pagando? Cadê os carnês?". Eu já tinha ido à Cohab e visto o valor da dívida! Aí ele viu que eu não estava brincando. Eu falei: "Até seis da tarde eu quero a chave do apartamento na minha mão. Senão, eu chamo a polícia". Aí, ele deu um jeito, invadiu um lá embaixo.

Fernanda — Porque acontecia muito na Cohab: tinha muito apartamento que ficava vazio. As pessoas tinham o apartamento, mas não vinham morar. Então, quem não tinha moradia, invadia mesmo e ficava morando. Observava que estava vazio e entrava. E é fácil... Antes era muito fácil. [pausa] Você vê umas pessoas meio estranhas, sente que não é morador!

— *E como eles invadiam?*

Fernanda — Arrombavam mesmo, eles chegavam e arrombavam...

Neide — Arrombaram o nosso... Entraram pelo vitrô... Tiraram o miolo da fechadura e entraram. Lá em Mauá eu sonhei com uns bandidos invadindo o apartamento; aí, quando meu marido veio — eu me arrepio de lembrar — a porta estava escorada por dentro, com um buraco no miolo... E o apartamento cheio de caixas. Na hora que ele viu que estava realmente invadido, falou: "Aquela mulher é uma feiticeira, ela sonhou e realmente aconteceu".

Fernanda — Inclusive até hoje ela sonha e as coisas acontecem...

Neide — Pois é, mas eu não consigo sonhar com a loteria... [risos] Isso porque, no dia que eu botei o homem pra fora, nós lavamos, deixamos...

— *Deixa eu ver se eu entendi... Tinha um pessoal morando aqui, vocês botaram pra fora e antes de vocês virem, teve essa invasão.*

Neide — Exatamente. Porque eu tinha contratado meu cunhado pra dar uma reformadinha, pelo menos pintar, pra eu voltar pra cá com mais amor, né?

— *Foi questão de quanto tempo entre um sair e outro entrar?*

Neide — Uma semana!

Fernanda — Na Cohab é fácil, por isso tinha que tomar cuidado em relação à invasão...

Neide — Quando meu marido chegou, chamou meu sogro e os dois enfrentaram a turma... Aí, jogaram tudo na escada... e ele não saiu mais daqui. Arrumou um colchonete e ficou dormindo aqui, por uns quinze dias, sozinho, enquanto a gente continuava lá. Aí o meu cunhado veio e começou a fazer uma arrumada nas paredes, e tal, mas eu falei: "Eu não vou esperar! Porque se o meu marido se afastar de lá, vão tomar conta de novo. Encerra isso aí, faz a pintura só, o mais rápido possível porque eu quero vir". Aí, a gente voltou pra Cohab, foi quando chamaram as crianças na creche... Olha quanta volta nós demos: dois anos em São Miguel, cinco meses em Santo André, seis meses em Mauá, depois voltamos pra cá.

> *"Aí, a gente veio pra não sair mais".*

Fernanda — Aí, a gente veio mesmo pra não sair mais. Eu tinha seis anos na época. Logo depois a gente foi pra creche... Aí, entrava às sete da manhã e ficava até sete da noite. E meu pai ia buscar... Eu fui primeiro, depois a minha irmã. O meu irmão não conseguiu... E como minha mãe começou a trabalhar, não podia cuidar dele, aí mandou ele pra Bahia! Ele ficou uns meses lá, até ela conseguir reestruturar aqui... Aí ficou beleza pros três! Era pra eu ficar um ano na creche, mas fiquei um pouquinho mais, porque só podia entrar no colégio com sete anos completos, e eu faço aniversário em agosto... Não devia, aliás, o pessoal não deixava mesmo, mas minha mãe: "Por favor, deixa..."

— *Demorou mais tempo pra ser chamada do que dentro da creche, né?*

Fernanda — Exatamente. Fiquei um ano e meio lá, e com sete anos completos, pude ir pro colégio. Mas na época de creche era assim: a gente saía daqui de madrugada, era um tempo realmente super difícil pra ir até a cidade, porque não tinha ônibus, tinha que andar, era complicado! E o meu pai ficava chateado porque ele também entrava às sete da manhã, e o pessoal não aceitava atraso. E pra ir trabalhar, ele tinha que deixar a gente. Então ele saía correndo, vinha correndo, ia correndo. E a gente rapidinho... Tanto que a gente sempre chegava seis e meia e ficava lá sozinha esperando abrir a creche porque ele não podia atrasar.

Neide — Aí eu arrumei um emprego... Só que eu trabalhava meio período e tinha que ir de manhã cedo e ficar até uma hora da tarde na rua, porque eu não podia voltar pra casa, o dinheiro não dava... Ficava até eles saírem da escola, e eles eram muito pequenininhos, não podiam vir embora sozinhos. Aí eu pegava eles, saía correndo, ia até o trabalho do meu marido, deixava eles lá... E voltava correndo pra entrar no serviço a uma da tarde. Eu não almoçava, não comia... Fiquei um bom tempo sem comer, Lygia.

Fernanda — Tanto essa correria dela, tem uma hora que você não agüenta. Porque realmente o tempo não dava e era muita canseira. Aí, quando eu entrei no segundo ano, falei: "Não dá mais pra continuar essa loucura". E a partir disso, eu comecei a andar sozinha, a me virar... Eu morria de medo. Nossa... A primeira vez que eu andei sozinha... Com meus irmãos...

Neide — Os motoristas olhavam pra mim. Eu botava no ônibus e falava: "Deus, leva...".

Fernanda — Aí, a minha mãe falava direitinho: "É assim que tem que fazer, não fale com ninguém"... Aí eu comecei a me virar... Eu estava com oito anos. A minha irmã estava na creche ainda, eu saía do colégio, ia pra USP ficar com o meu pai até ele sair. Porque a minha mãe ainda estava com receio de eu ir embora sozinha pra casa... Aí eu ia com ele até a creche pegar minha irmã, a gente só chegava aqui nove e meia da noite. Era sempre assim. Todo dia, todo dia. Aí meu irmão foi pro meu colégio. Só que o horário era diferente... Então, eu comecei a ficar responsável por tirar ele do colégio... Eu ficava esperando, sempre sem comer. O problema é que a gente nunca se alimentava. [risos]

Neide — Teve uma época em que eu tinha que esconder ela numa salinha do meu trabalho.

Fernanda — É, exatamente... Do sistema de computadores. Eu ficava no meio das máquinas, só ouvindo tuc, tuc, direto. [risos] Eu ficava escondida mesmo... Quase todo dia... Eu gostava de lá, queria aprender o que era... Eu fazia lição, estudava... E tinha horas que eu ficava muito chateada porque não tinha com quem conversar, né?

Neide — Um dia meu chefe pegou ela... Ainda bem que ele era bom! "Mas o que faz essa menina linda aqui dentro?" [risos] Eu pensei: "Ai, meu Deus, é agora que eu vou pra rua". E falei: "É a minha filha". Aí, contei a história pra ele, e ele ficou compadecido da minha situação... Aí, ela passou a comer comigo. Mas ela ficava sozinha por muito tempo...

Fernanda — O que me marcou é que eu ficava muitas horas sem comer, entendeu?

Neide — Eu também só comia uma vez no dia, quando chegava em casa. E às vezes eu ficava num estado de cansaço que não tinha mais vontade de comer.

Fernanda — Era complicadíssimo... Aí eu comecei a pegar o meu irmão. Eu saía antes dele, tinha que esperar. Aí vinha pra casa e trancava. Minha mãe morria de medo... "Você tranca a porta, não abre pra ninguém, não faz barulho..." Eu nem sabia esquentar a comida... Eu tinha medo do fogo... Então, comia comida fria, me virava com o que tinha, e ficava aqui quietinha. Há muito tempo atrás, ninguém sabia que a minha mãe tinha filho... Porque a gente não fazia barulho, não saía pra brincar com criança, a gente não tinha essas coisas...

— *Você tinha dito que não teve muita convivência com os moradores daqui...*

Neide — Graças a Deus. Eu não reclamo e eles também não devem reclamar... Porque da época deles, uns tantos viraram bandido, morreram... Outros nem sabem por onde andam...

Fernanda — Não sabem o que querem da vida... [risos]

Neide — Então, graças a Deus não tiveram contato, e eu não deixava mesmo... Porque se eu tivesse largado eles nas mãos da turma aí, não seriam o que são hoje. Graças a Deus, eles nunca deram nenhum tipo de problema. Não tenho nada que reclamar, nunca fizeram nada de mal feito, nem se envolveram com nenhum tipo de coisa errada, nenhuma amizade... Porque amizade ruim influencia. E soltos do jeito que as mães criam os filhos aqui...

Fernanda — É, até por essa história do início da Cohab, de vir bandido, muita gente que... Sei lá, maloqueiro, mesmo. O que acontece? A nossa geração... gerou pessoas marginalizadas, porque não tinham uma estrutura forte e ficaram... desestruturadas! Realmente complicado. Agora assim, não é bandido, é maloqueiro, que não quer nada da vida, não quer pensar em estudar, trabalhar, só fica brincando... É mais uma malandragem sem noção, né? Sem ruindade, vamos dizer, mas malandro.

Mas também tem um pessoal que é realmente barra pesada. Então... até por ela ver tudo isso, de chegar aqui e acontecer todas essas coisas, causam o impacto... Então, é melhor ficar trancado!

Neide — Eu até hoje sou lembrada como a única mãe que conseguiu criar três filhos dentro de um apartamento desse tamanho... Sem sair pra rua, sem ninguém saber que eu tinha filhos. Porque o resto, todos... Iam pra escola quando queriam, tiveram muitas brigas, arranca-rabos. Então eu trancava... Nenhuma chave, nada. Deixava frutas e a comida gelada na mesa, eles comiam, brincavam, e eu ia e voltava e, graças a Deus, nunca aconteceu nada.

Fernanda — Até por ficar trancada, não sair, a gente nunca teve brincadeiras expansivas! [risos] "Eu estou trancada, estou calada, estou aqui, não pode fazer muito barulho porque..." Ela falava bem pra botar medo: "Vai aparecer alguém ruim e levar vocês... Então, fiquem quietinhos, não façam barulho". E a gente não fazia. Nem abria a porta...

Neide — Eles nem iam na janela. As brincadeiras eram assim: eu jogava tudo no meio da sala... Eles colocavam cadeira de ponta-cabeça... Eles tinham liberdade de fazer tudo...

Fernanda — Desde que fosse dentro de casa...

Neide — E no chão. Não podia subir nos móveis pra não cair! Então, eles foram crescendo sabendo disso. Eles faziam cabana, botavam um lençol em cima da mesa e iam lá dentro...

Fernanda — A gente tinha muito brinquedo de montar... Eu adorava fazer cidade. Eu fazia a cidade dentro da casa. Construía... Nossa! O dia inteiro. Não ia pra janela, ficava no chão. Só nós três e acabou. Fomos crescendo assim. É claro que tem uma época que você fica ansioso... O pessoal fazia muito barulho! Tinha muito mais criança na época.

Neide — Muita briga de mulheres...

Fernanda — Muita briga... Por causa das crianças, o pessoal deixava muito solto, então vivia acontecendo briga de criança e as mães brigavam também... [risos] A gente achava muito estranho, o pessoal brigando... Nunca aconteceu com a gente, até porque a gente ficava dentro de casa. ... Eu adorava ir pro colégio. Aliás, eu adoro. Eu sempre gostei muito...

— *Por que também foi um lugar onde você fez amigos...*

Fernanda — É. E lá não era fechado! Aquela coisa que parece prisão, você fica desesperado pra sair. Era um colégio muito aberto, muita árvore e muita ventilação, salas grandes, altas, janelas grandes, enorme. Então, eu adorava. Ficava lá mesmo. Tanto que nos últimos anos eu não queria sair! [risos] Eu fazia de tudo pra ficar no colégio.

— *E os seus colegas do colégio, moravam lá perto?*

Fernanda — Lá perto. Isso era o que mais chateava. Porque nunca ninguém vinha na minha casa, que era muito distante. Eu fui na casa das minhas amigas, mas nunca ninguém pôde vir aqui. E no colégio, todo mundo morava perto... Então, eu conheci o bairro mesmo. O bairro era a minha casinha, era a minha segunda casa. Eu ficava lá, os amigos eram sempre de lá, todos. Tanto que o pessoal falava: "Onde você mora?" Eu dizia: "Em... outro bairro". [pausa] E todo mundo falava: "Ela mora no fim do mundo, em Carapicuíba".

— *Você tinha vergonha de morar aqui?*

Fernanda — Não. Nunca tive, eu só ficava... Não, nunca... É que o pessoal se assustava toda vez que eu falava onde morava: "Nossa! Por que você mora tão longe e vem pra outro bairro?" [pausa] Mas é que demorou a desenvolver as primeiras coisas aqui no bairro: creche, pronto socorro e colégio. Só em 1990, 1991. Demorou muito. E também essa coisa da minha mãe de: "Aqui não é legal"... Pra não ter muito contato com o pessoal daqui. Se esse pessoal não é legal, então é melhor não ir nesse colégio. Aí, a gente foi pra lá.

Neide — Mas teve uma época em que nós ficamos sem emprego, aí tive que tirar a Carla da escola de lá e trazer pra cá. Foi um ano perdido...

Fernanda — Porque não tinha dinheiro pra condução de todo mundo. A gente não podia... Estava tão difícil... Porque estudar lá sempre foi caro, mesmo com passe escolar. Então... Nossa, me dói o coração... A gente passou a ir para o colégio dia sim, dia não: "Se eu vou, você não vai, se você vai, eu não vou". Aí, a Carla foi escolhida pra sair do colégio e vir pra Carapicuíba. Ela não gostou, não queria. Foi chato, mas todo mundo desempregado...[risos]

"Era padrão Cohab".

— *Vocês disseram que quando vieram pra cá, o apartamento estava incompleto. Aí, vocês iam reformar, só que com a invasão não deu... Mas o apartamento foi reformado...*

Neide — Só consegui agora, Lygia.

— *Só teve essa reforma?*

Neide — Não, teve duas. A primeira reforma aconteceu em 1996...

Fernanda — Eu lembro que foi na época em que uma prima que estava correndo risco de vida teve que vir pra São Paulo fazer um tratamento de três meses. E aí ficou com a gente. Bem na época que tinha semi-reformado, então a gente falava: "Está um pouco bonita a casa".

Neide — Eu interrompi a reforma porque essa prima estava com problema e não podia ter pó... Interrompemos a reforma no quarto... Foi só o quarto e o banheiro...

— *E vocês continuaram morando aqui enquanto a reforma acontecia?*

Fernanda — Exatamente. Nossa, foi... violento... [risos]

Neide — Foram uns 30 dias. Depois, eu interrompi, a menina veio pra cá e também o dinheiro acabou... E a gente ficou sem condição.

Fernanda — Antes dessa reforma, a gente ficou bastante tempo com o apartamento do jeito que veio, sem fazer reforma nenhuma. Não dava, não tinha condições. Aí, fez essa reforma. O dinheiro acabou, a nossa prima veio, aí nunca mais, até agora, em janeiro.

— *E aí vocês fizeram o quê? Vocês trocaram o piso...*

Fernanda — É, só foi o piso. O piso...

Neide — O quarto continua do mesmo jeito, desde a outra reforma...

— *As portas já eram sanfonadas?*

Fernanda — Não, não! A gente colocou... Era tudo porta de Cohab... Que é uma folha de compensado bem fininha... A porta do banheiro parava no vaso, não abria! Porque o espaço era muito pequeno, então a porta atrapalhava.

— *E como era o quarto?*

Fernanda — Era parede rústica. Totalmente, não tinha nada. Era parede chamuscada, sabe?

Neide — Você via os blocos, era parede crua. Aí, eu passei massa corrida...

Fernanda — A iluminação não era central... O modelo da Cohab eram todos os fios encostados na parede, pra fora, não era embutido. Aí, quando a gente fez a reforma do quarto e do banheiro, a gente estava pensando em fazer a sala também. Mas não deu o dinheiro. Então a única coisa que a gente mexeu foi a iluminação. Não tinha tomada nessas paredes, [risos] não tinha tomada. A cozinha tinha uma parede aqui, pra separar, tipo área de serviço. Aí, ela mandou quebrar.

Neide — Na área não entrava nada. Só tinha o tanque, não cabia uma máquina de lavar... Tinha uma porta, que também abria pra um lado que você não utilizava o canto. Agora, nessa reforma de janeiro, é que eu tirei, pra poder ficar melhor.

Fernanda — Ainda hoje o varal fica do lado de fora da janela. Não tem como estender... A gente vive com a mão machucada, é um perigo... Antigamente, não tinha telhas embaixo da janela, aí dava pra secar melhor a roupa, agora não. Então, dependendo da roupa, suja.

— *E tinha azulejo nas paredes do banheiro e da cozinha?*

Neide — Não! A casa toda era o mesmo tipo de parede.

Fernanda — A pia era de cimento... E o tanque também. A janela era padrão Cohab [pequenas janelas basculantes, com um único vidro, que só abrem parcialmente, pra fora]... Então, a gente ficava desesperada, porque a casa era muito pequena..., e muito abafada, porque esse tipo de janela... não ventila.

Neide — É. Agora só restam duas, mas com fé em Deus vou trocar antes de vender...

— *Os apartamentos da Cohab são todos do tamanho desse?*

Neide — Tem três tipos de apartamento... O pequeno, que é este. O médio, que tem dois quartos mais uma sala pequenininha. E o grande é uma sala do tamanho dessa, com dois quartos e uma área de serviço do tamanho da cozinha...

Fernanda — O pequeno e o médio são do mesmo tamanho, só que a disposição é diferente. A sala aqui é comprida, né? Tanto que a gente faz a metade dela de quarto, as camas estão aí, e tal... A sala do médio se transforma em sala pequena... Pra ter um quarto a mais. E o grande é maior, e a cozinha não fica perto da entrada. É um apartamento mais bonitinho. Aqui, não. É uma coisa de louco. [risos] É muito estranha a forma com que eles dividiram o apartamento, não sei quem foi que teve essa idéia...

— *E nesse prédio só tem apartamentos desse tamanho?*

Fernanda — Só, o estilo da Cohab é o seguinte: pra saber qual é o tipo de apartamento, eles pintam as laterais... É que nosso prédio é totalmente desorganizado, está com a pintura original... Se você for ver, a lateral dele é verde... Quer dizer, não é mais, já está... pichada. [risos] Os verdes são os apartamentos pequenos, e os médios e grandes são vermelhos. E você diferencia o médio e o grande pela janela do banheiro... Você vê que o nosso banheiro não tem janela pra rua. A nossa janela dá pra cozinha. E nos grandes, é pra fora... Mas o tamanho dos prédios por fora é o mesmo, só muda o número de apartamentos. São quarenta apartamentos no grande. No médio e no pequeno são sessenta. Já o número de moradores... Porque só de filho, de parente, de duas famílias que moram no mesmo apartamento... Aqui em casa mesmo tem duas famílias morando juntas...

Neide — É... Eu estou com uma amiga de Pernambuco, desde fevereiro... Antes de acabar a reforma, ela entrou, veio pra cá pra resolver uns problemas. Quando ela vem, eu ponho um deles pra dormir no sofá-cama... E ela dorme na cama, porque é visita, uma senhora. Você vê: já é difícil pra cinco pessoas. Eu, com seis pessoas aqui...

Fernanda — E minha avó vem pra cá também, pra resolver problemas. [pausa] Eu fico chateada que... a gente fica querendo que os parentes venham, e quando vêm fica muita gente, é um desespero... Tem pessoas que não querem voltar, porque acham que a casa é muito pequena, não se sentem à vontade...

Neide — Na verdade, eu sou a única pobre da família, né? Porque eles tiveram mais... sorte, mais condição do que eu. Então, todos moram em casa grande!

Fernanda — Casa grande não significa riqueza, viu?

Neide — Eu não gosto de casa grande! Mas também essa está pequena demais pra gente. Mas toda minha família mora em casa grande. Então, quando eles vêm aqui, fica a impressão que eles..., sabe? Eu sei que eles não se sentem bem... Eu gostaria que eles viessem mais vezes... É muito difícil alguém vir me visitar.

Fernanda — A gente adora, né? Pena que a visita não vem...

Neide — Mas hoje eu não tenho muita vontade de sair daqui. Eu só quero ir pra um apartamento maior... Que eu tenho vontade, sim. E pra que meus filhos não cheguem muito tarde em casa. Eu tenho vontade mais por isso. Pra que eles fiquem perto de tudo e eu possa estar menos preocupada. Porque hoje... está uma maravilha, minha filha! Tudo você acha, tudo tem. É só ter dinheiro pra pagar mais, né? Porque bairro de pobre é mais caro, você sabe, né? Não é mais barato! Em bairro de pobre, é tudo mais caro! Porque as pessoas estão vendendo pra sobreviver! Então, desde que você pague mais... Agora, tem de tudo! Mas nós ficamos anos sem ter as coisas... Nós fazíamos compra na avenida Rebouças... E vinha com os pacotes no ônibus. Se era pra gastar condução, então a gente já vinha de lá com as coisas! E tinha que trazer tudo mesmo! Porque não achava nada aqui! A única coisa que achava era pinga! Do contrário... Tinha que ir longe buscar... Hoje, você paga mais caro... Só que eu, como sou exigente, não vou ficar dando dinheiro! Tudo bem que eles precisam, mas eu já aprendi, faço minha compra onde é mais barato.

"É um descaso total".

Fernanda — Teve um tempo em que toda semana mudava gente daqui. Acho que o pessoal não agüentava... Ficava com medo... Até porque já veio bala perdida aqui dentro de casa.

— *Aqui dentro?*

Fernanda — Aqui dentro... É... Atravessou a janela e foi na outra parede, onde era o beliche do meu irmão. Isso há uns dez, doze anos, mais ou menos.

Neide — Era muito violento... Chegou dia de eu ter que ficar trancada dentro do banheiro com eles, que é o único lugar que não passa parede [com ligação pra rua, ou seja, todas as paredes do banheiro são internas]. Já chegou a ficar essa escada tomada de... vagabundo com metralhadora! Agora está bem mais calmo... Está mais tranqüilo...

— *E tem polícia aqui? Posto policial...*

Fernanda — Agora tem, porque antes não tinha.

— *E como é a relação da polícia com os moradores daqui?*

Fernanda — É um descaso total... Dá a impressão de que, assim: "Não tem jeito, já foi tomado por bandido... Não temos nada a ver com isso". Porque não tem estrutura suficientemente forte pra que a polícia trate de tanta gente. É uma população muito grande num espaço muito pequeno. É um acúmulo de gente... Então, eles não tomam conta. Agora que começou a ter *blitz* direto. Mas por muitos anos o pessoal tirava a pouca iluminação que tinha pra fazer de tudo, tráfico, inclusive estupro. Não tem mais, mas tinha...

— *Não tinha iluminação na rua ou sempre teve?*

Fernanda — Quando a gente veio não tinha. [pausa] Outra coisa é que toda estrutura dos prédios foi mudada. Não existiam garagens. Não era pros carros estarem aqui dentro.

— *Foram os próprios moradores que pagaram e fizeram?*

Fernanda — Que inclusive não pagaram... Esse espaço é coletivo... E foi individualizado. Muitos moradores vendem o apartamento com garagem. Sendo que seu é só o apartamento, e não o espaço coletivo do prédio.

— *Eu não sei se vocês querem fazer algum comentário antes da gente encerrar...*

Neide — São muitas histórias, né, Lygia? Principalmente da gente que vive e que sempre viveu com grandes dificuldades... Então, é dificuldade de... arrumar emprego, dificuldade de... conseguir uma boa escola, como foi a minha luta, né? A minha dificuldade foi muito grande. Eu bati em muita porta, muitas portas eu bati... E não conseguia...

Fernanda — São essas coisas... Muita dificuldade, mas... Enfim... Eu acho que valeu a pena. Que nem eu falo: "Nossa, eu sou novinha, mas já vivi bastante"... [risos]

Neide — A gente tem muita história. Se não, a vida não teria graça, né?

Entrevistadora: Lygia de Sousa Viégas

Vivendo apertado

Glória é moradora de um cortiço, que ela chama de "pensão". Localizada no Brás, e relativamente perto do metrô, a sua e outras pequenas "pensões" se espremem em um bairro prioritariamente comercial (ou seja, ocupado por bares, lojas, distribuidoras, armazéns, cantinas etc.), que oferece um mercado potencial de trabalho aos seus moradores.

Nascida e criada em Custódia, Pernambuco, Glória começou a vida em meio a grande pobreza, o que a obrigou a trabalhar desde cedo "tocando roça" e a impediu de estudar: "Eu sei só assinar meu nome. E leio umas coisinhas poucas. Se eu for pegar um ônibus... Eu só fiz a primeira série. Só isso e pronto". Castigada pela vida, ela aparenta ser mais idosa do que sua real idade, 50 anos. É uma senhora branca, de baixa estatura, de cabelos brancos, e com a pele e o corpo marcados pelo trabalho sob o forte sol do sertão nordestino.

Na cidade natal, Glória casou-se e teve dois filhos, hoje adultos. Todos viveram sempre próximos à miséria absoluta. A iniciativa de se mudar para São Paulo foi de seu filho mais velho. Na capital paulista, ele casou-se e depois de alguns anos, "mandou chamar a mãe", que já pensava em se separar do marido, pois ele bebia muito e a espancava. Há quatro anos Glória mudou-se para São Paulo, indo morar com o filho numa pensão no Brás. A "opção" por essa forma de moradia é conseqüência do desemprego e dos baixos salários e da necessidade de morar na região central, ou seja, em local onde haja infra-estrutura, principalmente postos de saúde, e possibilidade de encontrar trabalho.

O filho mais velho, atualmente com 26 anos, há pouco tempo decidiu voltar para Pernambuco, e Glória ficou sozinha em São Paulo durante um período. Há quatro meses, no entanto, mandou buscar o filho caçula, Ronaldo, hoje com 20 anos, para que lhe fizesse companhia: "Porque a vida sozinha é ruim... E eu não ando muito sadia também. Aí, mandei buscar ele. Ele chorava lá: 'Mãe, mande me buscar, que eu não vou ficar aqui passando precisão, não'. Aí, ele veio".

Glória e Ronaldo moram num pequeno quarto de pensão. Eles vivem apertados, não só pela falta de espaço, mas também pela falta de dinheiro. Mais da metade da renda (de 240 reais) vai para o pagamento do aluguel do pequeno quarto (150 reais). Boa parte do que sobra é gasta com remédios, pois Glória está com problemas de saúde, alguns advindos do trabalho penoso na roça e em "casas de família".

Na época da entrevista, Glória cuidava da casa e dos filhos de uma família, trabalho que não considera "pesado". Ronaldo, desempregado, tinha saído para cobrar uma dívida salarial que completava três meses, num emprego em que trabalhou sem carteira assinada. Voltou para casa, no entanto, de mãos vazias e apenas com a reposição da promessa de que o dinheiro sairia no decorrer da semana. A aflição deles era potencializada pelo fato de que parte desse dinheiro já estava comprometida com uma dívida no bar vizinho.

Desde que está desempregado, o rapaz, que completou o ensino fundamental, tem procurado emprego, mas quando encontra uma rara oportunidade, esbarra numa dificuldade: "Eles pedem a reservista e eu não tenho. Eu tenho os documentos todos, mas a reservista eu não tenho ainda. Mas, vou ver se eu pego no mês que vem e saio aí, pra ver ser eu acho serviço, porque a coisa está feia". Apesar da grande dificuldade, garantem, em diversos momentos da entrevista, que lá em Pernambuco está pior.

Ao chegar ao cortiço em que moram, fui surpreendida por seu tamanho. Embora por fora aparentasse ser uma casa pequena, após passar por um corredor comprido e apertado e subir uma pequena escada, deparei-me com uma grande casa de dois andares, repleta de portas e janelas, dando a impressão de que se tratava de um conjunto de pequenos apartamentos. Cada "apartamento" é um quarto pequeno e simples (sem nenhum tipo de instalação hidráulica — para banheiro ou cozinha — e com apenas um ponto de luz no centro do quarto), onde se amontoam famílias inteiras. Só há um tanque de lavar roupas e louças para todos. Também são de uso comum os varais, disponibilizados no vão existente entre o primeiro e o segundo andar. Oito banheiros, quatro masculinos e quatro femininos, servem a todos os moradores dos 42 quartos. O local é limpo e organizado, diferente de outros cortiços, geralmente sujos, escuros e inóspitos. Glória, no entanto, disse que "nunca viu tantas baratas como lá".

• • •

Foi em sua casa-quarto que Glória me recebeu para a entrevista. Antes de ter acesso ao seu quarto, no entanto, tive que passar pelo intermediário, que queria saber o que eu pretendia ali e me proibiu de fazer fotografias — embora eu sequer levasse máquina fotográfica. Segundo Glória, ele também mora no local (situação que, embora não seja regra, ocorre com freqüência em cortiços). Assim, ele exerce grande vigilância no cortiço, que funciona sob regras bastante restritivas. São inúmeras as proibições e limitações impostas pelo intermediário, não apenas ao uso do espaço coletivo, mas também dos pequenos quartos e à convivência entre os moradores. Pela arquitetura local e pela rigidez das normas, a sensação que predomina é de opressão. O cortiço parece uma prisão, e os quartos, pequenas celas.

No pequeno quarto de Glória, há uma cama de solteiro, onde sentamos para conversar, enquanto tomávamos café. O outro colchão fica embaixo da cama, e sai dali apenas na hora de dormir, para não tomar espaço. Há, ainda, um fogão velho e um armário pequeno e gasto, no qual são guardadas roupas, panelas e comida. Todos esses pertences são de segunda mão e lhe foram doados por conhecidos.

De fato, tendo a vida marcada pela constante ausência do Estado, Glória diz ter de contar com o "favor" e as "doações" que lhe são feitas para sobreviver. Perdem-se de vista seus direitos como trabalhadora e como cidadã. É com essa visão que ela agradece a bondade da patroa, que se preocupa com sua saúde e condição de vida.

E se tudo o que tem vem "do nada", também "do nada" tudo se vai. Na entrevista, Glória conta várias situações em que as coisas acabaram de repente: a plantação, o trabalho, a companhia. É emblemático, nesse contexto, o caso da televisão, que era sua única diversão: "Quando foi ontem, ele estava assistindo, deu um fogo e puf... (...) Queimou, e pronto!"

Acostumada a viver de doações, foram muitos os pedidos de ajuda durante a entrevista. Glória perguntou se eu não conseguiria uma cesta básica para ela, emprego para o filho ou mesmo interceder por ela na luta para participar do Bolsa Aluguel[1]. Esse é o grande sonho de Glória, que assim poderia reunir novamente a família.

---

[1] Programa habitacional da Prefeitura de São Paulo, que subsidia a locação de imóveis para famílias de baixa renda moradoras de imóveis ou áreas que estão sendo recuperados ou

Glória fala, em diversos momentos, do sonho de ter uma casa, apartamento, ou simplesmente "um cantinho" para morar (acreditando que vai realizá-lo com sua entrada no Bolsa Aluguel), declarando, assim, implicitamente, que o cortiço onde mora ainda não é esse "cantinho", dada a sua precariedade.

Não é só esse sonho que Glória repete no decorrer da entrevista. Seu depoimento é repleto de repetições. A repetição é, aliás, característica de sua vida, marcada pela permanência de condições precárias, que se repetem em Pernambuco e em São Paulo, no trabalho e no desemprego. Dentre as repetições em sua fala, uma expressão comum no nordeste brasileiro: "E pronto!" Ela parece dizer, desse modo, que não há mais o que fazer, senão ter "paciência" e "esperar", palavras reiteradas em sua narrativa.

Repete-se a precariedade, repete-se o relato, repetem-se as súplicas para que a vida mude e que ela as faz aos conhecidos, a mim, mas sobretudo a Deus. Foram muitos os pedidos a Deus, bem como os momentos em que deu graças a Ele, pelas pequenas conquistas de sua vida, mesmo que precárias. De formação católica, a enorme fé em Deus comparece com muita força no depoimento de Glória, que pede, ao final: "Espero que Deus me abençoe com o dinheiro, pra eu ter o meu cantinho pra morar".

Lygia de Sousa Viégas

---

urbanizados pela própria Prefeitura. Com suporte financeiro do BIRD, as famílias recebem um vale de até 300 reais, pelo período de 30 meses. Pelo perfil do programa, portanto, Glória não se inclui em seu público-alvo. No entanto, ela pode estar se referindo a outro programa habitacional da Prefeitura, qual seja, a Locação Social, este sim visando oferecer aluguel de casas ou apartamentos para pessoas sozinhas ou famílias com renda máxima de três salários mínimos, como alternativa para garantir o acesso à moradia digna até que elas possam entrar nos programas tradicionais de financiamento de habitação (dados obtidos na Instrução Normativa SEHAB-G N° 01 - de 19 de fevereiro de 2004; no informativo Notícias de Itaquera, ano XXV, edição 855 - de 08 a 16 de julho de 2004; e no site da Prefeitura de São Paulo).

Entrevista com uma moradora de cortiço

*"Pra tudo isso: pra pagar aluguel,
pra comprar meus remédios".*

Glória — Eu vivia com o meu marido, ele bebia muito, me batia muito, aí eu não agüentei mais e vim embora pra São Paulo. Antes, eu estava morando aqui sozinha, trabalhando, ganhando um salário de... O salário é 240 reais, né? Pra tudo isso: pra pagar aluguel, pra comprar meus remédios... Não está prestando... Trabalhando, minha filha, que é o jeito! Agora, meu filho está aqui... Ele estava trabalhando, a firma não pôde mais pagar pra ele, sabe? Não pôde mais pagar, aí pronto! Ficou sem trabalhar! Mas o moço que cuida daqui está tentando arrumar serviço para ele... Diarista. Mas ele é muito novo, tem 20 anos, ele pode arrumar... Ele é muito bom, é uma pessoa que não bebe, uma pessoa que não tem vício nenhum, não gosta de forró... Já o meu outro filho não quis ficar aqui, foi embora pra Pernambuco. Está lá mais o pai... Se eu arrumasse um canto pra morar, ele disse que vinha mais o pai dele. O problema do meu marido é desespero, porque você sabe que beber, todo mundo bebe, né? Mas tendo um trabalho, ele trabalha. Aí, eu vivo assim, mulher: trabalhando. [pausa] Eu estou precisando... Essa semana eu não tinha nada pra comer, foi uma amiga que me deu... um pouco de arroz e um pouco de feijão.

— *Você está sem trabalhar?*

Glória — Não, eu estou trabalhando, eu estou trabalhando. Eu entro às 11h40 e saio nove horas da noite. Quem está sem trabalhar é o meu filho. Mas daqui pra lá, confiando em Deus... Minha patroa é muito boa, ela veio aqui outro dia pra medir a minha pressão. De vez em quando, eu tenho problema de pressão... Eu acho que é de pensar na minha vida, né? Aí, pronto! [pausa] Durmo num colchão no chão, eu acho melhor do que na cama, porque eu tenho problema de bico de papagaio. Meu filho dorme na cama e eu durmo no colchão. Aí, eu acharia bom arrumar uma cesta básica. [pausa] Tudo o que eu tenho aqui eu ganhei. Com a benção de Deus. Ganhei esse guarda-roupa... Minha patroa me deu, pra juntar minhas coisas, que estavam dentro de uma caixa. Esse fogão eu ganhei, já com a tampa quebrada, mas assim mesmo está bom. Graças a Deus, eu estou cozinhando nele. Cozinha nas quatro bocas, só a tampa que cai, aí eu botei um elástico que está segurando. Graças a Deus. Panela, eu ganhei tudo. Eu tenho sorte, graças a Deus, porque eu sou uma pessoa... uma pessoa que sei viver com todo mundo, viu? Graças a Deus.

— *Quando a senhora veio pra São Paulo, veio morar aqui mesmo?*

Glória — Primeiro eu morei numa outra pensão, dois anos. Depois, eu vim para cá.

— *E era como lá?*

Glória — Lá... A pensão melhor que eu achei pra morar foi aqui. Lá era muito bagunçado, muito sujo, muito... sabe como é? Eu não gostei de lá. Aí, graças a Deus, aqui eu estou gostando.

— *A senhora mora aqui há quanto tempo?*

Glória — Está com uns cinco meses. Às vezes, eu me aperto no aluguel, ele [o intermediário] espera um pouco, porque eu não tenho. Eu peço até chorando, porque... aqui, passou do tempo, tem que pagar multa. Então, eu não posso pagar, ele dispensa. Ele pede muito a Deus que um dia eu tenha o meu cantinho para morar. Ele pede muito a Deus.

— *Quanto a senhora paga aqui?*

Glória — Eu pago 150 reais.

— *E aí, com a renda que vocês ganham...*

Glória — E meu filho é uma pessoa que... uma hora diz que quer ficar, outra hora quer ir embora, gosta muito de Pernambuco, sabe? É um menino que não gosta muito de trabalhar. Eu digo assim, porque só eu mesmo, porque eu gosto muito de trabalhar, de ter o meu serviço, eu gosto muito de trabalhar. Pra você ver, eu trabalho, e ainda lavo a roupa de uma mulher aqui. É 50 reais que ela paga por mês, pra lavar e passar. Foi a minha sorte ela me ajudar, porque é com o que eu compro o feijãozinho, o arroz, um pedaço de carne, qualquer coisa pra o meu filho comer, porque onde eu trabalho, eu como. Eu almoço e janto lá. Eu entro às 11h40 porque eu tenho que pegar os meninos no colégio, e quando é nove, nove e meia da noite, eu venho embora, quando a mulher chega. Eu trabalho aqui pertinho.

— *E é todo dia...*

Glória — Todo dia, todo dia, todo dia. Todo dia.

"O mais barato que eu achei foi aqui".

— *Como a senhora veio morar aqui no centro?*

Glória — Porque meu filho já estava aqui. Mas ele teve muito desgosto, porque a mulher largou ele. Aí teve muito desgosto, porque ele gostava muito dela... Ela mora aqui com outro cara, sabe? Ele ficou com muito desgosto e foi embora pra Pernambuco mais o filho de seis anos. Aí, meu filho está lá mais o pai dele, trabalhando. Mas ele nunca gostou daqui do Brás, porque é muito caro. Aqui é muito caro o aluguel. A minha patroa achou um absurdo um quartinho desse por 150 reais. É caro, e não dá nem pra armar outra cama, onde é que vai botar uma cama aqui? Não dá. É um absurdo aqui.

— *E a senhora já procurou outros lugares?*

Glória — Já procuramos outros lugares aqui, tudo mais caro, o mais barato que eu achei foi aqui. O mais barato que eu achei foi aqui.

— *E a senhora sabe quantos quartos tem aqui, no total?*

Glória — Menina, é 42 quartos. Está tudo ocupado. Tudo ocupado. Mas aqui é organizado, viu? Aqui não vê bagunça, não vê essas coisas assim não. [pausa] Mas eu tenho muita fé em Deus, muita fé em Deus que um dia eu ganho o meu cantinho... E esse negócio de bolsa aluguel, será que vai demorar? Eu acharia muito bom se saísse, porque assim eu alugava um outro canto, que tivesse banheiro, porque aqui é muito puxado, a gente quer ir no banheiro e não tem condição. Porque é muita gente!

— *É um banheiro para todo mundo?*

Glória — Não, tem quatro banheiros aqui em cima. Mas é muita gente. Tem vezes que a gente está... Aí tem que fazer... Eu comprei um pinico pra mim, pra... Que eu não agüento, às vezes, e tem que fazer dentro de casa, porque não pode, é muita gente! Aí, dois cômodos e um banheiro, está bom demais, né? Com dois cômodos, banheiro dentro, tem muito por aqui, não tem? Acha até de 300 reais. Por aqui, no Brás mesmo.

— *Mas a senhora não tem renda para morar num lugar de 300 reais, tem?*

Glória — Tenho não. Eu não tenho. Eu não tenho renda. Porque o que eu ganho é 240 reais. Como é que eu posso ter, né? E eu compro remédio... O meu remédio fica em 40 reais, e eu tenho que pagar, porque é feito em laboratório, e é um remédio que eu tenho que tomar todo mês, todo mês, todo mês. Eu tomo três tipos de remédio. Pois é, é desse jeito. Assim mesmo, eu trabalhando. Não fico parada de jeito nenhum em casa. E eu espero que um dia Deus olhe para mim. Porque, por mim, só tenho Deus mesmo, só Deus mesmo. Porque esse meu filho só fala de ir embora. Ele falou que vai me ajudar: "Eu vou trabalhar pra quando sair o cantinho da gente, ajudar a minha mãe a pagar". E se sair mesmo a Bolsa Aluguel, confiando em Deus, que eu sei que vai sair a casa, ou o apartamento... Aí, eu mando chamar o meu outro filho, porque aqui fica muito apertado pra trazer ele e o menino dele, que ele vai trazer o menino dele. Fica muito... Onde é que eu vou armar cama? Fica dormindo um por cima do outro... E o meu marido, ele só vive lá chorando por minha causa. Ele já sofreu muito, então eu vou voltar para ele novamente. Aí, junta tudo, vai trabalhando, quem sabe, com a ajuda de Deus, né? ... Se eu tiver a Bolsa Aluguel, aí eu vou mandar buscar tudinho. Mas não pra morar no Brás, sabe? Porque aqui é muito caro. Posso alugar em outro canto. Tem muitos cantos por aí baratos, não tem? Casa barata? E a gente se ajeita. Nem que eu... Tem tantos que eu vi, aqui no Brás mesmo, lá na Bresser, de 300 reais, três quartos, sala e cozinha. Pois é, 300 reais. O negócio é só o dinheiro... Por isso que eu moro nesse quartinho, porque eu não tenho condição de pagar. Porque se eu pagar mais, eu fico com fome. E eu preciso comprar uma roupa, um calçado... O meu filho, a mesma coisa. Ele chegou aqui só com a roupa do corpo. Ele está com um sapato, o tênis dele, só você vendo... Todo descolado, coitadinho. Porque não tem condições de comprar um tênis. Hoje ele saiu, porque a firma em que ele trabalhou ficou devendo para ele 150 reais. Já está com mais de mês. Aí, falou que era pra ir hoje. Ele foi lá pegar o dinheiro, que é pra ver se ao menos a gente compra, mulher, que eu estou sem nada em casa. Por isso que o café está fraquinho, porque... [riso] não tenho nem pó de café.

"Tudo eu ganhei".

— *Quando a senhora chegou em São Paulo, o que a senhora imaginava?*

Glória — Ah, eu imaginava que ia arrumar um trabalho. Viver melhor... E você vê: aqui eu sou mais sadia do que lá em Pernambuco. Lá, eu só vivia estressada, sabe o que é isso? Eu acho que era por causa do... das coisas, que era difícil. Porque não é brincadeira em Pernambuco, não. Você não ter o que comer. Muitas vezes eu fui dormir sem comer. Eu e meus filhos, sem comer, sem ter o que comer. Botava um pouquinho de feijão no fogo de manhã, comia os caroços ao meio-dia... e de noite bebia o caldo. Eu e meus dois filhos. ... Aí, quando meu filho estava trabalhando, estava mandando 50 reais por mês, para o pai e o irmão dele, que estão lá. Estava mandando para eles. Mas fechou a loja, porque não tinha como pagar os funcionários. Fechou, fechou a loja. Meu filho queria muito que abrisse, mas não vai dar. Ele deixou muito currículo nas firmas, mas o que está pegando é que ele não tem reservista. Ele é um menino bom. É um menino trabalhador, sabe? Tudo o que ele recebe, ele compra as coisas direitinho, paga direitinho. Graças a Deus. Ele tendo, ele me ajuda. Ele tendo, ele me ajuda. Aí, minha filha, se saísse o apartamento, um dia... Mas quem sabe é Deus... Muitas colegas minhas já tiraram, viu? O rapaz mesmo disse que saiu o da... Como é que fala? Como é esse negócio desse projeto? É TVHU?

— *CDHU?*

Glória — CDHU, sim. Recebeu, recebeu. Com seis meses que ele tinha feito. Mas a mulher dele ganha quase 500 reais e ele ganha 400 reais, aí saiu. Vão pagar 290. Mas ele disse que não tinha... não estava tendo condições, ele estava dizendo que ia negociar, sabe? Porque é muito pesado, ele falou.

— *E a senhora gasta mais da metade do que a senhora ganha com o aluguel.*

Glória — O salário... com aluguel, porque escuta bem pra você ver: eu recebo 240 reais. Pago 150 reais. Com o que eu fico? Fico com 90 reais, não é? Me diz para o que dá? E o meu remédio, que eu tenho que comprar todo santo mês. Todo santo mês, por 40 reais. Tira 40 e fica com o que? [pausa] 50 reais. Ai, meu Deus do Céu.

— *Aí, fica difícil...*

Glória — É difícil. É difícil. Ih, tem dias que eu fico... Eu vivo doente... Mas em Pernambuco está pior do que aqui. Aqui, pelo menos, você come um pedaço de carne, come um arroz. Lá, ninguém sabe o que é um arroz, pessoa pobre lá, em Pernambuco. Lá você não come feijão, não. Que tem gente, lá, que come até palma cozida[1]. Lá eu moro perto daquele pessoal... Uma roupa... Olha, eu vou falar uma coisa com você: agora eu tenho quatro, cinco calcinhas, dois, três sutiãs dentro de casa. Eu vestia roupa dos outros. Pra que eu vou mentir pra você? Porque não tinha. Aí, aqueles restos, aquelas calças, o que eu fazia? Colocava uma panela de água no fogo, fervia pra matar os micróbios e vestia a calça dos outros. Agora, aqui, graças a Deus, eu trabalho, eu tenho a minha calça, calça nova, tenho as minhas coisas. Roupa... Eu só tinha duas roupas quando cheguei aqui. Hoje em dia, graças a Deus, eu tenho cinco. Eu acho muito feliz, que eu tenho cinco, eu tenho blusa de frio... Não é que eu compro. É o povo me dando, todo mundo... Eu trabalho direitinho, sou honesta! Não gosto de mexer em nada de ninguém. Só me dando... Calçado, forro de cama, tudo eu ganho. Colchão, tudo eu ganhei.

— *E a senhora ganha de quem?*

Glória — É das madames, que me dão. As madames me dão. Um dia minha patroa veio aqui em casa: "Mas você não tem uma cama pra dormir?" A outra patroa, trabalhei para ela um ano e seis meses. "Mas a senhora dorme no chão? Quer uma cama? Manda o seu filho buscar aquela cama". Aí, ele foi buscar. Aí, outra menina, da outra pensão, me deu esse colchão. Aí, um rapaz que morava aqui e foi embora me deu

---

[1] Espécie de cacto típico da caatinga nordestina.

esse armário, que eu faço de guarda-roupa e também tirei para juntar as minhas panelas. Aí, outro rapaz daqui do lado foi embora e me deu esse filtro, deu essas panelas: "Toma, dona Glória", e me deu mais uma feira, e temperos. "Eu não vou levar nada", porque ele é noivo, e na casa da noiva dele tinha tudo, e eles iam morar juntos. Aí, ele me deu tudo. Esse fogão, também. O que eu comprei só foi o bujão. Porque antes eu tinha um fogão velho. Um fogão velho, no tempo de incendiar a casa. Ganhado também. Ganhado também.

— *Aí a senhora deu pra outra pessoa?*

Glória — Não prestava não, filha, incendiava. Eu joguei no lixo. Porque ninguém queria. Pois é... Essa televisão, meu menino comprou por 40 reais. Ontem, estava assistindo, deu um fogo e puf... Queimou! Ontem mesmo. E está aí, vai ter que jogar no lixo, porque se for mandar consertar... Aí a gente ficou... Porque o único divertimento que eu tinha era ela... A gente ficava vendo, porque a gente não sai pra canto nenhum. Queimou, e pronto!

— *Quer dizer, agora a senhora não tem...*

Glória — Não tem nada! Não tem nada! Está vendo como é? Eu só tenho saúde pra trabalhar, graças a Deus! Então, Deus me ajudando, e uma cama pra dormir, e eu trabalhando pra poder pagar o meu aluguel, porque é triste a pessoa não ter como pagar o aluguel, não ter condição, chegar o mês e não ter. Porque aqui é assim, sabe? Não tem o dinheiro do aluguel, você sabe pra onde manda, né? Pra rua. Porque não tem pra pagar, vai morar onde? Eu dou sempre graças a Deus de arrumar o meu servicinho... E eu não sou sadia não, sabe? Uma mulher que toma esse tanto de remédio é sadia? Então, pronto, assim mesmo eu trabalho. Trabalho tanto... Eu estou olhando três crianças. E passo a vassoura na casa, um apartamento pequenininho. Depois, é fazer uma comidinha, ajeitar as crianças e pronto. Eu não posso mais trabalhar em serviço pesado, dói as minhas costas.

"O que cabe aqui, num quartinho apertadinho desse?"

— *E além do aluguel, tem que pagar conta de luz, água, como é?*

Glória — Não, filha, está incluído tudinho. Vem com tudo incluído, água e luz. Por 150 reais.

— *Então, todo mundo divide as...*

Glória — Todo mundo, todo mundo, todo mundo. Aqui é pra todo mundo incluído. Em todos os aluguéis é incluído água e luz, é incluído.

— *E a senhora sempre morou aqui no Brás?*

Glória — Sempre aqui no Brás, sempre.

— *Agora, não só nessa pensão... Que a senhora chama de pensão, não é?*

Glória — É. Aqui é pensão mesmo.

— *Não é cortiço?*

Glória — Não, é pensão.

— *E qual é a diferença de cortiço para pensão, a senhora sabe?*

Glória — Não sei. [pausa] Cortiço deve ser assim, uns quartinhos... O que cabe aqui, num quartinho apertadinho desse? Então, quando sair o apartamento da gente, a gente vai ter que pagar direitinho, porque não pode atrasar não. Vai ser a mesma coisa do aluguel. Tem que ter o dinheiro todo mês. Porque se não... Então, tem que trabalhar, tem que ter um dinheirinho pra quando chegar o dia do aluguel, pagar.

— *A senhora me disse que antes de morar aqui, a senhora morava em outra pensão. Por que a senhora saiu de lá?*

Glória — Eu saí de lá porque era muito bagunçado... Maconheiro, cachaceiro, aí eu saí, porque eu não estava gostando de lá, não. E lá, também, o aluguel era muito caro. Um quartinho desse tamanho, sabe quanto era? Era 190 reais. Desse tamanho.

— *E como a senhora descobriu esse aqui?*

Glória — Eu descobri não sei como. Foi Deus. Eu não tinha o que fazer, aí estava passeando, aí falei pra minha colega: "Vamos naquele final [da rua]?" Quando eu olhei, vi essa pensão, perto desse bar aqui. Eu digo: "Eu vou procurar quanto é o aluguel aqui". Mas eu não tinha nem intenção de sair de lá. Quando eu chego, entro aqui, eu gostei. Estava tudo cheio. Eu falei: "Pelo amor de Deus". E eu gostei do dono, que o dono aqui é muito legal, o casal aqui. Muito legal. Eles moram aqui também e cuidam da pensão. Aí, eu gostei. Como não tinha, eu falei: "Ah, guarda para mim". Então, essa é a minha luta. Você está vendo a minha vida como é. [pausa] Para você ver... Eu me apertei tanto pra pagar esse aluguel, que eu tive que pegar dinheiro emprestado, 100 reais, para pagar esse aluguel. E o meu problema não é só o aluguel. O meu problema também é remédio caro, porque na farmácia onde eu pego não tem o remédio. Tem uns que eu pego de graça, mas têm outros que eles não dão, aí eu tenho que... Nossa, eu estou toda complicada. Já trabalhei demais, minha filha, naquele Pernambuco, já trabalhei tanto que só faltei morrer... de trabalhar.

— *E a senhora pensa em voltar para lá?*

Glória — Não, eu não penso em voltar pra lá não, porque não tem emprego pra trabalhar, muita dificuldade... O meu esposo plantou lá, morreu tudinho, você acredita? Não deu nada lá nas terras de Custódia, em Pernambuco, não deu nada, morreu tudo, milho, feijão, morreu tudo, a seca matou tudo. Quem vai viver num lugar desses? Está tudo correndo pra cá pra São Paulo, pra arrumar um meio de vida. Chega aqui, está pior do que lá. Está pior porque tem trabalho pra um, e outros não. Pra um, e outros não. Graças a Deus, a minha patroa é legal demais...

— *Como a senhora conseguiu esse emprego?*

Glória — Uma menina que morava aqui arrumou outro serviço lá em Santo Amaro, melhor, que ganha mais, e ela deu o serviço dela, que ela trabalhava, pra mim.

— *E antes a senhora estava sem trabalho?*

Glória — Estava sem trabalho. Só lavando roupa. Lavando roupa pra fora. Mas só que eu não posso estar lavando muita roupa pra fora, sabe? Por causa da coluna. Lavando e passando. Agora, eu peguei as roupas dessa menina porque ela está grávida e o meu tempo dá pra lavar. Até meio dia dá pra lavar, que é pouquinha a dela também.

— *A senhora falou que tem 42 quartinhos aqui. É barulhento aqui?*

Glória — Não, não é barulhento, porque o dono daqui, ele controla, sabe como é? Não tem história de você colocar rádio alto, som alto... Aqui não é barulhento, não. Só na outra pensão que era desse jeito, bagunça e tudo, mas aqui não. Aqui é muito difícil ter uma briga, muito difícil. Graças a Deus ele bota tudo em ordem aqui.

— *São quantas pessoas morando aqui, a senhora sabe?*

Glória — Aqui dentro? Eu sei que tem um monte de gente que eu não conheço.

"Eu queria era a minha barriga cheia, entendeu como é? E um cantinho para morar. Só isso".

Glória — Quem ganha bem, é bom, né? Porque pode pagar aluguel. Eu tenho vontade que Deus me auxilie. Porque é difícil. Difícil mesmo. Eu estou esperando, um dia, Deus abençoar. Eu estou rezando muito, pedindo muito a Deus, se daqui para morrer Deus não tem dó de mim. Pra eu parar de pagar esse aluguel, porque Ave Maria! (...) Eu sei que a Prefeitura estava dando dinheiro para o Bolsa Aluguel, não era? Como deu pra uma amiga minha. Deu 3.600 reais! Ela colocou no banco, está pagando aluguel todo mês. Ela paga o aluguel e leva o recibo lá pra prefeitura. Eu queria também, que eu recebesse o dinheiro. Porque aí eu pagava o meu... Vamos supor... Eu arrumava um dois cômodos, porque eles não querem que fique em pensão, né? Então, arrumava um dois cômodos, que eu sei que achar, de 250 reais, por aí, e 50 reais já ficava pra mim... Comprava alguma coisa pra mim, um remédio, qualquer coisa. Tem que levar o recibo pra a prefeitura. Eu não ia estragar, eu não queria televisão, eu não queria som, eu não queria nada. Eu queria era a minha barriga cheia, entendeu como é? E um cantinho para morar. Só isso. Eu não queria nada. Porque tem muita gente que recebeu esse dinheiro e comprou televisão, som, guarda-roupa, essas coisas. E não pode! Não pode fazer uma coisa dessas. Eu não faria uma coisa dessas. Se eu comprasse alguma coisa, ia ser do meu dinheiro, do meu suor, mas tirar do meu aluguel, eu não fazia isso não. Não faço. Eu nunca faria isso. Mas tem gente... Por isso que a Prefeitura estava querendo colocar o dinheiro da bolsa aluguel no nome do proprietário, sabe? Pra não dar o dinheiro pras pessoas. Porque tinha muita gente que estava comprando móveis, essas coisas, pra dentro de casa. E morando no mesmo lugar! Eu não faria isso. Se eu tirar a sorte de ganhar o Bolsa Aluguel, eu não vou ficar no mesmo lugar. Eu vou caçar um cantinho que... eu possa... Um canto melhor para mim.

— *O que a senhora acha de morar aqui?*

Glória — Eu... Olha, em todo canto, para mim, está bom pra morar. Em todo canto está bom. Mas... Eu gostaria de morar mais em outro lugar, sabe? Porque aqui é exigência demais: não pode lavar roupa no domingo. Aqui é muita exigência e eu não gosto de brigar, eu gosto só de ter as minhas coisas certas, sabe?

— *Que outra exigência eles fazem?*

Glória — Negócio de ligar som alto não pode, mas não me importa não, que eu não gosto de zoada. Quando uma pessoa vai lavar a roupa não pode ter outra pessoa perto do tanque, pra não estar conversando. Ele briga. Não pode bater aquele portão, se não ele briga. Lavar roupa, aqui, tem hora: oito horas, oito e meia, é hora de estar lavando roupa aqui.

— *E tem fila?*

Glória — Não, não tem, não. Não tem fila, não. De jeito nenhum.

— *E no banheiro?*

Glória — No banheiro, só se for de sábado para o domingo. Sábado para domingo, às vezes está tudo cheio, porque aqui é muita gente. Mas na semana não.

— *E como é com coisas como papel higiênico, sabonete...*

Glória — Cada quarto tem o seu. Dentro de casa. Aqui é organizado. Aqui é bom de morar, entendeu? Porque eu vivo com todo mundo, não tem ninguém ruim aqui, pra mim. É todo mundo uma família, pra mim. Mas eu digo por quê. Porque é eles na casa deles e eu na minha. Tem gente que nem a cara eu sei. Desse jeito, "bom dia", "boa tarde", "tudo bom", pronto! Só isso. Eu acho bom é assim. Tem gente que só vive socado na casa dos outros, eu não! Aliás, quase todo mundo aqui é assim. O dono não gosta nem de ninguém na casa de ninguém, se ele vê, ele reclama. Sabe por quê? Para evitar fofoca. E é mesmo, você sabe, né? Viver em casa dos outros, sai fofoca mesmo. Aí, não pode.

— *Então, D. Glória, eu acho que o que eu tinha pensado para perguntar era isso. Eu não sei se você quer falar mais alguma coisa, que eu não perguntei.*

Glória — Não. Eu sei que eu pretendo é que Deus me ajude um dia e eu tenha o meu cantinho para morar. Confiando em Deus, eu e meu filho. Confiando em Deus. (...) Eu vou ter paciência pra esperar, confiando em Deus. Eu vou esperar, vou ter paciência. Porque em Pernambuco não dá mais... Esse meu filho aí, coitadinho, cansou de dormir sem comer. Aqui não, ele tem um arrozinho, tem um feijão, a gente compra um quilo de arroz, compra um quilo de feijão, compra um quilo de carne, não é? Trabalha... Ele agora está fazendo um bico, trabalhando com um rapaz. Mas ele vai ter o emprego dele, fixo, se Deus quiser. Pra se sair a casinha da gente, a gente... poder pagar direitinho. Só isso mesmo que eu tenho a falar, só isso mesmo. Confiando em Deus...

Entrevistadora: Lygia de Sousa Viégas

À espera da sorte

Madalena e sua família são moradores da favela Jardim Oratório, situada do município de Mauá, na Grande São Paulo. Esta favela, ainda em expansão, fica em uma região de grandes morros, feita de ladeiras, barrancos, becos, vielas, córregos, campados e campos de futebol. Abriga tanto casas de alvenaria quanto barracos de madeira, madeirite ou mesmo de lona ou de sacos de lixo. Há ainda pequeno comércio formal e informal, a Sociedade de Amigos do Bairro, escolas, e a sede de projetos da Prefeitura. Como na maioria dos bairros pobres, há sempre grande circulação de pessoas: muitas crianças brincam nas ruas, homens e mulheres de passagem ou conversando.

Os esgotos, de modo geral, são abertos e passam nas portas dos barracos, deixando um forte mau cheiro e colocando em risco a saúde e segurança dos moradores, especialmente das crianças. As ruas não são asfaltadas, à exceção da "avenida" principal, uma das poucas com iluminação pública e transporte coletivo. Nos dias de chuva, a lama domina, misturando-se à água suja dos esgotos. Dependendo da força da chuva, os barrancos desmoronam, anulando anos de luta para comprar eletrodomésticos e móveis, quando não soterram vidas de famílias inteiras. Essa situação, que acomete muitas favelas brasileiras, é constante alvo da imprensa, mas não de políticas públicas para transformá-la.

Talvez devido à precariedade que circunda o Jardim Oratório, Madalena e sua família não consideram a favela como parte da cidade de Mauá, percepção comum a muitos moradores de favelas.

∴

Foi na cozinha de seu barraco que Madalena, Lindaura (sua mãe) e Marta (uma irmã) contaram sua experiência de vida, dando destaque às situações de moradia e trabalho.

Lindaura, 56 anos, parda, nasceu e passou grande parte da vida no interior do Espírito Santo, sempre trabalhando na roça. Já casada, mudou-se com o marido para o interior do Paraná, onde tiveram cinco filhos. A família morou no Paraná por 17 anos, sobrevivendo, com muita dificuldade, do trabalho na roça. Com o "cansaço da terra" para o plantio, decidiram mudar-se para Mauá, onde moram há mais de 16 anos.

Desde que chegaram, Lindaura, o marido e os filhos moram nessa favela, inicialmente "de favor" na casa de conhecidos, depois alugando barracos e, finalmente, conseguindo comprar, em 1990, um pequeno terreno na favela, situado numa viela de terra margeada pelo esgoto a céu aberto. No terreno construíram, "sempre aos poucos", três pequenos barracos, todos muito precários, com no máximo duas paredes de alvenaria e muito escuros: num deles, de dois cômodos, moram Lindaura, o marido e dois netos; no outro, duas irmãs de Madalena e os três filhos de uma delas; no barraco dos fundos, com uma cozinha, dois pequenos quartos e um banheiro, moram Madalena, o marido e os cinco filhos. Há, ainda, uma pequena área comum, com plantas e um tanque para lavar roupas.

Quando chegaram a Mauá, Madalena, hoje com 27 anos, tinha 11 anos, e já havia deixado de estudar, tendo cursado somente dois anos da escola fundamental. Sobre esse assunto, Madalena conta que, inicialmente, precisava ajudar os pais a trabalhar na roça. Depois, quando pôde voltar a estudar, sentia "vergonha" de ir à escola, pois, por falta de dinheiro, não tinha roupas e material necessário, sendo por esse motivo, alvo de chacotas dos colegas.

Tão logo mudou para o Jardim Oratório, conheceu seu primeiro marido, que namorou dos 11 aos 14 anos, quando fugiram para morar juntos. Madalena ficou com ele até os 21 anos e teve quatro filhos, o primeiro aos 15 anos. Desse casamento, guarda tristes lembranças, pois seu ex-marido bebia, usava drogas e batia nela e nos filhos, que foram por vários anos vítimas da violência doméstica.

Após a separação, ela veio morar com os filhos no terreno da mãe, construindo, com a ajuda de amigos e familiares, seu próprio barraco: "tudo que tem aqui fomos nós mesmos que fizemos. Tudo aos pouquinhos. Eu morei um tempão sem banheiro". Madalena casou-se pela segunda vez há dois anos, tendo então mais um filho, ainda bebê.

Madalena trabalhou desde criança, inicialmente com os pais na roça. Com a mudança para São Paulo, passou a trabalhar fora, tendo dentre suas experiências, o trabalho como auxiliar de cozinha em restaurantes, como camelô vendendo churrasco e bebidas, e uma longa experiência "em casa de família". Atualmente, no entanto, está desempregada, situação que assola quase toda a família. As exceções são seu marido e uma irmã, ambos exercendo trabalhos temporários ou precários de baixa remuneração. Madalena explica o desemprego da família e de outros moradores da favela: "É difícil encontrar um serviço, porque tem gente que tem medo da gente arrumar alguém na favela e roubar a casa deles". Já para Lindaura, também desempregada, "o governo tirou o serviço".

Não foi apenas "o serviço" que foi tirado de Lindaura. Devido à longa trajetória de trabalho penoso, ela adoeceu. Seus direitos trabalhistas (aposentadoria, tratamento médico das dores surgidas no trabalho), no entanto, não foram garantidos; muitos deles sequer reivindicados. Para além de situações nas quais se nota a ausência do poder público (que potencializa a constante sensação de desamparo), são contadas outras, em que o Estado está presente, mas quase sempre de forma perversa: é a polícia, que invade os barracos, assustando os moradores; é o Conselho Tutelar, que apesar de ter a função de proteger os direitos da criança e do adolescente, só aparece como coerção; são as eternas promessas governamentais de construção de casas populares que nunca se realizam...

A renda mensal da casa de Madalena é de 400 reais, entre o salário do marido e os 40 reais que recebem do Programa de Erradicação do Trabalho Infantil (PETI), ligado à Prefeitura de Mauá: "O dinheiro vem atrasado, mas vem".

O caminho para participar desse programa foi tortuoso: seu filho Raul, de dez anos, ficava muito tempo nas ruas, não raro passando vários dias sem voltar para casa. Por esse motivo, ele foi incorporado a um projeto da prefeitura que visa zelar pelos direitos das crianças e adolescentes em "situação de rua": o Projeto Conexão. Como repercussão imprevista, Madalena relata que seu filho estreitou a convivência com outras crianças e adolescentes na mesma situação, manteve-se nas ruas e passou a vender mercadorias baratas e a pedir dinheiro nos semáforos. A partir de então, ele foi integrado ao PETI. A proposta é que, ganhando o dinheiro, a criança deixe de trabalhar ou pedir, volte à escola e se dedique a atividades extra-escolares oferecidas pela Prefeitura.

De fato, Raul é uma das principais preocupações de Madalena, sendo tema constante na entrevista, entre seus silêncios, falas reticentes e risos tristes. Madalena associa a situação de Raul ao fato de morarem na favela. Conta que já tentou sair de lá várias vezes, para "ver se melhorava". Outra importante motivação para sair da favela são os constantes deslizamentos de terra provocados pelas chuvas.

Todas as tentativas de mudança, no entanto, frustraram-se em poucos meses: com o desemprego familiar, eles acabaram não conseguindo pagar o aluguel e todas as contas de uma casa, mesmo que precária. Assim, voltaram para a favela, mas sempre com a expectativa de sair dali. Madalena e Lindaura reiteram que não gostam de morar lá. Raul, nesse sentido, realiza a vontade de todos. Madalena conta que, quando saíram da favela e foram para uma pequena casa, Raul não ia para a rua. Suas fugas parecem denunciar a precariedade da favela, declarar que apenas paredes e teto não são uma morada. Que ali não há casa para morar – ou seja, para residir, ocupar, povoar, viver, enraizar-se, permanecer.[1]

Justamente pela dificuldade financeira da família, Madalena vê-se impossibilitada de participar de programas públicos de habitação, tal como o financiamento de um apartamento em um pequeno prédio construído pela prefeitura para a população pobre, que exige uma renda incompatível com a de sua família. Eles estão presos num círculo vicioso. Como se não fosse suficiente, Madalena lembra que não basta a renda para entrar nesses programas: é preciso ter sorte, pois a demanda populacional sempre é superior à oferta pública. A garantia do direito à moradia, portanto, é sorteada.

Diante dessa situação, não sobra alternativa à Madalena e sua família senão ficar na favela e esperar que "um dia" a situação mude e eles possam "chegar lá". Apesar de viver dificuldades comuns aos moradores de favelas brasileiras, só vislumbra alternativas individuais para enfrentá-las. Se mesmo para participar de um projeto público habitacional ela deve contar com a sorte, deposita a esperança de melhoria nas condições de vida, quando muito, em sorteios de programas sensacionalistas da televisão ou na vontade divina.

A necessidade de dinheiro "pra fazer qualquer coisa em São Paulo" contrapõe-se à falta dele em toda a família, que se desculpou inúmeras vezes por "não ter nada de comida" para acompanhar o café e o chá de folhas que me foram oferecidos.

Todos sobrevivem com bastante dificuldade, contando com o apoio apenas da própria família nos momentos de maior aperto. Por sentir no dia-a-dia a desvalorização da moeda e a crise de desemprego, Madalena afirma que "agora está bem pior. As coisas estão muito caras". Em seguida, no entanto, diz, em meio a um riso entrecortado e triste, não saber "se está caro pra quem não tem dinheiro ou está caro mesmo".

Lygia de Sousa Viégas

---

[1] *Dicionário Houaiss da Língua Portuguesa.*

Entrevista com uma família moradora de favela

"Eu queria achar um lugar melhor pra morar e tirar ele daqui".

Madalena — Eu acho o bairro aqui muito ruim de morar, pelo seguinte: quando eu não morava aqui, que eu saí daqui, eu vivia bem com os meus filhos. Depois que eu voltei pra cá de novo... Eu tenho um problema com meu filho Raul, de dez anos, que ele fica muito na rua, dorme na rua... Eu tenho que ficar procurando ele. É 16 dias na rua, ele fica! Agora ele parou de ficar tantos dias, mas ainda vai e dorme fora... Ou chega altas horas da noite... Eu tento controlar, mas ele não fica em casa! Então, eu queria achar um lugar melhor pra morar e tirar ele daqui, ver se ele sai, porque são as amizades que influenciam a ir pra rua. É por isso que eu não gosto de morar aqui. Já tem três anos que ele vive nessa vida. Ele vivia assim, daí ficou bom uma época, e agora voltou tudo de novo! Tudo de novo! Ficar na rua de novo! E agora está de novo na rua. Não gosta de estudar...

— *Ele está matriculado na escola?*

Madalena — Está matriculado. Hoje ele foi, mas é difícil o dia que eu consigo levar ele pra escola, muito difícil, porque ele foge mesmo, não pára em casa! Aí, o sofrimento da gente, aqui em casa, era esse! Eu queria arrumar um lugar melhor pra morar, uma casa melhor, que eu pudesse segurar ele... Não viver aqui, porque aqui não tem segurança de nada. Ele levantou, saiu, ninguém segura! Aí, eu vivo nessa vida toda! É terrível, difícil, mas fazer o quê? [pausa] Aí, pra poder sair daqui, eu fui embora, pra ver se ele melhorava. Ele melhorou, não fazia mais nada; aí, quando eu voltei pra cá de novo, porque eu não tinha condições de ficar pagando aluguel, ele... desandou tudo de novo! Aí, voltou para as ruas de novo...

— *E o que você acha que acontece?*

Madalena — Ah, eu acho que... ele vai encontrar com os amigos. Os amigos influenciam e ele...

Lindaura — É, quem põe ele assim são os coleguinhas daqui, que já são acostumados na rua, daí chamam... E ele começou a ir... A sair escondido, quando descobrimos, era meio tarde...

Madalena — Aí, eu já não consigo mais controlar ele...

Lindaura — Ele foge, é sabido: "Não, mãe, eu só vou aqui". Ela confia, deixa, quando descuida um pouquinho, é ele ligando, que está lá em Mauá, em Santo André...

Madalena — A gente sofre muito com ele, por causa dessa situação... No ano passado, na véspera do Natal, já tinha 16 dias que ninguém sabia nem notícia dele! Eu estava desesperada! Quando fui achar, ele estava igual a um mendigo na rua... Todo sujo! Cheio de ferida! Ai! Eu comecei a chorar... Eu não agüentei ver a situação dele, daquele jeito...

— *Ele voltou sozinho?*

Madalena — Não. Eu tive que procurar e trazer pra casa... Daí ele ficou três dias, depois sumiu de novo. Aí, peguei... A gente vive com ele desse jeito. Aconselha, todo mundo acompanha o caso dele! Assistente social, psicólogo, as meninas do Projeto [Conexão]. Ele escuta na hora, depois sei lá, esquece tudo. É terrível, muito difícil... Eu sofri muito com esse menino...

Lindaura — Tem gente em Mauá que fica... Compra eles pra fazer coisas, pegar... pedir...

Madalena — Pessoas grandes... Eu estou com um papel que ele pega lá no Shopping Popular[1], pra pedir nas ruas. Um papelzinho escrito pedindo esmola. Eu tenho aqui em casa. Aquele povo lá do Shopping Popular dá pra ele. ...É pra ele pedir dinheiro...

— *Ele está onde agora?*

Madalena — Ele está na escola, foi agorinha... Mas saindo de lá, pode contar que é centro de Mauá na certa. E se eu falar pra não ir, se eu bater nele, ou tentar segurar, aí ele vai e não volta. Então, não posso falar... É pior! É uma situação muito difícil a minha...

"Eu morei num cubiquinho pior do que esse".
"Dois comodozinhos, pequenininho".

— *Vocês tinham dito que, quando vieram do Paraná pra cá, ficaram morando de favor na casa de amigos e parentes...*

---

[1] Geralmente, grandes galpões subdivididos em pequenos *estandes*, nos quais são montados comércios. Em tais lojas, não raro, são vendidos produtos piratas, sempre a preços baixos.

Lindaura — Já no Paraná, sempre os outros que arrumavam casa pra gente morar, e a gente trabalhava pra eles...

Madalena — E quando nós chegamos aqui, também fomos morar na casa dos outros...

Lindaura — Quando a gente mudou pra Mauá, eu morei num *cubiquinho* pior do que esse, menor do que esse! Só coube o fogão e uma cama no chão...

Madalena — Bem pequenininho. A metade de nós dormia na casa de uma mulher do lado, que não cabia todo mundo...

— *Quem eram eles?*

Lindaura — Eram conhecidos da gente, que também moravam no Paraná e vieram embora na frente... Quando chegamos aqui, eles tinham o terreno deles, casa e tudo, aí eles cederam um conjunto pra gente ficar até conseguir um barraco pra morar. Aí, consegui, aluguei um barraco e fiquei morando nele. Depois mudei, fui pagar aluguel. Paguei sete anos...

— *Aluguel numa casa?*

Lindaura — Uma casa de material, mas foi sempre casinha ruim... Tudo velho, já!

Madalena — Caindo os pedaços...

— *Quanto era o aluguel do barraco?*

Lindaura — Esse barraco? Na época pagava 50 cruzeiros... E era caro, viu? Mas, mesmo assim, ainda fiquei contente de pagar, porque a situação que a gente estava, os meninos dormindo na casa dos outros, a gente não tinha lugar... Aí, a gente queria pagar, né?

Madalena — A gente sofreu muito aqui em São Paulo, por ter que ficar na casa dos outros, não ter um canto... E uma hora tinha dinheiro pra pagar o aluguel, na outra hora não tinha... E: "Vão pedir a casa...". Era complicado...

Lindaura — Não tinha recurso... No momento em que a gente chegou, era pra conseguir tudo, e não conseguiu emprego, foi difícil. Aí, eu consegui, comecei a trabalhar num restaurante, o que ajudou. Eu conseguia pagar o aluguel, mesmo num barraco... Era um barraco grande, quatro cômodos... Depois, a dona vendeu o barraco e eu aluguei outra casa pra viver, de material. Mas foi uma casinha velha também...

Madalena — Dois comodozinhos, pequenininho...

Lindaura — É, dois cômodos e o banheiro. Ali, eu fiquei uns sete anos pagando aluguel. Aí, como eu estava trabalhando, consegui comprar esse terreninho aqui e fazer uns barraquinhos, pra gente sair do aluguel. E estamos até hoje... Deve ter uns 11 anos.

— *E foi caro?*

Lindaura — Não! Foi bem barato! Porque naquela época era fácil comprar terreno. Na época, não era real ainda.

— *E quando veio o real? Mudou alguma coisa na vida de vocês?*

Lindaura — Ah, mudou um pouco, né? Melhorou bastante! Melhorou um pouquinho...

Por quê?

Lindaura — A gente parou de pagar aluguel, as coisas melhoraram... E quase cada um conseguiu emprego, as meninas trabalhavam... Aí, foi melhorando um pouquinho mais, mas também não... Mas, pelo menos as coisinhas de casa a gente pôde comprar. Mas agora está tudo caro de novo! Vich! A coisa agora está toda mudada... Muito difícil...

Madalena — Já está tudo ruim de novo, tudo caro de novo. A gente não consegue comprar nem um pacote de arroz...

Lindaura — Já pensou pagar oito reais num pacote de arroz, pra uma família grande igual a nossa? Não dá nem pra viver oito dias... É muito difícil mesmo... E agora todo mundo desempregado, o meu marido doente, não trabalha... Eu também não trabalho, porque eu tenho um problema na mão, que eu peguei devido ao serviço em restaurante! Incham as juntas, não consigo segurar as coisas com a mão, cai no chão. Hoje mesmo eu amanheci com dor nesse braço. Então pra mim a situação é difícil, porque eu não consigo trabalhar mais... E não posso me aposentar, porque não tenho idade... Eles não vêem o sofrimento da gente... Que se eles entendessem o sofrimento da gente, eu podia aposentar, né? Porque a gente não consegue trabalhar... Vai viver de que jeito? Pedindo para os outros? Não dá! Eu já tentei aposentar, mas não consegui ainda.

Madalena — É... Então, vamos ficar nessa vida até quando Deus quiser...

— *Vocês ainda pagam por esse barraco?*

Lindaura — Não, porque já paguei tudo, graças a Deus...

— *E foram vocês mesmos que construíram tudo?*

Madalena — Foi! Foi difícil, mas conseguimos... [riso]

Lindaura — Agora só falta um pouquinho, mas conseguimos comprar as coisas. (riso) Eu comecei aqui com um barraquinho de dois cômodos. Depois, a Madalena separou do marido, aí eu arrumei um pedacinho pra ela construir, conseguiu também, dois cômodos.

"A gente tem que sofrer mais um pouco pra conseguir outro jeito de levantar de novo a mente".

Madalena — A minha casa ainda não está terminada. Olha a situação que está! Quando chove, molha tudo! Você chega aqui num dia de chuva, você fica abismada também... [riso]

Lindaura — Quando está chovendo mesmo, você está na chuva, porque não segura, desce água mesmo... [riso] Molha tudo! Às vezes a gente pega, lava os tapetes, põe de volta, quando a gente vê a chuva, tem que tirar tudo correndo, senão... Essa época, que é chuva direto, é um desespero pra nós... Vich! Tem hora que está dormindo, tem que levantar...

Madalena — É muito ruim! [pausa] Mas um dia a gente chega lá! [pausa]

Lindaura — Eu tenho vontade de sair daqui, não por não gostar do lugar, que a gente gosta daqui! É sossegado, ninguém incomoda, vivem todos como irmãos. Mas é devido à morada, que é muito desarrumada... A gente não tem condições de arrumar...

Madalena — Eu fiquei sabendo que estavam fazendo inscrição de um predinho. Quando eu descobri, parece que já não estavam mais fazendo inscrição. Eu ia fazer, pra ver se era sorteada, que parece que era por sorteio. Predinho, eles iam construir, a gente pagava um pouquinho por mês e quando acabasse de construir, entrava. Aí, quando fui lá, já tinha acabado, não estavam fazendo mais inscrição. Tem um monte de gente, tem até carteirinha...

Lindaura — E aqui é perigoso construir em barranco, sabe, minha filha...

Madalena — A gente mora em área de risco. Aqui atrás tem um barranco que cai direto...

Lindaura — Esse barraco aqui já quebrou umas três vezes, porque o barranco desce e derruba tudo, quebra tudo... Aí a gente tem que sofrer mais um pouco pra conseguir outro jeito de levantar de novo a mente... Eu tenho vontade de sair daqui desse lugar por causa disso, a gente corre muito risco aqui... Outro dia mesmo, o barraco desceu, quase levou a perna do homem, coitado! Ele sofreu pra tirar a perna depois...

— *Qual foi a última vez que desabou o barranco?*

Lindaura — Faz mais ou menos uns três anos já...

— *E como foi?*

Lindaura — Uma vez caiu à noite, outra vez caiu de dia mesmo...

Madalena — Empurrou uma cama, ela foi parar lá na frente... A parede ficou tombada...

Lindaura — O povo todo saiu correndo...

Madalena — Eu estava de dieta da minha filha[2], daí caiu, nós saímos correndo pra fora, debaixo de chuva... Levamos um susto! Porque é perigoso cair e levar tudo! Eu já vi casos de cair barranco e matar todo mundo soterrado dentro de casa... A gente tirou a terra, depois caiu de novo. Agora que parou mais de cair... Mas também, não pode mexer no barranco, se mexer, cai... [pausa] Se eu achasse um outro lugar de morar, eu compraria, mas não acha!

Lindaura — Não é tanto não achar... Achar, até acha, mas vai pagar a construção... Agora, o predinho que a Prefeitura está fazendo acha pra comprar, só que a pessoa não tem como dar uma entrada pra poder ir pagando. Que é assim que eles vendem, pedem entrada...

Madalena — Mas quem vende não são os donos do predinho, são os moradores. Às vezes eles desistem de morar, daí vendem. Mas é muito caro, não tem como a gente pagar.

"Arrumar um serviço é difícil".

— *E por que vocês saíram do Paraná e mudaram pra Mauá?*

Lindaura — É porque ficou difícil tocar serviço... Lá eu trabalhava em lavoura, tocava serviço com os fazendeiros que tinham sítio grande, então pegavam a gente pra trabalhar pra eles e davam casa pra morar. Aí, a gente ia trabalhando... Mas, como a terra começou a ficar muito cansada e começou a não dar mais nada, tinha que comprar adubo, *carcar*, pôr esterco na terra, pra poder o mantimento vir, senão não dava mais nada. E a gente não podia, era caro... Tinha que fazer financiamento no banco pra poder tocar o serviço... Foi quando a gente viu que lá não dava mais pra gente viver, aí veio embora pra São Paulo, pensando que conseguiria emprego sempre. E chegou aqui, o

---

[2] Madalena usa uma expressão popular para fazer referência ao pós-parto, quando teve de ficar em repouso. Esse período também é chamado de resguardo.

governo tirou o serviço, as firmas quase todas. Aí, o povo ficou desempregado, e ficou essa situação triste da gente viver. Porque, enquanto estava todo mundo trabalhando, estava vivendo bem, mas e agora?

Madalena — Arrumar um serviço é difícil...

Lindaura — Ainda mais quem não tem leitura, né?

Madalena — Teve uma época que eu estava passando tanta necessidade com os meus filhos dentro de casa que eu tive que trabalhar numas barracas que vendiam bebida, churrasco, essas coisas, lá em Mauá. Mas lá era muito difamado, porque tinha umas meninas que faziam muitas coisas que não prestavam. Eram escandalosas, parece que marcavam programa com os caras. Então, por causa delas, as outras barracas eram difamadas também. Eu fiquei trabalhando lá um tempão e quando o meu irmão virou um desempregado, foi trabalhar lá. A minha outra irmã de menor também foi e o Conselho [Tutelar] pegou ela[3]. Tudo isso por ficar sem trabalhar, não arrumar emprego... Ganhava cinco reais por dia. A gente entrava dez da manhã e saía meia noite, duas horas, tinha vezes que ia embora quatro horas da manhã.

Lindaura — Para ganhar cinco reais... Eu ficava aqui preocupada, sem dormir, pensando, com medo... Você precisava ver... Um lugar igual a esse aqui, bem perigoso...

Madalena — E aí, minha filha, a gente agüentava ouvir desaforo, você precisava ver... Porque os caras viam as outras fazendo, achavam que a gente fazia também. Aí, vinha tirar gracinha, entendeu? E como a gente estava precisando — se xingasse, ia embora, o patrão deixava na rua — então, a gente chegou a agüentar muita coisa calada, escutar e fazer de conta que não estava ouvindo... Era desse jeito... Fiquei muito tempo trabalhando nesse lugar, até que o prefeito de Mauá tirou... Isso foi há uns dois, três anos.

— E esse foi seu último trabalho?

Madalena — Não, depois eu arrumei serviço num restaurante lá embaixo, onde eu trabalhei quase um ano. Daí, o restaurante faliu e a mulher fechou... Aí, não trabalhei mais... Foi meu último serviço, o último que eu achei... O último... Eu estou com vontade de trabalhar de novo, mas tenho que esperar meu bebê ficar um pouco maior.

"Eu não gosto de morar aqui".

— *As mudanças de casa que você falou aconteceram desde que vocês construíram aqui?*

---

[3] Segundo o Estatuto da Criança e do Adolescente (ECA, 1990), "o Conselho Tutelar é órgão permanente e autônomo, não jurisdicional, encarregado pela sociedade de zelar pelo cumprimento dos direitos da criança e do adolescente" (artigo 131).

Madalena — A minha mãe fica, eu mudo. [riso] Eu mudo, volto, depois mudo, volto de novo, porque eu fico nervosa com esse lugar... Aí, eu fui uma vez em Santo André, outra em São Miguel, aí voltei pra cá e desde o ano passado não fui mais morar em lugar nenhum...

— *Você pretende mudar de novo?*

Madalena — Olha, pretender mudar, mesmo, eu não pretendo, porque eu não tenho pra onde ir, mas se eu tivesse um outro lugar pra ir, eu mudaria, porque eu não gosto de morar aqui. Se eu pudesse pagar aluguel, eu sairia daqui...

— *Você não gosta daqui por causa da história do seu filho?*

Madalena — Por causa da história dele e por causa também disso que eu falei: que chove, entra água dentro de casa... Nessa época de chuva, ninguém tem sossego...

Lindaura — E parece que o Raul não gosta mesmo de ficar aqui. A gente vê que ele entra aqui e fica agoniado... A vontade dele é sair...

Madalena — Aqui é muito pequeno, muito apertado...

Lindaura — Não tem espaço para ele arrumar uns brinquedos, pra ficar sossegado. Eu acho que é mais por isso que eu não gosto...

— *E todos os seus filhos estão na escola...*

Madalena — Todos estão estudando. Os meus, graças a Deus... O único que não está estudando é o de três anos, porque não tem. Acho que no ano que vem começa a ter escola para ele.

— *E é fácil conseguir vaga em escola, aqui?*

Madalena — Não! É difícil... Fazer a inscrição e esperar vaga... A minha filha com seis anos entrou direto na 1ª série, porque não consegui vaga no pré. Ela estudou a metade da 1ª série com seis anos, ia fazer sete anos no meio do ano... Mas ela vai indo bem na escola, não dá trabalho.

— *E como são os vizinhos? Vocês têm amizade?*

Madalena — Eu tenho amizade com todo mundo daqui, porque eu não freqüento a casa de ninguém, é difícil eu ir à casa de algum vizinho. Então, a gente tem amizade com todo mundo aqui onde a gente mora. Dessa viela, todo mundo. Ninguém mexe com ninguém...

— *E vocês acham perigoso aqui? De roubo, violência...*

Madalena — Roubo, mesmo, não! Aqui a gente pode ficar despreocupada, que ninguém rouba a casa de ninguém... Só se vier alguém de fora, mas não entra, que o povo daqui não deixa... Então, não tem roubo por causa disso. Eu já dormi com a porta aberta várias vezes...

Marta — A única coisa que a gente tem medo aqui, sabe o que é? Eu tenho medo, às vezes, de bala perdida. Só isso...

— *Mas bala perdida por quê? Tem muito tiroteio aqui?*

Madalena — Às vezes acontece, né? Quando vêm pessoas de fora, querem invadir aqui... E eu tenho medo, também, de vir outras pessoas e a polícia começar a correr atrás e invadir a casa da gente e entrar... Só isso que eu tenho medo. Mas quando eu estava sozinha, eu saía, chegava em casa quatro, cinco horas da manhã, até agora nunca aconteceu nada! Graças a Deus...

— *Tem violência da polícia?*

Madalena — Eu nunca vi! Graças a Deus...

— *Tem uns lugares que acontece... A polícia entra na casa para revistar...*

Madalena — Uma vez eles entraram aqui, eu e ela estávamos na casa, mexeram no isopor para ver se tinha alguma coisa escondida...

Marta - É que mataram um policial, então eles estavam entrando nas casas pra ver se não tinha bandido escondido... Mas é só quando acontecem essas coisas, né?

— *Como foi para seu filho chegar nesses projetos da Prefeitura?*

Madalena — Ele começou assim... Primeiro foi para o Projeto Conexão. Depois que ele foi para esse projeto, ele começou a conhecer os meninos que ficavam na rua, daí começou a se misturar com os meninos e começou a ficar na rua também, pedindo no farol. Quando foi um dia, o pessoal do Projeto Conexão veio aqui pra me trazer uns papéis para ele participar do PETI e ver se ele recebia o dinheiro e saía das ruas... Mas não adianta, ele não sai... Já cortaram o dinheiro uma vez, depois voltaram de novo, mas não sai, continua indo pra rua, do mesmo jeito.

— *E na época que vocês estavam morando em outro lugar, isso não acontecia...*

Madalena — Não! Ele nem ia pra rua, na beira de casa, ele não ia... Ficava o dia inteirinho em casa, brincando. Fazia as coisas dentro de casa... Aí, voltei pra cá, começou tudo de novo!

— *E era em uma casinha que vocês estavam morando?*

Madalena — Era uma casa. Morava de aluguel. A gente pagava 150 de aluguel.

— *E como era essa casa?*

Madalena — Ah, era uma casa de dois cômodos, simples, bem simplizinha mesmo... Mas melhor do que isso aqui... Lá é um bairro bom, gostoso, a gente conhecia todo mundo, diferente daqui, né? A gente ficava sossegado, não se preocupava com os filhos indo pra escola, voltando, a gente não tinha medo... Aqui, a gente se preocupa com muita coisa... À noite... Às vezes aparecem muitas pessoas diferentes, estranhas, aqui... E você sabe que quem mora em favela é perigoso, né? A gente gosta mais de lá. Também, é tudo asfaltado, não tem essa lama toda que nem aqui, eu odeio essa lama! [riso] Na verdade, não gosto de morar aqui!

— *Você ficou quanto tempo pagando esse aluguel lá?*

Madalena — Seis meses. Porque tem aluguel, mas tem água, luz, aí dá mais que 150 reais... Aí, não estava conseguindo mais, a gente ia viver de vento... Voltamos pra cá de novo...

— *E quando você veio morar aqui pela primeira vez, logo que comprou o terreno...*

Madalena — Ah, eu odiava! [riso] Viche... Eu tinha tanta raiva, não gostava daqui. Minha vontade era só sair daqui, só sair daqui... Eu moro aqui mesmo porque não tem jeito, não tinha outro lugar pra morar, senão eu morava, eu tenho muita vontade de sair daqui... Agora, pelo menos eles [a Prefeitura] falaram que iam arrumar uns predinhos para as pessoas morarem... Eles só falam... Só prometem, prometem, prometem... Eu tenho vontade de sair daqui porque aqui é da minha mãe, o terreno é da minha mãe, a única coisa que tem de meu aqui são esses blocos... [riso]

— *Você acha que você sofre preconceito por morar na favela?*

Madalena — Ah, eu acho que sim... Porque tem muitas pessoas que discriminam, né? "Ah, mora em favela, não sei o quê..." Então, eu acho que muitas pessoas têm preconceito, a gente fala onde mora, já fica com medo de atender a gente... Discriminação, porque mora em favela...

— *Pra fazer um crediário...*

Madalena — Não! Sobre isso a gente nunca teve discriminação... É mais pra emprego! Você vai trabalhar num lugar, você fala que mora numa favela, aí eles já ficam meio assim, né? A gente perde muito emprego por isso... Tem muitas casas de família que não aceitam... (...) Aqui, no momento, está todo mundo desempregado... A minha irmã, que tem três filhos, está desempregada. A outra irmã, que é mãe de dois meninos, arrumou trabalho em casa de família, só para esse mês. Ela ganhou 200 reais, uma mixaria! Ela entra às seis e meia da manhã e chega aqui dez horas da noite. E é bem pertinho... Ela trabalha mais de 12 horas... Todo dia! Entendeu? Isso aí eu acho humilhação, 200 reais pra trabalhar desse jeito... É porque precisa, né? Agora, tirando ela e o meu marido, que começou há pouco mais de um mês, o resto está todo mundo desempregado, todo mundo desempregado... Já faz um tempinho que nós estamos desempregados. E não adianta procurar...

— *E daí todo mundo se ajuda?*

Madalena — Aqui é assim, um ajuda o outro! Quando minha mãe tem, ela dá, quando eu tenho, eu dou, quando a minha irmã tem, ela dá, quando nós temos, nós damos para ela... Eu arrumei um serviço pra começar em janeiro, mas também é trabalhar três dias pra ganhar 60 reais por mês, só que eu tenho que tirar 15 reais da passagem. Aí, só fica 45 reais pra mim, né? Pra trabalhar de ajudante de cozinha na pizzaria, só sexta, sábado e domingo, das seis da tarde até uma da manhã... Se der certo, até janeiro o neném já está mais grandinho...

— *E quando seu marido não estava trabalhando...*

Madalena — A gente ficava segurando de bico, arranjava um bico e fazia. Mas nós sofremos, viu? Quando a gente fica grávida, minha filha, gasta muito. É enxoval, remédio! Tudo caro.

— *Deve ter sido difícil...*

Madalena — Foi difícil... E o Vitor [seu bebê] foi achar de vir justo agora... [riso]

"Minha história é muito difícil".

Madalena — Eu já sofri muito! Tem gente que fala pra mim: "Nossa, você tem 27 anos e já sofreu tudo isso?" Eu falo: "Vocês não viram nada!" Quando me separei do meu ex-marido, nem podia ver homem na minha frente que já ficava nervosa, preocupada... O que ele fazia comigo mexeu tanto com a minha cabeça que eu peguei trauma, fiquei um tempão sofrendo. Porque ele judiava muito de mim, pegava arma pra me matar, punhal pra me furar, batia nos meus filhos... Hoje eu vivo no paraíso até, perto do que eu já vivi! Ele me dava de tudo, mas em compensação o principal era pior! Eu sofri muito... Apanhava quando estava grávida... E ele na rua...

— *Vocês moravam aqui?*

Madalena — Não! Nessa época eu morei em Santo André. Foi antes de vir pra cá...

— *Então, você nem estava perto da família...*

Madalena — E ele não deixava eu contar, me ameaçava direto! Até o dia em que eu não agüentei mais e aí a própria irmã dele contou pra minha mãe: "Se você não tirar sua filha de lá, ele mata ela"... E tudo isso era o quê? Droga, bebida, era a outra face dele. Aí, minha mãe me tirou de lá...

— *E era todo dia isso?*

Madalena — Todo dia isso! Todo dia! Todo dia! Todo dia! Sem ter uma explicação...

— *Ele trabalhava?*

Madalena — Não! Ficava o dia inteiro na rua... [riso] Chegava em casa tarde...

— *E aí, quando você veio pra cá, teve que reconstruir tudo...*

Madalena — Eu tive que começar de novo, porque quando eu vim pra cá, não trouxe nada! Vim só com a roupa do corpo, ele não deu nada pra mim! Tudo que eu tinha ficou pra lá... Pela lei, eu ganharia, porque quando eu fui morar com ele, ele era de maior e eu era de menor, aí a juíza falou que ele me seduziu. Mas eu não quis, porque ele não ia me deixar em paz, então deixei tudo para ele. Casa, carro, tudo nosso, ficou tudo com ele, eu vim pra cá sem nada, só com a roupa do corpo mesmo! Eu e meus filhos...

— *Então, vocês viviam melhor financeiramente...*

Madalena — É, vivia melhor. Mas em outros termos, foi pior! Então, eu preferia não ter nada, mas ser feliz, não ser humilhada todo dia! Quando ele entrava em casa, meus filhos todos choravam de medo dele! Eles estavam ficando traumatizados, não podiam ver o pai... De tanto que ele batia...

— *Ele deixou você ir embora numa boa?*

Madalena — Não! Minha mãe e a irmã dele foram me buscar. Pra me tirar de lá, precisou viatura da polícia... Quando eu falava que ia embora, ele trancava a porta, falava: "Eu ponho fogo no barraco com você dentro". Era aquela coisa: ele brigava comigo, me batia, mas queria que eu estivesse sempre ali, não deixava eu sair... Não aceitava que eu ficasse de cara feia com ele! Era horrível viver com ele! Quando a minha mãe ficou sabendo, chamou a polícia. Aí eu fui com a minha mãe, era pra pegar pelo menos a roupa, mas eu fiquei com tanto medo que não peguei... Do jeito que eu estava, saí! Aí, com 15 dias que eu estava na casa da minha mãe, arrumei um serviço em casa de família. Aí, comecei a comprar roupa pra mim, para os meninos. Um monte de gente também ajudou bastante... Arrumei umas madeiras e morei bastante tempo aqui no barraquinho de madeira. Depois comecei a comprar as minhas coisas, sempre aos pouquinhos...

— *Ele morava aqui no Oratório, também?*

Madalena — Quando eu conheci, ele morava. Aí, ele foi para Santo André. Naquela época, ele era trabalhador, trabalhava numa firma no centro desde os 12 anos, já era de maior e estava lá ainda! Eu não sei o que aconteceu... De repente, virou a cabeça de um jeito... Vai ver que ele já era assim, só que se escondia no início... Porque não dá pra acreditar que muda de uma hora pra outra assim... Não é fácil, não... A minha sorte é que o meu marido atual é muito legal, um amor de pessoa... Ele faz de tudo pra gente, não falta nada em casa. É... Minha história é muito difícil...

— *Você falou que vocês já moraram em um outro lugar aqui no Oratório. Como era?*

Madalena — Nessa época era muito perigoso. Era muita morte, assassinatos, assalto, gente entrando nos barracos. A gente foi embora porque minha mãe tinha medo... Aí ficou mais calmo, a gente voltou pra cá de novo, aí ficou melhor de voltar... E também a gente não estava conseguindo pagar o aluguel. Minha mãe ficou desempregada, minha irmã também, meu pai ficou doente...

— *E hoje, todos os seus filhos estudam na mesma escola?*

Madalena — Todos eles. É bem pertinho daqui... Agora a minha menina de 12 anos vai sair transferida para a escola de baixo, por que ela passou para a 5ª série e aqui em cima não tem[4]. Ela estava atrasada na escola, por causa de ficar mudando de lugar, ficou mais de ano sem estudar... Mas quando está estudando mesmo, não repete o ano, nunca repetiu... Que nem esse ano, ela estudou o ano inteiro e não repetiu. O ano passado também. O problema é que tinha que ficar nesse negócio de mudar... Já a outra, de sete anos, está adiantada.

— *E o Raul?*

Madalena — O Raul está atrasado, porque não estuda... E a letra dele é pior do que a da minha menina de seis anos. A letra dele é horrível, ele não sabe fazer nada, nem ler nem escrever, não sabe nada! Está na 2ª série, porque repete todo ano... Ele não vai pra escola; quando eu consigo levar, ele não faz lição, ou faz pouca coisa... Em duas semanas, o máximo que ele estuda é dois ou três dias. Ele não quer nada com a escola. Com certeza, ele vai repetir de novo... Não tem como ele passar para a 3ª série daquele jeito... [riso] Ele escreve como se fosse na 1ª série.

— *Então, Madalena, as coisas que eu tinha pensado para conversar com você eram essas...*

Madalena — Você deve ter escutado histórias piores que a minha... [riso]

---

[4] Isso porque, a partir da política de reorganização das escolas da rede estadual, implementada em 1996, os alunos das quatro primeiras séries do ensino fundamental passaram a estudar em escolas diferentes dos de 5a à 8a e ensino médio (Cf. CEE - SP, 1995).

— *Tem histórias diferentes... Mas, pelo que você contou, você tem uma vida bem difícil...*

Madalena - É... Bem difícil mesmo... A minha menina que fala para mim assim, quase todo dia ela fala: "Olha, mãe, um dia a senhora me espera no Gugu, Domingo Legal, Dia de Princesa... Para ver se a gente ganha uma casa e sai daqui"... [riso] Ela não gosta de morar aqui... Mas eu falei: "Você pensa que é fácil passar no Gugu? Não é fácil... Se a gente conseguisse... Escrever, a gente escreve, mas não é fácil chegar lá, ser sorteada. É difícil"...

Entrevistadora: Lygia de Sousa Viégas

Pedir, verbo intransitivo

Cida e Luiza moram com outras três famílias embaixo de uma ponte de uma grande avenida da cidade de São Paulo. Tão logo nos aproximamos, Cida veio, aflita, correndo em nossa direção.

Ao todo, são cerca de 15 pessoas morando ali: Cida, 36 anos, parda, com cinco dos seus filhos (o mais novo é um bebê de dez meses; o mais velho, de 16 anos, mora em uma favela). Luiza (que participou da entrevista) é branca e vive com o marido e três filhos pequenos. Há mais duas famílias que não estavam no local durante a entrevista.

Todos estão desempregados. Alguns sobrevivem "puxando carroça", outros pedindo. Em contexto tão adverso, fazem-se presentes expressões de esperança, indignação, resistência e luta. É tomada principalmente de indignação que Cida, ao mesmo tempo em que pede *tudo* para sobreviver, não aceita *qualquer coisa*, especialmente quando se trata de uma "oferta" do poder público. Assim, transita de maneira criteriosa entre o favor, oferecido por outros cidadãos, e o direito, incumbência do Estado.

Nascida na Bahia, mas criada em São Paulo desde os oito anos, Cida freqüentou a escola até a 5ª série, quando interrompeu os estudos para cuidar dos irmãos mais novos. Até ir morar na rua, teve experiências profissionais, principalmente como faxineira e empregada doméstica. Está desempregada desde então e não acredita que sua situação de desemprego vá mudar, uma vez que os empregadores temem dar trabalho aos que não têm moradia.

A história de Cida nas ruas começou em 1993, quando seu barraco, em uma das favelas do córrego Água Espraiada, pegou fogo. Sem a "indenização" a que tinham direito, só restou à sua família (que na ocasião incluía um companheiro) abrigar-se sob a ponte.

Cida pode ter sido removida, como tantos outros moradores daquela favela, para a realização do projeto que teve como marco a construção da avenida Água Espraiada (o primeiro trecho foi inaugurado em outubro de 1995), na região sudoeste da cidade de São Paulo, onde se concentra uma população de alta renda. A construção da avenida foi, na verdade, de caráter imobiliário — e não viário — concretizado por meio de uma parceria entre a Prefeitura e empresários nacionais e internacionais, inseridos na lógica de "captura da máquina pública e recursos municipais para viabilizar o empreendimento gigantesco que nenhum *lobby* de capitais privados teria condições de fazer". Trata-se de uma "ação arcaica cujas raízes estão bem fincadas há séculos, no Brasil": uma obra de interesse altamente privado, mas financiada, em grande medida, com o dinheiro público, especialmente dos fundos de pensão.[1]

Para esse empreendimento, as favelas foram retiradas não só do local onde seria construída a avenida, mas também das imediações; seus mais de 50 mil moradores, muitos enraizados no bairro há mais de dez anos, foram expulsos do local[2]. Cadastradas pela Prefeitura, cada uma das famílias deveria optar entre ganhar uma passagem "de volta à terra natal" (em geral, Pernambuco, Bahia ou Paraíba); comprar uma moradia financiada e construída pela prefeitura ou ser indenizada.

Quanto à opção pela moradia, a Prefeitura construiu unidades habitacionais em Cidade Tiradentes, na periferia da zona leste da cidade, e no Jardim Educandário, próximo à divisa com Taboão da Serra (neste caso, a construção foi financiada por um grupo de empresários que "se reuniu para forçar a remoção completa da favela"). A opção pela moradia, no entanto, não foi suficientemente divulgada, obtendo uma adesão de apenas 5% das famílias, que "deveriam ainda passar pelo purgatório dos alojamentos, que mais pareciam 'campos de concentração' (...), esperar pela construção da casa, que não estava assegurada, e finalmente pagar por 25 anos uma prestação de 57 reais."[3]

A opção mais difundida foi chamada pela Prefeitura de "ajuda de custo para a mudança", ou seja, 1500 reais por família, oferecidos a quem saísse da região. Com a irrisória indenização, a maioria das famílias removidas viu-se impossibilitada de comprar uma moradia no "mercado legal", recorrendo a outras favelas em bairros distantes do centro da cidade (Jardim Ângela, Jardim São Luís, Cocaia ou Grajaú). Ironicamente, grande parte foi levada

---

[1] Fix (1999), p.9.

[2] Note-se que essa mesma gestão da Prefeitura (Maluf, 1993-1997) construiu, em todo seu governo, apenas 3500 unidades habitacionais, como parte do projeto Cingapura.

[3] Fix, *op. cit.*, p. 40.

pelo caminhão da própria Prefeitura para se alojar em áreas de proteção de mananciais, como as margens das represas Billings e Guarapiranga.

Em setembro de 1995, grande parte dos barracos já havia sido derrubada. As condições de moradia da maioria das famílias só pioraram. No contexto de tal expropriação, toda tentativa de resistência dos moradores da favela foi quebrada, por meio de ameaças, da pressão diária dos tratores, da polícia e da cooptação das lideranças.

Vale ressaltar que o desalojamento das famílias empobrecidas da região onde foi feita a avenida não foi conseqüência nefasta dessa construção, mas seu objetivo. A presença de moradores empobrecidos ali desvalorizava a região. A retirada deles e a construção da avenida, ao contrário, valorizavam o local. Do ponto de vista do poder público e do empresariado, tanto fazia para onde essas famílias iriam — áreas de mananciais, cidades de origem, favelas ou mesmo para as ruas. Importava que elas saíssem dali, e não voltassem.

Trata-se, portanto, de uma das tantas histórias que revelam a presença perversa do Estado brasileiro na trajetória de famílias empobrecidas. Perversidade que inclui a dissimulação: a depoente não consegue estabelecer a relação entre a sua saída da favela e a construção da avenida. Como a entrevista não pôde se valer de outros encontros, algumas passagens da história de Cida ficaram obscuras, mas é certo que seu destino assemelhou-se ao das 50 mil famílias removidas daquelas favelas.

• • •

Sob a mesma ponte onde encontramos Cida, havia outras famílias, como a de Luiza, que ali foram acolhidas no decorrer do tempo: "ela não tinha lugar, chegou com os filhos aqui, aí a gente ajudou. E ela ficou aqui com a gente". Desamparados, encontravam-se numa situação em que só podiam contar com "os seus", configurando, a partir de então, uma caminhada coletiva.

Em abril de 2002, Cida e as outras famílias daquela ponte foram retiradas dali pela Prefeitura e levadas para casas alugadas na periferia da cidade, onde deveriam morar provisoriamente durante um ano, enquanto moradias definitivas seriam providenciadas[4]. No entanto, as quatro famílias

---

[4] Possivelmente, como parte de um Programa Habitacional da Prefeitura de São Paulo intitulado Bolsa Aluguel, que visa a subsidiar a locação de imóveis para famílias de baixa renda que moram em imóveis ou áreas que estão sendo recuperados ou urbanizados pela própria Prefeitura. Com suporte financeiro do BIRD, as famílias recebem um vale de até 300 reais, pelo período de 30 meses (dados obtidos na Instrução Normativa SEHAB-G N° 01 - de 19 de fevereiro de 2004; e no site da Prefeitura de São Paulo).

sentiram-se desamparadas na nova situação, pois as casas ficavam distantes do centro da cidade, de equipamentos públicos e num local onde pouco podiam recorrer à solidariedade alheia, sua única forma de sobrevivência. Por esses motivos, decidiram voltar, todos juntos, para a rua: "somos todas unidas. Se fizerem alguma coisa com uma, é uma família só".

Retornaram à antiga ponte, reconstruíram cada qual, os seus barracos, e ficaram ali na expectativa de serem novamente abordadas por representantes do poder público municipal ou mesmo pela imprensa sensacionalista, na intenção de dar visibilidade à situação em que estavam vivendo: "Eu quero que eles venham, porque aí eu vou falar pra eles por que eu estou aqui. (...) Se eles aparecerem aqui, ou um repórter, eu levo lá na minha casa e mostro como está a situação. (...) Para provar o que está acontecendo". Com essa esperança é que Cida, quando nos viu pela primeira vez, veio aflita correndo em nossa direção.

A entrevista de Cida e Luiza é repleta de repetições, ora de temas, ora de palavras, o que nos pareceu um recurso de ênfase ao que diziam e, ao mesmo tempo, marca da circularidade característica da estagnação de suas condições de vida sob a ponte, na periferia, na favela. Dentre essas repetições, chama atenção a polarização da fala nos extremos *tudo* e *nada*, expressões que podem estar a serviço de descrever aspectos da condição limite em que vivem.

Diante dessa situação, Cida se esforça para explicar sua realidade de forma lúcida. Nesse esforço, é constante o tom de desconfiança em relação ao poder público, alimentada pela falta de informações sobre a política pública na qual havia sido incluída. As lacunas são preenchidas com suposições de desonestidade e falta de sinceridade dos funcionários públicos com quem as moradoras têm contato.

O tom de desconfiança também se faz presente quando Cida fala dos vizinhos: os vizinhos da favela onde morava há nove anos, dos quais desconfia que incendiaram seu barraco; os moradores da ponte vizinha, vistos como violentos, aproveitadores e coniventes com a suposta corrupção do poder público; os moradores das casas vizinhas no bairro periférico aonde foi levada pela Prefeitura, apontados como preconceituosos, indiferentes e insensíveis à sua situação. Uma escuta apressada poderia supor que Cida participa de uma visão estereotipada e preconceituosa de seu próprio grupo social. Porém, maior atenção a essas falas pode indicar que Cida, mais do que deturpar a imagem dos vizinhos, quer preservar a sua própria imagem, tentando livrar-se da imagem social negativa que a atinge.

Se, de um lado, há uma relação acirrada de disputa com os vizinhos mais distantes, de outro, é possível estabelecer alguma solidariedade com os vizinhos mais próximos, moradores da mesma ponte, especialmente as mulheres. É marcante, na fala de Cida, a referência aos moradores daquela ponte como sendo "a gente"; também é marcante a referência ao grupo como um grupo de mulheres. Apesar de fazer críticas aos homens que "não lutam" para enfrentar as dificuldades, não atribui exclusivamente a eles o papel de garantia das condições básicas de sobrevivência da família, e não os culpabiliza pela situação de escassez em que vivem. Cida, de maneira crítica, reconhece a ausência do Estado como o principal responsável por essa condição.

...

O bebê, incomodado com o barulho do trânsito na avenida, chorava no colo da mãe, que nos concedia a entrevista, enquanto a filha de nove anos buscava, correndo, um saco plástico com pedaços de bolo que um motorista de perua oferece-lhes diariamente: "O meu bebê não é acostumado aqui, com o barulho. Ele saiu daqui com dois meses. As outras crianças já moravam aqui, elas não estranham. Elas dão graças a Deus que saímos de lá pra vir pra cá pra arrumar as coisas pra comer. Vão no posto de gasolina, arrumam coisa pra comer, refrigerante, tudo, porque lá na casa não tem nada disso. Não tenho dinheiro pra comprar".

A dificuldade de se manterem na periferia envolveu a perda de direitos que não só o de moradia: os filhos de Cida e suas companheiras de rua ficaram sem vagas em escolas (tanto na periferia quanto depois que voltaram a morar na rua) e não conseguiam atendimento nos postos de saúde: "Todas as crianças estão doentes. E pra passar no médico lá perto da casa, é um horror. É o maior problema. A prefeitura falou que a gente ia ter posto de saúde pras crianças, não tem nada disso".

De fato, estar morando nas ruas brasileiras é estar excluído de todos os direitos sociais. Quem não tem habitação, não tem trabalho, não tem dinheiro, não tem saúde, não tem segurança, não tem educação. Cultura e lazer, então, nem se fala. Se os moradores de rua não contarem com a solidariedade alheia, às vezes nem comida todos os dias eles têm. Nada está garantido a essas famílias no campo dos direitos sociais. Tudo é preciso *pedir*. *Pedir* para viver.

Lygia de Sousa Viégas
Juliana Breschigliari

Entrevista com duas moradoras de rua

"Eles não compareceram..."

— *Você está morando aqui há quanto tempo?*

Cida — A gente morava aqui há nove anos. A Prefeitura indenizou a gente e alugaram casas. Mas eles não fizeram o que tinham que fazer com a gente. Alugaram a casa e deixaram a gente lá. A gente não tem serviço, não tem jeito de arrumar serviço, é muito longe daqui. Tudo é muito longe. Onde a gente mora, muitas pessoas não aceitam a gente. A gente passa dificuldade porque muitas pessoas criticam a gente, falam que a gente vem da rua, vem de baixo da ponte, que é ladrão. As pessoas ficam querendo tirar a gente do lugar onde a Prefeitura colocou. Isso daí a Prefeitura deixou. Colocaram a gente lá e deixaram com várias contas de água, de luz, daquelas casas, que a gente não tem condições de pagar. Nem eu nem os outros que moravam aqui. E a gente tem que pagar se não a gente fica sem água e sem luz. A minha água já foi cortada. Não paguei porque não era minha. Mais de cento e tantos reais, eu não tenho condições. A Prefeitura não vai na casa da gente ver como a gente está, não vai ver, não vê a gente, não procura saber como a gente está. Pra a gente botar o alimento dentro de casa, a gente sai para a rua pra pedir, pra pedir. Ficamos aqui embaixo da ponte, para pedir roupa, alimento, tudo pras crianças. A gente não tem como comprar.

— *A Prefeitura alugou uma casa para vocês?*

Cida — Alugou... Eles falaram para gente que iam ajudar, iam alugar uma casa para gente e não iam deixar a gente na mão. Infelizmente, eles deixaram. Iam dar trabalho para gente, cesta básica todo mês. E a gente tem criança e tudo. Eles alugaram a casa com conta atrasada não sei quantos meses. A gente está passando tudo por esse problema. A Prefeitura fez um negócio, mas ela não fez certo.

— *E vocês chegaram a reclamar?*

Cida — Eu e minhas amigas que moram aqui na ponte, a gente quer saber como reclamar... mas a gente não tem como...

Luiza — A gente liga para lá, ninguém atende...

Cida — A gente precisa de alguém para auxiliar a gente... Trazer um repórter aqui... A gente não tem, mas quer isso. (...) A gente está passando um problema... Nós mesmos resolvemos vir pra ponte para ver se aparecia um repórter, qualquer coisa pra gente falar, que a gente quer falar o que está acontecendo com a gente. A Prefeitura prometeu muitas coisas pra gente. E aí a gente veio para cá porque se encontrasse algum repórter pra gente falar alguma coisa até que ajudaria a gente, ajudaria bastante... Porque se a gente estivesse na casa da gente, não precisaria nem vir para cá, não é verdade? Todo mundo que a Prefeitura tirou debaixo da ponte está passando necessidade. Todo mundo. Todo mundo. E muita gente não aceita a gente.

— *Conta uma situação que aconteceu, de não aceitarem vocês.*

Cida — Ah, é que a gente mora na rua. Nós moramos... morava... mora na rua e as pessoas recusam a gente, sabe? As pessoas recusam a gente. Ficam chamando a gente de maloqueiro, mendigo, ladrão... A gente passa a maior loucura por isso, principalmente os filhos da gente. Eles chegam na escola, falam assim: 'Ah, você é mendigo, você mora na rua'.

— *Eles estão na escola?*

Cida — Uma está no pré, pras outras até hoje não encontrei vaga. Elas estudavam aqui, eu saí daqui e até hoje elas estão sem estudar. Estudavam aqui e a Prefeitura tirou a gente daqui pra levar para aquele fim de mundo. E garantiu que ia matricular as crianças, arrumar vaga, que a gente não precisava ficar preocupada... Não fizeram nada disso. Estão sem escola faz mais de seis meses...

— *Em abril, vocês foram para as casas. Quando vocês voltaram pra rua?*

Cida — Semana passada. Mas antes nós viemos, dormimos aqui, porque a gente estava passando necessidade. A gente vinha arrumar umas coisas para levar para casa, dinheiro para comprar gás, essas coisas. A Prefeitura prometeu para gente, mas não cumpriu nada. Não cumpriu nada.

— *Você está desempregada?*

Cida — Desempregada. A gente passou necessidade dentro de casa.

— *E como você faz para comer, para conseguir dinheiro?*

Cida — Eu tenho que vir pra rua pedir... Sabe o que uma moça da Prefeitura falou para mim? "Por que você não pega seus filhos e sai pedindo de casa em casa? Pede para os vizinhos." Eu falei: "Se a senhora está no meu lugar, a senhora acha isso bonito? Que é isso? Esse é o exemplo que a senhora dá para mim? Eu quero sair disso e a senhora manda eu pedir a comida até para os vizinhos?" Mandou a gente pedir comida para os vizinhos...

Luiza — A obrigação era todo mês dar uma cesta para nós.

Cida — Era a obrigação deles, todo mês. Todo mês. Ficou certo que eles iam dar uma cesta para gente. Não foi isso que eles fizeram. As meninas estão sem estudar, a gente fala pra eles... Eles deixaram até de ir à minha casa. Eles não foram mais à minha casa, porque cortaram água, está para cortar luz. Eles não compareceram... E falaram que eu tinha que arrumar dinheiro para pagar. Falei: "Se vocês me colocassem numa casa que eu mesma fosse pagar conta de luz e água, eu economizava, logicamente". Ia vir uns 20 reais, 15 reais, eu posso pagar. Eu arrumo e pago. Não vou deixar cortar água. Agora 100, 200, eu não posso.

— *Por que veio tão alta a conta?*

Cida — Porque estava atrasada. Eles falaram que a gente tinha que pagar essas contas. Eu não morava lá ainda. Eu estou com todos os papéis lá na minha casa, para comprovar, provar para eles.

— *Tem coisas suas lá na casa?*

Cida — Tem. Minhas coisas estão lá. Minhas camas, a geladeira que eu ganhei... Tem fogão, tudo lá...

"Uma casa que a pessoa não moraria dentro
Não moraria dentro".

— *Você está dormindo aqui ou você está dormindo lá?*

Cida — Estou dormindo aqui, porque a gente necessita dormir aqui. As crianças estão todas sem roupas, sem nada. Estamos na pior mesmo. Todos estamos na mesma situação.

— *E vocês resolveram voltar para cá juntos também?*

Cida — Para lutar contra isso que estão fazendo com a gente, porque a gente não está agüentando mais. Eu mesma não estou agüentando mais, nem a Luiza.

— *Se você tivesse ficado lá, o que ia acontecer?*

Cida — Minhas crianças, como é que elas iam comer? Eu tinha que pagar as contas. Como é que ia comprar leite? E lá é difícil, é difícil. Para morar lá, tem que ter serviço, emprego para trabalhar.

— *Você acha que é mais fácil pedir na rua aqui?*

Cida — Aqui é mais fácil. Lá, ninguém dá nada para ninguém. Você pode morrer de fome, a criança precisando do leite como eu precisei e não arrumei. O meu filho teve que tomar chá, chá, só chá. (...) O meu filho mais velho fica mais na favela porque ele tem mulher lá. Ele tenta me ajudar, mas ele tem um filho novo. Ele também está passando por problemas. O filho novo, e ele com 16 anos. Eu não posso ajudar eles, não posso ajudar de jeito nenhum. Não tenho condições. Nem para ajudar a mim mesma eu tenho condições.

— *E os outros filhos?*

Cida — Eles tomam leite, comem comida. E é muito difícil arrumar essas coisas lá. Eles colocaram a gente no fim do mundo. No fim do mundo. E ainda falaram pra gente pedir para os vizinhos. Eu achei um absurdo. Eu, passar humilhação, vergonha? A gente já passa humilhação lá, porque passa como maloqueiro, ladrão. Não pode ter um filho homem que já é ladrão, bandido, porque mora na rua. A gente morava na rua e não é nada disso! Nós somos humildes. Somos humildes mesmo. Nós lutamos para criar nossos filhos. Se a Prefeitura quisesse fazer alguma coisa, ela tinha que ter feito alguma coisa boa, melhor. Por que em vez de alugar a casa, eles não pegaram esse dinheiro e compraram para gente a casa de uma vez? Vai pôr a gente num lugar que as pessoas recusam a gente, um lugar sem... sabe? Não serve para nós esses lugares. E não é só a gente que reclama. Todos, todos, todos reclamam. Todos reclamam. Pode ir na ponte lá embaixo, está cheio de gente. A maioria mora perto da gente também. Tudo a mesma coisa, todos passando pela mesma coisa. A prefeitura não serve em nada pra gente, não ajuda a gente a arrumar serviço. E foi prometido tudo isso. Foi prometido.

— *Você vai voltar lá para buscar suas coisas?*

Cida — É, eu vou ter que arrumar as coisas aqui e ir embora para lá, porque o contrato da gente é de um ano. Algumas pessoas vão para os prédios que a Prefeitura está fazendo, que já disseram que foram invadidos. A gente nem está sabendo mais disso, porque eles sumiram da casa da gente. Não vão lá nem falar pra gente como vai ficar, como não vai... Sumiram. Eles não dão mais palpite nenhum para gente. Então, a gente não sabe para onde vai, o que vão fazer. Porque se eles forem fazer alguma coisa com a gente, nós preferimos voltar para cá. Voltar para cá... Porque os prédios da CDHU, você tem que pagar 55 reais dos prédios do condomínio. Ainda tem que pagar água, luz... Como é que a gente vai pagar se não tem serviço? A gente não tem o trabalho que a Prefeitura prometeu. Como é que a gente vai morar num lugar... Pode me levar, só que não vou ter condições de pagar nada. Porque o certo era ter dado as casas para gente. Aí tudo bem, né? A Prefeitura tinha que ter dado as casas para gente. Eles prometeram muita coisa para gente e não cumpriram nada. Nada, nada, nada. E a gente vai ficar aqui. Eles vão vir aqui tirar a gente. Mas nós não vamos sair.

— *Eles sabem que vocês vieram para cá?*

Cida — Ah, já estão sabendo... Eles estão querendo mexer com a gente aqui. Mas nós não vamos sair. A gente vai ficar até arrumar as coisas para levar para casa. Na nossa casa, não tem nada. Não tem nada, na nossa casa. Não tem nada. A gente tem que arrumar gás, comprar comida pras crianças, pagar água, luz porque senão... Na casa da Luiza, já foi cortada a luz, a água. Na minha também. E a Prefeitura não pega as contas quando vai na casa da gente. Eu não tenho condições, não fui eu que gastei. E as casas que eles deram para gente, vocês precisam ver. É um horror.

— *Como é?*

Cida — Toda quebrada, mofada, as paredes todas molhadas. Não tem nem interruptor de luz, nada. As casas todas assim. Todas velhas as casas. A da Luiza tem rato até comendo o assoalho, a porta... Os ratos comendo...

— *Como é quando as pessoas da Prefeitura vêm aqui?*

Cida — Mandam a gente sair ou querem pegar até as crianças. Aí a gente fala que não pode sair daqui. Aí a gente vai para o outro lado da rua e espera eles saírem para voltar. (...)

— *Essa casa alugada é só para você e seus filhos?*

Cida — A Prefeitura alugou uma casa para cada família. Eles tiraram as pessoas da outra ponte, que escolheram as melhores casas. As melhores casas para algumas pessoas que eles sabiam que podiam embolsar um pouco, porque as pessoas da outra ponte fizeram tudo certo. Você vai na casa deles, uma beleza, lindas as casas. As casas lindas, lindas, lindas. Como fomos nós, sabe o que eles falaram? "Vocês foram as últimas. Nós não podemos fazer nada, temos que dar essas casas pra vocês". E uma: era pra gente escolher a casa. A gente escolher. Não aconteceu isso com a gente. Eles levaram a gente nas piores casas que tinha porque na outra ponte, eles já tinham alugado casa boa para todo mundo. Alugaram uma casa velha, acabada, não tem torneira, sabe? Uma casa que a pessoa não moraria dentro. Não moraria dentro. Tem casa que chove, molha dentro, pinga. De laje, hein? De laje. Molha dentro. Não pode nem acender a lâmpada porque pinga. (...) A prefeitura embolsou um pouco que eu sei. Nossos amigos que moravam aqui, o aluguel da casa deles foi dois mil num ano. A Prefeitura gastou três mil com cada casa. Cadê o resto do dinheiro? Eu já falei pra eles e eles falam que é mentira. Mas é verdade. É verdade e pode comprovar que é verdade. A Prefeitura comeu a metade de todo mundo. As casas não valem nem mil reais o aluguel do ano. Não vale. Se você for na minha casa, vai falar assim: "Que é isso? Que casa é essa?". Não tem cabimento viver ali com meus filhos. Tem muitos problemas. É casa sem torneira, sem encanamento, sem luz...

> *"Eu vim parar debaixo da ponte porque eu fiquei esperando a Prefeitura".*

— E por que você veio morar na rua pela primeira vez há nove anos?

Cida — Até 1993, eu morava aqui na Água Espraiada. Meu barraco pegou fogo por causa de uns vizinhos. A Prefeitura foi lá para indenizar a gente e não fizeram isso. Até hoje, eu tenho o papel do barraco que eu perdi. Eu tinha tudo dentro, eu tinha tudo. Tudo, tudo, tudo dentro de uma casa eu tinha. Eu tinha tudo. Eu perdi tudo. Eu vim parar debaixo da ponte porque eu fiquei esperando a Prefeitura. A Prefeitura falou que tinha muita gente pra eles atenderem, que eu tinha que esperar. Eu esperei e até hoje eu tenho o papel da Prefeitura desse barraco e eles não me indenizaram nem nada. Até hoje.

— Já tinha construído a avenida Água Espraiada ou estava construindo?

Cida — Não tinha construído. Não estavam nem sonhando em construir ainda. Pegou fogo e vieram me procurar aqui também. A Prefeitura me achou aqui. Me levaram para assinar uns papéis e vieram com a perua para levar as minhas filhas de mim, mas não conseguiram, porque eu sou a mãe delas. Tentaram levar elas de mim. E eu assinei papel que eu nem sabia o que era. Me falaram que era da Prefeitura porque eu tinha perdido o barraco, dei o papel pra eles e tudo. Quando foi no outro dia cedinho, a perua branca do SOS Criança veio recolher elas[1].

— E você não deixou?

Cida — Ah, não. Eu mandei elas saírem correndo. Hoje mesmo, a gente saiu correndo por causa do caminhão da Prefeitura e a perua da SOS que passou aqui. Eu falei pra Luiza correr com as crianças que eu ficava para conversar com eles e ver o que queriam. E a Prefeitura essa semana vai vir mexer com a gente aqui, mas a gente não vai

---

[1] O SOS Criança, oficialmente desativado em 2001, foi um programa da Secretaria de Assistência e Desenvolvimento Social do Estado de São Paulo, voltado para o atendimento de crianças e adolescentes em situação de violência social. Atualmente, há outra iniciativa muito semelhante, chamada Criança Cidadã, voltada a crianças e adolescentes em situação de rua, de forma permanente ou circunstancial (Cf. www.desenvolvimentosocial.gov.br). Para as famílias, geralmente são vistos como verdadeiras "carrocinhas de gente".

sair. E nós vamos cobrar deles. "Sabe por que nós estamos aqui? Porque nós estamos passando necessidade, vocês prometeram serviço para gente, a escola pras crianças e até hoje..." Eu tirei minhas filhas de um colégio aqui perto, tão bom...

— *Por que você teve que tirar elas da escola?*

Cida — Porque a Prefeitura mandou tirar, garantiram vaga pra elas.

— *Por que era muito longe a casa?*

Cida — Era muito longe, tinha que pegar dois ônibus pra vir para cá. E eles ainda falaram para mim: "Por que você não acorda às quatro horas da manhã e leva elas pra escola?"É difícil, é difícil. Mas eu sei que, da minha parte, eu vou lutar. Eu vou lutar, vou chegar ao fim. Nem que eu fale com repórter... Eu vou procurar alguém que me incentive a ir ao programa do Ratinho, alguma coisa assim. Para eu poder falar o que está acontecendo, que a Prefeitura está escondendo. Eles estão fazendo isso, mas eles estão escondendo muitas coisas. Deixaram a gente lá, jogaram lá e pronto, não querem mais saber. Ainda embolsaram dinheiro. Nós conhecemos pessoas que trabalham na Prefeitura. Eu tenho que assinar o Renda Mínima e até hoje não assinei, por causa deles. Falaram que iam marcar o dia para mim e eu estou esperando até hoje. Até isso. E a gente telefona para lá e eles nunca estão. Para gente, eles nunca estão. Então a gente queria ir lá, algum repórter, alguma coisa para incentivar a gente para dar um jeito nisso. Não é certo o que estão fazendo com a gente.

"A gente enxerga no olhar das pessoas como elas olham pragente".

Cida — A Luiza passa a maior humilhação na casa dela, por causa dos vizinhos. A situação dela é pior ainda. Ela mora num lugar que as pessoas moram encostadas [referindo-se às casas dos vizinhos], dá para ver dentro da casa dela e tudo, humilham ela demais. Ela passa o maior sufoco. Quando acontece, ela corre lá pra minha casa. As pessoas de lá humilham muito a gente.

Luiza — Tem gente que fala que não é nem para falar comigo, sabe? "Ela é da rua. Não faz amizade com ela, não".

Cida — A gente enxerga no olhar das pessoas como elas olham pra gente. Quando a pessoa olha pra minha casa, eu já sinto... Já está falando. Minhas filhas não podem brincar na rua que os outros chamam de mendigas, maloqueiras, falam que elas moram na rua, que elas pedem, tudo isso falam para elas. E a gente tem que agüentar.

— *Então, vocês saíram de lá não só porque não tinham dinheiro, mas também porque estavam passando humilhação...*

Cida — E as crianças principalmente. A gente ouve, sente, mas a gente... Agora, com as crianças... As minhas filhas saem na rua, os filhos da Luiza também não podem nem sair na rua, que os outros xingam de maloqueiro, mendigo. Uma criança vem brincar com as minhas filhas, as outras já falam: "É maloqueira, mendiga". As próprias mães falam pras crianças não brincarem com as filhas da gente. É isso que nós estamos passando. E nas escolas também. Tem muita gente que estava na rua que tem as crianças já na escola e elas agüentam isso também.

"Eu não vou ficar quieta".

— Todos que moram embaixo dessa ponte são como uma família?

Cida — Nós somos como uma família. Por isso que viemos todos para cá. Nós nos reunimos para vir para cá e lutar contra isso que estão fazendo com a gente.

— Vocês decidiram juntos?

Cida — Decidimos e estamos até o fim. Se a Prefeitura vier aqui tirar a gente, nós não vamos sair. Enquanto a gente não arrumar as coisas da gente, não podemos sair. Porque se a gente for para casa, nós vamos comer o quê? Lá em casa não tem nada. Nada, nada, nada! Nada para comer, nada. Não tem nada para comer.

— E aqui, tem?

Cida — Aqui eles ganham, comem, tomam leite, comem comida, bolo, comem tudo. Tudo, tudo, tudo.

— Como vocês fazem para cuidar das coisas de vocês?

Cida — Saíram algumas pessoas, ficamos nós duas. A gente toma conta das coisas de todos. (...) Estão todos desempregados porque a Prefeitura prometeu uma frente de trabalho para gente. E a gente tem documento. A gente está esperando e, nisso de esperar, estamos passando necessidade. Estamos passando tudo. Tudo, tudo, tudo. Tudo.

— Quando você ficou desempregada?

Cida — Logo quando eu vim pra ponte. Quando eu perdi tudo. Eu tinha um barraco, eu tinha tudo, tudo. A gente morando aqui embaixo, ninguém arruma serviço para gente. É difícil. Já pensa que a gente vai roubar, mas não é nada disso, gente. Não é nada disso. As pessoas ficam com trauma de arrumar serviço para gente, mas não é isso. As pessoas pensam tudo ao contrário. A gente mora aqui debaixo, mas nós não somos ladrões, não roubamos, não temos mania de mexer em nada de ninguém.

A gente pede, pede. E a gente não tem vergonha de pedir para não ter que roubar nada dos outros, não é verdade? A gente não rouba nada dos outros, a gente pede. Eu peço, eu peço mesmo, pra não precisar roubar nada. Eu não preciso roubar quando eu peço. Se meus filhos querem, eu vou lá e peço. A gente não rouba.

— *Vocês estão comendo aqui...?*

Cida — Shiii... Nós estamos comendo, temos leite pras crianças. Eu não tinha nenhum pingo de leite dentro de casa, não tinha. Nenhuma gota. (...) Eu fui na Prefeitura... Fiz um auê lá, com os que prometeram tudo para gente, que são os principais. Falei que eu ia no Ratinho, ia em tudo quanto é rádio reclamar deles, rapidinho, sabe o que eles fizeram? Deram um jeito de arrumar uma cesta básica para gente. Com leite pras crianças, alimento, tudo. Aí, depois que aconteceu isso, sumiram. Não apareceram mais. Sabe o que eles falaram? Falaram que não iam na minha casa, que eu era problema, que eu falava demais, que eu falava tudo. As outras que moram aqui foram chamadas para reunião. Eu não, porque eles têm medo de mim, porque eu falo mesmo. Eu falo na cara deles. Eu falei na cara de uma mulher da Prefeitura: "Eu dentro de uma casa e ainda sair pedindo? Eu não quero isso. Eu quero ir para dentro da minha casa, eu quero trabalhar, ter um serviço. Eu não quero sair pedindo comida para os meus filhos. A senhora não tem vergonha na cara de mandar eu fazer uma coisa dessas? Se a senhora não tem, eu tenho vergonha na minha cara". A outra que mora aqui, pode estar chuva, frio, o que for, ela vem na rua com as filhas, arrumar o que comer. As filhas dela doentes e tudo, e ela pedindo. A gente já é mais diferente. Ela quer continuar pedindo, a gente não quer. Cada pessoa tem o seu jeito, não é verdade? Se a pessoa define que ela quer continuar naquilo, ela continua. A pessoa não quer, ela não quer. Você acha que se eu tivesse recebendo o meu Renda Mínima, que nem eles prometeram, eu estaria aqui? Nunca. Nunca. Eu não estaria aqui. Você acha que eu vou passar o Natal, Ano Novo na minha casa sem nada para os meus filhos comerem? Nunca. Eu prefiro vir para cá. (...) Eles fizeram isso comigo porque... eles falam que eu sou a mais invocada de todos. A Luiza e a outra ficam quietas, aceitam tudo numa boa. Eu não aceito. Eles estão dando uma canseira em mim porque eu não aceito, brigo com eles. Eu brigo mesmo, falo, xingo mesmo. Elas não, elas aceitam tudo... Eu não aceito. Para elas, está tudo bom, tudo ótimo, pode dar casa sem água, com água, mas para mim não está bom. Eu enxergo que não está. O Renda Mínima, todo mundo assinou e eu não assinei ainda... porque eles falam que eu sou a mais bocuda, que fala tudo. Elas já foram em reunião, para dar palpite... Elas foram obrigadas a falar bem da Prefeitura. Reuniram os bacanas... Obrigaram a falar bem deles. Só não me chamaram... Elas aceitam de mão aberta tudo que eles fazem com elas. Eu não aceito. Eu não aceito porque não acho certo. Eles foram lá na minha casa e eu falei: "Se eu chamar alguém para denunciar vocês, eu vou falar, não vou guardar". Eu falei isso. "Eu não vou ficar quieta, eu vou falar mesmo o que vocês fazem com a gente". Sabe por quanto é alugada cada casa? Tem casa que é cento e poucos reais o aluguel... Como é que ia dar três mil reais num ano? Eles tinham que dar o restante do dinheiro para gente manter a casa, as crianças. Por que não deram para gente o restante do dinheiro para comprar as coisas para dentro de casa?

"Nós sabemos que estamos correndo risco aqui, mas a gente está precisando, necessitando".

— *Como vocês fazem para tomar banho?*

Cida — A gente pega água no posto de gasolina do outro lado do viaduto. A gente pega água para lavar roupa, tomar banho. Desde quando eu moro aqui, eles sempre deixaram, sempre foram muito bons com a gente. A gente vai no banheiro, eles sempre foram bons com a gente. Têm alguns que são invocados, não gostam da gente. Mas têm outros que já são bons com a gente, com as crianças. Deixam as crianças irem lá, pegar água, tomar banho. Deixam as crianças ficarem até na loja do posto. Aí, elas arrumam refrigerante, leite, tudo. Eles deixam. Mas tem uns que invocam, querem até bater nelas. É verdade. A gente até precisa ir lá.

— *E a polícia, como é com vocês?*

Cida — Polícia? Não mexe com a gente. Nunca mexeram, graças a Deus. Com isso, a gente não tem problema nenhum. Com a gente, eles não mexem.

— *Então, vocês não têm medo de dormir na rua?*

Cida — Ter medo, a gente tem. Daí, alguns dormem e outros ficam acordados. O medo é porque tem as crianças. Quando eu vejo que todo mundo está com sono, eu não durmo. Eu tomo café, aí fico acordada até alguém acordar para ficar acordado aqui fora, porque quando a gente morava aqui, aconteciam barbaridades... Já jogaram bomba com a gente aqui. Já deram tiro. Já passaram de carro para dar tiro. Já chegou gente aqui com pedaço de pau para bater em todo mundo. Aconteceu tudo isso. E a gente toma a frente das crianças. A gente se defende assim, todo mundo unido. Nós sabemos que estamos correndo risco aqui, mas a gente está precisando, necessitando. Se não fosse isso, eu não estaria aqui de jeito nenhum. De jeito nenhum eu estaria aqui, nem as outras, porque a Prefeitura prometeu demais para gente e não cumpriu nada. Nada, nada, nada. Não cumpriu.

— *O que você acha que vai acontecer daqui para frente?*

Cida — Eles falaram para gente que... Olha, a Prefeitura está tão confusa que não sabe o que vai fazer. Fizeram os prédios da CDHU, algumas pessoas vão morar lá e outras não, agora eu não sei porquê. Falaram que cada pessoa tinha que arrumar uma casa de oito a sete mil reais. Aonde eu vou encontrar esta casa, fala para mim? E na CDHU você tem que arrumar tudo, tem que pagar 55 reais por mês. Nós não temos condições de pagar. E esses prédios, acontece tanta coisa neles. Eu não sei o que acontecia aqui antigamente com os rapazes que têm briga com os outros lá de baixo, e nós ficamos inseguras, porque pode acontecer alguma coisa com a gente também, sem a gente nem saber quem é quem. Vêm rapazes armados lá de baixo, para ver se os outros estão aqui para matar. Sendo que a gente não sabe nem o que está acontecendo. Eles vêm, ameaçam de morte. Lá onde a gente está morando, moram alguns deles. Eu morava numa casa que era no mesmo quintal de outras pessoas dali de baixo. Não podia chegar uma pessoa na minha casa que ia lá com arma na cinta, entrando dentro da minha casa. Falei: "Que é isso? Onde é que estou morando?". Por causa de outro pessoal que morava aqui, que eles tinham briga, sabe? Então, nós falamos pra Prefeitura: "Não coloca a gente perto dessas pessoas que moram na outra ponte". Pois colocaram a Luiza no quintal deles. Ela é ameaçada. O cara falou que se ela conversar com outros rapazes que moram nesta região, que a gente nem sabe quem é, vai cortar a língua dela, vai cortar a mão dela, vai cortar a perna dela. Ela é ameaçada. Por causa de quem? Da Prefeitura. Colocou ela no quintal de umas pessoas que não dá para viver. A Prefeitura alugou as casas pras pessoas, mas não viu quem é quem. Alugaram casa para pessoas que matam, roubam. E colocaram pessoas inocentes no lugar também.

— *Essas pessoas também saíram da ponte e estão morando nas casas...?*

Cida — Também.

— *E eles voltaram pra cá agora?*

Cida — Na ponte de baixo. O juizado já quis pegar minhas filhas aqui de baixo. As da Luiza também. E ela estava passando necessidade, não tinha nada dentro de casa, e o pessoal da prefeitura que tirou a gente daqui estava junto. Como eles iam deixar acontecer uma coisa dessas? Trazer Juizado de Menor para levar os próprios filhos dela... Eles arrumaram a casa para morar, ela passando necessidade, necessidade mesmo, e eles sabem que a gente passa necessidade, mas só que eles abandonaram a gente, deixaram a gente de lado. Eles não ligam mais pra gente. Teve gente que eles compraram casa por oito mil reais e a pessoa vendeu por dez mil reais. Sabe o que é isso? Pessoa que já tem casa, que não precisa, que se enfia de baixo da ponte para querer mais e aí são as primeiras que a prefeitura ajuda. Estão ajudando as pessoas lá da ponte de baixo primeiro que nós. Aí falam pra gente que se a gente quiser é assim, se não quiser, a gente fica aqui mesmo. É isso que acontece. E nós precisamos mais, nós estamos precisando. Para fazer esse plano, deveria ser mais investigado. As pessoas que têm e as pessoas que não têm, porque as pessoas que a prefeitura comprou casa, já venderam. E nós estamos na mesma, todos na mesma. O plano da prefeitura não foi certo.

— *O que você acha que é mais importante disso que você falou?*

Cida — O mais importante de tudo isso, sabe o que é? Que a Prefeitura veja mais direito as pessoas, as pessoas que não necessitam e as pessoas que necessitam muito como nós, porque tem gente embaixo do viaduto que está por estar, para ganhar também. Já tem casa, já tem tudo. Eu conheço gente assim. A Prefeitura já comprou casa para uma moça da outra ponte debaixo, por que eles não podiam comprar para nós também? Compraram e aí a moça vendeu. Não durou um mês! E é uma casa boa, muito boa. Ela vendeu por dez mil reais. A Prefeitura não quer dar esses dez mil reais para nós. Ela quer dar sete ou oito. E não tem casa com esse preço. Só se for na favela. Compra na favela, aí depois eles querem tirar a gente da favela tudo de novo. Eu sei como é porque eu já vivi na favela. Eles colocam a gente lá e, com o tempo, eles querem tirar a gente tudo de novo.

— *Você vai voltar pra casa?*

Cida — É, eu vou ter que voltar. Eu vou ter que arrumar algumas coisas aqui e voltar. Eu queria passar o Natal na minha casa, mas só que não vou poder, porque não tenho nada na minha casa. E não vou voltar para deixar meus filhos morrerem de fome, né? Eu queria passar o Natal na minha casa...

— *Eles passaram fome mesmo, de ficar sem comer o dia inteiro?*

Cida — Ele ficou sem tomar... ele tomou chá, só chá. Por isso eu voltei para cá. E lá não dá para você pedir para ninguém. Todo mundo recusa até de olhar. Até olhar, as pessoas não olham para gente.

> *"Mas um dia eu creio que isso daqui vai acabar. Esse sofrimento da gente vai acabar. É só a gente querer lutar".*

— *Você é casada?*

Cida — Olha, estou separada do meu marido faz mais de quatro anos. Sempre moramos juntos na rua. Depois eu separei dele. Agora, ele tem a casa dele, eu tenho a minha. Ele era o pai das meninas. O pai do Davi é outro, que também meti o pé na bunda. Não queria me ajudar em nada, eu meto o pé na bunda, não é verdade? Então, é melhor eu com as minhas filhas do que com um homem dentro de casa que você sabe que não quer ajudar, ir à luta junto com você, então é melhor ficar sem mesmo. Eu prefiro. As outras que moram aqui têm marido que só dão trabalho. Os maridos delas, coitadas, se elas não lutarem, eles não lutam por elas também. Para que um marido assim? Eu falei pra elas que eu já tinha metido o pé na bunda. Eu fico só com os meus filhos, mas com marido que não quer me ajudar eu não fico. Eu posso passar por tudo, mas com marido eu não fico. Marido que quer saber só... A Prefeitura deu uma casa, quer ficar dentro de casa, esperando a mulher trazer as coisas. Que é isso? Isso não é marido, não é verdade? Isso aí é gigolô. Está querendo virar gigolô, não é verdade? Eu não fico. O marido da Luiza puxa carroça, tudo bem, mas ela sofre também, porque ele bebe, essas coisas. Se ela precisa de um dinheiro dele, ele não dá nem pra comprar coisas pras crianças, ele não dá. Coitada.

— *Você tem parentes em São Paulo?*

Cida — Tenho, mas eu não tenho contato com eles faz mais de 20 anos. [pausa] Porque a minha família falou que se eu precisasse de um prato de comida, eu poderia ir na casa dela que ela me dava, mas eu não precisava de um prato de comida. Eu precisava de uma moradia para pôr meus filhos, um lugar para pôr meus filhos. Não um prato de comida. Como eu estava na pior, eu precisava de uma moradia. Aí que eu tive que vir pra rua, com os meus filhos todos. Na primeira vez, morei na calçada, filha. Na calçada, dormi na calçada. Nem foi embaixo de ponte. Na calçada mesmo. Os meus filhos... chuva, sol, o que for eu passava com eles. [pausa] Mas um dia eu creio que isso daqui vai acabar. Esse sofrimento da gente vai acabar. É só a gente querer lutar. Se a gente lutar... Que nem eu falei para Luiza: "Se você não lutar, a gente não lutar, nós não vamos sair dessa, gente. Não vamos. O ano que vem, será que nós vamos estar aqui de novo? Se a gente não lutar por isso, nós vamos estar aqui o ano que vem de novo? Eu não quero ficar o ano que vem de novo. Vocês podem estar, mas eu não quero, eu não quero estar o ano que vem aqui debaixo de jeito nenhum. Não quero".

— *Você espera que a Prefeitura passe aqui para você poder negociar alguma coisa?*

Cida — Negociar, porque oito mil, para mim, não é nada. Se a Prefeitura me desse pelo menos dez mil, acho que pelo menos eu encontrava uma casa pequena. Oito mil, sete mil, você só acha em favela. Ir para a favela tudo de novo? Que é isso? Não é certo. Esses prédios da CDHU, essas coisas, não dá nada certo. Já teve gente que invadiu os prédios da CDHU. Já invadiram. A Prefeitura está perdida. Eles não sabem o que vão fazer conosco. Eles não sabem, estão perdidos mesmo. Quando vencer o contrato de um ano, em abril de 2003, nós nem sabemos o que vai acontecer... Porque eles mesmos falaram para nós que os prédios que a CDHU estava construindo pra gente foram invadidos. E eles não podem tirar as pessoas. Eles não podem. Então, eles falaram que não sabem o que vão fazer com a gente, pra gente esperar. Esperar o quê? O que nós vamos esperar? Não dá para esperar!

— *Desde que vocês estão aqui você não foi lá na casinha para ver como está?*

Cida — Não fomos.

— *Você não fica com medo que invadam lá também?*

Cida — Invadir lá? Não invadem, não. As pessoas não mexem lá, não. Não mexem. Eles nem conversam com a gente nem nada.

— *E como é a casa?*

Cida — Dois cômodos. As casas, nenhuma presta. Ne-nhu-ma pres-ta. Ne-nhuma presta. A Prefeitura gastou dinheiro à toa. Não fez nada. Com esse negócio da casa, ela não fez nada ainda. Prometeu, mas não fez nada ainda. Alugou essas casas que estão dando o maior problema. Tem casa que o dono está com risco de perder o terreno pra justiça. Onde eu moro, chega um monte de papéis, acho que é imposto que ele não pagou. Ele está quase perdendo o terreno. É assim que acontece. E nós estamos morando até abril, até abril nós temos que ficar nas casas.

— *Você acha que daqui até abril você volta para casa?*

Cida — É, a gente vai voltar. Nós pretendemos passar o Natal aqui, porque nós não temos nada dentro de casa. Nem eu, nem ninguém. Não temos coisas dentro de casa. Não temos nada, nada, nada. Aí, depois do Ano Novo, a gente volta. Aí vamos ver como vai ficar. O que a Prefeitura vai fazer com a gente, vai falar para gente... Porque eles sumiram, não vão na casa da gente.

— *E vocês estão telefonando para eles?*

Cida — Mas não atende. Eles falam que não estão. Eu já fui lá, mas não encontrei ninguém. Acho que é tão grande que eles ficam lá dentro e os outros falam que não estão. Aí, o que a gente vai fazer? Esperar e ver o que vai acontecer. Se eles vêm mexer com a gente aqui... Com certeza, eles vão vir.

— *Você quer que eles venham?*

Cida — Eu quero, quero que eles venham, porque aí eu vou falar para eles porque eu estou aqui. Eu levo eles até a minha casa porque eles sabem o que está acontecendo na casa da gente. Eu levo lá. Se eles aparecerem aqui, ou um repórter, eu levo lá na minha casa e mostro como está a situação. A Prefeitura colocou a gente num lugar que nós não temos como encontrar serviço. Frente de trabalho que eles prometeram, não tem nada. Aí a gente vai ser obrigada a levar lá na casa da gente... para provar o que está acontecendo. Temos que provar o que está acontecendo. Então, nós vamos ficar aqui até o Natal. A Prefeitura quase ia vir hoje, passou por perto. Vocês nem iam encontrar a gente aqui. Eu ouvi dizer que passaram lá embaixo e levaram tudo. Pegaram até umas crianças lá embaixo.

"É um sofrimento triste".

— *Você está aqui sempre?*

Cida — Sempre. A minha amiga que mora ali vive assim: ela sai andando, pedindo para um, para outro, um sofrimento. Um sofrimento... Eu pergunto pra ela como ela agüenta esse sofrimento, como ela agüenta um sofrimento desse? Carregar as duas filhinhas pequenas, sol, chuva, para pedir. É um sofrimento triste. Ainda as pessoas da Prefeitura falam para gente sair pedindo na rua... Que é isso? Isso é humilhação demais. Eu não agüento isso. Eu não fico quieta, não agüento. As pessoas falarem uma coisa dessas para mim. Eu não consigo ficar quieta. Não fico. A Prefeitura vai mexer com a gente. Até amanhã ou depois, eles estão aqui. Eles vão aparecer aqui. Mas a gente não vai sair daqui. Eles vão querer fechar a grade, mas a gente abre. Nós abrimos.

— *Mas, na verdade, você quer sair daqui também?*

Cida — Eu quero sair daqui... A gente não quer viver aqui. Mas nem o Renda Mínima da gente saiu. Se não, a gente não estaria aqui. Se a gente tivesse garantido naquilo lá, a gente não estaria aqui. Eu com certeza, não estaria. Eu estaria na minha casa. Por pouco ou por muito, eu estaria na minha casa e não aqui debaixo, com as minhas filhas, desse jeito, para passar por isso. A gente que vive aqui sabe o sofrimento que a gente passa, a humilhação. Tudo isso a gente tem que agüentar. Das pessoas aqui... das pessoas lá... Nós temos que agüentar. Por causa de quem? Da Prefeitura.

— *Vocês ficando aqui, eles vêem que vocês estão aqui, né? Se vocês forem para outro lugar...*

Cida — Eles falaram que se a gente viesse pra ponte, nós íamos perder as casas. Mas eles não cumpriram o que eles prometeram. Nem o Renda Mínima, nem a Frente de Trabalho. Não acertaram nada até hoje. Não sei quantos meses que a gente está lá e eles não resolvem nada. Então, é isso. Nós vamos ficar aqui para lutar. Nós vamos lutar contra a Prefeitura. Nós vamos mesmo. Nós vamos lutar contra isso. Que nem eu falei para Luiza: "Vamos combinar nós todas de irmos lá pra ponte, porque eu não posso lutar sozinha. Tem que ser nós todos lutando contra eles porque uma sozinha não vai dar em nada. Se formos nós todos lá para debaixo da ponte, a Prefeitura vai ter que garantir alguma coisa para gente". (...) E nós temos que lutar porque se ficar parado, olhando só para cima, não dá, ninguém vai ajudar a gente. Ninguém ajuda.

Entrevistadoras: Lygia de Sousa Viégas e
Juliana Breschigliari

Uma biografia de lutas

Ao contrário do que muitos ideólogos do neoliberalismo tentam nos fazer crer, não vivemos em um período de consenso. Em contexto de aparente pensamento único, podemos localizar vozes dissonantes, que apontam para a busca da efetivação da igualdade social. Esse é caso de Luiz Gonzaga da Silva, o Gegê, 55 anos, um dos coordenadores do Movimento de Moradia do Centro — MMC, grupo popular organizado dos sem-teto do centro da cidade de São Paulo.

Nascido no "Rancho do Povo", pequeno sítio em Catolé do Rocha, sertão da Paraíba, é um dos sete filhos de um casal de trabalhadores rurais negros e empobrecidos. Embora sempre tenha estudado, teve que trabalhar desde criança: "É difícil filho de nordestino dizer que teve infância. Meu único presente de aniversário, quando eu tinha sete anos, foi uma enxada. Eu estava fazendo o primeiro ou segundo ano primário. Estudava de manhã e trabalhava de tarde". Dessa época, também guarda memórias de uma maior liberdade, possível numa cidade pequena: "Quando chovia, eu ia tomar banho nas poças de água, nos riachos. Eu saía de casa com a camisa branquinha e voltava marrom. Tanto que eu não tinha roupa branca, era tudo de cor".

Gegê iniciou sua trajetória de militância ainda muito jovem. Sua "primeira ação política" foi junto à luta camponesa, em 1962, quando tinha 13 anos. Nesse período, participou da distribuição de material que convocava os camponeses a se organizarem politicamente. Sua história de lutas intensificou-se no contexto da ditadura militar. Ainda jovem, participou do movimento estudantil e de algumas expropriações de terra. Desde então, participou de organizações que contribuíram com sua formação política: "Eu estava com 13 para 14 anos. Aí me deram aquele monte de livros para eu ler, Lênin, Marx... E cobravam as leituras". Teve a juventude marcada por uma intensa militância, lembrada com riqueza de detalhes e emoção.

Em janeiro de 1969, aos 19 anos, foi preso pela primeira vez. Os quase três meses de prisão, no entanto, não o desmotivaram: "Foi um momento muito interessante, porque você sai da prisão, muita gente querendo falar contigo, querendo saber o que você fez. Aí, você, na cidade, vira duas coisas: o satanás para algumas pessoas, e, para outras, uma jóia rara".

A segunda prisão, no mês de setembro do mesmo ano, foi mais dura. Ela ocorreu na ocasião de um acampamento na Serra do Capiaçu, sob a acusação de que realizavam treinamento de guerrilha. Gegê lembra que, nesse momento da história do Brasil, muitos prisioneiros políticos foram torturados.

Ao sair do cárcere, sentiu muita dificuldade de ficar em Catolé do Rocha: "Foi um negócio terrível, uma fase muito difícil. Eu sair à noite com três, quatro meninos era razão pra, no outro dia, eles serem reprimidos em casa e não mais falarem comigo. Chegou uma hora que eu não tinha mais o que fazer em Catolé".

Mudou-se então, no início da década de 1970, para a capital do Estado — João Pessoa, afastando-se por um período das organizações políticas de esquerda, que estavam desarticuladas no contexto da ditadura militar. Nesse período estudou, e devido à dificuldade financeira, passou a tocar e coordenar a banda de fanfarras e a participar como atleta da Escola Técnica Federal da Paraíba: "E eu procurando a esquerda, mas não conseguia encontrar ninguém. Como é que eu ia viver me escondendo atrás da banda, e depois atleta?"

Tão logo "*reencontrou a esquerda*", Gegê retornou à militância no movimento estudantil. Pouco depois um turbilhão de acontecimentos invadiu e transformou sua vida: a prisão de uma colega em João Pessoa, que motivou uma manifestação estudantil, e a vinda à escola de ensino médio em que estudava de um grupo da Polícia Federal do qual fazia parte um policial que ele reconhecia. Ameaçado de uma terceira prisão, interrompeu os estudos e resolveu voltar para a cidade natal. Lá ficou pouco tempo, até ter notícia do assassinato de um militante que pertencia ao mesmo grupo político em que Gegê militou: o PCBr. Essa situação foi o estopim da mudança para São Paulo, em março de 1974. Estava então com 24 anos.

Já em São Paulo, conheceu o inverno e estranhou a cidade, traduzida no que ele chama de "frieza das pessoas": "Estavam avisando que ia ser o dia mais frio. Você olhava nos termômetros, quatro graus, passando para três, dois... A gente enchia a cara de cachaça porque não tinha roupa de frio. Aí, enrolava os pés com jornal ou com papel de saco de cimento, e enfiava os pés na bota de borracha. Era a única forma que a gente tinha de esquentar". (...) "Um dia, eu estava indo para o ponto de ônibus, bem cedo, aí vi um corpo estirado no meio do caminho. E as pessoas pulavam por cima, obrigatoriamente, para passar. Saí dali chocado. E fiquei com aquilo na minha cabeça: uma pessoa morta e não fiz nada".

Iniciou então uma difícil empreitada em busca de emprego e de um grupo político. Trabalhou na construção civil, em fábricas, em uma grande editora, no setor vidreiro e na categoria coureira, sempre se envolvendo com a luta pela melhoria nas condições do trabalho, o que fez dentro e fora dos sindicatos. Foi trabalhando em uma obra na Cidade Universitária (Universidade de São Paulo) que Gegê encontrou um movimento organizado que o acolheu: "uma célula de professores e estudantes universitários", na qual militou até o final da década de 1970, saindo por divergências políticas. Ainda fez parte de outras organizações clandestinas de esquerda, "até perder as esperanças". No início da década de 1980, participou da fundação do Partido dos Trabalhadores

(PT), da Central Única dos Trabalhadores (CUT) e da Central de Movimentos Populares (CMP).

Apesar de seu grande envolvimento com o universo da política governamental e da cumplicidade com personagens da esquerda brasileira, Gegê declara não ter interesse em concorrer a cargos políticos: "Eu nunca emprestei o meu nome para essas coisas. Toda eleição eu digo: 'eu sou candidato a não ser candidato a nada!' Eu não vejo o Parlamento como opção de vida. Não acredito que o Parlamento seja a minha alternativa. Pode ser um espaço, uma forma da gente avançar, mas não é a alternativa para a mudança total. Acredito que a mudança total passará por outros caminhos".

Mudou-se algumas vezes de cidade, em função do trabalho, da militância e da vida pessoal [o primeiro casamento, o desemprego, o nascimento do filho]. Chegou a morar em várias cidades do Rio de Janeiro, em Santa Catarina e a voltar para Catolé do Rocha por um ano, para cuidar dos pais que estavam com problemas de saúde. Fora essa visita, ficou longo período sem contato com os parentes: "Eu costumo dizer que não tenho família. Minha família são todos e todas que estão por aí. Essa família patriarcal, feita pelo sistema, eu não acredito nela. Essa pode ser parte da minha família, mas minha família é muito maior. É o povo sofredor que um dia sonha em fazer mudanças, ter um mundo diferente".

Nessa trajetória experimentou diversas formas de moradia, tanto na periferia quanto na região central: favela, cortiço, alojamentos de firmas onde trabalhou e pequenos apartamentos, onde morava sozinho ou com colegas. Atualmente mora com sua companheira, Neuma Silva de Oliveira Cruz, em uma das unidades habitacionais conquistadas pelo Movimento. Em muitas dessas moradas, Gegê organizava os moradores em empreitadas para melhorá-las.

É característica dele viver as dificuldades, aparentemente particulares, de forma coletiva: fosse ele estudante, trabalhador ou morador, havendo condições precárias, mantinha a atitude militante. Aonde vai, procura construir uma forma digna de viver, articulando-se com seus pares.

Em 1987, aos 38 anos, passou a lutar, mais especificamente, pela questão da moradia digna da população de baixa renda, priorizando o centro da cidade como espaço a ser ocupado, pela maior facilidade de acesso a equipamentos públicos: "Eu nunca gostei de morar na periferia". Ingressou, enfim, no Movimento de Moradia do Centro (MMC), ligado à União de Movimentos de Moradia (UMM), que é filiada à Central de Movimentos Populares (CMP).

O MMC realiza uma série de ações políticas que incluem manifestações, passeatas e a organização de pessoas abandonadas pelo governo para ocupar prédios públicos do centro da cidade também abandonados. Além das ocupações, o MMC coordena dois prédios que foram conquistados como moradias definitivas pelo Movimento junto ao poder público, totalizando aproximadamente 500 unidades habitacionais, e realiza visitas de formação política a cortiços: "A composição de nossas assembléias já foi, na maioria, de ocupantes. Agora, esmagadoramente, são não-ocupantes. E cadastrando gente diariamente..."

As ocupações e moradias ligadas ao MMC possuem organização política interna, com reuniões e assembléias locais. Também possuem regras específicas de funcionamento, estabelecidas coletivamente e amparadas num projeto de sociedade alternativo ao hegemônico: todos devem participar das assembléias; o respeito à mulher e à criança é privilegiado; situações de violência doméstica são severamente punidas; drogas, armas e bebidas alcoólicas são proibidas; todas as crianças devem estar na escola; há empenho em acolher as dificuldades dos ocupantes, não só da parte da coordenação, mas também da base do Movimento.

A aparente rigidez de algumas regras ganha sentido se pensada como esforço de não confirmar os estereótipos negativos sobre as classes populares, em especial os sem-teto. Por comparecerem no imaginário social e muitas vezes na mídia como baderneiros, invasores, sujos, violentos, tentam fazer frente ao preconceito adotando medidas restritivas a situações que possam confirmar a deturpação de sua imagem, como as ocorrências de violência doméstica e de alcoolismo.

Outro tema marcante no depoimento é a violência de que foi vítima desde a infância. Num contexto de relações sociais desiguais, reconhece que a violência está sempre presente em situações que envolvem o que ele chama de "luta de classes": "Eu não defendo política de porrada, mas também não vou defender que você leve um tapa do lado esquerdo e, eternamente, vire o outro lado pra ficar inchado igual. Não sou masoquista. Isso pra mim é uma expressão completamente alienada e nós temos que mudar isso! Eu não acredito nessa questão de 'vire a outra face'".

Gegê expõe alguns conflitos vivenciados internamente no MMC, bem como na relação entre os grupos organizados, oferecendo um contraponto à visão idealizada dos movimentos sociais. Trata-se de um movimento popular que, como instituição social, ao mesmo tempo em que reproduz, rompe com alguns modos de funcionar da sociedade, produzindo fissuras e colocando-a em xeque.

A entrevista com Gegê, realizada em novembro e dezembro de 2002 na ocupação da rua do Ouvidor, somou doze horas de gravação, em quatro encontros. Quase não precisamos fazer perguntas, pois ele falou livremente, com tintas épicas, sobre sua história de vida e suas concepções políticas. O material aqui apresentado, portanto, é um recorte do conjunto do depoimento, focalizando a política pública de habitação e as formas de viver. Foi grande o envolvimento dele, não apenas no momento da entrevista, mas também no processo de edição.

Gegê mostrou-se profundo conhecedor dos programas governamentais de habitação, bem como de outras questões ligadas aos direitos sociais, tais como saúde, educação, trabalho, orçamento participativo etc. Compondo um rico painel da área habitacional, ele denuncia tanto a ausência quanto as formas da presença do Estado no momento atual do capitalismo na sociedade brasileira.

Assim, diferentemente das outras entrevistas voltadas para a questão habitacional, que focalizaram pessoas que vivem individualmente a miserável situação de depender de políticas habitacionais, essa foi uma entrevista com um agente político de um movimento urbano que, na sua trajetória, procurou fazer resistência à ordem estabelecida pela macropolítica nacional e internacional, fazendo de sua vida uma batalha não apenas por moradia digna, mas pela dignidade humana.

Lygia de Sousa Viégas
Juliana Breschigliari

Entrevista com um militante do Movimento Popular por Moradia

"Não foi uma vitória, mas foi uma conquista".

Gegê — Quando eu trabalhava na construção civil, fui morar numa favela da Vila Olímpia, bairro de classe média de São Paulo, e logo eu percebi que não tinha organização. O povo ficava um pouco... Um pouco não, ficava muito ao léu. Em muitos dias, faltava água, em outros dias faltava luz, o esgoto a céu aberto. Na verdade, a infra-estrutura era precaríssima. Esgoto, principalmente. Na época do calor, ninguém conseguia viver lá, um mau cheiro horroroso. Eu percebi que não dava pra continuar morando daquele jeito e passei a conversar com algumas pessoas, mas tinha o problema de um grupo de marginais que morava lá e era forte. Eles tinham um poder muito grande sobre as famílias, de dizer o que elas tinham que fazer. E nós, morando dentro da favela, tivemos que mudar o ritmo de vida. Ou o nosso ou o deles. E aí veio a questão... A gente mudou o ritmo da favela. Nos finais de semana, começamos a fazer reuniões. E aí, os bandidos já vieram pra cima. Pra eles foi uma novidade, porque deve ter sido a primeira vez que encontraram alguém que disse o que ia fazer na favela. Era uma favela pequena, mas muito densa. E como a gente era um grupo de cento e poucos homens, eles, que eram de dez a quinze, ficaram meio balançados. Daí começou minha caminhada por moradia. Na favela. Porque eu não tinha expectativa de continuar morando na favela, mas tinha comigo que não dava pra morar daquele jeito...

— *Você foi morar na favela por quê?*

Gegê — Eu fui morar lá porque fui trabalhar numa firma. Quando cheguei em São Paulo, fui morar com uns parentes na 3ª Divisão[1], muito longe e um lugar muito perigoso. E aí, vivia viajando muito pela firma, mudando de lugar em lugar, não existia razão pra ter uma casa fixa, pagando aluguel alto, sem usar. Eu também cheguei a ajudar no aluguel de um apartamento com um dos meus colegas na avenida Paulista, mas não tinha responsabilidade. Se eu ia lá, ajudava, se não ia...

---

[1] Bairro periférico, bastante distante da região central, quase fora da cidade de São Paulo, situado na zona leste.

Quando eu saí da firma, fui morar em cortiço, na Lapa. Mas morei lá seis meses, no máximo. Aí fui morar num apartamento na Amaral Gurgel. Na "boca do luxo", como dizia o povo. Era uma barra pesada danada! Tinha dia que não dormia direito. Sexta, sábado e domingo, pra mim era uma tristeza, porque não dava pra ficar em casa com a festividade do pessoal a noite toda. Era difícil passar uma noite sem assistir, pelo menos, 15 brigas. Nesse período, fiquei afastado da luta por moradia.

Aí, morei num cortiço na avenida do Estado com a João Teodoro. O cortiço tinha de tudo. O que você quisesse, encontrava ali. O homossexual travesti, a mulher prostituta, lésbica, drogueiro, drogado... Agora, eu era muito respeitado lá dentro. Sempre, onde eu morei, não me impus, mas consegui ter esse respeito.

Aí, nós fizemos uma batalha ferrenha por conta dos valores da água, luz e IPTU, que eram muito altos. O intermediário ou o dono do cortiço cobrava o que queria da água e da luz, quer dizer... Às vezes até mais alto que o pagamento de aluguel. O meu aluguel era no valor de 150 mil cruzeiros. E tinha mês que pagava 175 mil de água, luz e IPTU, ou seja, pagava 325 mil no total.

Quando a Luiza Erundina assumiu a Prefeitura de São Paulo, nós fizemos uma luta grande. Além do nosso pessoal do Centro, tinha várias outras pequenas lutas: Luz, Pari, Canindé, Ponte Pequena, Bom Retiro, Armênia, um pouco da Liberdade[2], e catadores de papelão. A gente criou nove pequenos grupos que se reuniam duas vezes por mês no bairro, e a cada três meses, em assembléia geral. E o movimento começou a ter a perspectiva de trilhar um caminho próprio, que era lutar pra que as altas taxas sociais [água, luz e IPTU] baixassem. A gente punha um cartaz nos cortiços e dizia quais os direitos, deveres, obrigações dos caras, de entregar a conta de luz ou tirar uma cópia e afixar na parede para os moradores lerem. Foi uma conquista. Não foi uma vitória, mas foi uma conquista... Pra vocês terem uma idéia, a diferença foi assim: estava pagando 175 mil cruzeiros num mês, no outro mês, paguei 7500.

Mas como vieram as taxas sociais baixas, os caras começaram a abusar no aluguel. O aluguel que aparentemente estava baixo, 150 mil, logo de cara foi pra 700, 800 mil. Quer dizer, poucas pessoas tinham condições de pagar. Com esse aumento dos aluguéis, nós começamos a perceber a importância de lutar por moradia própria. Aí, já vieram as conversas mais aprofundadas com o governo da Luiza Erundina. Tivemos sérias brigas porque, já naquela época, defendíamos a reforma de prédios. Eles diziam que era impossível, a gente dizia que era possível e mostrava, porque quando a gente mora em cortiço, faz melhorias, mesmo sem ter autorização do dono. Essa foi uma guerra...

Pra que acontecesse a compra dos primeiros cortiços, na Madre de Deus e na Celso Garcia[3], nós fomos obrigados a ocupar a Secretaria de Habitação, o que, pra muita gente, foi um descalabro! Depois a Erundina falou: "Está certo, vocês têm que fazer, é a luta de vocês, não pode parar, a luta é isso mesmo". E só com a ocupação é que foram compradas essas duas áreas, sendo que a Celso Garcia até hoje não terminou a obra,

---

[2] Bairros da cidade de São Paulo, alguns próximos à região central.
[3] Ruas do centro da cidade de São Paulo.

porque a administração se perdeu. Veio o governo Maluf, Celso Pitta, pararam todas as obras... As pessoas perderam o equilíbrio emocional do que queriam e do que não queriam, e isso prejudica. Uma obra que era pra terminar em dois anos, no máximo, vai fazendo na base do conta-gotas...

Terminou o governo da Erundina com umas áreas compradas e várias com Decreto de Interesse Social. O Maluf, ao final do seu governo, devolveu as principais áreas da região central para os antigos proprietários. E já tinha uma parte do dinheiro público... No início do governo Maluf, no dia 1º de Abril, fizemos um ato, e depois um acampamento de três dias em frente à prefeitura... Não era só o MMC, foi a União dos Movimentos de Moradia. O pessoal mais à esquerda propôs continuar no acampamento. E perdemos... Aí saímos, cada um pras suas casas, e ficamos quatro anos sem nada... Só com pequenas lutas...

— *Houve uma desestabilização do movimento nesse período?*

Gegê — Desestabilizou as organizações do movimento. Mais lá atrás, a gente tinha criado a Unificação de Lutas dos Cortiços — ULC. A ULC foi criada no dia 15 de junho de 1991, um sábado à tarde, na rua do Carmo. Lá tem um imóvel que foi comprado pela Prefeitura pra reformar e o pessoal morar. Também foi comprada, no governo da Luiza, a Vilinha 25 de Janeiro, e a Prefeitura vai retomar a obra. Já puseram até placa.

Fui coordenador político da ULC por dois mandatos de dois anos cada. No final do segundo mandato, as coisas estavam muito ruins politicamente. Nós, do Movimento de Moradia do Centro, defendíamos a luta mais avançada, como a ocupação da CDHU[4], fazer atos de massa na Secretaria de Habitação do Estado, mas nada disso aconteceu. Eu defendi que a gente saísse da ULC. Fizemos uma assembléia e nos desfiliamos da ULC. A partir daí, o Movimento de Moradia do Centro passou a ser mais conhecido e caminhar com suas próprias pernas.

— *Isso foi quando?*

Gegê — Em agosto de 1997. Nós fizemos uma grande ocupação com a ULC. Foi a ocupação de um imóvel da Secretaria da Fazenda na rua do Carmo, esquina com a rua das Flores.

---

[4] Companhia de Desenvolvimento Habitacional e Urbano.

A ocupação na rua do Carmo

"Aquela filona imensa..."

Gegê — 1150 pessoas se concentraram numa escola de freiras... E esperando chegar mais gente... As freiras do colégio viram aquela montoeira de gente e perguntaram o que era aquilo, aí um companheiro falou que ia ser ocupação. As freiras expulsaram a gente de lá na hora. Mil e tantas pessoas. Nem deixaram o pessoal do último ônibus entrar... Devia ser umas 11 horas da noite, saímos... Aquela filona imensa... Quando chegamos ao local do prédio que estávamos ocupando, ainda tinha gente no colégio, aquela filona imensa... E aí, metemos o pé-de-cabra e entramos. O pessoal foi entrando e chegando, e entra, e entra, e entra... Ficamos 53 dias nessa ocupação.

Um dia, eles decidiram despejar a gente. A Polícia Militar montou um aparato muito pesado e nós chamamos toda a imprensa de São Paulo. Qualquer veículo de imprensa de São Paulo que você imaginasse, tinha ali. E aí, sai, não sai, entra, não entra...

O governo fez uma proposta de um local no Brás, o pessoal foi ver e era um albergue. Aí o major falou: "Não tem jeito. Pra lá eu não vou dar cobertura pra tirar". E os caminhões de mudança todos parados...

Tiramos uma comissão pra conversar com o juiz e mostrar que a gente tinha boa vontade, mas o que eles estavam oferecendo não tinha condições. Tocou o meu celular, era o juiz: "Seu Gegê, eu queria que o senhor viesse até aqui... Pode pegar o carro da polícia". Eu falei: "Não senhor! Não vou de carro de polícia". E fui de táxi. Cheguei e o juiz perguntou: "Qual é a idéia?". "A idéia é a gente não ver aquelas famílias irem pra rua, morar de baixo da ponte. Se o senhor, enquanto autoridade, não está vendo que a cada dia que passa aumenta o número de pessoas debaixo das pontes, eu, enquanto ser humano, estou". E ele respondeu: "Você tem razão. É muita gente perambulando pelas ruas da cidade... Se o governo oferecer um local, mesmo que não seja na região central, vocês aceitam?". "Não basta só eu aceitar. A minha idéia não é a que prevaleça". "Certo. Vamos fazer o seguinte: vou ligar para o governador Mário Covas e dizer pra ele que só tiro as famílias de lá se ele oferecer uma alternativa. Você desce e fica junto com o povo".

Meia hora depois, toca o celular, era o juiz: "Tem um colégio na Vila Talarico que o governador disse que dá pra ficar uns dias, provisoriamente, até que ele criasse condições dessas famílias irem pra outro local. Tudo bem". "Tudo bem, agora, eu tenho que conversar com a coordenação, e fazer assembléia, pra poder, definitivamente, dizer ao senhor o que é. Tudo bem?" Ele falou: "Mas eu quero que saia hoje". Eu falei: "Você queria, de manhã, que saísse hoje, doutor. Já são duas horas [da tarde], nós temos que destacar uma equipe pra ir lá, ver a área, porque de repente a gente chega lá e não tem a menor condição de nos alojarmos, daí temos que voltar a pé para o centro da cidade e vai criar mais problema... E aí é o seu nome que vai ter que responder por isso tudo..." Ele falou: "Não tinha pensado nisso, mas você tem razão". Então, tiramos uma equipe que foi ver o local... Voltaram, era quase quatro horas.

E aí teve uma reunião da coordenação, todos decidimos defender, na Assembléia, a retirada, mas só no outro dia cedo. A assembléia lotada, quinhentas e tantas pessoas dentro do prédio. Passou a proposta por unanimidade... Nem os que defenderam contra votaram na proposta de não sair... Teve família que já pegou as coisas, jogou em cima do caminhão e foi à noite mesmo, pra Vila Talarico. No outro dia cedo, a gente levou todas as famílias pra lá, sem Polícia Militar, sem oficial de justiça, sem nada...

E aí, no final de 1997, a gente estava fora da ULC. Uma hora a gente falava enquanto ULC, outra hora falava enquanto Movimento de Moradia do Centro. E daí decidimos fazer outra ocupação, porque o governador disse que em cinco dias resolvia o problema do pessoal da rua do Carmo. ... Agosto, setembro, outubro, novembro, dezembro, e nada!

A ocupação da rua do Ouvidor

"E nós estamos lá até hoje".

Gegê — Fizemos outra ocupação em um prédio público: a Secretaria de Cultura do Governo do Estado. Aí, eu e outros dois companheiros ficamos responsáveis pela escolha do prédio a ser ocupado. Eu já tinha visto o prédio da rua do Ouvidor muito antes da gente ocupar o imóvel da rua do Carmo.

A concentração geral da ocupação da rua do Ouvidor foi na Igreja de São Francisco. Nós chegamos no prédio, uma companheira falou: "Mas Gegê, você é louco, tem um cara aí dentro." "Não tem problema. A gente ocupa com o cara dentro mesmo".

À noite várias concentrações se dirigiram pra Igreja de São Francisco, e eu fiquei na concentração da Ponte Pequena, e vim com o último pessoal. Viemos de metrô, porque a gente não alugou ônibus. Umas 40, 50 pessoas... Fizemos um ato e saímos pra ocupação do prédio. O pessoal, inclusive a coordenação, muito apreensivo: "Não vai dar certo...". Então, dobramos a esquina da rua do prédio, aquele monte de gente e eu na frente. Aí eu vi o vigia do prédio no começo da passarela tomando cachaça: "Pessoal, é aqui". Pé-de-cabra, chave de fenda.

Quando estava terminando de abrir, o segurança do prédio chegou: "O que é isso?". E partiu pra cima de mim. Eu sei que o pessoal catou ele pelo meio... Eu falei: "Não machuca que ele é um trabalhador... Isso é uma ocupação". "Mas aqui é meu!" — "É seu? Aqui é um prédio público do governo do Estado e nós vamos ocupar!" — "Não vão, só se passarem por cima de mim." Aí, o pessoal, umas 650 pessoas, afastou ele pra trás e levantava... E ele tentando me acertar com os pés... Seguraram ele um pouco, o pessoal terminou de entrar, e ele valente que só a peste. Soltaram, ele ficou ameaçando, e eu disse: "Eu vou te orientar. Pegue um cartão telefônico, vá ao telefone da esquina, ligue pra firma onde você trabalha e diga que o prédio que você estava vigiando foi ocupado!"

Meia hora depois, chegou a polícia e em dez, quinze minutos, chegaram os caras da firma, que nem desceram, ficaram na esquina conversando com a polícia. Aí fui conversar com a polícia, que me falou: "Aqui eu não posso fazer nada. Vou embora". E nós estamos lá até hoje. No dia 12 de dezembro de 2002 fez cinco anos que estamos no prédio da rua do Ouvidor. Teve até uma festa... É uma forma de ganhar força no movimento. Uma data como essa é pra comemorar junto com as famílias. Algumas ainda são oriundas do dia da ocupação, outras não. É contando o que houve pra outras pessoas que elas podem chegar, entrar e ter onde morar.

Inclusive, quando nós decidimos que bêbados, armas e drogas não entravam no prédio, não foi algo assim: "a coordenação disse e acabou-se". Tudo o que nós fizemos durante esses cinco anos passou pelas assembléias. Nos primeiros 12 meses, o pessoal não cozinhava nos seus espaços físicos: era cozinha coletiva. E eu posso dizer pra vocês que quando a cozinha passou a ser individual, teve uma mudança. O coletivo diminuiu muito... E de lá pra cá, a tendência foi só piorar... Essa questão da coletividade foi muito importante pra gente estar lá até hoje.

Um belo dia chegou uma moça, bateu na porta. O porteiro olhou pela janelinha: "O que foi?". Ela falou: "O que foi, não! A senhora, me trate assim: a senhora! Eu quero falar com um tal de Luiz Gonzaga. Eu sou oficial de justiça, vim tirar vocês daqui". O porteiro subiu, me disse e eu falei: "Tudo bem... Fala pra ela que vou terminar de tomar café". "A mulher está brava, meu!" — "Não tem problema. Eu estou tomando café e já vou". Quando desci, atendi do lado de fora. "Abre que eu vou entrar. Eu sou oficial de justiça, está aqui o mandado de despejo." Eu falei: "Você veio comunicar, e não despejar... Do comunicar que tem mandado de despejo para o despejo tem uma distância muito grande". "É, mas quem é você pra me dizer o que eu devo fazer?" — "Eu sou um dos responsáveis por esse prédio." E ela: "Eu posso chamar a polícia e entrar". Eu falei: "Faça! Você por acaso já fez algum despejo na sua vida?". "Uns tantos." — "Você já pisou em sangue alguma vez?" — "Não." — "Então, se prepare..." Ela falou: "A polícia está aí pra isso mesmo". Eu falei: "Pois é, mas vai pisar dos dois lados. Vai pisar em sangue de trabalhador e em sangue de policial, de gente do governo. Quer ver o que eu estou dizendo? Entra".

Aí ela entrou, eu subi bem rápido, direto para o 11º andar, sem parar... E ela corria e parava... "Vamos embora... Eu tenho pressa, tenho um negócio pra fazer daqui a pouco." E ela desesperada! Chegamos no 11º andar, falei: "Daqui pra baixo, está tudo ocupado. Daqui pra cima tem um cara que é zelador". A gente tinha feito assembléia no final de semana, e isso era uma segunda-feira... Tinham pessoas lá, eu falei: "Pessoal... Se vier despejo aqui, nós vamos pra onde?". Aí, uma mulher: "Daqui, só para o cemitério...". A oficial olhou pra mim, olhou pra mulher: "Chega, está bom". Descemos para o outro andar, uma senhora: "Se vier um despejo aqui, nós vamos nadar em sangue...". A oficial perguntou: "Essas pessoas são orientadas pra falar isso?". Eu falei: "Não, você escolhe. A próxima pessoa que você encontrar...". Chegamos no sétimo andar, ia subindo um cara: "Se vier um despejo, o senhor pretende ir pra onde?". "Para o cemitério." Deu as costas e foi subindo... Chegou na portaria, ela falou: "Está meio difícil, né?". "Não está difícil, não. É só você falar para o juiz falar para o governo do

Estado arrumar um lugar pra pôr esse pessoal que a gente sai numa boa. Não precisa nem você estar junto".

Aí, ela fez o relatoriozinho dela e a advogada do Movimento foi olhar: tinha muitas famílias, estava muito organizado, o povo não saía por nada e era importante o juiz negociar com o governo do Estado pra arrumar um espaço bom pra pôr as famílias. O juiz já tinha se posicionado que não ia despejar, era problema do Estado.

Um belo dia, outra coordenadora ligou pra mim: "Tem um major da Polícia Militar que quer entrar no prédio". "Está com ordem de despejo?" — "Não". — "Então, deixa do lado de fora." Chovendo... Choveu a tarde inteirinha e o major lá fora... Cheguei à noite, fui conversar com ele na chuva... Ele: "Vamos entrar". Eu disse: "Não. Vamos conversar aqui mesmo! Aí dentro não entra polícia!". "E por quê?" — "Porque não entra polícia, assim como não entra droga, arma e bebida alcoólica!"

Conversa vai, conversa vem, eu falei: "Pode entrar até aqui embaixo". Aí ele foi subindo, e eu disse: "Não! Daqui pra baixo". "Não, mas eu quero ver..." — "Não! Você quer montar a sua estratégia de como entrar no dia do despejo. Mas você não vai! Daqui pra frente, você não dá mais um passo!" Cheio de gente! Abafado, aquele calorão danado... "No dia 26 de abril de 1998, vamos tirar vocês daqui!" — "Vocês arrumam um lugar pra gente ir que está tudo bem. Se vocês criarem condições, nós vamos sair daqui..."

Eu sei que esse major veio mais umas duas vezes aqui. Um cara até bom de dialogar, sensível, passível de compreender a nossa situação. E ele dizia: "Eu vou tirar vocês pra pôr onde? Eu não tenho o que fazer, eu não posso fazer isso... Veja se vocês conversam com o Estado, se vocês arrumam um outro canto". Chegou o dia do despejo e não nos despejaram. Eu sei que completou cinco anos que nós estamos na rua do Ouvidor, ocupando o prédio da Secretaria de Cultura do Estado...[5]

A ocupação da rua Floriano Peixoto

"Por conta dessa ocupação, as primeiras famílias do MMC foram morar com dignidade".

Gegê — No dia 27 de setembro de 1998, nós ocupamos o prédio da Caixa Econômica Federal na rua Floriano Peixoto, esquina com a rua Roberto Simonsen... Por conta dessa ocupação, as primeiras famílias do Movimento de Moradia do Centro foram morar com dignidade, entre aspas, na rua Fernão Sales, 24.

Quando ocupamos, eles tentaram despejar a gente. Apareceram duas oficiais de justiça e um advogado da Caixa Econômica, que nos disse: "Qual é o objetivo de vocês?". "O objetivo é morar aí. O governo não abandona mesmo?" — "Mas isso é da Caixa Econômica." — "Não tem problema, a Caixa Econômica é do governo! E nós

---

[5] Cabe relatar que a ocupação da rua de Ouvidor foi despejada a partir de maio de 2005, com a promessa de ingresso de seus moradores em programas públicos habitacionais.

não vamos sair!" As oficiais de justiça iam endurecer, mas o advogado: "Não é bem assim, doutoras. Vamos conversar direito com o povo. Afinal de contas, eles são seres humanos como nós. E não têm culpa se não têm onde morar". E as oficiais de justiça começaram a ameaçar... Eu disse: "Se vocês estão achando que vão tirar, chamem a polícia! Tem celular, orelhão, liguem! E eu vou buscar reforço". Aí, liguei na rua do Ouvidor, liguei pra nossa advogada, já encheu de gente, aí elas ficaram assustadas...

E aí, a gente ficou lá até sair a negociação do prédio da Fernão Sales. Não é a alternativa que nós avaliamos como melhor, mas é uma perspectiva pra quem tem uma renda em torno de quatro a seis salários mínimos... Pode perguntar pras famílias que moram lá hoje: "Vocês querem voltar pra a ocupação ou pra um cortiço?". Elas vão dizer: "jamais!"

A ocupação da rua Líbero Badaró

"E a gente resistindo, resistindo, resistindo..."

Gegê — No dia 13 de agosto de 1999, nós ocupamos o prédio do Banco Nacional na rua Líbero Badaró, número 89, foi um marco para o MMC, um marco de resistência.

— Por quê?

Gegê — No dia da ocupação... Pela primeira vez, a gente teve enfrentamento com a polícia. Tinha um aspirante da Polícia Militar que estava estudando pra ser tenente, ele ficou muito bravo quando nós ocupamos o prédio da Caixa Econômica. Ele queria, a qualquer custo, nos despejar de lá, e nós fomos obrigados a resistir até a vitória. Ele mandava: "Vai descer todo mundo!". Ele encostando uma arma na minha cabeça... E eu encostei uma chave de fenda na barriga dele e falei: "Olha, pessoal, aqui quem manda somos nós, não é nenhum homem fardado. Senta todo mundo!". E logo estava todo mundo sentado naquele chão imundo. E ele com arma na minha cabeça, um cara com arma do outro lado: "Você não vai mandar o pessoal descer?". Eu falei: "Problema seu! Dispara!". Aí, o aspirante a tenente falou: "Vamos descer pra conversar!". Eu falei: "Descemos eu e você, o seu povo desce e o meu povo fica". Aí descemos... Na rua, ele falou: "Pô, bicho, você vai me desmoralizar desse jeito!". Daí: "Não sai?". "Não saio..." E ele com a arma e um saco de bomba de gás lacrimogêneo.

Na ocupação da Líbero Badaró, ele já chegou irado, jogando bomba dentro do prédio: "É o pessoal do Gegê, então vou massacrar". Enquanto isso, estava quase todo mundo da coordenação na delegacia, porque eu fui obrigado a ir para o 1º DP e o pessoal da coordenação saiu correndo atrás pensando que eu estava indo preso, em vez de terem ficado ajudando na organização...

Chegamos lá, o delegado falou: "Esse negócio de invasão de prédio não é comigo". Catei o celular e liguei para o deputado estadual e advogado Paulo Teixeira, que disse: "Deixa eu falar com o delegado". Aí, não sei o que eles falaram: "Não, Paulo, tudo bem, eu vou mandar eles embora! Fica tranqüilo!". Aí, me deu o celular, o Paulo falou: "Ele vai te mandar embora". Eu falei: "Tudo bem, Paulinho. Mas só uma coisa: eu não vim parar aqui a pé, eu vim de carro". Quando o delegado falou: "Pode ir embora", eu falei: "Não, doutor. Quem me trouxe tem que me levar de volta". Aí, eu entrei no banco traseiro do carro da polícia, abri um jornal e fiquei lendo, no escuro... Só pra fazer raiva... Pararam na porta do prédio ocupado, foi uma festa danada que o pessoal fez. Os policiais ficaram muito enfurecidos! Aí, a essa altura, nossa advogada, Dra. Michael, já estava lá... Sempre, nas horas mais difíceis, ela chega! É uma grande mulher!

Eu sei que nós ficamos até o dia 27 de janeiro de 2000 no prédio, quando fomos despejados. Nesse dia, quem passasse na rua Líbero Badaró achava que estava havendo o começo de uma guerra! Todo tipo de polícia estava lá. Tinha corpo de bombeiro, ROTA, Ronda, tudo! Cachorro, cavalaria, tudo de prontidão, loucos pra nos despejar...

No dia 26, nós havíamos feito uma assembléia à noite, se saía ou não no outro dia cedo. O pessoal decidiu não sair. Nós já tínhamos preparado, uns 15 dias antes, uma baita barricada. Quando foi dia 27, seis da manhã, enchemos de madeira, de tudo. A gente tinha achado uma porta de cofre de banco, grossa... Pra trazer aquela porta foram oito homens. Pusemos ela de pé, equilibrada pra segurar o impacto de bala, do que viesse... E escoramos: madeira, madeira, madeira! Do pé da porta até o primeiro andar! Não tinha como os caras entrarem!

Quando deu sete horas, que começaram as negociações, empurra-empurra lá embaixo, nós lá em cima, olhando das janelas... Umas oito e meia, chegou o Paulo Teixeira, o padre Vidal, oficiais de justiça... "Não tem jeito de abrir a porta pra subir?" — "Não!"

A gente tinha combinado com a outra parte da coordenação que estava lá fora: se precisasse, eles punham uma escada, a gente descia outra, ficava uma na altura da outra, daí as pessoas passavam de uma escada pra outra... Mas era só pra nós... Aí subiu o padre Vidal, o Paulo Teixeira, o Raimundo Bonfim, um cara da Vara da Família, da Criança e Adolescente e duas jornalistas também... Aí, o capitão que estava lá... Esse, eu acho que me odeia... Ele vai pras ocupações de outros movimentos e diz para os policiais: "Se o Gegê aparecer, é pra prender!" E aí nesse dia, ele deu uma cotovelada no coordenador que estava com a escada e tentou subir. Quando ele chegou no meio da escada de baixo, nós subimos a escada de cima. Ele ficou uma fera! E muito empurra-empurra e tal. Lá em cima, muita gente, criança, idosos, homens e mulheres dispostos a qualquer coisa... Algumas pessoas do Movimento foram atrás das negociações.

Aí, os policiais chamaram o bombeiro. Os caras estavam furiosos, meteram a picareta na porta e começaram a atirar bala de borracha em quem estava lá em cima... Até então, a gente via que era bala de borracha! Prenderam e bateram em gente lá embaixo... E nós lá em cima. Eles tentando subir e a gente com a mangueira de água neles. Aí, começaram a jogar bomba de gás, e a gente resistindo, resistindo, resistindo... Eu sei que quando foi umas dez horas e pouco, eles conseguiram entrar no prédio, aí eu falei pra o pessoal: "Sobe todo mundo para o terceiro andar!". Eu fui um dos últimos.

Os caras acertaram nas minhas costas uns cinco ou seis tiros de bala de borracha. Só que eu estava fazendo uma armadilha para eles. Foi quando vi que o cara deu um tiro que pegou na madeira e jogou um pedaço fora. Falei: "Agora, o bicho é pra valer, mesmo! Agora ficou sério". Aí, joguei aquela madeirona grossa em cima do policial, que se esborrachou escada abaixo... E subi, fui pra onde estava todo mundo.

Quando os policiais chegaram, estavam babando como cachorro doido! Doido pra morder! Só que a gente tinha combinado outro negócio... Da porta pra dentro, só nós... O local já estava cheio de água, os colchões estavam todos molhados... E a gente lá... E eles de arma, apontando e procurando: "Cadê o Gegê?". Tinha gente em cima das janelas, em pé, com as crianças no braço, quase dependuradas pra fora, pra não pegar gás lacrimogêneo.

Aí, sentei lá num canto onde eles não me viam e fiquei negociando pelo celular. Liguei pra um monte de gente e nada de negociação. E fomos enrolando... Ficamos até umas 14 horas... Chegou uma hora que liguei para o Luiz Eduardo Greenhalgh, que me falou: "Eu vou conversar com o juiz, pois chegou no limite". Aí, o juiz falou pra ele: "Vou ligar para o governador Covas". O governador falou: "Não converso com invasor!". E o juiz respondeu: "Eu não vou autorizar a polícia a entrar". "Eu estou sabendo que a polícia já entrou..." — "A polícia entrou, mas o pessoal está lá dentro e não vou autorizar a tirar." E foi: tira, não tira, tira, não tira... O governador dava uma ordem pra polícia, o juiz dava outra para o oficial de justiça. (...) Pelo governador, eles tinham tirado a gente às três horas da tarde.

E tinha uma comissão tentando falar com o governador, comissão negociando com a Secretaria de Habitação ou CDHU, tinha gente pra tudo quanto era lado. E nós lá dentro... Uma equipe disposta ao que desse ou viesse. Todo mundo com pano molhado com urina ou com leite amarrado no rosto, que aí o cheiro da bomba de gás diminui muito... E aí, às quatro horas, Luiz Eduardo ligou pra mim: "Gegê, o governador está oferecendo uma área". Foi alguém ver se a área era boa, estava razoável, poderia não ser o que queríamos, mas o principal era o gostinho de impor uma derrota ao projeto neoliberal... Aí, o acordo final com o juiz foi: "Não sairmos hoje, a qualquer custo, como queria a polícia militar. A polícia desce e a gente vai fazer uma assembléia com todo mundo na rua, mas o prédio é nosso". Eu sei que combinamos com o juiz que, quando fosse 16:55h a gente descia. E a polícia também. Ficou toda polícia de um lado, nas escadas, e a gente descia pelo outro. E o comandante de despejos lá embaixo. E aí, desci na frente, puxando a fila dos ocupantes, Raimundo Bonfim de um lado, uma menina de 1.90m do outro, a dra. Michael, advogada do Movimento, na minha frente, um monte de gente por trás e as crianças pulando por cima de mim.

Quando a gente chegou lá embaixo, o capitão ou o major, não me lembro qual dos dois, com o dedo em riste, batendo no meu rosto. Ele tentou me parar com o dedo e eu fui. Aí, ele sentiu que não tinha jeito e falou: "Hoje eu não prendo você, mas na próxima vez que eu te encontrar na rua, de qualquer jeito eu te prendo, seu filho da mãe!". Quando as últimas pessoas desceram, ele tentando se apoderar do prédio, já pôs o pessoal em prontidão na porta. Aí, tocou o meu celular, era o Luiz: "Vocês vão fazer o quê?". "Nós vamos fazer uma assembléia, mas antes vamos cantar o Hino Nacional, e eu quero fazer um pedido: pra você falar com o juiz pra ele falar para o capitão sair. Aí o juiz me falou: "Ele vai retirar". Quando eu olhei, o capitão já estava com a polícia toda de prontidão. Polícia que não acabava mais... Aí, nós começamos a cantar o Hino Nacional... Obrigatoriamente, eles tinham que ficar em posição de sentido. Ficaram lá parados, e nós cantando... Quando terminamos, ele deu voz de comando: "Em frente!".

E os policiais: tra, tra, tra, saíram andando... E o nosso pessoal: "Eh!". "Ei". "Filho da mãe...", "Ih". Nossa Senhora! Mas aquele cara saiu dali muito irado! Gente! Eu falei: "Esse cara, no dia que me pegar, vai me matar. Não tem jeito".

E nós ficamos lá... Todo mundo entrou no prédio... Os caras da Eletropaulo tinham cortado a luz. Não tem problema, compramos vela. Ah, o acordo com o juiz também tinha outra coisa: no outro dia cedo, nenhum policial na porta do prédio na hora de tirar o povo: "Nós entramos sem polícia, vamos sair sem polícia". Passamos a noite lá.

No outro dia cedo, fomos pra o Ipiranga. Os caminhões carregados... Quando chegamos no terreno, nos deu um desânimo danado... Um matagal que não acabava mais, e nós cortando mato para o pessoal poder entrar, quando o ônibus chegasse. Eu sei que foi uma dificuldade, mas o pessoal entrou... Aprovou o terreno no dia 28 de janeiro de 2000. Agora completam três anos que estamos lá. E o Mário Covas morreu e não fez coisa nenhuma! E agora eu tive uma notícia triste: a fábrica que tinha ali contaminou a área. Parece que tem problema de benzeno, coisas brabas. Então as famílias que estão lá estão correndo sério risco de contaminação. A Prefeitura nem está querendo investir! Essa contaminação pode tanto diminuir como avançar. Então, não tem muita vantagem em investir. E aí, temos que ver o que vai acontecer.

Mas, o que eu posso dizer é que esse Movimento tem uma certa história...

— *E da fundação do Movimento pra cá, quantas ocupações?*

Gegê — Houve muitas ocupações, que eram aquelas pequenas, de casas.

A ocupação dos prédios da Fepasa e na Baixada do Glicério

"O governo escorregou e não cumpriu com o que foi prometido".

Gegê — Nós fizemos uma ocupação dos prédios da CDHU, ali na Fepasa, Pari, Canindé... que a gente chama "Os prédios da Fepasa", que foram construídos sem nenhum debate com os movimentos. E, aparentemente, tinha pintado uma negociação séria. Mas essa negociação não deu em nada! O governo escorregou e não cumpriu com o que foi prometido. Esses dois prédios da Fepasa, três movimentos ocuparam, como forma de represália: a ULC, o MSTC [Movimento dos Sem-Teto do Centro] e o MMC. Foi no dia 20 de julho de 2001. Nós ocupamos na sexta-feira à noite, quando foi no sábado, dez horas da manhã, a Tropa de Choque estava lá pra tirar a gente. E o advogado e deputado Luiz Eduardo Greenhalgh, que é nosso santo protetor, estava numa reunião em Campinas, e ele falou: "Gegê, vai segurando aí que eu vou terminar a minha falação e saio daqui". Isso era por volta das dez e meia.

E tenta negociar, e vai pra lá, e vem pra cá, e não tem negociação, e não deixava mais entrar alimentação no prédio. Mais dez minutos, e mais 15... E não tinha jeito. Apareceram uns caras da CDHU que também não negociavam, não faziam nada. E o major que estava comandando o despejo era um cara com mais ou menos dois metros de altura, devia ter um metro de largura. Tinha que ficar empinado pra poder olhar pra ele. E ele numa arrogância danada. Quando deu uma certa hora, ele falou: "Não vou mais esperar nada! A CDHU disse que não vai negociar, não tem mais nada pra falar com vocês, então vou entrar agora!". A Tropa de Choque estava a uns 150 metros. Ele foi lá, pôs a Tropa de Choque em prontidão, eu liguei para o advogado Luiz, que me falou: "Estou na Marginal". Eu falei: "Você vai chegar na hora da pancadaria". Todo mundo de prontidão... E a polícia vindo... Os cassetetes batendo nos escudos, tra, tra, tra... Isso dá uma vontade de estrangular os caras, bicho! Dá ódio mortal... E lá vem os caras... tra, tra...

Quando eles chegaram na esquina da rua Canindé, que eu olhei para o meu lado esquerdo, vi um carro entrando no meio: "Deve ser o Dr. Luiz". Eles chegaram no meio da rua, o carro parou! O Luiz já desceu com a carteirinha na mão... Mas com a mão pra cima, pra ficar na altura do rosto do cara. E o cara ainda tinha que se abaixar... Eu sei que o deputado Luiz Eduardo parou a polícia... O Luiz ligou na casa do presidente da CDHU: "Vou com a comissão pra CDHU". E uma comissão de seis pessoas foi pra lá. Eu fiquei no prédio com o povão. Eu sei que eles chegaram quase às cinco da tarde, com um monte de proposta boa, bonita e negociável... Fizemos uma assembléia, o povo delirou, adorou. Negociação posta no papel, só que, como sempre, eles não cumpriram. Esse major me olha como o cão olha pra cruz...

— *O Estado não cumpriu o combinado? E vocês recorreram?*

Gegê — Não cumpriu com o que negociou... E nós tentamos todos os meios, os caras ficam enrolando: "Vamos fazer", "Estamos fazendo", e não fazem!

— *Então, pôr no papel, pra vocês...*

Gegê — Só é pôr no papel, e na hora... Tudo é a mesma coisa! Agora, no começo desse mandato, estamos pensando em solicitar uma audiência com o presidente da CDHU e pôr ele na parede: "A gente tem por escrito, foi combinado..."

— *A CDHU tem dinheiro em caixa?*

Gegê — Pois é! E sempre sobra uma fortuna. O problema é que não tem interesse político por parte do governo estadual. Essa é a verdade!

Quando foi 1º de novembro de 2001, nós ocupamos o prédio do INSS, na Baixada do Glicério. Nós fizemos uma conversa com uma funcionária do INSS, que dizia: "O INSS vai atendê-los". E não nos atendeu! Mas essa ocupação também foi muito bonita, porque o pessoal dos outros movimentos apoiou a gente. Quando eles chegaram, pra ficar junto com a gente, a polícia ficou perdida. O pessoal caminhando pelas ruas sem dizer pra onde ia e a polícia tentando acompanhar... Quando a polícia descobriu, eles já tinham chegado no local da ocupação. Aí, a polícia não podia fazer mais nada! A gente ficou negociando: o INSS nos atenderia no começo do ano de 2002 pra negociar e até hoje não teve nenhuma negociação. Não conseguimos avançar. Problema do governo federal, na gestão Fernando Henrique Cardoso, que nos oito anos de governo, soube muito bem nos enrolar...

Mas eu posso dizer que nós, enquanto Movimento de Moradia do Centro nessa nossa caminhada, já tivemos muitos momentos difíceis também. É, tivemos momentos difíceis...

Uma noite de ocupações na cidade de São Paulo

"A ordem é não deixar eles ocuparem!"

Gegê — Decidimos fazer uma ocupação em 2002, quando teve aquele monte de ocupação numa noite. A partir das 17 horas, o prédio da rua do Ouvidor já estava sendo vigiado pela polícia e a partir das 19 horas, a polícia já estava cercando a rua Rodolfo Miranda, local onde a coordenação do MMC se reúne e nesta noite parte do nosso povo se concentraria. Quando deu 22 horas, fui lá. Eu contei, não pedi pra ninguém fazer: tinha 12 camburões da Rota! Oito do Choque e 12 outros carros da Polícia Militar, só na Rodolfo Miranda! Eles enfileirados na porta do local, não entrava nem saía ninguém.

Aí eu liguei para o Dr. Luiz Eduardo. Logo depois, eu vi o carro dele chegar. Aí, a polícia recuou, mas o major disse pra mim: "Você, Gegê, pensa que eu não sei... Tem gente concentrada em tal e tal lugar". E disse todos os lugares que tinha concentração. "Eles vão ocupar, mas você não! Você não ocupa! Quando você sair, nós sairemos atrás!" E, 23 horas, meia noite... Aí, ele vinha e dizia pra mim o que estava ocorrendo: "Ocuparam em tal lugar. Acabaram de ocupar... Na Zona Sul, Zona Leste, Zona Oeste, no Centro... Mas você não vai ocupar...". E eu pensando...

Entrei onde estava o pessoal e disse: "Vamos fazer a polícia andar atrás de nós?". E a resposta foi uma só: "Vamos". "Todo mundo sai daqui em fila indiana." Tinha umas 500 pessoas ali, estava lotado! Aí saiu um atrás do outro. E a polícia sem saber o que era. E sai carro do Choque pra um lado, Rota para o outro, e corre pra lá, canta pneu pra cá e nós em fila indiana... Pra vocês terem uma idéia: o pessoal ainda estava saindo e já tinha gente na Tiradentes esquina com a João Teodoro. Fila indiana... Aí, fizemos duas filas em cima da calçada, pois ficava mais fácil dobrar pra qualquer lugar. E a polícia achando que a gente estava obedecendo a eles. Todos por cima das calçadas... Chegou uma certa hora, falei: "Me acompanhem pra cá!". Aí, entrei como se fosse no túnel do Tom Jobim e a polícia não entendeu nada! Quando a gente estava quase descendo... "Sobe para o outro lado." E eles atrás... Na hora que a gente estava quase entrando no Túnel Anhangabaú, vira de novo para o outro lado... Polícia passando por cima de tudo com os carros. Por onde a gente passava, eles vinham atrás. Nós cruzamos a avenida Senador Queirós e eles ficaram perdidos, porque ela tem aquele canteiro no meio. Aí, eles tiveram que pegar a contramão pra poder acompanhar a gente. Aí, entramos no meio de uma pracinha, abrimos uma fila de um lado e uma fila do outro. E os carros vindo de frente. Aí, não tinha como os carros da polícia entrarem, eles abandonaram os carros e saíram correndo atrás da gente a pé. Nós fomos sair no prédio que o pessoal de outro movimento tinha ocupado perto do Teatro Municipal[6]. Chegando lá, ligamos para o pessoal na rua do Ouvidor, vieram umas 300 pessoas pra onde estávamos. Fizemos um monte de falação e a polícia lá, de prontidão. Nós saímos e fomos pra rua do Ouvidor.

Quando chegamos, o major estava na porta pra não deixar a gente entrar. O Choque estava todo parado na Rua Riachuelo, esperando a ordem pra entrar em ação. Aí chegou um capitão, até legal: "Mas, Seu Gegê, o senhor criando problema uma hora dessa...". "Não. Aqui é a nossa casa, capitão!" E tinha uma tenentinha: "Não é! Tem que prender esse cara!". Ele dizia: "Não é assim! Pra prender uma pessoa, tem que ter motivo". Eu disse: "Capitão, seus subordinados não lhe atendem?". Deixava ela cada vez mais irritada! Porque subordinado significa que é pequeno.

Chegou uma hora que fizemos um acordo pra provar que o prédio era nosso: "Está vendo essa chave? É da sala da coordenação. Lá tem bandeiras, computador...". Fomos lá, ele olhou, aí pisou nas ferramentas pra abrir portas e portões: o tesourão e um pé-de-cabra grandes, que não podíamos perder, pois são históricos, andando com a gente. Ele chiou: "O que é isso?". "Ferro velho..." E bem rapidamente saí com ele dali. Aí, ele falou: "É, mas não me convence que aqui é de vocês." "Quer ver? No 4º andar tem sala de aula, para o reforço e a alfabetização de adultos." E a tenente: "Tem nada, capitão!". Subimos, meti a chave, abri e acendi as luzes. Ele olhou: "É! Vocês são bem organizados!". E ela: "O senhor vai engolir que é deles?". Eu falei: "Você quer ir mais pra cima, no 7º, 10º, 13º andar, menina?". Não chamava de "tenente", só de "menina". Aí o capitão: "Deixa pra lá, já entendi. É de vocês, sim". E ela: "Não é, capitão". E o capitão: "Vamos descer! Mas vamos fazer um acordo: eu tiro a polícia daqui, mas o pessoal não vai vaiar os nossos homens." "Eu não vou vaiar, agora o povo, eu não sei..." Quando ele desceu e fez sinal pra polícia sair, o pessoal começou a vaiar. O Choque ouviu a gritaria e desceu correndo pra ver. Estavam todos de prontidão... Então, o major: "E aí, capitão?". "Aqui é a casa deles. Tem que deixar eles entrarem." Aí, o major foi embora, muito bravo! E um policial me disse que ele falou: "No dia que vocês descobrirem que o Gegê está ocupando, não precisa falar comigo. Vai lá e desce o cacete. A ordem é não deixar eles ocuparem, porque os outros movimentos não dão problema. O problema é o Gegê".

Políticas públicas em habitação

"Não existem políticas públicas.
Existem programas de governos".

— *Gegê, levando em conta suas experiências na luta por moradia, como você avalia que o poder público, tanto o municipal, como o estadual e a União, têm lidado com a questão das políticas públicas em habitação?*

Gegê — Pois é... A gente vive num país em que, na sua totalidade, não existem políticas públicas. Existem programas de governos. E tem uma grande diferença entre

---
[6] Todas as localidades citadas situam-se na região central da cidade de São Paulo.

políticas públicas e programas. Nas políticas públicas, entra governo e sai governo, e as propostas se mantêm. Nos programas, cada governo vai lá e faz o seu.

E aí, a carência desse país é muito grande, porque nem sempre o que é público é política pública. Pra mim, pra ser política pública, tem que ter, de fato, a participação do povo; tem que ter, no dia-a-dia dessas políticas, o povo em primeiro lugar. E você ouve falar muito em público, mas é público porque é dos governos, é estatal, mas deixa de ser público no momento em que você procura ter a participação popular, porque não existe. Quando você pensa na montagem de um conselho, por exemplo... Normalmente, os conselhos são formados com gente do governo, dos movimentos sociais e populares e a sociedade civil não organizada, entre aspas. Pra mim, tem um buraco grande nessa questão. Hoje eu defendo que a formação de qualquer conselho seja deliberativo e com 50% da sua composição pelos movimentos organizados, 25% pela outra parte da sociedade civil e 25% pelo governo, porque, de qualquer forma, tem a necessidade da presença do governo. Mas normalmente o governo faz um conselho paritário, uma forma que exclui a sociedade civil organizada. Então, já começa errado na montagem dos conselhos. E quando eles dizem que tem a participação popular, é uma participação tão minúscula que, muitas vezes, não consegue nem aparecer, quanto mais dar a tônica do que é a necessidade maior. (...).

Com relação ao poder público, hoje em si ele está muito detonado, porque não tem como fazer uma política... pública com a ausência do povo. Em qualquer governo, por mais que se tente democratizar, vai sobrar a questão de não ter governabilidade, com o respeito do povo, que está sempre ausente. A estrutura pra se governar é montada, ao meu ver, de uma forma que exclui a possibilidade de interferência de fora. Quer dizer, se for um governo de direita, governa como quer, nas formas e nos métodos dele. Se for um governo de esquerda, entre aspas, do mesmo jeito. Ele puxa pra o lado esquerdo... e vai governar ou fazer de conta que está governando!

> *"A Caixa está investindo porque é um banco, tem lucro de volta".*

Gegê — A relação do poder público com os movimentos muda de governo pra governo. O governo Maluf não tinha nenhuma diferença do governo Celso Pitta. Agora, o Pitta percebeu, logo no início, que pra ele terminar os quatro anos de mandato, precisava ter uma relação, entre aspas, com os movimentos populares, principalmente com os movimentos da região central. Aí, ele governou quatro anos. Se ele tivesse se fechado, como o Maluf, que a política era a mesma, ele não teria chegado ao segundo ano de mandato! Essa cidade virava um pandemônio, pegava fogo! E, possivelmente, o governo iria viver pelo menos de dois a três anos de difíceis relações com os movimentos populares e a sociedade civil, porque ia ser briga direto! O que ele fez? Chamou os movimentos pra conversar e ficou quatro anos enrolando.

Conversa vai, conversa vem, sem a gente ver que nada avançava, mas a oportunidade do enfrentamento não surgia. Porque o tempo todo, não faltavam conversas. Se você quisesse falar com o secretariado e até mesmo com o próprio prefeito, estava aberto! Não tinha problemas. Diferente do Maluf, nessa metodologia de governar. O Maluf se fechou e arrochou, "desceu o cacete" nos movimentos. O Pitta arrochou, mas deixou o veículo de diálogo. Eu participei de umas 50 reuniões com o secretário de Habitação, pessoalmente! Se a gente comparar, nesses dois anos de governo Marta, nós falamos muito menos com o secretário Paulo Teixeira do que nos dois primeiros anos de governo com o secretário do Pitta. Era quase que a cada dez, quinze dias, uma reunião com ele, pessoalmente. E era o mesmo secretário do Maluf. A forma do Pitta governar foi quebrando a força dos movimentos assim: "A casa está aberta, venham a hora que quiserem". E é verdade! Mas não quer dizer que teve resolução pra reforma urbana. É diferente...

— *É uma aparência de abertura...*

Gegê — É! É uma aparência de abertura. A relação torna-se assim: as pessoas chegam, aperto de mão, beijinhos, tapas nas costas... E isso quebra a possibilidade dos movimentos avançarem, porque muita gente acredita que conversa é negociação e nem sempre é assim. (...)

Eu avalio que, se a cidade de São Paulo, hoje, tem uma necessidade em torno de 150 a 180 mil unidades habitacionais só pra região central, parte dessa responsabilidade é do governo municipal, parte é do governo estadual e parte, do federal! Você não vê um investimento do governo federal nos municípios... O investimento é mínimo! Eles podem dizer: "A Caixa Econômica está investindo". Mas a Caixa está investindo porque é um banco, tem lucro de volta! Tem que se pensar uma outra forma de fazer política pública, trazendo os verdadeiros sujeitos para o palco da participação!

"No debate político, e não nos conchavos políticos".

— *Quais são os principais programas habitacionais hoje no Município e no Estado?*

Gegê — Hoje, o município tem um programa na região central, o Morar Perto, com atuação em perímetros, por regiões grandes, não só no quarteirão. É importante que o governo atue nas especificidades, mas também no global! E esse governo aponta muito para o global!

Agora, os movimentos não entenderam... E esse é um problema sério. O movimento vai achando que o específico dele é a solução das 150 mil unidades habitacionais. E não é a solução! O dia que eu vou numa reunião na Secretaria Municipal é um dia de tristeza pra mim, porque você vai numa reunião de três, quatro horas pra ouvir as pessoas falando do "meu". O "meu" é muito pequeno em relação ao "nosso"! Em relação ao compromisso para o qual o governo foi eleito. Ele foi eleito pra governar a cidade! Para o povo! E não para os partidos políticos ou os movimentos. Nós levamos as nossas demandas, e elas têm de se encaixar nas demandas globais. Nós não podemos transformar o específico no maior nem o maior no menor. Então, esse é um problema sério, não percebido pelos movimentos. Não estou dizendo, com isso, que nós não temos que fazer ocupação! Ao contrário! Governo forte com povo organizado, pronto pra estar na rua! Você não terá nunca um governo forte se o povo estiver ausente dele. E isso pra mim é o ponto-chave. Agora, as pessoas pensam que quem organiza 1000, 1200 pessoas é revolucionário! E aí..., você não consegue perceber os avanços.

O secretário municipal da Habitação defende a compra do Hotel São Paulo. Se isso acontecer, nós vamos viver uma guerra, porque o Hotel São Paulo é do município e não do movimento A, B ou C. O Hotel São Paulo tem que se encaixar às demandas dos movimentos, mas também do governo! Se nós fôssemos capazes, organicamente, de assumir o papel de suprir o município, a gente organizava as 600 mil pessoas que moram em cortiço, os meninos e meninas de rua, os favelados de toda a cidade de São Paulo. A gente não consegue organizar 1% e aí quer que todas as janelas que abrem sejam dos movimentos, aliás, não é que seja "dos movimentos"... O município compra um prédio como esse Hotel São Paulo, que vai comportar mais ou menos 200 unidades habitacionais, e o pessoal dizendo "é meu"! Aí, é fogo! Porque o governo vai ter que ficar comprando prédios para os movimentos. E aí, quando terminar o mandato, a população organizada, que é uma titica de galinha, vai ser a única a ter oportunidade de ser atendida. E a população desorganizada? Não são cidadãos? Não moram na cidade? Não trabalham? Não pagam imposto?

Tem uma proposta, hoje, de se ter até o final desse governo, um total de 800 unidades habitacionais construídas na região central. É um número baixo em relação à necessidade, mas nunca ninguém fez isso! São Paulo, como ela é montada estruturalmente, é uma cidade excludente, porque nunca ninguém ouviu dizer que, na história de 450 anos da cidade, se construiu habitação popular na região central. No governo PT, com Erundina à frente, foram construídas 182 unidades na Celso Garcia e 45 na Madre de Deus. O governo da Marta constrói mais que o triplo. Agora, pra alguns movimentos, não construiu, porque "não me deu o meu, eu queria que dessas 800, 200 unidades fossem minhas". Aí, não pode ser... É o loteamento dos programas habitacionais, é o fim de um governo. As pessoas não percebem que o governo é maior do que o partido para o qual militam. Ele se elege pra governar o município, o Estado, o país! Então, tem que fazer o meu? Tem! Mas principalmente pra todos e todas! Sem loteamento! E hoje, você assiste isso claramente! A disputa pelo poder é muito grande!

— *Como é a relação entre os movimentos do centro, que têm uma luta em comum...*

Gegê — A luta existe, mas não é em comum, porque nós não sentamos pra discutir uma mesma ação, uma prioridade. Eu discuto a minha ação, tu discutes a tua, ela, a dela. E aí, quem for mais forte, leva! A prioridade é do mais forte. Quem mais tensiona é quem mais tem poder de chegar no governo! Então, essa é a política da mesquinharia! Vocês podem dizer: "Vocês ocupam porque gostam? Fazem a luta porque gostam?". Não! É porque é uma forma de tensionar. Agora, muito mais tensionado seria se todos estivessem no mesmo barco. Não precisava todo mundo rezar uma mesma cartilha, não é isso... O que eu digo é que seria interessante que os movimentos da região central tivessem um fórum que debatesse as prioridades! E aí, quando chegasse no governo, independente de qual partido, o governo ia tocar as prioridades de acordo com o debate.

O governo municipal está propondo um fórum pra discutir a região central. Então eu disse: "Nós, do MMC, não vamos entrar nesse fórum". E tem que deixar claro porque: não é que nós não gostamos de fórum, mas porque sabemos que esse negócio não vai ser sério! O fórum vai se reunir, discutir a prioridade, mas vai ter sempre, nos paralelos, nos corredores, os tensionamentos. Eu sei que Paulinho deve ter ficado muito chateado por ouvir isso, mas é verdade! O fórum terá um papel a cumprir se houver ética! Se houver seriedade e respeito! O que nós discutirmos no fórum é o que vai ser tocado. Vamos quebrar o pau dentro do fórum, passou a minha proposta, passou! Mas no debate político, e não nos conchavos políticos! Passou porque chegamos à clareza de que o meu é a prioridade. Não é eternamente o meu ser prioridade! Nada acontece na região central porque sempre "o meu" é prioridade! Eternamente "o meu"! Nunca "o nosso", nunca "aquele" é prioridade! No momento que "não é meu", deixou de ser prioridade! E essas são as dificuldades dos movimentos da região central caminharem. Se mesmo os movimentos filiados à União de Movimentos de Moradia têm dificuldade política de caminhar juntos, imagine os que não são filiados...

— *Aí, ficam duas lutas: de um lado, pela moradia, e de outro, entre os movimentos...*

Gegê — Eu acho que fica uma luta só, e enquanto isso acontecer, não teremos vitórias e sim pequenas conquistas! Porque no momento em que começa a luta interna pra que "o meu" se torne prioridade, a luta pela moradia deixa de acontecer! O povo vira mero espectador da briga! Até resolver esse problema, terminou o governo. E aí, o povo fica ao léu, a ver navios. Mas é importante ter esse fórum! Temos mais é que participar, estar presentes e tentar mudar a concepção das pessoas com relação à política habitacional.

— *E na União de Movimentos de Moradia, Gegê?*

Gegê — Dentro da União, esse problema é muito difícil de ser resolvido! A UMM é uma rede, né? Pois é... Na minha terra, rede tem dois sentidos: tem a rede de pescar e a rede pra dormir! E nesses dois sentidos, se você for usar o termo pra União, é ruim! Ela fica pescando as pessoas que estão desagregadas, pra virem pra União, sem terem claro qual é a proposta da União pra política habitacional, pra reforma urbana; enquanto isso, na outra visão de rede, as pessoas se deitam e ficam esperando que as coisas aconteçam... Eu preferia que a União fosse um fórum aglutinador dos movimentos de moradia e não uma rede!

Eu só acredito numa organização se ela é centralizadora. A partir do momento que você tem uma militância orgânica, centralizada, você tem um norte político. Se você tem uma militância solta, não tem norte político. Você faz a sua política, que é a política do "meu". E, por mais que a gente tente, não consegue passar essa visão da construção maior na União.

"Dinheiro público, eu estou sendo claro"

Gegê — Pra mim, tem um negócio: defender o mutirão pelo mutirão é uma coisa. Defender o mutirão enquanto experiência é outra[7]! Mas: "A casa sai barata se for feita em mutirão". Aparentemente, sim, a prestação sai barata, mas e as horas de trabalho que ficaram lá dentro? Então, eu defendo outro método: a auto-gestão com dinheiro público. Você vai construir as mesmas unidades habitacionais, na mesma qualidade, mas com outro ganho: que se use parcela daquele dinheiro pra formação política e ideológica. Dinheiro público, estou sendo claro, não é dinheiro de vaquinha do povo ou de festinha: "Vamos fazer uma festa". Aí, o povo chega, quanto mais tem dinheiro, mais está na festa. E quem não tem nada, está fora! Espera aí! Eu defendo festa assim: comida e bebida de graça. Fazer festa nos mutirões e nas obras pra arrecadar dinheiro, pra mim não é festa, é balela, exploração de quem já é explorado! E precisa mudar isso na União. Aliás, já deveria ter mudado há muito tempo! Por mim, deveria ter aprofundado um debate: mutirão por auto-gestão, porque o aprendizado das famílias é zero! Elas não vêem a hora de terminar o mutirão, aí se trancam nas casas, você bate na porta, elas olham pelo olho mágico: "Esse chato! No mínimo, vem convidar pra não sei o que. Não vou abrir".

— *É mais um consórcio barato de casas do que uma experiência de coletividade e cooperação...*

Gegê — Exatamente! Eu acho que nós tivemos todas as oportunidades de fazer experiências excelentes! Mas com lógica! Formar as famílias, não só o chefe, e sim a família toda, até a criançada. Pra no dia que pegarem a chave, saberem qual foi o caminho trilhado pra chegar aqui, saberem quanto vale isso! Aí, o cara termina o mutirão, a família se prende ali dentro, você perde o poder de ouvir o eco dessa família e da porta pra dentro, às vezes, é mulher cheia de porrada, de hematoma, criança chutada, o cara usando droga, cachaça...

E aí, a formação política e ideológica de assessoria. Por que quem mora nos andares mais baixos não vai descer de elevador? Porque vai encarecer! Então: "Eu vou

---

[7] No contexto urbano, mutirão habitacional se define como "alternativa habitacional baseada no esforço coletivo e organização da comunidade — os chamados mutirantes — para a construção de suas próprias moradias" (ABIKO, A. *Curso de formação em mutirão*. São Paulo: EPUSP, Depto. de Engenharia e Construção Civil). Em São Paulo, o mutirão surge na década de 1970, como um novo recurso na construção de moradias para a população de baixa renda, que deveria, ela própria, servir de mão-de-obra gratuita para os programas públicos, tendo como contrapartida subsídios para a execução de infra-estrutura. Para a discussão detalhada do mutirão habitacional urbano, ver ANTUNES, M. C. A. *Produção habitacional solidária*: o processo participativo na organização do espaço urbano e na produção da moradia através de procedimentos autogestionários. São Paulo, 2002.

descer a pé e pagar, no final do mês, menos condomínio pra todos e todas". Faz essa formação! Isso pra mim, é um mutirão: pega as famílias, uma ou duas vezes por semana, e leva pra fazer uma formação. É um mutirão de formação! Com o dinheiro público! Qual é o impedimento? Você pegou o dinheiro, administrou a obra e fez com que sobrasse parcela, e paralelamente ao andamento da obra, você vai formando as famílias. Não são todos os movimentos que têm essa preocupação de fato com a formação. "Eu quero volume", não interessa de que forma, "eu quero ter mais gente do que você"! Daí, você entrega um empreendimento, as pessoas se trancam nas suas casas e adeus! Nós temos um monte de exemplos assim, porque faltou formação político-ideológica. Mas alguns têm a ilusão de que formação político-ideológica é montar uma célula, organicamente, um partido de quadros... Eu defendo essa formação porque, a partir do momento que você adentra a sua moradia, você vai zelar por ela, preservar, porque sabe que ela valeu x reais, mas também o sacrifício da minha família e de outras que estão caminhando junto comigo.

"A disputa da luta de classes você faz com ação política, e não com verbo político".

Gegê — Outra coisa que pra mim está claro: fazer ato, hoje, não resolve mais! E não é só porque as pessoas não têm coragem de bater forte no governo. É porque os governos já perceberam a fragilidade do movimento. O governo já sabe o limite.

É tanto que no dia que era pra ter sido a ocupação da CDHU, a sua direção disse que eu não entrava pra negociação. E eu entrei! Eu falei: "O pessoal decide se eu devo entrar". E aí fechou o pau! Polícia jogou gás apimentado nos olhos do nosso povo, polícia levou varada de bambu. Os guardas contratados pela CDHU levaram porrada! Chegou uma hora que a gente ia derrubar e eles pediram: "Não derruba que a gente vai abrir pra entrar o Gegê!". Aí, abriram e eu entrei. Quer dizer, é uma forma de fazer a luta de classes! A disputa da luta de classes você faz com ação política, não com verbo político! Porque o verbo político em alguns momentos serve. Mas na hora do enfrentamento, ele desaparece. Se deu enfrentamento, acabou-se! A ação política é que norteia a partir daquele momento.

"No mínimo, tem que ter produtividade de 100%. Senão, ocupar!"

— Como é a distinção que vocês fazem entre ocupação e invasão?

Gegê — Toda vida que eu falo dessa questão, eu tenho medo de ofender as pessoas. Porque eu avalio que os portugueses, holandeses, espanhóis, franceses, ingleses é que vieram aqui e invadiram o Brasil! Eles não são povos natos daqui! Então esses invadiram, são invasores! Os nativos, os índios foram dizimados por aqueles que aqui vieram com a orientação clara de roubar as nossas riquezas existentes!

Se eu chego na sua casa com mais cinco, seis pessoas, cada uma com um colchão nas costas, e entro, eu estou invadindo sua casa! Essa é a invasão! Porque você está usando, tem um uso, um fim social que aquela casa está cumprindo! Agora, uma casa que está há anos sem cumprir com o fim social pra o qual ela foi construída, por mais que esteja pagando IPTU, água, luz, tem que ser ocupada! Está aí a diferença! A casa que a pessoa mora foi invadida! Mas a casa vazia foi ocupada! Se a ação for a mesma, tem essa diferença! Então, nós não invadimos nada!!! A imprensa tenta escamotear essa discussão. O poder público diz que é "linguajar"... Mas não é "linguajar", tem essa diferença clara!!! Essa história de dizer que somos invasores é uma maneira de queimar a imagem das pessoas da forma que for mais conveniente! Isso é deteriorização da imagem das pessoas. (...) Então, tem que ficar muito claro que o povo brasileiro não invade terra, nem prédio! Ocupa!

Tem outra discussão que começa a se aprofundar hoje dentro do MST: é terra produtiva ou improdutiva? O que é produtiva? O que é improdutiva? Produtivo é porque a terra é boa e produz? Ou ela é improdutiva, então desapropria indenizando com muito dinheiro pra reforma agrária ou deixa o MST ocupar? Então, não vale a pena ocupar. Eu vou ocupar lajeiro, cascalho? Pra quê? Pra ficar tendo desgaste pra prosperar? Não! É diferente! Terra produtiva é aquela que está produzindo no seu dia-a-dia. Está produzindo leite? É necessário! Está produzindo cana-de-açúcar pra açúcar e álcool? É necessário... Mas 70 mil hectares com mil vacas? É necessário? Não! Uma parte dela é produtiva, mas a maior parte é improdutiva. Então, tem que ser ocupada! Produtivo, pra mim, é isso! Não basta você pegar 60 mil hectares de terra, encher de cana-de-açúcar e deixar lá! Você não corta a cana pra ir para os engenhos, pra fazer açúcar, álcool, deixa lá até secar... Aí, você põe fogo na cana, planta de novo e deixa! Isso não é produtivo! Aí, tem que ser ocupado! É uma maquiagem! E está cheio disso! Muita gente confunde, acha que produtividade é porque está cheio de capim para os animais, cana-de-açúcar e gado. Isso não explica o que é produtividade. No mínimo, tem que ter produtividade de 100%. Se não, ocupar!

A organização do MMC

"Pelo sim ou pelo não, é o que a assembléia determinou".

— *Como é pra entrar no Movimento?*

Gegê — Você se cadastra, participa das assembléias. Cada segundo domingo do mês, tem assembléia, que junta pelo menos um representante de cada família. Tem uma coordenação formada por 17 pessoas, tanto homens quanto mulheres. O critério é a participação. Quanto mais participa, mais está próximo do seu objetivo, e garante a sua vaga. Quanto menos participação, mais distante! E não temos cortes. Participam todas e todos que aqui vierem, desde que acompanhem a vida do Movimento! Tem que participar das assembléias, faltou a uma, é chamada a atenção. Faltou a duas, é considerado cortado do Movimento!

Uma questão que mudou muito, nos últimos anos, é a qualidade das pessoas que participam. Porque antes a gente trabalhava com um bloco paupérrimo, miserável mesmo. E hoje já existe classe média participando do Movimento. Tem pessoas no Movimento que ganham em torno de 1800 reais por mês! Nós temos advogados, professores participando interessados nas unidades habitacionais. As assembléias sempre são abertas! A família se faz representar por uma pessoa, agora se achar que é importante ir a família inteira, vai.

Uma outra coisa que está colocada na nossa estrutura é uma contribuição econômica pequena, mas obrigatória! Mensalmente, cada família contribui com o valor de três passagens de ônibus. Pra alguns é pagamento, pra outros é esmola! Mas é um critério pra que todas as pessoas estejam contempladas, não estejam, assim: "Eu pago mais", "Eu pago menos". Poderia se criar outro critério, que eu acredito que é melhor: o percentual, $x\%$ do que cada um ganha, que aí, você realmente contribui por igual. Mas, infelizmente, é muito difícil trabalhar essa proposta entre nós. Esse método de percentagem é da época que a esquerda brasileira vivia na clandestinidade, no momento em que a esquerda brasileira ainda acreditava que era possível fazer uma revolução política e cultural, uma revolução socialista.

— *Como é a organização nas ocupações?*

Gegê — Bom, nas ocupações, depende da necessidade. Se a gente percebe que não está sendo necessário fazer assembléia, não faz. Mas, percebeu que tem a necessidade, vai lá e convoca. Numa semana pode ter mais de uma assembléia! Na rua do Ouvidor já aconteceu de ter três assembléias numa semana. E até aconteceu assembléia todo dia em algumas ocupações! Porque a assembléia não é só pra tratar dos problemas... E por mais que seja, ela não deixa de ser parte da formação. Porque pra muita gente, a formação é só fazer um curso. Aí, senta todo mundo num salão e fica alguém lá na frente dando uma de professor. Não, pra nós só isso não é formação. É preciso que você tenha essa formação metódica, mas é preciso também que tenha a formação do dia-a-dia das pessoas.

Quando nós ocupamos a rua do Ouvidor tinha, no mínimo, duas assembléias por semana. Durante o dia, a gente chamava o pessoal que estava por lá, conversava com todo mundo em assembléias menores. Mas nos finais de semana, a gente fazia assembléia também. E teve até o momento da gente fazer assembléia sábado e domingo.

Quando a gente teve os primeiros problemas com álcool, arma, violência, droga, e decidimos que era pra excluir do prédio, a gente dizia no sábado, no domingo tinha gente embriagada dentro do prédio. E era preciso dizer pra pessoa: "Você vai curtir sua cachaça na rua". Aí, a família do encachaçado virava contra a coordenação. Então, chamamos uma assembléia: se a assembléia disser "Deixa entrar...", é decisão da assembléia. A assembléia aprova, pelo sim ou pelo não, é o que a assembléia determinar. E aí, muitas vezes, a assembléia decidia: "Ele estava na assembléia ontem à noite, ouvindo tudo, participando, votou que não era pra tomar cachaça e vir pra dentro do prédio. Bebeu na rua e veio". Teve gente que disse: "É bom olhar no quarto dele se não tem bebida alcoólica. Porque se tiver, é pra expulsar definitivamente". Já aconteceu isso algumas vezes. O cara está bebendo dentro da ocupação. Aí, era expulsão! O restante da família quer ficar na ocupação, não quer ficar, é decisão dela! Isso aconteceu muitas vezes...

— *Esse problema do álcool é freqüente, não é?*

Gegê — É!! Todo dia nós temos problemas de álcool na portaria do prédio. Você chega às 18 horas, tem uns sentados ali, outros estão valentes, querendo chutar a porta. Mas: "Quando você veio morar aqui, foi dito que a regra do jogo é essa! Droga, cachaça, seja lá qual for o tipo de arma, homem que gosta de bater na mulher, tem que deixar esses defeitos na rua! Porque, da porta pra dentro, ninguém vai bater em você, mas com certeza você vai pra rua!".

Até saem algumas matérias da imprensa dizendo que a gente governa isso aqui com mãos de ferro! A gente não governa com mão de ferro! A gente governa de acordo com as decisões das assembléias. Não é um autoritarismo, que a coordenação decide fazer alguma coisa, chega e: "A partir de hoje, a coisa é assim". Não é isso! Então, tem essa estrutura no Movimento, que é a democracia operária. Os movimentos organizados devem primar pelo que a maioria definiu e não o que meia dúzia pretende fazer. Agora, se eu achar que a minoria está certa, eu vou defender, mesmo que venha a perder!

Algumas vezes, nós temos problemas na coordenação, embates feios! Quer ver uma? A contribuição do dinheiro. A assembléia da ocupação aprovou que ia pôr o nome dos devedores na portaria. Não fui eu que defendi isso! Foram pessoas que contribuem mensalmente: "No dia que forem pras suas casas, não vão ter dinheiro pra pagar a prestação. Então, tem que mandar pra rua agora, porque se não nunca vão querer sair das ocupações pra ir morar num projeto". Então, a forma de intermediar foi publicar o nome dos devedores! É decisão da assembléia... Teve coordenador que fez um escarcéu, iam rasgar o papel! "Não rasguem, pelo amor de qualquer coisa... Porque foi decisão de assembléia." Uma coordenadora veio na assembléia e ouviu tanto: "Você não sabe quanto custa, eu tiro dinheiro do leite do meu filho e vejo gente que não dá um centavo enchendo a cara de cachaça, dormindo à noite na frente do prédio! Tem dinheiro pra comprar cigarro, mas não tem pra dar pra casa!". Votação: 100% favorável a permanecer o nome lá embaixo! E eu não defendi nem a favor e nem contra! Quando as coisas vêm pra cá dessa forma, eu me abstenho. Então, essa questão da democracia, eu cumpro até as últimas conseqüências!

— *Como são os projetos que existem no MMC, como o MOVA (Movimento de Alfabetização de Adultos), os projetos com crianças e adolescentes?*

Gegê — A preocupação com a formação política e ideológica sempre esteve presente nesse Movimento. Agora, a gente tinha dificuldades de começar a implementar projetos, o que não quer dizer que já implementou totalmente.

A gente começou a observar as escolas do MST, pras crianças e jovens do campo, que são uma forma de tirar a criançada da ociosidade e de não estar pegando as crianças e levando pra roça. E o ser humano ocioso é perigoso! Ele se torna apático, violento, contra o projeto, e dali a pouco ele está começando a criar outros tipos de problema. Então, você tem que criar uma forma de tirar essa criançada da ociosidade. E não é pondo ela pra trabalhar na rua, de flanelinha, nos faróis, que resolve! É o contrário! Isso aí é o lado que você vai marginalizá-la! Então, tanto no campo como na cidade, é criar formas de essas crianças ocuparem esse espaço ocioso.

Foi difícil ter esse entendimento entre a gente, porque pra algumas pessoas, as crianças já assistiam aula de manhã ou à tarde... Se não era muito puxado! Fizemos assembléias, debatemos e aí chegou uma hora que a idéia estava amadurecida: "Vai ter aula de reforço?". Na coordenação, estava claro que era pra ter. Fomos pra assembléia, passou a proposta, muito bem vinda, pelos pais, mães e jovens. E aí, conseguimos uma verba! Uma jovem militante do Movimento dava aula de reforço de manhã e à tarde.

Por outro lado, a gente começou a perceber que os pais, em sua totalidade, estavam querendo transformar a sala de reforço em escola definitiva. A criança que estudava de manhã, dormia até mais tarde e à tarde ia pra nossa escolinha. "Não! Só vai pra nossa escolinha quem estuda de manhã ou à tarde. Porque senão, vai virar sabe o quê? Creche. Criança que não tem o que fazer vai pra lá!" Nós temos essa sala há dois anos. Crianças que não liam, não escreviam, pessoas que mal assinavam o nome, hoje lêem e escrevem. Houve um desenvolvimento muito grande nessas crianças! Participação delas nas assembléias, atos, enfim, em tudo elas se fazem presentes...

— *As crianças participam das assembléias?*

Gegê — Elas vão pra assembléia e fica alguém cuidando delas! E elas sempre querem apresentar alguma coisa nas assembléias. Isso é coisa delas... Foi também quando elas começaram a perceber: tem encontro dos adultos, dos jovens, por que não tem das crianças? E perturbaram horrores, até que a gente fez um encontro com as crianças de sete a doze anos. Fomos buscar, conseguimos uma verba, fizemos o encontro, o Primeiro Encontro de Crianças do MMC. Foi no meio de 2001!

Em 2002 nós fizemos o Encontro dos Jovens do MMC, que eu avalio que foi muito bom, porque a gente já disse: "Vai ter hora de brincar, mas vai ter hora de trabalhar. Nós vamos debater algumas coisas que avaliamos que são sérias, como a questão da Alca, de Alcântara, dos Estados Unidos invadindo o Afeganistão, vão ter esses debates!". Foram 89 adolescentes, jovens, e fizemos um encontro fora. Eu não tive condição de acompanhar muito de perto o encontro, porque eu fiquei na retaguarda: buscar gente, levar gente... Mas a avaliação de todas as pessoas que acompanharam é que foi muito bom! A participação deles se deu de uma forma muito boa!

Nessa forma estrutural, de formação política e ideológica, nós avaliamos que a escola, o saber, o conhecer, são um direito desde a criança até o adulto! Por isso, o MOVA. Nós estamos tendo dificuldade, ainda, com muita resistência de algumas pessoas, porque: "Meu atraso na escola prova que eu sou burro...". Tem sido muito mais difícil trabalhar com essa turma do que com a criançada, jovens e adolescentes. É outro tipo de trabalho. Nessa questão do estudo, os jovens que não aprenderam, hoje dão trabalho. Não querem ir pra escola. O MOVA é um projeto que não é nosso, é do município, vem da pedagogia de Paulo Freire. Nós não somos obrigados a ter, mas avaliamos que devemos. E hoje, tem essas dificuldades... Algumas pessoas não querem estudar. Mas está no nosso projeto de formação político-ideológica o saber, o conhecer, o ler...

— *Como é a relação de vocês com a vizinhança? Vocês sofrem preconceito?*

Gegê — Vizinho é sempre um problema... Tem o vizinho ruim, tem o vizinho bom, mas não deixa de ser vizinho...

Quando nós viemos pra rua do Ouvidor, essa ocupação foi a que mais ficou na imprensa. Um mês e meio depois, ela ainda estava no ar! Nós tiramos toneladas de sujeira dali de dentro! Toneladas!!! Saía lixo, lixo, lixo... Pelo menos cinco caminhões de lixo, para o prédio ficar como está hoje. E sem criar problema, porque normalmente quem tira lixo, joga de qualquer jeito. Mas nós ensacamos o lixo, pusemos dentro de caixas, fizemos uma montoeira de lixo fora do prédio que cobria toda a ruazinha lateral. Um metro e meio de altura de lixo! Ligamos pra Prefeitura, que não queria mandar o carro pra levar o lixo embora. Aí, falamos: "Então, nós vamos deixar a sujeira no meio da rua! Nós estamos protegendo dos cachorros e pra ninguém mexer. Se vocês não vierem, nós vamos deixar aí pra descer rua abaixo!". Veio um fiscal da Prefeitura, olhou e no domingo já começaram a tirar! Isso, pra nós, foi um ponto...

Apareceram uns maconheiros querendo se infiltrar, e nós: "Vocês podem continuar fumando a maconha de vocês lá na rua! Agora, dentro do prédio não! De jeito nenhum!". As poucas famílias aqui, e o comércio: "Opa! Olha aí! Esse povo parece que não é bem o que estávamos imaginando". A rua do Ouvidor, antes, era cheia de ladrão! Os camelôs, virava e mexia, eram assaltados! Assalto de esfaqueamento e outras coisas mais... Uma semana depois que a gente estava aqui, limpou a área dessas coisas.

Dezembro, janeiro, fevereiro, o despejo era pra ser dia 26 de Abril, a vizinhança ficou sabendo e disse: "Vamos fazer um abaixo-assinado pra não mandarem vocês embora!". Eles perceberam que, com a nossa presença, a região ficou mais tranqüila.

Agora, inicialmente, toda ocupação tem um problema com a vizinhança, porque eles não sabem quem somos. A imprensa, a mídia brasileira tem um compromisso muito grande que é deturpar a imagem do ocupante: "é invasor, baderneiro"... Nos primeiros dias foi difícil... Hoje temos uma relação de igual pra igual! Não tem essa de inferioridade! Somos iguais! Somos cidadãos, cumprimos com nossos deveres, queremos ter nossos direitos respeitados!

Entrevistadoras: Lygia de Sousa Viégas e
Juliana Breschigliari

A GENTE TEM FOME DE QUÊ?

Como compreender formas de viver a condição de pobreza da perspectiva da cultura e do lazer?

Trata-se de uma pergunta cujo encaminhamento depende da consideração sobre os modos de entender cultura e lazer articulados à presença ou ausência de políticas públicas na área e às diferentes posições de inclusão/exclusão das populações de baixa renda em relação à produção e ao acesso aos bens culturais e ao lazer.

Lazer e cultura abarcam um espectro amplo de fenômenos da vida social, e especialmente no que diz respeito à cultura, sua conceituação pode expandir-se de modo a incluir toda a vida social de um grupo, uma coletividade ou uma sociedade.

Dar um contorno às entrevistas realizadas nesta esfera da pesquisa demanda, pois, a adesão a um modo de compreender a cultura e o lazer capaz de iluminar alguns aspectos relevantes e necessariamente parciais que a fala dos entrevistados enseja.

O ordenamento teórico ou recorte conceitual que aqui se esboça, a partir do pensamento de Hannah Arendt, incide sobre as relações entre cultura, "cultura de massa", sociedade e sociedade de massa, focalizando, principalmente, a produção e o acesso a bens culturais e às formas de lazer que, por sua vez, sugerem articulações esclarecedoras no âmbito das políticas públicas e das posições de inclusão/exclusão dos entrevistados.

No ensaio "A crise da cultura: sua importância social e política", Arendt define a cultura como fenômeno do mundo: cultivo, cuidado e criação do mundo humano. Relaciona-se com objetos cuja principal qualidade é a durabilidade, ou seja, a permanência no mundo. Para a autora, só se pode falar em cultura "quando a totalidade das coisas fabricadas é organizada de modo a poder resistir ao processo vital consumidor das pessoas que habitam o mundo" (p. 263). Entende-se, assim, sua ressalva ao termo "cultura de massa" para referir-se a um fenômeno regido pelo consumo. No lugar de cultura de massa, Arendt prefere o termo indústria do divertimento, fazendo a distinção, que aqui interessa, entre o divertimento e o consumo como fenômenos da vida e a cultura como fenômeno do mundo. A sociedade de massa ameaça, sobremaneira, a cultura, na medida em que se apropria dos objetos culturais, transformando-os em bens de consumo como quaisquer outros. Por outro lado, o lazer em seu sentido estrito – tempo liberto dos afazeres requeridos pelo processo vital, tempo para o mundo e para a cultura – passa a ser, na sociedade de massa, o tempo que "sobra" do trabalho e que deve ser preenchido, "matado", com a intervenção do consumo e da diversão.

Destas idéias apresentadas de maneira sumária, convém reter dois aspectos: a distinção entre cultura e indústria do divertimento e suas respectivas relações com a durabilidade e o cuidado com o mundo, de um lado, e com o processo vital e o consumo, de outro; o lazer como "preenchimento" do tempo do ócio com o divertimento.

O fato de essas concepções não fazerem referência à cultura popular permite tomá-las como elitistas, na medida em que a obra de arte e a chamada "alta cultura" são identificadas como os únicos e verdadeiros objetos culturais. Mas o conceito de durabilidade dos objetos culturais dá abertura para pensar a cultura popular como fenômeno do mundo que deve a sua permanência à oralidade e à memória coletiva.

Objetos ou manifestações da cultura popular são, tanto quanto a arte e a "alta cultura", alvos do "apetite pantagruélico" da indústria cultural ou do divertimento que os transformam em objetos de consumo. É plausível a hipótese de que o tempo dedicado às manifestações de cultura popular venha progressivamente sendo substituído pela recepção das emissões do sistema de comunicação de massa, especialmente nos grandes centros urbanos.

No artigo "Cultura brasileira, culturas brasileiras", Alfredo Bosi aborda a pluralidade de culturas no Brasil e propõe a existência de quatro grandes divisões: a cultura universitária; a cultura criadora extra-universitária; a cultura popular e a indústria cultural. Embora o texto seja profícuo em análises que ajudam a pensar as mútuas relações entre estas quatro esferas, cabe aqui destacar a conceituação de cultura popular.

Bosi define cultura popular como um conjunto de "fenômenos simbólicos pelos quais se exprime a vida brasileira" que tem origem no imaginário do povo. Comparando-a com as instituições universitárias, escolares e a mídia, ele diz:

> Nessa complexa gama cultural, a *instituição* existe (no sentido sociológico clássico do termo), isto é, as manifestações são grupais e obedecem a uma série de cânones, mas elas não dispõem da rede do poder econômico vinculante, nem da força ideológica expansiva como a Universidade e as empresas de comunicações. São microinstituições, dispersas no espaço nacional, e que guardam boas distâncias da cultura oficial. Servem à expressão de grupos mais fechados, apesar de seus membros estarem também expostos à cultura escolar ou aos meios de comunicação de massa.[1]

As injunções de expressões da cultura popular e da mídia aparecem mais claramente nos depoimentos dos entrevistados. Por um lado, porque as classes populares estão expostas a imagens de si mesmas forjadas pela indústria cultural; por outro, porque suas mensagens são aprendidas, também, na trama significativa de influências da cultura popular na qual os entrevistados foram criados.

Seja como produtor, caso de seu João Rodrigues, seja como receptor, caso de Edimar, as relações entre a cultura e o lazer e a indústria cultural ou do divertimento são centrais para um entendimento do acesso aos bens culturais, sejam eles da chamada "alta cultura" ou das tradições populares.

As políticas públicas tendem a oferecer nada ou quase nada no que diz respeito ao acesso a bens culturais e ao lazer para populações pobres. São conhecidos os mapas de exclusão social na cidade de São Paulo: exibem, de maneira gritante, a presença rarefeita ou a total ausência dos convencionais equipamentos destinados à cultura (teatros, bibliotecas, cinemas, centro culturais, entre outros) e ao lazer (quadras esportivas, parques, centros de convivência, entre outros) nas periferias da cidade onde moram as populações de baixa renda.

Como aponta Marta Porto em "Recuperar a dimensão política da cultura: nosso principal desafio", no processo de democratização do país, a partir de meados dos anos 80, surgem duas lideranças contraditórias na esfera da cultura: as organizações não-governamentais, que congregam jovens e comunidades da periferia dos grandes centros urbanos que "lutam pela ampliação de sua representatividade política por meio da expressão de várias formas artísticas e culturais", e empresários beneficiados pelas leis de incentivo fiscal implantadas pelo Ministério da Cultura em 1985.

---

[1] Bosi (1992), p. 323.

O investimento de verbas públicas vem privilegiando, nos últimos quase 20 anos, a política de incentivos fiscais, privatizando as iniciativas das áreas de cultura e lazer, com resultados que interessam, sobretudo, aos setores de *marketing* e publicidade das empresas beneficiadas. Numa avaliação da opção do Ministério da Cultura (MINC) pela cultura como negócio, Marta Porto conclui:

> O projeto é um instrumento autoritário e reducionista, impensável como único mecanismo institucional de diálogo do poder público com sua população, à medida que restringe o acesso dos mais pobres e fragilizados à esfera pública e não realiza o movimento adequado à ação pública que é mapear, diagnosticar, incentivar e, com isso, ampliar o campo das oportunidades aos tradicionalmente excluídos.[2]

Sob a égide da Lei Sarney e da Lei Rouanet, o dinheiro público destinado à cultura é gerido de forma fragmentada, do ponto de vista das ações, e concentrada, do ponto de vista daqueles que têm acesso ao incentivo. O investimento de verbas públicas regido pelas leis de incentivo fiscal acaba por privilegiar os grandes eventos com visibilidade e interesse publicitário ou a chamada "alta cultura".

O quadro geral faz pensar que a política pública de cultura e lazer para as populações pobres é a comunicação de massa. Estas populações são, quando muito, atingidas por promoções assistencialistas promovidas por organizações privadas, instituições beneficentes e religiosas que monopolizam, por meio de projetos aprovados pelo MINC, as verbas públicas. Os projetos endereçados ao Ministério da Cultura, como destaca Marta Porto, são "peças intelectuais" que restringem, sobremaneira, a possibilidade de reivindicar verbas para iniciativas culturais por parte das populações pobres, sem contar as dificuldades que encontrariam para "captar" o dinheiro junto às empresas privadas.

Se os cidadãos impossibilitados ou em condições mínimas de freqüentar o circuito privado e elitista das manifestações culturais e artísticas e os espaços fechados de lazer valem-se, por um lado, da televisão e do rádio como meios de diversão e de participação na vida cultural, por outro servem-se das redes informais de sociabilidade para criar cultura e lazer.

Nas entrevistas com João e Edimar, cultura e lazer foram tematizados em suas conexões com a indústria do divertimento, considerando que

---

[2] Porto (2004), p. 2.

estratégias de participação e pertencimento são desenhadas tanto em relação à mídia quanto às redes informais de sociabilidade.

No caso de Edimar, é possível identificar um retraimento da criação de formas de lazer e de participação na vida cultural, retraimento que pode ser medido por sua adesão, quase incondicional, à televisão e ao rádio, que lhe apresentam o mundo e propiciam divertimento no reduto seguro da casa e do trabalho.

Em João, um produtor cultural marginalizado, as redes sociais formadas pelos pares de ofício e por instituições não-governamentais assistencialistas constituem-se como referências fortes: elas são fontes e destinatárias de sua criação artística. A mídia, contudo, permanece no horizonte de aspirações de João, pois fica implícito que o sucesso econômico e o prestígio social do artista dependem de sua inserção nos meios de comunicação de massa.

Em ambos, o Estado não é responsabilizado pela qualidade de vida que levam ou pelo desamparo nas esferas da segurança, da habitação, do trabalho, da cultura e do lazer: para ambos, o Estado parece não contar ou mesmo não existir.

Maria Luisa Sandoval Schmidt e
Maria de Lourdes Baldi de Alcântara

O artista, a estrada e a rua

As conversas com seu João Rodrigues aconteceram na Associação Minha Rua, Minha Casa, que funciona embaixo do viaduto do Glicério. Trata-se de um lugar onde se reúnem moradores de rua das redondezas e no qual podem realizar atividades, bem como tomar banho, comer e receber algum atendimento médico.

A primeira entrevista aconteceu na biblioteca e a segunda na enfermaria da Associação. Por serem fechados, estes dois locais são menos expostos ao ruído permanente que vem do trânsito intenso da rua e do viaduto. Pelo mesmo motivo, não têm ventilação e tornam-se, especialmente a enfermaria, muito abafados. As condições físicas das entrevistas foram as melhores que se pôde ter naquele lugar, mas o envolvimento com a conversa fez esquecer a situação adversa.

João Rodrigues é um homem pardo de 50 anos e de pequena estatura. Mora num albergue próximo à Associação e a freqüenta diariamente. No primeiro contato que tivemos, seu João estava controlando o movimento das pessoas que vinham tomar banho. Ele exerce várias funções na Associação e tem uma certa liderança, destacando-se, de alguma maneira, dos outros freqüentadores.

Ele nos foi apresentado por Débora, terapeuta ocupacional que trabalha há alguns anos na Associação, em função de um convênio da Prefeitura de São Paulo com a Universidade de São Paulo, e que se ofereceu para intermediar o contato.

Seu João é violeiro, cantor e compositor de música sertaneja. Está em São Paulo há três ou quatro anos, tentando retomar a carreira, após ter ficado nove anos parado em conseqüência de uma tragédia pessoal. Desde garoto aprendeu a tocar viola e ingressou na profissão de músico, tocando em festas, circos e shows. Afirma que chegou a gravar vários LPs. Formou uma dupla, Pescador e Montreal (ele é o Montreal), com um companheiro, durante 25 anos. Fala deste período como muito feliz e próspero. Próspero a ponto de ter podido, com o parceiro, comprar um carro Aero-Willis, signo de *status* na época e também veículo da tragédia que interrompe o percurso até então bem sucedido de João. Num acidente com o carro, seu parceiro falece. A partir deste acontecimento, não pôde mais tocar ou compor. A perda do companheiro é lembrada com dor em vários momentos das entrevistas.

Sem explicar as circunstâncias, resolve vir para São Paulo, deixando a cidade de Marília onde vivia com a família. Aqui faz uma nova dupla – Mirassol e Montreal – com Jaime, que também freqüenta a Associação e vem lutando para voltar a viver da profissão de músico.

Nessa luta, apóia-se inicialmente na Pastoral da Igreja Católica e, em seguida, na Associação, formando um vínculo de pertencimento com esses grupos e retomando sua identidade de artista. Na ausência do Estado, a igreja assume vastos setores dos chamados "trabalhos sociais". A relação de João com a Pastoral revela a distância existente entre os programas assistenciais e a realidade da rua. Estes programas, muitas vezes, tomam a sua clientela como homogênea e estereotipada, criando e reforçando estigmas. João sofre na pele os efeitos do estigma de morador de rua que encobre sua identidade de artista. Tomado como bêbado e vagabundo, não se vê reconhecido como produtor cultural, e rompe com a pastoral. A rua tem o sentido de passagem, de viver e aventurar a vida própria do artista. O "pé na estrada" é, para João, um pré-requisito de sua profissão. Seus deslocamentos são a condição de aproximação e afastamento de pessoas, coisas e lugares que permitem vivências e sua elaboração: a isso ele chama de "experiência de vida", atributo da vida do artista.

Na Associação Minha Rua, Minha Casa encontra um lugar, também de passagem, onde é reconhecido como artista. O contato com os moradores de rua, contudo, não é destituído de conflitos: para ele, a convivência exige constante tomada de distância da precariedade que vê na vida dos moradores de rua, num esforço permanente de diferenciar-se e de preservar a identidade de artista.

Esta busca de reconhecimento passa, ainda, pelas relações e tensões existentes entre a hegemonia da mídia nas esferas da produção e veiculação de bens e produtos artísticos e culturais e os modos de operar próprios da arte e da cultura populares. João vem de uma prática profissional que aliava alguma inserção na mídia - por meio, principalmente, da gravação de discos e da participação em programas de rádio - e uma agenda de apresentações em circos e em festas "de quem chamasse": amigos, parentes, conhecidos. Há, para os músicos, um mercado de trabalho paralelo ao sistema da indústria cultural, como o das festas, por exemplo, que se por um lado garante a sobrevivência de muitos artistas, por outro, tende a desprestigiar os que o freqüentam. João vive entre o reconhecimento do público que freqüenta os bares onde eventualmente toca e canta ou que o escuta em festas na Associação e o desejo de se projetar para além destas fronteiras, pela participação na mídia.

Esta ambigüidade se expressa na relação com as entrevistadoras, colocadas por ele no lugar de jornalistas e fãs a quem está concedendo uma entrevista. Mas esta não foi a única posição: houve momentos em que a entrevista transcorreu num clima de verdadeira interlocução, na exploração de interrogações comuns. Ele também valoriza a conversa conosco como uma oportunidade de ter contato com pessoas diferenciadas, "sérias", com quem ele pode aprender. O fato de ter sido escolhido para a entrevista é vivido por ele como uma confirmação da diferença entre ele e os outros.

Maria Luisa Sandoval Schmidt e
Maria de Lourdes Beldi de Alcântara

Entrevista com um violeiro

"Viola e caneta, mais nada".

João — Eu comecei a cantar de viola, eu tinha exatamente, na época, oito anos de idade. Com oito anos de idade ganhei uma viola Giannini do Laudo Natel, que era governador aqui de São Paulo. Então, eu ganhei uma violinha dele, e não sabia nada, comecei a brincar...

— *Mas o senhor morava em Bauru?*

João — Não, eu estava em Marília, na região de Marília. Daí, eu comecei a brincar com esta viola. Eu fui aprendendo aos pouquinhos. E eu não sabia quase nada. E tinha um senhor lá que era instrumentista de tudo quanto era instrumento. Chama Pedro Bandola, o nome dele. Porque ele gosta mais de tocar bandola, sabe? Ele é acordeonista, toca bandola, toca violão, toca viola.

— *O que é bandola?*

João — É um tipo de uma rabeca. Eu falei: "Eu não sei afinar esse negócio, daria para o senhor me ajudar?" — "Ah, isso pra mim é moleza!" Pegou a minha viola: a primeira afinação que ele fez pra mim, foi uma afinação com nome de cebolão. Eu comecei a tocar, e vai que vai... Aí, começou a aparecer mais gente, mas já andava por dentro da onda das tocadas de viola. Eu falei: "Mas como faz para aprender?" Ele falou: "É fácil". Eu fui pegando devagarzinho. Comecei a cantar a primeira música. Parece que está desenrolando. Mas só que eu não tinha confiança ainda, aquela confiança que eu tenho hoje. Hoje eu sou outro homem. Aí, foi indo, foi indo... Aí, quando foi um dia, eu fui num circo chamado Circo Aires. E lá tinha um senhor, o nome dele era Tremela, era um palhaço, sabe? Inclusive, esse palhaço, o cunhado dele é o Zé Carreiro, da dupla Tião e Carreiro. E começou aquele conhecimento com a gente, pegar aquela amizade. Eu fui aprendendo mais coisa, fui desenrolando. Aí, quando estava mais ou menos, não aquelas coisas, aí, surgiu uma música minha por nome "Caboclo Desprezado", a primeira música.

— *E quantos anos o senhor tinha?*

João — Na época, eu estava com 14 anos. Isso foi em 1964, por aí. Aí, apareceu um companheiro lá, mais velho do que eu, acho que uns 12 anos. O nome dele era José Maria Rosa. "Vamos formar uma dupla, nós dois?" Eu falei: "Mas como? Eu não sei fazer nada" — "Não sabe, aprende, eu também não sabia". E ele era carreteiro, gostava de tocar violão e fazer algumas serenatas. Eu falei: "Vamos, ué !" Topei a parada com ele. Aí, fizemos Caboclo Desprezado, Morena da Roseira, as primeiras músicas. Arco-íris, fala do passado e o presente, Cadê minha Maria, já um causo dele, um causo de problema dele lá.

— *Não é a Maria do senhor, é a dele.*

João — Aí, formamos a dupla dele. Quando foi um dia, fomos num show de calouro, em Marília, na Rádio Clube. Chegamos lá... "Qual é o nome da dupla?" Nós não tínhamos nome ainda. "E agora, nós vamos fazer o quê? O que nós vamos arrumar para nós?" E ficamos naquela história... Cantamos sem nome mesmo, era com o nome dele, eu com o meu. Não importa, sei que cantamos.

— *E apresentou como? Cada um com seu nome?*

João — Cada um com o nome principal, José e João. Aí, chegamos em casa, de noite, nós fomos dar uma treinada, nós dois juntos. Eu falei: "Nós podíamos botar um nome. Um nome legal". "Será que adianta?" Eu falei: "Não é que adianta, nós somos obrigados a pôr, mesmo que a gente não queira". Ele falou: "Qual nome você acharia bom?". Aí eu falei para ele: "Pescador e Montreal é um nome bonito, não é?"

— *Mas de onde que surgiu esse nome, Pescador e Montreal?*

João — Na hora assim. Relâmpago. Ele falou assim: "Vamos marcar pra nós não esquecermos". Só peguei o papel e canetinha e ia marcando: Pescador e Montreal. Aí, começamos naquela brincadeira: vai, canta num aniversário para um, canta no sítio para outro... Aí já começou entrar dinheiro pra nós, já começou a melhorar a situação.

— *Mas aí vocês gravavam ou só cantavam em rádio?*

João — Demorou um pouco. Aí, vai daqui, vai de lá, quando pensou que não, abriu um programa pra nós lá, Miscelâneo Sertanejo. Olha só! Pra quem estava cantando três músicas, lá estava cantando dez músicas em cada programação. E naquele tempo o cara ralava, viu? Tinha que ralar, senão, não era bom, não. Aí, quando foi um dia, apareceu o Balduim, apareceu em Marília, que era diretor da Continental aqui. Falou: "Ô rapaz, vou levar essa dupla pra gravar. Essa dupla é boa". Eu respondi por meu companheiro: "Eu acho que não está na hora ainda, acho que é muito cedo". Com medo, sabe? A gente, quando nunca encarou um lugar grande, a gente tem medo. "Não, mas vocês vão comigo de qualquer jeito." E pra escapar desse cara agora, o que nós vamos fazer? Ele falou: "Vocês não vão fazer nada, vocês vão ter que ir comigo e acabou, fim de história!".

— *Não dava opção para o senhor. Vai e pronto*

João — É, essa foi a história. Aí, disse: "O homem não deve ter medo, o homem tem que encarar". Ele fez a comparação: "Se, por exemplo, você tiver numa jaula, ou no mato talvez, uma onça que encarar você vier em cima de você, você vai correr dela?". Ele disse: "Não, você tem que encarar, porque senão você morre". Aí, eu comecei a aprender um pouco das verdades, sabe? Eu falei: "Sabe que é o certo mesmo?". Ele sabe, tem que fazer, não pode se esconder. Viemos pra São Paulo, gravamos o primeiro LP.

— *Que época era?*

João — Foi em 1968. "Constrangido pela Vida" era o sucesso do meu LP.

— *E como o senhor deu o nome? Foi a mesma coisa, de repente, assim?*

João — Não, não. Já tinha estudado as músicas, já estava por dentro, já. Já viemos da confiança. Aí, gravamos o primeiro. Nossa!! Vendemos LP pra danar. Tinha lugar que a gente levava os montes, voltava sem nenhum. E virou uma... olha, não tivemos mais palavra. Nessa brincadeira, eu comprei carro Aero-Willis, lembra? Que hoje em dia, não é qualquer um que tem um carro daquele jeito. Compramos um carro daquele. A gente andava pra tudo quanto era lado. Era Mato Grosso, Paraná, Minas, aonde era chamado, a gente estava indo, não escolhia lugar. Também não tinha hora e nem dia. Onde chamavam, a gente ia. Nessa brincadeira, cantamos 25 anos, Pescador e Montreal.

— *Mas sempre os dois, ou aí juntou e tinha mais gente?*

João — Só nós dois. Violão e viola. Mas aí já não era esta primeira viola, já era outra que eu peguei, mais organizada. E cantamos e ficamos. Aí, nessa brincadeira, gravamos seis LPs.

— *E o senhor lembra o nome de todos?*

João — Inclusive, minha mãe tem eles guardados em casa. Já quiseram pegar pra dar sumiço, ela disse que não. Porque o companheiro meu primeiro, ele morreu justamente de acidente, nesse carro nosso. E quando eu vejo a voz dele, muitas vezes que eu vou em casa... eu vejo ele na fotografia do LP, e me dá uma tristeza. Nossa! Vou embora na hora, nem fico mais. Aí, eu cheguei aqui em São Paulo, encontrei o Jaime. Mas eu nem sabia quem era esse Jaime. Ouvia falar dele, disse que ele cantava muito bem, né? Aí, estava junto, eu falei: "Sebastião está naquela situação, ele não agüenta cantar mais". Ele canta, ele brinca, aquela brincadeira, mas a sério, ele não agüenta mais. Eu falei para o Jaime: "Vamos formar uma dupla". — "Você que sabe". Muito tímido, sabe? Jaime não sabe nem conversar. Ele chegava perto da gente, ficava se escondendo atrás da gente. Eu falava: "Jaime, se mostra para os outros, rapaz". — "Ah, mas eu não sei falar, fala você". Aquele negócio, aquela história. Aí, comecei cantar com ele. Primeira vez no Centro Cultural do Jabaquara. Cantamos lá pra 400 pessoas ou mais. Depois levei ele num Clube da Viola em Santo André: tinha mais ou menos uma média de umas 800 pessoas. Cantamos lá, e eu vi que ele é corajoso. Eu falei: "Esse dá para encarar". Eu falei: "Jaime, nós vamos arrumar um nome para nós dois agora. Como é que faz?". Ele: "Faz, o que você fizer, está feito". Ele concorda, tudo que eu falar para ele... Eu falei: "Vai ser Mirasol e Montreal, tá bom?". Ele falou: "Muito bom demais". E consagrou o nome. Aí, apareceu um rapazinho aqui... Aí, apareceu a Taís aqui, e trouxe um filho dela, um rapazinho até novo, o Gustavo. Ele falou: "Vocês querem gravar?". Falei: "Ah, rapaz, que não é ruim, não". "Quando vocês quiserem gravar eu vou levar vocês para gravar." Levou nós na gravadora do Eli Correa. Olha só!

— *Quando foi isso?*

João — Esse primeiro acho que vai fazer dois anos. Inclusive a Débora tem uma gravação nossa. Não sei se ela falou pra vocês. Aí, levou nós lá, mas nós não cantamos música nossa. Nós cantamos, acho que duas ou três, só, o resto nós colocamos de outros. Colocamos Paisagem, que é do Tião e Carreiro, também quando começou a vida com outro que, antigamente, era Zezinho do Lenço Verde e Lourival. Aí, gravamos a música Amargurado, Paisagem Sertaneja, Apartamento 37 do Leo Canhoto e Robertinho, gravamos Chico Mineiro, gravado de Tonico e Tinoco, nós gravamos na voz de Mirasol e Montreal mesmo. Depois gravamos uma música que eu fiz, sobre uma paixão perdida que eu tive, nome da música é Vera Cruz, Volta de Boiadeiro, Caboclo Desprezado e Arco-íris: dez músicas. E nem pra nós não sobrou nenhum. Eu tentei esconder um, mas não adiantou.

— *Nem sua mãe tem esse?*

João — Não tem, não sobrou. Trouxe num dia, quando foi no outro, não tinha mais nada. Aí eu falei: "E como é que faz? E agora?". "Não faz, compra feito, que é mais o que nós queremos." Aí, já gravamos o segundo, esse que saiu agora. O sucesso dele é Relatos de Amor, coisa linda.

— *É uma paixão do senhor, é isso?*

João — Não, não é. Foi um pedido que me fizeram. Um dia eu estava indo daqui pra lá, encontrei uma mocinha, não sei se ela era apaixonada, não sei o que estava na cabeça dela. Só sei que eu desinteressadamente, que nem eu estou conversando com vocês aqui... Aí, ela falou: "Eu fiquei sabendo que você faz isso, faz aquilo", que nem a curiosidade de vocês, mesma coisa. "Você não faria uma música para mim?" Eu falei: "Faço, se você me der um tempo, eu faço". Ela falou como hoje, quando foi daqui três dias, a música dela estava pronta.

— *Mas ela falou o que ela queria, ou não, falou só: "faz uma música pra mim?"*

João — Aí, eu olhei no sistema dela de cima em baixo, assim... Aí, eu fiz uma musiquinha, que diz assim: Meu amor, meu amorzinho/Minha força, minha esperança/Menina se eu pudesse/Eu pegava em suas tranças.
E a gente está nas batalhas. Que nesse dia saiu uma reportagem nossa aí num jornal aí... Aí... muita gente duvidou da gente. Sabe que tem muita gente duvidosa? Eles começaram a fazer umas perguntas. Aí, eu comecei a contar a situação, como agora conto pra vocês aqui. Fizeram a percorra lá na Continental, que agora está lá perto da Anhanguera. Foram lá, acharam nosso nome lá, tudo certinho lá.

— *Acharam que estavam mentindo, né? Então, foram lá atrás para verificar.*

João — Para verificar, para ter a certeza. E tem a certeza, a gente não vai mentir.

— *Mas quem eram essas pessoas? Eram do jornal que veio fazer entrevista?*

João — Do jornal. O jornal O Estadão. Fizeram essas percorras, para ver se era realidade ou não. Acabaram achando. Eu falei: "Está vendo? O curioso sempre quebra a cara".

— *E agora o senhor está com essa dupla, então. Que é o Mirassol...*

João — E o Montreal, que sou eu.

— *E o senhor toca sempre aonde?*

João — Eu sempre brinco aqui com o pessoal, outra hora eu vou lá para o Ibirapuera tocar lá na Convivência do Padre Mário. Outra hora eu saio pra Ribeirão Preto. Semana passada eu fui para Brasília tocar para os Bispos, Papas... Pediram pra ir na Convivência São Martins, pra ir de volta e meia, só que a gente não vai. Fica meio ruim, meio distante. E assim a vida. E aos sábados e domingos, é um barzinho que tem aqui na frente da casa.

— *É uma vida movimentada, né?*

João — Eu faço até defunto levantar da cova. É por aí. E é uma turma. Nós somos: eu, Rio Brilhante, Jaime, Sebastião, que está fora, mas domingo ele está aí também. Ele falou: "Quero entrar no meio dessa". Eu falei: "Está fazendo falta".

Então, a gente sempre está unido, sabe? Só que eles não compõem. Eles cantam músicas dos outros. E eu estou sempre orientando eles: "Coisa que já está plantada, colhida, não dá futuro". É que nem uma comida cozida. Se a pessoa pensar que vai cozinhar e plantar, é mentira. Ela não nasce mais nunca. Então, tem que plantar para ver o fruto que ela vai dar. Talvez dá alguma coisa, não sei. Para alguma coisa serve. Nem que seja pra crítica.

— *O que é compor pra o senhor, Seu João?*

João — Compor para mim é uma alegria de eu ver você conversando comigo, ela falando comigo. Cada coisa que vocês falaram aí, cada uma palavra dessa, eu faço 50 palavras.

— *Dá um exemplo pra gente.*

João — A que eu mais achar, é essa música Dá um exemplo pra gente. Por exemplo: Vou dizer um exemplar, você começa uma música por aí, vou dizer um exemplar. Aí, você olha como as pessoas se comovem, o estado da situação que a pessoa está, aonde se encontra, como é o ambiente. Só que a gente não fala publicamente, assim. Depois a gente pega, pela primeira parte que você tira a inscrição, novamente você pega um monte de papel, você vai ver qual é daquelas palavras que vai encaixar, para bater com a outra.

— *É trabalho.*

João — É trabalho pesado. Tem vez que eu fico com minha cabeça doendo. Mas que eu faço, eu faço.

— *E quanto tempo o senhor demora? O senhor falou que três dias para essa moça, mas em geral?*

João — No máximo três dias.

— *E o senhor tem quantas músicas? O senhor já contou?*

João — Umas quinhentas e poucas. De três anos pra cá. Tem três cadernos cheinhos, de 200 folhas. Eu fiz até dos caras que bebem aqui embaixo do viaduto. Fica tudo meio doido, meio bobo, outros dormem.

— *E o senhor lembra?*

João — Lembro.

— *De todas? Desses moços aí?*

João — O nome já diz: O morador de rua. "Eu morava na minha casa/Já tive tudo que tinha/Hoje que não tenho /Estou dormindo na calçada".

Muito simples. Então, a gente fala da vida conforme ela é. Esses cantorzinhos novos que têm hoje em dia, eles não sabem fazer música. Você pode perceber, que você pega um rádio, você liga, toda rádio que você liga está a mesma música. Porque eles não têm mais o que fazer. A cabeça deles não dá pra isso aí. Não é igual a gente, que a gente... inclusivemente, meus familiares são tudo desse tipo aí. Tudo artista mesmo. Tem João Mulato... João Mulato é meu primo, aquela praga lá. Tem 46 anos de estrada. O Vadico, da dupla Vadico e Lidoco, é meu primo também, tem quase 50 anos de estrada. E fora outros aí, que se eu for falar, vai longe.

— *A família inteira é de artista?*

João — Só meu pai que não era. Meu pai era comandante de Marinha. E um filho que eu tenho, ele tá com 36 anos, ele é Tenente da Militar, 2ª Divisa, não deu pra essa parte. E está feliz, está trabalhando, está tranqüilo, bem empregado. É filho do governo.

— *E, Seu João, o senhor estava falando de como o senhor compõe. E tem a ver com o que o senhor vê.*

João — É, com o que eu vejo.

— *Então, eu queria perguntar se o senhor pode falar um pouco mais sobre essa relação da música que o senhor faz com a vida. A vida que o senhor vive, a vida que aqueles que vivem perto do senhor vivem.*

João — Porque a gente se põe assim, a gente é além de onimologista, a gente raciocina, aquela situação que a gente vê adiante da gente. Porque a música é uma verdade. Agora, tem música que não é verdade, só bobagem, só porcalhada. Coisa que você não aproveita, dá até vergonha... mas não, a gente só bota coisas: aves, cachoeiras, caminhões, homenagem aos carreteiros, aos motoristas, homenagem às mulheres, homenagem aos pais, às mães, aos filhos, aos tempos de progresso de escola. A vida que você leva, é isso que você tem que pôr. Muitas vezes, você debaixo de árvore, quando a gente sai por essas praças aí, eu ponho a viola no meu colo, eu começo a "chorar" ela, passarinho vem cantar em cima da gente. Que é uma coisa da vida, é uma coisa que tem sentido. Não só para gente, como para os seres humanos no centro também. Então, eu me sinto feliz. Eu sou um homem feliz, graças a Deus. Tenho orgulho por isso aí. E tudo que a gente fala é bem aproveitado. Eu não jogo palavra fora. A palavra que ela é jogada fora, ela nunca é aproveitada. A gente tem que falar o necessário. Tem muita gente que tem até bronca de mim por causa disso daí, de eu ser realista. Eu gosto da realidade. Por exemplo, se você pedir para mim uma coisa: "Dá para você fazer tal coisa?". Se der para eu fazer, se tiver no meu alcance, eu falo: "Dá". Se não der, eu falo: "Você me desculpa, tal". Então, a gente tem um ponto de vista meio alto. A gente pode não ser homem grande, mas que a gente é grande homem, é.

— *E o que mais o senhor gosta de cantar?*

João — Ah, tem muita coisa. Não sei nem explicar, né? É muito pra cabeça. Tem hora que a gente fica também parado. Tem vezes que eu vou deitar pra dormir, eu ponho a cabeça no travesseiro, assim, eu fico pensando: "Meu Deus, por onde eu começo isso aqui? Até onde eu vou parar?". É um infinito, sabe? Não tem finalidade. Então, é uma coisa tão difícil. E é gostoso. Você leva transmissão de alegria de espírito para os outros, e você recebe também. Com a mesma moeda se dá, com a mesma moeda se recebe. Agora, do jeito que eles fazem aí...

— *O senhor acha que essa alegria... Você está falando de fazer uma música que diga a verdade. A verdade, às vezes, tem a ver com essa coisa do ego, do sentimento.*

João — Tem, tem. Só que ninguém gosta da verdade. Agora, se você contar uma mentira, você é bem aplaudido. Nossa! É ou não é? Então, eu fico meio doente com isso. Eu sou um cara meio frágil. Eu gosto mais das coisas certas... Não é bonito? Você chega lá você... você já chega com as musiquinhas programadas, tudo certinho. Também se alguém pede uma primeiro, você é obrigado a largar daquela que está programada, por aquela que está pedida. Você tem que cantar, porque o público pediu. Então, isso daí é uma alegria, é um bem estar pra todo mundo. É uma coisa que está no futuro e está no presente. Para todo mundo ver e saber que a vida é assim. A vida não é uns tombos, derrubar tombo. Sou contra isso daí. Se eu estou numa pior, eu pego você e levo pra uma pior também. Tem graça? A gente fica estourado, sem graça. Sei lá, é esquisito. Ou uma pessoa faz uma coisa que agrada todo mundo ou não faça nada. Eu sou desse jeito. Um dia eu estava escrevendo um musiquinha, escrevi três estrofes. Fui ler, eu não gostei. Eu mesmo não gostei. Peguei e rasguei tudo. Aí, fiquei com a cabeça sossegada. Depois eu fiz outra.

— *Seu João, o senhor sempre trabalhou, viveu da música?*

João — Eu tive dinheiro que nem água. Eu tive muito dinheiro. Estou caído agora, acho que foi uma maldição, não sei o que foi. Mas parece que Deus está me dando tudo de volta. Estou recuperando. Tem hora de tristeza. Não vou falar pra vocês que também sou um cara muito alegre. Mas só que meu ritmo não é de tristeza, meu ritmo é de alegria, que vocês estão vendo aqui. Então, a gente pode se deixar levar pela tristeza. Olha, eu tenho casa em Bauru, tenho minha mãe que mora lá. Já tive carro, tenho telefone que está lá. Tenho minha família. Tenho duas violas, por falta de uma. Lá eu tenho outra, que eu trabalhava, está guardada lá. Dentro de uma capa, trancada com três chaves, dentro de um estojo. E eu estou aqui. E sou um bobo... Sou cara que gosto de viver, gosto de contribuir. As minhas alegrias, talvez as minhas tristezas... Eu me sinto feliz. Então, eu não tenho do que reclamar da vida. De jeito nenhum. E a hora que eu sinto mais feliz, mais tranqüilo, é quando eu estou batendo papo, ou conversando com uma pessoa... perdão falar "bater papo", porque quem bate papo é peru. Quando a gente encontra pessoas boas iguais a vocês, que a gente está conversando. Que a gente também não é perfeito, tem muitas coisas que a gente não sabe, que a gente quer aprender. Por exemplo, modo de vida, modo de viver, o modo, talvez, de chegar, sentar numa cadeira, ou modo, talvez, de pegar uma caneta dessa, um copo de água. Tudo tem que ter um... Você entendeu? Então, a gente vai aprendendo coisa com coisa. Mas a gente vive no meio de gente aqui, que não sabe ver isso. Vai falar isso... eles brigam com a gente. Jogam água quente na gente. "Olha lá! Ele está caducando". Fala. Já falaram pra mim, ué. Estou falando pra você. Então, a gente não é aquele papo psicológico, aquela coiseira. A gente é humanalista. É analisador. A gente vê e faz. Depois eles vão conferir, ver se está certo, se é aquilo mesmo. É a mesma coisa de uma matemática, você faz uma conta... depois você vai tirar a prova dos nove, para ver se está certo ou está errado. É a mesma coisa esse serviço que nós fazemos. A gente escreve a música, depois eu volto tudo novamente, como está, se estão bem alinhadas as palavras, se encaixa, coisa com coisa, se não tem alguma coisa que atrapalha a música, que não cabe. Tem tudo isso daí. É um causo difícil. Nós estamos querendo gravar um CD agora, até já compramos uma fita de curió e outra de pássaro preto, para poder pôr na gravação. Quer dizer, que aí já é um sistema de vida, de sertão mesmo. Porque você canta a música, e os pássaros respondendo. E aí é vida. E é assim que a gente vive. Por exemplo, a Débora me falou a semana passada de vocês. Ela falou "Virão duas pessoas entrevistar você. Posso falar que vem ou não?". Eu falei: "Pode falar que vem, que eu estou de braços abertos para receber". Claro, lógico. Aí, eu fiquei até meio assim, né. Eu falei: "Poxa vida, será que eu devo conversar?", pensei comigo.

— *A gente veio para aprender mesmo. Para o senhor contar pra a gente como é, como compõe. Que temas o senhor usa para falar o quê, sobre o quê. A gente quer aprender, a gente não sabe nada.*

João — Ela mostrou pra vocês uma arrelique de músicas que ela levou? "Arreliques" de música. Sabe o que é arreliques?

— *Não.*

João — Arreliques... Então, vocês vão aprender agora. É quando a gente pega um papel pequeno. Você pega aquela música, você compõe ela todinha naquele pedacinho de papel. Cinco estrofes. Depois quando você fez tudo aquilo, que tiver bem pronta, aí, vai ver se está de acordo ou não está. Se ela não estiver de acordo, por aquela que você fez, você vai ter que fazer outra, incluindo as palavras certas de encaixe uma com a outra, pra depois você poder passar no livro. Entendeu?

— *E o que é estar de acordo, Seu João? Me desculpe, mas eu não sei. De acordo é rimar?*

João — De acordo, é isso mesmo, é rimar. É a mesma coisa do encarreamento. É igual um acidente encarreado. É a mesma coisa cada palavra de música, pra você encarrear ela. Por exemplo; "Não me serve mais esta vida, eu perdi a minha querida". Certo? Então, se chama encarreamento de música.

— *Tem que trovar.*

João — Tem que dar trova, todas as palavras. Se não, não tem assunto a música, fica uma coisa chata, sabe? É a mesma coisa que tomar água salgada. E é por aí a situação. Que nem, você canta, você toca, né?

— *Cantar eu não canto, só toco.*

João — Mas quem toca, canta. Sabe por quê? A pessoa que toca e não canta, não tem rumo. Vou fazer uma comparação pra vocês aqui. Não vai levar a mal, não briga comigo, não. É a mesma coisa de um caçador, que ele tem o gosto por um grupo de cachorro de caça, numa comparação. Você fala: "Hoje eu vou caçar", porque está chovendo bota a capa, o negócio nas costas, sai para o mato. Chega lá no mato, a caça no seu pé, mas os seus cachorros não têm faro. Como é que você vai pegar essa caça? É a mesma coisa do cantador...

— *Não vale se tem alguém que canta pra gente?*

João — Valer, vale, mas você que tem que ter inspiração. Porque, e na hora que ele não puder ir, como é que você faz? Que nem: quando nós gravamos, nós mesmos tocamos. Não tem ninguém pra fazer pra nós, é a gente mesmo.

— *Seu João, quando a gente estava ali fora, que o senhor começou a falar um pouco da sua música, do seu trabalho, o senhor falou que trabalhava com a memória.*

João — Com a memória. Com a memória é muito positivo, porque tem hora que se a gente está escrevendo uma música, você não pontuar, não prestar bem atenção em cada palavra que sai, você não é capaz de completar uma música completa de jeito nenhum. Você começa mas não termina. E se terminar não acha o começo. É esquisito.

— *Essa memória tem a ver, então, com a lembrança das palavras.*

João — Tem que haver. É a mesma coisa que você ser uma pessoa vidente. Você está vendo as coisas, na sua própria... sabe? Na própria inspiração da mente, você está vendo o que você está escrevendo. Parece que você está ali, vendo de cara ali aquilo que você está pensando. Porque você já viu antes. Talvez até passa do limite. Que é tanta coisa... a memória da gente não dá conta de segurar. É a mesma coisa de minuto, segundo de relógio... eu comparo isso daí com... é difícil até de falar. É igual a um sonho. Sabe? Um sonho. Você pensa que não vai ser nada, quando você vê é alguma coisa. E também pensa que está pegando, quando você vê... não está também. Tem tudo isso aí. Então, a música transmite muita coisa. Boa, e também transmite coisa ruim. Que tem pessoa que faz música, que... não passa.

— *Que apoio tem um artista como o senhor? De quem?*

João — Nossa, é muito fácil e muito simples de responder. O apoio nosso são vocês. Que nós não temos patrão. O patrão nosso é o povo. O povo é que faz a gente. É por isso que nós não podemos não deixar de ser cativo ao nosso povo, aos nossos queridos fãs. Então, nós somos gente através de vocês. É o que levanta nosso moral. Nós não temos ninguém, nós só temos vocês, só vocês, mais nada. "Vamos comprar um CD, ou disco", talvez você vai num show, toca a dupla lá, "Vou pedir para aquela dupla cantar aquela música pra mim, eu sou muito fã". Então, vocês vão levantando o moral da gente. E através de vocês, vai puxando mais. Quando pensa que não!

— *O senhor nunca recebeu nenhum apoio de Secretaria de Cultura, de governo, de nada?*

João — Não, não. Inclusive, já tenho dado muito autógrafo, que as pessoas pedem. Isso aí, a gente não pode negar mesmo. Já dei autógrafo, a gente dá com prazer e alegria. E teve muitas pessoas que às vezes não deu tempo de dar autógrafo que era muito. Se fosse, eu ia ficar a noite inteira, só rabiscando. Então, por isso é que eu digo, vocês fazem a gente. E muitos talvez ficam até com raiva da gente, porque a gente não deu pra atender. Mas não por culpa, é porque não deu tempo. São muitos.

— *Mas não teve apoio da Secretaria de Cultura, não teve apoio de ninguém?*

João — Não, não.

— *Da Igreja? De ninguém?*

João — Não, não. O apoio que teve foi esse que eu falei pra vocês. Vaia, sarro, crítica. Esse foi o apoio. Eu não posso falar aquilo que não é. É isso que vocês estão ouvindo. Se eu quis, eu tive que trabalhar nessa frente de serviço que saiu ultimamente, aproveitei esse dinheiro, do meu bolso, eu fui lá, com meu parceiro. Paguei antes... antes de entrar na gravadora já paguei o cara. Antes de entrar... completo. Mas não tive ajuda de ninguém. Agora eu tenho que voltar lá, pra mandar fazer outra remessa. Mas só que já quero fazer, nesse mesmo lançamento, mas quero gravar tudo de novo, mais caprichado. Agora, se vocês pensaram que a gente está dependendo de alguém que ajudou? É mentira. Não vai nessa, não. A gente teve que bancar sozinho. É o ônibus pra ir pra lá. Ônibus, metrô. Tivemos apoio de ninguém, não. Nós estamos aí, como diz, na raça, na qualidade. Porque a gente não deixa a peteca cair, a gente segura. O meu parceiro já quis desistir umas três vezes. Eu falei: "Não, você não pode parar, não". Eu falei: "Se você parar, eu não paro, não". E tem uma coisa, comecei, eu não queria voltar mais, depois de nove anos, eu não queria voltar mais. Mas já que já voltei, agora eu vou morrer com minha viola no peito. Der o que der. Não sei até onde que eu vou. Vou levando na marra. E é por aí, gente. Mas que eu não tive ajuda de ninguém, não tive, não. Mas mesmo assim, eu estou contente. Estou muito alegre, estou feliz. Na hora que eu quero, o dia que eu quero, eu pego a viola e falo: "Olha, eu vou tocar". O importante que a gente esteja sempre alegre, sempre contente, levando alegria, recebendo também das pessoas. O que for da gente, Deus dá, o que não for... Não precisa ficar correndo muito também, né? É por aí, a vida.

— *Como o senhor faz as músicas?*

João — Quando eu vou lá para o meu descanso lá, então eu sento sozinho, não tem ninguém pra estar tirando atenção, estou lá, a minha caneta sempre está escorregando em cima da linha, quando eu vejo está feito. Muitas vezes quatro estrofes, cinco estrofes. Estrofe: a cada palavra dessa, tem uma de quatro, quatro linhas, pra que sempre a música, ela dá um encaixe com a outra pra validar o termo, versão e aonde a música acaba saindo. [risos].

— *E quantos shows vocês fazem por mês, seu João?*

João — Isso depende. Está sendo difícil pra nós, porque não temos uma pessoa que apadrinha pra nós. Então a gente fica naquela, porque um artista, seja ele quem for, se ele sair, correr atrás de serviço igual a show, pode ser quem for, esse pessoal olha na cara, diz: "esse aí não é de nada". Porque você está se oferecendo, entendeu?

— *Tem que ter alguém que apresente.*

João — Mas se for uma outra pessoa que apresente, já é mais respeitado. Ou então manda ele vir aqui pra nós vermos. Assim que funciona a vida. Não é fácil não, mas a turma fala: "vida de cantor é fácil". É nada fácil não, não vai nessa não, fácil não, porque, olha, eu estou a 42 anos de viola, hein? Já ganhei muito dinheiro, se eu morro hoje, não me arrependo não, agora eu não tenho nada, ainda tenho uma casa, tenho minha mãe viva, tenho boas experiências como vocês estão vendo, a minha memória não falha, meus dedos também não falham, então, eu não posso falar que é ruim. Como muitas vezes encontro pessoas chorando de tristeza, eu chego, levo alegria. Ela falou: "mas só anda alegre!". Eu vou levar tristeza, se é para morrer mesmo. Mas é a minha vida. Então eu me sinto um cara rico. Não sou uma pessoa pobre, sou rico de espírito. [risos] Isso é muito importante. E a vocês, também, que procuram a gente para escutar a bobagem que a gente está falando. [risos]

— *O senhor que tem que agüentar as perguntas bobas que a gente faz, né?*

João — Não. Pra mim é uma alegria, é um prazer tão grande que eu não sei agradecer a presença de vocês. Falam com a gente a verdade, sério, o que é a verdade, a gente tem que falar, não adianta mentir pra você, mentir pra ela, a verdade tem que ser esclarecida. É assim que eu venho vivendo, falo de amizades, falo de amigos, é o que eu aprendi, por isso eu transmito todas as palavras pra vocês.

— *E a gente fica envaidecida, né? [risos] E quanto tempo dura um show do senhor, seu João?*

João — Ah, não tem previsão. Não tem previsão porque a gente é contente quando está cantando. Se for pra gente virar do dia pra noite, cantar a música sem repetir, nós cantamos também. Não tem essa. Então vamos fazer? Vamos. É assim que nós fazemos. Tem vez que o meu parceiro olha para minha cara: "você é muito corajoso demais". Não é que eu sou corajoso, a vida é que faz eu viver, então eu quero viver mais, e é aonde a gente lembra uma música atrás da outra, e vamos pra outra, quando você pensa que não, já acabou o dia. Oh, mas que pena, né?

— E a música é a sua vida, né?

João — A música é a vida, não só pra gente, mas como pra quem chega perto, pára pra festa antes de ir embora, é sempre assim.

Cultura sertaneja

*"A minha música é sertaneja classe A,
a minha é classe A".*

— O senhor, da outra vez que a gente conversou, disse que já viveu bem na música. Daí houve um período que isso ficou difícil seu João?

João — Já. Ficou difícil, porque o único meu braço direito que eu tinha, perdi em acidente, que é meu companheiro Pescador, da dupla Pescador e Montreal. Então eu perdi ele, e me desarranjei todo, um pouco de trauma, um pouco de falta de visão. Sabe quando a gente perde uma parte do corpo, uma perna, um pé? É a mesma coisa. Então, eu fiquei meio frustrado, sabe? Até eu falei pra minha família: "vou largar com isso, não vou mexer mais com instrumento não, para mim já era".

— E do João daquele tempo, que o senhor podia viver da música, e dava pra viver bem, para agora que o senhor está retomando, querendo voltar a viver da música, qual é a diferença? O que era melhor antes, o que é melhor agora?

João — A diferença é muito fácil, que hoje em dia, se você coloca música dessa que está aí no mercado, uma música regional classe verdadeira, pode ser mesmo... Então não sabe o que é vida, a vida deles mais é na leitura. Então, a gente tem medo de encarar a real, é aonde a gente fala a verdade por causa disso daí. Você pode ver até essas músicas de hoje que eu tenho, não é metendo o pau, mas tem música que dá até vergonha de você colocar pra você ouvir, tem ou não tem?

— Tem. Tem sim, porque é de muita má qualidade, né?

João — Então a gente pára, fica pensando, você escuta música clássica, popular, não sei o quê, não sei o quê, uma bela de uma porcaria...

— O que é porcaria, seu João? Qual a diferença entre música sertaneja, que eu sei que tem, e essas que estão fazendo agora, que parece que eles têm até um outro nome, Country, como é?

João — É, é tal de clássico. Isso aí não existe!

— *Tem as diferenças?*

João — Tem diferença. Teclado é teclado, sanfona é sanfona, viola é viola, bandolim é bandolim: é pra samba. É, vamos supor, harpa pra acompanhar, no Paraguai, que eles cantam muita música.

— *Guarânia. Isso.*

João — Guarânia, entendeu? Então tem diferença, não mistura samba com música sertaneja, não mistura música sertaneja com este tal de clássico, que eles falam que é um clássico sertanejo. Isso aí não existe, isso aí é uma invenção que fizeram pra evoluir, só que não tem nada a ver. Agora você vê as músicas que a gente faz, e olha as músicas que eles fazem, passe aquela fita que eu dei pra vocês, vocês escutam, ali fala de sertão, fala de água, fala de uma condução, estrada produzida, levando produção para os lugares, fala do que é bom. Mas essas músicas deles só falam em briga, o cara matou a mulher, e o outro fugiu pela janela, e o outro já está pensando não sei que lá, o outro está na esquina fumando não sei o quê. Isso aí não é música, pra mim, eu não assino.

— *O que faz diferença é a mensagem?*

João — A dicção é da música, porque a coisa original... É que nem nós estamos conversando do limpo para branco, do branco pra branco. A realidade tem que ser assim, tem que ter realidade, todo mundo está rezando pra que volte novamente a viola, novamente.

— *E daí é só vir a viola. O arranjo é só de viola?*

João — Arranjo. Aí você vê o que é a vida. Você levantar de manhã cedo, você escutar coisa tão sadia, tão perfeita. Por exemplo, canário na gaiola, um pássaro preto na outra. Até os pássaros cantam.

— *E dor de amor, se canta? Dor de amor. Então tem muito também, né?*

João — Tem, aqui também, tem muita coisa.

— *E são as mensagens que podem falar o que é a verdadeira música sertaneja, que trazem essas mensagens.*

João — Pode falar. Até o Ibope já prova isso aí. Qualquer lugar que você canta uma música dessa, é bem vindo, canta para o bispo, para os vereadores, canta, é menina, para os padres, aqueles políticos lá. Todo mundo vai abraçar o velho, não vão querer deixar nós irmos embora mais. Não é gostoso?

— *Seu João, mas o que aconteceu que faz com que essa que não é verdadeira faça sucesso na mídia e a que é verdadeira não faça?*

João — É por causa que tem muita bobeira e hoje em dia o povo vive só na base do engano. Então tem que acordar enquanto é cedo, não pode deixar o tempo passar. E é assim que nós vivemos. Esses dias eu fui fazer uma gravação ali na Aclimação. Tirei a viola da capa, não tinha nenhum passarinho. Parece mentira, está aí o meu parceiro de prova, que ele pode falar se eu estou mentindo, alí em cima encheu de passarinho. Naquela gravação de vocês lá, deve ter canto de passarinho. Pegou o canto dele lá. Agora faz uma batucada! Se espanta tudo os bichinhos, eles têm medo do barulho, não é uma coisa que chama, eles ficam com medo daquela coleira lá. Mas um toque de viola, canto bem bonito, uma palavra educacional, ó, até as aves gostam, pelo amor de Deus! Eu estou num lugar assim, eu começo com isso aí, eu sinto até emocionado. Puxa vida, o que a natureza tem a ver com isso aqui, porque não é a vida só da gente, é a vida deles também, sabe que você não vai fazer mal para eles. Agora, começa com aquela sambaiada, aquela batucada, até a gente tem medo.

— *Daí eles chamam isso de música clássica? De sertanejo clássico, essa mistura de som?*

João — Não, essa que nós cantamos é pura. Sem mistura, só violão e viola, depende, talvez, até um acordeon, se for necessário na música, se não... Mas o puro mesmo é viola com violão, não tem pra ninguém. Você conversa, você canta música, você entende os instrumentos, o instrumento conversa com a gente se você quer saber. É, ué, você conversa com o instrumento, o instrumento lhe responde certinho. Então é uma coisa que a gente sente dentro do coração. Isso é muito bonito demais. Eu queria que vocês um dia fossem assistir o show da gente, vocês verem de perto.

— *O senhor chama essa música que o senhor faz de sertaneja?*

João — Essa aí é a raiz pura. Você pode ver que tem muitas delas que falam em sertão, falam em carro de boi, essas coisas assim, falam em verde mata, alvorada sertaneja, neves, nuvens, chuva, isso são coisas sertanejas. Agora coisa com coisa que a gente não entende, não dá para entender, fazer o quê?

— *E tem esse público ainda que gosta dessa autêntica?*

João — Tem. Você vê como é o negócio. Não é, não é falando mal não, mas também não sou a favor. Para que mais tranqueirada do que a dos Mamonas Assassinas. Lembra as músicas deles?

— *Lembro, lembro. E hoje em dia, quem o senhor acha que é bom na música sertaneja?*
João — Bem, Milionário e José Rico, Teodoro e Sampaio.

— *E que é o verdadeiro que o senhor fala, que é de viola...*

João — Canário e Passarinho, Tinoco e Tinoquinho, mas infelizmente morreu, mas ainda está continuando de pé. Tem Canário e Passarinho. Tem um monte deles. Tem João Goulart e Goiabinha, tem Gilberto e Gilmar, Chitãozinho e Xororó, também tão pisando fora da raia.

— *Por que seu João, ele está fazendo o quê?*

João — Eles têm muita música misturada, que não deve. Eles colocam aí o que o Ibope pede, mas não é o certo. Pra nós que entendemos, não é o certo. Por exemplo, nesse lugar que eu vou domingo mesmo, esse pessoalzinho que canta essas músicas aí não pisa nunca lá.

— *E naquela época que o senhor vendia muito disco?*

João — Não, não era só a gente que vendia, não.

— *Mas o senhor vendia muito.*

João — Nas casas de disco também já tinha. Nós levávamos nos shows, porque muita gente pedia, né?

— *E quantos o senhor vendia?*

João — Ah, não tenho nem base. Só dessa Continental aí, saiu mais ou menos uma média de uns 14 mil LPs nossos. Dinheiro. Nós compramos até carro Aero-Willis. E foi esse carro que matou meu companheiro, própria ferramenta dele matou ele, fazer o quê? E assim é a vida. Agora arrumei esse outro parceiro aí. Está com 61 anos, eu estou com 51, são 10 anos de diferença um do outro.

— *E o outro parceiro do senhor?*
João — Vich! Aquele lá, ele botava fogo nele, botava fogo em mim. Eu sou meio desleixado, mas ele era mais. Muitas vezes, eu levava a música escrita para ele, para ele estudar, chegava lá, ele já estava com outra no bolso: "fica aí que você vai ver essa aqui".

— *Quantas músicas fizeram juntos, Seu João?*

João — Olha uma média, mais ou menos, base, de umas 400 e poucas, na época, hein?!

— *E quanto tempo vocês ficaram juntos?*

João — Vinte e cinco anos. Progresso, progresso e pé na estrada, muita alegria para o povo e pra nós também. É, é, era muito bom demais. Nossa, o que um queria, o outro não falava que não: "opa, vamos lá, se é para fazer, vamos fazer". Às vezes, um sentia a falta de dinheiro no bolso, o outro falava: "você está sem, eu tenho aqui", dá um pouquinho depois nós conversamos. Não tinha essa não. Chegava em casa de noite, muitas vezes, não importava a hora da madrugada: "fulano está bem? Ah, está dormindo, deve estar bem". Chegava aqui, entrava lá, quando eu não ia, ele vinha na minha casa. Era aquela coisa, era pai, era amigo, era irmão, era tudo o que você pensar. Se tivesse qualquer necessidade, qualquer apuro, ou do lado dele ou do meu, de qualquer lado, saía. Era assim, era mãos dadas.[risos]

— *Que bonito, né?*

João — Ninguém aproveitava um do outro.[risos]

— *O senhor acha que é diferente hoje em dia?*

João — Eu acho. Tem muita superstição, tem muita superstição, que tem hora que não dá pra gente entender.

— *Mas não era assim já na época do senhor?*

João — Não. Na época da gente, não é batendo papo não, a gente falava uma coisa pra qualquer pessoa, era bem aceito. Se estivesse errado, depois tinha uma reunião entre a turma nossa: "oi, vem cá, nós precisamos conversar com vocês, o que está acontecendo?". Vamos fazer a roda, vamos sentar. Aí começava a conversar: tal, tal, quem estava errado pedia desculpas. "Desculpa, com certeza não faço mais".

— *Mas entre as duplas também?*

João — É, entre as duplas. Entre as duplas, diretores de gravadoras. Muitas vezes, diretores de clubes. Aí o bicho pegava, se você vê a conversa que eu tive quarta-feira com a Inesita Barroso, com essas duplaiadas que tem aí, quarta-feira agora, é tudo profissional da minha época.

— *Pra fazer o tipo de música que o senhor faz, de raiz, tem que ter sido sertanejo, tem que ter conhecido o sertão?*

João — Na qualidade é. O café, por exemplo, tão gostoso, né? Mas ninguém nunca colheu, nunca colheu um café, nunca abanou, nunca pulverizou com veneno, nunca desbrotou, não sabe o que é isso aí. Só quem fez, sabe. Não sabe o que é um adubo de vale, nem a qualidade. A gente já fez, a gente sabe, a gente conhece.

— *Que é a vida, vocês cantam a vida, a vida de vocês.*

João — É, não é? Agora pergunta para essa turma, esses sabidões aí, vê se eles sabem responder isso daí.

Convivências, conflitos e diferenças

*"Se você não tem cabeça,
como é que o corpo anda?"*

João — Um grupo de pessoal de rua. Então, eles fizeram uma música Oh, leva eu, povo da rua. Leva eu pra onde, se o povo é da rua? Que rua é essa? Isso daí não existe. Só que não parou pra pensar na qualidade da música. Oh, leva eu, povo da rua, que eu também quero ir. Para onde, se já está na rua? Não tem mais pra onde ir. Então, pra rebater essa daí, eu fiz uma assim:

>Cantar para o povo da rua
>Sinto drama e pavor
>é o mundo que está perdido
>Rezar para nosso Senhor
>Que se ele tiver dó
>De viver sem o teu amor
>é o mundo que está perdido
>E tem muito sofredor.
>é o povo quem está sofrendo
>Já acabou o seu valor
>Procurando as igrejas
>Nos pés de alguns pastor
>Mas tudo é incoerência
>Dos amigos enganador
>é laço de serpente
>Dos amigos traidor.
>Aí tá certo, aí tem sentido.

— *E ela [freira da pastoral à qual pertence o grupo], o que ela achou disso?*

João — Não gosta da verdade. Não gosta da verdade.

— *E é uma pastoral que tem lá?*

João — É um grupo do povo de rua. Inclusive, ela e o padre que tomam conta. E sai com uma música dessa em cima da gente. Mas, meu Deus, acho que não mediu pra fazer isso daí. Eu fico com uma vergonha, minha cara fica no chão.

— Então, o senhor sempre constrói uma música para dialogar com...?

João — É rebate. Pra ver a verdade onde está. Não é por aí. Por exemplo, se eu estou com o pé na lama ali, eu vou convidar vocês: põe o pé aqui na lama junto comigo? Não, não é por aqui. "Não, sai fora que aqui tem lama, vai sujar vocês também." Não é por aí o negócio. E talvez se vocês não sabem, faz pergunta para o outro, que é mais inteligente. Que nem na nossa reunião de violeiro, nós temos união também. O que deve ser feito, o que vai fazer, o que não vai. Muitas vezes que vai cantar em lugares: que música nós vamos cantar? Aí, junta todo mundo.

— *O que eles falam por aí?*

João — Eu queria que vocês participassem desse jogo de rei, só pra vocês verem. É uma calamidade. Toda hora que eu paro, parece que eu fico até doente. Eu paro assim, parece que eu não estou vendo aquilo. Eles pegam o certo pelo errado, pega o errado pelo certo. Não é que eu estou metendo o pau. Porque a gente não é de meter o pau em ninguém, não gosto de criticar ninguém, cada um é cada um. Mas, a verdade certa tem que ser certo. Já que vai fazer a coisa certa, vamos fazer assim.

— *E o senhor compõe muita música em nome de Jesus, religião, né?*

João — Componho, componho. Eu já fiz até para o presidente, agora. Para ele abrir os olhos, tomar cuidado com a nossa gente, por cima do seu trabalho, é devido à traição... com a gente. Mas isso daí, não é com a gente aqui. É lá de dentro lá. Porque você sabe que quando o presidente quer fazer um trabalho, os ministros caem em cima para ele não fazer.

— *Seu João, o que é o certo de fazer, por exemplo, em relação às pessoas que moram na rua?*

João — O certo é ensinar uma coisa boa, né? Não ficar com falsidade, falando besteira, enchendo a cabeça. Por exemplo, explicar mais fácil, mais rápido. Que nem, eles me chamaram pra cantar na casa de oração, tocar lá. Eu nunca disse que não ia, sempre fui. Mas eles comparavam eu com esses bêbados que eles olham por aí. Só que na minha visão, não deu pra passar, não. Eu fiquei na minha. Fiz até quando deu. Agora, faz cinco ou seis domingos que eu não vou mais lá. Porque você vai lá para fazer a coisa para pessoa com carinho, com amor, e todo mundo olha pra você de rabo de olho, todo torto, aquela coisa, aquela falsidade. Pô, aquilo machuca a gente. E se a gente não quer brigar, não quer falar nada, então, é melhor afastar. Vai atrás de outros, então. Isso é o certo.

— *Deixa eu ver se eu entendi. Como se eles encarassem as pessoas que moram na rua, como se fosse gente sem vontade...*

João — Sem valor. Sem nome e sem valor.

— *Sem opinião. E eles, então, iam fazer por elas.*

João — ...pra jogar o nome da gente junto, que a gente não precisa disso daí. Eu não preciso. Graças a Deus, não. A gente tem qualidade e tem nome. E fazia da gente chinelo, tapete. É a mesma coisa que chegar na porta da sua casa, pisar em cima.

— *Seu João, explica pra mim. Todo domingo tem uma reunião do quê lá?*

João — Ali tem... diz que é uma celebração. Mas ele faz uma coisa lá em cima, mas quando chega lá embaixo, é outra coisa. Lá em cima eles falam que não pode ser isso, não pode aquilo, tal, tal. Eles mesmos são os primeiros a fazer o errado. A gente vê... quem está mancomunado, não está vendo nada, não está vendo nem eles. A gente não bebe, a gente não é bobo. Então, eu fiquei meio assim, sabe? Eu sou o tipo da pessoa... sou bom, mas sou desconfiado. E enxergo muito bem. Quem já conviveu no meio de quatro, cinco mil pessoas, que nem eu já convivi. Acostumado com o mundo inteiro. Eu conheço 21 estados. Então, eu achava que não era certo. E esse companheiro meu, Jaime, é uma pessoa muito... sei lá, é meio desligado. Eu sempre abrindo os olhos dele: "Presta atenção. Vê o que está acontecendo". Não é por aí. "Mas o que está acontecendo?" — "Não sei. Olha com seus olhos e vê o que está acontecendo. Depois você me fala." — "Nunca vire as costas para quem diz que é seu amigo e não é." Mas eu já passei cada uma. Três anos, mas aprendi. Se não aprendeu, não aprende mais. Ele [o padre] diz que é povo de rua. Povo de rua. Povo de rua não grava CD, povo de rua não faz música, povo de rua não esquenta com a vida. Eu tenho quatro lindos filhos. A minha filha mais velha tem 18 anos, a Juliana, Jaquelina, 16, Jefferson, 14, a minha caçula tem 12 anos que é a Graziele. Está lá em Bauru, eu estou pra cá, porque eu quero estar. Eu vim pra cá a fim de aventurar a vida, porque lá é difícil. O que fiz aqui, lá eu não fazia a metade. Aqui eu já gravei dois sucessos, dois CDs, Volta de Boiadeiro e Relato de Amor. E o povo da rua que há muito tempo está aí, não fez nada. E ainda discriminar a gente. Vocês podem até pensar que eu estou falando besteira, mas não estou, não. É que a gente vê, a gente sente machucar. Porque a pessoa não precisa machucar o outro de boca. Com os próprios olhos, com o próprio pensar. Que tem muitas pessoas que falam que Deus não existe. Existe sim. O espírito de Deus existe dentro da gente. Ele não existe dentro da igreja, não. É dentro de você. Então, você sente quando o inimigo... não adianta, não tem coisa que segura. Então, eu tenho esse tipo de aspecto, sabe? Tem hora que eu penso comigo: "Será que eu estou ficando louco? Será que eu que sou louco?". Mas não é nada disso. É a mesma coisa com nossas músicas. Eu faço de repente... vou cantar, dá tudo certo. Eu acho que não é só imaginação, né? A gente vê por dentro, vê por fora. Tem hora que eu paro, fico pensando comigo, não sei se sou eu que estou louco. Acho que não é não, não é possível.

— *É uma sensibilidade.*

João — Porque o louco não faz isso daí, não faz de jeito nenhum. O mês passado, eu fui na loja ali embaixo, na loja da dupla Cezar e Paulinho. Eu vi uma viola muito bonita lá. Eu não ia trazer, depois eu pensei bem, eu falei: "Quer saber? Vou levar isso aqui". O cara falou: "Vai levar?". Eu falei: "Vou levar". "Você está brincando?" — "Não, vou levar sim. Quanto é isso daqui?" — "Fica em 260 reais e não sei o que lá". Eu falei: "Essa viola é minha. Dá ela aí, deixa eu experimentar". Peguei a viola, afinei de ponta a ponta, dei umas quatro soladas na viola, o cara abriu a boca. O cara falou: "Você toca, né?". Eu falei: "Não, estou só brincando pra ver se está afinada". O cara falou: "Vai levar mesmo?". Eu falei: "Vou". Aí, já abri a carteira, puxei o dinheiro, foi lá e fez a nota fiscal, deu até um método de viola junto. Eu falei: "Eu não quero método. Para que eu quero método?". Ele falou: "Isso vai acompanhado". Até o método dei pra outro colega meu que não sabe nada. Comprei com cabo e tudo, ficou 305 reais. Na hora assim: "Ah, mas você é louco". Eu falei: "É minha ferramenta, ué". Quem quer trabalhar tem que ter ferramenta.

(...) Eu quero dignidade, tranqüilidade, conhecimento, amizade, amor com pessoas, sem falsidade. Esse é meu esquema de vida. Então, eu me sinto muito grande sobre isso daí. E a gente tem que só agradecer a Deus, cada dia que amanhece, e cada tarde que chega, por a gente não viver só pela gente, e conviver com as pessoas, e por ver que sabe o que é viver. Porque se a gente for também só pela gente, a gente também não vive não, viu?

— *E aqui é um pessoal que sabe viver, Seu João? Aqui na Associação?*

João — Não estou metendo o pau, não, não estou falando mal não, mas de mil... Vamos supor, tem 50 associados, desses 50, se você tirar dois ou três é muito, porque o resto...

— *O resto é como?*

João — Se você falar uma coisa, eles não aprovam, falam que não é verdade, que não é aquilo. E está vendo que é, mas diz que não é. Então, é uma coisa que pra eles não serve. Bom, pra mim não serve. Eu não gosto de nada errado. E a Debrinha, tem vezes que ela chega aí, ela pára um tempo, fica conversando comigo, só pra ver se eu fico falando alguma coisa. Isso é curiosa essa menininha aí, viu? E eu gosto dela só por causa da pessoa dela. É magnífica, uma pessoa espetacular. Então, a gente fica todo cheio de... Entendeu? Cheio de razão. Talvez é uma coisa que a gente não tem, mas a pessoa que está com a gente se sente aquela realidade, aquela alegria, aquele tanto de satisfação. Porque isso aí, pra gente, é tudo. Porque não adianta nada... Do jeito que eu sou aqui, do jeito que hoje eu estou aqui, não era pra eu estar aqui. Não era mais pra eu estar aqui. Já aprontaram cada uma pra mim aqui, que vou falar pra você. E principalmente, agora depois que eu comecei a gravar. Nossa! Tem pessoas que todo dia me pedem dinheiro... Eu dou... dou dinheiro pra tomar cachaça. Eu não esquento a cabeça. Aí, pega mal, né? Pega mal. Então, a gente... a gente vai aborrecendo. Tem pessoas que não procuram uma coisa pra fazer. Sei lá... que pra mim, não me falta nada, graças a Deus. Não é só por causa disso. É porque eu não dou tempo ao tempo. Eu vou em cima do tempo. Eu sou desse jeito.

— *E o senhor vem pra cá todos os dias?*

João — Todos os dias.

— *Então, o senhor toma conta disso daqui tudo, Seu João?*

João — Não, não é tudo isso aí, não. A gente tem hora que tem a palavra de menos. Sabe? Tudo vai... mas tem hora que a palavra fica desse tamaninho. Só que a gente também não fala nada. É por aí. Mas eu não tenho nada do que reclamar. Eu acho que cada um é cada um. Cada pessoa tem direito de levar a vida que ele acha que deve ser. Só que eu não vou deixar que o Diabo tome conta de mim. Não. Não, porque quem não tem fé em Deus, ele só vive dentro do buraco. Sabe disso, né? Ele nunca sai fora. Eu acho que a pessoa tem que ter espírito bom. Tem que pensar alguma coisa, não só nele, como nos outros também, porque se um dia eu me levantar, porque eu vou me levantar, tenho certeza que eu vou, muitas pessoas eu vou ajudar. Então, eu não quero essa vida só pra mim. Importante que esteja pretendendo ser amigo de todo mundo. Dinheiro pra mim, isso aí não é riqueza. A riqueza é bom conversar com você, com ela, com outro, dar risada, contar uma piada, pra um, outra pra outro. (...)

— *E agora no Natal vocês vão fazer algum show? Vão fazer alguma coisa? Os padres não pediram nada?*

João — Olha, esses padres...

— *Eles não voltaram atrás do senhor?*

João — Não. E eu não quero mais que eles voltem, não. Sabe por quê? Eu sou uma pessoa que eu gosto da sinceridade, sou um cara bom que, olha, me leva onde quiser, mas o que ela [freira da pastoral] fez comigo não está escrito, porque a teoria dela é só no estudo, a minha é na prática e na vivência. Então ela não admitia sabe? Estou chateado até hoje, estou sentindo uma dor tão profunda, quando eu lembro dessa mulher, me dá até ódio, até raiva. É pecado isso daí, pecado isso daí, mas a gente quando revolta, a gente sente isso daí. Mas a gente não vai brigar com uma pessoa dessa daí. Eu mesmo não tenho coragem de brigar com a pessoa, além do que ela me disse, só falei para ela: bom, eu não sabia disso, já botou em prática? Então, foi bom que eu já fiquei ciente, não precisa mais me procurar em lugar nenhum, que ela pode precisar de mim, mas eu não preciso dela, e agora ela vai, dizem que estava pensando de mandar me chamar pra ir pra Ribeirão Preto.

— *E o povo não vem chamar o senhor pra ir fazer em outros lugares?*

João — Vem, vem, deve gostar. E eu falo não, eu não vou, não.

— *Daí o senhor recusa, terminantemente, tudo que tiver vinculado a eles, o senhor não faz nada?*

João — Pra mim eles não falam nada. Não, pior que nem falar comigo ele não fala. Ele não fala que ele sabe que a minha retrucada é feia: ele é padre, eu sou cantor, além de cantor, sou compositor, quero ver quem ganha. [risos]

— *Vão bancar num duelo, é ruim fazer um duelo, né? [risos] Como é esse duelo, um padre com cantor e compositor?*

João — Ah, ele perde, hein?! O padre é o seguinte, o padre, ele entende muito é de religião, igreja, mas de vida mesmo, de prática, teoria, ele não sabe o que é isso. Sabe fazer um casamento, sabe fazer um batizado, sabe dar um catecismo, mas faça na prática que nem a gente faz, quero ver!

— *Cantor é que sabe?*

João — Nós sabemos até onde o Diabo mora, se você quer saber um negócio.

— *Padre não sabe, né? O que o padre sabe, sabe na teoria, mas na prática não sabe.*

João — Sabe nada, sabe nada. [risos] Mas na prática não sabe.

— *E mesmo ele convivendo tanto tempo aqui em torno, ele não aprendeu nada?*

João — Não sabe.

— *Não conseguiu aprender?*

João — Você quer ver por quê? Eu já trabalhei com gado uma vez, eu entrei numa mangueira de gado uma vez. Falaram pra mim: "tem uma vaca aí que ela pega só no cheiro". Falei: "será que é verdade?". Eu falei, eu falei: "eu vou entrar lá para eu saber qual é", né? Aí eu sei que é verdade. Mas esse negócio de estar lendo num papel e falando, não me interessa. Ah, quando eu vi, agora eu vi que é verdade mesmo. Aí eu acreditei que é verdade. Agora que nem eles fazem aí, eles não sabem nem o que é isso aí que estão fazendo, não sabem o que é uma apanhada, não sabem o que é um incêndio, não conhecem a natureza, não sabem nada disso. Bebe água, por que vê os outros bebendo, sabe o que é isso?

Emprego, trabalho e lazer

"Nós temos que batalhar pra ver se nós conseguimos viver o mesmo tanto".

— *O senhor não trabalhou nunca com outra coisa?*

João — Não.

— *Sempre com a música?*

João — Sempre só com a música. Inclusive, eu trabalhei nessa frente de serviço, na marcenaria. Eu falei para mulher: "Nunca trabalhei para ninguém. Trabalhei diferente. A minha ferramenta sempre teve dez cordas, um braço só, um cavalete". Ela sabe disso aí, não precisa nem falar. Eu falei porque estava de saco cheio, sabe? Porque tem hora que a gente fica de saco cheio também, né? Ela pegava muito no pé. Isso aí é coisa ruim, é coisa mandada. Desfez de nós, quando nós viemos de Brasília. Falou um monte para nós: "É, agora não vou mais precisar de você". É lógico, está servido, vai precisar mais o quê? Depois de encarar bispo, padre, vereadores, em frente os caras que fizeram as câmeras de cinema. Servimos, demos conta do recado, depois, agora... (...).

Começou soltar CD na praça, mas isso é muito bom, é o que a gente está procurando, é o trabalho que a gente tem que fazer, porque serviço hoje em dia não tem mais. Você chega em qualquer escritório hoje, o pessoal fala: "Ah, mas você já está velho". Mas ninguém é velho porque não tem serviço, só pra jovem, mas dá serviço pra jovem, ele não trabalha. Outra coisa, a gente que já é mais vivido, tem mais capacidade.

— *Mais experiência, né?*

João — Então, como eu não achei como fazer nada, então eu vou partir pra minha vida, eu vou esquecer disso aí. Já era de forma que se as pessoas chamam eu pra trabalhar, pra dar um registro na minha carteira, eu também já não quero mais.

— *O senhor andou procurando muito trabalho?*

João — Olha, São Paulo, daqui a Guarulhos, Tremembé, nunca fui a lugares antes, suadão, e falavam: "Quantos anos tem: 65?". Então, estou com 50 anos agora. Você quer sair de lá trabalhando, não nessa idade parado, como é que fica, está certo uma coisa dessa?

— *O senhor procurava emprego do quê Seu João?*

João — Do que aparecia. Pintor, encanador, ajudante, até ajudante de pedreiro, que é o pior serviço. Falavam só "não". Ah, então deixa quieto, não vou mexer com isso, não. Além de procurar serviço, ainda tem que adular pra pessoa dar serviço que já não presta, ainda vai adular pra dar ainda o serviço. E eu estou partindo pra sucatilidade. Tenho certeza que eu vou sair muito bem.

— *Seu João, e para um cantor e compositor como o senhor tem diferença entre trabalho e lazer? O que é o trabalho, que é o lazer?*

João — Para um cantor e compositor, o trabalho e o lazer é uma vida completa. Então, porque de todo jeito você só está aprendendo, você não está jogando nada fora. [risos] E é assim a vida: por exemplo, vou numa praia, chegou lá na praia, que eu vou fazer? Tiro o chapéu, tá, coloco uma sunga, mais à vontade, de vontade, peço uma coca-cola, peço uma gelada, talvez sente, né, mas desde que naquele sentar meu, naquele tomar um guaraná, uma coca-cola, seja lá o que for, os meus olhos estão correndo meio mundo. Um dia, uma coisinha deste tamanho, faço uma música deste tamanho. Só na vida que a gente vê, está na prática, você viu pra fazer, você não fez no escuro. [risos] Então tudo isso é lazer, é uma alegria que você sente de tudo quanto é jeito: você sente pelo povo, você sente pelo seu viver, pela sua memória, por aquela identidade que você é, tudo é lazer, nada é jogado. Isso aqui mesmo que vocês estão fazendo, não é um passeio, não é lazer, não é nada, é uma palestra de experiência, algumas coisas vocês falam: "puxa vida, isso eu não sabia, aprendi agora". Não é verdade? É a mesma coisa, eu estou aprendendo com vocês também, eu também não sei nada ainda. Isso é muito bom, que gostoso! Que nem, eu fui na TV Cultura, você vê, estava acabando de falar pra você, coisa que eu não sabia, talvez a gente sabe, mas a gente não lembra, depois que a gente vai recordando: o mais não é assim, é assim, assim, eu não tinha reparado nisso. Sabe como é aquela história, é um lazer, tudo é um lazer, desde que a gente faça tudo com boas intenções, com muita amizade e com esperança de realizar tudo que a gente vê, e o que é certo, a gente escutar e pegar, não digo todas coisas, pega os mais certos, os que forem errados, joga.

— *O senhor gosta de televisão, seu João?*

João — Coloco sim ou não, não sou muito chegado, não.

— *Não?*

João — Não. Eu gosto mais do rádio, ouvir uma fita, talvez, fazer, vamos supor, uma cantoria. Jogo, televisão, pescaria, rodas de bebedeira, não me chamam, não, que não é comigo, não.

— *Nem pescaria?*

João — Aonde tem pescaria, tem a mentira, tem a cachaça e tem a briga e tem a violência. O jogo também. Então estou fora, eu conheço, eu já vi, já sei o que é isso. [risos]

— *Já fala da experiência?*

João — É sim. Então é por isso que eu digo, talvez muitas pessoas falam: "você é mole". Não é que eu sou mole. Então você me responda. O dia que eu saí de casa, minha mãe me disse assim: "meu filho você seja sempre covarde, nunca corajoso, porque enquanto você for covarde, você vai viver para o resto da sua vida". [risos] Não é verdade? Você pode ver que os valentões são os primeiros que vão: bate aqui hoje, bate nele ali amanhã, quando chega na frente, tem uma cobra esperando ele ou fulano morreu, ó rapaz, ainda bem que não foi eu. [risos]

— *É. E ler, seu João? O senhor lê muito?*

João — Bastante, bastante, e só coisa boa também.

— *O que o senhor lê?*

João — Gosto de ler nova história calendária, apesar que não é muito verdade, tem muita mentira também.

— *O que é história calendária, Seu João? Desculpe...*

João — História calendária é uma história, vamos supor, de signo. Então, tem vez que eu começo ler esses calendários, assim, né, que tem muita coisa que é real. Mas no meio de 50 coisas reais, você pode tirar 30 fora, que é mentira, só aproveita 20. Então, a gente tem uma base, é um básico que a gente faz.

— *E disco, o senhor escuta muito disco?*

João — Escuto, só que as músicas que eu gosto mais de escutar só desses caras mais antigos. Zezé de Camargo e Luciano não gosto, grita muito, tem coisa que não se aproveita. Rick e Renner é outro. Gian e Giovanne ainda passa, não é tudo aquelas coisas, mas passa. Quem mais? Chitãozinho e Xororó, na época até 1972 ainda não cantava ao vivo, de lá pra cá, já sujou o amarelo, então, não serve. [risos] Quem mais? Ah, Sandy e Junior, apesar de que eles não cantam bobeira, mas só que é uma coisa que você não acha sentido se colocar.

Imagens de São Paulo

"São Paulo é um lugar que você tem campo, não só pra pensar, como você vê e revê e revive, tudo com letra V".

— *Seu João, o senhor é do mato, e por que o senhor veio morar em São Paulo?*

João — Olha, eu vim morar em São Paulo pensando que ia ser uma coisa, aliás eu não vim pensando nada, eu vim na certeza, saí de Marília de a pé, daqui lá dá 530 quilômetros. A pé. Andei nove dias pra chegar aqui. Aí eu falei pra minha mãe: "estou indo hoje, vou lá pra São Paulo". Ela disse: "fazer o quê?". Eu falei: "ah, eu vou aventurar a minha vida". "Mas você vai de que jeito?" — "Ah, eu falei, indo." — "Mas se vai, só quero ver de que jeito se vai." Eu falei: "não esquenta a cabeça não". Dormi à noite, quando foi no outro dia, quatro e meia da manhã, levantei, fui no fogão, fazer meu café, eu mesmo fiz o café, tomei um banho, troquei de roupa, ainda fui na cama de cada um levar café: "único café que você vai beber por enquanto". "Por que, o que vai fazer?" — "Ah, estou viajando". Aí peguei, saí só com a roupa do corpo. Cheguei aqui em São Paulo, peguei um senhor aí, o Sebastião, que mexe com isso. "Vamos formar uma dupla, você é cantor", falei só.

— *E aonde você encontrou Sebastião?*

João — Lá no Arsenal [albergue noturno]. "Será que vai dar certo", eu falei. — "Não sei, nós tentamos". Ele começou a dar risada da minha cara. Aí não foi nada, cantamos mais ou menos uma média de uns três meses. Em vez de eu não agüentar, quem não agüentou foi ele, ele desistiu. Ele falou pra mim: "não dá". Eu falei: "por que?". Ele falou: "porque você é meio desajeitado pra cantar, não sei o quê". "Eu te entendo." Aí, eu aceitei.

— *Conversa mole, né?*

João — Não tem problema, nós somos amigos do mesmo jeito. [risos] Aí ele me apresentou o Jaime. Aí ele veio falar comigo: "Sebastião disse que não vai cantar com você, você está sozinho, tal, tal, João você está sozinho?". "Estou." — "Então é o seguinte: eu quero um companheiro que seja cabra homem, firme, porque se for pra você começar pra parar no meio da estrada, não pensa." — "Ah não, vamos fazer, vamos fazer." Estamos aí três anos, aí, na luta. Eu e ele já gravamos dois CDs e o outro que disse que era o bom não gravou nenhum.

— *Tinha uma certeza que ...*

João — Eu tinha, tinha certeza, eu tinha certeza mas não sabia como, por onde eu ia começar.

— *Tinha certeza que ia começar a vida aqui em São Paulo?*

João — Com certeza.

— *Por que São Paulo, seu João?*

João — Porque em São Paulo é um lugar que você tem campo, não só pra pensar, como você vê e revê e revive, tudo com letra *ve*. Então a gente, nós vamos habituar e vai dar certo. Depois que eu vim pra cá então...

— *Mas o senhor já vinha tentando voltar a tocar lá em Marília?*

João — Não. Não, não, porque lá é o seguinte, agora você vai compreender porque: nós estamos falando de sertanejo. Os caras da roça têm medo de encarar a vida, não são peito aberto assim que nem nós, não. E outra, para encarar um público, você tem que ter muita dignidade e tem que ser gente mesmo de verdade pra você falar: "pô, eu vou entrar sem medo". É assim a vida do artista. Muitas vezes eu fui cercado por muitas fãs. Muitas vezes derrubam a gente, passam por cima, então tem que ter coragem. [risos] É por isso que muitos não queriam.

— *Mas arranjava uma dupla, então, em Marília? Conseguia arranjar uma dupla?*

João — Não, não, os caras não têm coragem pra encarar, não. Que nem quando começamos... era uma boa até que a gente foi começar a cantar em circo, show. Esse negócio a gente já estava mais conhecido porque no rádio já estava anunciando, mas mesmo assim ainda dava problema, ainda dava trabalho, ainda. (risos) É, ué, e aí foi a vida que eu tive, e continuo com a carreira, eu estou jovem, estou com 50 anos. [risos]

— *Quer dizer que o senhor não se decepcionou com São Paulo?*

João — Não. Pra mim é como qualquer outro lugar. Só não gosto de ver certas vaidades que eu vejo por aí, certas coisas. Às vezes a gente vai falar, nem deve abrir a boca, eu deixo para o meu passado, não vi, não sei.

— *E o senhor continua achando que aqui ainda tem muito mais campo do que no interior de São Paulo?*

João — Tem. Tem, porque pé que não anda, não vem a topada, pode ter certeza.

— *Mais do que o Mato Grosso, por exemplo, porque eu vejo o pessoal que canta no Mato Grosso.*

João — Mato Grosso, dá sucesso sim.

— *Não dá sucesso, seu João?*

João — Mas se você vier aqui, forma daqui, que nem está aquele lá, se você for pra lá, agora dá, mas se você forma lá pra vir pra cá!

— *Tem que vir aqui, formar aqui e voltar pra lá?*

João — Porque o cara estando aqui, ele fica sem vergonha, testudo [risos], ele desmorona, ele acostuma.

— *Aqui. E ele acostuma por quê?*

João — O clima, o sistema, a sabedoria do povo, o jeito, a maneira de agir, é tudo isso. Então isso aí é uma prática, não é nem teoria, é uma prática isso. Que nem eu estava acabando de falar agora: a gente, pra sentir o gosto de uma água, a gente tem que tomar ela, senão não adianta nada.

— *Agora aqui em São Paulo, o senhor acha que as pessoas que vêm ficam viciadas, entre aspas, aqui com o público que é muito diferente?*

João — Com certeza. É que nem vocês mesmo, desculpa, se eu falar errado, que nem vocês mesmo, vocês vieram aqui à procura do quê? Não foi à procura da gente pra conversar com a gente?

— *Foi, foi.*

João — O que vocês sentiram?

— *Aí, uma receptividade, eu aprendi tanto.*

João — Então, não é gostoso a gente relutar, dizer: puxa vida, eu pelo menos vi, conversei.

— *E no interior, não tem essa prática?*

João — Não. Muito difícil, cara, todo cara que se forma lá, ele tem que ir pra fora.

— *Então o senhor não pensa em voltar mais? Aquilo sustenta?*

João — Não, eu penso sim . Só passear, passear talvez, mas morar, não.

— *Morar em São Paulo?*

João — Morar em São Paulo, nem se for pra eu ir na minha casa a cada três, quatro dias visitar minha mãe, tal, sai fora. Mas morador, não quero, não. Não quero porque é um lugar que você não tem futuro, você não tem futuro, você não tem como ficar. Então não adianta, é a mesma coisa que eu falar pra você, esse sapato não serve no meu pé, como eu vou enfiar ele no meu pé [risos], não é verdade?

— *Se enfiar, vai ser com dor, daí vai ser pior, né?*

João — Ou nem entra no pé. Então a gente tem tudo essa marcação. Então, a vida, a gente aprendeu isso, e a gente quer muito mais, porque não está bom ainda.

— *E aqueles amigos do senhor, seu João, que tocam também junto com o senhor, são cinco, na verdade nenhum, nenhum quer sair de São Paulo?*

João — Não.

— *Por que todos vieram do interior, não é?*

João — Todos eles. Sebastião é de Minas, Alfenas, Jaime é de Paraná, o Rio Brilhante é aqui de Campo Grande, só que ele é mais aqui de São Paulo do que Campo Grande, não volta mais, João Viana é aqui de perto mesmo, é de perto de Jundiaí. Vou ficar aqui em São Paulo, também. Eu falei: "não, pra lá não quero saber, eu quero ficar por aqui mesmo". E já vai ficando esse grupo doido aí.

— *Claro, e daí tem mais chance, mais campo?*

João — É verdade, e a gente destaca mesmo isso aí, só de viola, só de viola tem 42 anos.

Entrevistadoras: Maria de Lourdes Beldi de Alcântara e
Maria Luisa Sandoval Schmidt

A vida na guarita

Edimar nasceu em Pedra Branca, Ceará, é branco, e veio para São Paulo, pela primeira vez, aos 18 anos, motivado pela dificuldade de sobreviver no campo. Morando na roça, muitas vezes trabalhava por seis meses na lavoura e acabava o ano sem colher nada, pois a colheita dependia da "boa vontade" da chuva.

No início de seu processo de migração, viveu num regime comum a muitos nordestinos: chegava a São Paulo, trabalhava alguns meses, juntava algum dinheiro e voltava para sua terra, lá ficando até que o dinheiro acabasse, obrigando-o a uma nova viagem. Permaneceu neste ritmo até se casar, quando, há dez anos, fixou-se definitivamente em São Paulo.

Trabalhou na indústria metalúrgica e na construção civil. Atualmente, com 40 anos de idade, é porteiro de um prédio de classe média situado no bairro de Pinheiros, na zona oeste da cidade e mora com a mulher, que também trabalha, e os três filhos em Ermelino Matarazzo, bairro situado na zona leste do município.

O lazer, tema central de nossa conversa, desenha-se no rendilhado de outros temas que ajudam a entender o significado e o lugar que ele ocupa na vida de Edimar. O passeio, que é a visita a parentes na Grande São Paulo e a viagem para rever os familiares em Pedra Branca, é o significado principal de lazer para Edimar. O primeiro é tolhido pelo medo da violência, pelo medo de sair de casa e de enfrentar os perigos de transitar pela cidade de ônibus; o segundo é limitado pela grande distância que requer tempo e dinheiro para ser percorrida. A violência e a migração são o contexto em que o passeio aparece como uma oportunidade de lazer vivida, num caso, com receio e, no outro, com sacrifício financeiro.

A casa, contraponto do passeio, é o abrigo seguro onde Edimar gosta de chegar e de ficar. Por isso, talvez, o desejo de ter uma casa própria, as preocupações com o aluguel, o sonho de aposentadoria e uma ocasional inclinação para voltar para o Ceará tenham surgido como assuntos recorrentes na entrevista sobre lazer.

O rádio e a televisão são diversões indispensáveis, presentes tanto na casa quanto no local de trabalho: na guarita do prédio são "companheiros" que ajudam a passar o tempo, especialmente quando ele faz plantões noturnos. O rádio é o emissário da música caipira que o remete à sua infância na roça, aquecendo-o com lembranças do convívio familiar. A televisão, por sua vez, reveste-se de contradições: distrai, com filmes e jogos de futebol que aprecia, e amedronta, com a divulgação da violência. O baile e o bar também são tematizados, ingressando na mesma região perigosa da rua, do "fora de casa".

Em todo o depoimento há uma única referência à presença do Estado no oferecimento de lazer: trata-se do Parque Ecológico da zona Leste, onde seus filhos jogam futebol duas vezes por semana.

A entrevista foi feita na guarita do prédio onde ele trabalha e é significativo que também ali ele se sinta protegido; num certo sentido, em casa. Em relação ao trabalho, assim como em relação ao passeio, o medo do trajeto faz com que chegar e estar nesse lugar sejam vividos com alívio e prazer. Como o trabalho é necessário ao seu sustento, ele não tem como evitar o ônibus e seus perigos, tem que enfrentá-los. O passeio é dispensável, assim como o baile, o bar e outras formas de lazer que impliquem transitar pela cidade ou permanecer em espaços públicos. O lazer fica, portanto, confinado ao espaço da casa e da guarita, da casa-guarita, onde a televisão é soberana.

Convidado a falar sobre lazer, fala do medo e da pressão do aluguel. Quando sonha, imagina a casa própria, a aposentadoria e, quem sabe, o retorno à terra natal.

Maria Luisa Sandoval Schmidt

Entrevista com um trabalhador no setor de serviços

"Então é assim: minha vida, eu não acho que seja apertada, mas lazer mesmo não tem, não".

Edimar — Lazer, foi o que eu já falei, não tenho. Lazer eu não tenho nenhum, porque o dia que eu fico em casa eu nem posso, nem gosto de ir na avenida, pra não ver o ônibus. Porque a senhora não anda de ônibus, mas esses ônibus aí, é assalto, eu já vi várias vezes. Então a pessoa está dentro do ônibus e está perigoso. Eu acho bem melhor estar aqui do que estar dentro do ônibus. Porque eu acho que até aqui está mais seguro.

— *Está mais seguro.*

Edimar — É porque aqui eu sempre penso que ninguém vem atacar a gente aqui. Só que pode até acontecer, que ninguém sabe, né? Dentro de ônibus... um dia dentro do ônibus entraram três caras, tudo armado, aí pediram o dinheiro do cobrador, acho que era tão pouquinho, que eles saíram pedindo relógio e carteira do povo. Só que como eu estava pra trás, eles não me pegaram.

— *Não chegaram em você.*

Edimar — É, não chegaram a passar, pegaram só os que estavam na frente. Aí desceram, foram embora.

— *Edimar, quer dizer, para você o lazer seria sair, seria passear?*

Edimar — Seria passear, uma coisa que eu não gosto, de andar em carro de parente. Gosto assim, da minha família. Irmãos, meus pais, aí eu gosto. Primo. Já tio, eu não gosto de aperrear, de estar indo pra dormir. Eu não gosto. Aí eu acho que só pra ir e voltar no mesmo dia... Eles moram longe, moram lá para o lado de Santo Amaro.

— *Você diz ir visitar os parentes e voltar?*

Edimar — É. A minha irmã que mora em Osasco, eu fiquei dois anos e seis meses sem ir na casa dela. Fui na casa dela agora, quarta-feira. Eu tinha ido no outro Ano Novo passado, que fez dois anos agora nesse. Então já estamos em junho, seis meses, dois anos e meio. Então, lazer eu não tenho mesmo. Até que os meus meninos têm. Quando os meninos chegam da escola, tem... a senhora conhece o Parque Ecológico?

— *Conheço.*

Edimar — Então. Eles vão pra lá.

— *Ah, eles vão.*

Edimar — Vão pra lá, jogar bola. É do governo o clube lá. Lá tem o lanche, tem o lanche na hora que chega e na hora que sai.

— *E aí eles vão bastante?*

Edimar — Vão. Vão duas vezes por semana. É, duas vezes por semana.

— *Durante a semana. Final de semana, não.*

Edimar — Final de semana, não. A minha esposa anda com eles, vai pra casa dos irmãos dela. Mas eu não vou.

— *Você não vai.*

Edimar — Mesmo eu estando em casa de folga, eu não vou. Eu não vou, não. Porque eu sou assim, não sei.

— *Você não sente falta?*

Edimar — Não sinto. O que eu sinto mais saudade mesmo é dos meus pais, do norte, que já são velhinhos. Meu pai fez 80 anos agora. Minha mãe tem 70, que ele é dez anos mais velho do que ela. Saí, eu tenho até medo deles morrerem lá e eu não ver mais. Que quando eu tiro férias aqui, eu não... O dinheiro, pra falar a verdade, o dinheiro não dá. O dinheiro não dá.

— *Pra fazer a viagem...*

Edimar — Não dá pra eu ir. Eu já fui uma vez. Graças a Deus deu, porque eu fui só, né? Mas se for pra eu ir com a minha família, não dá. Que eu não tenho dinheiro em caixa, não sobra, né? Vou fazer o quê? Tenho que dar graças a Deus que está dando pra alimentar a barriga, comprar os cadernos dele, pagar o aluguel. Eu pago 200 reais. Até que eu acho barato, que a casa é boa.

— *É boa?*

Edimar — É porque são quatro cômodos, dois quartos, sala e cozinha e a área de serviço. Eu acho até barato. Quer dizer, é barato lá onde eu moro, porque aqui, casa aqui é que é caro, né? Aluguel às vezes está até de mil pra...

— *No mínimo.*

Edimar — Então um aluguel desse aí, nem sonhar. Não posso pagar. Mas eu, eu que não quis ainda entrar em terreno de prefeitura com meus filhos. Eu vou esperar, pode ser que um dia Deus me ajude.

— *É a coisa que você mais quer? Ter a sua casa?*

Edimar — É, porque eu penso assim: se meus pais morrerem lá no norte, eu não quero mais ir pra lá. Porque a nossa família lá é muito grande, mas aí, família que a gente tem é pai e mãe e irmão. É o pessoal mais próximo. Porque tio é assim, a gente considera, mas não é que nem pai e mãe. Porque... acho que a senhora também pensa assim, porque a senhora tem a mãe da senhora e é gostoso quando chega na casa dela, né?

— *É.*

Edimar — Quando ela vem aqui.

— *É.*

Edimar — Então, mas eu já não tenho esse privilégio. Já estou 20 anos nisso.

— *Longe deles.*

Edimar — Que eu não moro com os meus pais. 20 anos.

— *Você tem muitos irmãos?*

Edimar — Tenho, nós somos oito irmãos.

— *Alguns estão lá, outros aqui?*

Edimar — Aqui são três comigo.

— *Os outros estão lá?*

Edimar — É, só que eu tenho um meu irmão, o único que é solteiro, que mora em Santo Amaro. Ele também está no mesmo esquema meu quando começou.

Ele vem, trabalha, quando a firma manda embora, ele vai embora pra lá, quando ele está quase sem dinheiro, ele volta. Mas até que ele já tem umas coisinhas, mas lá, né? Lá. Aqui ele não tem nada, só o emprego. E agora a minha irmã, acho que ela não vai mais embora não, que ela tem casa em Osasco. O marido dela tem 18 que trabalha na firma. Ele não vai mais embora. Eu até penso ainda de ir embora pra lá. Mas na mesma hora eu penso que lá, se eu for pra lá eu tenho que voltar pra roça. E a minha idade já está avançada. A minha vontade, a minha vontade não, o meu sonho é me aposentar. Que quando eu me aposentar, eu...

— *Pode até ir pra lá.*

Edimar — Eu posso até ir pra lá. De repente, eu posso até conseguir a minha casinha e ficar aqui mesmo. Porque a pessoa aqui em São Paulo, é assim: a pessoa tendo uma casa, comida, se vira de qualquer jeito, faz um bico ali, faz um bico... Agora, o pior é o aluguel. Porque o aluguel, chegou no dia, o dono não quer saber, né?

— *E é muito caro. Você gasta mais com aluguel do que com comida?*

Edimar — Eu acho que eu gasto mais com aluguel do que com a comida. Porque a comida é assim: a gente faz uma comprinha, e vai se virando. E às vezes ganha alguma coisa. Minha mulher ganha bastante coisa. Ela mesmo trabalha, ganha pouquinho...

— *Mas ajuda...*

Edimar — Ajuda. As coisinhas dela, ela compra. E assim, dá pra ir levando. Porque a gente, graças a Deus, tem um emprego. Porque eu gosto tanto desse prédio, porque foi... eu estava na rua, ele me ajudou. Porque eu estava nessa firma, e não recebia, mesmo eu trabalhando. Porque era uma firminha pequena, o rapaz falava: "o dinheiro é só segunda-feira". Isso na sexta-feira, que era o dia 5; 10, às vezes, que era o dia de receber, aí o rapaz falava isso. Eu falava: "Meu Deus, como que eu vou almoçar, eu vou comer puro, porque não tem pra mistura". Às vezes eu chegava nele, falava assim: "O senhor não tem nem um trocado aí, pelo menos pra eu comprar um frango amanhã? Que amanhã é domingo". Aí, às vezes ele me dava 20 reais, 10 reais. Mas o pagamento... E eu pagava aluguel nesse tempo, o mesmo preço que eu pago hoje. E, às vezes, eu atrasava o aluguel porque eu... o salário que eu ganhava lá eu pagava o aluguel e comia bem, dava pra comer naquele tempo. Graças a Deus, e ia levando. Mas ainda está indo levando. O que está me estragando mesmo lá em casa é o telefone, que está vindo muito caro. Minha mulher já falou de cortar. Eu digo: "você é que sabe". Porque eu não uso muito. Ela que usa mais, falando com mãe dela. Eu, eu não falo com o meu pai todos os dias assim, não. Acho que não tem precisão de estar todo fim de semana falando. Ela fala todo dia.

— *E a mãe dela mora fora também?*

Edimar — A mãe dela mora lá.

— *Ah, também.*

Edimar — É. A casa que eu consegui comprar, eu trabalhando aqui, eu consegui comprar uma casa lá no norte. Na cidade. A casa é boa. Se aquela casa fosse aqui eu estava na boa.

— *É sua.*

Edimar — É minha. Eu comprei. Depois que eu estou aqui. Só que quando eu comprei, eu estava no primeiro ano de casamento. Foi quando eu saí da firma que eu trabalhava junto a seu Ciro. Fiquei seis anos lá, peguei os direitos, comprei a casa. Eu não morei um dia... você acredita que eu nunca dormi nem lá, nem uma noite? Porque quando... Minha sogra mora nela, eu fui passear lá, como é pertinho da casa de minha mãe, eu dormia na casa dela.

— *Edimar, tem diferença nessa coisa do divertimento? Como era lá, como é aqui?*

Edimar — Assim para divertimento? Não, o meu divertimento aqui acabou depois que eu arrumei família. Quando eu era solteiro, eu farreava muito.

— *Ia para baile?*

Edimar — É, porque sempre trabalhava nessas firmas, final de semana não trabalhava, né? Eu ia pra baile, eu ia pra... tinha uns primos que tinham lanchonete, eu ia pra casa deles, passava a noite por lá. Então, aqui... Eu gosto muito de São Paulo. Eu gosto tanto daqui que quando eu fui lá sozinho, eu passei só 12 dias lá, eu já estava doidinho pra voltar.

— *Ficou com saudade.*

Edimar — É. Eu falei: "meus menininhos estão lá, eu tenho que voltar". Porque eu também não dava pra ficar mais, porque com 20 dias de férias não dá. Porque eu vou de ônibus: 40 horas.
São 40 horas pra ir e 40 horas pra voltar. São 80 horas. Acho que já dá quase seis dias. Quatro, quase cinco dias. Então, só que é assim: minha família vai lá também. Que nem, a minha mulher foi, quando eu fui, ela tinha ido. Ela vai com os meninos. Eu sempre dou um jeitinho, pego minhas férias, dou pra ela, ajeito mais um dinheirinho. Porque no mês que ela vai, eu fico sozinho, não tenho despesa nenhuma lá em casa. Até a conta de luz vem pouquinho, porque eu fico só, né? Aí ela vai. Aí é assim: quando ela... nós mesmo, só fomos uma vez.

— *Os dois juntos?*

Edimar — Os dois juntos. Foi quando tinha só dois meninos. Aí a gente foi.

— Quer dizer, quando ela vai, você fica; quando você vai, ela fica?

Edimar — Depois que eu estou aqui no prédio, está sendo assim. Mas não é mor do dinheiro do prédio que eu esteja dizendo que é pouco. Não estou dizendo que eu estou ganhando pouco, porque o que eu estou ganhando, graças a Deus, eu agradeço a Deus, porque está dando pra eu me manter. Às vezes aperta ali, mas a gente se vira, né? Porque está trabalhando, sabe que vai receber. (...) Então é assim: minha vida, eu não acho que seja tão assim apertada, mas lazer mesmo não tem não. Assim de lazer, de ter lazer que nem muita gente tem. Eu nunca fui numa praia aqui de São Paulo.

— Nunca?

Edimar — Não. Durante esse tempo todinho que eu moro aqui, eu fui em Santos uma vez. E fui fazer um serviço lá do rapaz que mora vizinho, do meu cunhado, eu estava de férias.

— Não foi passeio.

Edimar — Não foi passeio, não. Eles chamaram e eu conheci Santos por isso. Mas eu nunca tinha ido. E aí fiquei uma semana lá e foi trabalhando lá na casa dele lá e a gente ia na praia, né? Todo dia a gente ia lá dar um mergulho e voltava. Mas pra eu sair daqui e ir lá mesmo, nunca fui. E depois que eu casei também nunca fui em baile. Nem fui só, nem fui com a minha esposa.

— Por quê?

Edimar — A minha mulher é meio assim, ela não gosta tanto assim. Minha mulher não usa... dificilmente ela usa batom, brinco ela não gosta.

— Ela gosta de dançar, será?

Edimar — Ela gostava muito de dançar quando a gente morava lá. Que eu conheci ela no Norte. E eles moravam lá onde a gente morava. A família dela é do Piauí, né? Eles foram morar lá e eu conheci ela lá e durante quatro meses eu já casei com ela e vim embora pra cá.

— Conheceu num baile, ou não?

Edimar — Foi numa festinha lá

— Foi numa festa. Porque festa é lugar que a gente conhece as paqueras.

Edimar — É, é o lugar que mais a gente arruma amizade. Arruma amigo, amiga. Arruma. Mas aqui mesmo pra eu sair com ela, eu não saio não, ela também não...

Às vezes ela sai com umas amigas dela lá, vizinhas da minha casa. Outro dia eu cheguei, ela me ligou aqui, falou que ia pra um aniversário. Eu falei: "Pode ir". Aí foi, levou os dois mais pequenos. Então ela foi com os mais pequenos. Eu cheguei em casa, jantei, aí deu meia noite o telefone tocou, era ela. Falou: "Olha, nós estamos aqui no ponto de ônibus e não tem mais ônibus". Eu falei: "Olha, agora você se vire que eu não posso ir buscar você aí que eu não tenho carro". Aí, ela falou: "Tá bom". Aí eu falei: "Ah, eles vão se virar aí". Falei: "Você tem dinheiro pra vir de táxi?". Falou que o dinheiro não dava pra pagar. É longe, onde elas foram. Foi ela e a mulher de um amigo meu, amiga dela. Aí quando foi depois o telefone tocou de novo, aí ela já estava na festa de novo. Voltaram. Era um aniversário. "O jeito é a gente ficar aqui até dar quatro horas da manhã". E falei: "É melhor vocês ficarem aí do que ficar em ponto de ônibus". Aí quando foi às cinco horas, chegaram. Aí o pequininho falou: "Pai, chegamos da balada". Falei: "Pois eu dormi foi a noite toda". Então o meu lazer não tem, não.

— *No seu bairro não acontece, não tem festa?*

Edimar — Tem, mas eu não vou. Tem um salão perto da minha casa, mas eu não vou. Eu tenho medo de ir. Eu tenho medo porque eu escuto na televisão, vejo acontecer tanta coisa. Então não saio não, não vou. Às vezes vou assim num aniversarinho perto de casa, às vezes final de ano, uma festinha, eu vou. Mas também vou e volto logo. Porque sempre vou e no outro dia tenho que trabalhar, então não posso ficar a noite toda...

— *Na balada...*

Edimar — É. Então, é assim. Mas eu não reclamo não, porque também, na idade que eu estou, pra eu sair daqui, pra eu arrumar serviço, já vai dar trabalho, né? Porque diz, o pessoal diz que passou dos 40, eles não querem mais. É difícil. Então eu falei: "Eu vou trabalhar naquele prédio até quando o pessoal abusar de mim, porque, se não, depois, vou me aposentar".

— *Falta muito tempo pra você se aposentar?*

Edimar — Olhe, se for mesmo por trabalho, falta. Porque acho que estou atingindo quase uns 20 anos de carteira assinada. Ainda falta muito, né? Se não morrer, a esperança é se aposentar. A gente nunca pode pensar em morrer. Nós todos vamos morrer, mas ninguém pode ficar pensando, né? Porque se for ficar pensando morre antes do dia.

— *Lá pelo seu bairro, cinema, essas coisas, tem? Como é?*

Edimar — Não. Cinema assim tem que vir na Penha. Ou então em São Miguel. Que eu moro beirando a Assis Ribeiro. Eu moro de frente ao Parque Ecológico. O Parque Ecológico mesmo, da Marginal, como eles falam. Ali onde eu moro pertence a Ermelino Matarazzo, mas é regional Penha. Se precisar da prefeitura, tem que vir na Penha.

— *Na Penha. E só lá, ou então em São Miguel que tem cinema?*

Edimar — Tem cinema. São Miguel, São Miguel é um bairro muito... bem pra frente. São Miguel é assim que nem o Brás. Cheio de loja, cheio de...

— *Você não vai a cinema?*

Edimar — Nunca fui, não. Fui ao cinema quando eu era solteiro. Assim cinema de chegar, ficar bastante tempo. Uma vez eu entrei num cinema na cidade, parece que nesse dia eu estava de folga. Parece que eu fiquei 40 minutos, fui embora. Porque o cinema é bom da gente assistir bastante tempo, né? Fiquei uns 40 minutos, depois tive que sair.

— *Você tinha horário?*

Edimar — Parece que eu tinha horário de entrar aqui, parece que eu estava trabalhando de noite. Não lembro bem. Só sei que faz tempo. Não lembro bem, não. Mas já tem bastante tempo. Eu nem falei pra minha mulher, isso, nunca. Então é assim.

— *Porque aquele dia você me falou que gosta de ver filme na televisão, né?*

Edimar — É, gosto. Na televisão, gosto de ver. Gosto assim, se começar e ter tempo de ir até o fim. Porque o filme tem que ser assim, né? Tem que ver o começo e o fim. Quando eu estava de noite, eu fazia isso, porque aqui eu tinha tempo. Por isso que tinha noite que até passava rápido pra mim. (...) Mas música assim, eu gosto de música caipira. Acho que por isso que eu gosto de São Paulo, porque na minha terra não tem música caipira. Só se usar CD. No rádio mesmo não tem, não. Acho bom demais, Ave Maria! E gosto mais dessas mais velhas. Eu gosto demais. Tem uma rádio aqui que é só música caipira, que ligo, às vezes, de noite aqui. Às vezes eu desligo a televisão e fico ouvindo. É, porque televisão de noite só tem novela, assim cedo.

— *Novela você não gosta?*

Edimar — Eu assisto no SBT. Mas da Globo, eu não... Tem uma da Globo que eu assisto, das seis. Porque tem fazenda. Já viu? O pessoal fala tudo caipira. Acho que é por isso que eu gosto. Então, acho que é por isso que eu gosto. É cheio de fazenda, assim. Tem coronel que briga um com o outro. Igual lá na nossa terra. Lá na nossa terra o pessoal gosta de ser encrencado com o outro: um quer pôr a cerca pra dentro da terra do outro. Às vezes até tem morte. As mortes que acontecem lá, é assim.

— *Por causa da terra.*

Edimar — Acontece muito. Por causa de terra e homem que mexe com a mulher dos outros. Lá o pessoal não dispensa. Aqui o pessoal... a mulher sai na rua aí, fica todo mundo mexendo, falando palavrão, né? Lá, se fizer isso, é morte na certa. Quer dizer, quando eu morava lá. Agora mudou tudo, também não sei. Mas o pessoal lá é muito, como se diz, vingativo. Aqui, o pessoal... Aqui tem muita morte com negócio de droga, né? Lá onde eu moro, eu nunca ouvi falar disso, não.

— *É terra e mexer com a mulher do outro.*

Edimar — As mortes que acontecem por lá é mais por isso. Às vezes em forró, né? Por causa... o pessoal fala que a morte sempre tem mulher no meio, e bebida. Então acontece também.

— *No forró.*

Edimar — No forró acontece. Mas não é...

— *Não é tanto assim...*

Edimar — Não é tanto, não, é difícil. E, nesse negócio questão de terra que eles falam, né? Também não é tanto, também não, mas de vez em quando tem.

— *Quando tem morte é por causa disso...*

Edimar — E não morre só um, quando acontece. Porque briga, junta as famílias, né? É tipo um filme quando está aquele debate. Já vi acontecer lá, pessoal onde a gente morava. É muito perigoso. Já teve problema lá dos caras terem que sair de lá, esse pessoal acho que mora em Minas.

— *Com risco de vida de ficar lá?*

Edimar — É, porque mataram gente da outra família, aí ficaram com medo da vingança. Aí teve que sair. Nem foram presos, a pessoa armada lá, a pessoa é difícil de ser preso, porque foge. Porque vai pra uma cidade, vai pra outra cidade, vai pra outro município, não fica em cidade, vai pra outro município, aí vai trabalhar naquelas fazendas, a polícia...

— *Some por lá...*

Edimar — A polícia não vai atrás. A polícia não... Também, ganha salário mínimo, né? No Nordeste inteiro, é tudo salário mínimo: empregada doméstica, salário mínimo, porteiro, lá em Fortaleza...

— *Salário mínimo...*

Edimar — Eu ouvi falando essa noite no Jornal da Globo: salário mínimo. E dá, dá pra viver, porque lá...

— *O custo é menor...*

Edimar — Sem dúvida, quem está ganhando aquele salário tem uma casa pra morar. Então ele só vai gastar aquele dinheiro com comida, com uma roupa, uma coisa. Aí dá. O que eu acho que mais me pega aqui em São Paulo é o aluguel. Porque o aluguel é uma coisa que você tem que chegar aquele dia e ter, né? Senão o cara pega a casa. Aí a gente vê as coisinhas da gente, acha que vai comprar um movelzinho novo. Aí vai por onde? Até que tem gente que fala assim: "ah é dinheiro jogado fora". Tudo bem, é um dinheiro que você dá, mas você vai morar na rua? Até falei com um amigo meu. Eu falei: "se você acha que é um dinheiro jogado fora, você pegue suas coisas e vá morar no meio da rua. Se você está achando que está jogando dinheiro fora. Põe o dinheiro no bolso e bote suas coisas no meio da rua. Vem uma chuva aí, será que vai ser bom?". [risos] Meu cunhado mora lá na... meus cunhados tudo tem casa aí, mas tudo terreno de prefeitura. Esses dias eles veio atrás de mim pra eu comprar uma casa. Diz que a mulher vendia por cinco mil reais a casa.

— *Quando você diz terreno da prefeitura, o que é? É ocupação?*

Edimar — É ocupação, né? Só que, como está muito tempo, já tá evoluído...

— *Tem direito...*

Edimar — Não, ninguém toma, não, mais não. Toma não. Onde eles moram lá é tudo asfaltado, tudo. Tudo casinha boa, não é barraco de madeira. É tudo casinha, coberto de telha, tem laje, tem laje, tem telha. E é assim. Aí eu falei: "Não, eu não estou em condição de ir morar aí". Porque eu não tenho esse cinco mil pra dar. Eu falei: "Eu ainda não estou em condição de comprar, não". Eu não tenho condição. Pode ser que um dia eu vou ter. Eu tenho muita fé que eu vou ter. Eu já tive vontade de vender minha casa lá do Norte. Não vale tanto, mas o dinheiro dela lá dá pra comprar aqui, nesse tipo de terreno. Que é, que eles chamam, é... como é que diz? Eu não estou lembrado agora... Não é invasão que chama. Eles falam terreno da prefeitura. Porque ali, aquele pessoal que está ali, eles têm um documento da prefeitura. Eles, por exemplo, quando a gente compra, por exemplo, se eu fosse comprar, como já é de outro, aquele papel dele acaba, eu tenho que ir na prefeitura e pegar um pra mim. Aquele dele, tem que levar aquele dele e trocar por um pra mim. Então eu fico com aquele papel de compra e venda. Que é pra poder vender, tal. Tipo do CDHU, o pessoal do CDHU vende, também. Os predinhos, que fala, eles vendem. É um documento de compra e venda. Ninguém toma, não. Mas por enquanto eu ainda não quis. Não sei se é porque eu não tinha o dinheiro [risos]. Mas tirando disso, eu não vendo, não. Eu tenho medo de, às vezes, eu [risos] vou morar lá, eu vou morar onde? Pra a roça eu não quero ir. Eu tenho que me virar. Porque eu já trabalhei na prefeitura também, quando eu morava lá. O prefeito de lá era meu tio, nesse tempo. Então é assim. Mas está dando pra ir levando.

— *Se eu entendi, Edimar, as coisas que você gosta, a música, mesmo a novela, essa coisa caipira, têm a ver com a lembrança da sua terra, da roça?*

Edimar — Tem, tem. Porque a música caipira é assim, ela fala muito de roça. Então faz eu relembrar e eu fico, rapaz, tem, tem até gente... Tem uma história na televisão, é porque a senhora talvez não assiste, passa no Gugu, dia de domingo, gente que vem pra cá e fica sem condições de ir embora. E eles têm um quadro aí que a pessoa manda carta e eles levam. Ih! Eu chego a encher os olhos de água aqui quando está passando.

— *Quando você vê a história?*

Edimar — É. Agora a música, a música é porque me relembra mesmo, quando eu trabalhava na roça com o meu pai. Acordava de manhã, porque meu pai já morou aqui no interior, há muitos anos, nesse tempo eu não era nem nascido, aí ele falava dessas músicas. Então ele acordava quatro horas da manhã, ele ligava aquele radião a pilha que a gente tinha na roça, no rádio, e ligava o rádio lá, aí pegava. Conseguia pegar, parece que a Rádio Record, a Rádio Globo, aqui de São Paulo. Então ele conseguia pegar... a Rádio Tupi, aquela Rádio Tupi era muito caipira. Então, naquele horário, ele ligava o rádio e ficava tocando aquelas músicas. Só que quando o dia ia amanhecendo, aí já cortava.

— *Você tem a lembrança...*

Edimar — Eu tenho a lembrança, rapaz, de lá. Porque lá era assim: quando amanhecia o dia, a gente tomava o café e ia pra roça. A mãe levava a merenda lá pra 8 horas, que ela levava. Que lá ninguém chama lanche, é a merenda, né? Levava a merenda. Quando era 11 horas, a gente voltava pra almoçar. Aí demorava ali uma hora e voltava de novo, lá pra cinco horas, voltava pra casa. Aí jantava e ia dormir. Não tinha esse negócio de ficar acordado até dez horas da noite. Lá às sete horas da noite...

— *Estava dormindo...*

Edimar — No sítio, até hoje é assim. Quando eu vou pra lá, eu vou lá para o sítio onde eu fui criado, aí sete horas meu irmão já está se agasalhando pra ir dormir. Falo: "Já vão dormir?". "Já". E, a noite fica comprida. Porque aqui a gente dorme, eu só durmo todo dia à uma hora da manhã, meia noite e meia, que eu deito. (...) Aí, isso, acho que é por isso que eu gosto dessas músicas. Não é todas que eu gosto, mas tem bastante.

— *Por causa do tema mesmo? Essa coisa da roça, do... campo.*

Edimar — Eu acho que é por isso, porque essas músicas falam mais de roça, né? O caipira mesmo, do sítio mesmo. Daniel que tem umas músicas que só fala de caipira. Que eles moravam na roça, né? Acho que não. Esses caras...

— *Apesar da vida ser dura na roça, você tem uma ligação forte, né?*

Edimar — A vida na roça é um pouco dura, é pesada, pesada e tem tempo que... tem uma hora que a gente... foi que nem eu falei pra senhora no começo, tem uma hora que a gente trabalha perdido. (...) Mas tem muita gente que... Porque lá no Nordeste, quer ver? Eles são assim: da gente vir pra São Paulo, começou com um negócio só de ilusão. Porque o pessoal via a pessoa vir pra cá, chegava lá bem arrumado, um calçado melhor, roupa, um relógio, coisa que a gente não usava lá. Eu, para eu usar um relógio lá quando eu morava, eu tive que vender um cavalo que eu tinha. Um cavalo muito bom que eu tinha, o Vicela.

— *Pra ter o relógio.*

Edimar — É, porque primeiro o meu irmão comprou. Meu irmão mais velho. E não tinha [relógio] onde nós moravávamos. Tinha que ir em Juazeiro do Norte. Então, quando tinha uma excursão pra lá, aí a gente mandava a pessoa trazer. Escrevia num papelzinho, dava a marca do relógio, dinheiro, trazia. Aí o pai falou: "Agora, para comprar para você eu não tenho dinheiro, eu não posso comprar". O meu irmão comprou porque meu irmão criava uns garrotes lá, vendeu um e comprou. E eu não tinha. Eu só tinha, o que eu tinha era o cavalo de eu andar. Aí eu falei: "eu vou vender. Eu vou ficar de pé, mas eu vou comprar um relógio". Aí, vendi. Eu lembro até o preço. Foi, eu vendi por mil cruzeiros. E o relógio parece que custou oitocentos. Comprei o relógio. Esse relógio, eu fiquei muitos anos com esse relógio no meu braço. Parece que eu fiquei... eu me dispus dele depois que eu vim pra cá. Quando eu vim pra cá, eu vim com ele. Aí, ainda depois ainda levei ele de volta, aí foi que eu vendi.

— *E era importante por quê, o relógio?*

Edimar — Porque era muito bonitinho, relógio. Aquele relógio Oriente, né? Aqui não, aqui tem... tem tanto relógio, que a gente vai comprar um relógio e não sabe nem qual que compra. Que nem: esse relógio aqui, tem dois anos que eu tenho, eu paguei 15 reais nele, no camelô. Pra dar a hora...

— *Serve, né?*

Edimar — É. Mas naquele tempo, era fantasia pra lá. E o cara com um relojão no braço! Porque era difícil, ninguém tinha. Até as moças mesmo, aquelas moças que tinham condições de comprar, elas compravam e usavam o relógio bem aqui, bem no meio do braço.

— *Como pulseira.*
Edimar — É, igual pulseira. Eu falei: "Esse negócio aí está feio, porque está no lugar errado". Ela falou: "Não, a gente achou bom aqui porque enfeita mais o braço". Era o sistema de lá. Agora, tudo mudou. Mas ainda tem, mas na roça ainda tem o caipira mesmo que não conhece nada.

— *Você estava dizendo que tinha um pouco de ilusão de vir pra São Paulo?*

Edimar — É, era ilusão que a gente tinha de vir. Por isso que eu ficava vindo e voltando. Eu era novo. Então foi assim. Tanto que é por isso que aqui tem muito nordestino. É por isso. Antigamente não tinha tanto nordestino. Porque o pessoal não vinha. O pessoal começou vir, depois que aqueles foram vindo primeiro. Por exemplo, eu tenho um primo que veio pra cá, nunca [mais], foi lá.

— *Mas você gosta de lá, então?*

Edimar — Eu gosto, mas como eu já acostumei aqui, pra eu ir pra roça, pra mim está difícil.

— *Você gosta de ir passear?*

Edimar — Passear, eu acho que eu vou fazer um esforço aí, ano que vem eu vou lá. Porque minha mulher está se arrumando pra ir agora, no final do ano. Ela vai com os meninos. Aí, eu vou. Eu passando uns dez dias lá, está bom demais. Porque eu chego lá, eu não fico andando pra casa de ninguém. Eu só fico mais minha mãe, meu pai e pra casa de meus irmãos. Eu só passo na casa de meus tios, mas é só de passagem. "Ah, não quer esperar almoço?" — "Não, não quero, não. Me dá só um cafezinho aí, que eu já estou indo". [risos]

— *E aí você fica o quê? Conversando?*

Edimar — Fico conversando lá com minhas tias, com meus tios. Tem bastante lá. Minha família é muito grande da parte de minha mãe. Agora de meu pai, não, porque a família de meu pai já são mais velhos. Tem só um irmão dele lá. E tem um outro que mora aqui. Mora em Guarulhos. É classe média ele. Fui na casa dele duas vezes. Casa dele é boa. Ele tem dois filhos só. Tudo, até o carro é novo. Ganha bem, né? Faz muitos anos que eles estão aí. Mas a vida, a vida é assim, a vida é pra uns, outros não. Tem gente, coitado, que trabalha a vida inteira e morre sem nada. Por isso que eu sou conformado, porque não é só eu, né? Então, assim. Tem mais alguma coisa? Se tiver, pode perguntar que eu respondo.

— *Eu ia perguntar sobre a televisão. Você falou um pouco da novela.*

Edimar — Não novela, eu não gosto de novela.

— *Você não gosta, você só gosta daquela que tem fazenda...*

Edimar — Só gosto de novela que tem fazenda. Assim briga, assim, eu... Não que eu ache bom ver aquelas brigas. Eu acho bom porque eu sei que é mentira ali, não é verdade. Então é por isso que eu gosto. Mas, esses negócios da Globo, eu não gosto não: é fato que televisão, mesmo eu estando assistindo, eu só ligo na Globo se for jogo. Porque o jogo eu gosto. É porque na Globo eu não gosto de programação nenhuma da Globo. Aquele Faustão, eu não gosto. O Gugu eu assisto mor dessa história que tem, né? Eu já sei até a hora, acho que passa de sete e meia, por aí.

— *E o resto também você não gosta?*

Edimar — Algumas coisas eu gosto. Tem muitas coisas que eu não gosto: tem aquelas mulheres lá, pulando. Não gosto. E, agora, o filme eu também gosto. Se for com tempo, para assistir todo. Jornal eu gosto. Esse Jornal Cidade Alerta, eu já... teve uns dias que eu fiquei quase uma semana sem ver, porque estava muito... Chegava até a sonhar. Sonhava com um cara com uma arma em cima de mim. Minha mulher falou: "É porque você fica vendo aquilo toda hora." Falei: "Não, então vou passar uns dias sem ver".

— *E melhorou?*

Edimar — Melhora nada. Sonho é ilusão. Sonho, minha mãe falava que é ilusão. Sonha com uma coisa, não tem nada a ver. Eu sonhei que eu ganhava no jogo do bicho. Com os números, sonhei os números e tudo. Quando eu acordei, eu marquei os números. Joguei, e não deu nem parecido. Eu falei: "Sonho não é nada mesmo". Tem gente que diz que sonha, que joga e ganha. Sobre a televisão, eu gosto só dessas coisas aí. Que a televisão é um divertimento bom. Às vezes a pessoa está sem fazer nada. Mas passa tanta coisa na televisão. Criança que gosta de desenho, né? Eu não sei porque desenho, as crianças entendem o que é? Eu não sei para onde vai aquilo. Os meus meninos sabem até o nome daqueles molequinhos do desenho. O nome do desenho, tudo. Porque também não sei se treinam, não sei se na escola eles aprendem. Acho que não, é vendo. Toda hora eles ficam vendo e eles... criança gosta daqueles desenhos. O rádio, o rádio mesmo pra mim é a música caipira. E o forró, que é lá do Norte. O forró que eu gosto também. Eu gostava muito de música do Roberto Carlos. Mas gostava, mas agora parece que ele não faz música mais. Eu gostava daquelas músicas antigas. Música velha. Acho que acabou. Tem muito cantor. Primeiro tinha pouco. Agora tem cantor demais. Eu acho que tem cantor aí que nem ganha tanto dinheiro. Porque tem demais. Acho que naquela época lá, na época que eu era menino, todos ganhavam, porque tinha pouco. E sim, tem mais uma coisa lá no Norte, sabe como a gente ouvia música? Música era no LP, naqueles... no toca-disco, o fone era na tampa. Lembra?

— *Lembro. Às vezes você abria a tampa assim.*

Edimar — Abre assim, aí põe a tampa, aí liga. Era com pilha. Não tinha energia. Agora lá, mudou, é tudo energia onde a gente morava. Você está no sítio é que nem estar na cidade. Energia, tudo, televisão. Sabe o que o povo lá faz? Porque o dinheiro é difícil. Eles puxam um relógio pra três, quatro casas. Aí lá é taxa mínima. É, lá é taxa mínima. Lá não passa de... parece que é 18 reais, 17. Então pode usar o que usar, só vem a taxa. Não é que nem nós aqui, nós aqui vem um estouro, né? Então junta aquelas três casas e paga aquele minimozinho.

— *E vêem muita televisão lá?*

Edimar — Televisão lá, Ave Maria! O cara pode não ter nada pra comer, mas tem a televisão. E a antena em cima. Que a antena custa 400 reais. Fala antena parabólica.

— *Dá um jeito de comprar a antena?*

Edimar — Dá. Dá o jeito de comprar, mesmo que não compre a comida. Então é assim, não sou eu que estou falando, eles me falaram no tempo que eu fui lá, um padrinho meu que mora lá, ele falou: "Rapaz, eu prefiro não jantar, mas minha televisão tem que estar ligada de noite". Porque lá é assim, se não tiver uma antena, não pega nada. Só pega o canal Globo que é o canal 10, lá de Fortaleza, e o 4. E ruim, tudo chuviscado. Você não vê nem a imagem direito. E em cada antena ficam 21 canais. Minha mãe tem. Meu irmão tem. A da minha mãe fui eu que dei, quando eu fui. Até que eu fiz bem, levei uma televisão pra ele de 20 polegadas, que a dela era miudinha de 14. Levei a televisão, cheguei lá, ela falou assim: "É, meu filho, a televisão é muito boa, fiquei muito satisfeita com o seu presente, mas agora vou ter que trabalhar pra comprar o rabo dela".

— *Ah, pra comprar a antena?*

Edimar — É. Aí eu fiz uma surpresa para ela. Eu fiquei com dó, rapaz, quando ela falou aquilo. Você acredita que eu fiquei quase sem dinheiro para comprar... Aí eu falei: "eu vou comprar essa antena." Aí fui lá, com uma boa conversa com o rapaz, ele deixou por 350. Porque lá eu não gasto nada. Lá eu não gasto pra andar de carro, pra comer, beber. Lá eu não gasto. Garrafa de vinho, desses vinhozinho suave, meus primos me davam, lá tudo tem bar. Eu não sou de beber tanto. Aqui é difícil eu beber um copinhozinho de cerveja, difícil beber. Aí comprei, fui e chamei meu primo, que tem que chumbar ela em cima da casa. Pregar lá e chumbar aquilo na parede. As casas lá é tudo telha assim. Lá tem pouca casa de laje. Chamei meu primo, que ligou. Desgraçado [o aparelho], quando liga não usa controle. Aquelas antenas lá têm o controle delas. Tem um controle lá, que vai junto com a antena. Porque tem um aparelho que coloca, assim, debaixo, então aquele controle é para... ele liga a televisão, liga o aparelho, quando liga o aparelho já liga a televisão direto. Aí você só fica mudando de canal. Limpinho, limpinho, é mais limpo do que aqui. Aquilo é muito bom. É por isso que o pessoal deixa de comer pra comprar.

— *E você acha que é uma coisa boa?*

Edimar — Lá, quem não tem, quando tem um jogo, um filme bom, nêgo vai assistir lá onde tem a venda. Ih, de noite na casa da minha mãe enchia, enchia de gente pra assistir a novela. Porque lá o pessoal adora uma novela. Lá tem gente que perde a hora de almoço pra assistir a novela.

— *E você acha que mudou a relação das pessoas por causa da televisão?*

Edimar — E agora eu não sei. A relação assim com...

435

— *Você sente uma mudança da vida por conta da televisão? Alguma?*

Edimar — Eu acho que não. Acho que não mudou, não. Será? Eu penso que não mudou nada, não. É um costume que o pessoal pegou, né? Evoluiu muito. A televisão não faz muito tempo que apareceu, né? A televisão a cores não faz tanto tempo. Era preto e branco. Eu lembro que eu era menino, ia pra cidade com meu pai, que eu não conhecia nem televisão, eu via só na casa dos outros, eu nunca vi televisão vermelho, era tudo branco. Agora televisão preto e branco ninguém usa, é só essa miudinha que a gente não tem onde pôr outra. Tem dessas pequeninhas a cor. Tem, mas são caras. É tão cara que eu não posso nem comprar uma.

— *Na sua casa você assiste televisão, quando chega do trabalho?*

Edimar — Assisto, assisto. Eu assisto. Eu gosto muito de televisão. Se uma casa não tiver televisão! Acho que fica desanimado, né? Televisão e um rádio. Televisão e um rádio, se não tiver! Aqui mesmo, se ficar de noite, sem uma televisão, parece que a hora não anda. Costume, é um costume. E negócio de televisão é pouca gente que não gosta. Só um crente mesmo que não gosta.

— *Você tem alguma coisa que você quer falar ainda sobre isso? Sobre televisão? Sobre lazer?*

Edimar — Não. Acho que eu já falei tudo. Não já? Sobre a televisão já falei tudo.

— *Na verdade o seu divertimento é bem, é bastante a televisão, não é Edimar?*

Edimar — O meu divertimento mesmo, na minha casa, é a televisão. Quando, tem dia, esses dias que eu estava trabalhando de noite, eu não saio de casa. Eu dormia, quando eu acordava, eu ia pra televisão. E sabia que se estava com a televisão, a hora parece que anda? Chegava, já estava na hora de ir trabalhar. Não dava nem pra ver... se fosse viciado em novela, não dava pra ver. Só de assistir... tanto que lá em casa tem duas televisões. Tem uma no meu quarto e tem uma na sala. Duas. E os meninos ficam na sala, meus meninos. Que o quartinho deles já fica de frente pra sala. Eles desligam lá e vão para o quarto.

— *Você imagina o que você faria do seu tempo livre se não tivesse a televisão?*
Edimar — Ave Maria! Aí tinha que ficar andando, né?

— *Andando?*

Edimar — Tinha que ficar andando. Porque a televisão interna a pessoa. Porque eu não gosto de bar. Na vila que eu moro, só tem um bar que eu entro. Porque é em frente a minha casa, eu compro refrigerante. Bebidas, eu não sou de beber. Às vezes eu bebo uma cerveja, mas eu acho bom de beber, assim, se for uma festinha. Se for em casa, assim, uma vez numa janta, num almoço, um copinho de vinho, eu gosto. Mas pra ficar em bar, com garrafa bebendo, eu não gosto, que eu tenho medo. E às vezes eu jogo uma sinuquinha, uma ficha de sinuca, eu jogo. Ah, mas pouquinho também. Então é o único bar que eu entro. E tem muito. Você sabe que vila é cheia de boteco. Mas eu não vou. Mesmo eu estando de folga, eu não vou não. Eu fiquei de folga ano passado 20 dias, eu não saí de casa. Nem um dia. Pra não dizer que eu não saía, eu ia na casa de meu cunhado que é pertinho, mas voltava logo, não ficava. Às vezes mandava esperar o almoço, eu digo: "não, eu não estou nem com fome, eu vou almoçar em casa".

— *Isso é porque você gosta de ficar em casa, mas também porque você tem medo da rua, Edimar?*

Edimar — Olhe, tudo que eu vejo acontecer na televisão, eu tenho medo. Eu dou graças a Deus quando eu desço do ônibus. Quando eu desço do ônibus... porque dentro do ônibus, dentro do ônibus está arriscado, a pessoa está arriscado de ter uma pessoa que reage a um assalto. Já morreu uma amiga minha num ônibus. Amiga minha assim... de ônibus. A gente anda no ônibus todo dia, eu tenho uma amiga que pega o ônibus todo dia comigo. Aqui no centro da cidade, que mora lá perto da minha casa. Então a gente vai junto, conversando. Então é aquele clima. Essa, ela era uma amiga bem assim, de ônibus. E o cara atirou no cobrador e pegou nela, ela estava perto do cobrador. Eu não estava. Eu não vi. Foi um dia que eu não estava. Diz que ela morreu na hora. Eu tenho tanto medo, que eu não sento perto de cobrador. Se eu não sentar na rabeira do ônibus, que é perigoso sentar atrás também por causa de um acidente, eu sento mais no meio. Eu sento no meio do ônibus. Então quando a gente desce do ônibus, que a minha casa fica pertinho do ponto de ônibus, é daqui no lava-rápido a minha casa, da avenida, da avenida Assis Ribeiro. Eu desci, eu estou em casa. Todo mundo ali já me conhece e ninguém mexe comigo, sabe que eu moro ali. Tanto que é assim, no morrinho que eu moro, eu já vi nêgo matar os outros lá. Vi matar não, já vi acontecer gente morto por lá. Mas, difícil. Mas nunca ninguém mexeu comigo. Aqui em São Paulo eu posso considerar que eu nunca fui assaltado. Roubaram um relógio meu, uma vez, dentro do trem, porque eu dormi. Eu dormi, quando eu acordei, estava sem o relógio. Foi um ladrão besta, porque podia ter pego a minha carteira, né? E a carteira estava no bolso aqui e não pegou. E tinha dinheiro na carteira. Pouco, mas tinha. Levaram o relógio. Tirando disso, graças a Deus, nunca. Quando eu recebo dinheiro aqui, eu levo na meia. Porque eu tenho medo deles pedirem a carteira. Então eu boto uns 10 reais, 20 reais na carteira e se eles pedirem a carteira, eu entrego. Eu ponho na meia aqui, olha. Às vezes eu digo para minha mulher: "olhe, que Deus o livre de me matarem aí pela rua, tire meu sapato, que você vai achar o dinheiro, porque o dinheiro está na meia, eu trago na meia". Porque o dinheiro, o dinheiro não é tanto, é uma merreca, mas é o que tem para pagar as contas, né? Tem que segurar direito. Já pensou se põe numa carteira e o ladrão entra num ônibus e pega a carteira? Porque ele pediu, tem que dar, ele está com um revólver, você não vai dizer não. Nesse dia, eles pegaram até um *walkman* de um amigo meu. Ele estava com o negócio no ouvido, ele falou: "Dá isso aí, rapaz". Já pegou. E eles entram mais nervosos que a pessoa, a gente fica tremendo, eu mesmo fico morrendo de medo. Eu não fico com medo de eles me matarem, eu fico com medo de eles começarem a atirar ali, e pega ficar, Deus o livre, aleijado, sei lá. Virgem Maria! Eu tenho um medo danado. Eu ando de ônibus, mas eu tenho medo. Muita gente não anda de ônibus, com medo.(...).

Então Dona Malu, a minha vida é assim, o que eu falei aqui é tudo verdade.

— *Eu sei que é.*

Edimar — Se a pessoa, às vezes fala que tem gente que chega aqui em São Paulo, aí vai lá para o Nordeste, fica falando paulista. Eu não. Eu não falo paulista. Minha fala é de nordestino mesmo. Então, do jeito que eu estou aqui, eu chego lá. Por isso que o pessoal lá gosta de mim. Porque lá, o pessoal lá não gosta, não.

— *Na Bahia, agora não mais, mas antigamente tinha um nome para os baianos que vinham pra São Paulo e voltavam assim desse jeito, com mania de paulista. Chamavam de são-pauleiros.*

Edimar — Não, lá onde a gente mora eles chamam paulista. O paulista chegou. Tanto que às vezes a gente está assim numa, em um bar, qualquer coisa, as pessoas chegam e falam: "paga aí um negócio pra gente, que você tem dinheiro. Paulista, paulista quando vem de lá, tem dinheiro". Às vezes, até que seria bom se isso fosse verdade. Eu falava: "Pagar, eu pago, posso até pagar isso aí pra você, mas dinheiro eu não tenho não, eu estou igual a você ou pior". [risos] É tanto que quando eu chego lá, minha mãe já me encomenda, me fala: "olha, se você for beber alguma coisa em bar, não seja besta não, que o pessoal arrodeia, pra você pagar". Eu digo: "Não, mãe, eu sei". Lá em São Paulo é a mesma coisa. Nessas vilas aqui é mesma... Não é por isso que eu não gosto de bar. Não é por isso não, é porque eu não gosto mesmo, eu tenho medo. Mas eu vejo, eu vejo com os amigos: rapaz, eu fui tomar uma cerveja ali, não deu tempo nem de eu tomar meio copo, acabou, os caras tomaram tudo. Eu falei: "Por isso mesmo que eu não gosto de tomar nada em bar". Para dizer que não tomo em bar, às vezes eu tomo um vinho. Eu gosto muito daquele vinho doce. Fala suave, né? Eu tomo um copo de vinho, mas eu tomo rapidinho e vou embora. Eu não vou pedir uma cerveja e ficar em pé em balcão. Quando eu posso beber uma cerveja, eu bebo em casa. Porque é bom, né? Beber muito não, mas um pouquinho é bom. Quase todo mundo gosta. São poucos que não gostam. Aí, o pessoal chama paulista lá. Mas não gosta que a gente fala... Eu, e quando chego lá... muita gente já falou comigo, falou: "olha, você não muda nada, rapaz, do jeito que você vai pra lá, fica tanto tempo lá e..." Falei: "Eu não vou mudar, mudar a minha vida, não tem como mudar". Aí não falam por mal, quando me chamam pra ir almoçar, ir jantar, eu não vou não. Eu chego lá, só paro na casa de minha mãe e de meu irmão que mora no sítio. Não vou, não gosto.

Entrevistadora: Maria Luisa Sandoval Schmidt

Notícias da insegurança pública

Vivemos no Brasil uma experiência crítica e paradoxal. Testemunhamos nas últimas décadas a consolidação das instituições democráticas; a afirmação dos direitos civis e humanos; a proliferação de organizações governamentais e não-governamentais na fiscalização e implementação de políticas públicas voltadas às camadas pauperizadas da sociedade brasileira, a tão aguardada chegada das esquerdas ao poder em todos os níveis (municipal, estadual e federal); uma incipiente, mas importante produção de dados fidedignos sobre as violências no Brasil. De outro modo, porém com igual vigor, o crescimento vertiginoso do desrespeito a esses mesmos direitos civis conquistados em regime democrático, o alargamento radical e extraordinário das desigualdades em todos os níveis, e a (des)organização dicotômica das metrópoles brasileiras que fratura as cidades em diferentes fragmentos desiguais — cidades dentro de cidades — e que dificulta, quando não impede, um retrato homogêneo dos avanços e retrocessos no desenvolvimento humano do país, dos estados e dos municípios brasileiros.

Este paradoxo já batizado como o não-estado de direito, o paradoxo da democracia brasileira e democracia disjuntiva[1] revela particularidades e conseqüências óbvias. No Brasil, nossa curta experiência democrática notabilizou-se como uma democracia para poucos. Grifando e exagerando o paradoxo, nos tornamos uma democracia não inclusiva e segregacionista.

As conseqüências disto não param de brotar em todo o país. A pobreza cresce e se alastra e, com ela, os pobres que se esparramam pelos até

---

[1] Ver Peralva (2000); Pinheiro et al. (2000); Caldeira (2000).

então chamados territórios de inclusão, ilusoriamente protegidos.[2] São eles que deambulam pela cidade manchando de pó, mau-cheiro e sujeira as pequeninas zonas de cidadania e democracia vendidas a peso de ouro.

Diante disso instabiliza-se a convicção de que é possível resguardar para poucos a experiência de viver em ambientes democráticos, gozar dos benefícios que o conhecimento tecnológico gerou e usufruir as redes de conforto e civilidade urbanas. O medo da perda desses privilégios revela que conquistas cívicas tornaram-se privilégios, produtos caros que poucos podem obter, o que reitera a urgência, para as camadas privilegiadas, de instrumentar formas novas e contundentes de exclusão.

A olhos vistos, é possível constatar que os morros invadiram as cidades, as periferias estão contíguas às áreas centrais das cidades, os presídios chegaram aos bairros e os privilegiados perderam definitivamente sua paz. Paz que os pobres jamais puderam gozar.

Neste contexto tenso, onde se pretende ainda realizar novas fraturas, novas divisões, novos meios de segregar, separar e dividir, é possível acompanhar o acirramento de formas terminais de segregação que remontam às ditaduras eliminacionistas e as agravam. Porém soma-se à exclusão territorial fracassada, o alijamento cultural e material, a dicotomização subjetiva intransponível entre ricos e pobres e, por fim, a eliminação física dos pobres.

Não há como escamoteá-las, seu crescimento inexorável na década de 90 tem exigido importantes mudanças de paradigma. As políticas de segurança pública nas metrópoles brasileiras mostraram-se incapazes de garantir segurança à população e persistem em modelos viciados e violentos. Implementam-se, reiteradamente, verdadeiras políticas de insegurança pública que fomentam guerras em território urbano, muitas vezes patrocinadas por corrupção e truculência policiais, enquanto o espaço público se degrada.

Conseqüência disso é que a tortura, que outrora visava o corpo do militante, agora visa preferencialmente o corpo do pobre. Como também é

---

[2] A dicotomia inclusão/exclusão passa por profunda revisão crítica e conceitual, dada sua precariedade para definir matizes nesses mesmos processos de inclusão e exclusão e a complexidade desses sistemas; é preciso notar, entretanto, que ainda são capazes de identificar bem a radicalidade da divisão territorial urbana das metrópoles brasileiras. Índices de homicídio bastante superiores a países em estado declarado de guerra convivem com índices próximos aos da Escandinávia na mesma cidade, no mesmo país. Note-se, por exemplo,que no ano de 2002 o Jardim Ângela registrava o número de 231 mortes por homicídio, enquanto o Jardim Paulista, no mesmo período, registrava um óbito pela mesma causa. Dois Jardins, duas realidades opostas. Dadosdisponíveisnoendereçoeletrônico: http://ww2.prefeitura.sp.gov.br//arquivos/secretarias/saude/publicacoes/0005/Anexo_Coletanea.xls

o pobre que mais morre na escalada de homicídios cometidos entre civis e por policiais contra civis.

O Brasil tornou-se um dos líderes de homicídio em todo o mundo. Evidentemente, estes homicídios atingem, em sua escandalosa maioria, a população pobre moradora dos morros e periferias das grandes cidades.

Avoluma-se a longa lista de crimes e atrocidades bárbaras — paradigmas da sociedade brasileira contemporânea — que ainda permanecem impunes. O massacre do Carandiru, a chacina da Baixada Fluminense, a chacina da Candelária, o massacre dos moradores de rua no centro de São Paulo, as mortes e torturas cometidas há décadas dentro das FEBEMs, o massacre da operação Castelinho. Crimes que a imprensa noticiou e notabilizou, mas que permanecem amarelados em fotos antigas de jornais. Além deles, evidentemente, sobram outros inúmeros crimes impunes que não chamaram a atenção da grande imprensa.

A impunidade desses crimes, cuja suspeita recai sobre policiais na ativa, grupos de extermínio e esquadrões da morte, revelam o campo promissor aberto para que assassinos continuem se organizando há décadas — já nas décadas de 50 e 60 — e continuem atuantes em pelo menos 15 dos 26 estados brasileiros.

É espantosa também a consonância entre o apoio de parcela significativa da população civil à redução da maioridade penal, a instalação da pena de morte no Brasil e a prática da tortura e, de outro lado, as práticas extra-judiciais de violação de direitos que, de algum modo, parecem dar seguimento a estes anseios da sociedade brasileira. Assim as mortes e torturas que atingem há décadas os adolescentes nas FEBEMs, as chacinas e massacres cometidos por grupos paramilitares e o recrudescimento das práticas de tortura, nas delegacias de todo país após o período militar, indicam certo acordo entre parcela substantiva da população e as práticas de violações extra-judiciais comuns no Brasil.

Pesquisas recentes apontam apoios maciços[3] à redução da maioridade penal no Brasil e apoios bastante significativos à tortura[4]. Esses elementos somados determinam uma situação onde as dicotomias se acirram com a

---

[3] Pesquisa realizada pelo Instituto Sensus em 2003 indicava que 88,1% da população brasileira apóia a redução da maioridade penal de 18 para 16 anos. Reportagem publicada no jornal *O Globo*, caderno O País de 9 de dezembro de 2003.

[4] Pesquisa realizada pelo Datafolha em 2004 indica que quase um quarto da população da cidade de São Paulo (24%) era favorável à tortura física. Reportagem publicada no jornal *Folha de S. Paulo*, caderno Cotidiano de 1 de fevereiro de 2004.

tendência ao encastelamento e a privatização das experiências de alteridade que, cada vez mais, são encurraladas no convívio entre iguais e no medo, repulsão e exclusão do diferente.

Condomínios, blindagens, seguranças privados, sofisticados sistemas de alarmes fazem hoje parte de uma indústria promissora e lucrativa que depende, e se beneficia, da escalada da criminalidade e da sensação de insegurança que é imediatamente ativada quando uma criança aborda um veículo no semáforo.

Uma interdependência entrópica entre os citadinos inseguros e as ofertas privadas de segurança emite uma mensagem repetível que atesta a falência dos poderes públicos, diante do dever de proteger as cidades e os cidadãos.

Incentiva-se assim uma molecularização da cidade, onde cada um faz o que pode para garantir a vida. Espaços e lugares são transformados em enclaves que nada têm a ver com o espaço público; ao contrário, contribuem decisivamente para empobrecê-lo e desativá-lo como lugar de convívio. O espaço comum se torna então um lugar selvático, de passagem rápida e temerária, uma vez que permanecer nele implica em risco iminente e provável.

Os toques de recolher nos morros e periferias, o comando violento e capitalista do tráfico, a enorme oferta de armas de pequeno porte nas mãos de qualquer cidadão e o crescimento dos delitos confluem para que qualquer conflito na cidade tenha um desfecho perigoso e, muitas vezes, letal.

Ruas, praças e parques vão se tornando lugares privatizados onde só quem pode andar tranqüilo é o contraventor. Os demais devem recolher-se o quanto antes ao espaço privado, familiar e homogêneo dos carros, casas, lojas, *shopping centers* onde, como consumidores, estarão protegidos.

As experiências coletivas do convívio na diversidade, a expressão da singularidade no espaço público que funda e possibilita o exercício da política e a sustentação da *polis* como garantia do espaço-tempo onde se torna possível materializar expectativas, anseios e desejos mútuos, estão sendo arrastados para a mediocridade do consumo imediato, do individualismo regredido e impotente, e do culto e proteção ao corpo que se quer, ao mesmo tempo, excessivamente exibido e excessivamente protegido.

Mas há uma diferença fundamental entre aqueles que, por seu poder de consumo, habitam as zonas das cidades abastecidas pelas redes de urbanidade, usufruindo os benefícios que decorrem daí, e aqueles que estão alojados nas áreas da cidade onde o Estado se ausentou.

Para estes que residem onde os índices de homicídio ultrapassam os índices de países em guerra declarada, a vida vale menos. São eles que cotidiana e efetivamente correm o risco de perdê-la, pelas mãos do tráfico ou da polícia. São eles que esbarram em corpos baldios, largados nas ruas, antes de ir para o trabalho. São eles que têm de optar diariamente entre a oportunidade "promissora" da ascensão rápida, que a criminalidade sugere, ou a vida de trabalhador desqualificado e subalterno que sua baixa instrução lhe legou.

No cotidiano amedrontado e perigoso das grandes cidades brasileiras ainda é preciso uma competente e massiva operação resgate que evidencie a multidão de homens e mulheres, ainda resistindo às tentações do crime, que acreditam no trabalho como valor moral e cidadão e ambicionam uma vida longa e pródiga de experiências e histórias. É preciso implodir com as dicotomias viciantes que aglomeram e fazem coincidir categorias como pobreza, bandidagem, contravenção, violência para escamotear a hegemonia de valores das camadas privilegiadas da população que, não raro, não tem outra solução para as desigualdades senão exterminar o pobre e, com ele, a pobreza.

Vive-se um momento crítico em que os exemplos que atestam o fracasso das políticas para a diminuição das desigualdades no longo prazo são muitos; momento que exibe o fracasso das políticas de segurança pública, em geral emergenciais e reativas, incapazes de apresentar outras soluções que não sejam o aumento da violência policial, a sonegação fraudulenta de dados e informações confiáveis e a ampliação de presídios. Acompanhamos com apreensão, em muitas metrópoles brasileiras, um alargamento dos territórios não-cidadãos enquanto, ao mesmo tempo, os territórios inclusivos sofrem diminuição e estrangulamento.

Se bem sucedida esta fórmula separatista, que reserva a cidade para as camadas médias e ricas da população, não haverá outra solução senão a pequena revolta que faz da justiça com as próprias mãos seu mandamento fiel, e da arma seu protagonista. Sem uma política justa de devolução da cidade aos seus cidadãos, não há programa que mereça crédito senão as sucessivas guerras particulares, entre gangues, que testemunhamos nos acontecimentos que marcaram o mês de maio de 2006 na cidade de São Paulo.

Num notável sistema de vinganças regido por ação e reação, policiais, matadores, membros do crime organizado e criminosos comuns destruíram centenas de vidas, num dos maiores homicídios ocorridos no Brasil. Além dos policiais mortos pela facção criminosa PCC (Primeiro Comando da Capital) e membros do próprio PCC, também morreram trabalhadores e inocentes em outra atrocidade que, como tantas, ainda não foi apurada.

Poucas vezes se viu com tamanha clareza o custo da indistinção entre ser pobre e ser bandido. Trata-se da indistinção que autoriza abusos, truculência e violências de todo tipo. Ao pobre não é apenas negada a saúde, moradia, educação e segurança públicas, mas também o direito à singularidade que funda uma sociedade de sujeitos que exercem seu direito à cidade quando falam e, falando, perturbam discursos, análises e preconceitos que os definem duradouramente para impedi-los de falar de si.

Hoje, torna-se imperativo conjurar o frescor das falas dos protagonistas de tantas atrocidades brasileiras abafadas por discursos, números e análises que, certamente, só podem ser revitalizadas com o saber que sobreviveu em terreno inóspito, amparado pela certeza que seus autores têm de seu caráter original e único.

Aí, no espaço miúdo e genuíno dos testemunhos, germina, com viço, a política.

Paulo Cesar Endo

Na corda bamba

Caio tem 21 anos. Nasceu, cresceu e vive até hoje no mesmo bairro: um dos muitos "jardins" situados no extremo norte da cidade de São Paulo. O aspecto físico do bairro repete centenas de outros existentes nas bordas das grandes cidades brasileiras: um amontoado de casas pequenas, feitas de blocos de cimento, quase todas inconclusas. Nele estão presentes todas as formas precárias de morar que restam aos explorados numa sociedade extremamente desigual em que os direitos de trabalhar, de estudar, de morar, de usufruir dos bens culturais, de ter segurança e saúde são permanentemente precários ou simplesmente negados a grande parte da população. Dentro dele há cortiços, favelas e um conjunto habitacional. Pequenas casas comerciais vendem alimentos e objetos de uso pessoal. São muitos os bares, sempre pequenos e sujos, pontos de encontro de traficantes de drogas, desempregados, trabalhadores e, sobretudo, jovens atraídos por máquinas caça-níqueis. Há poucos equipamentos sociais: são duas escolas públicas, uma creche e um posto de saúde. Não há equipamentos culturais. A presença de uma polícia corrupta, arbitrária e violenta cria um clima de constante insegurança para os moradores. A morte por assassinato é banal no cotidiano do bairro.

Caio foi criado pela avó paterna. Com exceção dela, todos os seus avós tem antecedentes negros. Ele é pardo, alto, forte, veste-se como os jovens de sua idade (boné, camiseta e calças largas, tênis) e suas roupas estão sempre muito limpas por obra da avó, faxineira incansável fora e dentro de casa. Tem um sorriso bonito, que ele chama de "meu patrimônio". Patrimônio sempre ameaçado pela impossibilidade de atendimento dentário. Já perdeu vários dentes, extraídos sem anestesia como única forma de curar dores insuportáveis.

Com mais de 20 anos, declara-se semi-analfabeto, embora tenha freqüentado a escola fundamental da 1ª à 4ª série sem reprovações e esteja cursando atualmente a 8ª série do supletivo noturno. Com mais de vinte anos e morando numa das cidades mais cosmopolitas da América Latina, nunca foi ao teatro, nunca ouviu uma orquestra, nunca foi ao cinema, nunca visitou um museu. Num espaço de vida assim, o namoro e a atividade sexual precoce são comuns entre os adolescentes. Aos 17 anos, ele tornou-se, em doze meses, pai de dois filhos.

Conversando com ele, fica a forte impressão de que sua vida não tem rumo, que ele está a reboque das circunstâncias. A escolarização se faz aos pedaços; os empregos são precários, duram pouco e, não raro, deixam de pagar o salário combinado; as relações amorosas são passageiras; a qualquer momento ele pode ser "enquadrado" pela polícia e o resultado dessas abordagens pode ser trágico; a partir da adolescência, morou temporariamente com parentes ou namoradas, em diferentes regiões da cidade. Mesmo assim, acredita num futuro melhor, embora esta crença careça, ela também, de bases sólidas.

Indagado sobre seus planos, diz querer fazer "todos os cursos que puder", fala do sonho de entrar para a Marinha, menciona a constituição de família, o exercício da paternidade responsável e um ou outro sonho de consumo. A fala é monocórdica, a voz baixa, um leve sorriso fixo acompanha o relato. E como se não tivesse sonhos, desejos, projetos; quando se refere a eles, é de modo fugaz, errante, sem convicção. No fundo ele sabe da falta de perspectivas, pois não consegue concluir a escolaridade fundamental, não tem emprego com carteira assinada e vive à mercê de "bicos" pesados na indústria da construção civil – a convite de parentes que nunca lhe pagam o prometido. A percepção dos obstáculos que não foram superados pela geração dos avós e dos pais parece tê-lo levado a uma espécie de automutilação: num mundo que se apresenta como um mar de mercadorias e as pessoas valem pelo que têm, ele cala desejos e planos, pois a vida de seus familiares já lhe mostrou que o sucesso na vida é impossível pelas vias socialmente autorizadas e que os caminhos possíveis – os percorridos pelos "bacanas" do bairro – certamente passam pela ilegalidade.

Num beco sem saída, o misticismo faz sentido. Nos últimos anos, tornou-se evangélico, como muitos de seus parentes e amigos, numa tentativa de melhorar o nível de vida sem apelar para alternativas perigosas.

Não sem boa dose de razão, acha que ainda não foi parar numa cadeia infecta ou não foi morto por obra da sorte. Aliás, para ele, a "sorte" explica o mundo. Se é assim, não vale a pena ter planos e empenhar-se na realização deles. Ele vive o presente e ficar satisfeito em poder vencer os desafios postos pelo dia-a-dia, um de cada vez.

Na retaguarda, a severidade da avó, que me contou que sempre "desceu o cacete", sem culpa, nos filhos e nos netos quando os viu em perigo de se tornarem bandidos, mas que enfrenta a polícia quando esta comete arbitrariedades com os seus. Somando as pensões dela e do marido falecido e um salário que ainda garante trabalhando como doméstica, ela é o "porto seguro" do extenso grupo familiar: é para a sua casa que convergem filhos, noras, genros e netos quando a dificuldade material aperta. Mas Caio precisa de mais do que isso para sobreviver em condições tão adversas: apega-se a Deus, *"um pai vivo, um pai que está do seu lado quando você precisa"*. E vai tocando a vida, como pode.

Maria Helena Souza Patto

Entrevista com um jovem morador na periferia

"Praticamente o Jardim inteiro é de pessoas marcadas".

— *Como é viver no Jardim?*

Caio — É um lugar tranqüilo, se você souber andar lá. É só que tem gente que não quer tranqüilidade. Então, você tem que fazer o que precisa e ficar em casa. Mas tem gente que quer bagunça. Então, tem que se afastar das pessoas que moram lá, não ter amizade. Não são bons elementos. E tem a polícia. A polícia lá não respeita ninguém. Se você se juntar com eles [os que não são bons elementos] a polícia enquadra, revista, bate. Quer levar pra delegacia de qualquer jeito. Põe droga na mão da pessoa.

— *Isso já aconteceu com você ou com algum conhecido seu?*

Caio — Meu primo estava indo na casa da mãe dele, a polícia foi fazer o serviço dela e enquadrou ele, mas jogou droga no bolso dele e levou ele pra delegacia. Ele telefonou para o patrão dele e o patrão falou que ele era bom elemento, que não mexia com droga. Daí a polícia soltou. Tem policial lá que está envolvido com droga. Tinha um homem lá que era dono do bairro. A maioria das "bocada"[1] era dele. Era um rapaz que se a senhora visse, não dava nada. Baixinho, baianinho. A polícia enquadrava ele, mas não dava em nada.

— *Por quê?*

Caio — Porque a polícia ia sempre lá pegar dinheiro...

— *E você, a polícia já pegou?*

Caio — Já fui confundido, já. Era uma tarde de sol, fui na casa de um amigo, fiquei conversando com a mãe dele, fomos na casa da tia dele pegar um cachorro. Eu

---
[1] "Bocada" é ponto de venda de drogas.

estava brincando com o cachorro e se aproximaram dois caras: um baixinho e um alto, negro. "Rapaz, vem aqui. Você está preso, está sendo procurado". Puseram algema em mim, andaram mais ou menos um quarteirão. Veio o carro da polícia, me levaram, deram uma grande volta no bairro e ficaram me fazendo um monte de pergunta. Tinham roubado uma kombi. Chamaram uma senhora, ela disse que fui eu. Ela entrou na viatura e fomos até o DEPATRI. O delegado veio conversar comigo. Queria saber onde estava o motor, porque eles acharam a carroceria. Chegou o meu pai, a minha tia, mas não adiantou, porque a mulher tinha me reconhecido. Mas aí ela falou que foi de noite. Daí eu aproveitei: "foi de noite?" "Foi". "Eu estava perto?" "Não. Estava a uma grande distância". Daí vi que ela usava óculos. Estava pendurado no pescoço. O delegado se afastou, vi ele balançando a cabeça. Ele veio: "vai embora, rapaz, você não tem nada com isso". Falei com o delegado que um branco lá me deu um tapa na cara.

— *Quando?*

Caio — Quando estava indo na viatura pra delegacia. Ele falou que ele ia ferrar com a minha vida, ia chamar a reportagem e falar que eu sou o cara mais procurado do bairro, que eu fornecia lá. Ia acabar com a minha vida. Mas o delegado disse que não sabia quem era. Ele desceu no meio do caminho. Isso faz três anos que aconteceu.

— *Então as pessoas nunca sabem o que vai acontecer quando saem na rua...*

Caio — Ali você tem que olhar pra frente e olhar para os quatro cantos aonde você vai. Se tiver olhos atrás, melhor. "Tem que saber entrar pra saber sair": a gente fala assim das favelas, mas também de todo lugar que vai, porque lá não é um lugar favorável pra você ir onde quiser, brincar com quem quiser. Agora, se você for uma pessoa tranqüila, se souber com quem conversar, fazer amizade... Se não, não é bom fazer amizades com o pessoal de lá.

— *Acontecem mortes lá?*

Caio — Muitas mortes. Graças a Deus, agora deu uma parada. Há uns três anos atrás, foi um ano inteiro que só aconteceu isso. Teve uma chacina lá que matou sete pessoas. Era a polícia que estava matando. Tinha chacina nos bares. O policial ia buscar um deles, matava todo mundo. Matavam uma sete, oito pessoas em cada bar.

— *Por que matavam?*

Caio — Não sei. Pode ser acerto. Não conseguiram pegar o dinheiro dos cabeças, então matam os que estão começando...

— *Os que morriam eram todos traficantes?*

Caio — Muitos eram bandidos, muitos eram inocentes. Morreram porque estavam no mesmo lugar. Até o dono do bar também morreu. Um cara, pra se livrar, entrou num *freezer*. Levou um tiro dentro do *freezer* e morreu congelado. Era pior. Agora está melhorando.

— *Quem é o Demônio?*

Caio — É um policial, lá. Não sei porque, nunca fiz nada pra ele, mas ele não vai com a minha cara. Um dia, nós estávamos na ponta da viela, daí chegou um colega nosso, nós entramos na viela. Aí, quando chegamos dentro da viela, esse policial estava passando. Só que ele estava indo na direção da casa dele. Ele passou, assim, e voltou. Nisso desceu quatro policiais que ele estava no meio, todos armados de metralhadora. Daí desceram e iam algemar nós. Só que minha avó apareceu, começou a falar uma porção de coisa pra ele. Daí eu lembro que ele chegou pra mim e falou: "Não esquece de mim, não, que eu não me esqueci de você." "Eu não fiz nada pra você..." Aí peguei as coisas e fui embora. Aí, sempre que ele topava comigo na rua, eu não estava sozinho.

— *E por que ele chama Capeta?*

Caio — Ah, é por causa das maldades que ele faz. Não só ele, mas o Lampeão também.

— *E o que eles fazem de maldade?*

Caio — Ah, quando ele pára as pessoas, eles batem. Mesmo as pessoas vendo. Ou as pessoas comentam que já acharam pessoas mortas por essa gangue da polícia. Eles são em quatro. Quando estavam os quatro na viatura, todo mundo que estava na rua já olhava, assim, e ficava com medo.

— *Eles aterrorizavam as pessoas do bairro?*

Caio — Aterrorizavam. Faz tempo que não vejo eles no bairro. Eles deram uma parada. Por enquanto eu não cheguei a ver eles. Devem estar fazendo ronda em outro lugar. Mas vai voltar. Sempre foi assim no Jardim. Quando estava piorando, quando estava espalhando a notícia, aí dava aquela maneirada. Maneirava, daí ficava mais suave, depois voltava de novo. Aquela rotina: ia e voltava, ia e voltava.

— *Você já havia me contado um pouco esta coisa da polícia. Inclusive que tinham matado um colega seu e como você faz para sobreviver nestas condições. Você me disse que é preciso ter dois olhos na frente e dois atrás, ficar sempre atento e evitar andar com pessoas marcadas...*

Caio — É. Praticamente o Jardim inteiro é de pessoas marcadas, né? Mas eu encontrei a minha namorada e agora eu estou mais pra Vila Galvão do que pra lá. Porque é difícil você andar... Mesmo você parado ali, não fazendo nada, a polícia enquadra, quer fazer alguma maldade... Ali, se passa das dez horas da noite, coisa boa você não é, entendeu? Mesmo que você estiver sentado no portão de casa, já pensam que você é traficante ou já está querendo fazer alguma coisa.

— *Sua avó me contou que eles às vezes prendem rapazes do bairro, ficam rodando com a viatura e só soltam quando a família dá dinheiro. É isso?*

Caio — É isso. O que está muito acontecendo lá é isso também. Os policiais enquadram uns vagabundos, os ladrões e até pessoas normais e querem dinheiro pra soltar. É o que está acontecendo muito lá.

— *Esses policiais estão envolvidos com o tráfico?*

Caio — Ãh, ãh....Muitos ali, estão. Tanto que quando morreu lá um cara que comandava o tráfico no Jardim, os policiais ficaram doidos. Porque eles pegavam dinheiro com ele, droga. Então o pessoal ficou doido. Tanto que no dia do velório dele, os policiais enquadraram meu primo e mais um pessoal junto com ele. Aí ele falou pra mim que os policiais olharam e falaram: "É, aqui vai virar um inferno agora. Aqui não tem mais dinheiro e não tem mais droga!" Esse traficante distribuía droga para o Jardim inteiro. Depois que ele morreu, não tem mais como a polícia pegar droga nem dinheiro.

— *O que a polícia faz com a droga?*

Caio — Ah, não sei... Deve usar. Deve usar. Porque muitas vezes eu já fui enquadrado pelos policiais, e os policiais estavam tudo "nóia braba"!

— *O que é "nóia braba"?*

Caio — Tem policial que cheira, tem policial que fuma, né?... dá pra você vê a reação da pessoa só na hora que enquadra, assim. Mesmo que você não é nada. Só da pessoa estar te revistando, você vê a reação dela. Pessoa viciada na droga a gente diz que está "na nóia".

— *Você tem algum amigo que foi morto pela polícia?*

Caio — O Aurélio. Saiu da cadeia um parente de um amigo nosso. Era da família do PCC. Meu amigo acabou fazendo amizade com ele... Eu via os dois juntos. Um dia vi ele empinando pipa num campo de futebol. No final do ano retrasado, já era o Natal, eu estava dormindo, daí veio um primo dele me chamar. "Você está sabendo?" "Não. O que aconteceu?" "Ele morreu nesta madrugada." Ele se envolveu com o cara do PCC, foi fazer um assalto. O dinheiro não era suficiente, iam voltar de noite pra pegar mais. Daí a gente ficou sabendo que o carro não pegava na hora de fugir. Eram quatro homens e uma mulher. Pegaram um taxista. Onde o taxista deixou eles estava escuro. Daí a polícia enquadrou eles, fizeram deitar no chão, bateram neles, pegaram o rapaz do PCC, levaram no mato. Ouviram um tiro. Daí vieram e pegaram o Aurélio. Levaram. Devem ter mandado ele deitar de costas. Ele levou sete tiros. Daí o que sobreviveu me contou que o outro falou pra moça: "Vamos correr." Ele levou um tiro no baço, mas não pôde ir para o hospital, porque a polícia pega. Foi tratado na casa dele mesmo. Daí ele e a mina ficaram revezando: um viajava, depois o outro viajava. Depois ele foi assaltar e foi preso. Ela virou crente, vai na igreja. Às vezes eu vejo ela.

— *Como você conheceu o Aurélio?*

Caio — Conheci ele na frente da escola. Ele não tinha como estudar. A gente ia para os bailes, a gente formou um grupo de dança. Daí juntou ele, meu primo, a gente estava sempre junto. Até que ele entrou no crime. Deixei de andar com ele na rua. Ele ficou de má índole. Só ia na casa dele. Andar na rua, não. Ele era um ano mais novo que eu. Era uma pessoa bem divertida...

— *Por que ele não podia estudar?*

Caio — Porque ele trabalhava. Não dava tempo de estudar, só dava pra chegar na segunda aula.

— *Por que os jovens entram no crime?*

Caio — Quem tem passagem [pela polícia] é difícil encontrar serviço. Ele não conseguia achar serviço. As pessoas não davam oportunidade. Daí as pessoas de má índole falam: "Vem pro tráfico. Lá você pega dinheiro fácil." Daí as pessoas querem ajudar a família, acaba indo. Quando eu conheci ele, ele já tinha saído da cadeia. Não sei porque. Ele conseguiu um emprego, mas a firma faliu. Ele foi preso, tinha mais ou menos 16 anos, por aí.

— *Por que isso não aconteceu com você?*

Caio — Quando eu saio de casa, eu observo tudo. Na rua que eu morava, na frente da minha casa, era ponto de droga. Eu observava. A polícia vinha, enquadrava, levava, depois voltava, levava... "Isto não é vida pra mim". A vida dentro da delegacia é pior ainda. Meu primo me contou que eles mandam os presos tirar a roupa e batem em todos. Tem lei lá dentro, você pode morrer. Eu não quero isso. Prefiro correr atrás de um serviço, porque sei que se eu acabar vendendo drogas, roubando, eu até vou poder ajudar meus filhos, mas se eu for preso, ninguém lá fora vai ajudar meus filhos. A mãe deles não vai ter força pra isso. É que nem meu primo. Ele tem uma filha, né? Da prisão dele já rolou tantas histórias que eu já nem sei mais a verdade. Faz dois anos que ele foi preso. Mas, se Deus quiser, esta história vai mudar. Ele vai sair de lá. Ele fazia bicos e ajudava a criar a filha. Agora ele não pode. Falei com ele pelo telefone. A vontade dele é sair de lá, estar aqui fora, dar pra filha dele do bom e do melhor. Mas isto ele não pode fazer. Como sempre, o problema é andar com pessoas de má índole...

— *O que é uma pessoa de má índole?*

Caio - É a pessoa que não quer saber do bem, só quer fazer maldade. Pessoas... que não te vê como amigo: "Você é colega meu, vai estar andando comigo sempre", mas vê você como... como... como eu posso falar? Vê você como quem pode fazer favor pra ela. Você faz e depois ela se afasta. Ele não te olha como colega... Pelo jeito dela conversar, você já sabe quem é ela... Eu consigo saber como uma pessoa é só pela conversa.

— *E como é que você sabe?*

Caio- — Por uma conversa bem sadia. É não tocar no particular da pessoa, mas você vai puxando pouco a pouco a vida da pessoa. Daí você vai vendo se é uma pessoa que você pode conviver, se não pode.

— *O que faz uma pessoa ser de má índole?*

Caio — Se envolvem com o crime. As meninas lá, parece que adoram as pessoas do crime. Nos bailes de lá é que você encontra mais pessoas de má índole. Mas tem também pessoas boas no bairro.

— *Você acha que elas nascem assim?*

Caio — Não. É por convivência. Amizades: "Vamos entrar nesta vida, você pega dinheiro fácil".

— *E por que as meninas gostam?*

Caio — Elas têm uma forte atração por essas pessoas. São meninas novas: 15, 14, 16 anos, bonitinhas... Mas elas são atraídas por elas...

— *Por quê?*

Caio — Porque essas pessoas pegam dinheiro fácil, têm roupa boa. Elas são as primeiras que têm celular. Então, em vez de andar com pessoas mais humildes, que não têm nada...

— *Você falou em "dar do bom e do melhor" para os filhos. O que é isso?*

Caio — É sempre dar o que eu nunca ganhei. O que eu sempre quis ter e nunca tive. É dar isto para os meus filhos.

— *O que, por exemplo?*

Caio — Nunca tive um videogame... Nunca tive carinho, atenção. Uma coisa que diz respeito a meu pai, a minha mãe, que eu não cheguei a ter... Por isso eu hoje agradeço muito a minha avó, minha tia. Eu e meu pai "não batia", né? O que eu quero dar pra minha filha é: "Eu tenho um pai maravilhoso".

— *Quantos filhos você tem?*

Caio — Tenho dois filhos, com três meses de diferença um do outro. Minha filha está com dois anos e três meses e meu filho com dois anos e seis meses...

— *E como é que isso aconteceu?*

Caio — Foi uma burrice que eu tinha feito. Eu estava com a mãe da minha filha, mas eu sempre encontrava uma outra moça que eu já tinha namorado. Daí a gente brigou, depois ficamos amigos, ia pra balada... Daí a gente combinou de ir pra praia. Ela ficou grávida na praia. Daí passou um mês, encontrei com a mãe da minha filha, ficamos juntos e ela ficou grávida. Daí fiquei sabendo, dois ou três meses depois, que a outra estava grávida. Minha cabeça ficou quase explodindo: "Meu Deus, o que eu vou fazer agora!?"

— *Você não usa preservativo?*

Caio — Chegamos até a usar, mas acabou dando problema... Ela disse que ia tomar um remédio pra evitar a gravidez, mas não deu certo. Ela disse: "Tentei, mas não consegui. Mas eu não sou pessoa de matar, vou ter que criar". "Tudo bem. Eu sou o pai, eu ajudo a criar". Já com a mãe da minha filha eu vivia junto, a gente morava junto... A mãe do meu filho hoje tem outro filho com outro cara. Ela é legal. Já a mãe da minha filha, não. Ela já me pôs "no pau". Quando eu conheci ela, ela já tinha uma filha de sete anos. Daí moramos juntos. Aí, depois de um ano e meio, ela ficou grávida de mim. Quanto minha filha estava com cinco meses, nós separamos. Passou quatro ou cinco meses, ela já estava com outro cara e teve um filho dele. Não tenho amizade com ela. Só falo sobre a minha filha.

— *Você amava esta moça?*

Caio — Não amava. Gostava. Se não gostasse não tinha ficado com ela. Mas fiz uma coisa errada pra minha filha. Ela foi operada e logo que ela voltou pra casa eu me separei. Eu me arrependi. Devia ter ficado perto dela. A filha dela me amava. Ela foi internada e eu fui visitar. Ela estava abatida. Quando me viu, ficou feliz. Estava sentindo a minha falta. O pai dela era filho de policial, estava envolvido com o crime, acabou falecendo. Hoje ela brinca comigo, mas não é como antigamente. Hoje eu estou namorando uma outra menina, a gente vai pra igreja e tudo. Eu falei: "filho pra mim, nem pensar". Se eu tiver outro filho, quero estar do lado dele.

— *Você está freqüentando uma igreja...*

Caio — Hoje estou na Igreja Evangélica. Da minha família inteira, eu fui o primeiro a ir. Daí parei de ir e minha família inteira começou a ir: minha tia, minha avó... Eu comecei a ir pra bailes, me divertir... Daí eu vi que só arranjava confusão com as minhas namoradas. Deus é um pai vivo, um pai que está do seu lado quando você precisa. Quero entrar na igreja inteiro. Quero me batizar. Não quero mais esta vida de muita menina. Hoje eu quero namorar sério, casar, ser feliz. Gosto muito da Cristiana, espero um dia ter uma vida com ela, séria. Conheci ela ano passado, antes do Natal. Estamos juntos há sete meses. Daí dei uma mancada. Mas como eu gosto muito dela, estou querendo voltar, estou agradando o coração dela. Ela também mora sozinha, já tem um filho. A família dela é a família ótima que eu queria ter. Quero voltar. Agora vai ser uma coisa mais séria. Estou tentando voltar com ela. Parece que a gente está se entendendo. Eu realmente gosto dela. Se não gostasse, eu não fazia todo dia este percurso da minha casa até a casa dela, num outro bairro. Dá meia hora de bicicleta. Estou gostando, não: gosto. Acho ela linda. Ela é negra. É uma mulher que se veste bem, sabe conversar. Sabe levar a pessoa, né? Ela trabalha num posto comunitário, faz uns três ou quatro anos. É um trabalho sério. Ela também trabalha num bufê. Quando aparece uma faxina, ela vai também. O que aparecer, ela vai fazendo. É uma menina esforçada. Esta é a vida do Glauquinho...[risos].

— *Morando num bairro difícil, tendo uma vida difícil, você está procurando ser feliz...*

Caio — É. Eu gostava de ir curtir. Os lugares que eu ia curtir, agora só tem briga, traficante. Se eu continuar curtindo balada, festinhas, eu vou acabar tendo problema. Por isso, quero sair com ela, ir numa sorveteria, levar as crianças no parque. Sair com ela, uma vida a dois. Daí você sabe que não vai ter confusão, não vai fazer uma "cagada". Esta é a vida que estou tentando passar. E sei que Deus é justo e vai me ajudar...

— *Ajudar...?*

Caio — Ter paz. Muita paz. Tranqüilidade. O caminho de Deus é o melhor caminho que existe.

— *Fala um pouco do Jardim. Você viveu a vida inteira lá. O que o bairro oferece para as crianças do bairro, por exemplo? Quando você era criança tinha alguma coisa no bairro que você aproveitava?*

Caio — Acho que as únicas coisas que a gente aproveitava ali... Sem brincadeira, acho que era só as escolas... pra criança, né? As escolas e as praças, né? Porque alguma coisa pras crianças se divertir, ali mesmo não tem.

— *E como são essas praças?*

Caio — Ah, praças normais, né? É pras crianças ficar ali brincando, né? Mas pra criança de dez anos, já não tem coisas pra ela se divertir. Então, fica mesmo andando de bicicleta no meio da rua... entendeu? Coisa pra diversão ali mesmo não tem. Diversão, tem que ir pra outros lugares, que ali mesmo não tem. Ia ser até bom que tivesse alguma diversão pras crianças ali.

— *Essas praças têm aqueles brinquedos pra criança — escorregador, balanço, essas coisas — ou é praça pelada?*

Caio — É praça pelada.

— *Então, como era quando você era criança, como era o seu dia a dia ali no bairro?*

Caio — Era difícil, eu não saía de casa. Porque era perigoso, também. Hoje em dia você vê muito carro correndo, pra baixo e pra cima, então é muito perigoso pra criança.

— *Você brincava com quem?*

Caio — Eu não me lembro bem. Acho que brincava com meus primos. Lembro que meu pai me falou que me levou poucas vezes no zoológico de Guarulhos. Então, pra você ver que já saía do bairro, né? Então, não tinha um lugar ali pra se divertir.

— *E você tinha brinquedos?*

Caio — Tinha. Poucos, mas tinha. Carrinho, esses negócios assim. Pouco, mas tinha.

— *Você já foi ao teatro? Já viu atores no palco interpretando uma história?*

Caio — Nunca. Eu já vi show em palanque, quando fiz segurança da Marta Suplicy.

— *Você já foi ao cinema?*

Caio — Nunca fui. Já tive vontade, mas, por causa de dinheiro, nunca fui.

— *Você já ouviu uma orquestra tocar ao vivo?*

Caio — Não, não, não.

— *Você já foi ao teatro? Já viu atores interpretando uma peça, uma história?*

Caio — Nunca.

— *Nem na escola?*

Caio — Nem na escola.

— *Que lugares do Brasil você conhece?*

Caio — Já estive em Guarulhos, conheço alguns pedaços. Já fui pra Santos umas duas vezes. De ônibus. A gente aluga uma casa, com os colegas, para o fim de semana. Mas a gente fica só na praia e anda ali pelo bairro, a Praia Grande, a Cidade

Ocean. Já fui pra Varginha, pra fazer entrega com o meu pai. Mas a passeio, pra conhecer, nunca. Só conheço São Paulo mesmo, porque a situação não ajuda.

— *E como foi a escola, Caio? Conta um pouco da sua história escolar.*

Caio — O que eu lembro da escola é que tinha alguns professores bons e outros ruins. Então, o que faz a escola não são só os alunos, mas os professores também. Quer dizer, como todos: professor, diretor... Então, estudei pouco tempo ali no V., onde a minha tia estudou também. Ali a diretora, a parte da diretoria, ali as pessoas são tudo ótimos. Mas tem uns professores que são um "ó".

— *O que é um professor "ó"?*

Caio — São uns professores que são difícil de se aturar, que é difícil de você conviver, porque qualquer coisinha, já estão falando alto. Não têm a paciência de lidar com o público, porque os alunos já passa a ser um público, né? Então, já era muito difícil você conviver com aqueles professores, né? Você não aprendia o que você devia aprender e ainda mais: você vai pra escola normal e sai nervoso.

— *E por que não aprendia?*

Caio — Porque os professores eram tipo: quer aprender, aprende, se não quiser, que se dane... Tem até alguns professores na escola que eu estou estudando, tem um professor que lá também — o professor de português — ele raramente fazia alguma coisa. Ele ia lá, escrevia umas duas palavras, já basta, ficava conversando até dar o sinal. Então era difícil aprender alguma coisa.

— *Você está em que série agora?*

Caio — 8ª série.

— *E por que só agora você está fazendo a 8ª série?*

Caio — Porque era diferente. Era difícil, né? Porque eu morava no Jardim, eu parecia cigano. Eu morava no Jardim, aí depois me jogaram lá pra casa do meu pai lá em Guarulhos, aí eu fiquei um bom tempo lá. Quando eu ia começar a estudar lá, me jogaram pra Francisco Morato. Aí eu fiquei um bom tempo lá, quando ia pensar em estudar, me jogaram para o Jaraguá, depois para o Jardim...eu parecia cigano, ia pra lá e pra cá.

— *E por que te jogavam pra lá e pra cá?*

Caio — Ah, porque eu gostava também de visitar os meus parentes. Sempre gostei de todos os lugares. Aí, foi indo. Me perguntavam: "você quer ir pra tal lugar?" "Ah, eu quero". Aí eu acabava indo. Aí, nisso que eu ia, já não queria voltar mais. Aí depois, quando eu pensava em voltar pra casa, eu vinha e aí não queria mais ir pra outro lugar...

— *Mas veja, Caio, quando você vai pra um outro lugar, isso pode ser sinal de que no lugar que você estava não era legal. Ou não?*

Caio — É... mais ou menos assim. Eu via que as coisas estavam se tornando difícil, aí eu ia pra outro lugar. Aí eu via que lá o clima já estava ficando meio pesado, já ia pra outro lugar também, entendeu? Eu sempre queria procurar a paz. Por isso estava correndo, assim, virava cigano.

— *Quem criou você foi a sua avó. Então, na verdade a sua casa seria a casa da sua avó. Mas você teve fases que não ficou na casa dela. Como é que você se sente diante de tantas mudanças em sua vida?*

Caio — Meio confuso. É que minha mãe praticamente me deu pra minha avó quando eu tinha dois meses. Depois, eu voltei a morar com minha a mãe, já não deu certo. Aí fiquei com meu pai e eu e meu pai não se damos bem, entendeu? Minha mãe não corre atrás. Meu pai também não. Se eu me mudar ele também não liga. Tanto que dentro da mesma casa, parece que ele não sente a minha presença, não sente falta ali da minha presença. Sei lá, eu fico confuso, parece que não era pra mim nascer, entendeu? É isso...

— *Você foi pra escola pela primeira vez no primeiro ano da escola primária ou fez alguma coisa pré-escolar: creche, prezinho...*

Caio — Não, eu fui direto pra escola. Eu fui até o quarto ano, normal. Aí no 5º. ano foi um ano que fiquei sem estudar, porque acho que perdi a vaga. Minha vaga deram pra outro. Aí no ano seguinte fui da quinta à sexta série, aí foi o ano que eu parei, né? Porque começou a bagunça de cigano, eu ia de um lado para o outro. Aí agora eu estou fazendo a 8ª série. Eu recomecei... agora vai fazer... três anos atrás. Aí agora eu parei por causa de serviço, né? Eu peguei um serviço aí e não deu pra eu continuar, porque eu chegava tarde em casa.

— *Você está no noturno normal ou supletivo?*

Caio — Supletivo. Em um ano, faz dois anos. Em um ano, a 5ª e a 6ª; depois a 7ª e a 8ª série. Agora dei uma parada por causa desse serviço, entendeu? Tanto que fui lá pra fazer matrícula, já tinha perdido, né? Agora, só na próxima... No começo do ano, agora.

— *Por que você voltou a estudar?*

Caio — Uma que eu quero ter mais sabedoria sobre... tudo, né? Matemática, tudo... Sobre o mundo, como se fala, né? Porque a escola fala sobre o mundo. Quero também ter um bom serviço. Fixo, né? Um serviço e também com estudo, também é bom, né? É ótimo.

— *Até onde você pretende estudar?*

Caio — Eu pretendo fazer tudo, né? O 1º grau... depois fazer o 2º grau completo, e quero fazer alguns cursos...

— *Do que?*

Caio — Pra mim, eu quero fazer curso de tudo. Queria ser útil a tudo. Ajuda a sobreviver. Você vê que nem hoje em dia: serviço é difícil. É difícil você arrumar um serviço, ainda mais se tiver uma profissão só. Pra você procurar esta profissão nesse mundo que estamos vivendo, está difícil. Então, é bom você ter muitas coisas, assim, que você saiba fazer, né? Porque pelo menos se não tiver aquela profissão, você tem outra e assim você vai em diante.

— *Como foi a sua história de trabalho? Quando foi a primeira vez que você trabalhou?*

Caio — A primeira vez que eu trabalhei na minha vida foi com meu pai, na CBA, de cesta básica. Eu trabalhei com meu pai acho que foi cinco meses. Cinco ou seis meses. Aí eu parei de trabalhar com ele. Ele era motorista e me levou pra trabalhar como ajudante pra ele. Eu tinha 12 anos.

— *E você ganhava?*

Caio — Ganhava!

— *E o que você fazia, com 12 anos, com esse dinheiro?*

Caio — Eu ajudava a minha avó. Dava o dinheiro, porque eu não sabia o que fazer... Daí eu dava esse dinheiro pra minha avó. Ela me levava pra comprar roupa, assim, porque nessa idade eu não sabia o que fazer, né? [risos]

— *E depois?*

Caio — Daí eu entrei numa loja de carros, né? Mas também fiquei pouco tempo, porque eles tinham mudado, fiquei dois meses só. Daí entrei numa firma em frente, que era uma funilaria. Fiquei só dois meses lá e aí... comecei a trabalhar no restaurante.

— *Mas foi um emprego atrás do outro?*

Caio — Não. Tinha tempo que eu ficava desempregado. Da funilaria até o restaurante, teve uma fase enorme do meu tempo que eu fiquei desempregado. Aí depois fiquei três meses também nesse restaurante e mudou de dono. Aí foi muita gente embora e eu fiquei sem trabalhar. Era gostoso trabalhar lá. Eu gostei. Eu era auxiliar de cozinha. Dali o único trabalho fixo que eu comecei foi numa montagem de ar condicionado. Só que era pouco tempo e eu também fiz burrice, né? Porque eu estava trabalhando com eles — se bem que o trabalho era meio pesado. Mas não importava, né? Só que os donos eram chatos. Eram muito chatos. Muito. Pegavam muito no seu pé, assim. Tanto que eu não sabia mexer, eles estavam pegando uma pessoa sem profissão. Então era pra eles, assim, ensinar. Só que eles queriam que você pegasse a profissão já no primeiro dia, entendeu? Aprendesse a montar já no primeiro dia. Então eles já começavam a falar palavrão, tudo. Então já não dava certo. Aí minha namorada estava louca pra eu arrumar um serviço ali perto, numa casa para deficientes, ali perto da casa dela. Aí eu entreguei um currículo lá, aí me chamaram. Aí eu não consegui entrar naquele serviço porque pediram uma carta de referência desse restaurante, né? E o restaurante não queria me dar a carta de referência. Só faltava ela. Daí eu perdi esse serviço. Quando peguei esta carta de referência, eles me afastaram: "já é muito tarde, já pegamos outra pessoa".

— *Este trabalho no restaurante é o último trabalho que você teve com registro em carteira?*

Caio — Pra falar a verdade, é o único que tenho na minha carteira. É o único que tenho na minha carteira.

— *E você ganhava quanto?*

Caio - Ganhava 447 reais pra trabalhar das seis da manhã às seis da tarde. Antes de registrar estavam pagando 600 reais. Aí como eram muitos funcionários, aí eles dispensaram alguns funcionários e abaixaram o horário que ficou das seis da manhã às duas da tarde. Daí o salário ficou de 600 pra 447 na carteira. Tanto que eu que abria lá o restaurante. Meu primo entregava o restaurante pra mim e eu abria de manhã. Meu primo trabalhava à noite, das seis da tarde às seis da manhã.

— *Quando você saiu deste emprego?*

Caio — Foi no ano retrasado... Não. No ano passado. Em janeiro de 2004.

— *E de lá pra cá?*

Caio — De lá pra cá fiquei só nos bicos.

— *Fale um pouco sobre esses bicos.*

Caio — De lá pra cá, o único serviço meio fixo foi este do ar condicionado. Aí foi mais trabalhando em construção com o meu tio, né? E... também pras pessoas que estavam precisando de ajudante pra construção ou fazer alguma reforma. Também trabalhei em construção com um colega do meu outro tio num prédio. Foi assim, foi variado as coisas assim. Foi de segurança também. Na eleição agora da Marta, que ela perdeu, eu trabalhei de segurança pra ela... Segurança é também um serviço que dá lucro e que eu queria também arrumar. Eu queria fazer um curso de segurança pra mim poder trabalhar de segurança. É um serviço que eu gosto também.

— *Você andava com ela quando ela andava nas ruas?*

Caio — Não, não. Era nos comícios que ela fazia na rua. A gente ficava dos lados do palco dela pra ninguém invadir o palco. Ou se tinha alguma briga a gente separava...

— *E você ganhava por dia?*

Caio — Era 40 reais por dia. Só que ela não pagava no dia, ela pagava na semana. Se a gente trabalhava na quarta-feira, recebia só na outra quarta-feira. Trabalhava alguns dias. Na eleição, ela estava precisando assim: na semana, acho que ela fazia umas duas ou três eleições [comícios].

— *E na construção civil, como é que eles pagam?*

Caio — Nesse prédio aí, eles pagavam 600 reais. Trezentos reais por quinzena. Mas só me pagaram pra destruir o apartamento lá. Aí fiquei só duas semanas. Com o meu tio, faz um mês que estou com ele agora. Ele paga por quinzena, 200 reais.

— *Mas ele paga mesmo?*

Caio — É... Se bem que agora, nesta quinzena aqui, ele pediu dinheiro emprestado, porque ele não tinha dinheiro pra receber. Aí emprestei pra ele. Agora vamos ver como vai ser a próxima quinzena, né? Se ele vai lembrar do dinheiro que eu emprestei... [risos] Mas meu tio é legal.

— *Então, em vez de pagar você, ele pediu os 200 reais emprestados...*

Caio — Não, ele pediu 50 pra poder ajudar na casa dele.

— *Então, no momento, você está trabalhando para o seu tio e ganhando, não por dia, mas 200 por quinzena.*

Caio — Pra mim também é bom, né? Porque como eu tenho dois filhos, tem minha avó e eu estou mais passando na casa da minha namorada. Então também tenho que ajudar lá. Então pra mim ajuda, porque se eu fosse pegar por dia, já não ia dar pra ajudar todos.

— *Este ano, você estava cursando o supletivo noturno do 1º grau. Como estava sendo esta experiência escolar?*

Caio — Tem professores que são bons, que têm essa vontade de ensinar os alunos. Já tem alguns que já não têm essa vontade, assim, de ensinar os alunos. São bem ignorantes...

— *O que é um professor bem ignorante?*

Caio — São os professores que já não têm esta disposição de ensinar os alunos. Chegam, não dizem nem boa noite, fazem o que tem que fazer e já vão embora. Não conversam com os alunos. Então os alunos já não se sentem seguros na sala, né?

— *Por que eles fazem isso, na sua opinião?*

Caio — Ah, eu já não sei... Não sei se é porque vem de casa já brigado com o marido...

— *Mas não terá a ver também com o fato de eles ganharem pouco, de o Estado não tratar bem os professores?*

Caio — É verdade. Já deve estar de saco cheio, porque deve dar aula pras crianças durante o dia...

— *E você nota na escola algum preconceito contra os moradores do bairro, por serem mais pobres e a maioria não ser branca?*

Caio — Acho que não, porque acho que alguns deles mora ali mesmo, né? Porque já cansei de ver alguns professores ali, né? Então eu acho que não tem nada a ver a respeito disso, não. Eu já vi caso da filha da namorada do meu pai, né? Que a professora xingou ela, mas não prestei muito bem atenção na conversa. Mas já ouvi caso disso aí... Mas graças a Deus comigo isso nunca aconteceu e eu nunca vi isso perto, né?

— *E você aprende alguma coisa na escola?*

Caio — Aprende... Não bem o suficiente, mas aprende, né? Não é que nem o estudo que você aproveita pegando o ano todo. Se pegar só metade do ano, você aprende o básico, né?

— *E o que foi que você não sabia e ficou sabendo?*

Caio — Ah, muita coisa... Por exemplo... tanta coisa, que se eu for comentar aqui... [ri] Matemática, muitas coisas que eu aprendi também. Se bem que eu não sou bom em matemática. Sou péssimo em matemática. Tenho que me esforçar ao máximo, mas muita coisa que eu aprendi de matemática, ali, que é uma coisa que a senhora. tenta deduzir que é muito complicado. Tem coisas ali que a senhora pega uma folha inteira pra só colocar uma palavrinha ali no final. Uma letrinha só no final. Então é muitas coisas assim, que sei lá, que você tem que usar a cabeça, que é uma coisa, assim, de... se pensar, né? E é bom essa matéria, a matemática, e eu me esforço muito pra aprender.

— *Quais as matérias que você mais gosta?*

Caio — Matemática — se bem que eu sou péssimo. Português, que é o principal, né? Português e história. Todos os tipos de história, eu adoro.

— *Eu perguntei no outro dia se você sabia ler, escrever e você falou: "mais ou menos". Você acha que ainda não lê bem, não escreve bem?*

Caio — Eu leio, assim, eu leio meio devagar. Eu paro, assim, pra estudar a letra primeiro, assim. Às vezes, se fosse pra eu fazer tipo um ditado, eu já queria já ler antes, pra eu já guardar as sílabas de cabeça, né? Porque se for pra eu ler assim na hora, eu leio meio devagar e às vezes chego a parar, dando assim aquelas brecadas na palavra.

— *Mas você entende o que lê? Se você ler uma notícia de jornal, você entende?*

Caio — Entendo.

— *E por que você acha que chegou à idade que você tem lendo mal?*

Caio — Acho que foi por causa... Não. Umas acho que deve ser por culpa minha mesmo, né? Estas "viagens" que eu tive. Outra, por causa que é difícil mesmo, com professor desse jeito, né? Fica complicado. Hoje em dia, assim, os professores não fazem você ler como fazia quando você era criança. Quando você é criança os professores fazem você ler, você aprender a ler. Hoje em dia não, hoje em dia o professor escreve lá, você escreve, tem um trabalho, você faz o trabalho, entrega, então você não tem muito, assim, o que dizer. É mais assim português e história, que às vezes nós vamos pra biblioteca, eles fazem tipo uma leitura cada um. Então o resto é muito difícil.

— *Uma coisa que eu observo é que muitos dos netos da sua avó param de estudar antes de completar o 1º grau. Por que você acha que isso acontece? Você mesmo diz que chega a desanimar com os professores...*

Caio — Mas com os alunos chego também a desanimar. Tem muitos alunos ali que não vão pra escola pra estudar. Tem uns alunos homens como mulheres que vão lá pra querer paquerar... Já outros vão pra querer arrumar confusão... entendeu? Então é meio difícil às vezes se você quer estudar.

— *Como é a escola dos seus sonhos? Como é que, na sua cabeça, a escola deveria ser?*

Caio — Ah, tipo assim: tanto os professores como os diretores serem uma pessoa assim legal, né? Que chegava com aquele sorriso, nem que a pessoa tenha brigado dentro de casa, ou o que seja, mas a escola já é um outro lugar. Não tem nada a ver com a parte da família deles. Aí chegava, conversava, ensinava... entendeu? Tanto como os alunos, sejam amigável não só com os alunos também, como com os professores.

— *Então você está dizendo que o clima na escola não é um clima de amizade...*

Caio — Não é um clima, assim, tanto de amizade. Tem alguns... Ter, tem amizade, mas não são todos, se enturmando todos ali. É alguns ali. De 100 pessoas ali na escola, você separa uns... 20.

— *E a escola pune muito os alunos?*

Caio — Pune. Por exemplo, assim, que nem aquela escola lá que eu estudava. Por exemplo, se a pessoa está necessitando ir no banheiro, tem que esperar a hora do intervalo. Teve uma vez lá que eu estava necessitando ir no banheiro e já não deixaram já eu ir. Se eu não fosse, era perigoso acontecer ali mesmo. Então conversei com a diretora e tudo, falei com ela com respeito a isso, a diretora também não quis saber... Ali não tem lanchonete, na escola, então ali é só refeição. Se você fosse querer alguma coisa, assim, um refrigerante, alguma coisa, tinha que comprar lá fora. E lá fora você já não pode sair. Então é tipo mais ou menos... a escola que eu estudo lá mais ou menos parecia uma prisão, né? Entrou. Do jeito que entrou, fechou o portão. Você não sai mais. Só sai na vontade deles.

— *Tem violência dentro da escola?*

Caio — Chegou a ter violência lá sim. Umas duas vezes chegou a ter violência lá. Mas foi com um pessoal lá que é familiar de maloqueiros mesmo, mas...

— *Corre droga dentro da escola?*

Caio — Chegou até um tempo de correr droga dentro daquela escola lá. Mas parece que deu uma parada. Os alunos mesmo falaram com eles e tudo, né? Aí que deu uma parada.

— *E os traficantes do bairro invadem a escola?*

Caio — Não. Por enquanto, graças a Deus, não.

— *E a punição que a escola dá para os alunos geralmente é de que tipo?*

Caio — Ah... eu não sei dizer pra senhora, não.

— *Suspensão?*

Caio — Não. Raramente eles dão suspensão. Ou volta pra rua mesmo ou deixa passar aquilo do jeito que está. Teve um rapaz lá que jogou uma bombinha dentro da escola lá, numa sala de aula. Descobriram que foi ele, mas não aconteceu nada.

— *Me conta como é um dia seu, atualmente, desde a hora que você se levanta.*

Caio — Dia de semana que a senhora quer dizer? Ah, é um dia assim que eu, graças a Deus me levanto, agradeço muito a Deus pelo meu amanhecer, né? Vou para o meu serviço, trabalho, chego à noite, chego em casa, tomo um banho, faço a minha rotina de todo dia, vou pra casa da minha namorada, né? É um dia pelo menos graças a Deus, agradável, né? Que eu não chego a me preocupar com nada assim... Sei que tenho muita dívida, sei que tenho filhos, mas, graças a Deus, Deus parece que me deu uma paciência, né? Porque eu sou muito tranqüilo.

— *Você me disse que está freqüentando a igreja agora, não é? É a Universal?*

Caio — É. É a Universal. Se não é a Universal, é a igreja que a minha namorada vai, né? Que é o Sino de Belém. Ela faz bastante culto, a minha namorada, porque ela já é... Como fala? Que já pega bem o caminho de Deus, né? Eu não sei muito a palavra do Senhor... [ri]

Ela faz bastante culto assim nas casas dos vizinhos, das irmãs, né? E eu vou de vez em quando com ela. Ela e os irmãos da igreja dela. Às vezes as irmãs pedem um culto na casa delas e eles se reúnem e vão, né?

— *Então a sua vida é basicamente isso: trabalhar durante o dia, à noite ir ver a sua namorada, ir à igreja...*

Caio — Isso.

— *Vocês não passeiam?*

Caio — Ah, passear é mais no fim de semana, né? Porque dia de semana assim eu não tenho como...Ela também trabalha. Às vezes à noite tem igreja. Ela também estuda. Então fica um dia meio puxado e meio cansativo, né?

— *E no fim de semana?*

Caio — Ah, no fim de semana às vezes a gente nem sai, assim. Passeia um pouco, vai lá pra Guarulhos. Lá tem uma área de lazer lá — Lago dos Patos é o nome. Às vezes vai pra lá, às vezes vai pra casa da mãe dela e fica lá conversando, assistindo um filme...

— *Você me disse que está querendo viver uma vida mais a dois, sair desta vida de amizades, quase como uma forma de evitar encrenca, não é?*

Caio — Graças a Deus, é como eu já conversei com ela, né? Eu já tirei uma televisão e tudo, né? E como nós adoramos assistir um filme, ficar assim mais sossegado, e eu só tenho a televisão, eu tenho que ir pra casa da mãe dela pra assistir filmes, porque lá ela já tem um DVD. Foi que nem eu falei pra ela: arrumando um serviço aqui... Meu serviço é um bico, eu não vou estar ganhando bem. Mas se Deus quiser e nós conseguir juntar pra comprar um DVD, pelo menos eu já trago a minha televisão, já está com um DVD, a gente fica aqui no fim de semana, quando não tem nada pra sair, dia de chuva, a gente já fica em casa sossegado, né?

— *E que tipo de filme você vê?*

Caio — Todos os tipos de filme: ação, terror, comédia, romance... Adoro ficar assistindo filme. Eu adorei *Coração valente*, *O senhor dos anéis*... Eu já vi várias vezes... Deixa ver o dia que eu comprar um vídeo. Gosto muito também de clip de dança, de *black* dos Estados Unidos. Gosto muito de música. Adoro música.

— *Você já teve um grupo de dança, não teve?*

Caio — Tive. Eu e os meus primos. A gente dançava este tipo de música de rua, que dança na rua. Dançava nos bailes também. Tinha a roupa do grupo e tudo.

— *Ganhavam dinheiro?*

Caio — Não. Era só o prazer de dançar. Às vezes, podia ganhar algum dinheiro em concursos. Mas eu morria de vergonha de dançar em palco, com aquela luz lá em cima da gente. Quando eu errava, eu ficava morrendo de vergonha...

— *Quais as outras vantagens desse grupo de dança?*

Caio — Ah, é fácil, fácil conseguir mulher... Elas ficam em cima da gente, mandando bilhete e tudo. Mas eu sou sossegado. Dançava só pelo prazer de dançar. Mas quem quiser dançar pra conseguir as meninas, é fácil. Mas eu gosto muito é de música.

— *Como é que você vê o seu futuro? Se você pudesse escolher, o que gostaria de ser na vida?*

Caio — Eu não penso no futuro, assim, de dizer: "eu quero ser isso, eu quero ser aquilo". O que eu quero é arrumar um trabalho estável que me dê dinheiro pra sustentar a minha família. Eu não escolheria, não. Dando pra sustentar minha família, está bom. Pra mim, qualquer um. Já trabalhei em muitos serviços. O que eu mais gostei foi o do restaurante. Adorei. E sempre pensei na Marinha também, mas precisa ter estudo.

— *Por que a Marinha?*

Caio — Não sei o porquê. Acho que é porque gosto do mar e gosto da roupa branca... Mas o serviço que Deus me dá, está bom. O que Deus me dá, estou satisfeito. "O pouco com Deus é muito; o muito sem Deus é nada".

— *Você fez o serviço militar?*

Caio — Não. Até tentei servir, pra pegar uma profissão lá dentro, mas fui dispensado. Porque tem épocas que eles pegam da Zona Norte, tem épocas da Zona

Leste... Na minha época, não pegaram a Zona Norte. Eu via o serviço militar como uma porta. Mas eu ainda penso na Marinha. Tem um papel que a gente preenche, pra entrar no Exército, na Marinha ou na Aeronáutica. Pra fazer um curso pra fazer esse exame. E eu não fiz porque o curso deve ser caro.

— *E como é que você ainda pensa em entrar para a Marinha?*

Caio — Ah, trabalhando e juntando dinheiro pra fazer este curso...

— *Então você já decidiu: o que você quer é entrar na Marinha...*

Caio — Não muito... O que eu quero mesmo é ter assim um trabalho que possa sustentar a minha família. Quero abrir a portinha do armário e ver que lá tem comida.

— *Uns têm muito e outros têm pouco. Por que você acha que isso acontece?*

Caio — Não sei... É a primeira vez que perguntam isso pra mim... Eu acho que já vem de família ou tem sorte na vida. Deus ajudou ela... Hoje em dia, pra arranjar um emprego, tem que estar "no traje" [bem vestido]... A pessoa que consegue tem sorte nos estudos também, e já vai subindo de cargo. Outras não têm tanta sorte...

— *Veja, Caio, você vive num bairro em que a maioria dos jovens ou cai nas mãos da polícia ou nas mãos dos traficantes. Você chegou aos 21 anos e, ao contrário de primos e parentes seus, não caiu nas mãos de nenhum deles. Como você explica isso?*

Caio — Ah, é sorte. E eu vi o que acontece pra quem mexe com droga e falei: "eu não quero isso pra mim." Mas eu vivo na corda bamba. Tem que prestar muita atenção pra não cair nem pra um lado, nem do outro. Mas pra mim, como eu falo, é Deus!

Entrevistadora: Maria Helena Souza Patto

Memórias do cárcere

A entrevista com Daniel foi realizada em setembro de 2004, como parte de uma matéria jornalística sobre a FEBEM. Nesta ocasião, a entrevistora já tinha estado com ele há oito meses numa unidade desta fundação. A entrevista se deu num momento conturbado da vida dele. Acabara de fugir da Unidade de semi-liberdade onde estava internado. Os motivos da fuga, segundo ele, foram o fato de a instituição "formar para o crime" e a saudade da família e da vida no "mundão".

Daniel é filho de Julia e Francisco, dois migrantes que vieram do sul da Bahia para São Paulo. Julia nasceu em Tucano, Bahia, em 1959, justamente no início de uma das piores secas daquela região, que durou cerca de três anos, matando de fome boa parte das crianças da região, e conferindo a ela, até hoje, a sensação de ser uma sobrevivente. Morava num sítio com os pais e as irmãs. Na época a família tirava o sustento da terra, que dava para o básico. Em períodos mais adversos, principalmente em decorrência das secas, o pai era obrigado a buscar emprego em outras cidades, para mandar o mínimo para a família sobreviver. Aos 15 anos veio para São Paulo com as irmãs na expectativa de mudar de vida. Começou a fazer "bicos" e trabalhar como empregada em "casa de família". Logo conheceu Francisco, com quem se casou.

A história de Francisco é um pouco diferente. Aos quatro anos ele veio com os pais de Macaúbas, cidade baiana, para São Paulo. Aos seis anos perdeu a mãe e aos nove perdeu o pai, ficando sob os cuidados do irmão mais velho em de Francisco Morato. Começou a trabalhar cedo, fazendo "bicos", para ajudar o irmão. Aos 18 anos serviu o exército; quando saiu começou a trabalhar numa padaria da Vila Maria, época em que conheceu Julia. O casal foi morar na Vila Clementina, periferia na Zona Norte da cidade de São Paulo, onde teve três filhos: Rodrigo, Daniel e Lucas.

Daniel nasceu nesse bairro da periferia, onde morou até 1999, quando foi tirado, aos treze anos, da tutela de sua mãe e passou à tutela do Estado. Tinha início uma seqüência de internações na FEBEM que terminou com a transferência para uma penitenciária, onde permaneceu até 2004 quando, depois de longo trâmite burocrático que não se resolvia, ele resolveu fugir.

No texto que ele escreveu, a narrativa de sua vida começa aos seis anos de idade, quando morava com o pai, a mãe e os irmãos, o mais novo ainda de colo. Daquela época, guarda lembrança do crescente alcoolismo do pai, que se sentia humilhado por ver a esposa trabalhar enquanto seu ordenado era insuficiente para o sustento da família. Todos os dias a mãe esperava o pai chegar da rua *"acordada e a postos, pois se a porta não fosse aberta rápido, já havia motivo para brigas e até violência"*. Nessa situação limite, sentia pena da mãe e raiva do pai, e *"rezava para ele chegar muito bêbado, assim vomitava um pouco, se jogava na cama e dormia logo, não batendo em ninguém"*. Desde cedo, portanto, a vida de Daniel transcorreu em meio à violência familiar, à baixa remuneração do trabalho dos pais e a condições materiais precárias de vida.

O bairro também é fonte de violência inesquecível. Um dia, o pai não voltou para casa à noite. Ao amanhecer, indo para escola, viu uma movimentação perto da porta de casa. Era um *"corpo humano caído no chão em meio a sangue"*. Ele pensou que fosse seu pai. Não era. Tratava-se de *"mais um cara morto, de muitos que morriam de repente naquele lugar"*.

Muitas de suas recordações referem-se ao ambiente escolar. Conta que era muito arteiro, mas nunca deixou de fazer os deveres, pois gostava de todas as matérias e queria ser professor. O irmão mais velho foi encarregado pela mãe de cuidar dele, *"para que não arrumasse muita confusão no recreio"*. Na sala de aula, fazia graça e divertia os colegas. Lembra-se de muitas professoras, especialmente aquelas que sabiam lidar com ele, levando-o para a sala dos professores e tendo *"uma conversa legal, em vez de partir pra bronca"*. Em algumas situações, no entanto, envergonhado pelas dificuldades que a família passava e que eram trazidas à baila em algumas situações, sentia-se humilhado. Como no dia em que teve que tirar a camisa na educação física e *"tinha exposta nas costas uma verdadeira obra de desumanidade"*, marcas de uma surra do pai.

Agravada a situação familiar, a mãe assumiu o sustento dos filhos. *"Apertavam"* o dinheiro para o básico, e chegaram a aceitar comida de uma vizinha, situação vivida como humilhante por Daniel. No livro que escreveu ele detalha uma sucessão de experiências difíceis de humilhação: o sub-emprego, o desemprego, o alcoolismo, a violência doméstica, o corte da luz, o corte da água, o despejo.

Mãe e filhos deixaram a casa depois de uma briga entre os pais que fez um vizinho chamar a polícia, que levou preso o marido agressor. Na mudança deixaram os móveis como pagamento do aluguel atrasado e foram morar com uma tia de Daniel por parte de mãe, numa casa que mal abrigava a tia e o primo. Mesmo assim, a vida da família melhorou, segundo o depoente: *"Agora tudo estava em boas condições: a casa estava mobiliada como uma casa normal, os filhos na escola, a mãe estava mais forte e os ônibus passavam na porta de casa. Mas o destino não estava de acordo, o futuro daquela família não será nada fácil...".* O destino é um personagem importante nos relatos de Daniel.

No novo local de moradia envolveu-se com amigos, meninas, novas experiências, drogas e armas. Em seu depoimento escrito, ele fala de fascínio: os ladrões locais que tinham sucesso entre as mulheres usavam tênis e roupas da moda, insígnias de poder numa sociedade de consumo. Se as pessoas valem pelo que têm e o trabalho assalariado não permite nem mesmo a satisfação de necessidades mínimas, as práticas ilegais tornam-se atraentes aos meninos pobres da periferia da cidade e indicam-lhes um caminho diferente da penúria de seus pais. A "força do destino" começa a marcar presença crescente em sua vida, e ele ingressa no mundo do crime.

O prestígio que ia adquirindo no mundo do tráfico convivia com a recriminação familiar e social. Desde os 13 anos de idade, até o momento da entrevista, Daniel esteve entre o que ele chama *"vida"* – que ele recusa e se sente recusado por ela, pois não aceita viver sacrificado em troca de salários irrisórios – e o que chama *"vida loka"*, ou vida no crime, mesmo sabendo que nela *"é fácil entrar e difícil sair"*. Foi entre um mundo negado e um mundo buscado, pelo retorno econômico e o reconhecimento imediato que traz, que ele foi traçando sua *"caminhada."*[1]

A longa história de internações e transferências é uma confusão de datas, fatos e motivos, que provavelmente decorre da sucessão de violências sofridas e de repetição de situações vividas nas diversas unidades da FEBEM, principalmente a partir do momento que se tornou líder dos internos e era transferido, a cada rebelião, para outra Unidade. Lembra-se da infra-estrutura precária, do desconforto e da promiscuidade causados pela superlotação, das humilhações físicas e psíquicas, das rebeliões, das fugas e recapturas e de muita pancada, sobretudo quando a Tropa de Choque entrava em ação. Tudo isso o leva a concluir: *"de 100%, piora 100%"*.

Começou como "peixe pequeno" que não conhecia a lógica institucional. Pouco tempo depois, já não era mais marinheiro de primeira

---

[1] Gíria que designa a trajetória percorrida no mundo do crime e da FEBEM.

viagem: entre transferências, "manos" e rebeliões, foi "*sabendo das coisas*", "*ganhando respeito*" e subindo na hierarquia dos internos, até chegar a uma Unidade em que alguns dos seus "irmãos de caminhada" lideravam como "faxinas"[2] e o promoveram a esse posto. Àquela altura, já conhecedor do funcionamento da instituição e das gírias e das regras dos internos, começou a participar mais ativamente da arquitetura das rebeliões, das negociações e da organização dos "meninos".

Por isso, foram muitas as transferências fundadas no princípio institucional de retirar, a cada rebelião, os adolescentes responsáveis do convívio com os demais, como maçãs podres devem ser retiradas do cesto para não apodrecer as outras. As freqüentes transferências foram vividas por ele como uma violência que confunde e despersonaliza, ao contrário do discurso institucional, que as justifica como atos de restabelecimento da ordem e de proteção dos amotinados.

As constantes transferências trazem outros danos: "*a papelada não acompanha o cara*", o que dificulta a obtenção de informações sobre o andamento dos processos e a localização de documentos. Quando conheci Daniel ele cursava o 3º. ano do ensino médio, mas ao final do ano ele voltou para o 2º ano, pois seus documentos escolares foram perdidos entre duas transferências. Desaparecem também roupas, dinheiro, celular e outros pertences dos internos. Foram muitas as vezes em que Daniel "*começou a juntar tudo do zero*", por motivo de transferência, rebelião ou fuga. Ao longo da narrativa, ele explica como é feito o tráfico de drogas, bebidas, celulares e armas nas Unidades da FEBEM, e como é possível ganhar mais traficando dentro dela do que fora.

Depois de anos de internação, entrecortados por rebeliões e fugas, Daniel tornou-se conhecido no mundo do crime e da Fundação para o Bem-Estar do Menor: nele ganhou prestígio; nela ficou marcado como portador de "alto grau de periculosidade", o que o tornou alvo de todo tipo de violência física e psicológica. Relatórios oficiais produzidos por psicólogas, pedagogas e assistentes sociais da instituição nada mais faziam do que confirmar esta imagem gerada pelos funcionários da segurança: relatórios diagnósticos vêm perpassados de moralismo e senso comum: Daniel é "*manipulador e sedutor, com atributos de esperteza, facilidade de articulação e inteligência. Além disso, é questionador e crítico, um jovem difícil de lidar, apresentando-se muitas vezes*

---

[2] Existem vários "postos de trabalho" entre os internos. "Faxina" é o mais alto posto de comando; quem o ocupa organiza os internos e tem acesso a várias dependências das Unidades.

indisciplinado e rebelde". Funcionários responsáveis pela contenção e funcionárias responsáveis pelo acompanhamento técnico se somavam num pacto institucional que reiterava a periculosidade do interno. De outro lado, eram exatamente esses comportamentos que o tornavam objeto da admiração dos "irmãos".

Assim estigmatizado, não era mais ouvido pelos encarregados de atendê-lo e de redigir laudos cruciais às decisões judiciais sobre seu caso. Como "faxina", não podia demonstrar fraqueza; ao contrário, cabia-lhe mostrar força e atitude, mesmo que à custa de pancada e ampliação da pena. Sem interlocutores e sem acolhimento em todas as instâncias institucionais, escrever um livro teve um significado muito particular: "*se não fosse isso, ficava louco, porque era com aqueles personagens que eu conversava*".

Daniel participou de tantas rebeliões que admite, com certo orgulho, ter perdido a conta. Para ele, a maioria delas é usada como instrumento para reivindicar um mínimo do que chamam "dignidade", como o direito a usar roupas do "mundão", à visita íntima, a mais tempo de visita, a falar de cabeça erguida com os funcionários etc. Além disso, a rebelião representa uma possibilidade de fuga e de vingança contra funcionários que espancam e humilham. Por isso, Daniel acredita que uma rebelião "*começa através de humilhação, da desumanização dos funcionários... De tudo isso*"!

Depois de ser transferido inúmeras vezes para lugares que pareciam sempre os mesmos, depois de duas rebeliões seguidas na última unidade da FEBEM em que esteve internado, e já tendo completado 18 anos, foi levado para a cadeia: "*Então a gente vai para cadeia e sai de lá com outra mentalidade. A gente chega com medo, mas sai corajoso*". Depois de dois meses em que cumpria pena em "presídio de adulto" (a FEBEM é chamada por ele de "presídio de adolescente"), descobriu-se em seu processo que, antes mesmo das últimas rebeliões de que participou, já tinha adquirido o direito à semi-liberdade. Como se fosse possível voltar no tempo, a medida foi cumprida: no período de um dia ele foi do presídio para uma Unidade de internação e desta para a Unidade de semi-liberdade. Não pensou duas vezes: pulou a muralha e foi para casa.

Embora desde a infância estivesse sob limitações impostas pela desigualdade social, Daniel só passou a ter alguma consciência delas depois da experiência no "mundo do crime", quando entendeu que os únicos responsáveis pelo rumo de sua vida não eram ele próprio ou sua família. Ele fala ora em "sistema", ora em "destino", e elabora uma reflexão ao mesmo tempo alienada e lúcida sobre sua vida passada e presente: "*eu pude perceber que tudo não passava de uma grande cilada do sistema em que vivemos na periferia.*

Imagine um menino da favela, sem incentivo do pai que há três anos – como milhares de brasileiros – está desempregado, e sem incentivo para um futuro adequado para sua vida, desde o começo sofrida, em busca do pão de cada dia e sem oportunidade de fazer um curso. Ele acaba fazendo o curso que a própria vida e o próprio sistema oferecem aqui na FEBEM, onde as pessoas entram pela porta da frente, a maioria inocente do mundo e da escolha que fez e, com o passar do tempo, saem com um diploma de curso, que não serve para trabalhar numa empresa normal, mas sim com experiência para montar sua própria boca de drogas, com enorme disposição para invadir uma agência bancária ou estudar um seqüestro bem sucedido. Falo isso porque convivo aqui e sei como funciona o sistema carceralho[3]. Como pode alguém se recuperar no meio de torturas? Só por um milagre de Deus! Hoje, mesmo privado de liberdade, vejo que é isso que o sistema quis de mim. Me ver jogado na FEBEM e depois, que nem é tão diferente, na cadeia."

A lógica que estrutura o aparato repressivo e que definirá o destino de Daniel foi registrada por Graciliano Ramos, em *Memórias do Cárcere*, 50 anos antes: "ali domina o capricho despótico, e as sentenças dos tribunais são formalidades inconseqüentes: cumprem-se, e os réus não se desembaraçam da culpa. Certos crimes não desaparecem nunca; um infeliz ajusta contas com o juiz e fica sujeito ao arbítrio policial. Inteiramente impossível a reabilitação, pois não o deixam em paz. (...) Ao voltar à rua, mais difíceis se tornarão as fugas, a vida oblíqua, permanente resvalar de um lado para outro. Acha-se um infeliz em estado paradoxal: deseja sair dali, imagina planos de evasão impossível, e receia afrontar de novo os perigos antigos, agora muito ampliados: mecanizaram-no, quase o imobilizaram, incutiram-lhe dúvidas sobre as suas aptidões. (...) A certeza da própria insuficiência é horrível. Exclui-se a idéia de arranjar outro ofício. (...) E depois, ainda que desejasse trabalhar, não o conseguiria: negam-lhe a mínima confiança, verrumam-lhe o espírito esses desajustamentos, a liberdade chega a apavorá-lo. De fato não é liberdade. Liqüida as suas contas com a justiça e mandam-no embora. Mas não está quite com a polícia: esta não o largará nunca. Arruma os picuás e sai; ao chegar à primeira esquina um sujeito lhe surge e prende-o."[4]

• • •

No primeiro semestre de 2006 a entrevistadora procurou retomar o contato com Daniel. Encontrou-se com a mãe dele, que a informou que o filho havia retornado à FEBEM e à Liberdade Assistida. De volta

---

[3] Trecho do seu livro no qual usa o termo "carceralho" para falar "FEBEM".
[4] Ramos, 1953, p. 304-306.

para casa, propôs-se a freqüentar a escola e começou um trabalho voluntário numa creche. Sem dinheiro, desistiu do trabalho não-remunerado, procurou emprego e chegou a trabalhar numa mecânica e numa loja de uma rede multinacional de lanchonetes. Deixou ambos depois de um dia de trabalho, alegando que não queria passar o dia todo realizando tarefas repetitivas para ganhar um salário insuficiente para suprir suas necessidades de consumo. Diante da impossibilidade de realizar o desejo de um salário de mil reais, procurou as antigas turmas e voltou a ser traficante, mas também não se readaptou ao mundo do crime. Desprestigiado entre os pares, passou a consumir grandes quantidades de drogas. Segundo relato da mãe, nos últimos meses o *crack* transformou-o em pele e osso. Quando do encontro da entrevistadora com a mãe de Daniel, ele estava desaparecido de casa há oito dias.

À procura do filho, ela esteve em delegacias, hospitais e IMLs. Finalmente, com a ajuda de organizações militantes, conseguiu localizá-lo numa cadeia da Zona Leste, acusado de extorção. Provavelmente extorquiu alguém, como costuma acontecer com usuários de drogas, para tentar saldar dívidas contraídas com traficantes que lhe forneciam o *crack*. E dívida, no mundo do tráfico, é morte certa, mais dia, menos dia.

Mariane Ceron
Maria Helena Souza Patto

Entrevista com um egresso da FEBEM

"O sistema faz você desgostar da vida".

— *Por que você fugiu da semiliberdade?*

Daniel — Porque eu tenho família, quero sair em li-ber-da-de, e não em "semi"-liberdade.

— *Mas você sempre teve família. O que mudou agora?*

Daniel — Não muda nada, aí é que está! A semi-liberdade é outra escola. Não ensina nada também, é outra escola do crime. Todo mundo que está lá é criminoso e passou pelos ensinamentos da FEBEM.

— *Além de você achar que tem família e que se recuperaria mais aqui fora, tem raiva por ter sido mandado pra cadeia?*

Daniel — Tem um ressentimento muito forte, porque a cadeia é uma coisa que a gente nunca gostaria de passar. Ainda mais eu, que passei por FEBEM, já tinha tido uma experiência e prometi pra mim mesmo que não ia voltar mais, que era a última vez, porque era muito sofrimento em cima. Então a gente vai pra cadeia e sai de lá com outra mentalidade. A gente chega com medo, mas sai corajoso, entendeu? Chega com medo porque não sabe quem vai ver. Aí, um monte de gente de barbão, barba feita, tal, fazendo barba toda semana. Uns com filho da sua idade e você ali no meio disso.

— *Como é a semiliberdade?*

Daniel — Chega no domingo, só sai sexta-feira. Sai todos os dias, quem estiver trabalhando, e sai todos os dias, quem estiver estudando. Mas eu tenho família, minha escola é aqui perto, eu posso sair daqui, vir almoçar em casa, voltar para o serviço, voltar pra ficar em casa. Na semiliberdade, não. Eu vou ver os presos! Os mesmos presos com quem eu já tive passagem, com quem eu já roubei. E se nós pensarmos em roubar novamente?

— *Qual a diferença entre cadeia e FEBEM?*

Daniel — A diferença é que o ensinamento sobre a criminalidade é cada vez mais. É uma graduação, cada vez é uma rebelião mais forte. Na cadeia já é profissional. Se uma pessoa entra e não tem família nem nada, passa dois, três minutos já vira da família. Entra para o Primeiro Comando da Capital [PCC], pra estes negócios todos.

— *Como é a formação para o crime dentro da FEBEM?*

Daniel — É o abuso dos funcionários contra os internos e a justiça que é cega e que não vê! Como é que pode mandar um adolescente da FEBEM pra cadeia? Pra aprender mais do crime e depois voltar pra FEBEM? Não tem lógica! Eu saí fora porque me deram a chance de voltar pra minha casa. Uma semi-liberdade? Eu acharia justo se eu não tivesse uma família, porque ali poderia ser o começo da construção de uma família. Mas como eu já tenho uma família, não preciso de uma semi-liberdade. Preciso de uma L.A. [Liberdade Assistida][1]. Ou nem de uma LA, porque eu já sou maior de idade. Isso tinha que acabar! Já!

— *O que você fazia o dia inteiro na FEBEM?*

Daniel — Fumava maconha o dia inteiro. Entrava maconha direto. Uns funcionários sabiam, alguns até faziam ponte pra entrar.

— *A maconha entrava como?*

Daniel — Pela portadora ou pelo funcionário. Ou pagando o funcionário ou, dependo do funcionário, não cobrava nada.

— *Com maconha as pessoas presas ficam mais tranqüilas?*

Daniel — As pessoas ficam mais tranqüilas, mas também não é uma coisa que é boa pra ninguém, só deixava mais suave. O diretor mesmo fazia vista grossa, pra FEBEM não ficar agitada. Eles deixavam entrar pinga, celular e maconha. Olha, eu vou falar pra você que na cadeia não tinha o que tinha numa FEBEM.

— *Se você não tinha celular, como é que você fazia o "corre"[2]?*

---

[1] Medida socioeducativa que desinterna o jovem, com a condição que ele faça alguns cursos de freqüência e carga horária variáveis, dependendo do caso.
[2] "Corre" - fazer o corre é organizar o necessário tendo em vista um objetivo. Às vezes quer dizer traficar.

Daniel — A gente fazia através de uns meios de transporte, de umas cartas. Só quando eu fui de transferência pra outro distrito é que eu tive a oportunidade de ligar pra cá pra fora, pra fazer o meu "corre".

— *Mas, falando na FEBEM, você entrou há quanto tempo?*

Daniel — Minha primeira passagem foi em 1999, eu tinha 14 ou 13 anos. E já estava nos meus "corre", já estava me sustentando sozinho, roubando, eu tinha uma turma, uns amigos, uns comparsas. Aí, vários assaltos, vários assaltos, vários assaltos, fama, essas "fita" e me mandaram pra UAI[3]. Cheguei na recepção, fiquei pouco tempo na UAI, uns 24, 25 dias, e ganhei minha transferência para o Tatuapé, na UE - 7[4]. Eu não fazia nada na UAI. O procedimento é chegar, ser revistado; "planilhar"[5], tomar um banho; vestir uma roupa; comer alguma coisa e ficar no banco. Até "melhorar"...

— *Mas alguém "melhorava"?*

Daniel — Não. Ficava a maior revolta. Os funcionários, se vêem alguém conversando, pegam e batem. Tem muita porrada na UAI, bem mais que na FEBEM. Tem FEBEM que os internos têm uma organização, aí a coordenação vê que eles merecem algumas coisas como roupa do "mundão"[6], estas coisas... Aí não tem espancamento da parte dos funcionários.

— *Mas isto depende do "bom comportamento" ou da organização dos meninos?*

Daniel — Depende de tudo, depende mais da atitude. Mas isto é quando está na "mão dos meninos". Porque quando está na "mão dos meninos" está na "mão dos funcionários" também. O que eles falarem é válido e o que a gente falar é mais válido ainda. Já quando está na "mão dos funcionários", só o que eles falam é válido, o que a gente fala não serve pra nada. Eles pedem pra andar com a mão pra trás, coisa que não tem necessidade, não tem necessidade mesmo! Andar com a mão pra trás, humilhavam a gente, falavam um monte pras visitas... Conforme eles vão tendo muito poder, eles deixam subir pra mente aquilo e aí começam a esculachar, começam a bater, começam a espancar... Deixam do jeito que eles querem mesmo, ninguém dá um pio.

— *Como A FEBEM passa da "mão dos meninos" para a "mão dos funcionários"?*

---

[3] UAI: Unidade de Atendimento Inicial
[4] "UE" (Unidade Educacional) é o antigo nome das atuais "UI" (Unidades de Internação).
[5] "Planilhar" é o processo de coleta das impressões digitais.
[6] Na FEBEM os internos andam uniformizados. Roupas do mundão são aquelas trazidas de fora da FEBEM, com as quais os adolescentes se sentem melhor, principalmente nos dias de visita. São, na maioria das vezes, roupas e tênis de marcas famosas.

Daniel — Pra "cadeia"[7] ser entregue não é de uma hora pra outra, nem de um dia pra outro. Demora, tem que fazer várias "fitas". Tem várias formas de trazer a "cadeia" pra gente, mas é mais a revolta e a rebelião que ajuda. A rebelião que teve na Vila Maria X não foi por causa de liberar isso ou aquilo. Porque nós, a maioria dos internos da Vila Maria X, era tudo de Franco da Rocha, uma Unidade de muita contenção, rebelião e mídia pra lá e mídia pra cá. Então, quem tinha estado em Franco tinha uns BO [Boletim de Ocorrência] "monstro"[8]. Não tinha ninguém com 157[9]. Era latrocínio, fuga, só isso, você entendeu? Pra você ver, eu vi mais casos graves na FEBEM do que na cadeia. Quando eu cheguei, vim de vários "bondes"[10]. Dois dias antes, num domingo, tinha tido uma fuga de 53 internos pela porta da frente. Eu fiquei doido. Falei: "porra, meu!". Aí a cadeia foi pra "mão dos funcionários". Contenção máxima, só "tranca" durante um mês. Já cheguei na tranca. Eles falavam 'A', eu falava 'B' alto; eles falavam 'B', eu gritava o 'C' no ouvido deles. E às vezes apanhava. Aí, teve essa contenção e com o passar de um mês começaram a soltar os "barracos" de um em um, pra tomar sol. A gente começou a tomar a cadeia assim. Eles começaram a relaxar e nós começamos na corrupção. A gente pagava. Tudo no dinheiro.

— *Isso é culpa do diretor?*

Daniel — Diretor! É culpa da sociedade, meu! O diretor só é pilantra também.

— *Só tem dois lados, meninos e funcionários?*

Daniel — Não existe acordo. Acordo com eles não existe, são dois lados de uma guerra.

— *Como é quando a cadeia está "na mão dos meninos"?*

Daniel — Tem celular, pinga, maconha, drogas, facas, naifas[11], roupas do mundão, comida das mães... Olha, eu estou vendo totalmente a diferença de lá de dentro pra cá pra fora. Lá dentro eu tinha um "corre" mais do que eu tenho aqui fora, porque aqui fora eu não estou roubando. Lá dentro eu podia traficar, entendeu? Olha que "fita"! Lá dentro eu traficava, eu estava na cadeia mesmo... entendeu? E lá dentro eu tinha roupa "da hora", tinha um monte de "barato", eu vendia. A diferença aqui fora? Agora é que eu estou vendo, porque antigamente eu não via, eu roubava. Então, eu não

---

[7] Os internos costumam chamar a FEBEM de cadeia, ou de "carceralho", por motivos que vão se evidenciar na própria fala do Daniel.
[8] "BO" são as ocorrências pelas quais os internos respondem na internação. "monstro" é tudo que é violento, como ficará explicito mais adiante.
[9] Preso por infringir o artigo 157, roubo.
[10] Bonde: transferência de uma unidade para outra. Normalmente acontece devido a uma rebelião, para tirar os "organizadores" do convívio com os outros internos os internando em unidades nas quais estão adolescentes com um "nível mais alto de periculosidade".
[11] Naifas são pedaços de metais, vindos das construções e dos objetos das instalações da FEBEM, que são afiados pelos internos até ficarem pontiagudos e cortantes como facas.

via diferença. Saía da cadeia, passava dois dias já estava de motoca, pra cima e pra baixo de carro, já estava "zoando". Agora, pra descer pra praia, está a maior burocracia. Tem uns caras que não percebem que você quer ficar sossegado e ficam atiçando pra você ir roubar e ficar roubando, porque sabem que você é bom. Aí, ficam atiçando pra você pagar uma dívida, essas "fitas"...

— *Mas quando a FEBEM está na "mão dos meninos" não rolam altos abusos?*

Daniel — Nunca rolou. Não rolam altos abusos, não. Porque é a mesma coisa que se estivesse numa cadeia. Se acontece alguma coisa hoje e, no futuro, alguém olha pra trás, alguém vai ser cobrado, entendeu? Então, pra que isto não aconteça, ou seja, pra que a gente não tenha guerras com outras facções, ou com o Comando, ou com outras "cadeias" e, principalmente, pra não ter morte, a gente procura sempre ter a organização certa. Se for fazer alguma coisa, perguntar pra alguém "superior ao crime". Porque, mesmo a gente estando na FEBEM, o que advoga é o crime. Pra um morrer, tem que pedir.

— *Quem é "superior ao crime"?*

Daniel — "Superior ao crime" são as pessoas que há muito tempo estão presas, que vêm do sistema, que organizaram a revolução, do Comando mesmo.

— *Um Comando acontece mesmo? Porque é muito diferente o que acontece numa FEBEM e o que acontece numa "cadeia"...*

Daniel — Não *muito* diferente! Antigamente era *muito* diferente. Mas agora é revolução. São os jovens que estão chegando pra somar e multiplicar com os caras (do PCC).

— *E todo mundo pensa como você?*

Daniel —Todo mundo pensa como eu. Tem uns que pensam melhor, tem uns que pensam pior, mas se você for ver bem mesmo, o objetivo é um só. É a Revolução: Paz, Justiça e Liberdade.[12]

— *E uma pessoa que quer sair do crime?*

Daniel — Não dá. Você tem que escorregar pra sair, você tem que dar uma mancada. Não pode. E se você der uma mancada grave e não for excluído? Você vai morrer, certo? Quando é grave, morre. Quando é coisa média, quebra os braços. E se o cara ficar na "quebrada", vai ficar sossegado. Mas, quando a bandeira abaixar...

— *E para entrar é só ir lá e falar que quer?*

---

[12] Lema do PCC.

Daniel — Não, é só fazer uma ligação. É só ligar para o meu futuro padrinho, que é quem quer que eu entre. Tem que ter alguém que te chame. Quando ele me chamou, eu falei que não era minha hora ainda. Eu estava na rua, ele chegou e falou: "e tal e tal e tal". E eu falei: "não é minha hora ainda". Meu padrinho já é velho, mas tem padrinho aí de 22 anos querendo me batizar. Está cheio de gente querendo me batizar...

— *E a sua hora vai chegar?*

Daniel — Não, minha hora não vai chegar nunca. Minha hora vai chegar quando eu estiver no meu "trampo" sossegado. Ou quando eu receber a notícia que eu sou pai, aí sim minha hora vai chegar... O que chegar primeiro, está valendo. A gente "se vira nos trinta"[13].

— *Na FEBEM os funcionários faziam acontecer as rebeliões...*

Daniel — Aconteceu numa Unidade em 2003. Os funcionários estavam em greve, manifestação, todas essas coisas pra aumentar salário e, principalmente, liberar hora-extra. Tinha funcionário que chegava na "cadeia" no começo do mês e saía no final. Eles mal saíam de dentro da "cadeia". Eles viravam plantão por plantão pra ganhar dinheiro. Dormiam, comiam, bebiam, comiam, dormiam, batiam em interno... Isso revoltou! Tinha um "barraco"[14] em Franco da Rocha só de funcionários, eles chegavam na "cadeia" e ficavam um mês, só saíam pra bater o cartão. Eles batiam, xingavam a mãe, que é coisa sagrada, e "arrastavam" a visita, que também era coisa sagrada. "Arrastar" a visita é marcar de entrar às dez horas da manhã e só entrar meio dia, um hora, três horas da tarde, entendeu? Aconteceu até de entregarem as chaves em algumas alas. Isso foi suborno de funcionários, de coordenadores, entendeu? O interno preso, com dinheiro aqui fora, liga pra fora, pega o dinheiro, transfere pra conta do funcionário e o funcionário faz o que ele mandar. E, na verdade, pra eles era até bom entregar a chave, porque aí estava a desculpa deles: "Olha aí, se vocês não derem hora-extra, vai acontecer rebelião".

— *Como era o processo de os funcionários darem a chave?*

Daniel — O processo era o seguinte: tinha uma massa de funcionários em Franco da Rocha, boa. Também, entre funcionários, era quase o mesmo sistema dos internos. Tinha uns funcionários que tinham mais voz, tinha o coordenador que fazia as papeladas de hora-extra, tinha funcionários que eram discriminados por outros

---

[13] Atração do programa televisivo da Rede Globo "Domingão do Faustão". Nesta "atração", alguns inscritos, previamente selecionados pela produção, têm trinta segundos para realizar façanhas aparentemente impossíveis em apenas 30 segundos. Quem conseguir realizar a mais próxima do "impossível" ganha.

[14] "Barraco": gíria entre os internos que significa "quarto". Geralmente são vários "barracos" com portas voltadas para o pátio, cada um com capacidade [número de camas] média de seis adolescentes, mas que geralmente abrigam número maior do que o previsto.

funcionários... Um querendo sempre ser mais que o outro, ganhar um ponto com o coordenador e ganhar mais hora-extra. A entrega das chaves, aconteceu por causa das horas-extras. Os funcionários fizeram acerto com alguns internos "cabeça", alguns "pilotos" gerais. Porque estavam querendo tesourar a hora-extra dos funcionários. Eles começaram a soltar a "cadeia" pra nós, deixar mais tempo de pátio, fechar a tranca só às dez horas, começaram a xingar, provocar, dar a deixa pra criar um motim, criar uma rebelião... Não é nem melhor nem pior pra ambas as partes. Tem o que a gente quer e tem o que eles querem, o que eles querem é o respeito de nós e o que nós queremos é visita íntima, celular, droga... E eles deixavam as câmeras no pátio pra gente tomar a cadeia, pra mostrar o que dá "tesourar a extra". A gente já fazia o acerto: "a gente vai sair com faca, a gente não quer machucar ninguém".

— *Vocês estavam sendo usados pelos funcionários?*

Daniel — A gente estava sendo usado, mas por estar sendo usado, a gente estava usando também. Porque, na verdade, eles estavam conseguindo o que queriam e a gente também. O que a gente queria? Primeiro, tomar a cadeia, depois a fuga. E a gente tomou a cadeia e fugiu. E o que eles queriam? Eles queriam a hora-extra. E eles conseguiram depois que 135 internos conseguiram a liberdade fugindo pela porta da frente. Isso nessa Unidade, porque em outra não tinha fuga. Teve várias rebeliões nesta também, mas aquela bateu o recorde em rebelião e fuga. Eu era "faxina" de lá, voz ativa.

— *Lá foi um pouco a sua "escola"?*

Daniel — Foi um pouco da minha escola, mas não aprendi nada, a não ser coisa ruim.

— *Como é este ensinamento?*

Daniel — O ensinamento é na prática, no dia-a-dia, na conversa, no tempo que você fica só refletindo... Em tudo, você está pensando em maldade, você está pensando na vítima, no juiz, em tudo você está pensando, na sua família. Sua mente não pára de trabalhar nem nos momentos em que você vai descansar.

— *Tem algum exemplo dessa escola do crime?*

Daniel — Muitas das vezes, quando eu estava aqui fora, antes de ser preso, eu roubava coisa pouca: som de carro, sem arma nem nada. Quando eu fui pra lá, eu vi que muita gente estava lá, mas tinha coisa aqui fora: fazia seqüestro-relâmpago. E eles falavam como é que era, e a gente vai pegando a experiência. Quando eu fui preso pela primeira vez, fui preso roubando som de carro, depois eu já fui preso roubando lotérica, a terceira vez foi num posto de gasolina. Eu não fui preso no mesmo dia, porque foi um latrocínio. Eu fui preso na semana seguinte, na investigação. Porque o cara reagiu, atirou num rapaz, aí eu atirei nele. Depois teve "operação lixeiro" aqui na "quebrada", os policiais vieram vestidos de lixeiro. Vieram invadindo casa por casa, me pegaram junto com centenas de ladrões. Ele era um polícia e trabalhava de segurança no posto, eu não sabia que ele era polícia, atirei num "mão branca". Além disso, a maioria das conversas é sobre tráfico, droga, mulher, dinheiro, como investir o dinheiro... É só assim: "ah, se você for comprar 'uma fita', não vai comprar tudo de roupa, compra um pouco de droga, aí você põe na 'biqueira', dá mais dinheiro". Essas coisas. Acho que não tem como não entrar, porque é o dia inteiro isso. É o passatempo. Lá dentro a gente vive do passado. Acho que se a gente não lembrasse do que passou, todo mundo ficaria louco lá dentro. O que tem pra falar lá dentro é o passado. Você não vai falar como foi o seu dia-a-dia, que todo mundo viu como foi o dia-a-dia. Querendo ou não, 68 ladrões pra você, são os 68 "na maldade". Se você escorregar, todo mundo está vendo a caminhada. Se você fraquejar, se tiver medo, seja na hora da rebelião, seja quando a cadeia está em paz, você está marcando seu caminho. Porque todo mundo vê, ainda mais os organizadores do prédio, que são os "faxina", e estão no controle da situação. Eles vêem o dia-a-dia de todo mundo, porque eles estão ali fora também, então eles estão vendo quem é bom e quem não é. Quantos "salves"[15] chegam do fórum? Quantos não chegam? Pra quem chega? Se sempre chega para aquele, ele é um menino bom, aí vão pegar ele pra somar na "faxina". Quando tem "bonde", os meninos vão todos para o Fórum. Encontram "presos" de varias outras unidades: "Fulano de tal está lá? Manda um 'salve' pra ele".

— *O que faz um "faxina"?*

Daniel — Geralmente o "faxina" tem que ter um certo respeito por todos, tem que "estar concordado" por todos que ele esteja na "faxina". Tem que ser do crime. Não tem que esconder nada de ninguém. Tem que ser representante da "quebrada". Tem que ter uma voz aqui na "quebrada", porque pra caminhada do cara ficar limpa lá dentro, ele já tem que vir com a caminhada limpa daqui de fora, entendeu? Tem um ditado que fala assim: "minha caminhada é vista e minha vida é um livro aberto". Ou seja, todo mundo sabe o que eu faço e eu não devo nada pra ninguém: eu sou o crime e já era. É o seguinte: no crime, todo mundo tem a sua caminhada. E o seu trajeto, todo

---

[15] Gíria bastante usada entre os adolescentes. Um adolescente "passa um salve" para outro por amizade, reconhecimento e simpatia por alguma atitude deste outro interno. As atitudes valorizadas costumam ser demonstrações de força, como não se intimidar perante os funcionários, não chorar etc. Quanto mais "salves" um adolescente recebe, mais reconhecimento e poder tem entre os outros. Já o "salve "monstro" é uma retaliação ou até violência física, para depreciar atitudes de fraqueza ou covardia. Por exemplo, se um adolescente chora numa rebelião, recebe um "salve monstro" ao término desta, que pode ser uma agressão física; assim como os "corajosos", os "mais fortes", que enfrentam sem demonstrar fraqueza, recebem vários "salve" dos outros adolescentes e ganham respeito e mais poder na hierarquia da instituição.

mundo vê. Tem pessoas lá em Venceslau que garantem: o cara é bom! Ou seja, que nunca "deu milho na quebrada", mancada, nunca cagüetou ninguém, nunca 'rateou'[16] nada de ninguém, pegou droga, nunca extorquiu ninguém, nunca matou a troco de nada, nunca pegou mulher de ladrão... O "faxina" tem que ter uma disposição, tem que ser macho, tem que bater de frente, não engolir sapo, não aturar o que eles falam. Quando eles falam, o faxina reage: "pode matar eu 'no côro', mas é isso e isso e isso". E quando você fala uma coisa, você tem que cumprir: "Eu não vou andar com a mão pra trás!". Aí nós não andamos com a mão pra trás. Não adianta falar, eles percebem isso pela atitude, tem que "representar", se alguém tiver apanhando tem que chutar a porta, tem que xingar, tem que mandar parar, tem que se manifestar. Eu fazia isso. Muitas vezes não precisava; precisava mais quando tinha rebelião.

— *Você não ficava com medo?*

Daniel — Olha, eu vou falar pra você, a gente fica com medo sim, mas os outros dão uma inspiração pra gente. Porque os outros estão olhando pra você ali no momento que você vai representar. Você fala: "se eu não representar, vou desonrar, os caras vão me tirar." E o cara ali também já está agitado, com aquela adrenalina toda...

— *Quando a Choque entra, como reage o "faxina"?*

Daniel — Tem rebeliões só pra manifestar, então não teria necessidade da "Choque" entrar. Falam que ela entra pra revistar a "cadeia", mas mesmo quando entra pra dar a revista, ela pega. Ela não perde tempo. Não entra pra brincar. Quando é a "Choquinho", nós, faxinas, temos que ser a linha de frente. Nós temos que confrontar. A gente pega colchão, faca, e vai correndo. Se eles vêm correndo, a gente cruza. A gente se mata, vira um campo de batalha. Vai quem está liderando e muitos caras que estão ali com nós. E também tem muitos que não estão, que depois vão ser relembrados. Porque tem os "faxina", tem os "primo leal" e tem a população. A "população" é de pessoas que não se envolvem com a massa [liderança: faxinas e barraqueiros], só que essas pessoas não ficam a par de nada, não sabem do que acontece na cadeia, não sabem de nada, não têm acesso aos telefones e às drogas. É a grande maioria, mas por ser grande maioria, não serve pra nada. Porque não sabem de nada. A gente não deixa saber de nada, não podem ficar em meio de malandro debatendo "fita" nenhuma... A rebelião não são eles que fazem, só se quiserem ajudar... Algumas rebeliões são organizadas com reunião com a população, pra contar o que vai rolar. Geralmente, nas primeiras rebeliões a população não participa, mas quando a população apanha, que ela vê que não tem jeito, então ela começa a participar também. Porque a porrada pela Choque é de praxe. A população sabe que, se ela invadir, vai apanhar. Por isso, toda rebelião a gente tenta conversar com o diretor: "que não vai ter isso, que não vai ter aquilo..." Em caso

---

[16] Roubou, enganou.

de fuga, a mesma coisa. Só participa malandro, quem está envolvido. Rebelião pra tomar a cadeia também. E tem também "os primo leal", os "sintonia", a parte da população que é gente que todos os "faxina" gostam. Que sempre estão somando. Que tem "um corre" lá fora também... Porque lá, independente de qualquer coisa, você vale o que você tem. Se não vier uma roupa bacana pra você... fica complicado.

— *Onde são guardadas as coisas de vocês?*

Daniel — O que é de cada um é de cada um. Mas quando vem "jumbo"[17] de comida, fica na "barraca". A "barraca" é um lugar adequado, que a gente escolhe, pra ser lugar dos mantimentos. Só pode mexer ali se o "barraqueiro" falar pra pegar. E eles nunca vão falar: "pega lá". Pode ser quatro horas da manhã, você está com fome, você tem que dar um "salve" nele, ele tem que escovar os dentes, lavar a mão e ir lá pegar. Tudo isso pra ter organização.

— *Tem alguma outra função?*

Daniel — Tem o "homem-boi", uma pessoa que lava o banheiro. É ruim, porque se você chegar em outro "sistema" e perguntarem: "que ativa você estava?" e você disser: "eu era o homem-boi", aí os caras: "você é pilantra". Porque primário, quando chega, tem que passar pela atividade de homem-boi. Mas quem não é primário e é homem-boi é porque é pilantra.

— *Como é a revista?*

Daniel — O colchão é tirado às seis horas da manhã e posto no "barraco" às dez horas da noite. Aí você acorda, dobra tudo, enrola tudo, até toalha vai pegar, aí abre um "barraco" por vez, aí saem em "formação" os 12 moleques com os colchões, as mantas, e deixam tudo empilhado, e pegam o kit. Tanto pra deixar quanto pra pegar o colchão e a manta você se troca, você tira a sua roupa, fica só de cueca, e pega o colchão e a manta.

— *Como foi sua trajetória dentro da FEBEM?*

Daniel — Depois da UAI, em 99, fui para o Tatuapé, pra UE-X, fiquei quatro meses e alguns dias. Ainda em 99, em julho, tinha só quatro meses que eu estava lá dentro, eu nem conhecia muito, e teve uma rebelião geral: o complexo inteiro ficou em rebelião. Eu fugi e fui embora pra minha casa. Nós acordamos e já estava tendo rebelião, já estava tendo as fugas. Foi o tempo de pôr as roupas e fugir também. Então, não vi muita coisa da rebelião. Só vi o tumulto e já era, saí fora. Eu nem tinha sido avisado. Quando fui ver, estava no meio de uma rebelião: fogo pra todo lado, tiro pra todo lado, bala de borracha, bomba de gás lacrimogêneo, eu no meio de uma guerra à procura da

---

[17] "Jumbo de comida": são as comidas trazidas pelas mães, namoradas, esposas e amigos nos dias de visitas.

sobrevivência, à espera da liberdade e da vida. Eu fui no meio de todo mundo... Quando eu vi a rua, a tela, eu pulei, cheguei na próxima rua, correndo, sempre reto, uma hora ia acabar... E acabou, eu consegui meu objetivo: voltei pra casa. Eu voltei pra casa e só me acharam depois de sete meses. Eu caí em outro assalto, no artigo 157, em 2000. Aí eu fui de novo pra UAI.

— *Tinha mudado alguma coisa de 1999 para 2000 na UAI?*

Daniel - Não: a segurança, superlotado, todo mundo sentado, "valete monstro"... "Valete monstro!" "Valete monstro"... é quando a pessoa vai dormir, entendeu? Um vira pra um lado, outro vira pra outro, um vira pra um lado, outro vira pra outro... que nem uma carta de baralho. Não tem o valete? Um do lado de cá, outro do lado de lá? Então, é a mesma coisa dos presos. E é "monstro" porque é muito apertado. E uma coisa muito violenta. Uma pessoa que é muito violenta dá origem ao termo "monstro", no "vocabulário da criminalidade".

— *É humilhante dormir na UAI?*

Daniel — É. Nossa Senhora! Você não consegue dormir nos primeiros dias. Está acostumado a dormir sozinho na sua cama, ou com uma mulher, e vai dormir com dois caras, um do lado de cá, outro do lado de lá, fora os outros... Mas você está prensado no meio de dois caras, com o pé de um na sua nuca e o pé do outro na sua cara... E a ducha é rápida... Só tem dez toalhas pra todo mundo se enxugar... Teve vezes que eu torcia a toalha, porque estava ensopada.

— *Como é a semiliberdade?*

Daniel — É semiliberdade, não tem a segurança de uma FEBEM "normal". O prédio é como se fosse uma escola, é um muro normal. Uma casa e um muro. Um muro com a segurança pra que ninguém invada. Mas eu não ia ficar lá. Tem muitos que vão chegando, outros que você já puxou cadeia junto. 'Você está aqui há quanto tempo?' 'Seis meses'. 'Nossa, quanto tempo'!

— *Pega mal com quem ficar lá?*

Daniel — É isso aí, tem uma cobrança dos outros internos. Quem fica lá é "vacilão", está perdido na "quebrada", tem que ficar ali. Também tem gente que não tem família e que fica lá. Aí o pessoal respeita, porque o cara não tem família!

— *Quer dizer que você não vai voltar lá com as suas próprias pernas?*

Daniel — Não volto nem "fudendo"! Primeiro, porque eu tenho família, não sou evangélico, apesar de respeitar quem é, e não estou com "treta" com ninguém na minha "quebrada"... Ainda que eu não deva nada pra ninguém, não quero ficar escutando "buxixo de cadeia" no meu nome. Eu tenho uma imagem a zelar entre os outros presos.

— *A unidade de semiliberdade é melhor do que as outras, em termos de infra-estrutura?*

Daniel — Com certeza. O pessoal vive bem. Não paga água, não paga luz, não paga refeição, vive bem. Aqui fora, eu ainda estou tentando ir à luta. Estou tentando pagar água, luz. Estou tentando me manter. Lá, não, o pessoal quer pagar tudo pra mim, pra quê? Pra eu virar um vagabundo?

— *Mas lá você ia estudar...*

Daniel — Já estou terminando meu estudo, estou no segundo ano. Eu estava no terceiro ano e voltei para o segundo, porque as papeladas não conseguem acompanhar o cara. Você vai de bonde e já era. Não dá pra acompanhar. Por exemplo: perderam meu histórico escolar na FEBEM... E pra arrumar um histórico foi muito difícil. Até que arrumou outro. Aí eu voltei para o segundo.

— *Teve que voltar pra aprender de novo ou não aprende de qualquer jeito na FEBEM?*

Daniel — Você aprende porque é inteligente. Que nem eu, eu aprendi porque sou inteligente. Se não, não aprendia.

— *O que você aprendeu?*

Daniel — Eu aprendi algumas coisas que já esqueci. Porque faz tempo que eu fui pra escola. Mas se eu ver tudo, eu vou aprender e lembrar.

— *Você tem vontade de fazer faculdade?*

Daniel - Lógico que tenho. É o sonho de todo mundo! Eu acho que é o sonho de todo mundo. Vou ver as minhas papeladas, tudo direitinho, pra continuar a estudar, sim.

— *Mas parece que a FEBEM ainda está atrapalhando a sua vida...*

Daniel — O advogado me disse que eu não precisava voltar. Me deu dez dias de prazo. Em dez dias, o pessoal vai vir atrás de mim. Quer dizer, vai mandar um ofício para o juiz e o juiz vai ver o que ele vai decidir.

— *Na sua casa alguém falaria onde você está?*

Daniel — Se vocês ligam aqui e eu estou na Marcia, minha mãe liga lá e vai me rastrear na rua.

— *Então é fácil te encontrar.*

Daniel — Não é isso. Sou eu que informo antes e só deixo me achar quem eu quero. Eu deixo a informação assim: "estou em tal lugar, só não estou pra desconhecido". Aí, a pessoa me acha, mas é difícil me achar na favela. Já pegaram outros meninos aqui, mas nunca me pegaram.

— *E você pretende ficar assim até completar 21 anos?*

Daniel — Eu não quero ficar assim. Eu vou fazer meu "corre" pra eu ficar "de boa" na rua.

— *Vai tentar ver seus papéis com o advogado...*

Daniel — É essencial isso. Eu não vou conseguir ficar até os 21 anos correndo da polícia.

— *Mas você sabe que ter fugido prejudica, não é uma coisa boa...*

Daniel — Mas é só ver o que fizeram comigo! É demais querer jogar um interno de FEBEM dentro de uma cadeia e depois querer que ele assuma uma semiliberdade. Quem vai decidir é o juiz.

— *Você foi pego pela segunda vez e ficou...*

Daniel — Em 2000 fui pra UAI. Fiquei quatro dias na UAI e fui transferido pra uma UE, no Tatuapé. Teve rebelião, tentei fugir, não consegui, fui transferido pra Parelheiros. Foi ruim também Parelheiros, porque é cadeia...

— *Como foi na UE? Tinha porrada?*

Daniel — Tinha um acordo entre os meninos e os funcionários. A gente tinha o que era de direito, o que a casa oferecia: um curso, uma bola, um livre-arbítrio... Tinha roupa do mundão no dia da visita. Já Parelheiros era uma penitenciária, foi construída pra ser penitenciária.

— *Como foi chegar lá?*

Daniel — Medo, né? Como eu falei pra vocês: entra com medo e sai com coragem. Cheguei apanhando dos funcionários. Fui apanhando, cheguei apanhando, desci do ônibus apanhando. Fui com a Choque Interna. Apanhando de madeira. Madeira mesmo, não é cabo de vassoura! É pau de madeira de quatro quinas, de reboque, de reboliço... É aquela madeira de cabo de enxada. O "bonde" inteiro foi apanhando. Quando minha mãe me viu, eu estava irreconhecível. A cara estava toda inchada. Chegando lá, tem um corredorzinho que eles fazem, que eles falam que é "corredor da morte", mas é suave. O importante é descer do ônibus, porque antes você fica de cabeça baixa e só toma bica na cara. Você fica de lado, eles dão bica de lado. Agora, em pé eles têm medo de bater, porque você vai olhar pra cara deles.

— *Como foi Parelheiros? Muita porrada?*

Daniel — Qualquer coisinha era "pau no gato"! Às vezes, acontecia alguma coisa, às vezes eles inventavam, às vezes não tinha a necessidade nem de dar um grito e eles já queriam "matar no côro". Teve uma vez que eu estava com vontade de fumar, aí subi nas costas de um outro "mano" pra acender o cigarro, "estourar o capeta"[18]. Eu estourei, só que apagou todas as luzes da "galeria". Aí os funcionários vieram bravos, olhando "barraco" por "barraco". E o nosso "barraco" estava preto. A gente estava em sete. Um dormia "na praia" [no chão] e o resto nas "jega" [cama]. Aí falaram: "É aqui mesmo!" Entraram e socaram todo mundo. De pau, de madeira, de corrente, "vichi"! Nós apanhamos de tudo aquele dia. De ferro, corrente... até de corrente! Nós tomamos umas correntadas na perna.

— *Por que você acha que eles batem tanto?*

Daniel — Pra gente se intimidar, pra não querer confrontar com eles. Mas eles estão ligados que não funciona. De 100%, piora 100%.

— *E em Santo André, também tinha muita porrada?*

Daniel — Não, chegou lá estava suave. Tudo nosso! Estava tomado! Tinha visita íntima, tinha roupa do mundão, tinha maconha, tinha tudo.

— *Quais são as reivindicações quando tem uma rebelião?*

Daniel — Mais tempo de visita, visita de namorada no pátio todos os domingos ou sábados, roupa do mundão e uns materiais cosméticos, esses negócios de higiene como creme hidratante, escova, pasta de dente. A gente pede essas coisas, tudo do "mundão".

— *Desta segunda vez que você foi pego, você participou de alguma rebelião?*

Daniel — No ABC eu participei de uma rebelião.

— *Mas estava tudo na mão de vocês. Então é rebelião pra quê?*

Daniel — Pra fugir.

---

[18] Caso contrário seria obrigado a pedir fogo a um funcionário, coisa que se recusava a fazer.

— *Então vocês fazem rebelião porque estão apanhando e também pra fugir?*

Daniel — Se na hora que fez porque apanhava muito der pra ir embora, vai embora também. Mas eu não consegui fugir e fui "de bonde" de Santo André pra Franco da Rocha, pra a unidade 30.

— *O que acontece depois de uma rebelião?*

Daniel — É "côro" e tranca. "Descascado", pelado no "barraco". Todo humilhado... De todas que eu passei, que nem sei quantas foram... Só em Franco foram mais de 40 rebeliões, já perdi a conta. Mas foi sempre assim: sangue e humilhação.

— *Essa do ABC, que você estava contando, foi quanto tempo de tranca?*

Daniel — Nessa rebelião, 16 "manos" foram pra Franco da Rocha, e eu fui um destes. Fomos de bonde pra Franco da Rocha, num ônibus, apanhando pra caramba. Chegamos em Franco da Rocha, os funcionários bateram em nós pra caramba e deixaram dois meses de tranca. Só um quarto pequeno, com capacidade pra um preso: uma cama de concreto, uma privada de necessidades, uma pia, um chuveirinho e a "ventana" [janela], pra você colocar as pernas no sol e tomar um "sol de capa", que é só pela "ventana". A comida é normal e chega pelo "robocop" [fresta na porta que abre e fecha]. Eu ficava sozinho, sem visita, sem nada.

— *E a cabeça?*

Daniel — A milhão... Sempre teve "côro" em Franco da Rocha. Se eu chutasse a porta pra chamar o funcionário, ele vinha e "dava côro". Mas se ficasse chutando direto, eles não iam mais, porque viam que não adiantava. Daí, eu saí para o "convívio", fiquei sete meses, desci pra Franquinho e consegui fugir. Mas não teve rebelião desta vez.

— *Por que têm lugares com mais "couro" que outros?*

Daniel — Porque nos lugares que tem "presos" de mais "alta periculosidade"[19], os funcionários têm medo da "cadeia" vir pra nossa mão e eles sofrerem as conseqüências. Então, eles lutam com todas as forças. E nós também lutamos com todas as forças pra conseguir ter "a cadeia". É uma guerra. Os dois querem a "cadeia".

— *Mas vocês, na verdade, querem ir embora da cadeia, né?*

Daniel — Lógico, mas eles não querem ir embora. Eu fugi sem rebelião, os funcionários ajudaram. Depois, fui recapturado.

---

[19] Classificação recebida pelo adolescente que reincide numa infração grave.

— *Recapturado ou sua mãe te trouxe de volta?*

Daniel — Nunca voltei com a minha mãe, não. Depois que eu fui recapturado, fui pra Unidade de Franco da Rocha, onde tudo começou. Aí, eu vi onde eu estava. Porque nas outras, eu não via. Eu chegava e tentava fugir, tumultuava. Lá, não, já tinha os organizadores, tinha tudo, então eu só estava de meio de campo, armando a jogada. Já tinha uns líderes. Eu podia aprender mais, me influenciar para o mal cada vez mais. Era muito violento, era rápido, muito agitado o prédio. Tinha 60 internos em cada ala, e eram oito alas. Depois que a "cadeia" ficou na nossa mão, na primeira rebelião, não apanhei nunca mais. Mas a maior porrada que eu levei foi mesmo quando a cadeia estava na nossa mão. A Choque invadiu, tinha tido uma rebelião com uma manifestação na qual nós estávamos querendo falar com o juiz, com o corregedor, porque o tratamento estava escasso. Não tinha material de limpeza... Estava tudo quebrado, por causa das rebeliões. Aí, a Choque invadiu, e a gente tinha "levantado". Aí a gente bateu de frente com a Choque. E a Choque pegou todo mundo. Todos os "faxina" e todos os "barraqueiro". Barraqueiro é o cara que faz a comida, que serve a "bóia", é voz ativa. Só que a voz ativa dele é dentro do "barraco", e a voz ativa do "faxina" é do lado de fora. Dentro do "barraco", o "faxina" não pode falar, não apita em nada. Quem apita é o "barraqueiro". O "faxina" cuida da ala dele, transita pelos outros "barracos". O "faxina" fica solto quando tranca[20], varre o pátio, varre a "galeria", vai lá pra frente, tem acesso às oito alas... O "faxina" é o coração da cadeia: passa o "salve", faz os seus "corres" e é quem negocia com o diretor, aquela história: "quem dá mais leva". Eu sempre fui "faxina". Mas, continuando, nós estávamos solicitando um juiz corregedor e uma pessoa que constrói essas coisas de cadeia pra ver como era, pra ver se a gente mesmo podia ajudar a consertar as coisas... Mas teve a rebelião e começamos a estourar tudo.

— *Quando você entrou não entendia direito?*

Daniel — Não entendia direito. Só aqui fora que eu sabia o que era e o que não era. Lá dentro eu não sabia nada. Eu não decidi ser "faxina". Foi com o trajeto da minha freqüência, sempre indo para o sistema, vindo pra rua, entrando em contato com os caras no sistema. Ou seja, eles viram a lealdade, que apesar de eu ter saído e por mais todas as virtudes, eu não esqueci eles. E no dia que eu cheguei dentro do sistema mesmo, que eu vi, foi em Franco da Rocha. O cara que eu sempre conversei pelo telefone, sempre mandei um "jumbo", era "faxina" geral. Foi aí que eu virei "faxina". Muito menino falava: "esse cara é zica, é do pântano". "Zica" é um cara que tumultua tudo. Quando eu entrei, fiquei 24 dias na UAI. Eu achei muito ruim na UAI, ficar sentado. É rápido, o certo são 60 pessoas e você ficar lá três dias, é o certo. Mas na verdade tem 600, 700, 800, você fica um, dois, três... seis meses dentro do negócio, sentado, sem falar, dormindo apertado. É "mó veneno". Se você abrir a boca, o funcionário te arrebenta. Era uma repressão absurda. Eu sentia cada vez mais ódio. Eu não via aquilo como uma lição, um aprendizado: "Isso daqui é ruim, eu nunca mais vou

---

[20] Na hora de dormir os "barracos" são trancados com os internos.

fazer isso". Aquilo era ruim, mas eu não via como um aprendizado, era como se alimentasse meu ódio cada vez mais, cada dia que eu deitava ali apertado, que eu acordava com o outro mijado, aquele cheiro, aquilo me revoltava cada vez mais, foi por isso que quando eu saí pra rua, eu saí num estado mais crítico, com a concepção sobre o crime mais pesada. Comecei a fazer umas coisas que eu não fazia. Comecei a usar umas drogas, roubar com arma, coisa que eu não fazia, comecei a ter meus negócios, minha família começou a pegar no meu pé, que eu não parava em casa, só dormia na casa dos outros... Foi aí que eu comecei a decidir ficar no crime um bom tempo, até eu conseguir o que eu queria, que era um carro, uma moto, uma casa... e parar. Só que a gente começa a conquistar muito. Quando a gente conquista um a gente começa a querer mais. Mas agora não quero mais ficar assim. Meu sonho agora é viver em paz, ter a minha liberdade, é o que não querem me dar. É difícil "pra caramba".

— *Como começa uma rebelião?*

Daniel — Uma rebelião começa com revolta. É o que você vê sempre na televisão. Ela começa através de humilhação, da desumanização dos funcionários... De tudo isso! A gente trama, dependendo da ocasião. Não é um bicho de sete cabeças, mas é difícil tramar. Dependendo, precisa de uma organização. Tem FEBEM que levanta a rebelião quando está na "mão dos funcionários": "então, tal hora vocês agitam daí, e nós agitamos daqui". Tem FEBEM que é: "vamos, vamos, é agora! [estrala os dedos] Põe os colchões ali na porta". Começa a pegar fogo e, do nada, começa a aparecer na televisão, na tela: 'rebelião em tal lugar'. Tem vários tipos de rebeliões. Tem rebelião que tem que fazer aquele roteiro, aquela trama toda, porque está na "mão dos funcionários". Todo mundo tem sede pra saber como é... E é difícil, complicado, tem que ser muito inteligente, bolar altos planos. Quando tem rebelião, sempre o que está no líder, dando as coordenadas, fala: "Olha, uns tantos: vem aqui, pega uns colchões, queima ali na frente. Não zoa funcionário, viu, meu? Não zoa funcionário, não zoa funcionária! Ah!... Tem uns carrascos? Tem. Traz pra cá! Vamos levar pra cima do telhado, mas não mata, que tem maior aqui e depois vai pra cadeia..." Mas não é só assim, é mais "monstrão": [falando mais alto] "Olha: vou levantar minha mão, pode jogar quando a Choque invadir. Olha: a Choque está vindo! Vou levantar! A Choque vai invadir! Levantei! Vou empurrar! Levantei a mão...". E "pá"! Cai o primeiro funcionário lá embaixo. Aí, os caras da Choque falam: "Aí, meu! Se invadir vai morrer um por um".

— *Geralmente vocês só pegam os funcionários carrascos?*

Daniel — Só os carrascos, os funcionários que gostam de bater. Mas também acaba machucando outros que não tem nada a ver com o "molho". Nessa rebelião, foi bem isso: empurrar o funcionário. Aí tudo bem, fizeram o acerto, o diretor veio: "Tudo bem, vamos arrumar a cadeia de vocês amanhã, podem trancar todos vocês"... A gente ia ficar uns dias de tranca numa ala, outros dias de tranca em outra, até arrumar todas, em um mês. Aí a gente falou: "firmeza". Liberamos os reféns, demos as facas. Daqui a pouco: a invasão. O Choque invadiu. Ele falou que não ia invadir, mas invadiu. Ele "pilantrou" com a gente. Aí, já fica a sede de outra rebelião. Invadiu e "arregaçou" com todos. A Choque bate com cacetete, escudo e com as armas também, com umas 12... Cachorro eles não põem pra morder. É gás lacrimogêneo, gás de pimenta, jogaram tudo. Aí, começaram a arrastar os faxinas, a chamar os nomes. Primeiro falaram: "se apresentem os faxinas". Ninguém se apresentou. "Se apresentem os barraqueiros". Ninguém se apresentou. "Pega a relação lá". O diretor puxou os nomes, o terceiro nome foi o meu. E foi pancadão em todo mundo, na frente de todo mundo! Só os faxinas e os barraqueiros apanhando. Por que a Choque só pegou os faxinas e os barraqueiros? Porque eles organizam a cadeia. Se eles falam que não vai ter rebelião, não tem. Se eles falarem que tem rebelião, tem. Eles são o piloto. Era a gente que era o piloto. Querendo ou não, todo mundo ali tem sua palavra. Se os 20 falarem "não" e um falar "é", este um sustenta a palavra dele. Então, o que aconteceu? A Choque invadiu, deslocaram meu maxilar, zoaram meu braço, me deixaram inchado, minha perna, cortaram minha cabeça, fiquei com uns cortes na cabeça, dois, três pontos. Você começa a ficar feio. Quando você cortar o cabelo careca, vai ter uns cortinhos. As meninas vão perguntar: "o que é isso?" O sistema faz você desgostar da vida. Mas a gente é forte e supera...

— *E depois de Franco da Rocha? Foi a Vila Maria?*

Daniel — Não, de Franco da Rocha teve a "fuga dos 130". Só que dessa vez eu saí de liberdade. Só que eu fui liberado por um BO que eu já tinha cumprido, que era o "BO" passado, e tinha os outros "BOs", porque eu já tinha fugido. Aí fiquei de "busca e apreensão", fiquei uns dois meses na rua e fui preso de novo, sem dever nada, por causa de uns "BOs" de que eu tinha fugido. Aí os polícias aqui da "quebrada" forjaram o 157, já que eu estava devendo a eles. Aí fui de novo pra Franco da Rocha e estava "mó veneno". Toda vez que um funcionário ia abrir os "barracos", os caras tentavam tomar as chaves, abrir os outros "barracos" e levantar rebelião. Era na época que já tinha passado tudo, não davam mais a chave. Eles estavam querendo conter e a gente querendo bater de frente. Foi perto do final de Franco da Rocha. Demorou quatro meses, eu fui de bonde pra Pirituba, onde eu consegui uma audiência com o juiz, e de Pirituba eu fui de bonde pra Vila Maria Y. Da Vila Maria Y, peguei bonde pra Unidade X, no Tatuapé. Da UI-X, bonde pra UI-T. Da UI-T, bonde pra Vila Maria X. Da Vila Maria X, fui pra cadeia, para o DP, outro DP e voltei pra Vila Maria. Da Vila Maria fui pra semi-liberdade, onde eu pulei a muralha e saí fora.

— *Como estava a situação lá?*

Daniel — Estava pesado e, antes das rebeliões, estava na nossa mão. (...) A gente perdeu o controle. Teve gente que cagou onde faz a comida da cadeia, olha que fita! Teve gente que destruiu as salas das técnicas, teve gente que fez o diabo a quatro, queimaram tudo, botaram fogo na portaria... E tinha um monte de refém, tudo funcionário, mas nenhum foi ferido. Eu estava na Caixa d´água, de "ninja"[21]. (...) O acordo foi o seguinte: estava chegando a Choque, chegou polícia, o diretor. Aí negociamos. E conversa daqui, conversa dali... Aí nós começamos a economizar colchão. Um colchão, deixava queimar... Depois outro colchão... Tinha dois pelicanos [helicópteros] voando, "uma pá" de emissora... Porque a rebelião foi "monstra", 130 conseguiram cair na rua, que nem Franco da Rocha. Voltou uma cota, porque teve alguns que foram pelo sentido da Marginal, aí a viatura vai passando e encostando. Aí, o diretor estava bravo porque a sala dele era o xodó dele, tinha medalha, tinha uma pá de barato, a sala do cara era "da hora"... A sala do cara pegou fogo! Tinha uma bola de beisebol, uns tacos malandreado, autografados. Meu, o cara queria morrer! Ele ficou brabo, bravo. Ele nunca tinha falado assim com nós: "seus desgraçados, vocês tinham mais privilégios que meus funcionários, vocês subiam na minha sala e tomavam café!". E nós: "demorou, faz o que o senhor quiser, não fica xingando a gente que nós não vamos xingar o senhor, que a gente é homem". Porque diretor é assim: nada de xingar, porque ele pode "encarquerar"[22], acabar com você dentro do sistema. Então: "nós não queremos nada com você, não". E desta vez, a gente não queria nada, a gente tinha tudo! A gente estava com tudo na mão, só levantamos por causa dos caras que estavam apanhando na frente da população. A gente só falou pra não deixar a Choque invadir. Aí a Choque não invadiu. Invadiu os MIB. São os funcionários. Puta, mas é muita gente, mano! Só não é mais que a Choque, que a Choque vem armada. Mas são um grupo de 35 caras de preto, uns caras "monstrão" mesmo. Eles entram assim, de "pavilhão", em "pavilhão". Aí o diretor entrou, entrou um pessoal, nós fomos pra um pavilhão só. A gente tinha feito o acerto ali na hora. Aí: "bota todo mundo lá no módulo 3". "Firmeza!". Aí, todo mundo com camiseta na cara, a emissora com "pelicano", uma mina subindo em cima do muro, tentando tirar fotos: olha que "fita", os cara dá mó sangue! Aí, chegamos os faxinas e falamos com a população: "Olha, o bagulho é o seguinte: Nós falamos que concordamos, mas se vocês falarem que não concordam a gente chega lá e já era. Porque a caminhada é a seguinte: ou nós acabamos de derrubar a cadeia pra desativar de uma vez, ou é isso, porque a gente não tem mais nada que pedir, todo mundo vai sofrer um montão depois..." Aí ficamos num módulo só, e tentamos "muquiar" (esconder) as coisas: celular, drogas, facas. Primeiro entrou uns funcionários, que pagaram uma bóia pra nós. Depois da bóia, vimos passando na tela, maior "sinistragem": a cadeia toda destruída e as imagens da guerra. E nós: "Olha eu ali, olha, está lá...". Aí entrou uns funcionários: "é, destruíram tudo..." Entrou dez funcionários pra trocar uma idéia com os faxinas. Um clima estranho. Só sei falar uma coisa, que escutei uns barulho de bomba: pum, pum! Aí, quando eu fui me deparar eu já tinha perdido o "biriri" [celular], já estava com o côco rachado, estava zoado, estava "zoadão"! Foi corrente, barra de ferro, madeira quatro quinas. Tinha umas madeiras com os nomes: "aiaiai"; "não foi eu"; "ai, senhor". Aí zoou todo mundo, porque primeiro eles

---

[21] "Ninja": o adolescente está de ninja quando usa panos para cobrir o rosto, mantendo apenas os olhos para fora.
[22] "Encarquerar" é atrapalhar, detonar.

entram esculachando quem eles tomam pela frente, até "descascar". [tirar a roupa]. Quando eu fui me ver, eu estava com um cortinho pequenininho, só que sangrou pra caramba, estava com um corte atrás da cabeça que o sangue escorria pela testa. E os caras também com uns rachados bem "monstro", maior que o meu, com o olho roxo e tal. Aí os cara começaram a chamar, de dez em dez. Aí: "vai lá pra a salinha". E "Salve, monstro"! Isso geralmente é de dez por vez. Só que dessa vez não teve isso. Dessa vez os funcionários falaram: "a população desta cadeia é da hora, o que é ruim desta cadeia é os "faxina". Aí: "quem é o fulano? Quem é o cicrano? Destaca". "Quem é o X? E o irmão dele, aquele desgraçado Y"? Aí meu nome foi o oitavo a cantar. "Cola" [vem cá]! Ai eu "colei" e: "Descasca! E vocês: "vão lá pra frente!". Aí nós fomos para o módulo Y. As assistentes sociais todas vendo nós "zoadões". Aí os funcionários: "se retirem as mulheres, por favor". Aí, as assistentes se retiraram e teve outro "salve monstro". Meu! Eu fiquei indignado! Na frente da minha assistente! Aí colocaram nós na "galeria", na "radial" ["corredor"] que dá acesso aos módulos. E "salve monstro". Aí "zuou" de vez, que os caras eram sem perdão. E eu tenho um problema no maxilar, desloquei em Franco da Rocha, por causa de um "pirriu" [funcionário da segurança] também. Aí, novamente foi deslocado... Um desgraçado deslocou meu maxilar e eu tive que ir para o hospital, bem à noite. Aí eu cheguei no maior "veneno": sem colchão, sem nada, muito frio... Ficamos assim uns dias, só depois de uns dias liberaram cobertor. A gente tinha que "mijar" numa garrafa de refrigerante. Ficamos assim um mês, na tranca total, sem tomar sol, só com as pernas pela janela pra pegar um solzinho... Depois de um mês, eu ainda estava bem feio, com o cabelo cortado, pálido. Estava todo zuado, o outro com o braço quebrado. Só estava saindo de dois em dois "barracos" pra tomar sol. E estava frio, não tinha sol pra tirar a camiseta. Um frio, eu de bermuda e camiseta, o banho gelado, à noite, rapidão. Sacanagem. No maior frio! Todo mundo tomando banho gelado e à noite. Passava pelo funcionário e, se não pedisse licença, apanhava. "Mão pra trás, cabeça baixa!". Era um pavilhão só dos "faxina". Aí, a pegada era a seguinte: a gente ficou duas semanas de "coruja"[23] e no quarto dia pagamos umas mantas, uma pra cada um. Ficamos duas semanas e meia assim. A "necê"[24] pagava no "boi"[25]. Tinha que dar um "salve": "Faz favor, seu funcionário: pagar a necê". Tinha hora pra fazer o "barato", eles humilhavam. Também tinha "côro" toda noite, tiravam a gente do quarto para o corredor e "côro". Depois de 15 dias, eles liberaram a roupa. Já chegaram "representando": duas meias pra cada, moletom e tal, escova de dente, pasta de dente, sabonete. Fazia muito tempo que a gente não cortava o cabelo, nem a unha, não escovava os dentes. "Bagulho" tipo "monstro": quando um ia falar com o outro tinha que colocar a mão na boca. Quando todo mundo se recuperou, aí começou a entrar visita. Abriu o "barraco" 1 pra ir pra a escola, meia hora. Eu estava no "barraco" 2, aí um cara do "barraco" 3 deu um "salve" pra usar o banheiro. Quando foi, um já saiu com a faca e já tomamos! Foi coisa de meia hora, só para o

---

[23] Na espreita, ligado, praticamente sem dormir.
[24] Necê: necessidade de ir ao banheiro.
[25] Boi: Banheiro.

diretor ver que o bagulho era nosso e que ele agiu na maior pilantragem quando falou que não ia ter esculacho. (...) Só que o diretor agiu na crocodilagem. Trancou nós de novo. Aí, quarta-feira eu passei o recado, só em números[26], quando eu acabei de dar o último gole de misericórdia, saquei o cigarro pra fumar, e já estava ouvindo o PX[27] do funcionário "Tal, tal". Aí, o coordenador: "Tal". O cara tentando abaixar e nós ouvindo. Eu já colei e falei: "Na moral, o bagulho já é todo nosso". Apresentei uma faca que os caras disseram: "De onde saiu? Caralho, mano! Revista todo dia essa porra!". Com revista todo dia, mesmo assim a gente achou uma faca, num "camoflo" [esconderijo]. Achamos umas 15 facas, uma mais bonita que a outra. Aí, firmeza, já pegamos. Já era: "levantamos o barraco". O que a gente queria era voltar para o convívio e melhorar umas coisas. A gente falou pro diretor: "a gente errou com o senhor, a gente sabe, mas a gente só quer respeito, só visita no pátio e tranca aberta. Aí eu, trocando idéia com o diretor da Vila Maria, acertei que o diretor não ia mandar ninguém de "bonde", não ia ter esculacho. Aí o diretor geral: "reúne a cadeia". Depois de um mês, reunimos a cadeia no módulo Z. O diretor falou: vocês vão permanecer no módulo Y, e assim que reformar o módulo X vocês vão pra lá. "Firmeza!". Nós já pegamos um monte de roupa nova, umas camisetas pra "pagar a visita", depois "pagamos a bóia", tal. Chegou 10 horas, nada da tranca, então deixamos trancar pra dormir. Quando trancou, eu estava escrevendo uma carta pra "gata", no maior sentimento, o que me acontece? Quando eu olho para os "Robocops", os "Robocops" se abrindo: Era a Choque. Aí já chegaram os caras com a lista: "todo mundo descascado! Côco no chão, cocota!" (...) Todo mundo no pátio, "descacado": fulano de tal, nome do pai, nome da mãe, algema". Algemava dois, iam os dois dentro do ônibus. Aí nós "ficamos no côro". Toda hora que nós íamos assinar uma papelada, era "salve monstro", da GOE. Entramos na sala, os caras da Choque: "Já era. Mata mesmo, vai! Querem levantar rebelião seus demônios, seus desgraçados, vai segurando...". E arrebenta, arrebenta, arrebenta até dizer chega. Apanhar é parte da rotina do sistema, mas a Choque é foda! Então, foi depois desta segunda rebelião, em 2004, que eu peguei meu bonde pra fora da FEBEM. Fui pra cadeia.

— *Como é a mídia numa rebelião?*

Daniel — A mídia ajuda e atrapalha. Quando a cadeia está na "mão dos funcionários", que os funcionários estão arrebentando muito, ela ajuda. Ela denuncia, mostra as torturas. Mas, só quem está lá dentro mesmo pra ver, pra sentir na pele você em cima de um telhado com um refém, com uma faca... Nesta situação você ver a reportagem ali, pertinho, gravando falando umas grossas de nós, eu vou falar pra você assim: é como se a gente estivesse num zoológico. A sensação é assim: sabe quando a pessoa passa curiosa, "nossa, aquele ali", e toma cuidado até pela grade? É a mesma coisa. Ali é um parque, só que é um parque dos "monstros". É outra pegada. É ser

---

[26] Existe um código para comunicação no qual números representam letras.
[27] Rádio de comunicação interna.

humano. Na reportagem parece que a pessoa não entendeu nada. Todo mundo, quando vê a rebelião, fala: "Óhhh". Agora, como pode ter tanta curiosidade de ver? De parar, ver horas e horas a rebelião ali... Por que atrai ela, se é tanta discriminação de ladrão? O pessoal ralha mesmo, olha que nem zoológico, chega com medo... e o que sai na mídia é falando mal. Mas eles não falam o porquê do motim. Eles falam: "rebelião no complexo de Franco da Rocha, onde os internos estão quebrando tudo". A mídia não fala porque a gente está apanhando e não fala que gente tá sofrendo, e por isso se rebela.

— *Os meninos que saem da FEBEM, vão pra cadeia e depois voltam pra a FEBEM, mudam a rotina da FEBEM?*

Daniel — Muda o sistema da FEBEM, porque a partir daquele momento ele vai pôr o sistema de cadeia, que é mais organizado, mas é mais rígido, mais rigoroso, e muito mais perigoso. Porque você se envolve com umas pessoas mais atualizadas no mundo de hoje, no mundo do crime de hoje. É se ligar no partido, em facção, essas "fitas". Você passa a ter mais envolvimento.

— *A facção às vezes pede para a FEBEM não entrar em rebelião?*

Daniel — Pede pra ficar de boa, pra estar na paz: "Vamos organizar direitinho!" e tal. "Se é pra fazer, vamos fazer todo mundo". Não é uma organização? Então! É todo mundo, pra não dar espaço pra eles [os funcionários e policiais].

— *É melhor para os internos esta entrada da facção nas unidades da FEBEM?*

Daniel — Com a entrada da facção melhorou 100%. (...) Porque ela é que melhorou o sistema penitenciário. Agora, na FEBEM, eu não sei se vai melhorar. Porque se vai melhorar, vai melhorar é a mente de progressão de criminalidade. Porque melhorar pra pessoa procurar um emprego e virar um cidadão civilizado não melhora. Vai melhorar pra atualizar a mente do interno, que no futuro vai continuar na vida louca.

— *Tendo aprontado tanto, mesmo assim você acha que você merece sair da FEBEM?*

Daniel — Mereço, lógico, porque infelizmente, não que eu esteja jogando a culpa nela. Mas, na verdade, vos digo, foi ela que fez um pouco disso também. Quando eu estava no sistema, estava revoltado, e ela faz parte disso também, da minha revolta. De tudo o que eu fiz, foi por causa um pouco dela também... Foi por causa do "anti-apoio" da família também. A gente não pode contar com tudo que pensa, entendeu? Aí, acaba caindo. (...) Lá [na FEBEM] você não aprende a progredir. Você aprende a progredir para o lado ruim, mas para o lado bom que é bom, não. É guerra. Pra você progredir para o lado bom, você tem que guerrear com quem? Com o sistema. Você tem que guerrear com os caras. Porque os caras vão ver e vão ficar com inveja. Vão falar: 'Olha lá, tá indo pra frente o cara'. Vão falar: 'Porra, sai daí meu, você é passarinho? Você é 'cagüeta'[28]?' 'Porra, você cagüetou uma rebelião, meu. Porra, você vai morrer cara'! Então, é uma guerra. Se você não pode com eles se junte a eles, não é isso? Então! Se junte a eles e tente ser melhor do que eles! Quem sabe você, sendo melhor do que eles, você "pá".

— *Que mais a FEBEM faz que ajuda o menino a ficar revoltado?*

Daniel — Essas transferências de FEBEM pra cadeia. Esses funcionários que nem terminaram o segundo grau ainda e entram sem nenhum preparo. É um ignorante, sabe? Essas funcionárias que se jogam pra cima dos moleques, sabe? Estas mulheres de 35, 40 anos, entendeu? Rola um assédio nervoso destas coroas enxutas, bonitonas. E os menores não deixam passar. Tem muito cara que fantasiou isso e fala como se fosse realidade. Mas tem muitos casos também, como muita gente já ouviu falar, que uma funcionária se esbanjou por um menor. Gostou de um menor. Aí pode até não ser assédio, mas tem muito assédio também. Agora, estupro não. Mas tem alguma coisa maior. Como, por exemplo, uma funcionária que pode obter relações sexuais com um interno. Aconteceu? Com certeza. Não é em todo lugar. É como celular, pinga, maconha. Não tem em cadeia em "mão de funcionários". Se bem que, às vezes, mesmo estando nas "mão dos funcionários" sempre tinha uma maconha no pagodinho, uma cantada no "biriri" ali... Que é o celular, entendeu? E é raro, mas tem também funcionário homem que estupra menor. Teve um caso lá em Franco da Rocha. Mas depois ele se fudeu. E nem precisou de rebelião, ele foi pra cadeia. Se fudeu nos métodos legais.

— *E entre meninos?*

Daniel — Já teve, há muito tempo atrás. Alguns casos. Claro, se eu falar pra você que eu não vi, eu estou mentindo, mas foram poucas as vezes. E eu vi revolucionar também. Eu vi ter e depois não ter mais. Que nem, se você for agora na Vila Maria 1, não existe mais. Hoje não tem mais. Não que proíbam, que se um viado entrar pra cadeia ele vai ser o que ele era aqui fora. Ninguém vai ser contra, nem a favor. Vai ser mais um da população. O que eu vou fazer se eu estiver "no piloto" da cadeia? Que Deus me livre e guarde, porque eu não quero estar, estou dando uma suposição. Eu vou marcar caneca, eu vou marcar a roupa, eu vou marcar a colher, eu vou marcar tudo que é dele.

— *Com medo de pegar alguma coisa?*

Daniel — Não, pra deixar marcado.

— *O cara vai virar "seguro"[29]?*

---

[28] Cagüeta: "Dedo duro", que conta informações dos adolescentes para os funcionários.
[29] 'Seguro' é o adolescente que não pode estar no convívio com os outros por acreditarem que ele deu alguma mancada. Ele é ameaçado de morte. Numa rebelião, às vezes é usado como escudo e refém.

Daniel — Não vai virar "seguro", ele vai virar só "caneca marcada". Só vira "seguro" se a cadeia não estiver organizada. No meu "piloto" ele só vai ter a caneca marcada, porque ele não deu motivo nenhum pra virar "seguro". Eu vou dar colher, copo, as coisas que todo mundo usa e vou dar pra ele individual.

— *Por causa de doenças como AIDS, estas coisas?*

Daniel — Com medo de pegar nada, que não é assim que pega. É preconceito puro. É preconceito porque o cara fazia de tudo lá fora.

— *Então a organização contém um pouco de perseguição...*

Daniel — Às vezes, o "seguro" é ameaçado de morte. Tem cadeia que viado vai para o "seguro". Se tem organização, isto não acontece. É só marcar as coisas do cara e pronto. Só vira "seguro" se a cadeia não estiver organizada.

— *Como está aqui fora?*

Daniel — Eu queria "dar um pião" [passear]... Descer ali na escola, catar umas "mina"... Foda, mano! Não tem uma roupa. O bagulho pesa pra caralho!

— *Tem que ter roupa e motor pra dar uma volta?*

Daniel — Não é que tem que. Mas, porra! O motor, se tivesse, ia quebrar um galho. E eu, sei lá, já acostumei a andar de moto. Faz tempo que eu não ando. Sei lá, eu acho que esta é a minha fantasia. Eu queria descer ali embaixo de moto e catar umas "mina".

— *Você tem alguma "mina", agora que está sem motor?*

Daniel — Tenho, eu vou sair com uma hoje, tem a Márcia, que eu durmo na casa direto. Até tem umas meninas. Mas não é a mesma coisa.

— *Como você se sente, hoje?*

Daniel — Estou muito feliz, mas também estou muito triste, ao mesmo tempo. Eu estou triste porque estou sem os baratos que eu tinha... minhas roupas... Eu gastei tudo que eu tinha na cadeia, é mais caro ficar lá que aqui fora. Eu estava preso e por mais que eu fizesse os "corre" pra ganhar dinheiro, eu precisava de um telefone, eu precisava fazer entrar alguma coisa lá. Aí, gastava. Por isso é mais gasto. Tem o gasto com comida... Sabonete, estas coisas, não tem quem dê. Se você tem dinheiro, vem pra você, se você não tem, você vai passar necessidade. Você vai passar fome... Tem dia que não vem "bandeco" [refeição], não vem bóia, não vem alimento, não vem nada. Fica almoço e janta sem vir nada o dia inteiro. Em todo distrito policial que eu passei foi assim. Sabonete não tem, colchão não tem, manta não tem e roupa não tem. Não tem nada. Se você chegar pelado e não conhecer ninguém, você vai ficar pelado. Porque não pode trazer a roupa, estas coisas, "de bonde". Por exemplo, eu estou numa FEBEM e tenho roupa. Se tem rebelião, cadê minha roupa? Sumiu. Os funcionários pegaram. Fui pra outra FEBEM... Minhas roupas? Sumiu. Meu dinheiro? Sumiu. Meu "corre"? Sumiu. Os contatos dos meus "corre"? Sumiu. Meu celular? Sumiu. Eu fui de bonde pra outra FEBEM. Novamente, roupa, dinheiro, "corre"... novamente, tudo. Rebelião? Novamente, some tudo. Fui pra cadeia? Some tudo. Eu não vou de bonde com celular, dinheiro, sem eles tomarem. Tem que deixar tudo lá. E se eu for liberado, também, fica tudo lá, para os caras. Eu acabei, com todo esforço pra evitar, saindo endividado. Uma dívida fraca, na "boca", ali embaixo, de 100 reais.

— *Como fica agora?*

Daniel — Não tenho nada. Agora tem que ver direitinho como é que eu vou ficar.

— *Você vai "fazer corre"?*

Daniel — Tem que ver. Tenho que ver um trampo. É foda. Eu sei que o que eu passei é fichinha, é pouco. Eu conheço "as fita" de cadeia, mesmo não sendo do ramo. É foda. O bagulho não é fácil não, pra quem mora na favela. Não é fácil.

— *É melhor ficar sem camisa aqui fora ou ter várias lá dentro?*

Daniel — Eu quero ter este progresso de preferir ficar fora.

— *Qual foi o pior momento que você passou na FEBEM?*

Daniel — O pior momento foi ter que "pagar visita" sem camiseta. O pior momento da minha vida. Tinha tido rebelião. Vesti uma bermuda molhada. Não pode, meu. Não pode porque os outros internos não gostam. Só que todo mundo estava sem camiseta, mas é desrespeitoso com as visitas. Mas todo mundo estava, não tinha como mesmo...

— *Mas isso é pior do que apanhar aquilo tudo?*

Daniel — É pior. Porque a gente é homem, é forte. Apanhar não tira a moral de ninguém.

— *Mas a camiseta dá moral pra alguém?*

Daniel — Dá moral. Porque aquela pessoa é a pessoa que está vindo te ver. É a mãe, a mulher... A gente quer estar bem.

— *E o melhor momento que você passou na FEBEM?*

Daniel — O melhor momento que eu passei na FEBEM foi uma visita íntima [risos]. É especial porque ela falou que eu realizei o desejo dela, entendeu? E ela chegou ao ponto do orgasmo! Foi "da hora"! Foi a melhor "fita" que eu passei na minha vida. Que a "mina" se apaixonou. Queria voltar todo domingo. Só que não dá, né?

— *Se você fosse dar um recado pra um menino que está no mundão, roubou e está chegando na FEBEM, qual seria?*

Daniel — O recado que eu dou é que o aprendizado é de 1000 graus. O sofrimento é constante e a luta é difícil. Quem quiser praticar esta luta, quem quiser correr atrás da fama do crime, a porta está aberta. Só que a porta está aberta só pra entrar, pra sair é difícil, entendeu? Eu, mesmo aqui fora, mesmo falando que saí, a porta continua fechada. E eu continuo batendo nela...

— *E para uma mãe?*

Daniel — Uma mãe está tentando de todas as maneiras. Procurando, tentando ajudar o filho a sair desse mundo e não está achando a solução. E a solução pra isso é o tempo. Nada melhor do que o tempo. Não adianta ela querer dar o que ele quer. Porque ela vai dar um carro, ele vai querer uma moto. Ela vai dar uma moto, ele vai sempre querer e não vai procurar os objetivos dele através de um emprego. Ele vai querer procurar os objetivos através de um roubo, pra se manter e pra manter a fama na "quebrada". Ou seja, a atenção da mãe é sempre boa, mas não dá pra pensar tanto num emprego, num serviço. Não dá. E saber também que o sistema não modifica ninguém, não oferece nada a partir de que a pessoa possa se recuperar. A recuperação tem que sair dela, não sai do sistema. Quem entra roubando uma galinha sai roubando um banco.

— *Como você definiria a FEBEM?*

Daniel — A FEBEM é uma experiência de vida ruim, com ensinamento ruim, para o crime, e todos os meus progressos, não foram pela FEBEM, mas sim por mim. Se eu quis escrever um livro, não foi pra memorizar a imagem da FEBEM, porque isso jamais eu vou fazer. Foi pra memorizar a minha imagem, que eu estava passando, e ainda estou, por situações difíceis. Mas eu sou forte, vou superar. Porque se eu superei ficar lá dentro, se eu superei sair vivo de lá de dentro firmão e fortão que nem eu estou, eu vou continuar firmão e fortão.

— *Como você começou a escrever o livro?*

Daniel — Foi em 2003, eu estava numa tranca, tinha acabado uma rebelião. Estava numa situação deselegante, num sofrimento constante, sofrendo mesmo. Tudo começou numa parede, eu comecei a escrever uns versos numa parede, depois comecei a escrever numas folhas de cartas, até que eu fui de transferência pra outro lugar, onde fiquei de tranca 24 dias sozinho. Foi aí que comecei a escrever mesmo, porque eu estava precisando de consolo, de alguém que me consolasse. Com o livro, eu falava com os personagens que vocês conheceram.

— *Por que mãe é sagrada?*

Daniel — Na visita, na maioria das vezes, quando tem algum tumulto, só quem pode chegar pra ver o interno é a mãe. A mãe é sagrada porque pôs a gente no mundo, e é um carinho muito grande que a gente tem por ela... A grande maioria pensa assim. Minha mãe vinha de 15 em 15 dias porque era muito corrido, mas era sempre um prestígio quando ela vinha. O que estava acontecendo dentro do prédio eu não falava, ela que via quando eu estava machucado, mas ela passava as informações daqui de fora: quem perguntou, quem deixou de perguntar, quem morreu, quem matou... Basicamente, falava o necessário: que todo mundo estava bem, mandava uns recados... Era emoção quando ela ligava, porque era a cada 15 dias. Nesses 15 dias eu fazia minhas manobras e deixava aquela semana reservada só pra ela, não pras meninas.

— *Você já quis parar?*

Daniel — Eu quis continuar no crime porque não foi o suficiente o que eu tinha adquirido. É a ambição. A primeira vez, quando eu fui preso, foi dentro de um carro roubado, dirigindo. Caí pelo 157. Não tinha sido eu nem nada. Roubaram, me entregaram, e eu fiquei andando dois dias sem parar. Na segunda vez, eu já estava roubando com arma.

— *Você não ficava com medo de que, com uma arma, pudesse matar uma pessoa?*

Daniel — Eu não ficava com medo, porque naquela hora eu estava protegido. A hora que eu estava armado era a hora que eu mais achava que eu estava protegido. Ninguém poderia tirar a minha vida. Ninguém podia me levar preso... Eu estava me enrolando mais, mas eu não enxergava essa realidade.

— *Você gostava?*

Daniel — É gostoso. Porque você vê o dinheiro ao vivo, você pega o carro, a mercadoria, você está pegando o dinheiro ao vivo. É gostoso, dá prazer quando você consegue. Quando você sai, você entra dentro do carro.... é gostoso. Dá prazer. Mas ao mesmo tempo dá medo que se transforme numa coisa de apetite.

— *Vicia?*

Daniel — Não é que vicia. Mas que você acha uma coisa normal, você consegue fazer vários assaltos. Tem assalto que você tem que fazer no maior sigilo: terno, gravata, abraça, "dá licença" e tal. Tem assalto que você já tem que escandalizar: "deita no chão e tal e pá". E tem assaltos que você tem que usar a inteligência, como o seqüestro-relâmpago. Você tem que usar a inteligência porque tem cartão muito bom hoje em dia, sem limite. Então, dá pra você entrar dentro do Shopping Center Norte com a vítima. Mas aí você tem que ter... Eu já fiz isso. Você tem que investir nos negócios, nos assaltos. Aparentar, não tem nem como, porque quem vê, sabe que é ladrão. Porque marginal tem estilo pra andar. Marginal sabe se vestir de um jeito que todo mundo olha. O cara chama atenção. Onde ele chega, todo mundo: "Olha o cara..." Tem que investir em vários negócios pra fazer um assalto bem planejado, um seqüestro bem feito. Tem uma família dentro de um carro, com o cara armado. Desce alguém com o dono do cartão: "Escuta! Se eu apertar este botão do celular, ele vai tocar e este mano aqui no carro com a sua família não vai atender, vai agir direto, entendeu? Já era. Não vai fugir nem dar na vista!". É monstro.

— *Você chorou alguma vez de arrependimento ou medo?*

Daniel — Eu não chorei, mas fiquei com muito receio, uma vez que a gente estava dentro de um seqüestro-relâmpago e a criança falava que não era a hora dela, que ela não queria morrer e tal. A mãe dela falando que podia levar tudo o que quisesse. A criança tinha quatro anos de idade, só que eu não podia falar nada, porque o chefe mesmo, o piloto da quadrilha, estava no seqüestro. Eu não podia ficar com receio, não podia aparentar ter medo, eu tinha que mostrar sempre... mas no fundo eu estava ali, eu vi um pouco de mim. Eu falei: "pelo menos eu não estou infiltrado 100%, pelo menos aqui dentro ainda tem algum sentimento". E o chefe mesmo era louco. Falou: "se a polícia parar eu mato todos vocês e depois me mato, que pra cadeia eu não volto mais". E todo mundo ficava em choque, em pânico. Tanto é que eu até parei de roubar com ele e comecei a roubar sozinho.

— *Você já foi obrigado a fazer alguma coisa sem querer?*

Daniel — Eu fui obrigado a bater num homem sem que eu quisesse, que eu via que não tinha motivo. Mas eu fiz, eu estava começando e tinha que cumprir ordens. Mas, passou o tempo eu comecei a fazer meu próprio negócio. Era a mesma coisa, mas era eu quem mandava. Porque independente de qualquer coisa, você não pode mostrar tranqüilidade. Se mostrar tranqüilidade, a vítima vai se iludir, todas as vítimas. Na hora só existe uma vítima. É sempre a mesma reação. Na hora que saca arma e diz: "é um assalto", a primeira coisa que a vítima faz é um respiro forte, pra dentro. Todas! A primeira vítima teve a mesma sensação de todas as vítimas que já foram roubadas. É assim que eu penso, porque eu vi. Vi o primeiro olhar em uma e o mesmo olhar em todas.

— *Qual o medo mais forte?*

Daniel — Quando chega a Choque, que dá um medo, que você fala: "agora eu posso xingar, eu posso fazer tudo, que agora eu vou apanhar que nem cachorro".

Quando você está ali no pátio, "descascado", e você está amassado, sentindo o suor de todo mundo, você está vendo chamar de dez em dez, você está vendo os gritos dos caras, você está vendo o cara sair com o "pote" [cabeça] rachado, você está olhando, e daqui a pouco é mais dez, aí chama, "daqui a pouco sou eu", "a minha fila é a próxima...". Você fica ali, vendo todo mundo apanhar feio. Não é tranqüilo. É na frente que batem. Eles vão chamando e os que ficam mais "zuados" já vão do pátio para o P.S. [Pronto-Socorro]. Os que ficam mais ou menos saem do pátio pra tranca. É onde a sua vida passa, onde você sente o arrependimento, onde você fala: "agora eu paro". Depois que acontece tudo os caras comentam, conversam: aí já era. A cadeia já estava na maior guerra e aí começa a pior destruição. A destruição dos internos. É onde chegam os "salves", onde começam a gritar dos outros pavilhões: "fulano de tal chorou, fulano de tal foi pro 'seguro' ". Porque tem o lema: "é homem, não pode chorar". Você não pode chorar. Na hora dava vontade, não por medo, mas sim porque é o maior sofrimento. Naquela hora você se vê no sofrimento, você sabe quem é você realmente. Porque nas outras horas, as horas que você está com os comparsas, você não se vê, você se mostra. Tudo você quer estar a par, quer dar opinião. Suas opiniões próprias são formas de chamar muita atenção.

— *E quando o diretor decreta "côro" por vários dias e você já sabe que vai apanhar?*

Daniel — Aí era esperar. Antes disso eu já fazia outras "fita". "Vai bater? A 'bóia tá parada' [greve de fome]. Enquanto tiver 'côro' aqui, a bóia tá parada. Ninguém vai comer, nem tomar café, nem comer lanche, nem para o atendimento, nem pra escola, nem fazer nada. A cadeia está parada." Aí passam três dias, o governador chega gritando na cadeia. Ele chega no diretor.

— *O que você acha do governador?*

Daniel — Ele já foi ver nós em Franco da Rocha. Ele foi numa semana, na outra a Choque invadiu. Pilantra bravo, sem-vergonha mesmo. Ele entrou na ala F, eu nem sabia que ele vinha, foi num dia de visitas. Chegou, cumprimentou as mães e tal... À noite, nós todos dormindo, a gente sabia que a Choque estava lá na frente, até estouramos um cadeado pra tentar segurar, mas não deu. Invadiram. Eles batem sem olhar no olho, porque você não sabe quem é, eles vêm com capacete... Eles batem sem limite: cacetete, escudos... Eles levam para o pátio, cada tantos por vez, "pá, pá, pá".

— *Qual é a pior porrada: de funcionário ou da Choque?*

Daniel — A Choque, porque bate mais. Mas funcionário é mais humilhante, você sabe que ele está te batendo, mas você sabe que vai poder bater também. Você está vendo ali. Por isso que a maioria das rebeliões tem um monte de funcionários que saem feridos. Em Franco da Rocha 25 funcionários saíram gravemente feridos, até com maxilar deslocado. Quando funcionário não carrasco apanha é porque está lá na hora do confronto, não é por raiva, é que na hora do confronto ele está no meio, então está sendo quebrado também.

— *Você nunca vê que o funcionário é uma pessoa como você, com família...*

Daniel — Não tem. É como se um ladrão aqui fora visse um policial. Ele não vê a mãe, ele não vê o pai, ele não vê a filha, ele não vê ninguém. Eu não quero saber se a mãe dele vai chorar... Além disso, pega muito mal se tem amizade com funcionário.

— *Qual foi a experiência mais humilhante?*

Daniel — A mais humilhante foi um tapa na cara que eu tomei da mulher da Choque. Isso ninguém sabe, nenhum interno sabe, não falei pra ninguém. Porque, se alguém tivesse visto, eu tinha que pegar ela, tinha que sair catando ela. Como ninguém viu, eu falei, já estou "zoado"... eu estava pra ser trancado já. Mas quando eu "passei mais veneno" foi quando eu comecei a escrever o livro, 24 dias numa tranca sozinho. É difícil, é complicado. Por mais que eu estivesse numa Unidade suave, que é Pirituba, eu estava sozinho: trancado e sozinho. Não tinha ninguém pra conversar. Só na hora dos cursos profissionalizantes eu podia ouvir a voz de uns caras pela janela. Isso foi em 2003. Via dia, via noite, via passando. E demorava absurdamente pra passar, você não tinha nada pra fazer, nada, nada. Não tinha uma revista, não tinha um livro, não tinha nada... Eu falei: "já era, acho que eu vou ficar um mês, mês e meio aqui". Eu só via minha mãe. Quando passou uns cinco dias, eu não agüentava. Comecei a andar de um lado para o outro... Não sabia quantos dias eu ia ficar. Aí desceu o diretor e falou pra eu cortar o cabelo, que eu ia para o pátio. Eu estava com o cabelo grande, porque estava em Franco da Rocha. Aí eu cortei o cabelo, na maior expectativa de ir para o pátio. Aí veio a noite, clareia, vem minha bóia: "cadê o pátio?" Aí vem a bóia, já com café, pra eu não sair da tranca... Aí, com sete dias eu já comecei a chutar a porta. Eu lá sem fazer nada, nem fumando estava. Comecei a chutar a porta, aí veio o diretor, o que eu precisava. Aí eu comecei a adquirir uns bagulhos: gibi, livro. E tinha meu cigarro também pra fumar... Só depois do sétimo dia, depois de chutar tudo, que eu adquiri meus baratos. Em Pirituba não teve opressão. Os funcionários não me bateram, me trataram bem os 24 dias que eu fiquei sozinho. Me mandaram camiseta pra eu pintar, mandaram uns livros, foi dali que o livro que vocês viram assim, todo bonitinho, dobradinho, saiu, o desenho... Agora, o livro mesmo, foi em Franco da Rocha, quando, depois de uma rebelião, nós estávamos trancados, eu vim com um monte de folha de carta que eu escrevi, e eu passei da parede para o livro quatro linhas grandonas. Eu comecei a ficar escrevendo muito, muito, muito. Ficamos três meses de tranca, sem tomar um sol, e eu ganhei um "bonde" ainda, quando este primeiro livro sumiu. O de Pirituba veio já pelas idéias de Franco, mas o de Franco, que era o primeiro, sumiu, me falaram que foi queimado. Em Franco estava eu e mais 12 num "barraco". Sem sol, sem nada, só "pagando bóia". O dia inteiro a gente trocava soco, se matava na flexão, fazia trampo, tentava "arrancar faca". Fazia "televisão", que é estourar uma parede pra atravessar de um "barraco" para o outro. (...)

— *Como você define rebelião?*

Daniel — É a gota d'água, quando você já ultrapassou os limites. Você e todos, porque ao mesmo tempo que sua febre está sendo testada, a de outro também está. Todo mundo está sentindo a mesma coisa. Todos sentimos ódio, por isso que tem a rebelião. Você tira isso do peito. Você, do jeito que está, acaba com tudo. Depois, pelo menos eu arranquei esse ódio de mim. Às vezes, a rebelião nada mais é do que uma manifestação provocada pelos funcionários. A rebelião faz parte da vida na FEBEM. É uma parte boa e ruim, porque tem rebelião que você vai pegar quem te bateu, é bom, tipo vingança... É ruim porque você apanha e perde tudo.

— *Como é atirar um funcionário do telhado?*

Daniel — É ver ele gritar. Porque ele já bateu, agora nós que falamos: "o senhor já era: abaixa aqui no chão, me dá o dinheiro!" Ele dá. "Tira o relógio!" Ele tira. "Baixa a cabeça!". "E agora, vai me bater?" "Não!" "Pula!". "Não vou pular, pelo amor de Deus, eu tenho família...". "Ah, mas quando minha mãe estava chorando, você não pensou, quando eu estava lá apanhando, cheio de marca, você não pensou que minha mãe ia me ver e ficar chorando lá em casa." Aí, "balança o caixão" e joga. Eles não morrem, não. Quebra as pernas, a bacia.... Mas também, o que eles fizeram? Tem adolescente que não pode mais ter filho porque tomou muito espancamento no pênis. Tem gente que não pode mais ler, que afetou o cérebro. Tem gente com traumatismo craniano. Tem menor com pino de platina. Tem gente que perdeu o baço. Então, isso é conseqüência deles pra nós e de nós pra eles.

— *Por quê você entrou no crime?*

Daniel — Pra falar a verdade, eu me admirava com os "ladrões das antiga" que tinha aqui. Eu me espelhava nas cenas que eles falavam, me via fazendo aquelas mesmas "fita". Me admirava com a fala dos caras, os caras atraíam. Eu via o "ibope" que os caras tinham na "quebrada" com as mulheres. Eu via o cara andando sempre na moda, tudo o que vê na televisão de lançamento o cara tá no pé, o cara tá no corpo... E os "motor"... Também, eu sou muito cheio desses negócios de roupa. Se eu não tiver com uma roupa boa, não olho pra ninguém, não falo com ninguém. Fico parado. Eu não mexo com menina nenhuma na rua, eu não faço nada. Mas se eu estou bonitão, já mudo: eu vou andando querendo que todo mundo olhe pra mim. Todo mundo olha, olha para o pé... Eu achava esse estilo bacana. É complicado. Porque eu também sei que eu também posso, um dia, ser reconhecido pelo meu instrumento, que é o violino, ou pelo meu livro. Posso ser reconhecido, mas é muito mais difícil. Eu sei trabalhar. Da minha mão sai muita coisa também. Tudo bem, infelizmente é de cadeia, mas pelo menos sai...

— *Parece que a porta para o crime...*

Daniel — Está aberta. E pra vida é fechada. Mas eu continuo batendo.

Entrevistadora: Mariane Ceron

Saúde: direito ou mercadoria?

Nos meios de comunicação, o quadro do sistema público de saúde brasileiro tem ocupado com freqüência o centro dos debates, com destaque para os danos e mortes causados pela desassistência. Outros temas recorrentes são as reclamações sobre os planos de saúde e os casos de negligência médica. Nas campanhas eleitorais evocam-se com insistência a precariedade dos serviços públicos de saúde, os problemas do acesso dos usuários aos serviços, o descaso dos governantes com relação à assistência à saúde e os desvios na utilização das verbas públicas. Se a maioria dos que se propõem a governar se colocam, no plano do discurso, a favor do SUS (Sistema Único de Saúde), quais os obstáculos à construção de um sistema público, universal e igualitário de saúde? Essa reflexão requer que retomemos brevemente o contexto político de gestação do projeto que instituiu esse sistema, nas décadas de 70 e 80.

No interior da luta contra a ditadura militar, construiu-se a versão brasileira da Reforma Sanitária, impulsionada por diversos setores da sociedade, entre os quais se destacavam intelectuais do meio universitário, membros dos departamentos de Medicina Preventiva e Social e lideranças políticas, estudantis e do movimento popular. Naquela ocasião já eram visíveis alguns dos nós críticos da sustentação política desse projeto, com destaque para os impedimentos colocados pelo aparelho repressivo da ditadura à ampliação da base popular do movimento. Hoje o duro obstáculo tem sido a forte oposição por parte dos representantes do empresariado da assistência médica, notadamente da Federação Brasileira de Hospitais (FBH) e da Associação Brasileira de Medicina de Grupo (ABRAMGE), para os quais a construção de um sistema público nacional de saúde que ponha plenamente em prática os princípios da universalidade, integralidade e igualdade de acesso, representam uma ameaça aos seus interesses de exploração mercantil da assistência médica. Em conseqüência, nunca é demais enfatizar que *o SUS não é um projeto suprapartidário*, como muitos querem fazer crer. Na verdade, trava-se nele uma disputa de projetos, esclarecida pelo confronto entre a saúde como direito e a saúde como mercadoria. O empresariado da assistência médica, da indústria farmacêutica e de equipamentos médicos se mobiliza e pressiona no sentido de consolidar a segmentação da assistência à saúde em dois mundos: os que podem pagar planos de saúde do próprio bolso e os que devem se contentar com ações e serviços simplificados.

Os militantes da Reforma Sanitária brasileira obtiveram vitórias e derrotas presentes no próprio conteúdo da legislação básica do SUS. De forma contraditória, a saúde é declarada, nesta legislação, como direito de todos, mas a assistência é franqueada à iniciativa privada. Sente-se aí o peso dos serviços privados, que aumentou particularmente durante a ditadura militar pelo fomento da expansão de clínicas e hospitais privados com recurso público. Este episódio revela a histórica privatização do Estado brasileiro, ou seja, a sociedade brasileira persiste sob o signo da herança colonial escravista, marcada "pelo predomínio do espaço privado sobre o público".[1]

Tendo como centro a hierarquia familiar, todos os aspectos da sociedade brasileira são fortemente hierarquizados: "nela as relações sociais e intersubjetivas são sempre realizadas como relação entre um superior, que manda, e um inferior que obedece. As diferenças e assimetrias são sempre transformadas em desigualdades que reforçam a relação mando-obediência. O outro jamais é reconhecido como subjetividade nem como alteridade. As relações entre os que se julgam iguais são de 'parentes', isto é, de cumplicidade; entre os que são vistos como desiguais, o relacionamento toma a forma de favor, de clientela, de tutela ou de cooptação, e quando a desigualdade é muito marcante, assume a forma de opressão"[2]. Há uma "capilarização de micropoderes" se estendendo em toda a sociedade. O autoritarismo da e na família se dissemina "para a escola, para as relações amorosas, o trabalho, os *mass media*, o comportamento social nas ruas, o tratamento dado aos cidadãos pela burocracia estatal".[3]

Foi nesse terreno que, nos anos 90, se fez a reforma do Estado. Apesar da ênfase oficial nos aspectos fiscais e administrativos, esta reforma deve

---

[1] Chaui (1998).
[2] *idem*, p. 38
[3] *idem, ibidem*.

ser analisada em sua dimensão política. Ao lado da qualificação do Estado como "ineficiente, burocrático, corrupto, opressor", ela promoveu "o privado (...) como pólo privilegiado (...) como espaço de liberdade individual, de criação, imaginação, dinamismo"[4]. Os recursos arrecadados no mundo do trabalho são transferidos para o setor financeiro. Os gastos com o pagamento dos juros da dívida externa superam aqueles destinados à educação e à saúde públicas. Muda a natureza pública do setor estatal de saúde; a lógica da racionalidade privada é transplantada para a esfera pública estatal[5].

Em todos os países em que se fez a reforma do Estado nessa perspectiva, é inquestionável o aprofundamento sem precedentes da desigualdade social que se agrava, entre outras causas, pelos cortes de recursos para as políticas sociais. As políticas universalizantes deram lugar a programas compensatórios focalizados nas camadas miseráveis da população. No lugar de combate à desigualdade, fala-se em combate à fome e à pobreza. Como receita neoliberal para países como o nosso, procura-se substituir, no sistema público de saúde, a atenção integral por ações simplificadas.

O desrespeito aos princípios de universalidade, integralidade e igualdade se revela em situações cotidianas de constrangimento e humilhação, de discriminação dos pobres, de dificuldade de acesso aos serviços de saúde, de descontinuidade do cuidado, de falta de privacidade. A precariedade da assistência agrava-se ainda mais pela desvalorização e pela desqualificação do trabalhador do SUS, do qual depende, em última instância, a qualidade do cuidado. Essas situações ocorrem em toda a rede pública, composta pelos serviços estatais e pelas instituições privadas que se vinculam ao SUS. No entanto, tendem a ser mais graves nos serviços privados que recebem recursos do SUS, pela inexistência de qualquer tipo de controle por parte da população usuária.

No que concerne à atenção à saúde mental, limitar o cuidado à internação e a formas de atendimento violentas e coercitivas é concebê-la como algo que se faz à revelia do indivíduo que sofre, à revelia do que ele sabe sobre sua própria história, com base na experiência de vida acumulada.

Nesse quadro sombrio, é notável a persistência de várias táticas de sobrevivência. Nos atos aparentemente mais simples dessas pessoas está implicado um conjunto complexo de operações mentais e sociais mediatizadas por um conjunto de processos intra-subjetivos, inter-subjetivos e trans-subjetivos[6] entrelaçados

---

[4] Sader (2003).
[5] Cohn (2001).
[6] Utilizamos o termo trans-subjetivo para designar o macro contexto onde os grupos se inserem.

aos políticos e institucionais que instalam, rompem e/ou criam novas modalidades de subjetividade.

Pensar as formas de subjetividade que aí se produzem remete-nos inevitavelmente ao sofrimento psíquico produzido pela política pública de saúde mental. A historiografia nos revela a construção de um hospício que, desde o seu nascimento, vale-se do postulado científico de "epidemias psíquicas" para justificar o seqüestro e o aprisionamento de segmentos da classe trabalhadora tidos como perigosos ou improdutivos. Por meio da medicalização de dramas existenciais socialmente produzidos, assiste-se à transformação, até hoje, das relações em um grande campo mercadológico, pautado pela ideologia eugênica[7] centrada em uma concepção de normalidade que valoriza a produtividade, a competitividade, a adaptação social, não sem vestígios do ideal de uma raça pura esvaziada de singularidade e desejo. Dentro e fora do manicômio, *essa lógica que empresta à cultura uma adjetivação de manicomial*, aborta entre outras, a possibilidade da diversidade como lugar de construção de novos sentidos. Como instituição total nos termos de Goffman, o manicômio é emblema da lógica do não-encontro, do não-diverso, da massificação que homogeiniza – é espaço alienante para supostos "alienados"[8].

Tal como a Reforma Sanitária, a Reforma em Saúde Mental — que contou com a forte e significativa ação do Movimento de Luta Antimanicomial, desencadeada na década de 80 por trabalhadores em saúde mental, estudantes, usuários dos serviços de saúde e seus familiares — enfrenta, na defesa da substituição do manicômio por uma rede de atenção à saúde mental no SUS, os obstáculos impostos pela *indústria da loucura,* constituída por donos de hospitais e clínicas psiquiátricas e pelo poderio da indústria farmacêutica.

No entanto, é preciso advertir que a luta antimanicomial, ao mesmo tempo que significa a crise do hospital e de outras instituições totalitárias de confinamento, pode ensejar o nascimento de outras formas de controle, dentro dos hospitais-dia e dos centros e núcleos de atenção psicossocial. Dizendo de outro modo, ao mesmo tempo que propiciam novas liberdades, podem dar lugar a novos mecanismos de controle que substituem as antigas formas de opressão[9]. Por isso, a geração de novas 'tecnologias' pelas políticas atuais na área de saúde mental não pode ser pensada separadamente da geração de novas práticas e representações sociais.

---

[7] Cunha (1988), p. 166.
[8] Goffman (1974).
[9] Amarante (1999), p. 52.

Necessariamente, há que se ampliar essa perspectiva substitutiva — na medida que se vislumbra o desenvolvimento de potencial criativo e ativo de sujeitos desencorajados para a crítica, o sonho, a autonomia e a articulação comunitária — e também, o investimento em políticas intersetoriais que apontem para um novo paradigma de saúde.

Os depoimentos que se seguem são relatos de trabalhadores e de usuários dos serviços públicos de saúde freqüentemente vítimas dos efeitos perversos da precariedade dos serviços prestados e dos obstáculos que se colocam no caminho da universalidade, da integralidade e do igualitarismo como princípios formais do SUS.

Os depoentes trazem aspectos significativos das dificuldades que enfrentam na busca de atendimento nos serviços oferecidos na área da saúde, principalmente da saúde mental. Eles falam das dificuldades vividas pelos trabalhadores ao se depararem com proposições administrativas que repetem velhas lógicas autoritárias de descontinuidade política; dos reveses enfrentados por usuários dos serviços públicos de saúde que buscam atendimento e acolhimento para suas dores; das violências sofridas nos manicômios e das táticas de sobrevivência construídas por pessoas condenadas ao isolamento e à solidão; do sofrimento cotidiano que leva muitos aos serviços de saúde mental e que demanda a construção de novas redes e novos laços sociais que integrem a saúde à vida. Os depoimentos transcritos a seguir são testemunho de grande sofrimento físico e psíquico, mas também de tenacidade e de reposição permanente da esperança.

Virgínia Junqueira,
Ianni Regia Scarcelli e
Isabel Cristina Lopes

Idealismo, desilusão e esperança

Sueli nasceu em São Paulo, em 1959. Solteira, branca, sempre estudou e trabalhou na cidade de São Paulo. Seu pai era motorista de empresa, hoje aposentado, e sua mãe, dona de casa, ajudava nas despesas costurando para fora.

Em 1981, com 22 anos, ingressou como escriturária no Departamento de Recursos Humanos da Secretaria Municipal de Administração. O ingresso no serviço público sempre representou para ela, como para tantos outros, uma tábua de salvação em termos de estabilidade no emprego. Seu relato, no entanto, mostra que essa estabilidade não a protege das instabilidades das políticas em saúde. Nesse sentido, Sueli é porta-voz dos sofrimentos pelos quais passam funcionários, vítimas das políticas públicas mal administradas.

Como escriturária, testemunhou a passividade que imperava entre os trabalhadores, como conseqüência do regime político autoritário daquele momento. Era a gestão do prefeito Jânio da Silva Quadros, época em que "não podíamos expressar ou manifestar o que queríamos". "As ordens vinham de cima", sem que os trabalhadores fossem ouvidos em suas reivindicações.

Em 1989, durante a administração da prefeita Luiza Erundina, prestou concurso público para o cargo de psicólogo, e a partir de então sempre trabalhou na Secretaria Municipal da Saúde. Nessa administração participou de fóruns, nos quais os funcionários podiam manifestar-se abertamente. Havia também, segundo ela, a preocupação por parte do governo em criar, desenvolver e manter equipes multiprofissionais. A possibilidade de falar, questionar, sentir-se ouvida, tanto nos fóruns com nas equipes, foi vivida como um momento enriquecedor e valioso. Esses espaços abertos para discussão, permitiram a troca de informações e de experiências e tiveram também a função de acolhimento das ansiedades desses funcionários. Quando, por determinações políticas, esses encontros deixaram de se realizar, os profissionais sentiram-se desamparados e sozinhos, sentimentos que ganharam voz em sua entrevista, resumidos em uma frase: "Ah! A minha tão sonhada equipe...".

Ao lidar com os sofrimentos de seus pacientes, esses profissionais depararam-se muitas vezes com a impossibilidade de atendê-los de maneira adequada, devido à precariedade da rede de serviços públicos. Apesar dessas dificuldades, segundo ela, havia a preocupação por parte do governo em elaborar uma política que integrasse os diversos serviços em saúde. Houve, naquele período, um convênio entre a prefeitura e o Instituto de Psicologia da Universidade de São Paulo, com o objetivo de dar suporte, por meio de supervisões, aos trabalhadores. Houve, portanto, naquele governo, não só a preocupação com a integração dos diversos equipamentos de saúde, mas também, a integração com outras instituições públicas que pudessem ajudar na melhoria do atendimento aos usuários.

Nas gestões de Paulo Maluf e Celso Pitta, "as coisas foram se deteriorando". A implantação do Plano de Atendimento à Saúde (PAS) – projeto idealizado, discutido e implantado no município de São Paulo, no biênio 1995 /96, na gestão do prefeito Paulo Maluf. – foi feita, segundo ela, de forma violenta. Segundo esse plano, o atendimento à saúde seria dividido em módulos administrados por cooperativas. Mediante convênios, prédios, equipamentos e servidores municipais foram transferidos às cooperativas de médicos que assumiriam a direção, a execução e a prestação dos serviços públicos de saúde. Para continuar prestando assistência à população, os trabalhadores municipais teriam que se demitir dos postos públicos, o que os deixaria sem o amparo legal que a CLT proporciona, como 13º salário e férias, porque não seriam empregados, mas sócios das cooperativas. Teriam que colocar dinheiro do próprio bolso para a manutenção das cooperativas e, se houvesse lucro, ele seria dividido por todos. Ou seja, os trabalhadores poderiam perder todos os benefícios, sem nenhuma garantia de êxito do projeto. Além disso, todos os serviços seriam terceirizados, não havendo mais processos de licitação. Isso favoreceria, segundo ela, uma administração corrupta, pois poderiam contratar " serviços de amigos", geralmente mais caros aos cofres públicos. A falta de informação e a dificuldade de comunicação entre governo e funcionários deram margem a sentimentos de desconfiança que favoreciam fantasias de que eles, funcionários, estariam sendo manipulados para participar de cooperativas com fins escusos: "Eles, (os sócios das cooperativas) deveriam ter ganhos financeiros. Quais? A gente não conseguia entender".

A violência da implantação desse projeto transparece quando Sueli relata a pressão feita pelo governo para que os funcionários aderissem ao plano, sem as informações necessárias e sem a possibilidade de escolha. A imagem do "monstro se aproximando" do seu local de trabalho é representação perfeita do cerco que ia transformando as Unidades de Saúde em cooperativas: "De mês em mês, implantavam o PAS em algum lugar"; "A cada mês a gente vivia em Ermelino muita angústia", pois a próxima implantação poderia ser naquela unidade; "Agora vai ser a nossa vez"; "A gente estava adoecendo mesmo". O governo adotava uma política pública que, além de não atender às necessidades dos usuários, conseguia adoecer os profissionais.

O relato emocionado, permeado de decepção, tristeza e irritação, ia nos levando a um mundo cheio de sentimentos de perseguição, de desamparo e de solidão. Com indignação contou-nos que percebeu como o governo, em um jogo perverso, incentivava a rivalidade entre os próprios funcionários. Os que aderiram ao plano PAS eram os "mocinhos"; os que não aderiram eram os "bandidos". Nesse período, foram remanejados cerca de 12 mil funcionários: aqueles que aderiram ao PAS foram para as novas cooperativas e os demais foram removidos, sem critério. A situação era, no dizer da depoente, "muito louca" porque cirurgiões eram transferidos para bibliotecas públicas, psicólogos para Centro de Zoonozes etc.

Com o retorno do governo petista, na gestão da prefeita Marta Suplicy, as esperanças voltaram. Esperanças de que voltassem as equipes formadas por vários profissionais, e assim de sair da solidão de um trabalho isolado; esperança de que o serviço público pudesse melhorar e atender mais adequadamente a população. No entanto, novas desilusões surgiram. Para ela: "as coisas apenas se inverteram: agora os bandidos são os funcionários que tinham aderido ao PAS". O processo de reintegração dos funcionários que não tinham aderido ao PAS aos antigos postos de trabalho fez-se com o mesmo sofrimento: "A mesma situação de termos que ser removidos de novo"; "Muitas pessoas fizeram trabalhos em outros lugares. Não querem sair de onde estão"; "As mesmas angústias"; "Não sei se um dia vou deixar de me sentir perseguida".

O depoimento de Sueli fala da precariedade das políticas públicas de saúde cativas de interesses pessoais ou partidários. Mostra-nos que, em geral, governantes e partidos acabam usando o serviço público para seus fins particulares.

Tendência permanente na história da gestão pública brasileira, não só pela impunidade dos que têm poder e pelo descaso pelas necessidades populares, mas também pela descontinuidade administrativa dessas políticas, que as torna prisioneiras de grupos que se sucedem no poder. Fala-nos ainda de descaso pelas necessidades dos funcionários e dos usuários, igualando-os nos sentimentos de desamparo e insegurança aos que "não têm lugar": os usuários, devido à precariedade da rede pública de serviços de saúde à comunidade, muitas vezes transformam-se em "usuários-nômades"; os trabalhadores, devido às políticas públicas, transformam-se em "trabalhadores-nômades". São políticas que desconsideram tanto os funcionários como os usuários, ambos à mercê de constantes mudanças decorrentes de interesses pessoais ou partidários dos governantes. São políticas que desqualificam, desmotivam e violentam os direitos de ambos.

Ismênia de Camargo e Oliveira

Entrevista com uma funcionária pública remanejada

"Pedem que tenhamos cuidado com a população, mas nós não somos cuidados. Não temos recursos, somos desrespeitados".

Sueli — Acho melhor contar toda a história. Pra mim é importante. Entrei na prefeitura em 1981, mas entrei como escriturária. Trabalhei, a princípio, na Secretaria Municipal de Administração, no Departamento de Recursos Humanos da Prefeitura[1] e daí tenho uma experiência grande em RH. Foram oito anos em que eu trabalhava ligada a benefícios dos servidores: pensão, aposentadoria, folha de pagamento etc. Na época do governo da Erundina[2] os concursos públicos foram abertos. Quando ela ganhou a eleição, ficamos com esperança que as coisas pudessem mudar. Nessa época pensei: "Puxa! vamos sair dessa administração do Jânio[3], muito autoritária". E nos animamos com a possibilidade de votar, escolher o chefe que queríamos, poder falar de coisas caladas durante tanto tempo. Nossa! Foi uma mobilização nessa época! E eu me lembro que foi a primeira vez que podíamos falar. Isso eu nunca mais esqueci. Eu já tinha prestado concurso e estava esperando.

— *Concurso pra quê?*

Sueli — Pra psicólogo. Estava aguardando a chamada. Foi a Erundina que ampliou o quadro de pessoal, na época. Foram chamados vários psicólogos para os hospitais, e eu fui chamada pra escolha de vaga. Foi complicada a minha escolha, eu não tinha a menor idéia pra onde ir. Foi uma situação estranha... Entrei na sala, era lá no CEFOR[4]. Não sei se você conhece o CEFOR. Tinha uma sala com um quadro imenso com as vagas: hospital tal, vaga na enfermaria tal, estava tudo lá, e eu olhava... Na época,

---

[1] O Departamento de Recursos Humanos (DRH) era ligado à Secretaria Municipal de Administração e era órgão centralizador de todos os serviços de recursos humanos da Prefeitura Municipal de São Paulo.
[2] Luiza Erundina, Prefeita de São Paulo, no período de 1989 a 1992.
[3] Jânio da Silva Quadros, prefeito de São Paulo, no período de 1985 a 1988.
[4] CEFOR, Centro de Formação dos Trabalhadores.

tinha a questão de ser "vaga caracterizada". Significava que você tinha que ter experiência em determinada área pra trabalhar nela. E eu não tinha experiência como psicóloga, só com RH. Acabei escolhendo o Hospital Ermelino Matarazzo pela proximidade de casa. Fui pra enfermaria psiquiátrica. De qualquer forma, era uma loteria. E lá no Ermelino, quando cheguei no primeiro dia, foi um.... choque. Era Hospital Geral. Ele ocupa uma área muito grande, é todo salmão, lindo, muito bonito. Enorme aquele hospital. No primeiro dia cheguei lá, levei um "baque". Olha, vou descrevê-lo. É um Hospital Geral que tem todas as enfermarias: PS, clínica médica, psiquiatria, clínica cirúrgica, pediatria, ginecologia, obstetrícia, centro cirúrgico, a UTI. A psiquiatria era fechada, parecia uma prisão. Era fechada com uma porta de vidro. Eu olhei para aqueles pacientes... Uns gritavam, outros xingavam, pulavam em cima da mesa. Perto do postinho de enfermagem, tinha umas mesinhas pra tomar café e para os pacientes almoçarem. Eu olhei aquilo e falei: "Gente! O que é isso?" Fiquei assustada e pensei: "O que eu faço aqui?" Depois, fui conhecer o Dr. Paulo, o chefe da clínica psiquiátrica, que está lá até hoje. Foi ele o fundador, que montou aquela clínica psiquiátrica. Tinha uma sala onde fazíamos reunião. Era um total de 14 psicólogos para o hospital inteiro. Era uma equipe grande. Eu não tinha experiência de trabalhar com equipe. Depois que passamos por essa experiência, achamos as outras formas de trabalho empobrecidas. As reuniões eram muito interessantes, discutíamos os casos dos pacientes.

— *Era equipe multiprofissional?*

Sueli — Sim, era equipe multiprofissional. Era gostoso. Por exemplo, era muito bom discutir os casos, trocar informações. Era uma equipe de apoio muito grande. A gente tinha com quem falar, trocar idéias. Foi muito interessante quando comecei a perceber que os médicos das outras clínicas tinham receio de entrar, quando chamados pra atender os nossos pacientes. Eles ficavam assustados. Parecia que tinham medo dos nossos pacientes. Precisavam muito do nosso apoio. Nós atendíamos também em interconsulta. Se alguma clínica necessitasse, eles nos solicitavam. Interessante porque, mesmo que na própria clínica existissem psicólogos, eles sempre nos chamavam.

— *Era difícil, Sueli, fazer os encaminhamentos?*

Sueli — Sim, era.

— *Tinha pra onde encaminhar?*

Sueli — Olha, existe um programa interessante da Mental, só que na prática tem muitos furos. Por exemplo, encaminhar o paciente para o HD [Hospital-Dia][5]. O que era paciente pra HD? O paciente tinha que ter um determinado perfil. Caso não tivesse, você teria que encaminhá-lo para o Centro de Convivência. Os crônicos eram para o Centro de Convivência. E os outros?

---

[5] Hospital-Dia, cujo regime de internação é diurno. À noite e durante os finais de semana, os pacientes permanecem com suas famílias.

— *E quando tinham o perfil, havia vagas?*

Sueli — Às vezes, não.

— *E aí, como vocês faziam?*

Sueli — Nós mandávamos para o Posto de Saúde, enquanto aguardavam vaga para o HD. Ou, às vezes, para o Centro de Convivência, quando a pessoa podia realizar alguma atividade. E quando um paciente entrava em surto no HD, eles imediatamente mandavam pra enfermaria, pra nós. Era um jogo de empurra. Nós achávamos que o HD poderia dar conta de alguns pacientes e que pudéssemos evitar suas reinternações. A reinternação era muito complicada pra todos, tanto para os pacientes que permaneciam, como para aqueles que voltavam. Todos ficavam extremamente incomodados. Eles ficavam incomodados por verem aquele que tinha tido alta, voltando.

— *Quer dizer que vocês mandavam pra eles e eles mandavam pra vocês?*

Sueli — É. A regra geral na enfermaria psiquiátrica era de que os pacientes ficassem, no máximo, 15 dias internados. Só pacientes mais graves é que chegavam a ficar 30 dias. Alguns chegavam a ficar mais, mas era muito difícil. O objetivo era tirar o paciente do surto o quanto antes e encaminhá-lo ao HD ou a uma unidade básica. No fundo, a gente não sabia como os outros profissionais trabalhavam.

— *Quem continha as angústias de vocês?*

Sueli — Boa pergunta. Na administração da Erundina, contrataram a USP pra dar supervisão. Era uma mega supervisão, com profissionais das Unidades Básicas, do Centro de Convivência, do HD, da Enfermaria. Enfim, um grupo multiprofissional. Era bem diversificado, com profissionais de várias especialidades. Cada integrante da equipe tinha uma idéia diferente do que era supervisão. A maioria das pessoas tinha experiência de supervisão dentro da própria equipe e não junto com profissionais de outras unidades. No final, você acaba se entrosando com os profissionais das outras unidades e acaba percebendo a dificuldade deles também. Fui percebendo que a maioria dos profissionais da Mental tinha dificuldade em atender psicótico. Não se achavam capazes disso, achavam que a formação deles não dava conta desse tipo de atendimento. Fui percebendo também como era difícil encaminhar os pacientes pras outras unidades. Uma vez que o paciente tinha alta, a gente tinha que encaminhá-lo e não tinha profissionais pra atendê-los nas outras unidades. Muitos ficavam na lista de espera por longo tempo e voltavam para o hospital, com novo surto, reincidência. Éramos uma enfermaria modelo, vinham muitos profissionais nos visitar, muitos repórteres. Foi muito legal.

— *Você disse que estas supervisões aconteceram no governo da Erundina. E depois, acabou?*

Sueli — As coisas ficaram mais complicadas nas administrações seguintes, foram se deteriorando. O próximo foi o governo do Maluf[6], depois o do Pitta[7]. O Fórum de Saúde Mental, um espaço de discussões sobre o Programa da Saúde Mental, as reivindicações dos trabalhadores, das equipes, tudo isso esvaziou-se na administração do Maluf.

— Já era o PAS[8]?

Sueli — Não era o PAS ainda. O PAS entrou em 1996... Começou em 95, acho.

— *Como foi a passagem para o PAS?*

Sueli — Foi uma coisa extremamente violenta. Eu vivi com muito... foi muito angustiante pra mim. Quando veio a proposta pra todo mundo aderir ao PAS, reunimos um grupo de pessoas e fomos tentar obter alguma informação, fomos inclusive ao Sindicato dos Trabalhadores, à Câmara Municipal, fazer com que os vereadores não votassem no projeto. Mas não deu, o projeto foi aprovado e ia mesmo ser implantado.

— *Vocês não queriam aderir ao programa por quê?*

Sueli — Porque, da forma como estavam colocando o Plano de Atendimento, eles iam priorizar alguns serviços. Tudo ia ser transformado em cooperativas. As cooperativas iam coordenar os serviços. Tentamos entender se esse negócio de cooperativa ia ou não ser bom. Nos informaram que teríamos que entrar com dinheiro. Algo assim: se a cooperativa tivesse prejuízo, nós teríamos que arcar com ele. Além disso, você teria que dar um x do seu salário, além do que teríamos que pedir afastamento da prefeitura. Eu não concordava também com algumas coisas referentes ao atendimento. Por exemplo, eles iam diminuir o número de leitos. Seria uma privatização dos hospitais, o sistema de funcionamento seria outro, iam ser privilegiados alguns pacientes e não outros. E nós achamos que isso não era certo, não era justo.

— *Quais pacientes seriam privilegiados?*

Sueli — Todos que queriam usar os serviços teriam que ter uma carteirinha. Não me lembro bem como era isso.

— *Como é que você via toda essa mudança?*

Sueli — Na época, eu sabia de trás pra frente todo esse sistema. Porque nós nos organizávamos na enfermaria pra irmos aos Fóruns, à Câmara Municipal, pra ter mais

---

[6] Paulo Salim Maluf, prefeito de São Paulo, no período de 1993 a 1996.
[7] Celso Pitta, prefeito de São Paulo, no período de 1997 a 2000.
[8] PAS- Plano de Atendimento à Saúde.

informações, e acompanhávamos pelo jornal em que região o PAS estava sendo implantado. O que me inquietava eram as propagandas enganosas. Isso me irritava. De repente, vinham as agências de publicidade, entravam pessoas vestidas de médicos, enfermeiros, e entravam macas super-modernas. Nós não tínhamos nada disso. Estava tudo quebrado. E de onde apareceu tudo isso? Entravam pelo corredor filmando, filmavam a UTI. De repente o Hospital começou a ser pintado e colocaram a placa do PAS. Filmavam helicópteros trazendo pacientes. Imagine, helicópteros trazendo pacientes. Imagine! Nem ambulância tínhamos. Na administração do Maluf, as dificuldades foram aumentando: não havia medicamentos, muitas vezes a gente tinha que fazer "vaquinha" pra comprar remédios para os pacientes, não tínhamos remédios pra piolho! O Hospital não tinha dinheiro pra comprar. Venderam um peixe maravilhoso: as pessoas seriam todas atendidas, regionalizadas, teriam carteirinha, como um plano de assistência médica privada. As pessoas achavam que era importante ter um cartão e que seriam atendidas como num plano. Depois, fomos descobrindo que havia pessoas — por exemplo, de uma empresa de medicina de grupo — que estavam extremamente interessadas na região de Ermelino Matarazzo. E aí, você vai conhecendo um pouco dos bastidores, dos interesses maiores dessas empresas de medicina privada.

— *Quais eram esses interesses?*

Sueli — Eles deveriam ter ganhos financeiros. Quais? A gente não conseguia entender. Éramos funcionários da ponta, difícil ter uma visão mais crítica do processo. Aí você vai pedir informações na Câmara Municipal e os advogados de lá falavam assim: "Não assinem. Vocês não podem assinar isso. Esse plano não vai dar certo, em dois anos ele acaba porque a prefeitura não tem como custear isso. A prefeitura tem que passar uma verba pra essa... como é que eu tinha falado pra você?

— *Cooperativa?*

Sueli — Pra cooperativa. Ela repassava a verba de acordo com o número de pacientes atendidos. Claro que a qualidade do serviço não seria respeitada. Trocava-se a qualidade pela quantidade. Fora isso, todos os serviços seriam terceirizados: serviço de limpeza, xerox... Fomos percebendo, por exemplo, que algumas pessoas conheciam alguém que tinha uma empresa de xerox. Esse cara era contratado pra fazer a prestação de serviço no Hospital. Não teria mais aquela coisa de passar por uma... esqueço o nome.

— *Licitação?*

Sueli — Licitação. Não teria mais isso, porque o hospital seria autônomo, contrataria o serviço que quisesse, do jeito que quisesse e a prefeitura iria pagar. Poderia contratar os serviços de qualquer um, dos "amigos", entendeu? Então vivíamos com angústia e a princípio a maioria dos funcionários não aderiu. Foi uma coisa muito louca, porque a implantação começou em Pirituba, e os prontuários dos funcionários que não aderiam ao PAS foram jogados na rua. Muitos deles se perderam, os funcionários pegavam os prontuários e saíam, foram muito maltratados.

— *Como é? Os prontuários dos funcionários foram jogados na rua?*

Sueli — Os funcionários contratados pelo PAS jogavam fora, como se limpassem tudo que estava dentro dos hospitais. E nós éramos comparados a pessoas que não queriam trabalhar, que não queriam colaborar com a administração. Nós fomos muito maltratados. Muito maltratados. Essa era a tônica: "Pessoas que não colaboram". Em Ermelino mesmo, tinha um médico que falava assim: "É, agora sim, com a implantação do PAS, as pessoas vão ter que realmente trabalhar". Eu olhei pra ele e falei: "Eu sempre trabalhei e não é porque é PAS ou não PAS que eu não vou trabalhar". "Não, porque agora as pessoas vão ter que trabalhar, porque se não trabalharem, não vão receber". Ai, ai, é uma visão tão estreita, né?

— *Puxa! Os próprios funcionários jogavam fora os prontuários dos colegas...*

Sueli — Lá em Pirituba aconteceu isso. Muitos funcionários que não tinham aderido ao PAS ficavam sem seus prontuários e eram encaminhados pra outras unidades nas quais o PAS não tinha sido ainda implantado. A cada mês, a gente vivia em Ermelino muita angústia. Torcíamos: "Ah! O PAS não vai conseguir chegar aqui. Vai falir antes. Vão se dar conta de que não vai dar certo. Não vai chegar até a gente. Temos uma força maior...", porque a comunidade estava do nosso lado.

— *A comunidade não queria o PAS?*

Sueli — Não. Eles não queriam.

— *E vocês torciam para o PAS não chegar?*

Sueli — É. Você vivia essa angústia. Só que de mês em mês, implantavam o PAS em algum lugar. Era como se um monstro viesse se aproximando, estava muito difícil de levar. A gente estava adoecendo mesmo. Ai, era uma angústia!! Eu engordei muito na época, de tanta ansiedade. Depois, percebi uma coisa que foi crucial. Veio um psiquiatra de Itaquera fazer parte da nossa equipe. Ele tinha passado por várias remoções, acho que umas seis. É horrível não saber pra onde você vai. Você está trabalhando na zona sul, é removido pra zona leste, fica lá um pouco, depois é removido de novo. Quando ele chegou, estava falando sério: "Não estou agüentando mais". Ele criava um vínculo em um local e lá vinha remoção. Enfim... nós sabíamos que o PAS, chegando em Itaquera, chegaria até nós. E, de fato, fomos os últimos na implantação do PAS. Vivemos momentos angustiantes. Fomos nos preparando pra mudança, desocupando as salas, tirando os pertences pessoais. Antes, uns meses antes da implantação do PAS, surgiu a possibilidade de irmos pra outro local. Alguns funcionários de Ermelino foram atrás de alguns programas que escapariam do PAS.

Foram pra COAS[9] - hoje se chama COGEST[10], onde ficavam todos os programas: Programa de Saúde da Mulher, Programa de Saúde Mental, Programa do Idoso, centralizavam tudo lá, na coordenação desses programas. Alguns foram ver o Programa da Criança, Programa do Deficiente, da Mulher. Descobriram que nenhum desses programas estava funcionando [risos]. Ou seja, não tinha ninguém coordenando nada, não tinha nada estruturado, não tinha nada! Parece que só o Programa da AIDS estava funcionando e não sofreria a intervenção do PAS. Aí, os funcionários que não queriam aderir ao PAS fizeram uma lista pra ir para o programa da AIDS. Lista chamada pelos próprios trabalhadores de "lista de Schindler"[11]. E nooossa! Uma imeeensidão de profissionais entrou nesta lista imensa, pra trabalhar com pacientes aidéticos. Percebi que estar na lista dava uma certa tranqüilidade aos funcionários. Eles sabiam que chegando o PAS teriam outro local pra ir. Eles iriam pra uma unidade na Vila Matilde, um posto, e lá montariam um trabalho de AIDS. Eu, por exemplo, cheguei a entrar nessa lista três vezes, mas não queria trabalhar com pacientes aidéticos. Aí, quis arriscar e resolvi não ficar nessa lista.

— *Qual seria o risco de não ficar nessa lista?*

Sueli — Eu poderia ir pra Bororé[12], por exemplo. Trabalhar em Parelheiros (risos). É horrível. Pode perguntar pra qualquer funcionário público da prefeitura o que significa ir pra Bororé. Era uma ameaça constante, uma punição. Finalmente saiu a lista de remoções e eu fui pra SAS.

— *O que é a SAS ?*

Sueli — Secretaria de Assistência Social. Hoje se chama SAS, mas na época não era, acho que era Secretaria da Família e Bem Estar Social, FABES, pertencia ao ARS-6[13]. Eu fiquei assinando o ponto no ARS-6 durante um mês. Eu ia todos os dias pra Ermelino, mas assinava o ponto no ARS-6, que ficava muito longe. Pra remover os funcionários, que eram muitos, houve muita confusão. Os funcionários do RH ficaram meio confusos e organizaram uma lista de A a Z: região tal assinava aqui, aí a gente ia lá, assinava o ponto, estávamos dispensados.

— *Dispensados? Não tinham trabalho?*

Sueli — Não tinham pra onde mandar a gente. Por exemplo, eu estava escalada pra SAS. Mas a SAS não tinha preparado ainda os locais pra nós. Então, eles — o pessoal do RH — fizeram um cronograma de escolha de vaga e, neste ínterim, falei:

---

[9] COAS- Coordenação de Ações de Saúde
[10] COGEST- Coordenação de Desenvolvimento da Gestão Descentralizada
[11] Referência ao filme de Spielberg "A lista de Schindler".
[12] Bororé- É um bairro da periferia de São Paulo, extremamente distante do centro da cidade.
[13] ARS-6 Administração Regional de Saúde - 6° Região.

"Ah! vou primeiro procurar as pessoas que eu conheço. Se tiverem vaga em Santana, provavelmente vão me mandar pra creche". Eles se prontificaram a me ajudar, mas senti que ali também havia clima de punição contra os que não aderiram ao PAS. Sabe o que eu fiz? Peguei meu currículo e fui procurar vaga em outros lugares. Fui atrás de um amigo Procurador, que me ofereceu vaga pra trabalhar em RH. Mas, eu não gostaria muito de RH...

— *Então, vocês dependiam mais de seus contatos pessoais?*

Sueli — Tudo estava dependendo de meus contatos pessoais nesse momento.

— *Não dependiam realmente de uma política organizada...*

Sueli — Eu estava tentando me proteger de toda essa bagunça da administração. E tentei esses contatos pessoais. Eu pensei: "Se sai e eu tenho que escolher, vou ter que escolher uma vaga lá no fim do mundo e eu vou ter que ficar lá sabe-se lá até quando". Aí, peguei meu currículo fui ao Hospital do Servidor Público Municipal. Tinha vaga em RH. Falei: "de novo RH na minha vida! Acho que... [risos] bem, talvez tenha que ser RH". Marquei horário, fiz a entrevista com a psicóloga, ela se interessou, disse que gostaria que eu fosse trabalhar com ela, em treinamento. Fui franca, falei que ia ver outro local, pra trabalhar em clínica, e se eu não conseguisse... Ela falou: "você me liga, pela manhã, o quanto antes, porque estou fazendo outras entrevistas". Havia fila de pessoas buscando lugares pra se encaixarem.

— *Cada um tinha que se virar sozinho.*

Sueli — Sim. É muito bom relembrar... Tinha esquecido de algumas coisas... A gente vai perdendo estas informações com o tempo... Eu também acho que, no fundo, não queremos lembrar. Peguei meu currículo, passei no Hospital do Servidor, consegui uma vaga e falei: "Acho que tenho um lugarzinho". No dia seguinte, encontrei a Rosa, psicóloga que trabalhava na Zoonoses. Falei: "Estou procurando um lugar pra trabalhar." "Vai lá na Zoonoses", ela respondeu. "Você fica lá com a gente". Fui até lá, conversei com ela, tinha uma vaga pra... o trabalho era em Recursos Humanos. Falei, então: "se é pra trabalhar em RH aqui perto de casa e RH no Hospital do Servidor, vou optar pela Zoonoses que é bem mais perto de casa". Conversei com o diretor, e ele me recebeu bem. O pessoal me recebeu bem. Fiz um memorando e fui correndo entregá-lo em Ermelino, porque teriam que publicar a minha transferência de ARS-6 para o CCZ[14], pra me excluir da lista do SAS. E foi muita sorte porque era o último dia que estavam fazendo isso. Por pouco, eu não consigo. Eu queria permanecer na Secretaria de Saúde. Não queria sair, porque tinha medo de sair e não conseguir voltar. E ficar na Zoonoses me dava essa garantia. Esqueci de falar do dia da implantação do PAS no

---

[14] CCZ- Centro de Controle das Zoonoses.

Hospital. Era meu dia de plantão. O meu e o da Maria, a terapeuta ocupacional. Lá pelas cinco horas, a Maria saiu do hospital pra comer um lanche, ali perto, e não conseguiu mais entrar no Hospital. Não deixaram que ela entrasse. E, lá de fora, ela ligou pra mim, pediu pra pegar as coisas dela. Nem suas coisas pôde pegar... Deu 18 horas, o pessoal da enfermagem do PAS entrou. Eu me despedi dos pacientes... [suspiro] Porque é uma situação extremamente... Você se sente muito sozinha...Assim como: "você perdeu, tem que sair, aqui não há mais lugar pra você". Tudo vinha me passando pela cabeça. É... [o tom de voz vai abaixando e ficando melancólico] às vezes, você... Na hora de me despedir dos pacientes, eu disse que estava saindo, que viriam outros profissionais pra atendê-los. Impossível eles não se angustiarem. Ingenuidade da gente achar que isso não iria acontecer. Angústia tanto nossa como dos pacientes. Eles não sabiam o que estava acontecendo. E nesse último dia foi anoitecendo, eu estava acostumada a ficar à noite na enfermaria. Mas foi um dia muito diferente. Terminei minhas últimas anotações no prontuário, fui em cada leito me despedir de cada paciente, fechei a sala e literalmente apaguei a luz. No dia seguinte também era o meu plantão e nós tínhamos combinado que não abandonaríamos o posto. E se não deixassem a gente entrar, faríamos um boletim de ocorrência na delegacia. E foi o que fizemos. É um sofrimento... Tentamos entrar, não fomos autorizados. Não nos deixaram entrar, tinha seguranças na entrada. Só o pessoal do PAS tinha um crachazinho. Lembro que fomos a pé até a delegacia. Tinha muita gente na delegacia, porque a orientação era a mesma pra todos. Todo mundo reclamando que tinha sido maltratado, mandado embora, gente chorando. O delegado, o escrivão, coitado, acho que estava cansado de tanto fazer boletim de ocorrência. Deu uma cópia pra garantir que não era responsabilidade nossa. E, mesmo assim, eu tinha esperança.

—De...?

Sueli — De voltar. É, eu me lembro, eu pelo menos ainda tinha essa esperança. Quem sabe a gente não conseguia voltar para o hospital? A forma como se deu essa passagem... a coisa foi muito bruta pra todo mundo. Olha que coisa louca: mesmo fazendo BO, a gente tinha esperança. A realidade era outra, dava muita raiva. Depois, comecei a entender outro mecanismo de funcionamento que estava acontecendo conosco. Tinha funcionários que aderiram ao PAS e funcionários que não aderiram. Os que não aderiram eram vistos como vagabundos, bandidos, aqueles que não queriam trabalhar, aqueles que não queriam colaborar com a administração. O que eu acho perverso é o jogo que a administração fazia, jogando os funcionários uns contra os outros. Não percebemos que fazíamos isso: "Eu estou trabalhando, você que não quer trabalhar". Quando, na realidade, nós todos estávamos sendo usados mesmo. Nossa! era uma coisa muito louca. Soube que muitos funcionários foram pra outras secretarias e não foram bem recebidos. Outros foram pra locais em que não podiam exercer suas especialidades, como cirurgiões em creches, por exemplo. Minha irmã conta que, na creche em que trabalhava, tinha funcionários tão revoltados que não queriam fazer nada. Tem gente que ficou revoltada durante estes anos todos. Não foi uma coisa digerida, elaborada, e acho que vai demorar muito tempo pras pessoas esquecerem. Vivenciei essa angústia — "Vou ser de novo removida" — durante muito tempo. Eu acho que ainda tenho muito dessa angústia, acho que "estou e não estou, estou e não estou". Na Zoonoses eu vivo muito isso ainda. Mais ameno, mas eu tenho essa sensação. Quando eu fui pra Zoonoses, começaram a chegar recados de que a Secretaria da Saúde estava muito inchada. Os funcionários teriam que ir pra outras secretarias. Quando a gente consegue ficar num lugar, tem que sair. E lá, no próprio RH do CCZ, foi uma coisa muito louca, porque tinham que tirar as pessoas dali e eles tinham que escolher quem iria embora. Chegavam muitos funcionários que vinham de outros lugares e que já estavam com cinco ou seis remoções! Eu até que tive sorte... Embora no CCZ tivesse também o fantasma de remoção: "Tem que diminuir, as pessoas vão ter que sair". Algumas pessoas tiveram que escolher um outro lugar pra ir. Eu falava pra Rosa: "Agora sou eu na próxima lista". Estando no CCZ, eu comecei a presenciar também uma outra questão: eu sou aquela "que veio de fora". Será que sou bem vinda aqui? Os funcionários do CCZ falavam: "Não sou eu quem vai ter que sair, é quem veio de fora". Lá tinha também essa nítida divisão, quem é do CCZ e quem não é. Eles estavam garantidos porque já trabalhavam há mais tempo, e quem tinha que sair éramos nós. Eu vivenciei essa angústia, essa sensação de não ter um lugar. Houve a remoção em massa, as pessoas vinham dos mais variados lugares. Ainda ficou muita gente da Secretaria Municipal de Saúde. Por exemplo: o Centro de Referência de AIDS ficou completamente cheio de gente porque não queriam sair da Saúde. Outros foram pra Secretaria do Esporte, Secretaria de Administração. A Secretaria da Saúde ficou muito cheia e as ARS [Administração Regional de Saúde] não tinham onde colocar pessoas. Ou seja, essas pessoas, de alguma forma, conseguiram ficar na Saúde. A persecutoriedade estava sempre presente. Mesmo no CCZ, tiveram que fazer uma lista de pessoas que iam ser mandadas embora, que iriam receber um cartãozinho vermelho e procurar outro lugar. Ou seja, iriam pra outra Secretaria, porque ali não tinha como. Aí, o que acontece? Aproveitam esse momento pra mandar funcionários inadaptados, funcionários problemáticos, que não são gostados, embora.

— *Quem decidia a saída?*

Sueli — O RH. Uma situação muito desconfortável você ter que entrevistar pra ver onde elas poderiam ir. Acho que foi umas duas vezes que isso aconteceu, depois parou. Ficou um silencio total e ninguém falou mais nada. Depois, não demorou muito tempo, na administração do Pitta, veio de novo essa coisa da gente ter que sair, essa fantasia de que podemos ser removidos. Claro que, quando entrou a administração do PT[15], essa fantasia meio que se diluiu. Havia no ar o sentimento: "Finalmente estamos retornando". Senti falas de represália contra os que tinham assinado o PAS. Se vê aí, de novo, os próprios funcionários uns contra os outros. As coisas apenas se inverteram, agora os bandidos são os funcionários que tinham aderido ao PAS. É uma briga entre nós próprios: aquele que assinou, o que não assinou. Agora é a nossa vez. Revanche. Tive esperanças de que, nessa administração, todos pudessem voltar ao lugar

---

[15] PT - Partido dos Trabalhadores

de origem, felizes. Só que... não foi o que aconteceu. Ilusão das pessoas acharem que, depois de quatro, cinco anos, não muda nada. Que as pessoas não buscam outras alternativas pra se adaptarem. Muitas pessoas com certeza ficaram esperando todo esse tempo pra voltar para o mesmo lugar. Eu sei de um local, de uma unidade pra onde voltaram todos. Ficaram todo esse tempo esperando. Já pra Ermelino, não voltou ninguém. Só o Dr. Paulo ficou lá. Cada um buscou um outro espaço de trabalho. Ilusão achar que 12 mil funcionários vão querer voltar para o lugar, fazer as mesmas coisas depois de cinco anos.

— *Como se nada tivesse acontecido.*

Sueli — Como se nada tivesse acontecido... Com marcas muito profundas em cada um de nós, cada um teve que se virar de um jeito. Acho que esta administração errou aí.

— *Em que sentido?*

Sueli — Porque acho que eles esperavam que todos voltassem. Se todos voltássemos, talvez não precisassem abrir concurso, não precisassem de contratações de emergência. Deram até uma gratificação para os funcionários da Saúde voltarem. Foi o chamariz. A Saúde ficou desfalcada de pessoal. Acho que eles tinham esperança de que todos voltassem, agora vão ter que abrir alguns concursos públicos pra reenquadrar essas pessoas. Muitas pessoas fizeram trabalhos em outros lugares. Não querem sair de onde estão. Acho que a administração se iludiu muito. Agora, eu não sei o que vai ser. Outro dia encontrei uma moça na enfermagem que fala assim toda vez que me encontra: "Ah! Você conseguiu ficar. Ai que bom! Eu também consegui. Será que a gente vai ficar ainda no CCZ? Será que não vão chamar a gente de volta?"

— *E você? Não quis voltar por quê?*

Sueli — Um ano eu fiquei pensando nisso. O trabalho em Ermelino... foi um trabalho que me encantou fazer. Gostei muito. Foi uma experiência que não troco. Viver a experiência de uma enfermaria, entrar em contato com a psicose na forma como entrei, me deu muita experiência de vida... A gente é capaz de cada coisa que nem imagina. Este trabalho na Zoonoses também me encanta. Me encanta de uma forma diferente do que era em Ermelino. Lá, a riqueza foi trabalhar em equipe. Sinto falta disso na Zoonoses. Quando você não tem alguém pra trocar, o trabalho fica muito empobrecido. Fica só você pensando. Você tem que tomar uma decisão. Você tem que agir e pode ser uma conduta totalmente errada. Você está arriscando. E ter alguém com quem dividir essa angústia é muito bom, você vai se norteando.

— *O que te faz ficar na Zoonoses?*

Sueli — Olhe, é muito interessante. Quando caí de pára-quedas no CCZ, encontrei outro tipo de loucura. Pessoas que me mostraram algo diferente. Eu tenho que ir até os pacientes, eles não vem até mim. Uma coisa é você estar lá na clínica, no hospital: você entra no consultório, o paciente vem, você conversa, escuta. Outra, é na casa dele. Aí você percebe como ele lida com os animais. Na enfermaria era comum encontrar pessoas que juntavam lixo. Outra coisa é você estar na casa dela com aquele monte de lixo. Você entra e vê aquela imensidão de lixo e não sabe como começar a ajudar aquela pessoa. No hospital, você não faz idéia de como é esse universo.

— Você fica na Zoonoses porque está se deparando com outro tipo de loucura. Você foi fazendo outros tipos de trabalho, se envolvendo com outras questões e gostaria de ficar lá. É isso?

Sueli — Isso. Ai, você falando sobre isso, fiquei lembrando como foi todo o processo de chegada na Zoonoses, foi muito difícil. É uma instituição com mais de 25 anos, ligada à prefeitura. Eu desconhecia esse local, como muitas pessoas. Geralmente não se faz associação entre Zoonoses e prefeitura. Quando falo com as pessoas eu preciso ressaltar essa ligação pra situá-las melhor. Mas, geralmente, não sabem nem o que é Zoonoses, nem que pertence à Secretaria Municipal de Saúde. As pessoas associam só com a carrocinha. Quando cheguei lá, não sabia que era da carrocinha. É a marca maior de lá: a apreensão de animais. O trabalho que realizo lá é muito complexo. Fiquei, no início, muito perdida. Que tipo de trabalho poderia estar fazendo lá? Eu vinha de um trabalho com uma equipe mais estruturada. Quando fui pra lá, pensei que ia trabalhar numa equipe também estruturada, mas encontrei muitos trabalhadores com dificuldades com álcool e drogas. Eu associei com o trabalho que eles desenvolvem, que é de apreensão, de eutanásia dos animais. Fiquei sabendo um pouco das suas histórias porque, em RH, fiquei cuidando da movimentação de pessoal. Era difícil, porque tínhamos que conversar com as pessoas pra ver se tinham outro lugar pra ir. Eu me sentia muito ameaçada naquele momento, porque também não me sentia pertencente àquele lugar. Fico pensando se algum dia vou deixar de me sentir ameaçada. Foi muito violento, e eu ainda encontro pessoas no CCZ que passaram pelo processo e correm risco de novo, porque a instituição passa pelo processo de se tornar autarquia. E volta o problema das pessoas aderirem, não aderirem. A mesma situação de termos que ser removidos, buscar outros lugares. As perguntas são as mesmas: será que vira a autarquia ou não? Aquelas angústias de novo e ninguém esclarece nada, e parece que existe um mecanismo de não esclarecer nada. Parece que existe uma forma de aliança em que não devemos saber de algumas coisas, ou que devemos saber até certo ponto. Acho que é um mecanismo de todas as instituições, um mecanismo de poder, eu penso. Algumas coisas você não tem que saber mesmo, têm que ficar ocultas, e isso me deixa intranqüila. Isto gera uma persecutoriedade tão grande que me sinto assim: a pessoa fornece uma informação e você fica pensando: "será que é isso mesmo?" As informações não são dadas de forma clara. Fica confuso: a quem se reportar? O que fazer? Como fazer? Hoje em já tenho um pouco mais de discernimento, já observo mais as relações entre as pessoas e procuro saber a hora do enfrentamento e a hora em que tenho que me preservar. Crio mecanismos pra sobreviver. Até onde posso ir ou não. Pra se trabalhar em instituição pública, isto é algo pra se ter muito claro: temos limites e alguma coisa não será possível fazer. O CCZ me fez crescer muito nesse sentido de conhecer o dinamismo da instituição. No CCZ, eu não tenho nada pronto, tenho que definir o que fazer, como fazer. Construção de um espaço novo. É muito sofrido, mas ao mesmo tempo, é um trabalho muito gostoso de realizar. A pergunta principal é: o que a psicologia pode ajudar nesta situação? Poderia fazer mais se tivesse uma equipe. A minha tão sonhada equipe. Foi o que aprendi na enfermaria, que acho fundamental. Se podemos trabalhar com outros profissionais, há uma diversidade, enriquece muito o nosso pensamento e o trabalho, você não se sente tão sozinha. Disso, sinto falta.

— *Você pensa em sair dali, terá que sair? Como é isso?*

Sueli — Eu sinto a situação diferente de quando tive que sair por causa do PAS. Eu revivi toda a angústia da remoção, mas de uma forma diferente. Agora sinto que temos um pouco de voz. Naquela época não tínhamos voz nenhuma. Agora sinto que posso reclamar, defender meu ponto de vista. Me sinto muito mais segura de questionar as coisas. Quando o representante do Secretário Municipal veio nos informar sobre a mudança de regime pra autarquia, percebi que ele não sabia muita coisa, que ele também estava confuso. Senti que ele não tinha clareza pras respostas, as pessoas achavam que iam receber melhores salários, mas ele não sabia. Então, quais seriam as vantagens da mudança? Ele não informou muita coisa. Fiquei muito incomodada com a situação e perguntei qual era a diferença em relação ao PAS. Me pareceu tudo a mesma coisa. A fala era a mesma, que tudo ia melhorar. Mas, o que ia melhorar? Ele só repetia que não era a mesma coisa. Mas eu vivi a mesma angústia, as remoções, tudo. Eu vivi tudo de novo. Tem pessoas cuja angústia ainda é muito grande, ainda choram, se sentem perseguidas, parece que a situação é igual. A forma de impor é a mesma. A repetição acontece, sim. O que sinto é o seguinte: pedem pra que tenhamos cuidado com a população, mas nós não somos cuidados. Não temos recursos, somos desrespeitados, as falhas ficam pessoais e não resultantes da situação toda. Fica a marca de que o trabalhador não colabora, tem má vontade. O trabalhador é culpado de tudo.

— *E você, o que decidiu fazer? Vai aderir à autarquia? Vai sair do CCZ?*

Sueli — Hoje penso diferente, tenho ainda um pouco de tempo pra definir. Então quero dar mais visibilidade para o meu trabalho. Penso em divulgá-lo mais. Quero que meu trabalho seja conhecido, que possa existir a colaboração da psicologia pra uma instituição que só via o animal e não o humano. Quero dar visibilidade. Depois eu posso fechar a porta e ir pra outros lugares. Tenho recebido convites de amigos que me falam, veja que curioso: "Venha pra Saúde!" Mas eu estou na Saúde! "Mas, trabalhando com animais?" [risos]. Ainda não quero fazer este desligamento. Sinto que estou mais tranqüila, mais madura. Se a autarquia vier, eu ainda tenho um tempo pra me decidir. Por isso, sinto que aí está a diferença daquele processo do PAS.

— *Você tem alguma coisa que gostaria ainda de falar?*

Sueli — Eu acho que... a palavra que me vem é luta. Lutar por um desejo, realização, conquistar esse espaço. Tenho aprendido muito. A instituição pública é muito violenta, mas tenho recursos pra sobreviver. Talvez a sobrevivência seja pelo ideal. Penso nas políticas públicas: e o que eu tenho a ver com isso? Mas à medida em que fui falando nessa entrevista [chora baixinho], fui me dando conta de tanta coisa... Agora vejo as coisas um pouco diferentes, vejo de um outro ângulo. Assim como essas pessoas precisam ser ouvidas, eu também preciso. Também preciso.

Entrevistadora: Ismênia de Camargo e Oliveira

Da medicalização à singularidade

Conheci dona Clara em 1999. Ela trabalhava na casa de amigos meus, fazendo faxina e passando roupa. De quando em quando trocávamos um dedo de prosa sobre a vida. Ela me falava dos filhos, dos netos, das dificuldades cotidianas, dos problemas de se viver num bairro de periferia em São Paulo.

Ela é parda, tem 63 anos, nasceu na Bahia e veio para São Paulo, ainda jovem, com o marido e quatro filhos. Pouco tempo depois, o marido morreu e ela teve de criar os filhos sozinha.

Foi uma das primeiras moradoras de um bairro do distrito da Brasilândia[1], onde instalou-se com os filhos e viu a região povoar-se. Participante ativa da vida no lugar, reivindicou a construção da escola, da creche e do posto de saúde.

Filha mais velha de uma família pobre e numerosa de uma cidade do interior da Bahia, teve de começar a trabalhar ainda criança. Com cinco anos, já ajudava a cuidar dos irmãos menores e dos afazeres domésticos: "Com cinco anos, eu já moía o milho no moinho, peneirava, fazia polenta, fazia tudo como um adulto". Do trabalho em casa passou, aos 16 anos, a trabalhar fora, em serviços domésticos. Trabalhou para ajudar os pais e os irmãos, depois para criar os filhos e hoje para ajudar os netos.

A dificuldade atual dos jovens para encontrar trabalho e a preocupação com a facilidade com que se envolvem com as drogas e o tráfico levam dona Clara a ter um cuidado redobrado com os netos. Não foram poucas

---
[1] O distrito da Brasilândia, localizado na periferia da Região Norte do município de São Paulo, tem como característica altos índices de pobreza, desemprego, violência e criminalidade.

as vezes, no contato com a entrevistadora, que ela narrou a morte de algum adolescente vítima da violência na região. Tudo isso faz com que ela continue trabalhando, apesar dos vários problemas de saúde. Ela paga um curso de computação de um neto e a formação no SENAI para outro. Sua preocupação é de que eles tenham formação suficiente para uma colocação no mercado de trabalho e uma condição de vida melhor.

A história de seus problemas de saúde traça o percurso do desgaste do corpo durante anos de trabalho pesado mas necessário à sobrevivência dela e dos seus. Do corpo/objeto de intervenção médica, dona Clara apresenta-nos a vivência de um corpo singular que porta as marcas de sua história. É a partir daí que o adoecimento e a necessidade de cuidado ganham sentido.

Dona Clara fala sobre o médico que quer colocar próteses em seus joelhos para solucionar o problema de artrite, sem ao menos considerar que ela precisa de suas pernas para se locomover da periferia ao centro; para trabalhar; para subir em escadas para lavar paredes de azulejo e janelas; para ir à igreja e ajudar o padre na missa e que ainda arranjam tempo para fazer um trabalho voluntário junto a famílias de portadores do vírus HIV. Pernas que precisam também andar de serviço em serviço de saúde, recebendo encaminhamentos e diagnósticos incertos para suas dores.

Ela fala de um corpo/subjetividade composto de história e afeto que a medicina insiste em reduzir a corpo/doença/diagnóstico e que as políticas públicas descuidam. Aos pobres resta uma assistência precária na qual a pessoa se transforma em coisa: objeto de estudo para os residentes do curso de medicina; "cobaia" para a testagem de novos medicamentos que nem ao menos poderão usufruir no futuro. A vergonha, o medo e a dor passam despercebidos aos médicos e o corpo torna-se coisa esvaziada de sentimento ou sensação.

Ao final da entrevista, quando indaguei se gostaria de dizer algo mais, foi precisa:" Eu desejo que você seja uma luz acesa na frente de qualquer paciente. Espero que você seja uma luz que esteja para iluminar a vida, o corpo daquela pessoa, a mente daquela pessoa. E que, cada dia mais, você se aprofunde em ver aqueles que estão lá, pagando ou não pagando. Porque, às vezes, não é o remédio que vai curar, mas é aquilo que você passou pra ele, que ele acreditou em você. (...) Eu espero que você seja uma dessas (pessoas) que vai ser aquela que atende o paciente com mais paciência, com mais carinho, um carinho que seja escutar ele".

Dona Clara pede carinho e atenção na relação entre a equipe de saúde e o paciente. Toda a entrevista é um pedido de humanização das relações nos serviços de saúde. Os médicos precisam ter cuidado, pois, antes de tudo, "estão entrando na vida de uma pessoa". Ela considera a tarefa de cuidar e ajudar como uma espécie de missão, de vocação. O discurso religioso surge diversas vezes no depoimento de dona Clara; os preceitos cristãos dão base às suas reivindicações por melhores condições de saúde, por trabalho e formação escolar para toda a população, por uma sociedade mais justa e mais fraterna.

Mirna Koda

Entrevista com uma usuária do serviço público de saúde

"No fundo, no fundo, a pobreza, a população que está ali, quando chega a hora de ser atendida, a gente é muito judiada".

Clara — Olha, o nosso sistema [de saúde] está muito ruim, está muito precário, está ruim, por quê? Porque tem o médico, tem o posto, tem os auxiliares, só que não é o prédio, não é o médico. O médico atende bem, ele faz o trabalho dele, só que a equipe que fica ao redor é que não trabalha bem, é que não faz o que deveria fazer. O que a população está precisando é que eles atendam bem. Porque quando você chega no médico, você passou por um monte de gente que às vezes nem experiência tem. Agora foram contratados os tais de agentes comunitários. Só que é gente que não tem nem experiência. Não tem nem sequer um estudo mais aprofundado. É gente que está lá pra ganhar o seu dinheiro, e o doente, nós que precisamos do médico, precisamos do remédio, nós precisamos de gente mais preparada pra trabalhar com a gente, pra trabalhar pra gente. Por quê? A gente não tem mesmo aonde recorrer, nós temos que recorrer ali. Aí, a gente chega ali, a primeira coisa que dizem é: "não tem vaga".

— *No posto de saúde?*

Clara — No posto de saúde não tem vaga. Aí, eles mandam a gente pra outro lugar. Mandam para o pronto-socorro. Chega lá no pronto-socorro, o médico faz o trabalho de pronto-socorro. Às vezes, até encaminha a gente para ficar ligando naquele número... o 0800, para marcar uma consulta. Você liga o dia inteiro, você já não tem dinheiro pra comprar um cartão, você liga o dia inteirinho e não consegue uma vaga. Você tem que marcar em outros postos que tenham vaga. E acaba marcando pra bem longe daquela consulta que você teve. Você chega lá e já está com outra doença. Então não é mais aquela que você passou no pronto-socorro. Aquela já ficou ali e você tem que caminhar, já é outra doença que apareceu. Você chega lá, aquele médico que você marcou não tem nada a ver com o que você está sentindo no dia. Que você foi encaminhada... o exemplo mais claro que eu passei foi assim: eu fui ao médico, eu fui ao posto onde eu moro, mostrar uma unha que estava doente. A unha estava doente, não era encravada, era uma unha doente. Eu cheguei lá e ele me mandou para o posto N[1]. No posto só olhou e não resolveu nada. Daí eu fui por conta própria no pronto-socorro. Do pronto-socorro me encaminharam pra outro posto que era da prefeitura também.

— *E a senhora morando lá na Vila Brasilândia.*

Clara — Na Vila Brasilândia. Tinha que atravessar tudo isso de madrugada. Pra mim foi a coisa mais horrível. Eu tive que chegar às seis horas nesse posto pra conseguir uma vaga. Quando eu consegui, já não estava num pé só, já estava nos dois pés e já fazia três meses que eu tentava.

— *E o que era? Doía?*

Clara — Doía. Estourava do lado, assim [mostra a lateral externa do dedão do pé], do lado da unha do pé estourava uma carninha, o couro se abria. E eu fiquei me batendo, eu fiquei sete meses sem ter uma solução para isso aí. Eu já estava pensando que estava perdendo os pés, porque eu não entendia o que eu tinha. Qualquer coisinha, eles passavam um remedinho, qualquer coisa. Se eu caminhasse muito, abria de novo. A carne se abria. Bom, nisso eles me encaminharam para o Hospital A[2]. E lá foi feito um monte de exame. Foi demorado também, porque não tinha vaga. Foi difícil de marcar! Porque lá no Hospital A é muito difícil você conseguir marcar uma consulta pelo telefone. Você fica o mês tentando. Como eu também não tinha telefone, eu tinha que sair às cinco horas da manhã pra ir ligar do orelhão, pra conseguir marcar.

— *Antes de sair para trabalhar, dona Clara?*

Clara — Antes de sair para trabalhar. Tinha que ir tentar. Porque eu ia trabalhar e não podia ficar ligando das casas. Naquela época, eu não tinha telefone. Quando eu consegui chegar no médico, depois que eu passei por aqueles exames, eu cheguei no médico e ele disse que ia operar aquilo, que tinha que tirar um pedaço da unha, tinha que tirar dois pedaços da unha para poder a carne voltar para o lugar.

— *E o que era?*

Clara — A carne não sarava. Era realmente um... foi assim, no que eu bati na parede essa carne aqui estourou [mostra o lado do dedo próximo à unha] e ela se abriu, se esfiapava assim, e ela se abriu. Só que ela não sarava, não tinha como sarar encostada na unha.

---

[1] Região central do município de São Paulo.
[2] Hospital Público ligado a uma Universidade.

— *Não cicatrizava?*

Clara — Não, não.

— *E aí, conforme ia andando...*

Clara — Ia abrindo, ela ia abrindo.

— *E com sapato...*

Clara — Nem punha! Mas nem punha, que eu não agüentava. E quando chegou a hora de fazer essa cirurgia... Eu tenho muito medo de uma cirurgia, eu tenho muito medo! E o meu medo, quando eu olhava no médico, quando já era a minha hora, aquilo me dava uma aflição enorme por dentro de mim. E a anestesia não pegava. Só que eu peguei uma moça[3] que jamais eu queria passar, mas nunca! Nem desejo que ninguém passe. Porque a moça... e é do Hospital A! Catou meu pé e foram fazer isso, e eu deitada passando mal, com ânsia de vômito.

— *Sem anestesia?*

Clara — A anestesia não pegava. Tentaram três vezes e não pegou. Eu deitada, a parte da cabeça ficava assim [mais baixa] e eu ficava com os pés lá [num lugar mais alto]. A cabeça ficava pra baixo, assim. Eu ficava de mau jeito e me deu ânsia de vômito. Eu dizia: "Está doendo muito! Estou com ânsia de vômito, está doendo muito!", mas eles não tiveram nem uma pequena atenção ou pra levantar a minha cabeça ou pra dar a anestesia. Mas eu escutava tudo o que eles diziam, que aquela agulha não era própria para aquilo ali, as agulhas não eram próprias. Eu fui muito judiada com isso!

— *Eles falavam que a agulha não era própria... o que eles falavam?*

Clara — Que a agulha da anestesia não era própria pra isso. Eles estavam me considerando como se eu fosse mole... eu estava com muita dor. (...) Aquilo eu achei uma brutalidade muito grande com o ser humano, porque eu fui com dor. Eu estava realmente nervosa, mas eu não achei um pequeno apoio. Não achei no médico, se é que ele era médico. Não achei na enfermeira que estava ali para auxiliar ele. Eu acho que fui muito mal atendida com isso, porque era muita dor! Teve uma hora que me deu uns calafrios, eu sentia muito frio, muito frio, e me trouxeram um pano que estava lá, um cobertor velho que estava ali, puseram em cima de mim. Mas eu achei um desprezo muito grande para com um ser humano. E não só eu, como eu observei outras senhoras também que estavam fazendo cirurgia da vista. Da vista! Fez numa semana, na outra voltou para fazer de novo porque não ficou bom. Então, eu vi muita falta de atenção nos poucos minutos que eu passei ali. Porque eles estavam contando o caso da vida deles, o caso do dia a dia, eles não estavam me vendo.

---

[3] Pessoal de enfermagem.

— *Eles ficavam lá batendo papo, conversando?*

Clara — Batendo papo, todo aquele papo que interessava a eles. E eu naquela situação, eu estava muito ruim naquela mesa, eu estava como quem já estava pra morrer de tanta dor! A dor foi muito grande e a anestesia não pegou. (...) foi uma dor muito cruel! E nós temos o Hospital A como um grande hospital, como um grande atendimento. Só que no fundo, no fundo, a pobreza, a população que está ali, quando chega a hora de ser atendida, a gente é muito judiada. E se são homens preparados, se o hospital contratou gente preparada pra isso, que mande gente preparada pra fazer isso aí. (...) Todos aqueles que estão ali são residentes. A gente vê que um pede uma opinião para o outro, pede um conhecimento para o outro. Por quê? Porque não é um bom profissional ainda.

— *E eles não conversaram com a senhora?*

Clara — Não, não conversaram nada comigo, não foram atenciosos em nada. É como se eu fosse um animal que você pegou a perna dele, foi lá e fez o que tinha de fazer. (...) Daí o médico dizia: "troca a anestesia", e a outra anestesia não pegava. Aquilo, quando eles enfiavam, batia no osso. Doía tanto! Tanto! Eu fiquei com muita dor. Aquilo me deu uns calafrios com ânsia de vômito. Aquela tremedeira, aquela tremedeira. E eu sentia que em mim já estava faltando tudo. Aí foi quando o médico cortou uma, tirou aquele pedaço. Aí a outra ele já tirou só um pouquinho e disse que tudo bem, que estava doendo, que eu estava me queixando que estava doendo, mas a moça achava que não estava doendo, era como se eu fosse mole, como se fosse uma frescura aquilo ali. E não era, não. Te juro que não era. (...) Por isso que eu acho que nós precisamos ter um profissional que já esteja preparado quando for assumir, que quando se formar ele já tenha feito muito estágio, pra quando ele entrar na vida de uma pessoa... porque ele está entrando numa vida... ele já esteja preparado. É isso que está faltando no nosso trabalho, pra servir nós, pobres, que não temos como pagar o médico; é gente preparada pra área. Realmente tem muita gente no Hospital A, tem muito médico, tem muita enfermeira, tem muitos auxiliares, mas são poucos que são bem preparados.

— *A senhora não imaginava que era assim o Hospital A?*

Clara — Jamais imaginei isso. Foi a maior surpresa que eu poderia ter.

— *E decepção, né, dona Clara?*

Clara — Foi. Porque eu estava tomando remédio para artrose, eu vim de uma equipe muito boa[4]. Era um remédio experimental que veio daquele projeto lá que eu

---

[4] Dona Clara se refere aqui à sua participação como sujeito de pesquisa realizada no Hospital A para avaliar os efeitos de uma nova medicação para o tratamento da artrose. Após o período da pesquisa ela passou a ser atendida como paciente do SUS, por uma outra equipe, deixando de tomar a medicação experimental e passando a tomar uma medicação antiga. Ela relata ao longo de sua entrevista a queda na qualidade de atendimento que ocorreu nessa passagem.

estava participando. Isso foi feito na faculdade. Então, eu vinha de uma equipe muito boa. Eu estava confiante que realmente aquela outra equipe que eu estava entrando fosse trabalhar bem, só que não tinha nada a ver. Porque lá[5] realmente eles tinham a agulha especial pra fazer os exames de sangue. Eu tive dor de estômago, tive gastrite e eles trataram, mandaram eu fazer [exames] numa clínica aqui perto. Mas foi tudo muito bem, tudo limpinho, tudo muito bem organizado. Gente com paciência. Porque diz assim: "Ah, porque é velho". É velho, mas nós também temos dores, não é porque nós somos velhos que a gente tem que ser tratado como velho. Nós somos velhos, mas somos cristãos. E tudo dói, tudo. Ali nós fomos muito bem recebidos, muito bem tratados, foi uma coisa maravilhosa. Só que, quando eu passei pra esse outro grupo, eu me decepcionei. Eu continuo a ir lá, continuei fazendo tratamento, o pé ainda... eu acho que tenho uma consulta... está sarado e tudo. Eu continuei fazendo tratamento de artrose lá, só que tem umas mocinhas que se formaram agora, e fica um jogo de empurra-empurra também. Olha que coisa! Tudo bem, eu sou analfabeta, mas eu tenho ouvido, eu vejo também, eu sinto o meu corpo. Ela achou que eu tivesse com... um negócio que dá na garganta... puxa, como é que é? A médica achou que eu estava engordando, que eu estou reclamando que estou engordando. Eu não como quase nada, mas continuo engordando. E a médica, muito novinha, mandou fazer novo exame que era para ver se eu estava com, com...

— *Problema na tireóide, não?*

Clara — Isso. Eu estava vendo que eu não estava com problema na tireóide, não. Eu estava com excesso de gordura porque eu tomo muito antibiótico, há muito tempo que eu venho tomando por causa da dor no joelho. Fiz todos aqueles exames, quando eu voltei para passar com ela, já era outra [médica], da equipe sim, mas era outra. Aquela outra já não falou nada, se deu algum problema de tireóide, se não deu nada. De repente, ela já mandou eu passar em outro médico. Me encaminhou para outro médico e pediram raio X e tudo, já das dores nas pernas, já mudou todo o quadro, já vai para as pernas. Aí tirei chapa de tudo. "Vamos tirar raio X, está com muito reumatismo, artrose". Quando eu voltei para passar com ela de novo, já me encaminhou para outro médico que era pra fazer fisioterapia. Quando eu cheguei lá esse médico nem pensou em me encaminhar pra fazer nada, já encaminhou pra ir para o Hospital L[6] fazer uma cirurgia das pernas, para por prótese. E eu, dentro de mim, dentro do meu conhecimento, ainda não era hora de fazer isso. Eu estou precisando de um tratamento, mas ainda não é hora de eu fazer uma operação, porque isso seria o último recurso. Seria ainda o último recurso, tanto que terça feira eu vou marcar para falar com esse médico pra ver também o que ele vai falar. Quer dizer, eu estou para ir ao

---

[5] Equipe da pesquisa.
[6] Hospital Municipal.

Hospital L, lá é o mesmo [médico[7]] daí, lá no Hospital L já vou ser atendida por ele. Quer dizer, eu estou caminhando esse tempo todo e estou com o primeiro remédio que o primeiro mandou, o Hospital A está fornecendo esse remédio pra mim, mas...

— *Que é aquele experimental?*

Clara — Não, não! Aquele parou por ali. É um outro deles aqui, já é remédio velho. Não tem mais nada a ver com aquele.

— *Foi só pelo período da pesquisa?*

Clara — Só aquele período. Ele era muito bom, era muito bom. Até que quando eu fui fazer [parte da pesquisa], eu achei que, se fosse bom, continuaria tomando aquele remédio. Quer dizer, eu achava que eles iam continuar me dando aquele remédio. Porque é bom e eu fui simplesmente uma cobaia deles, então eu pensei que eles fossem continuar me dando, só que não foi nada disso. Terminou aquele prazo, eles me passaram para o Hospital A, que eu já era do Hospital A e voltei para o Hospital A [ela saiu da pesquisa no Hospital A ligada à Faculdade]. Então, vou marcar com esse médico, mas não vou aceitar a operação agora. Posso até dizer pra ele: "Olha, eu preciso ter mais um tempo, pensar melhor, porque a operação para mim não é tudo, não é?". Eu acho assim, como no meu caso, está inflamado? Está. Você sabe que não vai sarar, mas não é com operação que vai sarar também. Assim, eu fico sentada bastante tempo e depois, pra eu dar o primeiro passo, é difícil pra mim. Eu sento no ônibus na Brasilândia; quando eu chego aqui no Hospital A, é muito difícil pra eu dar o primeiro passo. Então, eu achava que com uma boa fisioterapia talvez... porque eu fico ou em pé ou sentada o dia inteiro. Eu acho que, se eu fizesse uns exercícios diferentes, eu até melhoraria, podia ser engano meu, mas talvez melhorasse. Mas o médico nem olhou na minha cara. Estava atendendo mais uma criança, estava atendendo duas pessoas, eu e mais uma criança. Então ele nem olhou, nem viu, nem coisa nenhuma.

— *Como é que foi essa consulta?*

Clara — Eu só sei dizer que ele olhou no papel, viu os raios X todos e disse: "Ah, mas isso aqui é artrose". Já nem falou mais na fisio. E eu também não tive oportunidade de perguntar: "E a fisioterapia que era para fazer?". Não perguntei porque, quando eu chego lá, já estou até com medo de quererem mais outra coisa. Vão cortar minhas pernas? Ainda não está na hora.

---

[7] Este médico trabalha tanto no Hospital A como no Hospital L.

— *A senhora estava lá, ele estava atendendo a senhora e estava atendendo outra pessoa junto?*

Clara — Tinha a criancinha que ele estava atendendo. Aí, mandou a mãe despir a roupa da criança. Enquanto a mãe estava tirando a roupa da criança pra fazer exame, ele me atendeu e já me encaminhou para o Hospital L, pra marcar não sei quando. Acho que os estudos estão muito fracos, eu acredito mais que são os estudos que estão fracos, a experiência do pessoal está pequena ainda e que não é só você estar lá sentado numa cadeira, atender o paciente do seu jeito, do jeito que você imaginou, acho que você tem que ir mais ao seu estudo, mais àquilo que você estudou lá atrás. Porque lá no Hospital A tem uma equipe e tem uma doutora responsável por aquela equipe. As meninas [residentes] fazem todas aquelas perguntas pra gente, a gente vai dizendo, depois elas chamam a doutora e ela vem. Mas não foi ela que te perguntou, que te examinou, examinar nem se fala! Não examina nada. Então, a gente fica assim.

— *Não tem chance de conversar com essa doutora?*

Clara — Não, não. Essa daí fica sentada ali porque ela é a supervisora e jamais você tem acesso a ela. A menina vai dizendo: "Ah, ela está com uma dor na junta, ela está ali, ela está acolá". E a supervisora pergunta pra ela: "O que você acha disso? O que você entende disso?" Quer dizer, aquela médica que está na sua frente seguindo o caso, está aprendendo com você e está passando a resposta pra ver se acerta ou não (...) Mesmo para a supervisora, eu perguntei... A moça falou: "Ah, está estalando muito as juntas dela". Eu perguntei: "por que estala tanto? Porque de noite, quando eu estico as pernas, fica assim, parece que tem um trovão". Aí a supervisora disse: "Mas isso é uma inflamação". "O que tem dentro disso?". Ela disse que era um desgaste nos nervos e estalava por causa desse movimento. Mas você também não tem muita chance de ficar perguntando. E, no meu caso, eu sei que não é uma inflamação tão grande porque está assim, se eu ficar muito tempo passando roupa, de noite eu estou com dor nas costas. Tudo isso aqui [aponta a região dos ombros] queimando e doendo, queimando e doendo. Daí eu tomo um comprimido, uma coisa ou outra e passa. Passa uma pomada quente e aquilo passa. Se eu esfregar parede o dia inteiro, quando é de noite, dói daqui para cá [aponta a região do braço], mas dói que queima, aqui já não está doendo, dói aqui. Depende do movimento. Aí, se eu tomar um Voltaren, qualquer outro comprimido no caso, essa dor passa. Dependendo, em um, dois dias já passou aquela dor. Se eu andar muito, dói o joelho. Que nem hoje, eu já passei um monte de roupa e não está doendo nada. As costas estão meio... mas como a roupa foi pouca, está doendo pouco. Aí, depois de uns dois, três dias, se eu não passar roupa, passou. O joelho, se eu andar muito, muito... Vamos supor, se eu for até o cemitério... até o cemitério não, mas se eu for até perto da avenida D caminhando, Nossa Senhora! Isso me dá uma dor! Mas uma dor terrível, terrível. Não incha nada, mas dói muito, muito, muito! Quer dizer, eu não tenho uma inflamação num ponto, porque se eu tivesse, dava mais medo, porque você está sempre com dor naquele lugar. Então, não é inflamação que diga assim: tem uma inflamação, tem uma coisa que está infeccionando. É uma dor reumática que, dependendo do movimento, dói. E se eu deixasse de trabalhar, não fosse tão teimosinha também... e a necessidade da família com os menores. (...) Quando eu me aposentei, eu falei: "Não vou mais trabalhar". Mas acontece que o meu dinheiro não dá. A aposentadoria não dá pra eu ajudar os meus netos que precisam muito, de muito mesmo. Então, essas dores são da canseira da idade, da canseira do trabalho que eu comecei a trabalhar com cinco anos. Eu comecei porque a minha mãe teve muitos filhos, minha mãe teve 19 filhos e eu era a mais velha da família. Quando eu tinha menos de cinco anos, minha mãe já tinha três filhos.

— *A senhora ajudou a criar?*

Clara — Ajudei a criar. E até hoje eu ajudo a criar gente, criei os meus filhos, ajudei a cuidar do meu irmão, era o mais velho, eles trabalhavam na roça. Eu trabalhei muito, não na roça, eu trabalhava em casa para todos. Com cinco anos, eu já moía o milho no moinho, peneirava, fazia polenta, fazia tudo como um adulto. Hoje, eu vejo minha netinha e vejo: que tamanhozinho que era eu e fazia, e trabalho até hoje. Quer dizer eu tenho um desgaste tão profundo do tanto que trabalhei.

— *A senhora tem sessenta e...?*

Clara — Três.

— *Daqui a pouco vai fazer 60 anos de trabalho.*

Clara — Pois é. Falta só dois anos, filha. Quer dizer, eu tenho um grande desgaste mesmo e continuei trabalhando em serviço pesado. Sempre trabalhei em serviço pesado e continuei. Eu comecei a trabalhar passando roupa com 16 anos, trabalho até hoje. Eu estou com desgaste. Agora também sei que o médico não vai resolver o meu problema. Simplesmente eu gostaria de ter um remédio pra que as dores fossem menores. Agora, dizer que eu vou sarar, não. Isso aí eu tenho certeza que não. Agora também não estou atrás de médico pra estar me passando de um lugar para outro. Bastava um só que tivesse me passado um remédio. Porque se eu tivesse ficado com esse remédio [experimental], se eu tivesse continuado a tomar esse remédio, estaria bem.

— *E o que eles falaram nessa mudança?*

Clara — É só experimental, esse remédio é experimental. Se der certo...

— *É um remédio que nem está no mercado?*

Clara — Não, não está. Porque é muito caro, filha! Ainda não saiu no mercado. É só a pesquisa, porque vai sair muito caro, nem se sabe se o Brasil vai aceitar, entendeu?

Porque, pra cada país, foram só 25 pessoas. Foi um remédio experimental. Só que esse negócio é muito caro! Eles mesmos sabiam que era difícil que entrasse no mercado porque era muito caro.

— *E só vai poder usar quem pode comprar.*

Clara — É, quem pode comprar. Mas eu acho assim: nós, as 25 pessoas, eles deveriam continuar fornecendo esse remédio, porque afinal de contas a gente foi cobaia. Não fui tão bem esclarecida na coisa. Porque a gente ia se arriscar. E eu assinei que ia me arriscar, mas eu pensava que ia ter depois, ia continuar. Não, não, imagina. O que é bom não dura muito, não. Vai nessa! (...) Nessa nova invenção, que puseram agente de saúde, tem muito, muito "trespasso". "Trespasso" que eu falo, eu não sei como dizer essa palavra, mas seria assim: você é um agente de saúde, você protege a sua família, o seu amigo, aquele mais chegado. Aquele que você não está nem aí, que não te interessou, sempre fica mais para trás.

— *O agente é da comunidade?*

Clara — É a comunidade que trabalha, só que na comunidade tem gente que também não tem um bom conhecimento para o trabalho. Gente que nunca viu o que é saúde foi contratado para trabalhar. Tudo bem, ele faz visita na sua casa. Você está doente, ele vai lá na sua casa, faz visita e leva o problema lá para os médicos. Mas cadê o médico também pra vir na sua casa pra atender? Porque "saúde em casa" foi um projeto em que se falava que o médico vinha na sua casa, o médico de família. Só que não tem esse médico. Tem um médico só para toda aquela população, não dá mesmo, não dá. E aquela gente também que não têm experiência de nada. Eu acho que pra eles terem contratado esse pessoal devia ser gente que tivesse feito um curso, pelo menos, vamos supor, de enfermagem. Mas contrataram gente que nunca fez nada.

— *Como foi essa chamada?*

Clara — O pessoal foi chamado assim: abriram a inscrição pra qualquer um da comunidade. Depois, foi aquela prova assim, foi um provão. Aqueles que eles achassem que tinham mais capacidade, não em saber do doente, não de saber o que era, não era assim, mas aquele que morasse no bairro, que tivesse mais tempo disponível, que fosse uma pessoa de bons exemplos. Mas, com relação ao estudo, bastava que tivesse feito a oitava série, só.

— *Não precisava saber nada de saúde?*

Clara — Não, não. Não caiu nada de saúde, não tinha nada a ver com saúde, nada a ver.

— *Eles foram na casa da senhora?*

Clara — Não, na minha casa eles não foram, pra mim mesmo eles nunca foram. Eles têm ido nas casas de umas vizinhas. Só que eles não têm uma boa experiência. Eles chegam na casa do doente que diz: "Ah, eu estou com isso, com aquilo". Eles levam o problema para o posto, marcam consulta, só que nós temos gente de cama que não tem como ir até o posto e muitas vezes também o médico não tem tempo de ir na casa. Porque um médico só, não dá para ir em dez, doze ruas em um só dia. Quer dizer, se cada dia ele fosse numa rua, mas se eu passei mal na segunda feira e ele não vai na minha rua na segunda? Então, eu acho que precisamos de mais gente. Não tem dinheiro pra pagar: não tem. Eu sei que eles vão dar uma desculpa que não tem dinheiro pra pagar, mas é o que nós estamos precisando, mais gente que sabe, que estudou, se formou, que sabe alguma coisa pelo menos, o agente de saúde tem que estar mais preparado, porque estão lidando com cristão, com gente.

— *E acaba ficando como? Vai nas casas, passa para o médico, mas aí fica como? Fica sem resposta?*

Clara — Sem resposta! Não tem remédio no posto, o cara é aposentado, o dinheiro que ele ganha é muito pouco, não dá pra comprar o remédio. Mesmo que ele vá lá no posto aquela receita vai ficar em cima da mesa, porque não tem como comprar o remédio.

— *Como vocês acabam se virando nessa situação? Se a pessoa está doente, como fica?*

Clara — Olha, filha, vai esperar! Vai esperar pra quando tiver e se não tiver e não puder, você fique lá com a doença, a solução sempre foi essa. Eu achei um caso, há poucos dias, nem sei te explicar o que eu achei, porque eu fiquei até com raiva e andei ficando calada porque também não tinha solução pra dar. Um senhor, ele teve vários derrames, teve um tumor na cabeça, foi operado, operou várias vezes aquele tumor. Hoje ele não fala direito e deu uma dor de dente, ele inchou aqui [mostra região do queixo] ficou inflamado, não podia engolir. Não dá pra carregar, porque ele é bem forte. Não tem como sair de dentro de casa. Ele é aposentado. Comem ele, a mulher e uma filha com o dinheirinho dele. Ele não tinha dinheiro nem pra pagar um carro pra ir ao hospital. O médico veio, viu, mas não teve uma solução. E o homem muito ruim, muito ruim. Tiveram que pegar um táxi e levar para o pronto socorro para arrancar aquele dente. E eu fiquei assim, gente! Cadê o posto!? Cadê o que eles dizem que tem de tão bom? Não era pra ele ter ido para o pronto socorro de táxi. Era pra, no caso, ter levado ele ao posto pra ser atendido, que é ali pertinho de casa. Aquele posto, fomos nós que trabalhamos, fomos nós que pedimos, fomos nós que perdemos horas e horas de serviço, horas e horas em reuniões e mais reuniões pra ter o posto ali, e agora aqueles próprios que sofreram pra ter o posto ali não estão sendo bem atendidos. E muitos e muitos outros casos que a gente vê que não têm solução porque tem um clínico, tem um dentista, tem um ginecologista... mas quem vai atender é uma enfermeira que colhe todo o material, mas no colher o material, em vez de ser duas, a sala enche de gente, enche de moças que estão estudando ali. Muitas pessoas voltam piores do que foram. A que colhe o material machuca muito o pessoal. A minha filha diz assim: é uma platéia. Chegou na sala de ginecologia, a minha filha ficou machucada, a minha nora ficou machucada, teve outra senhora que ficou machucada. Isso porque elas se sentem meio deprimidas de ficar com aquele monte de gente ao redor. Isso não é certo. Faz até uns oito meses que eu não devo fazer o papanicolau, mas depois de eu saber o que é, não estou indo fazer mesmo, mas eu não estou sentindo nada. Mas tem muitas mulheres que, queira ou não, elas ficam envergonhadas com aquilo. Se é uma mais aberta... mas tem outras que não, se fecha, fica deprimida.

— E eles fazem assim mesmo, pode estar totalmente envergonhada que eles nem...

Clara — Faz assim mesmo, não estão nem aí, para quê? Não estão nem aí. Que machuque. Elas estão fazendo o trabalho delas lá, não importa se eu estou... chama vergonha na nossa língua, estou com vergonha daquele povo que está ali ao redor. Porque já é um exame chato e ainda tem que ficar com aquele monte de gente olhando você! Quando era o médico, a gente até tinha vergonha porque era homem, mas sabia que ele era capaz de fazer, que ele estava ali pra isso, ele era sensível, tudo. A gente confiava mais no médico, sabia o que ele ia fazer. A gente sabia que ele sabia mais. Também tem outro lado que eu vejo, inclusive com higiene, devia ser muito mais bem feito, porque vai uma de nós que não está com vírus HIV, mas vai outra que está com vírus e a gente vê que não tem tanta higiene de pessoa para pessoa. As condições do tratamento das pessoas deviam estar melhores. (...) Em todo lugar — no posto, no hospital — em todo canto que você vai, você vê que está faltando experiência pra pessoa, as pessoas foram contratadas, estão lá e não acessam a profissão que deveriam, o que eles deveriam fazer. Eles fazem pela metade, fazem mal feito. Está faltando sempre a parte que o doente precisa mais, que é ser mais delicado, ser mais atencioso. Ver bem o que está se passando com aquela pessoa. (...) Não é assim, chegar lá e deixar encostado. Às vezes nem passa o remédio. Nos prontos-socorros, você chega lá, o médico manda você tomar uma injeção, você chega lá com uma dor ou qualquer coisa, ele lhe passa ali correndo uma injeção. É gente que não acaba. O pronto-socorro é que nem um curral cheio de vacas. Então, ele vai ali te passando a receita, a enfermeira dá a injeção, você toma, aquela dorzinha passou, você volta para casa de novo.

— Mas não cuida.

Clara — Mas não cuida. Não cuida. É remédio da hora, é ali na hora.

Entrevistadora: Mirna Koda

Metamorfoses da clausura

Gilda, uma senhora branca com pouco mais de 70 anos, é dessas pessoas que diante da adversidade procura encontrar significados que propiciem uma sobrevivência menos perversa, se é que isso é possível na experiência da reclusão. Enclausurada desde criança devido a sintomas de epilepsia, foi privada de realizar um grande desejo – formar-se numa instituição escolar, mas buscou realizar alguns sonhos, mesmo vivendo em espaços plenos de situações adversas.

Sua vida não é exemplo de combate explícito à existência das instituições totais que enclausuram e violentam. Contudo seu modo de vida pode nos dizer algo sobre a pergunta que vez por outra nos fazemos: como tantas pessoas sobrevivem em situações tão desumanas?

No hospício só com muito esforço podemos encontrar vestígios de humanidade. Por trás da violência dos eletrochoques, da exploração do trabalho, do submetimento a regras totalitárias, as estratégias de sobrevivência denunciam e enunciam uma possibilidade de vida que extrapola tudo o que as instituições totais emblematicamente representam.

Chamaremos de Hospital das Graças o manicômio onde Gilda ficou internada por mais de duas décadas. Do mesmo modo que outros hospícios fundados no Estado de São Paulo na década de 40, esse surgiu com objetivo de dar suporte à demanda excessiva do Hospital do Juquery, localizado no município de Franco da Rocha. Na década de 70, época de sua internação, ela era mais uma entre os cerca de 1600 moradores distribuídos pelos grandes pavilhões, com uma média de 100 pessoas, do Hospital das Graças. Grande parte da clientela transferida para lá chegou a ficar internada no mínimo 30 anos.

Em meados de 1984 por iniciativa da equipe técnica e de alunos estagiários dos cursos de medicina, enfermagem e psicologia das universidades locais, foram desenvolvidas atividades cujo objetivo era dar atenção individualizada aos pacientes de um dos pavilhões. A casa, que pertencia a um antigo diretor do hospital, passou a receber um pequeno grupo do total de cem pessoas que freqüentavam o pátio durante o período da manhã. Dessa experiência, criou-se o Núcleo de Convivência, com o objetivo de tirar os internos do pátio e diminuir o número de moradores.

Na época da entrevista, as 17 pessoas que moravam nesse Núcleo contavam com assistência ininterrupta de pelo menos duas auxiliares de enfermagem por período.

A constituição do Núcleo foi o primeiro passo para a instalação das cinco casas que constituíram a Vila Terapêutica dentro do complexo hospitalar, no ano de 1987. As casas foram estruturadas para acolher três moradores cada uma; a área construída inclui um quarto grande, sala, cozinha, área de serviço e um quintal de terra para o plantio de frutas, verduras e legumes. As casas são simples, mas confortáveis. Na cozinha, mesa, cadeiras, fogão e geladeira; na sala, dois sofás e aparelhos de som e TV; nos quartos, três camas, três guarda-roupas, e eventualmente aparelhos de som e televisor. Cada uma delas conta com um profissional de referência para assessorar os moradores nos mais diversos tipos de demanda: medicação, limpeza de casa, ida aos serviços de saúde, às compras etc.

A partir do desejo de alguns moradores de saírem definitivamente do espaço hospitalar, profissionais envolvidos com o projeto de reinserção social buscaram viabilizar alternativas nesse sentido, instalando, por exemplo, Pensões Protegidas e inscrevendo alguns moradores em programas governamentais de aquisição de casa própria, como o dos conjuntos habitacionais da COHAB.

Pensões Protegidas são casas alugadas em diferentes bairros da cidade. Os moradores contam com alguém que os assessora nas compras, no planejamento das atividades domésticas e no tratamento de saúde. Esta pessoa é, freqüentemente, designada pela ONG que ganhou a licitação para administrar os recursos financeiros necessários à manutenção da casa.

Em relação aos conjuntos habitacionais, na época da entrevista, havia quatro casas compradas por ex-moradores do hospital. Uma delas era habitada por Gilda, que estava morando sozinha, pois o casal com quem havia se mudado não se adaptou ao local e voltou à antiga casa na Vila.

Gilda ficou enclausurada no hospício durante 25 anos. Foi internada com cerca de 40 anos devido a um quadro de epilepsia que se manifestou desde a infância. A partir da lembrança do relato de seus familiares, informa ter sofrido problemas perinatais. É a mais nova de quatro irmãs e um irmão. Nasceu num lugar sem recursos, no Estado de Minas Gerais. Aos dez anos perdeu o pai e, aos 12 anos, a mãe. Mudou-se com as irmãs para a cidade de São Paulo, para morar com o irmão que já trabalhava na capital paulista. Devido a convulsões freqüentes terminou a antiga 4ª primária e não pôde continuar os estudos como tanto desejava. Saía pouco de casa e sentia-se prisioneira da "doença".

Desse modo, quando internada no Hospital das Graças, vivenciou-o não como forma de exclusão, mas sim de libertação e de inclusão. Nos muitos anos excluída da cidade, o espaço de internamento precisou ser ressignificado. No paraíso que ela desenhou, os personagens são como camaleões, capazes de se protegerem e de se diferenciarem de acordo com a necessidade: ora se confundem com a paisagem para se proteger, ora se diferenciam dela para poder existir. Os processos dessa metamorfose são estratégias de sobrevivência.

Num primeiro olhar poderíamos supor que a criação desses mecanismos é pura alienação, é 'adaptação passiva' ao aparato da instituição total. Contudo, se é possível constatar na história de Gilda adesão ao discurso psiquiátrico tradicional, é possível identificar também, nos múltiplos sentidos de sua fala, lampejos de rebeldia ao sistema psiquiátrico. A aderência ao discurso e às práticas psiquiátricas não é total: há uma crítica implícita nas palavras e ações. Gilda costumava dizer aos estudantes de cursos de graduação na área de saúde que estagiavam no hospital que não tratassem os pacientes como crianças e ouvissem o que eles falavam, por mais delirante que pudesse parecer.

Ela nos conta que aprendeu com os funcionários, principalmente os mais qualificados, o discurso especializado. No entanto, ela nos fala também de algo que não faz parte do dispositivo manicomial: "Não tratem os pacientes como crianças", denunciando, assim, a hierarquia presente nas instituições totais. Tratar como criança é infantilizar, é tratar o sujeito adulto como alguém imaturo, que precisa ser controlado, é perder de vista o sujeito em sua complexidade. Gilda fala do desconhecimento dos que são porta-vozes do conhecimento: os técnicos. Quando diz que nas coisas mais absurdas pode haver conhecimento, ela põe em evidência dimensões que a instituição desconhece e rompe com o discurso racionalista.

À época da entrevista, Gilda tinha 70 anos e morava em uma casa adquirida com recursos próprios, num conjunto habitacional popular situado num bairro da periferia de uma cidade do interior de São Paulo. Luta pela sobrevivência e momentos de solidão, marcas de nosso tempo, continuam presentes em sua vida. Mas essa luta tomou outro sentido no espaço da cidade, lugar bem 'mais amplo' do que o 'presídio' da primeira casa ou do cenário do 'pequeno paraíso'.

Todos os dias pela manhã, ela vai a uma instituição de saúde mental no centro da cidade (NAPS - Núcleo de Atenção Psicossocial) para levar sua colaboração como voluntária: tocar, para os usuários do serviço, o piano que ganhou de um anônimo, uma habilidade que aprendeu sozinha quando estava internada no hospital.

Fui apresentada a Gilda no NAPS, pela coordenadora do Ambulatório de Saúde Mental que me acompanhou na primeira visita a pensões protegidas e casas populares que fazem parte do programa de inserção social de ex-pacientes do hospital psiquiátrico da cidade. Ela foi simpática e dispôs-se a conversar e a me levar até sua casa. No percurso, ela me ensinou o caminho, falou sobre o hospício onde ficou internada, sobre os livros que leu e os conhecimentos que tem.

Ao chegarmos, fez questão de me mostrar sua morada; apesar de reconhecer que ela é muito simples, compara-a a um palácio. Sente-se privilegiada por possuir a única casa com quintal do conjunto habitacional. Mostrou os quatro cômodos pequenos, a horta e a grande quantidade de bananas colhidas em seu quintal, que ela doa a uma creche do bairro. Valorizou os móveis e objetos comprados com seus recursos e orgulhou-se ao mostrar os documentos e cartas que atestam sua participação nos fóruns de debate da reforma da política de saúde mental no Estado de São Paulo. Mostrou as contas e os carnês que ela mesma paga e os vários diários que vem escrevendo há anos e que registram, com detalhes, os vários momentos de sua vida.

Ianni Regia Scarcelli

Entrevista com uma ex-interna do sistema manicomial

"Se der soco em ponta de faca a gente sai com a mão sangrando".

Gilda — Eu convivi 25 anos no Hospital das Graças. Foi uma universidade, porque eu fiquei de 1968 até 1973. Cinco anos tomando remédios que não davam certo. Tomei eletrochoque, tomei uma porção de outras coisas. Até que em 1973 veio o remédio que quase foi específico, que até hoje eu tomo. Ele é paliativo, mas pelo menos ele paralisou a epilepsia. (...) Eu tinha até 30 ataques numa semana em São Paulo. Eu vivia que nem uma presidiária dentro de casa. Eu não podia nem chegar na calçada que minha família não deixava. Eu não podia nem ir a uma padaria ou a uma venda buscar alguns víveres. Tudo era minha família que fazia. Eu não saía do portão para fora, porque era só sair do portão para fora que podia um veículo me pegar e poderia até me matar. As coisas poderiam ser piores. Então eu me via como uma presidiária doméstica. E então o que é que eu fiz? Eu resolvi, já que eu tenho que viver presa, então eu quero viver num lugar amplo'. Então eu pedi aos meus familiares que me arranjassem um hospital onde eu pudesse trabalhar, fazer alguma coisa, produzir alguma coisa, me tratar e fosse amplo. (...) Quando eu cheguei aqui, a minha família pensou que era o fim do mundo. Não é não. Foi a minha sorte. No dia 11 de agosto, dia das ciências jurídicas, Deus me deu um advogado [risos].

— *Quem era seu advogado?*

Gilda — Jesus. Jesus. Deus me deu um advogado que me protegeu, por isso eu não preciso de nenhum técnico em ciências jurídicas para minha causa, porque eu já tenho Jesus comigo. (...) Quando eu cheguei lá, a primeira coisa que eu fui fazendo foi procurar serviço. Comecei ajudando as faxineiras a limpar as cozinhas e tudo. Depois, lá tinha a terapia ocupacional: fui fazer crochê, eu costurava também com a máquina. Eram poucas as pacientes que costuravam com a máquina. E então eu trabalhava na lavanderia, reformava roupas para os pacientes. Porque eles rasgavam muito quando dava aquelas crises. Ia na cozinha, ajudava as cozinheiras a fazer faxina, e na lavanderia eu costurava também. Mas depois a funcionária viu que eu tinha condições psicológicas melhores, que eu podia, sabia ler, escrever e contar e então ela me pôs para despachar as roupas, que teriam que ser contadas e despachadas para serem lavadas. (...). Eles gostavam muito de mim lá. E eu aproveitava: lavava minhas roupas. Eu vivia vestida à paisana. Eu nunca vivia vestida com as roupas do hospital. Então, eu também não tive idéia de fugir, eu falei: "puxa, eu lutei tanto para vir aqui e agora eu vou fugir e pôr tudo a perder? Não eu não sou trouxa". [risos] "Eu quero evoluir e não regredir". Com essa síntese eu cativei todo mundo ali, quem me entendia. (...) Na lavanderia eu aprendi corte e costura. Na cozinha eu aprendi arte culinária. Muitas coisas e segredos de culinária eu aprendi. E também eu aprendi a aplicar injeção, medir pressão e medir temperatura. Eu ajudava os funcionários. E até aplicar eletrochoque. Até isso... Quando eu vi aplicar o eletrochoque, eu falei: "é com isso aí que eu vou sarar". Porque quando eu estava na escola, a gente aprendeu que tudo que existe na face da terra é feito de átomos. E os átomos têm... são divididos em prótons, elétrons e nêutrons. Então... quando a gente tem elétrons em excesso a gente fica nervosa, tensa e parece que está louca, porque a eletricidade está excessiva. O eletrochoque elimina o excesso de eletricidade que a gente tem. Então, todo mundo tinha medo daquilo como se aquilo fosse um fantasma, um veneno, um castigo (...). Quando eu tomei o primeiro, eu vi que as pacientes, elas viam aquilo como se fosse um castigo ou como se fosse uma cadeira elétrica, como se fossem umas sentenciadas, como se fosse uma pena capital. Então, eu falei: "num hospital do governo não vai haver pena capital aqui, não vai matar a gente, não. Isso aqui vai ser para mim uma coisa positiva". Eu via aquilo tudo como positivo e quando chegou a minha vez, eu vi que elas retesavam todos os músculos, e eu falei: "eu vou fazer diferente". Eu relaxei todos os músculos e tudo eu me senti outra.

Parece que aquilo me tirou... parece que eu estava dentro de um cubo que foram cortando as arestas à minha volta [risos] e me senti livre para voar. Eu só não voei porque não sou passarinho [risos]. E com os sete eletrochoques que eu tomei eu melhorei bastante. Mais de 50%. A tensão nervosa acabou, eu não tinha mais tremedeiras nas mãos, eu melhorei muito. Mas depois, foi chegando o dr. Saulo e trouxe aquele remédio que ainda era desconhecido no Brasil, o Fenitoína, que é anticonvulsivo. O Dr. Saulo chamou todos os pacientes e falou: "Hoje nós vamos experimentar um novo remédio que está a título experimental no Brasil". Nós somos cobaia dos EUA. Mas eu me orgulho muito disso, porque deu certo. Os epilépticos de lá se prevaleceram disso. Eles foram, eles tiveram um resultado positivo para eles lá também. Mas sabe como é, esse mundo sempre foi assim, sempre prevaleceu a lei do mais forte. Quem pode mais chora menos. (...) A gente tem que sempre dar o braço a torcer e a mão à palmatória para aqueles que conseguiram evoluir e chegaram ao ponto que chegaram. Mas eu não invejo nada disso. Eu admiro uma pessoa que evolui e eu procuro evoluir também ou então procurar ser páreo dela. [risos] Foi o que eu fiz no Hospital das Graças. O remédio quase foi específico, o Fenitoína. Eu depois comecei a perceber os ataques antes que eles me atacassem, antes que derrubassem. (...) Eu fui percebendo antes que eles me atacassem e quase foi específico. (...).

Depois que o dr. Saulo foi para outro setor, aí veio o dr. Alberto e acertou na mosca. Ele mandou fazer o eletroencéfalo e aí trouxe o Tegretol. Aí foi uma dupla dinâmica que resolveu mesmo. Até hoje eu tomo o Tegretol e o Gardenal. O Gardenal tomava desde o princípio de meu tratamento, mas uma andorinha não faz verão mesmo, um só soldado não vence a guerra [risos].

— *Quer dizer que precisou fazer um exército.*

Gilda — Exatamente. Precisa de um exército. Esses três valeram por um exército. A Fenitoína, a Carbamazepina e o Gardenal.

— *Você nunca mais teve ataques?*

Gilda — Nunca mais, nunca mais. E eu sempre procurando esquecer as coisas negativas e esquecer que eu estou doente. E entre os pacientes eu dizia: "vamos esquecer a doença e pensar em coisas positivas". Lá tinha um piano no qual eu aprendi a tocar, então eu pedia para um funcionário abrir o piano e comecei a dedilhar algumas coisas que eu sabia. Eu nunca fui aprender, mas eu via pessoas que sabiam tocar o piano. Tinha uma vizinha na minha casa, eu ia muito na casa dela para vê-la tocar piano e eu gostava muito. Eu comecei. Eu tive um ataque que me deu esse problema no dedo mínimo, então eu não posso tocar com quatro notas. Então, o que eu fiz? Inventei com três. Inventei com três notas. E esse método que eu toco é inusitado.

Tem muita gente que fica mesmo admirada com isso. Não é uma coisa de conservatório, mas pelo menos eu me viro. Uma vez que eu fui lá aprender teoricamente eu pensei: "sabe de uma coisa? O que Deus me ensinou é mais bacana, é muito melhor. O que Deus me ensinou é melhor. Os autodidatas, os que aprendem sozinhos, o professor só pode ser Deus". [risos] E para mim, eu dou muito mais valor ao que se aprende sozinho do que para aquilo que uma universidade não me ensinaria. (...) Coisas da minha prática de tantos anos que eu vivi no Hospital das Graças e de prioridades dos pacientes e como se deve tratar um paciente. Antes do final, eu disse: "lembre-se que nós somos seres humanos. Não somos bichos e um dia a gente consegue vencer todas as dificuldades desse mundo". Para Deus nada é impossível. (...) E, então, antes de mais nada, Deus falou: "Faz a tua parte e eu te ajudarei". E aí é que está. E quando vinha todo mundo com rusgas uns com os outros eu dizia: "Lembre-se que Deus mandou que nos amássemos e não nos amassemos" (risos). Pregando solidariedade, lembrando que a melhor coisa nesse mundo foi o que os três mosqueteiros inventaram: "um por todos e todos por um". [risos] E essas coisas eu fui recuperando, rememorando, todas aquelas coisas que eu aprendi outrora quando eu estava na escola, eu fui rememorando quando vinham estudantes. Eu conversava com elas e elas me traziam livros. Eu pedia "se seus livros estiverem obsoletos, você traga para mim que é para eu aprender". E eles me traziam. Eu tinha até um compêndio de literatura. Eu, quando estava fazendo o colegial, eu queria ser comunicadora, estudar comunicações. Porque a minha professora falava que quem tinha jeito para comunicar tem que ser desinibido. (...).

Eu, graças a Deus, sempre tive o dom de chamar a atenção das pessoas e elas prestarem atenção naquilo, não é? Eu sempre dizia para os estudantes quando iam lá [Hospital das Graças]: "Olha, vocês ouçam os pacientes por mais absurda que seja a história deles". Porque elas tinham muitos devaneios, sabe? Faziam muitos delírios, o que é peculiar do doente mental, não é? Tinha uma lá que dizia que era fazendeira, que tinha muito gado, que tinha muita coisa, e era nada, sabe? Ela morava num sítio lá e dizia que já era uma fazenda. Era megalomania, o que é peculiar do doente mental. Um dia então falei: "por mais absurda que seja a conversa dela, ouça, que você vai tirar proveito, para ver até onde vai a imaginação de uma pessoa que sofre das faculdades mentais e que está com problemas psicológicos". Então, as faculdades mentais é uma... não, não é uma faculdade, é uma universidade para o mundo todo aprender como se vive e como se aprende a viver, não é?

Um 'pequeno paraíso'?

Gilda — Sexta-feira estive em São Paulo na reunião, na reunião de São Paulo lá [da Comissão de Saúde Mental do Conselho Estadual de Saúde] e eu falei lá para um doutor que estava contra acabar com os hospitais psiquiátricos, não é? Então, eu falei: "eu gostaria de dizer para todos para que terminassem essa..." — como se diz, meu Deus, essa... como eu disse para eles lá, meu Deus do céu? Não uma fábrica, como é meu Deus? Que estavam fazendo daquilo lá, do doente mental... usando o doente mental como se fosse uma coisa de tirar proveito para todo mundo. Como por exemplo, fazer hospitais, como cobaias. E então, uma indústria, uma indústria de doentes mentais. Eu falei assim: "isso pode muito bem ser tratado fora de hospitais, como nós estamos fazendo lá na minha cidade". E aquele doutor subiu nas tamancas, aquele era diretor de um hospital.

— *Era um hospital particular?*

Gilda — Era um hospital particular não sei lá de onde, era o hospital dele lá. Isso aí não é uma indústria de doentes mentais, não. (...) Mas eu me orgulho muito de ter sido cobaia e de ter podido ajudar a outrem e à medida que eu ia sarando eu conversava com estudantes, aqueles que iam fazer estágio. Estudantes de psicologia, de enfermagem e de medicina. Eu explicava para eles tudo como eram os sintomas, todas as características da doença. (...).

Então, eu fui aprendendo com estudantes. Eles me trouxeram aquele compêndio de literatura, que eu tinha um dicionário lá. Eu via um vocábulo diferente, eu ia procurar no dicionário. A origem dele. Porque no português nós temos o tupi-guarani, tem o português que vem... não... o latim, o tupi-guarani e grego. E o grego, não é? Porque a língua portuguesa deriva de tudo isso. (...).

E então, todas as coisas, enfim, que eram para mim uma incógnita, eu saía perguntando: "olha, me ensina porque eu ignoro isso, eu sou ignorante". Falavam: "não, você não é ignorante". Eu dizia: "eu ignoro, quem ignora é ignorante" [risos]. Estou querendo aprender. Feliz é aquele que quer aprender, que quer acertar, não é uma boa? Eu sei que com esse método eu conquistei muitas pessoas que pensavam que eu tinha arrogância, que eu queria ser mais que muita coisa. Então, não, não é nada disso.

Eu sou uma criatura simples, que veio nesse mundo para aprender e para ensinar o que eu sei. O que eu tenho aprendido com a vida eu ensinei para as companheiras. O que eu fui aprendendo, passei para elas. Porque às vezes elas não assimilavam certos vocábulos eruditos. (...) Certas pessoas achavam que eu queria ser mais que alguém. Mas não, eu dizia: "não, não é nada disso".

— *Os "pacientes"?*

Gilda — Não, as funcionárias. As funcionárias achavam que eu gostava... eu sempre gostei de articular os vocábulos sempre corretamente. Então eu pensei cá comigo: "ela está fazendo certo desdém porque eu falo corretamente. Eu aprendi a falar corretamente; eu vou regredir ou invés de progredir?". Aí que eu descobri a minha personalidade. No final essas próprias funcionárias, que não tinham muita cultura mesmo, eram analfabetas, no final elas tornaram-se minhas amigas.

— *E o que você descobriu sobre sua personalidade?*

Gilda — Eu descobri que eu sei falar com 'erres' e com 'esses', com os verbos nos seus tempos e com vocábulos que sejam adequados a um diálogo com pessoas. (...) Eu aprendi na escola, a forma de comunicar-se adequadamente. Para se estudar comunicações, você precisa saber comunicar-se. E para saber comunicar-se precisa ter um diálogo franco com vocábulos adequados e nos tempos dos verbos e com 'erres' e 'esses', e tudo direitinho, não é? Se eu não sabia muito, se eu não sabia muito vocabulário, eu fui aprendendo. Eu fui aprendendo. E depois, aquilo que eu aprendi falar corretamente, "ela está fazendo desdém". Se eu falo com 'esses' e 'erres' eu vou falar sem 'esses' e 'erres'? Se está errado? Nada disso! Eu aprendi a falar corretamente. Elas aprenderam depois comigo a falar com 'esses' e 'erres' e os verbos nos seus tempos certos. Está vendo só? E eu não tomei partido, nunca tomei partido e nem nunca tomei raiva de ninguém. Logo eu percebi que, se essa pessoa tem inveja de mim, eu tenho alguma qualidade. (...).

— *E os pacientes do hospital, como eram em relação a você? Porque, pelo visto, você se diferenciava.*

Gilda — Eu procurava ensiná-los.

— *E eles?*

Gilda — Eles aprendiam. Eles me admiravam. Aprendiam, queriam. Eles diziam: "Você não sabe? Pergunte para a Gilda". [risos]

— *E você, como é que se sentia?*

Gilda — Eu me sentia muito bem. Eu pedia a Deus para transmitir a eles coisas positivas. Eu não sou uma luz, mas nem que seja uma lamparina para poder ajudá-los, não é? [risos] (...) Mas o que ajudou muito foi o piano que estava lá abandonado. Eu comecei a tocar e depois quando os pacientes estavam brigando entre si, eu falava: "vamos parar de brigar e vamos cantar?". Eu levava todo mundo perto do piano e tocava música de Roberto Carlos, de Chitãozinho e Chororó, do tempo de Tonico e Tinoco. Enfim, eu agradava a gregos e troianos. (...).

Então eu sempre falava para as pacientes: "sua família te abandonou? A minha também está lá em São Paulo. Eu estou também semi-abandonada". Mas, graças a Deus, minha família nunca me abandonou. Minha família sempre vinha me visitar. Fui eu que pedi para eles não virem. Nessa trajetória, quatros horas e meia de viagem de São Paulo até aqui, poderia acontecer um desastre e eu nunca me perdoaria se eles morressem no caminho. Eu tinha tanto medo dessa Via Anhanguera! Não tinha feito a Bandeirantes ainda. Então, eu falava para elas "você se sente abandonada? Você não tem família? Eu também não tenho. Vamos nós fazer uma família aqui? Você não é filha de Deus? Eu também sou. Então somos todos irmãos" [risos]. Então foi esse lema que eu inventei lá, sabe? E olha, todo mundo assimilou e teve sucesso. (...).

— *E você foi a primeira a sair da Vila Terapêutica para a Pensão Protegida, não é?*

Gilda — Exatamente. Eu fui uma das primeiras, porque eu tinha medo de ir de lá dos Pavilhões e ir lá para a Vila. Foram as outras primeiro. Depois eu achei que chegou a hora. (...) Bia, Marta e Nair foram primeiro para a Vila Terapêutica. Depois da Vila Terapêutica, vieram para cá [a cidade]. Também eu tinha medo de vir para cá.

— *Então, primeiro você teve medo de sair do Pavilhão. Você esperou elas irem primeiro e depois você foi morar com elas?*

Gilda — Eu fui morar com elas, na mesma casa.

— *Depois elas também quiseram sair da Vila e você tinha medo.*

Gilda — Eu tinha medo.

— *Por que você tinha medo?*

Gilda — Eu tinha medo de morar em centros urbanos. Aí é que está, 25 anos no hospital. É aquilo que eles dizem que a gente vai tomando, o hospitalismo. A gente não pode viver depois. A gente não consegue viver depois, fora do hospital. E então, eu consegui dar a volta por cima. Graças a Deus, as funcionárias do serviço social, as psicólogas também falavam: "você tem que ir, você tem que fazer, você tem que experimentar, nem que seja a título de experiência".

— *Então, elas que insistiram para você sair.*

Gilda — Elas que insistiram. Então houve uma vaga na Pensão Protegida e então eu fui morar lá. Ali é quando abriu mesmo um caminho de nova esperança, caminho verde para mim. Eu encontrei muita coisa boa. Eu pude... a gente recebe mesmo um salário para a gente poder sobreviver ali. Eu aprendi a lidar com o câmbio, eu aprendi a buscar, como busco até hoje, minha própria aposentadoria, o auxílio-doença. Não é aposentadoria, é auxílio doença e a gente recebe um salário com o auxílio-doença para sobreviver. Eu abri até caderneta de poupança.

Eu tenho tudo isso aqui [utensílios e móveis], (...) eu fui comprando. Quando eu estava lá na Pensão Protegida houve uma época lá que eles [técnicos do Hospital das Graças] vieram aqui para a Bento Freitas [nome do conjunto habitacional onde mora] e depois foi lá para o Sítio da Gamela [outro conjunto habitacional] para a gente conseguir uma casa própria. Então, o que eu queria era desocupar a minha vaga lá para outros do Hospital das Graças irem ocupar.

— *Nessa mudança, da Pensão Protegida para a casa na COHAB, você já não tinha mais medo.*

Gilda — Já não tinha mais medo. Aí eu deslanchei. Aí eu orei muito, pedi a Deus muito e com isso eu fui para conseguir...

— *Foi uma batalha para conseguir essa casa aqui?*

Gilda — A casa aqui não foi tão difícil.(...) Foi na campanha da Cohab. A Cohab já começou há muitos anos. Muitos bairros aqui começaram com a Cohab. (...). Aqui é de casas modestas... E então quando eu fui sorteada [pra comprar a casa], eu já tinha ido comprar todas essas coisas que eu precisava, coisas de primeira necessidade, no Magazine Yara. Fui comprando geladeira, fui comprando... o fogão eu comprei em outra loja quando estava inaugurando (...). Então eu comprei sem entrada, comprei fogão lá, um fogão muito bom. Veja você como ele funciona bem: forno alto-limpante, muito bom, de quatro bocas. Está muito bom. E eu fui comprando tudo, sabe? Olha, essa mesa de mármore, cadeiras! Comprei geladeira, comprei eletrodomésticos, tudo no Magazine Yara. (...) Só o fogão eu comprei nas Lojas Peão... Mas fui comprando tudo. Televisão. Essa televisão eu comprei na Loja Maristela, a outra televisão que eu tenho eu ganhei do Baú da Felicidade. Eu também comprei no Baú da Felicidade. Eu nunca fui sorteada lá, mas eu podia retirar mercadorias. Por exemplo, trazer jogo de panelas, jogos, o televisor que eu tenho de 20 polegadas, tudo. E ele até marca as horas, aquele televisor lá, sabe? E aquele rádio relógio, quadros. Isso aqui eu comprei tudo no Magazine Yara. "Eu vou decorar a casa lá", não é mesmo? Eu não gosto de casa empetecada. (...) Gosto de alguma coisa na parede e aquele lá [o quadro] mexe muito comigo. Tem o piano e uma coisa de bailarina, uma sapatilha de bailarina. Coisa que eu sempre admirei foi sapatilha de bailarina. E o piano foi sempre minha paixão. E a música, olha as partituras lá. Aquilo mexeu comigo, então eu disse: "Agora eu tenho que comprar esse quadro". [risos]. Então eu comprei lá no Magazine Yara. Lá, eles puseram tanta fé, depositaram tanta fé em nós. Eles falaram assim: "o que vocês quiserem comprar, então compra porque nós confiamos em vocês". A nossa diretoria deu apoio e disse (pra gerência da loja): "Eles recebem o salário, eles conseguirão pagar as prestações que estejam ao alcance deles". Resultado: nós pudemos comprar muito mais do que se a gente tivesse comprado à vista. Aí eu pude ir pagando e, graças a Deus, agora eu fiz um consórcio também, que eu comprei aquele material para construção no consórcio. Eu pus esses pisos aqui e outras coisas que foram de melhoramentos aqui, eu comprei. (...).

— *Quanto tempo você levou para comprar as coisas?*

Gilda — Eu demorei uns cinco anos.

— *Você foi para a pensão, ficou um pouquinho lá e já ficou com vontade de sair?*

Gilda — Exato, já que eu consegui aquela... que conseguiram uma casa da Cohab eu falei: "Eu vou conseguir uma casa da Cohab também". Saiu aquela do Sítio da Gamela e eu fui sorteada. E aí, puxa vida, até me lembro que o Mário Covas é que sorteou lá. E eu saí logo uma das primeiras. A Bia também foi sorteada, mas ela não quer sair de lá, ela tem medo. Ela contou? Ela não contou? (...)
Ah, aquela lá é irreversível. Ela tem uma personalidade incrível e... e... e o que ela diz, bate o pé e fica por ali mesmo. Ninguém convence ela. Mas eu já conversei uma vez com a psicóloga que se a gente quiser forçar uma pessoa a fazer o que ela não quer, a gente está prejudicando a personalidade dela. Deixe a pessoa fazer como ela achar melhor. A mesma coisa, criança. Na psicologia infantil não se deve naturalmente deixar a criança quebrar a cara, não é? Mas, deixá-la aprender caindo. Caindo e aprendendo a levantar. Então... mas que essas lições não sejam tão duras a ponto de deixar... a ponto de trazer coisas negativas para eles. E são as lições da vida e os problemas que a gente tem que aprender a solucionar.
A primeira coisa que eu me inspirei e li, foi lá no Hospital das Graças. (...). Ali eu encontrei o que eu precisava. Eu falei assim: "Isso não parece nem um hospital, isso parece um pequeno paraíso". Era o que eu queria, o que eu queria encontrar, eu encontrei aqui. E então aquelas árvores, cheio de árvores frutíferas, uma maravilha, uma ecologia maravilhosa. E então aí foi quando eu fiz a poesia: "Meu pequeno paraíso". Todo mundo gosta que eu recite essa poesia porque tem muita coisa interessante da minha vida. (...).
Isso aí (a poesia) ficou na Diretoria [do hospital]. Está lá na diretoria essa minha poesia, desde o tempo do dr. Gonçalves. Isso aí eu distribuí para muita gente, para muitas pessoas. Eu falei: "não pensem que isso aqui é fim de mundo não! Não pensem que o mundo caiu porque você ficou doente das faculdades mentais, não é? Porque você está sofrendo". E punha sempre na cabeça dos pacientes: "loucura não existe, porque quando a gente atinge um grau de loucura, a gente morre. Então, se por acaso chamarem você de louco você diz: 'Por acaso eu sou um fantasma?" [risos] Quem está falando com você é de carne e osso. Então aí eu não admitia isso, oras! E era mais coerente. Vocês cobram tanto da gente coerência, vocês estão sendo incoerentes de chamar a gente de louco, não é? Então aí é que está: vocês não sabem o que significa a loucura. Aí é que está. Então, com isso aí, cada um tem um problema. (...) Por exemplo,

eu nasci com uma célula morta, então quando eu tive o problema, meu problema é nascimento. Então, minha mãe não teve socorro logo; lógico, então eu nasci com o cordão umbilical enrolado no pescoço e pelos pés. E com isso aí eu tive... sofri... socorreram minha mãe como puderam. E aí eu tive... faltou oxigênio e eu já nasci dando a epilepsia. Eu já nasci com ela. E aquilo paralisou na minha infância. E depois na adolescência, da infância para a adolescência, 14 anos, quando passei na menarca, aí voltou novamente. Aquilo lá complicou. Aos 14 anos. (...).

Aos dez anos nosso pai faleceu e nós tivemos que nos virar (um irmão e quatro irmãs). Meu irmão foi igual mesmo um pai para nós. Ele assumiu a responsabilidade de chefiar a família. Foi muito bom aquele meu irmão. Ele deve estar gozando de boas regalias com Deus. E então, Deus permita, porque ele fez muito bem para nós. Quando minha mãe faleceu, dois anos depois do meu pai. (...).

Com dez anos eu perdi meu pai e nós estávamos em Belo Horizonte. Esse meu irmão já tinha se mudado para São Paulo e ele nos chamou para vir morar em São Paulo. (...) Ele era mais velho e ele não se casou enquanto as irmãs não se casassem. Ele se casou por último. (...) Eu não me casei porque eu fiquei doente. Aí é que está. Então viemos morar com ele na Vila Ipojuca, perto da Lapa. (...)

Então, ele não foi tão feliz como todas nós, que nós seguimos o que Deus nos ensina. Meu irmão era viciado em bebida. Mas não era de ir para a rua, nada. Mas ele tinha o fígado muito sensível e depois deu cirrose. Ele morreu por causa da bebida. Ele gostava de tomar vinho e ficava com o rosto todo cor de vinho. Ele tinha alergia pela bebida e bebia. Isso, quando eu via tudo isso, eu falei... eu tomei pavor de bebida. Bebida e fumo.

— *E você morava com a Bia, que bebia bastante.*

Gilda — Que bebia, sim [risos]. Isso aí foi outro calvário da minha vida. [risos]

— *Você morava com seu irmão, com suas irmãs e começou a ter problemas com 14 anos. Começou a ter ataques nos lugares, na escola?*

Gilda — Eu tive que parar as aulas. Parar o colegial. Cheguei a tirar o diploma do primário, do 4º ano primário. (...).

— *Deve ter sido muito difícil para você largar a escola, porque você gosta de estudar. Você deve ter sofrido muito.*

Gilda — Muito, muito. Isso foi muito triste para mim. Foi duro. Mas eu dei a volta por cima. Eu vivia sempre procurando estudantes [vizinhos que freqüentavam a escola] e aprendendo novamente. Ia aprendendo coisas. "O que vocês aprenderam hoje lá? O que a professora ensinou para vocês lá, hoje? Vocês assimilaram?" — "Ah Gilda, estou na dúvida." — "Então vamos lá, vamos ver isso aí", dizia. Procurávamos no dicionário. Elas aprendiam e me ensinavam e ia sendo uma troca.

— *Quando foi isso?*

Gilda — Acho que 1946.

— *Isso era com suas colegas.*

Gilda — Estávamos sempre, os ginasianos, lá. Então eu perguntava: "O que vocês aprenderam hoje?" Porque eu não podia sair de casa. Não podia nem sair.

— *Então você não saía mais de casa. Você não tinha coragem ou a família...*

Gilda — A minha família não deixava.

— *E você queria sair?*

Gilda — Eu queria, mas eu... depois, sabe, Deus sempre tem um plano para gente. Um programa para gente um dia. E depois, mesmo assim, eu aprendi muita coisa e vim parar... Em 1968, eu resolvi sair de São Paulo, porque a poluição lá estava demais, cada vez ficava pior. Eu via que a minha família toda já havia se casado, eu vivia sempre na casa de um, na casa de outro. Eu me sentia uma ave sem ninho. Se bem que meus irmãos faziam de tudo por mim. Eu tinha tudo. "Nós temos obrigação de cuidar de você, já que você ficou doente". Mas o meu amor próprio nunca permitia. Então, o que eu fiz? Eu quis ir para um hospital porque aqui eu devo para todos e não devo para ninguém. Porque aqui eu fiz uma comunidade, na qual eu vou precisar e devo devolver alguma coisa. E devolvi, fiz amizades, e pronto. E até hoje estou podendo ajudar.

— *Você construiu sua vida por si própria.*

Gilda — Exatamente. E autodidata, não é? [risos]. Sem precisar ir no colégio.

— *Agora você tem tomado medicamentos?*

Gilda — Só para garantir.

— *Não faz nenhum tipo de tratamento?*

Gilda — Não.

— *No NAPS você vai pela manhã para ajudar e não para fazer tratamento, porque você está de alta, certo?*

Gilda — Eu vou periodicamente no SUS e nem preciso fazer exames. Outro dia eu tive um cisto epidérmico e precisei procurar o dermatologista. (...) Lá no SUS, eu tenho uma médica que é um anjo. É uma bondade. A dra. Laura. Enfim, eu tenho amizade com todo mundo e tem muitos funcionários do Hospital das Graças que trabalham lá, sabe? Então, a gente encontra e graças a Deus eu faço amizade com todo mundo, e peço por favor, e espero minha vez. Eu levo um crochê para ir fazendo e digo: "quando chegar minha vez você me chama" [risos], para ficar esperando.

— *Você sempre aproveita tudo, o tempo que puder.*

Gilda — E tem outra coisa, eu sempre ponho sempre na minha cabeça, não deixar a mente vaga para pensar em coisas negativas. Estar sempre trabalhando e produzindo, para não ter tempo de pensar em coisas negativas. A gente trabalhando e produzindo coisas boas, a gente pode evoluir psicologicamente e espiritualmente também. Aí é que está. Eu leio também as coisas que eu gosto muito lá da igreja, que a gente aprende de textos bíblicos, que é muito bom. (...)

Quando nós morávamos naquele local que não tinha nenhuma igreja ali perto, mas tinha... como se diz... tinha os presbiterianos, os pastores presbiterianos que nos ensinaram tanta coisa boa. Tanta coisa que a gente aprendeu. A gente era católica, mas Deus não tem nenhuma religião. Seguir a Deus não é... religião. Religião significa religare. Vem do religare. A gente tem uma religião que liga, para se religar a Deus.

A cidade de braços abertos

Gilda — Quando eu vou lá na Secretaria da Saúde [em São Paulo], eu falo para muita gente de outras cidades que vão lá e o que eu digo para eles: "A minha prática de 25 anos no hospital psiquiátrico, eu vou passar para vocês que lidam com doentes mentais. Nunca devem tratá-los como criança, mas também não tratá-los como animais, com estupidez. Ensiná-los a tomar o seu próprio caminho de aprender e dizer para eles que eles vão sarar. Dar estímulo para que eles. Dizer: "Vocês têm uma oportunidade de sarar e vocês vão sarar". Porque nós já estamos no ano 2000 e é impossível que a doença não tenha cura. Podem aparecer novas doenças, haverá um antídoto para elas. Haverá, se Deus quiser. A gente espera, a gente espera porque é como eu digo: "antes dos cientistas nascerem, Deus já existia". Aí é que está, os cientistas e o pai da medicina. Aí, tantas coisas que eram antigamente incuráveis, então já foram descobrindo os antídotos, os grandes sanitaristas. Interessante que aqui, por falar em médico sanitarista, o Adolpho Lutz, que foi médico sanitarista, aqui onde eu vou fazer exames periódicos o Instituto é Adolph Lutz. E onde eu vou lá em São Paulo é Adolph Lutz também. Então lá a gente pode ver muitas outras pessoas de outras cidades e lá nos explicamos como deu certo para nós. Então, eu sempre falo lá para a turma: "O que nós conseguimos não foi feitiçaria, foi tecnologia". [risos] Precisa pôr a tecnologia. Então pôr em prática, saber pôr em prática isso aí. E ensinar os pacientes a dar a volta por cima. Se não conseguir dar a volta por cima, pelo menos não regrida. Precisa aprender a dar estímulo para eles encontrarem um meio para ajudar a ciência. Está escrito: "Ajude-me a ajudar você". O doutor não vai fazer nada, só Deus é que faz milagre. [risos] E é isso que eu falava sempre lá no Santa Tereza. (...).

Eu não sou um gênio, mas eu tenho vontade de aprender. O que é mais importante para pessoa é ela ter força de vontade. Com força de vontade a gente escala montanha sem ser alpinista. [risos] Você pode ver que eu falo muito por parábolas. Então, aí é que está... Então, você pode ver: tudo isso aqui fui eu que fiz. (...).

— *Você canalizou tudo para seu autodidatismo.*

Gilda — Para meu autodidatismo e também para as coisas positivas e aprender as coisas que prestam, não é mesmo? Eu fui separando o joio do trigo. [risos] Fui separando o joio do trigo e fazendo só coisas positivas, só coisas que me trouxessem benefício. E esse benefício eu transmiti para outrem. (...) A história do café da minha cidade eu conheço.

— *É mesmo?*

Gilda — Aí é que está. Sabe quem trouxe os primeiros pés de café? Os colonizadores. Trouxeram da África. Quem trouxe os primeiros pés de café e plantou aqui na fazenda dos Silveiras. Agora eu não me lembro o nome dele, que trouxe os primeiros pés de café. Mas depois eu me lembro. Os primeiros pés de café... Veio de África e plantou aqui e depois virou aquele cafezal mesmo e de onde surgiu uma cidade como a minha. Foi através da lavoura de café. Então, até se chamava a capital do café aqui. Ai meu Deus, preciso me lembrar o nome dele. Ele... era... depois aparece o nome. Depois ele surge na minha cabeça. Dá um vazio... vazio não, dá um branco, mas depois aparece. Mas eu fiz [uma] poesia, eu tenho guardada aí. Quando ele trouxe os primeiros pés de café, dizendo que aquilo lá dá uma excelente bebida, excelente bebida. E o Silveira é o primeiro, o pioneiro. Acreditou nele e começou a plantar na fazenda dele. E virou a fazenda dos Silveiras, não é? Aí então... puxa vida... estou querendo lembrar o nome dele, o que trouxe os pés de café. (...) Então... estou tentando me lembrar do nome de quem trouxe a muda de café... Ai, ai meu Deus... Me foge agora. Quando eu me lembrar eu te conto. Francisco de Mello Palheta!

— *Se lembrou.*

Gilda — Não disse a você que minha cabeça é só mexendo com as células... Sabe o que eu faço? Eu recorro ao alfabeto. Chegou no 'f', Francisco de Melo Palheta [risos]. Francisco de Melo Palheta. Francisco de Melo Palheta trouxe da África os primeiros pés de café e plantou na fazenda dos Silveira. Você não sabia desta história?

— *Não, agora estou sabendo um pouco sobre a história da fundação da sua cidade.* [risos]

Gilda — Viu? Essa cidade, como eu amo! Como se fosse a minha terra. Eu amo porque foi a cidade que me recebeu de braços abertos. É como eu digo, nasci em Minas e não deu nada certo lá. Belo Horizonte foi uma mãe que me abandonou quando criança. São Paulo foi uma madrasta para mim porque não deu nada certo lá. Fiquei doente e tive que me tratar. E aqui foi uma mãe adotiva que valeu por todas as mães que a gente tem no mundo. Aqui deu tudo certo pra mim, aqui eu sarei e aqui estou podendo ajudar os outros a sarar. Não é uma benção?

Entrevistadora: Ianni Regia Scarccelli

Os estigmas de uma prisão

Lúcia tem 38 anos, é negra, ex-interna de hospitais psiquiátricos e mora em uma residência terapêutica anexa a um Hospital Psiquiátrico de São Paulo.[1] A construção antiga, pequena e simples, tem sala, quarto, cozinha e banheiro. Como boa anfitriã, ela me mostra a casa e me serve um café.

Cheguei até ela por indicação de uma das pesquisadoras deste grupo. Durante a entrevista ela sugere que eu também converse com Roberto, seu amigo e vizinho, também ex-interno de hospital psiquiátrico e que teria muitas coisas para contar. Fiz as duas entrevistas, mas escolhi o depoimento de Lúcia, que fala de modo mais claro da realidade vivida nos manicômios.

O ponto em comum dos dois depoimentos é a história de vida marcada – na maioria das vezes, violentamente – pelo percurso feito de instituição em instituição: o juizado de menores, o internato, a FEBEM, o hospital psiquiátrico. A vida se dá, toda ela, dentro dos muros estreitos dessas instituições totais.

Seus pais eram internos da FEBEM. Ela não conheceu o pai; a mãe morreu quando ela tinha apenas um ano. Sem contato com outros parentes, acabou abrigada no SOS Criança e depois na FEBEM. Aí, começou um namoro com um dos funcionários e ficou grávida aos 13 anos. Logo após o parto, o bebê lhe foi tirado pelo Juizado de Menores e a guarda foi dada ao pai da criança. Desde então, ela nunca mais viu o filho.

---

[1] Residências Terapêuticas: dispositivos criados dentro de Rede de Serviços Substitutivos de Atenção à Saúde Mental que funcionam como moradias para ex-internos de hospitais psiquiátricos que perderam seus vínculos familiares. Essas casas têm acompanhamento feito por funcionários de Saúde Mental.

Lúcia tem crises de epilepsia desde pequena. O percurso na FEBEM, a morte da mãe, a revolta contra os maus tratos sofridos, levaram-na a ter "crises de nervoso", "problemas de psiquiatria".

Por volta dos 13 anos, dá-se a primeira de muitas internações em hospitais psiquiátricos. Entre entradas e saídas (várias delas por fuga), ela nos relata uma série de situações de extrema violência pelas quais passou e que testemunhou dentro do manicômio: abuso sexual, abuso de poder, agressão física, prováveis assassinatos. Ela menciona a morte de quinze moradoras do hospital em que se encontra a sua residência, denunciada ao poder público, mas até aquela data, sem uma resposta.

Lúcia e Roberto falam do estigma que carregam os que passaram por internação psiquiátrica e foram marcados com o rótulo de "louco". Suas palavras e gestos ora são interpretados como delírio/sintoma, ora como mentira, manipulação, má fé. Ora são loucos, ora delinqüentes. Seus direitos são negados, suas denúncias e reivindicações têm menos legitimidade do que as dos que estão do outro lado do muro ou fazem parte da equipe de funcionários. Estes são os detentores da razão, da verdade e dos direitos.

Nesse percurso, os sonhos são abortados desde o princípio. Roberto fala dos longos anos de internação: "Foram muito ruins, não foram bons, não. A gente se compara com as pessoas que estiveram ao nosso lado. (...) Se eu comparar a vida de um colega que eu tive, que cresceu comigo, com a minha... é assim, ela se levantando e eu... [Roberto adquire um ar melancólico e sombrio]. Porque a pessoa que cresceu comigo não foi para a psiquiatria e eu fui. Então, hoje eu matuto na cabeça... hoje ela deve estar bem e eu estou nessa daí... (...) Eu estava carregando fé comigo que eu ia ser alguém, se eu não fosse jogado às traças. (...) É como ficarmos prisioneiros, como se fosse uma cadeia... É... a dose é amarga."

Os planos de construir a vida, trabalhar, estudar, ter uma família morrem dentro dos muros das instituições totais. Lúcia narra os ataques epiléticos que, juntamente com "o nervoso" – um misto de revolta, agressividade e depressão – a levam da FEBEM ao hospital psiquiátrico. Nervoso que, segundo ela, advém de sua história de aprisionamento e violência.

A revolta contra toda essa situação se transforma em energia que ela investe na reivindicação de seus direitos e de outros que passam por situação semelhante. É isso que a leva a participar de fóruns de discussão sobre as políticas de saúde mental.

Lúcia trava uma luta incessante para que os pacientes psiquiátricos sejam reconhecidos e tratados como seres humanos. Durante o depoimento, ela repete várias vezes que as pessoas internadas não são bichos, não são animais.

Sua luta por dignidade tornou-se missão de vida. Em diversos momentos da entrevista, ela repete que os internos são seres humanos como todos os outros. Fica a questão: o que os diferencia de nós? Talvez a passagem por essas instituições que os marcam a "ferro e fogo" com o estigma da loucura, da delinqüência e da marginalidade.

As histórias que ela narra lembram cenas apresentadas por Foucault em *Vigiar e Punir*: trazem o suplício dos corpos condenados. Historicamente, a violência cometida no interior dos manicômios foi acobertada, dentre outras coisas, pela menoridade imputada aos que os habitavam. O "louco" é menor porque seu discurso não é passível de reconhecimento aos olhos da razão.

Com a organização do Movimento de Luta Antimanicomial, foram muitas as denúncias de maus tratos ocorridos nos hospitais psiquiátricos e vários os processos de intervenção nessas instituições. Tal mobilização trouxe à luz fatos por muitos anos escondidos no interior desses lugares.

A crença de que o "louco" não sabe o que diz é falseada pelo relato de Lúcia – uma narrativa expressiva, carregada de sentidos, sentimentos, aspirações e sonhos tocantes e inegavelmente humanos.

Mirna Koda

Entrevista com uma moradora em residência terapêutica

"É por isso que eu vivo falando: somos todos seres humanos, iguais a todo mundo lá fora, ninguém é um animal aqui dentro".

— *Lúcia, eu queria conversar com você sobre sua história de vida, de antes das internações, como foi?*

Lúcia — Eu era da FEBEM X, da UR (Unidade de Recuperação). Eu fui parar na FEBEM por causa da minha mãe e do meu pai, que já eram da FEBEM, internados. Eles tiveram a minha irmã, que se chamava Lúcia H.S. Ela faleceu, depois eu nasci e colocaram o mesmo nome. Aí a minha mãe saiu do hospital, da FEBEM, meu pai também saiu e eu não sei para onde eles foram. [Quando nasci] o médico falou que eu tinha problema de ataque epilético, nasci com ataque epilético, com problema de psiquiatria, nervoso. Eu me irrito fácil quando os outros me provocam. Quando eu completei cinco meses fui para o hospital NT. Quando fiz um ano de idade, a minha mãe foi lá no meu aniversário, dar parabéns para mim. Ela acabou falecendo, deu enfarte nela. Por isso eu não gosto do mês de maio, porque é uma coisa que recorda muitas coisas... Eu ia completar um ano de idade. A minha mãe foi lá no hospital NT pra me tirar de alta. Ela passou mal e acabou morrendo. Me tiraram dos braços dela e me colocaram no berçário. Nisso eu fui para o SOS Criança, e um colégio interno.

— *E seu pai?*

Lúcia — Nunca tive notícia. Nem do meu pai, nem de primos, nem de ninguém da minha família, nem de avô, de ninguém. Eu fui para o SOS Criança, do SOS Criança voltei para a UR. De lá, eu fui para Atibaia. Em Atibaia era um colégio interno e lá eu comecei a cuidar de menores. Quando tinha 12 anos, eu comecei a cuidar de menores, de crianças. Dava banho, preparava o almoço, cuidava delas, fazia tudo. Eu levava as grandinhas para a escola, as pequenininhas eu deixava, dava mamadeira, essas coisas. E eu não deixava o diretor bater nas crianças menores e nem nas outras. Porque o diretor vinha bêbado e batia muito nelas. Então, pra não judiar delas eu botava todo mundo, trancava todo mundo e dizia: "Fica quietinho que o diretor está vindo bêbado, ele vai bater em vocês. Deixe comigo". Aí, as meninas falavam: "Mas, Lúcia, você vai apanhar". Eu falava: "Fiquem na de vocês. Eu não quero que nada aconteça com vocês, porque tem criança pequena aí e ele pode espancar criança pequena". Nisso ele chegou todo bêbado, já queria matar as crianças, já queria bater mesmo nas menores. Ele falou: "Cadê todo mundo aqui?" Começou a falar palavrão, me pegou pelos cabelos, me bateu. Eu preferia apanhar pelas crianças do que deixar elas apanharem. Ele bateu, bateu. Aí passou, ele foi embora. Falou: "Cuida daí, sua safada". Ele falou desse jeito. Depois disso, eu continuava fazendo o mesmo serviço, limpava, cuidava, levava para a escola, buscava. Eu estudava à noite, estudei até a quarta série. Teve uma vez que não deu para agüentar mais, ele começou a espancar todo mundo mesmo. Quando ele começou a espancar a maioria, eu peguei todo mundo e coloquei para a rua.

—*Pra fugir?*

Lúcia — Não, coloquei na discoteca de uns amigos nossos e mandei uma mais grandinha comunicar nossos amigos, pra chamar a polícia. Ele estava impossível. Aí, chamaram a polícia. Ele estava querendo matar todas as crianças. Eu cercava todo mundo, eu apanhava por elas pra não deixar elas apanharem. Então, eu já cercava pra não judiar. Daí, eu tranquei todas elas até meus amigos chegarem com a polícia. Chegou muito carro da polícia e chegaram uns ônibus também. O P. (diretor) foi algemado e eles me pegaram toda cheia de sangue. Nisso, eu comecei a ter problema de psiquiatria também. Ajuntou tudo. Porque eu comecei a ter mais problema de psiquiatria, de nervoso, de irritação, essas coisas. Eu voltei para a UR de novo e depois saí. Aí, eu comecei a ser internada nos hospitais, por causa desses problemas todos, porque começava a juntar na minha cabeça, começava a lembrar o que aconteceu lá em Atibaia, quando eu cuidava daquelas crianças. Porque eu tinha amor por aquelas crianças. Foi ali que eu ficava na beira do fogão, lavava as roupas delas, fazia tudo. Então, ajuntou tudo e eu peguei problema de psiquiatria feio. Ajunta tudo. Quando eu começo a lembrar, eu começo a ficar irritada e aí é a hora em que eu quebro um vidro.

—*Marcou muito essa história, não é?*

Lúcia — Marcou. O primeiro sanatório em que me internaram foi o M. Eu destruí tudo no sanatório. Eu tinha 13 anos e estava grávida. Ninguém sabia. Eu estava grávida de um funcionário da FEBEM. Eu já estava grávida dele desde o Natal mas nunca contei para ninguém. Foi assim, eu e esse funcionário da FEBEM nos gostamos e namoramos. Eu estava grávida, mas nunca abri a boca para ninguém. Então ninguém sabia que eu estava grávida. Quando eu tive alta do sanatório, eu voltei para a FEBEM. Aí, quando eu completei 14 anos, o nenê nasceu. Como deu queda de parto [depressão pós-parto], o juiz tomou o nenê de mim. Meu parto foi cesárea. O juiz deu para o pai que já trabalhava na FEBEM. Então, ele está com o pai e a madrasta. Não está comigo. Nunca soube o nome do meu filho. O juiz não deixou.

— *Você não conhece o seu filho?*

Lúcia — Não, não conheço o meu filho de jeito nenhum. Até hoje, eu peço para Deus. Tenho fé em Deus que um dia eu... quem sabe, o mundo é pequeno, o mundo dá muita volta e eu acho.

— *Quantos anos faz isso, Lúcia?*

Lúcia — Que eu não vejo meu filho? Desde quando ele nasceu.

— *Ele está com quantos anos agora?*

Lúcia — Está com 23.

— *E você não viu mais o pai também?*

Lúcia — Não, nem o pai dele. Nunca mais vi. Então, ficou nisso. Depois, eu fui internada em R.C., fui internada em S., fui internada no C., fui internada em P. [nomes de hospitais psiquiátricos], onde aconteceu isso no meu braço.

— *O que aconteceu?*

Lúcia — Foi de uma contenção na cama, eu quase perdi esse braço todinho. A faixa cortou aqui [de baixo do braço], a faixa de contenção. [Um dos braços de Lúcia tem os movimentos limitados em função desse corte.] Foi uma coisa que aconteceu que até agora não conseguiu consertar. Eu comecei a fazer tratamento no Hospital V., por causa do braço. Eles fizeram a cirurgia, puxaram os tendões. Eu passei em vários hospitais mesmo.

— *Como foi essa história?*

Lúcia — Foi contenção num quarto forte. Me amarraram na tábua com uma faixa fina e passaram aqui [por baixo dos braços]. Eu fiquei mais de 24 horas amarrada. Eu chorava de dor, estava sangrando e o meu braço estava caído. Até tem a marca da faixa, ó [mostra uma cicatriz longa e profunda na região da axila].

— *Nossa! E ninguém te socorreu?*

Lúcia — Não. Quem viu foi o médico da noite, eu estava chorando muito, de tanto que eu gritava de dor e meu braço estava caído assim [pendendo para trás da cabeça]. Ele estava caído e eu estava chorando de dor. Foi uma paciente que viu e chamou a enfermeira padrão. A enfermeira padrão viu aquilo, ficou desesperada e chamou o médico. Ele mandou soltar. E pra tirar a faixa daqui de dentro!? Ele falou que tinha que dar anestesia pra tirar a faixa dali de dentro, a faixa estava enfiada lá dentro [da axila]. Ele deu a anestesia, até que ele tirou. Mas eu chorava, chorava.

— *Você ficou horas ali.*

Lúcia — É. Mais de vinte e quatro horas eu estava amarrada ali. Me levaram para o Hospital V., urgente. Eu fiquei internada um bom tempo lá.

Muitas coisas que acontecem no hospital psiquiátrico eu sou contra. É trancar, é... sabe? Eu já sofri muito no hospital psiquiátrico. Até uma enfermeira mesmo, antes de eu engravidar, uma enfermeira tirou a virgindade de mim no hospital psiquiátrico. Lá no C.

— *Ela abusou de você?*

Lúcia — Abusou. Eu era o quê? Desse tamanho [pequena]. Antes de eu ficar grávida do menino.

— *Tinha uns 12, 13 anos.*

Lúcia — É. Essa enfermeira tirou a minha virgindade com o dedo. Eu estava dormindo à noite, ela apontou um revólver, tampou minha boca e abaixou minha calça à força, beijou minha boca à força e falou: "Fica quieta, senão...". Até que a FEBEM voltou lá e precisou me tirar de lá. E essa enfermeira foi presa também. Ela me ameaçou com uma arma. Ela disse que, se eu gritasse, ela ia me matar. São essas coisas. É por isso que eu sou contra esse negócio de psiquiatria. Quando dão um medicamento a mais, quando maltratam o paciente, me faz recordar tudo o que aconteceu comigo. Eu já sofri muita coisa dentro do hospital psiquiátrico. Quartinho forte. Comida ali, você vê gente sentada no chão. Eu acho que ali, nós éramos uns bichos pra eles. (...) É uma história muito complicada. As enfermeiras não sabem entender um paciente, não sabem lidar. O que é verdade e o que não é. Então, quando você vai falar uma verdade, o que eles querem é se vingar do paciente. E é assim que eles conseguem me irritar fácil. Aqui eu já quebrei vários vidros, já peguei faca. Eles já me irritaram muito aqui [hospital psiquiátrico onde Lúcia reside atualmente].

— *Você já foi muito maltratada, né, Lúcia?*

Lúcia — Já. Em todos os hospitais, eu já fui. Agora que eu estou melhor. Agora que eu melhorei 100%. Depois que foram descobrir que eu tenho depressão, que eu tenho coisa de suicídio e outras coisas. Aqui dentro que foram descobrir. Depois que eu fui fazer exames lá fora. Ninguém sabia que eu tinha isso.

— *Até então era só a epilepsia?*

Lúcia — É. Até o pessoal falava que era fingimento. Quando veio o papel do resultado dos exames, deu que eu tenho epilepsia. Não era frescura.

— *As pessoas achavam que era fingimento?*

Lúcia — É, que era frescura, que eu não tinha nada. Que eu estava fingindo, simulando. Eles acham que tudo do paciente é fingimento, não é de verdade. O paciente está com frescura. Para eles é tudo assim. Eu acho que muitas coisas que aconteceram na minha vida, essas coisas que eu vou passando, é que me fizeram ficar dentro do hospital. (...)

573

— *O hospital psiquiátrico acaba provocando essa irritação, esse nervoso?*

Lúcia — Está provocando. Está provocando muita irritação. Acontece que pra eu ficar controlada, eu quero uma distância, pra não começar a lembrar essas coisas que aconteceram, que eu vejo acontecendo. Eu acho um absurdo. Então, fica muita recordação na minha cabeça. Têm horas que eu me irrito, choro. Me dá revolta. Eu sou muito revoltada com essas histórias, principalmente por causa da minha mãe, do meu filho que eu nunca soube da história, essas coisas. Então, é uma coisa muito séria. (...)

— *Lúcia, você falou que passou por trinta e cinco internações...*

Lúcia — Trinta e seis, desde os treze anos. É muito sofrimento.

— *Nessas trinta e seis internações, como foram a entrada e saída desses hospitais?*

Lúcia — Muitas foram fuga, pelo muro. Eu fugi porque, teve, no C., um acidente absurdo que a enfermeira fez com uma paciente numa cadeira de rodas. Eram 7 horas da noite, eu estava escondida em cima de uma árvore, que eu ia fugir. A enfermeira pegou uma paciente com cadeira de rodas, jogou dentro da piscina e a enfermeira se jogou dentro da piscina. Aí, ela matou a paciente afogada dentro da piscina. E isso aí foi me revoltando (...) Eu já vi gente morta no quartinho forte, eles pegam a faixa, passam assim sabe [em volta do pescoço]? Eu acho terríveis essas coisas. E já tentaram fazer isso comigo, passar a faixa no meu pescoço.

— *Tentaram te enforcar?*

Lúcia — É. Eu, como sou muito esperta, sei como dar umas coisas na enfermagem. É aí que eu consigo pular o muro...

— *Como foi essa história que eles tentaram te passar a faixa?*

Lúcia — Quando eles tentaram eu ainda era desse tamanho [pequena]. Quando eles tentaram, não conseguiram, sabe por quê? Eu era magrinha, mas eu dei uma carreira, subi o muro e fugi. Por isso eles não conseguiram. Aí, a FEBEM me levou de volta para lá. Eles ficaram de marcação [comigo] e eu de marcação com eles. Mas eles não conseguiram. Eles não me pegaram porque eu era muito levada, muito sapeca. Então eles não conseguiram pegar. Eu era ligeira pra correr. Eles pegavam uma faixa pra me laçar mas não conseguiam porque eu abaixava e já pulava o muro de novo. Aí, a FEBEM me levava de novo.

— *Você saía do Hospital Psiquiátrico e ia parar na FEBEM?*

Lúcia — É, ia. Depois, a FEBEM viu que não tinha mais condição, eu falei dessa faixa, que eles tentaram me matar e aí a FEBEM não me internou mais nesse hospital. Depois, eu fui internada em vários [hospitais psiquiátricos]. Mas acontece a mesma coisa, é o mesmo sofrimento do paciente, é a mesma coisa, não muda nada.

— *E no caso da FEBEM, o que acontecia para eles te mandarem para o hospital?*

Lúcia — Eu era muito revoltada, tinha problema de nervoso, depressão, quebrava as coisas direto, era muito deprimida, demais. Se eu ficasse muito só, eu ficava pensando muita coisa e já ficava quebrando um monte de coisas, já queria me suicidar, queria fazer um monte de coisas, e aí eles me internavam. Uma parte era por causa do ataque (epilético) também. Como eles não tinham muita medicação na FEBEM, eles me mandavam para a internação, era isso. (...) Esse negócio de ficar 24 horas amarrado, eu acho um absurdo, sabe? Eu acho. Medicação sem ordem do médico. Tem que ser pela ordem do médico, não sem. (...) Tem paciente que anda torto, fica babando no final de semana porque eles [auxiliares de enfermagem] tacam remédio sem ordem do médico. Aí, nós vemos que não foi o médico plantonista que mandou. Elas mesmo que vão lá e dão por própria conta. Você vê paciente babando, virando o olho, andando torto, por quê? Por causa disso.

— *Foi daí que também tiveram essas mortes?*

Lúcia — Mortes, com pacientes, moradoras.

— *Essas quinze mulheres eram moradoras?*

Lúcia — Eram moradoras.

— *E foi nesse tempo que você está morando aqui?*

Lúcia — Todo esse tempo que eu estou aqui aconteceram várias mortes, uma em seguida da outra.

— *E como foi isso?*

Lúcia — Tudo por intoxicação de remédio, tudo. Só uma que foi por causa do coração (...) que essa aí não tomava remédio. A gente sabe que foi por parada cardíaca mesmo. Mas tudo por causa de medicação errada e a mais. Mas a morte parou, agora não está tendo mais morte. Depois da última que morreu, foi meia noite. Até a médica foi lá e inventou que fui eu que matei. Eu acho um absurdo! Uma médica levanta calúnia sem saber. Você acha que eu vou levantar daqui meia noite para ir lá matar paciente, se a porta lá é fechada? Eu não tenho condição nem de matar a menina. Não tenho arma, não tenho nada. Então, eu acho que quando essa médica fez o BO, ela fez à toa.

— *Ela fez um BO [Boletim de Ocorrência] contra você?*

Lúcia — É, falando que eu matei a paciente. Eu olhei para o rosto dela e falei assim: "Eu acho que quem deveria estar atrás das grades era você, não eu. Foi você que intoxicou, você era a médica dela e você que intoxicou ela de remédio. Você a matou. Se me chamarem para responder esse BO, quem vai pra trás das grades não vai ser eu, vai ser você. Não é só você que merece ficar atrás das grades, muita gente merece, porque já fizeram coisas absurdas com os pacientes". Eu acho errado o que estão fazendo com os pacientes. Essa coisa de morte parou, agora não está tendo mais. Porque agora entrou esse coordenador, ele está pegando no pé e eu estou achando legal. Eu estou dando uma força para libertar elas [moradoras] de lá[1]. Para ser cidadão, serem donas delas mesmas. E ele falou que está batalhando para isso. (...) É uma missão que nós temos que acabar de cumprir até agosto. Eu acho que até antes de agosto a gente acabou essa missão. Eu tenho fé em Deus. A nossa missão é que a gente prometeu que elas sairiam dessa coisa da psiquiatria. A gente prometeu. Os médicos prometeram. Eles prometeram na Secretaria (de Saúde) que iam dar essa força. Eu vejo o sofrimento delas trancadas. Como elas não têm família, não têm a mesma liberdade que nós temos. Eu acho que elas têm que ter a mesma liberdade que nós.

— *As pessoas que estão nessas moradias são as que não têm família?*

Lúcia — Só uma que tem e está lá dentro. O resto que está lá não tem, e dois homens que têm família que estão lá. (...) Isso nós estamos batalhando. Se Deus quiser nós vamos conseguir (vencer) essa batalha. Quando nós conseguirmos, é só agradecer a Deus... eu tenho essa esperança e eu sei que vou com essa esperança até o fim. Porque a gente nunca deve pensar negativo, sempre positivo. (...) Eu acho que é assim, quando eu pego pra lutar por alguma coisa, eu gosto de ir até o fim. Enquanto eu não vejo as coisas sossegadas, eu não paro. Eu gosto de ver todo mundo solto, livre, sabe? Acho que ninguém nasceu para ser prisioneiro, acho que ninguém nasceu para isso. Eu já falei com o meu médico, já falei com o doutor C., já falei pra todo mundo, eu sou contra quando tranca os moradores. Eles têm que ser livres, têm que ser cidadãos, fazer atividades lá fora, ter trabalho, ser donos de si mesmos. Eu sou

---

[1] No hospital psiquiátrico em questão há residências terapêuticas (pequenas casas com quarto, sala, cozinha e banheiro) no interior dos muros e na área externa ao portão. Lúcia refere-se às moradoras que se encontram nas residências localizadas dentro do hospital.

contra isso, trancar todos os moradores dentro do pavilhão. Aqui não existe ninguém melhor que ninguém, são todos iguais. Somos todos seres humanos.

Entrevistadora: Mirna Koda

A solidão compartilhada

Chico, 35 anos, branco, contou-nos a sua história desde a chegada a São Paulo, vindo do interior do Estado: caçula de uma família grande, pais nordestinos, precisou trabalhar cedo e se deparar com a luta por direitos trabalhistas e as dificuldades do subemprego.

Sua trajetória profissional na construção civil, sempre acompanhada de solidão, de ausência de amigos e do desejo de uma namorada levou-o a sentir-se como um mendigo. Chico parece mendigar o afeto e o amor de prostitutas e a atenção de sua família. É na bebida que se sente seguro. Desde estão, vive um sentimento de anormalidade e carrega o estigma de doente mental.

Alimentava um sonho de um dia se apaixonar por uma garota de programa. Quando isto ocorreu, viveu o fato de maneira intensa: rompeu com a família e experimentou o que descreve como um grande amor. Trocou a casa dos pais pela favela do Heliópolis e acrescentou à bebida o uso de cocaína. Iniciou então um período de conflito familiar e profissional, ao mesmo tempo que experimentava a felicidade da realização de um sonho: "Ela me contou sua história de exclusão, passou quatro anos de vida na FEBEM. Me apaixonei por ela e me identifiquei".

Em meio às contradições destas experiências, teve depressão e tentou suicídio. Por falta de opção, a família internou-o em clínicas para viciados e hospitais psiquiátricos, onde conviveu com a dor, os gritos e a nudez nos pátios psiquiátricos. Ele fala de desespero e de rápida adaptação a esta situação: "Enquanto estava no hospital, experimentei uma sensação de força, mas não tinha fome de viver o novo".

Pelo fato de ter mostrado calma e se acostumado à lógica de funcionamento da instituição, Chico recebeu alta. Mas como o sofrimento tinha chegado a um limite, tanto fazia sair ou ficar: "dentro do hospital psiquiátrico, era como se tivesse encontrado todos os mendigos, me identifiquei". Inicia, a partir daí, uma nova trajetória nos serviços substitutivos ao hospital psiquiátrico, quer aproveitar tudo que lhe oferecem, encontra o Coral Cênico Cidadãos Cantantes e passa a transitar no espaço cultural da cidade: teatros, cinemas, exposições. Amplia sua rede de amigos, passa a fazer parte da Associação SOS Saúde Mental, Ecologia e Cultura, envolve-se com a Luta Antimanicomial e torna-se uma liderança nesse movimento.

O Coral Cênico trouxe-lhe novas experiências: o palco, a voz, novas possibilidades pessoais. Passa a fazer parte de cooperativas de trabalho, interessa-se pelo cooperativismo da economia solidária e descobre o significado de interpretar um personagem: "Minhas energias estão plenas. No palco não dá para ser hipócrita ou falso, você tem que ser verdadeiro no seu personagem".

Chico começou a experimentar um encontro menos assustador com a solidão, com o seu mundo mais íntimo, com a singularidade: "Às vezes podem me chamar de louco, agora já arrumo emprego e posso até rejeitá-lo, ando a pé de casa, no Butantã, até o Centro de Convivência do Parque do Ibirapuera. Dizem que eu não bato bem da cabeça, mas corro atrás de uma coisa que acredito, que transcende..."

Recentemente descobriu a poética de Artaud: "os loucos são as vítimas individuais por excelência da ditadura social. Em nome dessa individualidade intrínseca ao homem, exigimos que sejam soltos esses encarcerados da sensibilidade, pois não está ao alcance das leis prender todos os homens que pensam e agem". Ao referir-se a essas experiências culturais como "portas", fala das portas da percepção que se abrem ao invisível, ao compartilhamento.

Isabel Cristina Lopes

Entrevista com um usuário do serviço público de saúde mental

"O cênico me abriu portas, sem drogas e sem medicação".

Chico — Eu gostaria de começar assim, acho que talvez fazer uma breve história desde quando eu vim para São Paulo. Eu nasci no interior de são Paulo, sou de uma família grande da cidade Valparaíso, meus pais são do nordeste, minha mãe é de Alagoas, meu pai de Pernambuco. Acho que com três anos eu vim para a cidade de São Paulo, morei no bairro do Jaguaré, zona oeste de São Paulo.

Basicamente a minha infância foi normal. Acho que talvez foi o momento que não tinha muita dificuldade. Com 14 anos, mudamos de bairro, foi uma fase difícil a adolescência e puberdade. Me considero uma pessoa tímida, limitada, desde a infância foi muito difícil esta mudança, porque eu, no outro bairro, tinha amiguinhos. É difícil pra mim fazer amigos, então acho que um dos períodos mais duros da minha vida foi esta mudança de bairro. Estava na adolescência, começando a me preocupar com negócio de trabalho, porque todos os meus irmãos trabalhavam, começaram a trabalhar com 15 e 16 anos.

— *Você é o caçula?*

Chico — Sou o caçula. Eu tive que começar a trabalhar também nessa idade, com 16 anos. Aí foi quando, num primeiro trabalho, num trampo que eu arrumei, comecei a perceber o mundo e como as pessoas agem na cidade de São Paulo. Passei a ter uma identificação com os mendigos.

— *Como era essa identificação?*

Chico — Sempre me vi inferior diante da competição das pessoas quererem atingir o topo. O despojamento da desobrigação com o sucesso, dessa obrigação de ter que satisfazer o mundo, é o que me atrai. Tem um mendigo que eu conheço, já de muitos anos, que até botei nome nele de Bob Marley. Ele me passava uma imagem tão tranqüila, eu lembro que sempre nos cumprimentávamos com positivo-jóia.

Eu ia trabalhar e quando eu voltava, achava tão difícil essa coisa de ter que trabalhar para ter algum sucesso na vida. Comecei a perceber e a sentir que algum dia eu seria mendigo. Mas enfim, eu trabalhei. Eu lembro que nessa firma, engraçado, fui mandado embora e eu estava perto do quartel, tinha me alistado. Aconteceu um movimento lá dentro da empresa que eu acabei criando, eles queriam mudar o horário de entrada, eu trabalhava durante o dia e estudava à noite no 2º colegial, eu entrava às sete horas queriam mudar a entrada pras 6 horas da manhã e eu não concordava com isso, eu teria que acordar mais cedo ainda, já que eu chegava tão tarde do colégio. Engraçado que eu acabei criando um levante dentro dessa empresa, eu trabalhava numa distribuidora de remédios e eu era da primeira seção onde liberavam os pedidos. Aí eu parei junto com os meus companheiros que trabalhavam comigo e falei: "vamos parar, a gente não concorda com a mudança de horário". Paramos um dia e fomos mandados embora.

Estou falando isso, mas eu acho que um aspecto importante é que eu estava querendo ser mandado embora, e me incomodava o fato de muitas pessoas terem sido mandadas embora comigo. Eu fiquei um ano sem trabalhar, servi o quartel, depois eu me formei no colegial, terminei o 2º grau, servi um ano, um mês e sete dias em Quitaúna, em Osasco.

— *Por que você achou importante frisar essa passagem no começo da sua vida profissional?*

Chico — Porque eu acho engraçado. Eu nunca tive dificuldades com trabalho, não me abalei com o fato de ser despedido. Embora eu não concordasse com o horário, era um pretexto pra eu chegar e falar. Mas não foi só falar numa boa. Foi uma manifestação na época. O pessoal do trabalho passou a me chamar de Lula porque naquela época, em 1985... achei até que fosse [risos]. Bom aí eu saí do quartel e arrumei logo um serviço, porque minha irmã trabalhava numa empresa de fundação, construção civil, então ela arrumou um serviço pra mim, eu saí do quartel já entrando nesse emprego. Trabalhei quase uns 15 anos nessa empresa, era um serviço que viajava muito, tinha essa coisa gostosa. Trabalhava em obras em todo lugar do Brasil, por conta disso eu não tive vontade de estudar. O próprio serviço muito itinerante, então não conseguia ficar fixo aqui em São Paulo pra poder estudar. Então, eu abandonei qualquer objetivo de estudo. Voltava essa coisa de identificação como mendigo. Apesar de trabalhar, de conseguir desempenhar a minha função, eu me sentia muito só, não conseguia preencher um grande vazio que existe. Hoje, apesar que de maneira diferente, ainda carrego na minha vida a solidão. Eu nunca tive amigos, lá na rua onde eu moro, nunca tive amizade nenhuma, no trabalho eu não tinha amigos, eram colegas, não eram amigos, hoje eu vejo que eram colegas. Então, eu tinha uma dificuldade muito grande de ter uma conversa mais aberta com esses meus colegas. Essa coisa que eu falo da solidão é em relação a ter uma outra pessoa. Eu nunca namorei, na minha adolescência eu nunca tive uma namorada, era difícil conseguir me aproximar de alguém, complexo de rejeição que eu tinha e quando eu estava trabalhando nessa firma, eu lembro que minha primeira experiência sexual foi numa casa privê, pra não falar outro nome, e desde então, foi sempre nesses lugares que estabeleci contato com uma mulher. Então, durante muito tempo, trabalhava nas obras e depois do expediente eu ia tomar uma cerveja com os colegas, na hora de despedir, eu, com eles, dizia que ia pra casa, só que eu não ia para casa, ia comprar a companhia de alguém. Isso foi durante muito tempo e ainda continua sendo. Parecia que eu estava meio embananado, meio confuso, não conseguindo andar na linha. Essa é uma dificuldade da cidade de São Paulo, sabe, essa dificuldade de encontrar alguém, nem eu sei se os meus colegas também se sentiam assim na cidade de São Paulo, acredito que muitas pessoas se sintam assim... Praticamente muita solidão aqui na grande cidade, eu tentava preencher esse vazio nesses lugares da noite. E na verdade a gente nunca consegue preencher, porque é uma fuga. Você vai pra lá comprar a companhia de alguém, mas você está consciente disso. Hoje eu estou falando de consciência, mas na época, quando eu comecei a freqüentar, eu era muito mais impulsivo, muito mais compulsivo, não tinha esses questionamentos. Eu ia porque foi uma descoberta que eu tive, achava que era o único lugar onde eu poderia ter alguém. Eu não conseguia falar disso para os colegas, qualquer esboço que eu fizesse, era aquela gozação: "O cara é incompetente em relação a conseguir mulher, o cara precisa ir na zona". Eu então não me abria com ninguém, é muito difícil. Hoje analisando, muita gente que vive só na cidade e não consegue se abrir com o colega no trampo sobre essas questões por causa do preconceito, vão chamar ele de incompetente, vão chamar ele até mesmo de veado. Eu lembro que tinha sensação de uma paranóia, porque as pessoas nunca vão me ver com uma namorada, de me acharem veado. Não que eu tenha algum preconceito em relação ao homossexualismo. Mas é a fama, como as pessoas pensam em relação a isso, como se veado ou homossexual fosse uma pessoa desprezível. Eu tinha medo disso. Eu estou falando assim meio embolado, um pouco da minha vida, porque eu, durante dez anos, sustentei essa situação da solidão. Eu me lembro que com 18 ou 19 anos eu já comecei a ter pensamentos de suicídio, vivia pedindo a Deus para tirar minha vida porque não agüentava viver assim sem ter alguém, sem ter uma mulher. Aquela pressão toda, a gente fica sem alguém, sem ter mulher.

— *Era pela pressão da sociedade ou você também tinha esse desejo?*

Chico — De ter alguém, até hoje eu tenho esse desejo, mas é tão difícil para mim, eu acho que vem da infância, um complexo de rejeição. Quando eu era pequeno, era deixado de lado, eu acho que a infância foi o momento bom na minha vida, mas já na infância tinham esses lances de ser deixado de lado entre os colegas. Nesse ponto aí, a adolescência foi uma bosta, porque era um cara solitário, eu lembro até uma situação, na adolescência, que eu estava com um colega meu dentro do ônibus, aquela coisa de adolescente querer chegar perto, chavecar a menina, isso, aquilo, experiência para nunca mais fazer na minha vida. Dentro do ônibus, eu fui sentar ao lado da menina pra tentar uma conversa, ela se levantou, saiu e foi embora. Nunca mais na minha vida eu faço isso, porque isso daí, pra mim, foi muito forte, então eu carreguei isso durante muito tempo. Carregava essa idéia de suicídio, não suportava mais viver essa coisa intensa da noite, do tipo de trabalho que eu realizava, a disciplina, o patrão, foi quando comecei a beber mais e comecei a fumar.

— *O que você fumava?*

Chico — Eu comecei fumando cigarro e gastava meu dinheiro com CD, na zona com prostituta, com bebida, isto e aquilo. Os anos foram passando e os meus colegas iam se arrumando na vida. Um se preocupava em ter um carro, outro em comprar uma casa, outro tinha namorada e pensava em casar, outros pensando em estudo, enquanto eu, todo dinheiro que eu ganhava, era basicamente pra isso mesmo. Então era difícil, era um choque de relação com os colegas, até que, num certo ponto, foi aumentando esta angústia, já que eu não me identificava com ninguém. Lembro que eu chegava a dizer com vinte e poucos anos, para mim mesmo, que eu era um doente mental. Hoje eu tenho a dimensão do que é isso, mas naquela época eu já dizia que era um doente mental, que não era uma pessoa normal.

— *Você dizia isso para você?*

Chico — Isso eu dizia para mim, dizia: "sou um doente mental!". Não conseguia me encaixar nos padrões de uma vida normal, ter uma namorada ou de pensar em uma família ou de juntar uma grana pra comprar um carro. Nunca na minha vida tive interesse num carro, mas os meus colegas, se você estava em volta, você tinha que ter interesse igual, então eu me achava o problema, por ser diferente. Eu já começava realmente a achar que tinha tendência homossexual. Hoje eu acredito nisso, mas na época, aceitar aquela coisa de ser uma pessoa anormal. Hoje eu tenho outra consciência em relação a isso, na época eu pensava assim. Em casa, eu comecei a ter conflito com meu irmão mais velho depois dos 25 anos. Eu já comecei com o conflito porque ele se achava o dono da casa, porque era o mais velho. A casa estava sendo construída por nós mesmos, eu era o mais novo, então ele, sendo o mais velho, bancava mais na construção da casa. Então ele jogou isso na minha cara naquele dia, lembro que brigamos na frente da minha mãe e eu disse que ia embora daquela casa, nem que eu tivesse que morar na favela. Parece que eu estava prenunciando, aí aconteceu. Depois deste conflito, a coisa da bebida, das noites, foi ficando cada vez mais intensa. Até que, num determinado momento, eu conheci uma pessoa na noite e acabei me envolvendo, ela me preencheu a carência e eu acredito que tenha preenchido a carência dela também. Aí a gente começou a se relacionar e ela já usava droga, eu comecei a usar droga com ela.

— *Que tipo de droga?*

Chico — A gente usava cocaína, cocaína aspirável. Eu lembro que estava num processo assim: seja o que Deus quiser.

— *Como assim, seja o que Deus quiser, Chico?*

Chico — Era uma coisa de destruição mesmo. Estava em conflito em casa, em conflito com meu irmão, já tinha saído uma vez de casa, todos os dias bebendo e freqüentando a noite, gastando cada vez mais na noite. Ia afundando cada vez mais nas dúvidas, na procura de preencher uma carência, que durante muito tempo eu vinha tentando encontrar, eu até sonhava com isso, até sonhava...

— *O que você sonhava?*

Chico — Sonhava em um dia encontrar, que um dia uma garota de programa gostasse de mim, era um sonho, eu perdi tanto tempo, o único lugar que eu tinha, apesar de comprar as companhias, o único lugar que eu encontrava uma coisa assim em termos do toque. E ela apareceu, essa garota, não quero revelar o nome. Ela me mostrou uma coisa diferente, acabei me envolvendo. Eu lembro que saí da obra e fui para o escritório da firma entregar um documento que é na rua Augusta. A rotina era sair do escritório e tomar uma cerveja num bar da Augusta, ficava perambulando pela cidade nos lugares da noite. Nesse dia, fiz o mesmo percurso e encontrei essa pessoa no teatro, no teatro erótico, ela apareceu. Entrei num teatro de show de strip-tease, algumas performances de sexo ao vivo. Eram os lugares que eu freqüentava. Acontece assim: você está sentado lá na poltrona assistindo ao show e de repente as meninas vêm, sentam do seu lado e procuram. É lógico, é o trabalho delas, elas só querem dinheiro, mas essa garota, sei lá, ela teve uma coisa diferente, porque ela veio, perguntou se podia se sentar e tal, pediu um dinheiro, isso e aquilo, mas ela perguntou o que eu ia fazer? Eu não ia fazer nada: "Você não quer tomar uma cerveja comigo?" Falei: "Já que eu estou aqui". Eu nunca tinha vivido isso, nesses lugares não tem essa de relação extra, aí eu falei: "Tudo bem, vou te esperar na saída". Então esperei, ela nem acreditou que eu estava esperando por ela. Então a gente acabou indo para o bar do lado do teatro que ela trabalhava, ficamos conversando. Nunca uma garota de programa tinha feito uma proposta pra mim. A gente conversou muito, basicamente ela falou mais da vida. Ela falou que era uma menina de rua, que ficou quatro anos na Febem, tem toda uma estória de exclusão, me pegou mais ainda. Aí, fui fazer um programa com ela no motel, foi quando ela perguntou se eu usava cocaína. Topei, mas não usamos nessa noite. Ela me deu um beijo e o bip dela, quando nos despedimos. Foi um momento muito legal pra mim. No outro dia na obra a primeira coisa que eu fiz foi ligar para o bip dela, para dizer: "Olha, foi uma noite maravilhosa". Liguei para o bip dela várias vezes durante uma semana, não consegui entrar em contado com ela. Lembro que eu estava deitado na cama, angustiado, pedindo a Deus que tirasse a minha vida, eu lembro que eram onze e meia da noite, mais ou menos, quase meia noite, e toca o telefone. Era ela. Deu para perceber que ela estava bêbada, fui vê-la. Ela me falou que tinha sido seqüestrada, não sei, garota da noite sabe como é, entra em cada enrascada. Disse que os caras eram policiais. Fui encontrá-la numa boca de droga, ela pegou uns papéis de cocaína e fomos para o motel e aí foi que eu usei cocaína pela primeira vez. Nessa vez dormi a noite com ela, no outro dia, engraçado, ela não queria receber o dinheiro, insisti. Ela pegou o dinheiro, fomos a uma feira no lugar em que estávamos, ela comprou duas sacolas, uma para mim e outra para ela, e toda fruta que ela comprava pra ela, ela comprava pra mim. Achei tão legal, penso que ela gostava de mim. Fui pra casa contente e falei para minha mãe que uma amiga minha comprou tudo aquilo numa feira pra mim. Minha mãe não sabia que era uma garota de programa. Começamos essa relação. Ela ligava pra mim na obra, quase todo dia e eu ligava pra ela, e quase todo dia eu ia vê-la, então foi realmente um romance, começou um caso, uma coisa que eu nunca tive na minha vida. Ela morava na favela de Heliópolis num barraquinho. Eu lembro da primeira noite que eu passei lá... Ela tinha uma filha, nesse dia fomos no shopping D levar a filha dela pra brincar. A relação foi ficando mais forte, eu acabei por apresentá-la pra minha mãe, mas antes eu não tivesse levado. Minha mãe bateu o olho e veio falar pra mim que ela não prestava. Eu comprei a briga, já não conversava com meu irmão e com a minha mãe. Foi ficando tudo difícil, consumia droga cada vez mais, não conseguia esconder isso de mais ninguém, no serviço descobriram que eu usava droga, que estava envolvido com uma prostituta que morava na favela. Minha família sabia de tudo isso e foi uma pressão tão grande que eu tive que sair de casa e fui morar com ela. A coisa ficou mais intensa, cada vez mais. O dinheiro que eu recebia, era pra tudo isso. Eu pensava que estava usando droga, mas era só quando estava do lado dela. Até que chegou num ponto que a situação ficou insustentável. Meu organismo não agüentou mais, acabei pirando mesmo. A situação pra ela não ficou fácil, mas ela tinha um pouco mais de estrutura. Meu irmão é também um viciado. Eu pirei por causa de um monte de questão: ter saído de uma família e ir morar na favela e toda essa pressão. Achavam que eu tinha enlouquecido, por estar namorando uma prostituta e trocar, minha família e casa, por um barraco na favela. Eu queria sustentar essa relação com ela, mas foi insuportável eu não consegui. O consumo da droga, acho que foi mais a droga que me pegou mesmo, parece que se não tivesse a droga, talvez eu conseguiria, mas eu não agüentei, foi um sofrimento todo e enlouqueci. Fui pra uma clínica de recuperação de drogados, fiquei oito meses, fugi de lá. Era uma clínica evangélica, que me obrigava a ler a bíblia e freqüentar a salinha de oração: — eu não conseguia! Vim pra São Paulo, tive várias crises e fui internado em um hospital psiquiátrico.

— *Como eram as crises?*

Chico — Eu lembro uma vez que eu desci do ônibus pra ir pra a firma, e senti o meu corpo totalmente contorcido, fiquei desesperado. Fui ao Hospital das Clínicas, fiquei o dia inteiro na psiquiatria. Me receitaram remédio, comprei e misturei com cerveja. Nesse dia eu tinha vontade de me jogar no rio Pinheiros, mas acabei indo para o motel. Não consegui me sentir bem, voltei, no outro dia, para o Hospital das Clínicas. Fui de novo para psiquiatria, fiquei o dia inteiro lá. Eu queria ser internado, foi a primeira vez que eu falei que eu queria um lugar assim, por estar tão desesperado. Eu queria mesmo era morrer, o que eu mais queria era morrer, só que é difícil você se matar. Nas crises, eu gritava de desespero, todo final de semana eu ia para o pronto-socorro, ficava na jaula do pronto-socorro, porque eu tentava me jogar da janela, ficava batendo a cabeça na parede, dormia com corda no pescoço e dizia que não estava dormindo. Desesperado, sem ter o que fazer, mobilizava toda minha família pra tentar resolver o problema num piscar de olhos. Eu não dormia à noite, ficava pra lá e pra cá, até que eu cheguei e falei pra minha mãe: "Olha, me leva para um hospício, eu não quero mais dar trabalho para você". Foi então, que fiquei esperando uma vaga no hospital psiquiátrico.

Do pronto-socorro fui para o Hospital Psiquiátrico Charcot. Foi um choque. Nos três primeiros dias lá, já cheguei amarrado na enfermaria, pela tentativa de suicídio, fiquei contido na maca, passei a primeira noite contido. Eu lembro quando me soltaram, fiquei andando pelo pátio, aquela coisa que você fica, não sabe bem. Você vê pessoas andando para lá e para cá, hoje eu entendo, mas na época pra mim, nossa... A primeira noite foi tão difícil, depois na enfermaria, porque era gritaria o dia e a noite toda, eram pessoas andando para lá e para cá, assim no corredor, peladas, gritando. Meu primeiro contato com isso foi um choque, no outro dia eu já quis ligar pra casa, pra minha família me tirar dali. Mas meu irmão desligou o telefone na minha cara. Tive que agüentar os três primeiros dias, a primeira semana, até que aos poucos, não consigo explicar, acostumei. Eu via quando o psiquiatra entrava no pavilhão, todo mundo corria atrás pra dizer que queria ser o primeiro pra pedir alta e eu não estava nem aí, eu não queria saber disso, não queria saber de alta, falava para mim mesmo: "Se tiver que levar a vida inteira, eu fico". Mas não aconteceu, tanto que eu tive alta em dois meses e meio. Dei continuidade ao tratamento no Hospital Dia do Butantã [HD]. Saí tão elétrico que eu quis aproveitar tudo o que o HD tinha, todo o tipo de grupo, os jogos dramáticos. Toda a oportunidade que era dada ali, eu precisava aproveitar. Eu acabei me tornando, engraçado, eu comecei com uma consciência de liderança a partir daí, nesse espaço, uma coisa que eu não tinha antes em lugar nenhum. Fui descobrindo cada vez mais possibilidades em mim... Eu já tinha essa liderança no HD, quando tive acesso a um folder da semana antimanicomial de 1999 e lembro de ter tido a tarefa de fazer uma lista no HD das pessoas que queriam participar durante a semana. Nos organizamos e fomos, com a ajuda dos técnicos. Eu assisti o Coral Cênico Cidadãos Cantantes e nunca imaginava que eu pudesse estar num palco. Tinha vontade de estar, mas achava impossível. Minha experiência, eu achava que não passaria dos jogos dramáticos dentro do HD. Foi por meio de um convite de Reinaldo, um amigo que fiz na Semana de Luta Antimanicomial de 1999, que iniciei no coral. Eu lembro do meu primeiro dia no coro, eu pude falar, me apresentar, participar de forma mais aberta. Uma apresentação do coral, que eu participei, que ficou muito marcada pra mim, foi a do Anhembi na Mostra de Psicologia. Ali eu pensei: como é bom isso!

— *Por que?*

Chico — É uma energia que rola, você consegue se mostrar, vai conseguindo quebrar essa barreira da comunicação com o outro. O coral abriu as portas, gosto da figura das portas, que me lembra uma banda: The Doors — aliás o nome vem de um poema de William Blake, "As portas da percepção", essa coisa de você abrir e poder ver o invisível. O cênico me abriu portas, sem drogas e sem medicação. A arte cênica, pra mim, tem no corpo seu principal instrumento, o veículo da sua arte. Trabalhar e se expressar com o próprio corpo é o que me traz o contato comigo mesmo e, através disso, com os outros.

Eu estou deixando de fumar, inclusive, de beber, as drogas já larguei por conta própria e principalmente os antidepressivos, o Diasepan, o Haldol e o Akineton. Eu tive um encontro... conheci o Coral no Centro Cultural. Eu fiquei tão contente. Parece que depois que eu saí do hospital, tive uma explosão, depois de passar todo o sofrimento das internações, tive o apoio de um serviço de saúde mental que me mostrou isso aqui... descobertas. Depois de ter conhecido o coral, fui me envolvendo com a luta antimanicomial, então as coisas foram se acrescentando na vida. Fiquei um ano lá no HD, freqüentando, me despedindo, era difícil sair porque era aquela coisa, no lugar onde a gente fica, que consegue encontrar estrutura, mas é um lugar de passagem, entendeu, é um lugar de passagem. Acho que é isso, você vai, consegue se estruturar e depois, consegue descobrir outras coisas. No coral, já estou há quatro anos e ele, pra mim, trouxe outras coisas, como a descoberta do palco, a descoberta da voz, a descoberta do grupo, descoberta de um monte de coisas — o que não tive em 30 anos da minha vida. Descobri minhas potencialidades, do que eu sou capaz. A partir daí outras coisas se somaram. Hoje, por exemplo, faço parte de uma cooperativa, a incubação de uma cooperativa em economia solidária, que é o Projeto Papelão, que eu faço parte desde o início, desde quando a gente começou as primeiras reuniões lá na Cáritas da Vila Mariana. Para elaborar um projeto, pra dar nome ao projeto, inclusive o nome Papelão, foi uma idéia minha, brincando com o sentido de trabalhar com o papel e se divertir com a idéia do brincante. Esse lance da cooperativa atualmente está me trazendo a idéia do cooperativismo, pra mim é uma coisa meio de ideal mesmo. Recentemente, eu tive um retorno ao mercado de trabalho, onde eu trabalhava, na construção civil, eu não agüentei ficar uma semana. As condições de trabalho, a impossibilidade de conciliar outras produções na minha vida que me dão a chance de ser criativo, trabalhar em grupo, opinar... eu precisava e preciso de dinheiro, tem pressão da família. Mas voltar pra onde colaborou pra minha solidão e enlouquecimento, pela falta de alternativas e descobertas... .não pude. Muitas coisas mudaram na minha vida, e o trabalho tem um lugar, mas não é tudo. Não vou dizer que eu não tenho crise, não vou dizer que estou vivendo num mar de rosas, isso ou aquilo. Hoje por exemplo, eu basicamente vim a pé da minha casa até o Centro de Convivência do Parque Ibirapuera. Mas é uma outra coisa que eu adquiri com esses anos todos, andar a pé, não é todo mundo que faz isso, pra mim não é fácil, mas também não é o fim do mundo. Agora, eu tenho que arcar com certas conseqüências das escolhas que faço.

Eu acabei largando esse emprego e efetivando na carne uma escolha, eu tomei muito murro, optei por um projeto de formação de Agente Ambiental no CECCO Pq. Ibirapuera de onde eu recebia 160 reais. Teve momentos de eu gastar em um dia, menos de um dia. É uma luta ainda, tenho que lutar comigo mesmo. Aqui nesta cidade, essa coisa de solidão. Eu tenho muita luta pela frente ainda, mas eu consigo me reestruturar, eu consigo [risos]. Então, continuando, eu queria falar que hoje, por exemplo, estou às vésperas de uma apresentação desse coral, que eu faço parte e realmente hoje eu tenho um objetivo e tudo o que eu descobri nesses anos todos, me asseguram que se precisar, eu vou no tapa, pra manter pra não perder isso que eu ganhei.

— *Como assim?*

Chico — Nem que eu tenha que quebrar a perna e andar quantos quilômetros tiver, nem que eu tenha que levar a perna, não sei para onde, mas eu ainda vou, vou manter isso... Isso que eu ganhei, essa coisa que eu descobri em relação a mim.

— *Que coisa você destaca disso que você descobriu, Chico?*

Chico — A coisa da voz, do corpo, da arte, do espaço onde você pode se expressar, entendeu? Onde você pode dizer para o mundo, pras pessoas que você está presente, que existe, que você não é mais um só, não é pra ficar de lado, para não ser rejeitado, não é o espaço pra ficar chavecando ninguém. Descubro a cada dia um espaço para dizer que não preciso viver de padrões: o modo como me visto, as coisas que eu pratico, as coisas que eu fiz na vida, ou o que não fiz, por onde eu passei. Eu descobri a força que eu tenho, embora possa parecer um derrotado muitas vezes, mas tenho muita força pra enfrentar qualquer obstáculo. Só que quero enfrentar os obstáculos de maneira verdadeira, real, nem que tenha que doer. Uma vez, brincando com o Ricardo, um amigo meu, fui questionado por ele por que eu tinha que representar o tempo todo. Acho que o cotidiano não é um palco, quando eu digo não é um palco, não é um palco de teatro. Você representa no palco do teatro, representa a realidade, mas não é a realidade do seu dia a dia. Não dá pra representar o cotidiano, isso não existe, pelo menos pra mim não existe. Entretanto, estar num palco é estar num espaço onde reconheço todas as minhas energias, onde eu consigo estar pleno mesmo, coisa que não acontece no cotidiano. No cotidiano, você pode até ser hipócrita, não acho que isso é representação. Mas no palco você não pode ser hipócrita e nem falso, você tem que ser muito verdadeiro no seu personagem. Não sei, às vezes podem me chamar de louco, agora já arrumo emprego, ando a pé do Butantã ao Centro de Convivência do Parque Ibirapuera, gasto 160 reais numa noite com bebida e mulher, podem dizer: "Nossa, você não bate bem da cabeça". Eu não acho isso, só estou correndo atrás de uma coisa que eu acredito, mas não sei bem o que é, fora o teatro. É uma coisa que transcende muito mais do que isso. Atrás da verdade, pode ser... Eu, atualmente, tenho vivido como mendigo, popularmente falando. Eu não tenho onde cair morto, não tenho um puto, mas, no entanto, eu estou fazendo as coisas que eu quero fazer. Essa desobrigação, eu não tenho a preocupação com a profundidade do poço. Hoje, não importa se eu caio no poço. Até tentei procurar emprego recentemente, pois o processo da cooperativa é lento e tem momentos que me vejo com necessidades mais imediatas. A entrevistadora perguntou uma das minhas qualidades, respondi que é de aprender as coisas, e um defeito a ser corrigido, respondi que é a minha indisciplina. Era emprego de telemarketing e acho que porque fui sincero, e um dos meus defeitos é ser sincero demais, fui cortado. De um ano para cá, virei rato de biblioteca, tenho estudado muito, principalmente sobre teatro. Descobri as bibliotecas públicas, Artaud é um cara que me identifico muito, estudo com muito afinco, pela loucura e pelo que ele fala, muito visceral: ele fala "Os loucos são as vítimas individuais por excelência da ditadura social. Em nome dessa individualidade intrínseca ao homem, exigimos que sejam soltos esses encarcerados da sensibilidade, pois não está ao alcance das leis prender todos os homens que pensam e agem". Eu descobri o Artaud através do teatro, então no teatro, como já falei, estou pleno. E Artaud é isso, essa energia visceral. Ele me chamou atenção por causa da loucura, pelo fato de eu ter experimentado esse limite da porta. Aqui fora tem que estudar, tem que trabalhar, tem que ter namorada... O mendigo está livre e por viver da forma que quer, come o que der, dorme onde quer... Penso que, na tentativa de se enquadrar num padrão que não seja este, acaba indo para o hospício. Se eu tentar brigar para me enquadrar, eu corro o risco de ir novamente para o hospício de uma maneira drástica. Enquanto estava no hospital, experimentei uma sensação de força, mas era um vazio, não tinha fome de viver o novo. Aí, quando começo o tratamento no HD, me descubro líder, voltei com essa fome de participar de tudo, todas as oficinas... Os jogos dramáticos, os grupos operativos que tinham esse papéis: o líder, o porta-voz, o bode expiatório... acabei tendo uma liderança no HD, eu era muitas vezes o porta-voz. Engraçado, tem o lance da convivência entre as pessoas. Gostava muito das pessoas novas que chegavam ao HD, cada um que chegava era mais um da tribo. Eu não era mais o único anormal. A gente tem essa coisa em comum de estar ali por ter derrapado na curva. No HD, por conta dos grupos de jogos dramáticos, descobri a afinidade com o teatro, a importância de se comunicar, falar, se mostrar... Coisas que eu não fazia antes, era muito fechado. O teatro entretanto, sem a pretensão de tratamento, ao nos colocar na condição dos iguais, supostamente anormais, provou pra mim o quanto ele alimenta. Ficava às vezes sem comer, literalmente. Hoje, já não preciso provar pra mim que o teatro é meu alimento. Volto pra casa pra me alimentar, pois meu corpo é o meu instrumento de expressão, de comunicação, de trabalho. O lance da economia solidária, como perspectiva de trabalho, ainda é uma esperança, seria solidário comigo no sentido de conjugar possibilidades, trabalhar e preservar as coisas que eu estou fazendo, que significam muito para mim, que é o Teatro, o Coral Cênico e a Dança, não como um plano de carreira profissional, mas uma necessidade de vida, pra mim é de valor básico como comer, dormir... que poderia resultar em remuneração.

Entrevistadora: Isabel Cristina Lopes

A cidadania negada

As narrativas aqui reunidas falam de espera e sofrimento, de esperança e angústia – de espera angustiada. A espera nelas referida é de natureza muito específica. Não se trata, como nos três dos quatro textos literários analisados por Antonio Candido em *Quatro Esperas*, da expressão de uma visão desencantada do homem e da sociedade, do beco-sem-saída, do jogo de cartas marcadas e do inevitável desastre que, mais cedo ou mais tarde, recairá sobre "a sociedade geral dos homens".[1] Ela não é a "espera inútil" dos personagens de *O deserto dos tártaros*, de *À espera dos bárbaros* ou de *O litoral de Cistres* que expressam a condição dramática da existência humana, a falta de sentido e a fragilidade da vida individual e coletiva diante da consciência da morte e de sua inexorabilidade. Na leitura de Candido, porém, *A construção da muralha da China* escapa da referência a uma genérica "existência humana": embora seja possível que a natureza fragmentária do muro (e da estrutura da narrativa) "corresponda a uma concepção da natureza humana e equivalha a certa visão de sua debilidade"; embora faça sentido entender o absurdo do empreendimento como "um modo de penetrar na falta de sentido da vida, da ação, do projeto humano" e as alegorias kafkianas, "carregadas de sátira sem alegria", como referências à "sociedade geral dos homens" – apesar destas aparentes abstrações, o conto de Kafka descreve "o absurdo e a irrealidade *do nosso tempo*."[2]

Os depoentes falam de danos à vida num momento muito determinado do capitalismo em um país em que os direitos sociais, antes mesmo de

---
[1] Candido (1993), p. 157.
[2] *Idem*, p. 168.

se tornarem realidade para todos, vêm sendo cada vez mais relegados a segundo plano no interior de uma ditadura econômica imposta pelos interesses do capital internacional. Eles não narram, portanto, dramas existenciais reificados, inerentes a um ser "ser humano" atemporal, mas vidas dramáticas engendradas nos subterrâneos de uma sociedade dividida, desigual e extremamente injusta. A compreensão desses relatos requer, portanto, atenção ao fato de que não estamos numa genérica "sociedade industrial capitalista", mas numa sociedade concreta em que a crueldade, a corrupção, a barbárie e a pobreza extremas encontram expressão num salário mínimo equivalente a pouco mais de 100 dólares. A miséria inerente às posições mais baixas na estrutura social é mais carregada de adversidade nas sociedades em que a desigualdade brutal na distribuição da renda põe grande parte da população à beira do abismo. Estamos diante de vidas danificadas ou traumatizadas que, para serem entendidas, pedem a consideração de peculiaridades locais que a presença dos órgãos financeiros internacionais no gerenciamento econômico e político do país só tem feito aprofundar.

Numa sociedade em que a distância entre os que governam e os governados é abissal, a situação da maioria assemelha-se à dos construtores do grande muro da China: "do lado de cá da muralha os homens esperam em vão pelo que nunca vai acontecer, mas o seu destino é regido por essa espera inevitável."[3]

• • •

Todos os entrevistados falam de dificuldades objetivas e subjetivas de viver. Todos eles se referem a impedimentos na cidade, no trabalho e na cidadania, tão bem analisados por José Moura Gonçalves Filho.[4] As expressões 'é difícil" e "está difícil" estão nos relatos dos sub-empregados e dos desempregados que percorrem a *via crucis* dos centros de atendimento ao trabalhador; dos que freqüentam a escola, mas não se sentem acolhidos por ela e não aprendem o que cabe a ela ensinar; dos que moram, dos que submoram e dos que não moram; dos que produzem cultura e dos que consomem os consolos ideológicos fornecidos pela indústria cultural; dos que crescem em bairros que, destituídos de qualquer garantia de direitos sociais e civis, são governados pela violência do aparato repressivo, pelo tráfico de drogas como alternativa ao consumo e à falta de perspectivas de

---

[3] *Idem*, p. 167.
[4] Gonçalves Filho (1998)

trabalho e pela lógica perversa que estrutura estes dois mundos em estreita relação; dos que adoecem física e psiquicamente e são destratados onde deveriam ser cuidados. Todos se referem a dificuldades tremendas para levar a vida. Todos falam, de algum modo, dos impedimentos que incidem sobre aqueles cujo trabalho o capital desvalorizou e marginalizou e sobre os pobres, negros e mestiços, tidos socialmente como incapazes. Todos falam de dentro do mal-estar vivido numa cidade capitalista brasileira, onde a onipresença do dinheiro pode tornar-se ainda mais cruel quando não há garantia de emprego e de direitos sociais. Eles sabem que a dificuldade de viver pode ser sempre maior.

Falam de angústia em condições muito particulares: numa sociedade em que a violência material e simbólica é presença pesada na vida cotidiana, falam da falta, de pequenez, de impotência, não como abstratos "seres humanos", mas como portadores de carências concretas numa sociedade concreta, organizada para garantir os interesses da classe que detém o poder econômico e que, para isso, atropela os direitos mais fundamentais dos cidadãos. Por isso, "esperar" pode ter, para os subalternizados, um outro sentido registrado nos dicionários: pode significar "recear" – ter medo, apreensão, preocupação, susto diante da iminência permanente de queda que ameaça os vencidos.

Como bem assinala José de Souza Martins, "a pobreza material nem sempre é exclusão e a pobreza de fato excludente é apenas o pólo visível de um processo cruel de nulificação das pessoas." O que existe são, portanto, "exclusões sociais, no plural, uma vez que as mesmas vítimas podem e geralmente são alcançadas simultaneamente por diferentes modos e expressões de exclusão e de inclusão. A vivência real da exclusão é constituída por uma multiplicidade de dolorosas experiências cotidianas de privações, de limitações, de anulações e, também, de inclusões enganadoras".[5] As entrevistas aqui transcritas falam exatamente disso: de múltiplas experiências dolorosas de nulificação que atravessam o cotidiano dos entrevistados.

Em condições de desamparo e de humilhação permanentes, a espera é feita de angústia, mas "esperar" é também "não desistir", "não ir embora". Todos, em maior ou menor grau, resignam-se, embora num sentido muito especial da palavra resignação: podem estar a um passo do desespero e da desistência; podem estar atravessados de melancolia ou depressão; podem contar com a ajuda divina ou com a "sorte"; podem aderir às regras impostas pela ideologia do sucesso – podem lidar de diferentes formas com as dificuldades materiais e o medo, mas não esperam passivamente.

---

[5] Martins (2002), p. 20-21.

Ao contrário, todos falam de permanência do desejo de transformação da vida e da luta pela mudança, mesmo que a esperança de alcançar o objetivo seja tênue, sempre à beira da desilusão. Esperam com resignação, mas não necessariamente com submissão, conformismo, renúncia ou demissão diante dos obstáculos à satisfação de suas necessidades, entre elas a de dignidade. Em sua origem latina, "resignar" significa também "deslacrar", "abrir", "desvendar", "descobrir". Para todos os entrevistados, e para cada um de uma forma particular, viver é "re-signar": é redefinir caminhos, a cada porta que se fecha.

No terreno movediço do cotidiano, onde os planos a longo prazo e a estabilidade vão-se tornando inviáveis – num terreno em que dominam as estratégias dos poderosos – resta-lhes a tática, entendida por Certeau, em *A invenção do cotidiano*, como a "arte do fraco". As estratégias são cálculo das relações de força típicas de um sujeito do querer: uma empresa, por exemplo. As ações desenvolvidas são manipulação que tem como objetivo exercer o poder por meio do estabelecimento de um lugar de poder e de querer próprios, de um lugar autônomo que possa, pela constitutição do campo próprio, gerir as relações com uma exterioridade que ameaça o tempo todo. As estratégias são instrumentos de instituições de poder e de querer, como a empresa, o exército, a cidade, uma instituição científica. Nelas, opera-se uma vitória do lugar sobre o tempo, ou seja, a fundação de um lugar autônomo é meio de dominar a variabilidade das circunstâncias.

Nessas condições, os destituídos de poder ficam reduzidos a um querer que não logra construir um lugar próprio. Ficam ao sabor das circunstâncias. Como afirma Certeau, "a tática não tem por lugar senão o do outro. E por isso deve jogar com o terreno que lhe é imposto tal como o organiza a lei de uma força estranha".[6] Sem meios de previsão e convocação próprias, a tática é movimento "dentro do campo de visão do inimigo", opera, lance por lance, no plano da conjuntura, tentando tirar das ocasiões o máximo que elas podem dar. Para isso é preciso astúcia. "Sem lugar próprio, sem visão globalizante, cega e perspicaz como se fica no corpo a corpo sem distância, comandada pelos acasos do tempo, a tática é determinada pela ausência de poder, assim como a estratégia é organizada pelo postulado de um poder".[7] No campo de políticas públicas que as tomam como massa e desconsideram as condições concretas de suas vidas, os resultados possíveis, embora obtidos com enorme investimento de energia, são sempre frágeis e fugazes.

---

[6] Certeau (1998), p. 100.
[7] *Idem*, p. 101.

O desafio que se lhes põe cotidianamente é o paradoxo de escapar de um poder que não têm como abolir. Está-se no cerne da questão da *apropriação*, ou seja, do que eles fazem do que os poderosos fazem com eles. Voltemos a Certeau: "a uma produção racionalizada, expansionista além de centralizada, barulhenta e espetacular, corresponde *outra* produção, qualificada de 'consumo': esta é astuciosa, é dispersa, mas ao mesmo tempo se insinua ubiquamente, silenciosa e quase invisível, pois não se faz notar como produtos próprios, mas nas *maneiras de empregar* os produtos impostos por uma ordem econômica dominante".[8] Entre esses objetos culturais impostos, podem-se situar as políticas públicas. Tal como aconteceu com a ditadura cultural dos colonizadores sobre os aborígines ou com a ditadura hoje exercida pelos produtos da indústria cultural, os pacotes governamentais que alardeiam a garantia de direitos sociais são imposições das quais os destinatários não escapam. No entanto, sem poder recusá-los, eles usam-nos ou os consomem de modo a deles escapar, sem deixá-los.[9]

"Essas *maneiras de fazer*", diz Certeau, "constituem as mil práticas pelas quais os usuários se reapropriam do espaço organizado pelas técnicas de produção sócio-cultural" e constituem "operações quase microbianas que proliferam no seio das estruturas tecnocráticas e alteram o seu funcionamento por uma multiplicidade de táticas articuladas sobre os detalhes do cotidiano".[10] Assim sendo, o cerne dos relatos aqui reunidos é de natureza política: impossível entendê-los fora do âmbito das relações de poder.

O sonho dos depoentes é o de construção de um lugar em que tenham algum domínio de suas vidas. Em meio a táticas esgotantes para lidar com ameaças constantes à sua humanidade ou à própria sobrevivência, lutam individual ou coletivamente; queixam-se e têm auto-piedade; ressignificam as dificuldades, dando-lhes versões mais leves, como forma de suportá-las; sonham com um futuro idealizado ou são nostálgicos de um passado também idealizado; isolam-se, numa tentativa inglória de reduzir ao máximo os atritos com o mundo; criticam a sociedade e reinventam práticas. Aprisionados numa existência que não se completa, lutam diariamente e até o fim pela construção de uma vida mais satisfatória. Em último caso, desistem. Mas desistir não é, para os entrevistados, depor as armas; é redefinir a meta: querem para os filhos o que não conseguiram para si. Este adiamento é uma das formas com que lidam ativamente com a miséria de

---

[8] *Idem*, p. 39.
[9] *Idem*, p. 40.
[10] *Idem*, p. 41.

sua posição social e é, como regra, herança de sucessivas gerações, numa corrente que pode não ter fim.

No limite, aprisionados nos meandros da racionalidade burocrática de instituições que executam políticas públicas que deveriam garantir-lhes direitos sociais, reiteram a trajetória de Carlos Lopes, personagem de *Zero*, de Ignácio de Loyola Brandão, livro publicado nos anos 70 e posto, por motivos óbvios, no *Index* da Ditadura Militar.[11] Com o filho doente nos braços, ele procura atendimento médico em instituições mantidas pelo Estado. Num meandro indecifrável de guichês e de papéis exigidos a cada passo, ele é paradigma dos pobres em busca de direitos na sociedade brasileira. Depois de percorrer os passos da paixão durante meses, e afinal de posse de todos os documentos exigidos, consegue encontrar o guichê correto. Mas não pode ser atendido, pois a criança em seus braços já está morta. Agora são outros os papéis necessários e é outra a sessão a ser procurada. Carlos Lopes, como milhões de brasileiros, reencarna Sísifo e reproduz a *Pietà* – ou melhor, *A criança morta*, de Candido Portinari.

• • •

"Impossível tomar o rosto e a voz de um homem como expressões sob perfeito condicionamento".[12] Esta constatação de Gonçalves Filho, possibilitada por longo contato com moradores num bairro pobre situado na franja da cidade de São Paulo, também foi experimentada pelos pesquisadores participantes da presente pesquisa: aprendemos que não existe a perfeita submissão. Em todas as narrativas, é possível ouvir alguma recusa da padronização. Estamos diante de relatos que portam a tensão de conformismo e resistência. São muitas as passagens que, feitas de reflexões que se descolam da ideologia e revelam alguma percepção da face perversa da realidade social, sinalizam a sobrevivência do indivíduo. É verdade que a opacidade social nos impede de hipostasiar romanticamente a total lucidez dos homens, em geral, e dos que se encontram na base da pirâmide social, em particular. Martin Jay resume assim a posição de Adorno a esse respeito:

> Uma sociologia humanista sentimental que insista em tratar os homens como atores criativos e produtores de sentido, sem levar em consideração suas reais condições sociais, não é, por conseguinte, menos errônea que uma psicologia que busque honrar seus egos pretensamente coerentes e bem-integrados.[13]

---
[11] Brandão (1976).
[12] Gonçalves Filho (1998), p. 14.
[13] Jay (1988), p. 89.

Os depoimentos que registramos não justificam o pressuposto da total alienação. Mesmo sabendo da reificação produzida pelo modo de produção em vigor; mesmo levando a sério a produção do "homem unidimensional", tal como definido por Marcuse; mesmo levando em conta a extirpação da consciência de classe por meio da manipulação da indústria cultural, tal como analisada por Adorno – apesar da precisão de todas estas análises cortantes, é impossível não perceber resíduos do conflito de classes nos dramas relatados.

Em que pesem as recorrências fundamentais dos relatos, no processo e no produto dos encontros entre entrevistadores e entrevistados evidencia-se a singularidade de cada uma das narrações, expressa não só no conteúdo, mas nas várias formas assumidas pela linguagem. Basta que comparemos as falas de Cida e Gegê. Na primeira, a perda de apoio social e a ameaça à própria sobrevivência disparam um sentimento de vertigem que leva a moradora de rua a repetir palavras e expressões como quem finca estacas, numa última tentativa de não despencar ou de ainda ser ouvida antes da queda. Na fala do militante, a narração épica põe no heroísmo a esperança derradeira de derrotar um inimigo que cooptou os próprios companheiros de luta pelo direito de morar.

Numa sociedade dividida as consciências também o são. Para defender esta tese, Marilena Chaui alerta para os perigos contidos na expressão "cultura do povo" onde impera o autoritarismo da classe dominante. Supor que a cultura é do povo pode levar ao equívoco romântico de considerá-la "imediatamente libertadora". Romantismo que "pode prestar serviços inestimáveis aos dominantes, seja porque fornece água ao moinho do populismo, seja porque atribui a este último a origem do desmantelamento da consciência de classe dos dominados, que sem ele teria feito o caminho da liberação". Atitude romântica que "é vítima de dois esquecimentos: não só esquece o problema da alienação e da reprodução da ideologia dominante pelos dominados, como também esquece de se indagar se, sob o discurso 'alienado', submisso à crença nas virtudes de um poder paternalista, não se esconderia algo que ouvidos românticos não são capazes de ouvir".[14] Nem possuidor de boa consciência, nem carente dela, o dominado é refém dos ardis da alienação e portador de resistência. Ou seja, as representações do dominado são sempre ambíguas. O desafio está em ultrapassar, ouvindo atentamente

---

[14] Chaui (1980), p. 46.

as suas falas, a crença politicamente estratégica e cientificamente confirmada na "ignorância" ou no "não saber" da cultura popular. O universo da cultura é, portanto, plural, apesar dos mecanismos sociais cada vez mais poderosos que visam à massificação.

Se, num sentido sociológico, a consciência social do oprimido nas sociedades de classes é dividida, no âmbito psicológico, a subjetividade também o é. Não estamos diante de indivíduos, de indivisos, mas de sujeitos desejantes que podem se opor, a qualquer momento, mesmo que com dificuldade crescente na pós-modernidade, aos desígnios do controle social absoluto. Tomemos como exemplo a "identificação com o agressor". Entre as muitas formas de lidar com a exploração econômica e a opressão cultural que os atinge, há, entre os entrevistados, os que "se juntam ao inimigo", assumindo, como o fazem Sandra e Heitor, os valores e a racionalidade da ideologia do "cidadão exemplar" e do "trabalhador padrão" como tentativa de redenção. No entanto, mesmo nesses casos é possível ouvir, nas frestas da adesão, a consciência social da perversidade da situação que lhes é imposta e a insistência do desejo de diminuir o fosso da falta historicamente aprofundado nas sociedades capitalistas industriais.

Em suma, os depoimentos, em seu conjunto, mostram que há múltiplos modos de responder a condições sociais adversas e que os mesmos indivíduos não permanecem fixados em posições, mas transitam, migram, aderem e se opõem. Aliás, a opção por relatos de vida já anunciava a intenção de colher os desenhos singulares de apropriações, recusas e aceitações das representações sociais sobre a pobreza, bem como a de tornar visíveis formas de viver construídas na e contra a adversidade que resistem às leituras que querem torná-las homogêneas. Ao fazê-lo, os participantes desta pesquisa dispuseram-se deliberadamente a caminhar na contramão do conhecimento hegemônico nas ciências humanas, entre elas a psicologia, que legitima representações e posições atribuídas aos pobres que, preconceituosas e reducionistas, fazem parte de uma espécie de "senso comum acadêmico" que agrava preconceitos e reduções ao aplicar-lhes a chancela de verdades científicas.

No afã de explicar e controlar, teorias psicológicas voltadas para a vida na pobreza aprisionam, muitas vezes, o teor polissêmico e polifônico da experiência da miséria de posição dos "de baixo" em padrões estáticos e unívocos. Assim, a tarefa de interpretação que se nos apresentou no momento de finalizar a pesquisa foi a de sublinhar o caráter a um só tempo singular e plural das formas de viver configuradas no correr das narrativas.

• • •

As limitações impostas pela opacidade da vida social nas sociedades contemporâneas também se fazem presentes na universidade. A miséria do mundo também nos atinge. De um lado, porque ela produz e veicula uma concepção de cientificidade que produz conhecimento ideológico; de outro, porque tem sido objeto de uma política educacional que a quer à imagem e semelhança da lógica empresarial.

A natureza ideológica do conhecimento produzido pelas ciências humanas sobre o homem e as sociedades contemporâneas é objeto já suficientemente estudado em seus aspectos epistemológico e ético. Muitas das concepções da psicologia sobre os pobres – que tiveram seu auge no concepção norte-americana de "carência cultural", nos anos 60 e 70 – são exemplares do peso da ideologia que recai sobre intérpretes da sociedade de classes. Os descaminhos impostos à universidade pela lógica do mercado e pelo modelo de gestão empresarial vêm sendo analisados com preocupação por intelectuais críticos que denunciam a perda crescente de seu caráter de instituição voltada para a formação intelectual e sua transformação em instituição profissionalizante, que prepara mão-de-obra para o mercado. No novo modelo pedagógico implementado – norteado por conceitos como habilidades e competências e avaliado segundo critérios de eficácia e produtividade – o ensino é mercadoria que se cristaliza no diploma, professores são balconistas e alunos são clientes que exigem o produto mais adequado à lógica instrumental que os orienta na relação com a universidade, como um consumidor qualquer.

Trata-se, na verdade, de aprofundamento de uma possibilidade que já estava em germe na própria idéia de universidade. Em 1798, Kant já mostrava ciência dele em *O conflito das faculdades,* objeto de comentário de Jacques Derrida.[15] Se na introdução de seu trabalho o filósofo alemão dá a impressão de que considera a universidade uma boa idéia que passou pela cabeça de alguém, o filósofo francês mostra que "Kant conhecia o assunto" por experiência própria como docente da Universidade de Königsberg, onde recebeu advertência do rei da Prússia por haver deformado certos dogmas da religião. Em contraposição à "hipótese de um achado aleatório, de uma origem empírica e até mesmo imaginativa da Universidade", seu texto contém a consciência de que ele pertence a uma instituição artificial, fundamentada numa determinada concepção de razão e "responsável perante uma instância não-universitária", o Estado.

---

[15] Derrida (1999), p 83-122, *passim*.

Mas voltemos ao contexto atual brasileiro. Esta pesquisa contém o intento de confrontá-lo. Procuramos reunir o que a crescente segmentação do conhecimento e da administração separou: departamentos; professores e alunos; docentes e técnicos; ensino, pesquisa e extensão. Na contramão do tecnicismo, quisemos trilhar outros caminhos, em direção à produção de saber sobre a sociedade brasileira e o jogo de interesses que orienta as políticas públicas. Contra um discurso acadêmico que fala *sobre* os pobres como a-sociais, desviantes e lixo ou, de modo idealizado, como portadores de todas as virtudes, procuramos trazer, na medida do possível, a fala *dos* entrevistados. Para insistir na inseparabilidade de docência, pesquisa e prestação de serviços aos que não têm acesso à universidade pública e não se beneficiam dos conhecimentos que ela produz, reunimos docentes, estudantes de graduação, de pós-graduação e de pós-doutorado e técnicos que trabalham em laboratórios de pesquisa psicossocial ou em serviços de atendimento gratuito ao público no Instituto de Psicologia da Universidade de São Paulo.

Nessas condições, os resultados foram vários: a realização de uma pesquisa sem o apoio financeiro solicitado a um órgão estadual de fomento à pesquisa, com gastos inevitáveis arcados em grande parte pelos próprios pesquisadores; a longa duração do trabalho, não só pela forma artesanal de pesquisar, mas também pela necessidade de trabalhar dos pesquisadores não-docentes, que não tiveram qualquer auxílio-pesquisa, e pelas pressões institucionais de produtividade acadêmica, que muitas vezes afastaram da pesquisa os pesquisadores docentes; um trabalho inevitavelmente limitado pelas condições de trabalho e pelas contradições dos pesquisadores como produtos, eles também, da própria sociedade e da própria universidade que querem criticar.

Mesmo assim, procuramos obstinadamente manter o acento crítico e evitar a obtenção de resultados úteis à tecnologia e ao mercado. O desafio foi, acima de tudo, não embarcarmos nos "jargões da vez", o mais nefasto dos quais é o da inclusão, bandeira tão fácil quanto mistificadora que assume várias formas, entre as quais propagandas governamentais que podem ter como *slogan* afirmações fraudulentas como "brasileiros excluídos descobrem a cidadania ao mergulharem no mundo digital". As narrativas colhidas nos obrigaram a repensar, em companhia de José de Souza Martins, o próprio significado político do conceito de exclusão:

> O discurso da 'exclusão' nos fala de um projeto histórico de afirmação do capitalismo, através da justa e necessária inclusão social dos descartados do sistema econômico, mesmo que sob a intenção de afirmar e dar relevo social à

classe trabalhadora e sua missão transformadora. (...) as demandas sociais envolvidas na denúncia de exclusão são demandas não radicais, são demandas que não expressam propriamente necessidades radicais. São demandas cujo atendimento tem solução no amplo estoque de alternativas práticas e ideológicas de gerenciamento das crises e dos problemas sociais de que o próprio capitalismo dispõe.[16]

Assim sendo, diz ele, a categoria "exclusão" contém uma dupla vitória do capitalismo: ao mesmo tempo que sinaliza um modo degradado de inserção social e o conformismo decorrente, ela interpreta de modo brando as contradições do capital e dos problemas sociais que dele resultam.

A defesa dessas posições pode tornar esta pesquisa sem interesse aos olhos dos grandes organismos internacionais que se infiltraram nos governos e os tornaram arautos de um novo tempo de igualdade trazidos por vastos programas de "inclusão". Não interessará também aos que, nos órgãos de apoio à pesquisa, aderiram a esta lógica e fazem o elogio de iniciativas governamentais bem-sucedidas na superação da exclusão social. No cenário em que hoje se faz a política educacional, em geral, e a política universitária, em particular, este percurso a contrapelo do desejável facilmente será considerado inútil e retrógrado, motivo pelo qual, como ressalta Florestan Fernandes, pode receber, como qualquer proposta universitária de formação de cidadãos ativos e críticos, "forte oposição assentada na atribuição de retrocesso e falta de visão de futuro"[17]. Sinal de tempos tenebrosos em que o que restou da reflexão e da cultura intelectual corre o risco de extinção. Por isso mesmo, insistimos neste tema de pesquisa e nesta forma de pesquisar.

Como afirma Martins, "a exclusão moderna é um problema social porque abrange a todos: a uns porque os priva do básico para viver com dignidade, como cidadãos; a outros porque lhes impõe o terror da incerteza quanto ao próprio destino e ao destino dos filhos e dos próximos. No caso dos especialistas diplomados, eles também podem ser presas da "desumanização própria da sociedade contemporânea, que ou nos torna panfletários na mentalidade ou nos torna indiferentes em relação aos seus indícios mais visíveis no sorriso pálido dos que não têm um teto, não têm trabalho e, sobretudo, não têm esperança".[18]

No entanto, esta "mui engenhosa máquina" chamada universidade e adotada pelo Estado ocidental funciona, "não sem conflito, não sem contradição,

---

[16] Martins, *op. cit.* p. 18-19.

[17] Fernandes (1966), p.

[18] *Idem*, p. 21.

mas talvez justamente graças ao conflito e ao ritmo de suas contradições".[19] Enquanto o dilema entre a invisibilidade e a adesão à nova lógica empresarial da educação – entre aderir ao modelo de uma universidade reduzida ao ensino reprodutivo ou desaparecer aos seus olhos – nos ronda, exploremos as contradições, até o fim.

Maria Helena Souza Patto
São Paulo, dezembro de 2005

---

[19] Derrida, *op. cit.*, p. 84.

Referências bibliográficas

ADORNO, T.W. (1986). El psicoanálisis revisado. *In*: ADORNO, T.W. (e outros) *Teoría crítica del sujeto*. Buenos Aires: Siglo XXI.

_____ (2000). *Os sentidos do trabalho*: ensaio sobre a afirmação e a negação do trabalho. São Paulo: Boitempo.

ARENDT, H. (1979). A crise da cultura: sua importância social e política. *In*: *Entre o passado e o futuro*. São Paulo: Perspectiva.

AUGUSTO, M.H.O. (1989). Políticas públicas, políticas sociais e políticas de saúde: algumas questões para reflexão e debate. *Tempo Social* (Revista do Departamento de Sociologia da FFLCH-USP), 1 (2), pp. 105-119.

BAIA HORTA, J.S. (1983). Planejamento educacional. *In*: TRIGUEIRO MENDES, D. (coord.) *Filosofia da educação brasileira*. Rio de Janeiro: Civilização Brasileira, pp. 195-239.

BERTAUX, D. (1979). *Destinos pessoais e estrutura de classe*. Rio de Janeiro: Zahar.

BONDUKI, N. (2003). *São Paulo. Plano Diretor Estratégico*: *Cartilha de Formação*. São Paulo: Caixa Econômica Federal.

BOSI, A. (1992). *Dialética da colonização*. São Paulo: Companhia das Letras.

BOSI, E. (1973). *Memória e sociedade: lembranças de velhos*. São Paulo: T.A. Queiroz.

BOURDIEU, P. (1997). *A miséria do mundo*. Petrópolis: Vozes.

BRANDÃO, I. DE LOYOLA (1976). *Zero. Romance pré-histórico*. Rio de Janeiro: Editora Brasília/Rio.

BUARQUE DE HOLANDA, S. (1982). *Raízes do Brasil*. (15ª ed.), Rio de Janeiro: José Olympio.

CALDEIRA, T.P. do R.(2000). *Cidade de muros*: *crime, segregação e cidadania em São Paulo*. São Paulo: Editora 34/EDUSP.

CANDIDO, A. (1993). Quatro esperas. In: *O discurso e a cidade*. São Paulo: Duas Cidades.

_____ (outubro de 1995). Para saudar um grande homem. *Revista ADUSP*, n° 4, (número especial: Florestan Fernandes).

CASTEL, R. (1998). *As metamorfoses da questão social: uma crônica do salário*. Petrópolis: Vozes.

CERTEAU, M. (1994) *A invenção do cotidiano: artes de fazer*. Petrópolis: Vozes.

CHAUI, M. de S. (1980). *Cultura e democracia: o discurso competente e outras falas*. São Paulo: Moderna.

_____ (1998). Ética e violência. *Teoria e Debate*, 11(39), pp. 32-41.

_____ (2002). *Experiência do pensamento*. Ensaios sobre a obra de Merleau-Ponty. São Paulo: Martins Fontes.

COHN, A. (2001) Por onde anda a Reforma Sanitária? *Teoria e Debate*, n° 48, pp.10-14.

CUNHA, M.C.P. (1988). *O espelho do mundo*. Juquery: a história de um asilo. São Paulo: Paz e Terra.

DERRIDA, J. (1999). *O olho da Universidade*. São Paulo: Estação Liberdade.

FERNANDES, F. (1966). *Educação e sociedade no Brasil*. São Paulo: Dominus/EDUSP.

FOLHA DE S. PAULO (07/01/ 2001). Brasil ganha 717 favelas em 9 anos.

FOLHA DE S. PAULO (26/08/ 2004). Quem tem medo dos moradores de rua.

FOLHA DE S. PAULO (07/09/2004). Massacre no centro.

FORRESTER, V. (1997). *O horror econômico*. São Paulo: Editora da UNESP.

GINZBURG, C. (1987). *O queijo e os vermes*. São Paulo: Companhia das Letras.

GOFFMAN, E. (1974). *Manicômios, prisões e conventos*. São Paulo: Perspectiva.

GOHN, M. G. M. (1995). *História dos movimentos e lutas sociais: a construção da cidadania dos brasileiros*. São Paulo: Loyola.

GONÇALVES FILHO, J.M. (1998). Humilhação social: um problema político em psicologia. *Psicologia USP*, 9 (2), pp. 11-67.

GORZ, A. (1987). *Adeus ao proletariado: para além do socialismo*. Rio de Janeiro: Forense Universitária.

MARICATO, E. (2002). *O direito de morar no centro*. São Paulo: FAU-USP.

MARTINS, J. de S. (1997). *Exclusão social e a nova desigualdade*. São Paulo: Paulus.

_____ (2002). *A sociedade vista do abismo*. Novos estudos sobre exclusão, pobreza e classes sociais. Petrópolis: Vozes.

MARX, K. (1978). *O 18 Brumário de Luís Bonaparte. In*: GIANOTTI, J. .A. (org.) *Marx*. São Paulo: Abril Cultural.

ORLANDI, E.P. (2002). *As formas do silêncio*. No movimento dos sentidos. (5ª. ed.). Campinas: Editora da UNICAMP.

PATTO, M. H. S. (2000). *Mutações do cativeiro*. São Paulo: Hacker/EDUSP.

PERALVA, A. (2000). *Violência e democracia*. O paradoxo brasileiro. Rio de Janeiro: Paz e Terra.

PEREIRA, L. (1978). Populações "marginais". *In*: PEREIRA, L. (org.) *Populações "marginais"*. São Paulo: Duas Cidades, pp. 143- 166.

PINHEIRO, P.S. et al. (2000). *Democracia, violência e injustiça: o não-estado de direito*. Rio de Janeiro: Paz e Terra.

PORTO, M. (2004). Recuperar a dimensão política da cultura: nosso principal desafio. *Revista de Cultura*, n.7 (revista eletrônica da OEI - Organización de Estudios Iberoamericanos para la Educación, la Ciencia y la Cultura).

RAMOS, G. (1992). *Memórias do cárcere*. (25ª. ed.), Rio de Janeiro: Record, 2 vols.

RIBEIRO, D. (1984). *Nossa escola é uma calamidade*. Rio de Janeiro: Salamandra.

SACHS, C. (1999). *São Paulo: políticas públicas e habitação popular*. São Paulo: EDUSP.

SADER, E. (1988). *Quando novos personagens entraram em cena*. São Paulo: Paz e Terra.

_____ Público *versus* mercantil. *Folha de S. Paulo* (19/06/03) p. A3.

SALA, F. e DAHER, M. (coords.) (2003). *Relatório de Cidadania II*: o*s jovens, a escola e os direitos humanos*. São Paulo: Núcleo de Estudos da Violência (NEV-USP), Instituto Sou da Paz.

SAWAYA, B. B. (1990). Morar em favela: a arte de viver como gente em condições negadoras da humanidade. *São Paulo em Perspectiva*, 4 (2), pp. 46-50.

SOUSA SANTOS, B. (2000). *A crítica da razão indolente:* c*ontra o desperdício da experiência*. São Paulo: Cortez.

TANAKA, M. M. S. (1993). *Favela e periferia: estudos de recomposição urbana*. São Paulo: Tese de Doutorado, FAU-USP.

TASCHNER, S. P. (1997). *Política habitacional no Brasil: balanço e perspectivas*. São Paulo: Tese de Doutorado, FAU-USP.

TEIXEIRA, A. C. (1986). *Cortiço: o pequeno espaço do povo*. São Paulo: Dissertação de Mestrado, FAU-USP.

VÉRAS, M. P.; BONDUKI, N. G. (1988). A questão da habitação em São Paulo: políticas públicas e lutas sociais urbanas. *Sociedade e Território*, 2 (6) , pp.8-20.

WACQUANT, L. (2001). *As prisões da miséria*. Rio de Janeiro: Zahar.

WANDERLEY, L. E. W.; BÓGUS, L. M. M. (1992). *A Luta pela cidade em São Paulo*. São Paulo: Cortez/Observatorio del Sur/ Centro de Documentación e Investigación Social y Pastoral.

Impresso por :

gráfica e editora
Tel.:11 2769-9056